HEYNE BÜCHER

HEYNE SACHBUCH

Horst Stern
Hans Bibelriether
Peter Burschel
Richard Plochmann
Wolfgang Schröder
Horst Schulz

Rettet den Wald

WILHELM HEYNE VERLAG
MÜNCHEN

HEYNE-BUCH Nr. 01/7220
im Wilhelm Heyne Verlag, München

2. Auflage

Genehmigte, bearbeitete Taschenbuchausgabe

Printed in Germany 1983
Umschlaggestaltung: Atelier Heinrichs & Schütz, München
Satz: VerlagsSatz Kort, München
Bildteil: RMO, München
Druck und Bindung: Presse-Druck, Augsburg

ISBN 3-453-01805-2

Inhalt

Vorwort zur Taschenbuchausgabe

Seit dem ersten Erscheinen dieses – inzwischen weit über hunderttausendmal verkauften – Buches sind drei Jahre vergangen, nicht mehr. Und doch hat der Aufschrei »Rettet den Wald!« in dieser kurzen Zeitspanne in bestürzender Weise neue Aktualität gewonnen: Der Ruf »Rettet den Wald vor dem sauren Regen!« ist heute gazettenfähig geworden: Jeder weiß, wovon die Rede ist.

Tannen starben auch schon, als wir dieses Buch schrieben; sie fallen einer rätselhaften Krankheit zum Opfer, boten wir damals als Erklärung an, besser wußte man es – genau – nicht! Freilich hatte man die Luftverschmutzung schon lange im Verdacht, den Tannenbäumen das Leben im wahrsten Sinn des Wortes sauer zu machen. Heute nun besteht Anlaß zu der Sorge, daß auch die Fichte zu sterben beginnt; andere Baumarten, ganz besonders die Kiefer, lassen deutliche Schwächezeichen erkennen.

Die Förster wären froh, wenn sie Pilze, Insekten oder Viren auf den Nadeln oder im Holz als Verursacher entdecken könnten, dann herrschte Klarheit, könnte an Gegenmaßnahmen gedacht werden. Diagnose und Therapie eröffneten wenigstens die Hoffnung, des Unheils Herr zu werden. Doch die Spezialisten für die Krankheiten der Bäume entdecken da nichts Handfestes. So ist es denn für die Tanne seit Jahrzehnten bei der immer genauer werdenden Beschreibung der Krankheitsbilder geblieben, und beim treffenden Namen »Tannensterben«. Denn nur eines ist sicher: die Symptome führen unweigerlich, wenn auch langsam, zum Tod.

Für die Fichte besteht allenfalls noch insofern eine Hoffnung, als das Erscheinungsbild ihrer Krankheit erst 1980 großflächig auffällig wurde. Fatalerweise ähnelt es dem des Tannensterbens, fatalerweise auch hat sich, zumindest auf Anhieb, keiner der klassischen Waldschädlinge dafür verantwortlich machen lassen, und wieder treffend reden die Förster nun auch vom »Fichtensterben«. Hoffen kann man eigentlich nur, daß diese Namensgebung vorschnell war. Es ist allerdings die Hoffnung des Schwerkranken, es könnte vielleicht doch nicht so schlimm und Heilung möglich sein.

Eine Krankheit also ist es nicht, die dem Wald zu schaffen macht. Was aber dann? Was verursacht, daß die Nadeln von Tannen, Fichten und auch Kiefern nicht mehr viele Jahre lang am Leben bleiben, daß sie vielmehr vorzeitig abfallen und die Kronen der Bäume grau, durchsichtig und schütter werden, und daß die Zahl sterbender Bäume wächst, obwohl ihre Lebensspanne noch keineswegs abgelaufen sein müßte? Es gibt nur eine ebenso erschreckende wie unbequeme Erklärung dafür: Wir alle verursachen dieses Baumsterben durch die Art, wie wir leben, durch den ungeheuren Verschleiß an Energie, der dazu notwendig ist. Wir sind dabei, die Umwelt, die unsere Existenz möglich macht, durch unsere Zivilisation im Kern zu treffen.

Was passiert? Kohle wird verbrannt und Erdöl, und zwar Hunderte von Millionen Tonnen pro Jahr allein in der Bundesrepublik. Diese Brennstoffe bestehen jedoch nicht nur aus Kohlenstoff, der oxidiert – verbrannt – wird und damit die benötigte Wärmeenergie liefert, sondern daneben enthalten sie eine Fülle von weiteren Substanzen in kleinen Mengen, die bei der Verbrennung frei werden und in die Atmosphäre gelangen. Das sind vor allem Schwefeldioxid, Stickstoffverbindungen, aber auch Schwermetalle.

Schon sehr lange weiß man, daß insbesondere das Schwefeldioxid, das ja in der Feuchtigkeit der Luft zu nichts weniger als Schwefelsäure wird, die Pflanzen, vor allem die Nadeln und Blätter, schädigt. Je langlebiger eine Pflanze ist, desto stärker wird sie davon auch dann mitgenommen, wenn die Schadstoffkonzentrationen verhältnismäßig niedrig sind: Bäume müssen deshalb ganz allgemein empfindlich sein, und solche mit Blättern, die nicht jährlich gewechselt werden, also Nadelbäume, besonders. Und wenn man dann noch bedenkt, daß Bäume bis zu 40 Meter hoch in die Atmosphäre hineinragen, ständig vom Luftstrom umspült sind und sich aus der Luft nicht nur den Sauerstoff zur Atmung, sondern auch das Kohlendioxid als Nahrung holen, dann weiß man, warum sie auf Schadstoffe darin besonders stark reagieren.

Lange Zeit wurde der Tod der Bäume als Preis des Fortschritts hingenommen. Er ereignete sich zudem vor allem in unmittelbarer Nähe von besonders stark Schwefel abblasenden Industrien, Kohlekraftwerken, Erz- und Glashütten. Der weitaus größte Teil der Wälder wurde davon nicht oder nur wenig beeinträchtigt. Als jedoch der Verbrauch fossiler Brennstoffe mit dem Wachstum von Industrie und Wohlstand nach dem Zweiten Weltkrieg rapide zunahm, stieg auch der Schadstoffausstoß so an, daß die Menschen darunter zu leiden begannen. Vorschriften zur Eindämmung der Plage wurden erlassen, aber die Chance zur Lösung des Problems vertan.

Mit etwas Mut und Weitsicht wäre es vielleicht möglich gewesen, Verfahren zur Ausfilterung und Rückgewinnung der Schadstoffe zu verbessern, neu zu entwickeln und vor allem anzuwenden. Das war uns aber wohl zu teuer, und so kam man auf einen Gedanken, der sich heute als besonders folgenschwer erweist. Anstatt, wie bisher, die Abluft aus verhältnismäßig niedrigen Kaminen zu entlassen und damit die Schadstoffe – schlimm genug ohnehin – auf kleine Flächen in der Umgebung zu verteilen, wurden Kamine von 200 Meter Höhe und mehr gebaut. In hohe Luftschichten und -strömungen verbracht, war man den Rauch los – dachte man.

Über tausend Kilometer weit können Schadstoffe so bewegt werden, wenn der Wind weht. Aber: Was von dem einen Hochkamin weggetragen wird, wohin auch immer, weht vom anderen wieder her. Und so haben wir es mit der »Hochschornstein-Politik« dahin gebracht, daß statt einer Rückhaltung von Schadstoffen am Ort ihrer Entstehung ihre Verteilung auf große Flächen bewirkt wird. Und da nun einmal alles irgendwo bleibt, war das Problem mitnichten gelöst – im Gegenteil, wie sich gleich zeigen wird.

Die erste empfindliche Reaktion auf diese Art des Umweltschutzes kam aus Skandinavien. Dorthin gelangt nämlich mit den Südwestwinden unser Abgas auch, und nicht nur das unsere, sondern auch das aus Nordfrankreich, Benelux und England. Die Schwefeldioxidfracht, inzwischen zu schwefeliger Säure geworden, regnet sich ab und gelangt auch in die vielen Seen des Landes. Sie sind als Produkte der Eiszeit auf saurem Gestein entstanden und deshalb von Natur aus besonders empfindlich gegen eine weitere Versauerung. Wenn es dann plötzlich verdünnte Schwefelsäure vom Himmel regnet, und das nicht nur einmal, sondern jahrelang, dann ist das Leben in diesen Gewässern von schwerwiegenden Veränderungen bedroht: Pflanzen verschwinden, und viele der Kleinlebewesen solcher Gewässer verlieren ihre Lebensgrundlage; auch Fische sterben aus, weil sie keine Nahrungsbasis mehr haben oder weil sie in zu saurem Wasser einfach nicht existieren können. Touristen aus Mitteleuropa, die Schweden besuchen, werden inzwischen durch freigebig verteilte Flugblätter darauf aufmerksam gemacht, daß es das in ihren Heimatländern entstandene Schwefeldioxid ist, das die südschwedischen Seen zugrunde richtet.

Und als dann bei uns nachgemessen wurde, kam das Ergebnis unserer Hochschornstein-Politik drastisch zutage. Überall, wo man den Regen daraufhin untersuchte, wurde er für zu sauer befunden. Dabei ist auch »natürlicher« Regen, also solcher ohne Beeinflussung durch Schadstoffe, bereits sauer; sein Säuregrad, ausgedrückt als pH-Wert, liegt bei 5,6; neutral wäre ein pH-Wert von 7,0. Der Unterschied kommt dadurch zustande, daß das in der Luft überall gegenwärtige Kohlendioxid mit dem Regen zu Kohlensäure reagiert. Verharrte der pH-Wert des Regens also bei etwa 5,6, dem »natürlichen Neutralpunkt«, so wäre die Welt, was dies angeht, in Ordnung. Tatsächlich aber liegt er bei 4,1. Selbst Werte von 3,9 sind bereits gemessen worden.

Die Differenz von 4,1 zu 5,6 mag nicht groß erscheinen, leider aber ist sie es. Diese Zahlen sind nämlich ihrer Kennzeichnung beraubte (negative) Logarithmen, und das bedeutet, daß die Versauerung um das Zehnfache zunimmt, wenn der pH-Wert von 5 auf 4 steigt. Und bei einer Veränderung von pH 5,6, dem »natürlichen Neutralpunkt« des Regens, auf den tatsächlichen Wert von 4,1 ist der Versauerungsgrad 32fach größer geworden. Das ist eine schlimme Größenordnung.

In den meisten Gebieten unseres Landes, jedenfalls wenn sie weit genug von großen Industrie- und Ballungsgebieten entfernt sind, reicht diese Versauerung für lange Zeit nicht aus, um äußerlich erkennbare Schäden an Nadeln und Blättern hervorzurufen. Damit ist zwar nicht gesagt, daß es solche nicht gibt, doch sind sie vorerst nicht sehr stark. Es läuft jedoch als Folge des dauernden Eintrags von saurem Regen ein Prozeß ab, durch den das ganze Ökosystem Wald aus den Fugen geraten kann.

Mit dem Regen gelangen ständig verdünnte Säuren auf den Boden. Wo dieser sehr kalkreich ist oder – wie in der Landwirtschaft – regelmäßig gekalkt wird, kann die Säure neutralisiert werden. Schäden treten daher nicht auf.

Unser Wald wächst jedoch ganz überwiegend auf Böden, die nicht viel Kalk enthalten, sondern von Natur aus bereits sauer sind. Hier führt nun das Immermehr an Säure, das vom Himmel fällt, zu einer langsamen, aber kontinuierlichen Veränderung des Bodens: die Versauerung nimmt zu. Der Boden wendet zwar alles auf, was er an Pufferstoffen enthält, Kalzium und Magnesium vor allem, um die Säuren zu neutralisieren. Das geht aber nicht lange gut, da der Vorrat nicht reicht. Kalzium und Magnesium werden allmählich so stark ausgewaschen, daß die Pflanzen Mangel vor allem an Magnesium zu leiden beginnen.

Irgendwann werden dann Versauerungsgrade erreicht, die zur Freisetzung von Aluminium aus dem Bodenkörper in das Bodenwasser führen. Aluminium aber ist ein Element, das, wenn es in genügend großen Mengen auftritt, giftig für die Pflanzen ist. Die Baumwurzeln vor allem werden davon betroffen, sie können den großen Wasserbedarf der Kronen nicht mehr decken, Wurzelfäule stellt sich ein, wodurch die Sturmfestigkeit beeinträchtigt wird. Schäden durch Insekten und Pilze, die an vitalen Bäumen harmlos verlaufen, bekommen für die so geschwächten eine lebenbedrohende Größenordnung. Der Wald nimmt Schaden, er löst sich allmählich auf, er stirbt.

Ein höchst komplizierter, das ganze Ökosystem durchdringender Prozeß also läuft ab, einem fatalen Ende zu. Man kann nur hoffen, daß in diesem Ablauf, den der Göttinger Waldbodenkundler Ulrich eindringlich dargestellt hat, noch einige Abwehrreaktionen von Boden und Wald wirksam werden, die bisher übersehen worden sind – eine Hoffnung immerhin.

Auf zweierlei Weise also schadet die Luftverunreinigung dem Wald: Einmal dadurch, daß Säuren, schwefelige Säure vor allem, unmittelbare Schäden an Nadeln und Blättern hervorrufen, die schnell zum Tode der Bäume führen können; die Koniferen sind dagegen besonders empfindlich, weil sie ihre Nadeln nicht ausnahmslos jährlich abwerfen und sich so, wie die Laubbäume, sanieren. Zum anderen kann es zu folgenschweren Veränderungen des Bodens kommen, auf die der Wald sich nicht einstellen kann, auch nicht der Laubwald.

Was können wir tun, was müssen wir tun? Dort, wo in Industriegebieten akute Blattschäden durch Luftverunreinigung auftreten, ist der weitere Anbau von empfindlichen Nadelbäumen kaum noch möglich. Aber können wir sie durch Laubbäume wirklich ersetzen, wenn man schon heute weiß, daß auch Roteichen und Linden Schwächezeichen erkennen lassen? Sollen wir wirklich den Tod ganzer Baumgattungen dadurch verdrängen, daß andere vielleicht einige Jahrzehnte länger durchhalten? Und wie werden wir uns zur großflächigen Versauerung der Waldböden verhalten, mit den dramatischen Konsequenzen, die sich daraus ergeben? Werden wir, werden die verantwortlichen Politiker lernen, die Zusammenhänge zu verstehen, die das Leben auf der Erde bestimmen, werden wir endlich einsehen, daß unser menschliches Leben nur Teil dieses gesamten Lebens ist?

Und wem das zu pathetisch klingt, der sollte ganz einfache ökonomische Gesichtspunkte durchdenken: Auf zwei Dritteln unserer Waldfläche, das sind etwa 4,5 Millionen Hektar, wachsen die besonders empfindlichen Nadelbäume, Fichten vor allem. Hauptsächlich sie sind gefährdet, hauptsächlich ihr Holz stellt aber auch die Basis für große Industrien, viele mittelständische Betriebe und das ganze Holzhandwerk dar. Achthundertfünfzigtausend Arbeitsplätze in der Bundesrepublik hängen am Holz, und fast die gesamte Bevölkerung, sechzig Millionen, lebt mit dem Wald und seinem Holz. Das aufs Spiel zu setzen sollte uns nicht in den Sinn kommen. Luftverunreinigungen müssen daher weitgehend unterbunden werden, und zwar am Ort der Entstehung. Daß wir das könnten, ist unzweifelhaft, ob wir das wollen, ist allerdings sehr die Frage. Der Grund für die Skepsis ist die »Technische Anleitung Luft«, die die zulässigen Schadstoffgehalte in der Luft gesetzlich regelt. Der hessische Immissionsspezialist Wentzel hat sie so dargestellt:

Mittlere Gehalte der Luft an SO_2 (Schwefeldioxid) Milligramm je Kubikmeter	Maximale	Waldrisiko
0,02	0,10	Keine schädlichen Einflüsse auf Nadelwälder
0,08	0,30	Schwere Erkrankungen von Nadelwäldern und vorzeitiger Tod
0,12	0,40	Jeder wirtschaftliche Anbau von Nadelwald ausgeschlossen
0,14	0,40	Zugelassene Werte nach der »Technischen Anleitung Luft«

Würde die Industrie die ihr legal möglichen Schadstoffkonzentrationen tatsächlich produzieren, so gäbe es bereits keinen Nadelwald mehr bei uns, jedenfalls keinen gesunden. Die Zahlenreihe zeigt ganz eindeutig zweierlei: einmal die Größenordnung, die die Schadstoffbelastung der Luft nicht überschreiten dürfte, und zum anderen, daß die erlaubte Größenordnung um ein Vielfaches zu hoch liegt. Die Politiker, wir alle, haben noch nicht begriffen, um was es geht. Die Zeitbombe Luftverschmutzung tickt. Rettet den Wald!

Horst Stern

Waldsterben 1983

Nie zuvor war der Wald so in aller Munde wie heute. Der Anlaß ist bedrükkend: Seit einigen Jahren wird sichtbar, daß in der Bundesrepublik die Wälder großflächig krank sind. Was früher nur aus den Ballungsgebieten und der Umgebung der Industriereviere bekannt war, hat auf die Mittelgebirge vom Harz bis zum Bayerischen Wald übergegriffen. Und im letzten Jahr häufen sich Hiobsbotschaften aus allen Teilen des Landes, sogar aus den Alpen.

Zunächst wurden die Schäden an der Weißtanne, etwa seit 1980 an der Fichte und inzwischen auch an anderen Baumarten sichtbar. Eine Erhebung im Frühjahr 1982 ergab, daß in der Bundesrepublik bereits 560000 Hektar betroffen sind, das sind knapp 8 Prozent der Gesamtwaldfläche. Entsprechend ihrer weiten Verbreitung treffen davon auf die Fichte allein 270000 Hektar. Am stärksten ist die empfindliche Weißtanne gefährdet. Ihre 100000 Hektar machen 60 Prozent des gesamten Weißtannenanteils in unseren Wäldern aus. Seit dieser Erhebung haben sich die Schäden ausgebreitet. Örtlich kommt es bereits zu flächenhaftem Absterben von Waldbeständen, die vor wenigen Jahren äußerlich noch gesund erschienen.

Anfangs vermuteten einzelne, als Ursachen kämen extreme Klimaereignisse wie Trockenjahre oder außergewöhnliche Winterkälte, bislang unbekannte Krankheitserreger oder aber Anbau von Baumarten auf ungeeigneten Böden in Frage. Diese Vermutungen haben sich nicht bestätigt. Alle Fachleute vertreten inzwischen die Ansicht, daß Schadstoffe in der Luft als primäre Ursache verantwortlich seien. Eine Schlüsselrolle spielt sicherlich dabei das Schwefeldioxid (SO_2), das bei allen Verbrennungsvorgängen entsteht.

Daneben gelten Stickoxid (NO) und die bei starker Sonneneinstrahlung daraus entstehenden Photooxidantien als mitverantwortlich; Ozon zählt dazu. Diese Stoffe wirken einzeln oder in Kombination unmittelbar schädigend auf Nadeln und Blätter. Sie sind aber offensichtlich auch in der Lage, die Widerstandsfähigkeit der Bäume herabzusetzen, so zum Beispiel die Frosthärte und auf diese Weise indirekt die Schäden zu verursachen.

Zwischen 1960 und 1980 hat sich die jährlich in der Bundesrepublik in die Luft abgelassene Menge an Schwefeldioxid laufend erhöht und etwa 3,5 Millionen Tonnen erreicht. Allein 56 Prozent davon stammen aus den bis zu 250 Meter hohen Schornsteinen der Kraftwerke, weitere 28 Prozent aus der Industrie. Die ausgestoßene Menge an Stickoxiden liegt heute bei 3,1 Millionen Tonnen, woran die genannten Verursacher mit 50 Prozent beteiligt sind. Nur 6 der derzeit über 90 in der Bundesrepublik betriebenen Kohle- oder Heizölkraftwerke sind mit Entschwefelungsanlagen ausgerüstet, obwohl technisch eine 90 bis 95prozentige Reinigung der Abluft von Schadstoffen möglich ist. Die Verursacher haben sich dank ihrer starken wirtschaftlichen Stellung bisher erfolgreich gegen den Zwang zum Einbau solcher Anlagen gewehrt.

Erst unter dem Druck der öffentlichen Meinung haben sich Parteien und Regierung nun dazu entschlossen, die Bestimmungen über die zulässigen Schadstoffmengen in der Abluft zu verschärfen. Anfang des Jahres wurde die sogenannte ›Technische Anleitung Luft‹ neu gefaßt. Sie setzt neue Höchstwerte für die durchschnittliche Schadstoffbelastung in bestimmten Landesteilen fest. Diese Grenzen liegen allerdings so hoch, daß sie zum Beispiel für den Bayerischen Wald keine Hilfe bringen: Dort stirbt der Wald unter Schadstoffbelastungen, die weit unter den gesetzlich zulässigen liegen. Ähnliches gilt auch für die im Februar 1983 von der Bundesregierung erlassene ›Großfeuerungsanlagen-Verordnung‹. Sie regelt die zulässige Schadstoffmenge pro Kubikmeter Luft beim Austritt aus dem Schornstein.

Auch diese Verordnung orientiert sich nicht am technisch Möglichen, sondern vorrangig an den Interessen der Industrie. Gefährlich für den Wald werden sich die darin enthaltenen Ausnahmeregelungen für sogenannte ›Altanlagen‹ erweisen. Die letzten davon müssen erst im Jahr 1993 angepaßt sein. Vollends unverständlich bleibt dabei, daß auch ein erst im Bau befindliches Kohlekraftwerk, wie das im niedersächsischen Buschhaus, als ›Altanlage‹ gilt. Wenn es 1984 in Betrieb genommen wird, wirft es pro Stunde 18t Schwefel aus, 30mal mehr als nach der neuen Verordnung zulässig!

Werden diese Vorschriften nicht rasch verschärft, wird es für weite Teile der Wälder in den Mittelgebirgen wohl kaum eine Rettung geben. Um so mehr ist das zu befürchten, als bisher zur Reduktion des Stickoxidausstoßes, im Gegensatz etwa zu Japan, noch keinerlei wirksame Bestimmungen erlassen wurden. Genauso wenig gibt es bisher Vorschriften für abgasreduzierte Kraftfahrzeuge, wie sie im Export für die USA bereits gelten. Die Diskussion in der Öffentlichkeit, die Aktionen von Verbänden und Organisationen, das Anprangern der Schuldigen darf nicht aufhören, bis ausreichende Schutzbestimmungen durchgesetzt sind. Der Wald ist tödlich bedroht wie nie zuvor.

Aber auch jeder einzelne kann und muß zur Rettung des Waldes beitragen. Jede verbrauchte Kilowattstunde elektrischen Stromes ›reichert‹ unsere Atemluft mit 6,7g Schwefeldioxid an! Sparsamkeit im Umgang mit jeder Art von Energie ist ein wichtiger Beitrag zum Schutz unserer Böden, der Gewässer und der Wälder.

»Weißt Du nicht, daß die Wälder das Leben eines Landes sind«, lautet eine über 3000 Jahre alte babylonische Inschrift, oder wie ein anderes treffendes Wort sagt: »Erst stirbt der Wald, dann stirbt der Mensch.« Die Hochkulturen im Mittelmeerraum sind wesentlich daran zugrundegegangen, daß sie ihre Wälder und damit ihr Land zerstörten. Wir dürfen das gleiche in unserem Land nicht zulassen: Die Rettung des Waldes hat Vorrang vor Autobahn- und Kanalbauten, vor der Rüstung, aber auch vor der Erhaltung des derzeitigen Wohlstandes.

H. Bibelriether

Schäden durch Luftverunreinigungen

Verhältnismäßig geringe Mengen an fossilen Brennstoffen werden verbrannt; über niedrige Schornsteine starke Belastung der näheren Umgebung (bis etwa 1950).

Schwefeldioxid,
Fluorwasserstoff,
Stickoxide,
Schwermetalle,
Stäube.

Schwere Ätzschäden an und in den Nadeln führen zum Tode der Bäume oder zu schweren Schäden.

Ätzschäden an kurzlebigen landwirtschaftlichen Pflanzen halten sich in Grenzen.

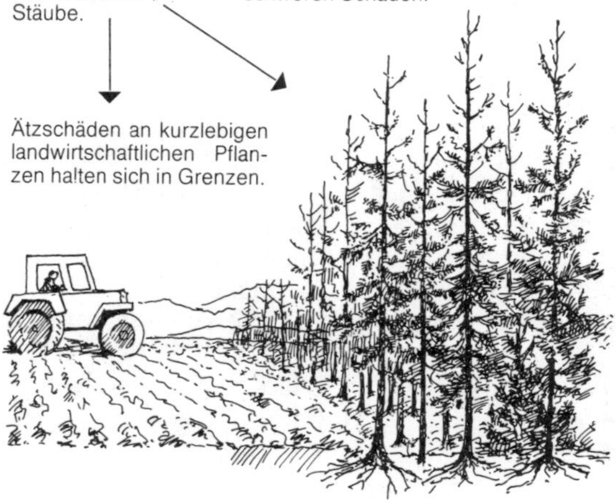

Der Versauerung der Äcker wird durch Kalkung entgegengewirkt.

Der Boden versauert.

Immer größere Mengen fossiler Brennstoffe werden verfeuert. Hohe Kamine befördern die freiwerdenden Schadstoffe über weite Strecken. Große Flächen werden dadurch nicht sehr stark, aber permanent belastet (etwa ab 1950).

W

Schwefeldioxid,
Fluorwasserstoff,
Stickoxide,
Schwermetalle,
Stäube.

Leichte Ätzschäden an und in Nadeln und Blättern sind möglich.

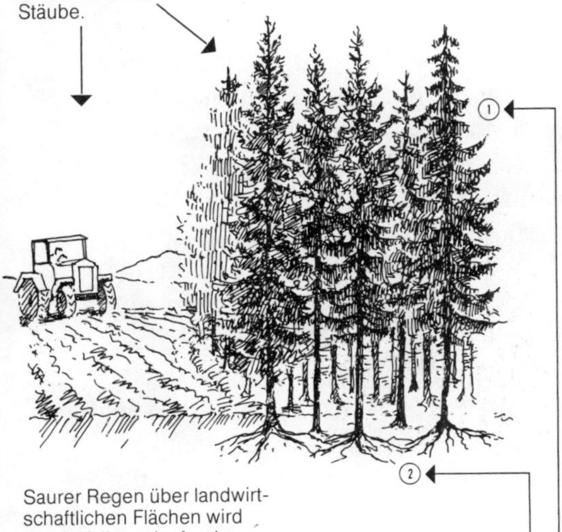

Saurer Regen über landwirtschaftlichen Flächen wird durch Kalkung laufend neutralisiert.

①
Da die Kronen der Bäume, vor allem der Nadelbäume, das Schwefeldioxid geradezu aus der Luft herauskämmen, ist der Regen unter Wald noch saurer als auf der Freifläche.

②
Die Böden versauern langsam, aber stetig. Der Abbau der toten organischen Masse stockt. Das Wachstum der Bäume und ihre Widerstandsfähigkeit gegen Krankheiten lassen nach. In sehr sauren Böden wird in zunehmendem Maße Aluminium freigesetzt, das für Pflanzen giftig ist. Die Feinwurzeln sterben ab, die Bäume werden gegen Trockenheit, aber auch Sturm immer empfindlicher. Der Zusammenbruch des Ökosystems Wald steht bevor.

Wald ist das Miteinander und Füreinander von Pflanzen und Tieren, sichtbaren und unsichtbaren, jungen und alten auf engstem Raum wie auf großer Fläche. Wald ist selbst heute noch, wo fast alle Bäume unter der Säge sterben, ohne ihr Leben zu Ende gelebt zu haben, das letzte uns verbliebene Großsystem naturnaher Lebensabläufe. Wald ist um so mehr ein Ort auch für Menschen, je weniger sie ihn stören mit der Erntebesessenheit ihrer Ökonomen und der Maßlosigkeit ihrer Freizeitansprüche. Wald lehrt uns, daß Monotonie den Geist verdüstert und das Leben gefährdet: Nur der aus Laub- und Nadelbäumen gemischte, am selben Ort jung und alt gestufte Wald ist heiter und standhaft.

Wald lehrt uns auch Menschlichkeit. Er zeigt dem Wissenden, daß nicht nur das Vollkommene, sondern auch das Krüppelhafte, ja das Kranke dem Gesamtorganismus einer Gesellschaft unverzichtbare Dienste leistet: So wie im Menschen die Krankheit, die nicht banal ist, existentielle Gedanken nährt, so nährt der im Kern kranke Baum eine Unzahl von Bakterien, Pilze und Insekten. Den nur gesunden, den reinen Renditewald verlassen die höheren Tiere. Auch lehrt der Wald uns den Sinn des Sterbens: Eine junge Tanne kann zwei Menschenalter lang unter dem Kronendach einer alten Buche leben, wenige Meter hoch und mit Jahresringen dicht an dicht. Erst wenn die Riesin fällt und der Sonne den Weg freimacht, wächst die Tanne los. So verjüngt sich der Wald. Es sterben seine Individuen, sein Leben ist ewig.

Mehr noch als sein Holz, mehr noch als die Atemluft, die er uns kühlt und säubert, das Wasser, das er uns filtert und bewahrt, die Stille, die er schafft, und den Boden, den er festhält, brauchen wir seine geistigen Wohlfahrtswirkungen: den Wald nicht nur als grüne Menschenfreude, sondern als den Ort, an dem das uns verlorengegangene Naturmaß bewahrt wird. Doch sieht unsereiner nur, was er weiß. Darum schrieben wir dieses Buch.

Waldeslust gestern, heute, morgen

Horst Stern

Nahezu ein Drittel der Bundesrepublik ist mit Wald bedeckt; jeder vierte deutsche Mann wäre gern Förster; nahezu alle ihre Frauen fänden das gut. Viel Holz, viel Ahnungslosigkeit, viel Liebe – das ist es, was im deutschen Wald wächst und west. Man nähert sich ihm wie dem Programm des deutschen Fernsehens: zur Entspannung fest entschlossen, und nur keine Probleme! Holz, obwohl in unserer Zivilisation allgegenwärtig, ist kein Stoff, den man kennen möchte von Ast bis Zelle. »Holz ist ein einsilbiges Wort, aber dahinter verbirgt sich eine Welt der Märchen und Wunder.« Theodor Heuss. Bäume sind keine Pflanzen, von denen man wissen möchte, wie sie es machen, daß ihnen das Wasser zu Kopfe steigt. »Bäume sind Heiligtümer. Wer ihnen zuzuhören weiß, der erfährt die Wahrheit.« Hermann Hesse. Wasser im Wald, das ist keine Substanz, an deren Weg aus dem Kronenraum durch den Boden ins Grundwasser man sonderlich interessiert wäre. »Die wildesten Konflikte lösen sich nicht in Tränen und nicht in Blut, sondern nur im reinen Tau des Waldes.« Peter Rosegger. Wälder sind nicht der Ort, darin man denkt. »Wenn Deine Seele krank ist, dann verbirg Dich wie ein verwundetes Tier in den Wäldern: sie werden Dich heilen.« Siegfried von Vegesack.

Die Dichter der Deutschen haben den Wald mit Tiefsinn und Gefühlen möbliert, und ein ganzes Volk singt seit Joseph von Eichendorff: »O Täler weit, o Höhen, o schöner grüner Wald, du meiner Lust und Wehen andächtiger Aufenthalt!« Selbst ein Erich Kästner buk, im städtischen Grunewald, metaphysischen Baum-Kuchen: »Die Seele wird vom Pflastertreten krumm. Mit Bäumen kann man wie mit Brüdern reden und tauscht bei ihnen seine Seele um.« So kam es, daß die Deutschen von ihrem Wald eigentlich bloß wissen: Er stammt vom lieben Gott, und nur der Kahlschlag, der ist vom Förster. Aber nicht einmal die Sache mit dem lieben Gott stimmt: Fast der ganze deutsche Wald, wie wir ihn kennen, ist menschengemacht, gepflanzt von Waldarbeiterinnen, die man »Kulturfrauen« nennt; eine von ihnen ist auf jedem Fünfzigpfennigstück zu sehen.

Es ist dies die Grunderkenntnis, auf der jedes noch so bescheidene Wissen von unserem Wald aufbauen muß: Es gibt hierzulande keinen Urwald mehr, das heißt keinen Wald, in dem die Bäume alt werden bis sie stürzen und vermodernd den Boden bereiten für einen Nachwuchs, der in natürlicher Verjüngung entstand, gepflanzt von Wind und Vögeln. Und wo es solche Urwaldreste bei uns noch gibt, da fehlt ihnen ausnahmslos das andere Merkmal des wahren Urwaldes: die große Flächenausdehnung. Unsere Urwaldreste, in den Hochlagen des Nationalparks Bayerischer Wald etwa, sind museale Schaustücke, winzige Inseln im Wirtschaftswald, wie er ein Drittel der Republikfläche deckt.

Forst, Försterwald, Kunstforst – aus dieser Mißfallenssteigerung, die Naturfreunde für den modernen Wald bereithalten, läßt sich zumindest sein Unterschied zum Urwald ablesen: Er wird meist gepflanzt, in aller Regel gepflegt und immer geerntet. Baumarten, Baumzahlen und Baumalter bestimmt der Mensch. Die Natur wurde zur Magd des Holzmarktes degradiert. Der österreichische Schriftsteller Robert Musil: »Ein Wald, meistens aus Bretterreihen bestehend, die oben mit Grün verputzt sind.«

Das hört sich schlimm an und schmeckt nach Kulturschande. In Wahrheit war es eine Kulturtat ersten Ranges, den Wald überhaupt bewahrt zu haben durch Jahrhunderte, in denen die Technik die Raubameisenmentalität des Menschen mit immer schärferen Zähnen versah. Wie hätte eine solche schon immer auf Ausbeutung, nicht auf Bewahrung der Naturschätze gerichtete Mentalität, die mittlerweile das Eisenerz vom Meeresgrund und das Öl von noch darunter holt, vor der leicht zugänglichen Vegetationsdecke des Landes haltmachen können? Ganze Wälder gingen in den Öfen der Wohnhäuser, in den Schmelzen der Erz- und Glashütten und unter den Kesseln der Salinen in Flammen auf; sie verbrannten mit den hölzernen Städten des Mittelalters und versanken mit seinen Kriegs- und Handelsflotten in den Meeren. Nicht also, daß der Urwald aus unserer intensiv genutzten Kulturlandschaft verschwunden ist, kann überraschen; daß es überhaupt noch Wald bei uns gibt, ist bemerkenswert. Wir verdanken es der waldspezifischen Idee der Nachhaltigkeit: nicht mehr Holz ernten als nachwächst. Darin steckt, des langen Wachstumsalters der Bäume wegen, jeweils mehr Vorsorge für kommende als für gegenwärtige Generationen. Hätte die übrige Rohstoffwirtschaft dieses menschen- und naturfreundliche Prinzip übernommen, die Menschheit wäre heute weniger besorgt um ihr »Raumschiff Erde« und seine zu Ende gehenden Vorräte.

Dem deutschen Förster Gerechtigkeit widerfahren lassen, heißt nicht, seine Sünden zuzudecken. Den Verlust des Urwaldes akzeptieren, bedeutet nicht, seine oft anzutreffende forstliche Deklassierung als »chaotisch«, als »menschenfeindlich« mitzumachen. Im Rothwald der Familie Rothschild, einem von Menschen nicht angerührten Wald bei Langau in Niederösterreich, kann man erleben, was mit dieser Menschenfeindlichkeit gemeint ist: Baumriesen – Tannen, Buchen, Fichten, deren Kronen den Himmel zu tragen scheinen, so fern sind sie der Erde. Es herrscht das Dämmerlicht gotischer Dome unter ihrem Dach. Mächtige Säulen liegen gebrochen am Boden, zweifach, dreifach gekreuzt, kyklopische Barrieren gegen eindringende Menschenzwerge. Wo das Kronendach im Sturz dieser Baumsäulen aufriß und Sonnenlicht einließ, streben junge Bäume, von hundert Jahren Schatten erlöst, in die Höhe, nicht selten auf den Kadavern ihrer Altvordern wachsend, deren moderndes Holz langsam zu Humus zerfällt. Mancher Baum hebt den Anfang seines Stammes einen Meter hoch über den Boden, seine dicken Wurzeln wie Stuhlbeine unter sich: da faulte die Verwandtenleiche, auf der er sein Leben begann, in Jahrzehnten unter ihm heraus.

Und wenig Großgetier. Es gilt, was der österreichische Forstmann Josef Wessely im 19. Jahrhundert schrieb: »Alle Bewegung schien weit und breit erstorben, es schwirrte kein Vogel, es flatterte kein Schmetterling, und selbst die Lüfte, welche hoch oben die Baumgipfel in sanften Schwingungen wiegten, drangen nicht mehr in den Bereich der Schäfte herab. Lautlose Stille ringsumher; desto mehr schreckte plötzlich der schneidende Schrei eines einsamen Spechtes und ein andermal das geisterhafte Knarren zweier sich reibender windbewegter Schäfte. Keine Spur menschlichen Waltens milderte den bangen Eindruck dieser schauerlichen Öde.«

Da ist es heraus, was so viele Forstleute den Urwald instinktiv ablehnen läßt: keine Spur menschlichen Waltens, und also schauerliche Öde. Das Ideal ist der gepflegte, der aufgeräumte Försterwald, von Wegen durchzogen, von Baumleichen geräumt. Robert Musil spottete: »Urwälder haben etwas höchst Unnatürliches und Entartetes. Die Unnatur, die der Natur zur zweiten Natur geworden ist, fällt in ihnen in Natur zurück. Ein deutscher Wald macht so etwas nicht.«

Was er macht, der deutsche Wald, das formulieren die Förster (die nach Musil »im Wald für ein wenig Unregelmäßigkeit sorgen, für irgendeinen Baum, der hinten aus der Reihe tritt, denn sie haben ein feines Gefühl für die Natur«) folgendermaßen: »Im Kulturwald«, schrieb der hannoversche Forstmeister W. Kremser vor ein paar Jahren, »fehlt die natürliche Phase des Sterbens und Verwesens; er ist weit lebensvoller und lebensfreundlicher als der Urwald.«

Daran ist richtig, daß nur der Wald, der sein maximales Alter noch nicht erreicht hat, also der nach 100 Jahren schon schlagreife Kulturwald, mehr Biomasse – Blätter, Nadeln, Holz – produziert, als ihm auf natürliche Weise abgeht. Urwälder dagegen sind immer am Endpunkt ihrer Gesamtreifung angekommen. Zuwachs und Abgang befinden sich im Gleichgewicht; es sterben nach oft Hunderten von Lebensjahren nur Baumindividuen; der Wald ist als Ganzes in sich stetig, auf ewiges Leben angelegt und nur durch Wetterkatastrophen auf großer Fläche zu Fall zu bringen.

Ist ein Kulturwald, nur weil er als Folge seiner Unreife noch wächst und unreif unter der Säge endet, flächenhaft oft im Kahlschlag, darum »lebensvoller« als der ewige alte Wald? Und ist »lebensfreundlich« nicht ein Wort, das auf den Waldbesucher gemünzt ist, nicht auf den Wald? Kommodes Menschenmaß legte auch der Ex-Präsident der Münchner Universität, Nikolaus Lobkowicz, an den Urwald an: »Ein Europäer hat ungeachtet aller Karl-May-Romantik heute größte Schwierigkeiten, einen echten Urwald, wie er etwa in den Vereinigten Staaten noch in großen Teilen der Rocky Mountains zu finden ist, als schön zu erleben; und wenn er schon entweder ein so eingefleischter Romantiker oder ein so passionierter Jäger ist, daß er den Urwald tatsächlich schön oder gar erholsam findet, so ist dies nicht zuletzt deswegen der Fall, weil er aus seiner Zivilisation eine halbe Wagenladung Bequemlichkeit mitführen kann und weiß, daß er beim ersten ernsten Unfall von einem Helikopter abgeholt wird.«

Das Wort Romantik hat keinen Bezug zum Urwald; er ist nicht für Menschen gemacht. Diese in sich selbst ruhenden archaischen Naturdenkmäler sind, wo es sie in Resten in Westeuropa noch gibt, jeder menschlichen Nützlichkeitserwägung entzogen; es ist nicht statthaft, sie an den Komfortsafari-

Gewohnheiten von Krethi und Plethi zu messen. Urwaldreste sind nicht nur für die Förster Orte, an denen man sich das verlorengegangene Naturmaß zurückholen kann.

Vielen Förstern kam es im 19. Jahrhundert abhanden. 1833 schrieb einer der deutschen Forstklassiker, Wilhelm Pfeil: »Bald wird die Zeit kommen, wo man die gigantischen Stämme, welche früher die deutschen Wälder enthielten, nur unter die Fabeln zählen wird. Unsere jetzige rechnende deutsche Forstwirtschaft nivelliert den Wald in einer Art, daß man in kurzer Zeit nichts mehr sehen wird als geschlossene, gleichmäßige Stangenhölzer oder höchstens schwache Baumhölzer, wenn man nach den haubaren Beständen fragt.« So schlimm kam es nicht, aber es kam schlimm genug: Der Altersklassenwald, in dem die Bäume wie die Schüler eines Gymnasiums in Klassen separiert erzogen werden, breitet seine unnatürlichen, jeder Mischung abholden geometrischen Fachwerke bis heute über das Land.

Um das ganz verstehen zu können, muß man, in Geschwindschritten wenigstens, in die deutsche Waldgeschichte zurück. Das heutige Gebiet der Bundesrepublik war noch um die Zeitenwende mit Wald bedeckt, und es war ein total anderer Wald, als wir ihn heute kennen. Laubwälder herrschten vor. Nadelbäume wuchsen im wesentlichen nur in den Mittelgebirgen und in den Alpen. Die Buche war der Leitbaum, und der Wald war immer Urwald. Menschenfeind.

Dann, in den nur 700 Jahren zwischen dem 7. und 13. Jahrhundert, wurde aus dem Waldland Deutschland ein Ackerland. Ausgehend von den Flußläufen, schlug man den Wald auf die Fläche zurück, die er mehr oder weniger heute noch bedeckt. Holz war jahrhundertelang der große Energiespender. 1800 war das Verhältnis von Brennholz zu Bauholz immer noch 90:10. Heute hat sich dies Verhältnis exakt umgekehrt.

Während sich im Mittelalter nur die Waldfläche verringert hatte, vollzog sich in der Neuzeit ein tiefgreifender Wandel in der Baumartenzusammensetzung unserer Wälder. Aus dem Naturwald wurde der Försterwald. Das ursprüngliche Laubholz wich nach und nach dem wirtschaftlicheren Nadelholz, voran Fichte und Kiefer, die nun schon – mit immer noch steigender Tendenz – bis zu 70 Prozent unserer Waldbaumarten ausmachen. Die durch Raubbau in Kriegs- und Notzeiten verarmten Waldböden gaben damals oft nichts anderes mehr her als anspruchslose Kiefernwälder, das muß man sagen. Fichtenplantagen aber, in maschinengerechter Reihung, sind die vielerorts bis heute nicht überwundenen Folgen eines forstlichen Renditedenkens, das im 19. Jahrhundert – in Nord- und Mitteldeutschland mehr als in seinem Süden – den Wald wie einen Kartoffelacker behandeln zu können glaubte: pflanzen und ernten zu jeweils gleichen Zeiten. Das setzte die Beschränkung auf gleichartige Baumpflanzen voraus. So wurde auf großen Flächen aus dem stabil gestuften, weil ungleichaltrigen und sich selbst verjüngenden Naturwald der gleichaltrige, ökologisch labile Holzacker. »Willst du den Wald vernichten, so pflanze nichts als Fichten«, reimte ein Forstmeister des Forstamtes Breitental im Roggenburger Wald nach den schweren Sturmkatastrophen des frühen 20. Jahrhunderts mit dem Meißel auf einem Gedenkstein für seinen gestürzten Wald.

Er hätte in Fairneß gegenüber seiner eigenen Zunft dazumeißeln lassen müssen: »...nichts als Fichten auf ungeeigneten Böden.« Aber Steinmetzen und Journalisten neigen zur vereinfachenden Kürze. Natürlich gewachsene Fichten auf Standorten, die ihrer Natur gemäß sind, etwa die Mittelgebirge und die subalpinen Bereiche der Hochgebirge, bilden ebenso schöne wie stabile Wälder. Ob nun Fichte oder Kiefer – wo sie der Bodenbeschaffenheit nach nicht hingehören und wo sie obendrein noch ohne die sie stabilisierende Beimischung anderer Baumarten in Monokultur stehen, da rächt sich solche Vergewaltigung der Natur. Zwei von vielen Beispielen aus jüngster Zeit: 1972 warf in Niedersachsen ein Superorkan in nur drei Stunden die Kiefernholzernte von zehn Jahren zu Boden. Gleichaltrige Wirtschaftswälder aus einer einzigen Baumart setzen solchen Hochgeschwindigkeitsluftmassen weit weniger Widerstand entgegen als naturnah belassene, ungleichaltrige Mischwälder aus Laub- und Nadelholz. 1975 brannten in Norddeutschland riesige Nadelholzareale nieder. Laubholz ist schwer entflammbar. Die hier massiert stehenden harzreichen Nadelbäume aber brennen in Trockenzeiten großflächig und lichterloh wie Zunder.

Karl Gayer, Professor für Waldbau in München ausgangs des 19. Jahrhunderts: »Der Wald kann und darf nicht denselben wirtschaftlichen Gesetzen unterstellt werden, welche für die übrigen Produktionsgewerbe maßgebend sind, wenn er nicht seinem Verderben entgegengeführt werden soll.« Die fachliche Waldliteratur ist voll von solchen naturnahen Erkenntnissen – weise Sprüche, auf die auch heute noch oft nicht gehört wird: Mögen die verwüsteten Böden Norddeutschlands vor zwei Waldgenerationen – das sind 200 Jahre – nichts anderes hergegeben haben als reine Kiefernwälder, so gilt das für viele heutige Aufforstungen ehemals landwirtschaftlicher Flächen, sogenannte Sozialbrachen, und in Feuchtgebieten gewiß nicht. Dennoch pflanzt man, den rascheren Wuchs, die leichtere Erziehung und den größeren Erlös der Fichte im Sinn, nichts als reine Fichte. Wie Zahlenkolonnen in Reih und Glied stehen die jungen Nadelbäume großflächig an den Hängen: Zeitgeist, der sich in der Landschaft materialisierte.

Noch ein Wort zum forstlichen Sonntag: »Der Waldbau hat die Aufgabe, sich an den ökologischen Grundlagen und weniger an kurzlebigen ökonomischen Überlegungen zu orientieren. Heile Umwelt ist wichtiger als wirtschaftliche Rentabilität.« So Hans Eisenmann, bayerischer Forstminister. Doch sein bayerisches Waldgesetz, in dem erstmals Ökologie zwar aufmüpfig vor Ökonomie rangiert, verpflichtet indessen nur den staatlichen Waldbau zum Vorrang der Ökologie, und selbst für ihn ist München – und der grüne Zar – weit. Für die Privatwaldbesitzer ist das ökologische Rezept eh nur eine Empfehlung. Was aber hindert sie, sich an die goldenen Worte ihres Ministers und die Weisheit seiner forstwissenschaftlichen Berater zu halten?

Schnöde, auf die »frohwüchsigen«, qualitätsholzhaltigen Fichten setzende Geldgier? Sagen sie Wald, wo sie in Wahrheit nur Holz meinen?

Wenn man weiß, daß im Jahr 1980 ein Festmeter Buche, Esche, Erle oder Birke um die neunzig Mark, ein Festmeter Kiefer oder Lärche aber 100 bis 120, Fichte oder Tanne gar 140 Mark erlöste; wenn man weiter weiß, daß der Wert der jährlichen Holzproduktion auf einem Hektar Buchenwald 500, auf einem Hektar Fichtenwald um 900 Mark beträgt, und wenn man dann schließlich noch hört, daß allein die Fichte unter den Nadelbäumen schon die Hälfte der gesamten deutschen Waldfläche einnimmt – auf riesigen Arealen oft im Reinbestand – und die einst herrschenden Laubbäume auf weniger als ein Drittel zurückgedrängt wurden, dann ist man sich schnell sicher: Es ist die Geldgier der Waldbesitzer, die sie naturfern wirtschaften, Holzzucht betreiben läßt, ohne Rücksicht auf eine sich mit Fichten verdüsternde Landschaft, degradierte Waldböden und abiotische Gefahren wie Feuer, Schneebruch, Sturm. Aber stimmt das?

Die Waldeslust 1979 kennt ja auch noch andere Zahlen. In den letzten 20 Jahren stiegen die Lohnaufwendungen für Waldarbeiter, addiert man die gesetzlichen und privaten Sozialleistungen dazu, je Arbeitsstunde um über 1000 Prozent. Noch 1955 konnte man zum Beispiel in Bayern mit dem Erlös aus einem Kubikmeter Rohholz einem staatlichen Waldarbeiter 43,5 Arbeitsstunden bezahlen. 1980 reichte es gerade noch für vier Lohnstunden. Und die Arbeitskosten machen an den Gesamtaufwendungen der deutschen Forstwirtschaft heute 70 Prozent aus. Im gleichen Zeitraum stagnierte der Holzpreis oder verfiel. In ungeschützter Marktkonkurrenz mit den Waldgiganten Rußland, Kanada, Skandinavien, Afrika und Südostasien, die ihre von der Natur gratis gelieferten Urwälder mit Großmaschinen quadratkilometerweise ernten oder schlichtweg Totalausbeutung ohne Rücksicht auf die Waldzukunft betreiben, kostete der pflegeaufwendige, gesetzlich vor Ausbeutung geschützte deutsche Försterwald unter dem Strich mehr als er brachte: Außer in den großen süddeutschen Staatsforsten mit ihren geldträchtigen hohen Nadelholzanteilen schreiben deshalb alle Staatsforstverwaltungen rote Zahlen.

Das Defizit pro Hektar Waldbodenfläche betrug 1965 schon 62 Mark. Selbst 1979 lag es immer noch bei vier Mark je Hektar. Nur der Körperschaftswald und der Privatwald machen im Durchschnitt wieder Gewinn. Ganz allgemein zeigt es sich, daß die Fichte der »Brotbaum« der deutschen Forstwirtschaft ist.

Daß sie es bleibt, liegt nicht allein an ihrem Holzwert und an ihrem geschwinden Wuchs, der die »Umtriebszeit«, den Zeitraum zwischen Pflanzung und Ernte, gegenüber Eiche und Buche verkürzt. Es liegt auch daran, daß zu viele im Wald lebende Hirsche und Rehe in großen Teilen bundesdeutscher Wälder jeden waldbaulichen Versuch, die Fichten-Monokulturen wieder mit Tannen und Laubbäumen zu mischen, oft auf großer Fläche zunichte machen: Der Jungwuchs aus Tanne, Buche und Ahorn, Linde und

Ulme, aus Eberesche, Aspe und Vogelkirsche ist der vom Wild zielstrebig gesuchte Leckerbissen auf dem monotonen Fichtenholzboden. Kaum stekken diese Baumpflanzen die Köpfe hervor, rasiert das Wild sie ab. Man kann immer wieder stets neu verbissenen Jungwuchs aus Edelholzarten finden, dessen Stammdicken ihn als zehn oder fünfzehn Jahre alt ausweisen, der aber nicht höher kam als drei, vier Handbreiten.

Die Folge sind kilometerlange, das Wild fernhaltende Zäune im Wald, eine Unkultur rings um die Kulturen der Neupflanzungen. Oder die Edelholzarten stehen einzeln in Drahthosen am Pfahl, zu Hunderten, zu Tausenden. Das ist kein Waldbau, das ist Kleingärtnerei auf riesiger Fläche, und oft genug sinnlos dazu: Die Zäune brechen unter stürzenden Bäumen oder, im Gebirge, unter Schneeschub nieder. Dann springt das Wild in diese Nahrungsparadiese mit ihrem reichgemischten Pflanzenangebot hinein und macht die Arbeit und die Kosten von zehn, fünfzehn Jahren in ein paar Nächten zunichte.

Das Wild ist nicht zu tadeln. Die Jäger, denen – unter anderem – wegen der horrend gestiegenen Jagdpachtpreise an viel Wild gelegen ist, schon eher. Am meisten zu tadeln aber sind jene Forstbeamten, denen Wild vor Wald geht. Korrumpiert durch Jagdpassion und Trophäe haben bis auf den heutigen Tag Generationen von Grünröcken an den Stellhebeln der Forstbürokratie in den ihnen anvertrauten Staatswäldern Wildbestände heranwachsen lassen, die das von ihnen in der Theorie vertretene Waldbauziel eines maßvoll gemischten, ökologisch stabilen Waldes allzu oft vereitelten.

Nicht umsonst entstand schon im 19. Jahrhundert die Spott-Definition des deutschen Försters: ein zum Zwecke der Jagd mit Bäumen umstandener Reserveoffizier. Hier hat der bis heute lebendig gebliebene Traum des deutschen Mannes, Förster zu sein, seine irrationalen Wurzeln. Gewehr, Dackel und Pfeife sind die Inhalte dieses Traums. Und, schon wieder, Joseph von Eichendorff: »Von fern nur schlagen die Glocken über die Wälder herein. Ein Reh hebt den Kopf erschrocken und schlummert gleich wieder ein.«

Daß Jagd auf Reh und Hirsch heute vor allem das biologische Geschäft des von ihr ausgerotteten Wolfes besorgen muß, wird verdrängt. »Wo der Wolf geht, wächst der Wald«, sagen die Leute im Osten. Unsere Ersatzwölfe aber, die Jäger, verstehen sich als Heger. In einer Zeit, die den Mastdackel zum Symbol ihrer pervertierten Tierliebe machte, kaschieren sie das unpopuläre Bild des Bambi-Killers mit dem winterlichen Futtersack auch in klimatisch milden Revieren. So werden die Rehe und Hirsche immer zahlreicher und die Wälder immer baumartenärmer.

Es gibt hoffnungsvolle Anzeichen der Vernunft: Die baden-württembergische Staatsforstverwaltung hat für ihre Wälder Abschußrichtlinien für das Rehwild erlassen, die im besten Sinne wölfisch sind: rigorose Kurzhaltung der jungen Tiere, maßvolle Schonung der erwachsenen. Und Füttern nur, wenn und wo der Winter wirklich bitter ist. Das alles unter Androhung von Disziplinarstrafen bei Nichtbeachtung.

Welche ökologischen Mängel der deutsche Wald auch immer haben mag (und er hat viele), sie ändern aufs Ganze gesehen nur wenig an seiner mehr denn je lebenswichtigen Bedeutung für das Wohlergehen von Mensch, Landschaft und Tier. Mit sieben Millionen Hektar, nahezu einem Drittel der Republikfläche, ist er das einzige uns noch verbliebene Großsystem aus natürlichen Funktionsabläufen. Die Landwirtschaft hat sich längst total chemisiert und mechanisiert. Müßte sie von heute auf morgen als Folge einer globalen Energiekrise auf Kunstdünger, Unkraut- und Insektenbekämpfungsmittel oder gar Dieselöl für ihre Maschinen verzichten oder dies alles auch nur einschneidend verringern – sie wäre für lange Zeit funktionsuntüchtig. Die riesigen Monokulturen aus jeweils nur einer Fruchtart brächen unter dem Kahlfraß von Insektenheeren bald zusammen, Unkraut und Pilzbefall würgten die empfindlichen, genetisch auf Hochleistung getrimmten Kulturpflanzen ab, und die verbliebenen menschlichen Arbeitskräfte reichten nicht annähernd aus, die Höhe in Handarbeit zu betreiben und das in industrieller Massenproduktion gehaltene Vieh zu versorgen. Die moderne Landwirtschaft hat sich von der Natur abgewandt, nur das Wetter hat sie noch nicht »im Griff«.

Der Wald dagegen erhielte sich ohne menschliches Zutun noch immer von selber. Und brächen die in hohem Maße anfälligen Kunstforste, die es in ihm ja gibt, aus Mangel an Pflege großflächig zusammen – es entstiege ihren Holzruinen von selber neuer, sogar natürlicherer Wald. Düngemittel und Biozide blieben in den Wäldern die Ausnahme; die Bäume und ihr Boden wurden bis heute nicht abhängig von der Chemie. Der Mechanisierung, wiewohl sie weit fortgeschritten ist, sind im Wald deutliche Grenzen gesetzt: Bäume stehen Großmaschinen überall im Weg, und Großkahlschläge lassen unsere zerstückelten Waldformen oder die Gesetze nicht zu. Handarbeit blieb in weiten Bereichen unverzichtbar.

Während Phosphat-Ausschwemmungen aus den kunstdüngergesättigten Feldern der Landwirtschaft zur Überdüngung und damit zur Sauerstoffnot der Gewässer beitragen, ist der Waldboden nicht nur ein riesenhafter Speicher von Niederschlagswasser, sondern auch der mineralische Filter, der unserem sauberen Grundwasser vorgeschaltet ist. Kein Gesetz verbietet es dem auf raschen Gewinn bedachten Agrarökonomen, die Produktionskraft seiner Böden zu überfordern. In der Forstwirtschaft dagegen gilt seit Jahrhunderten ungeschrieben und geschrieben das Gesetz der Nachhaltigkeit: Jeder Waldbesitzer hat seinen Wald in der Substanz auch dann zu erhalten, wenn er dabei draufzahlt – eine soziale Pflicht, von der es keine Absolution gibt. 50 Jahre müssen Nadelbäume mindestens alt werden dürfen, Laubbäume 80, bevor man die Axt an sie legen darf, und obwohl diese Baumalter, gemessen an den biologischen Möglichkeiten der Bäume, höchst gering sind, kommt dem Ökosystem Wald von daher doch die große natürliche Gelassenheit, die ökosystemeigene Wuchskraft, die ihn grundlegend von den Anabolika-Muskeln und vom politischen Marktgeschrei der Landwirtschaft unterscheidet: Sie verdoppelte ihre Produktionskraft in nur 25 Jahren, ein Zeitraum, in dem die Forstwirtschaft um weniger als 20 Prozent zulegte. Robert Musils Bild vom modernen Wald als einer Bretterreihe, die oben mit Grün verputzt ist, ist hübsch, aber falsch.

Ganz abgesehen davon, daß diese Bretter, nimmt man sie symbolisch für alle Holzverarbeiter vom Schreiner bis zur Papierfabrik, um 90 Milliarden Mark – sechs Prozent des Sozialprodukts der Bundesrepublik – einspielen und 850000 Arbeitsplätze schaffen; abgesehen davon auch, daß diese symbolischen Bretter noch nicht einmal die Hälfte unseres Holzbedarfs decken (die andere Hälfte importieren wir), haben sie mitsamt ihrem Grünputz die Fähigkeit, uns zu beatmen, vor Lärm, Staub und Abgasen, vor Bodenerosion, Hochwasser, Lawinen und Erdrutschungen zu schützen, uns Schatten, Trinkwasser und Erholung zu spenden, wie auch den Anblick eines Rehs und den Gesang der Vögel, ja selbst den der Dichter, wie wir alle wissen. Nach Roderick Nash von der kalifornischen Universität Santa Barbara ist sogar die Demokratie ein Produkt der Wälder. Aber vielleicht ist das ein Übersetzungsfehler, und er sagte »Bürokratie«, ihres vielen Papiers wegen, das auch aus dem Walde kommt.

Nicht nur der deutsche Hund, auch der deutsche Wald hat unter der Liebe seiner Verehrer mitunter arg zu leiden. Sie sähen es am liebsten, wenn man alle Förster in die Wüste schickte, zur Aufforstung derselben, den Wald aber sich selbst überließe, frei nach dem Spruch, der die Förster schon immer in tiefster Seele verwundet hat: »Herrlich hat's die Forstpartie, es wächst der Wald auch ohne sie!« Ich hänge diesem Zurück-zum-Urwald-Konzept zwar auch an, freilich nur auf Flächen von einigen Tausend Hektar pro Stück, die zur Lehre und zum Studium als Bannwälder ausgewiesen werden, damit jede Pflege und jede Nutzung in ihnen ruhe.

Der Traum vom deutschen Urwald im Republikmaßstab, von Buche und Eiche als seinen Leitbäumen, von der Zurückdrängung der Fichte auf ihre ursprünglichen Standorte in Mittel- und Hochgebirge, ist Utopie. Es ginge wohl, nähme man großflächige Zusammenbrüche nicht mehr geernteter, einförmig strukturierter Holzwälder für Jahrzehnte in Kauf, sähe man über Borkenkäfer-Invasionen und Feuersbrünste in den trockenfallenden Baumleichenfeldern hinweg und hätten mehrere Generationen die seelische Kraft, mit einem forstlichen Chaos zu leben, aus dem sich nach 200, 300 Jahren, ausgehend von noch naturnahen Waldinseln, der neue Wald, der Urwald erhöbe.

Aber es ginge, man muß das nicht ausmalen, wirtschaftlich nicht und schon gar nicht politisch. Man mache sich nichts vor: Der Deutsche will seinen Wald so ordentlich wie seine gute Stube, und der Förster ist sein Raumpfleger. Es genügen ihm, quasi als Möbel im altdeutschen Stil, ein paar dicke Bäume hier und da, doch Forststraßen zum Wandern müssen, wie Perserbrücken, nun mal sein. Man will sich von Lehrtafeln an den Bäumen illustriert unterhalten lassen und sich auf Schwebebalken trimmen, sich nicht zwischen meterhoch liegenden Baumleichen den Hals brechen. Da haben jene Förster, die den Urwald nicht mögen, schon recht. Zu verübeln ist ihnen auch nur, daß sie meinen, wir könnten es uns – bei sieben Millionen Hektar Wald! – nicht leisten, ein paar zehntausend davon sich selbst zu überlassen.

Nicht einmal im Nationalpark Bayerischer Wald. Und wenn schon dort nicht, wo denn sonst? Immerhin hat die bayerische Staatsforstverwaltung hier 4000 Hektar naturnaher Waldbestände aus der Nutzung entlassen, wie denn überhaupt Bayern mit solchen Naturwald-Reservaten der Zahl wie der Fläche nach an der Spitze der Bundesländer steht, freilich hat der weißblaue Freistaat auch den meisten Wald. Anderswo sind solche ökologischen Zellen beschämend klein, sei es, weil nicht mehr bewahrenswerte Naturwaldsubstanz vorhanden war, sei es, weil Waldbesitzer beim Nutzungsverzicht nicht mitmachen. So liegen denn diese letzten ursprünglichen Waldbilder, noch nicht einmal 10000 Hektar insgesamt, fast ausnahmslos im Staatswald.

Eine andere Variante der Waldschonung hat sich die Mineralölindustrie einfallen lassen. »Bäume gehören in den Wald«, schlagzeilte sie unlängst in der Werbung. Durch Luftverschmutzung und Tankerkatastrophen mit dem Ruf eines Umweltsünders ersten Grades behaftet, versuchte sie, sich durch Anpreisung der auf Erdöl basierenden Produkte ein grünes Image zu verschaffen. Das ist der Wolf, der Kreide fraß, damit Rotkäppchen ihn für die Großmutter hält. Die Mineralölindustrie hätte wohl für diese Werbung nicht soviel Geld ausgegeben, wüßte sie nicht, daß sie damit bei vielen Waldliebhabern Gehör fände. Es sind Menschen, die aus Liebe zum Wald auch nur »holzfreies« Papier nehmen, das es nicht gibt, oder gar eines, das aus Altpapier gewonnen wurde. Dem Wald dienen sie damit nicht, sie schaden ihm eher, denn die pflegliche Nutzung des Wirtschaftswaldes ist die Voraussetzung seiner Existenz und damit auch seiner Wohlfahrtswirkungen für Mensch, Tier und Landschaft.

Fachleute schätzen, daß zwei bis drei Millionen Hektar Wald – von sieben Millionen insgesamt – »übergewichtig« sind, wie der Münchner Forstpolitiker Richard Plochmann das nennt: Es sind die zwischen 20 und 60 Jahre alten mittleren Bestände, »Stangenorte« genannt, in denen die Bäume noch aus der Zeit ihrer Anpflanzung zu dicht stehen. Man hatte die Zeit nicht und nicht das Geld, sie zu durchforsten, sie »abzuspecken«, und nun droht ihnen das Schicksal der zu fetten Menschen: Kreislaufkollaps aus mangelnder Konstitution. Naturgewalten haben leichteres Spiel mit ihnen als mit geläuterten, »schlanken« Waldteilen.

Nähme die deutsche holzverarbeitende Industrie mehr schwaches Holz ab, so wäre dem Wald geholfen, aber sie kann es nicht oder will es nicht. Die Gründe müssen wir hier nicht untersuchen. Tatsache ist, daß die Bundesrepublik, die Jahr für Jahr die Summe ihres eigenen jährlichen Holzaufkommens zusätzlich importiert, zwischen 1975 und 1977 6,5 Millionen Kubikmeter Holz geringerer Dimension exportieren mußte, um es nicht am Boden verfaulen zu lassen. Ein Teil des kreislaufgeschädigten Sturmholzes, das die

Orkane der ersten siebziger Jahre in Niedersachsen umwarfen, wurde an Japan verkauft, zur Produktion auch von Klopapier – ein deutsches Waldschicksal, das Joseph von Eichendorff und seine Epigonen nie bedachten.

Der Waldspeck also, sein zu vieles Holz, sitzt nicht dort, wo alle, auch die Naturliebhaber, es gern hätten: an den dicken alten Stämmen, die des Schutzes und des Älterwerdens würdig wären. Es sitzt in den Jungwaldungen.

Lassen wir die Forstwirtschaft auf diesem schwächeren Holz sitzen, dann vergreift sie sich unter dem Druck ihrer Kosten gar zu leicht an den alten dikken Bäumen, am starken Stammholz, das gutes Geld bringt. Die »forstliche Sozialbrache« – überdichte, nicht durchforstete Dickungen, die instabil sind und risikoträchtig und ästhetisch deprimierend – und der vermehrte Hieb auf den starken Stamm stehen in Relation zueinander. Bringt nur er das Geld, das man zur Anschaffung von Maschinen braucht, weil menschliche Arbeitskraft kaum mehr zu bezahlen ist, und hat man erst die Maschinen, die überwiegend der Ernte dienen, dann »entfeinere« sich, so sagt es der Forstwissenschaftler Olischläger, der Waldbau. Die Pflege des Jungwuchses werde vernachlässigt, der Einschlag im Altholz nehme unter Vernachlässigung des Nachhaltigkeitsprinzips zu. Am fernen Ende dieser Entwicklung sieht er einen Wald stehen, der zu den Maschinen paßt: flurbereinigte geometrische Holzäcker zwischen Transportgassen. Er registriert heute schon einen »Verlust an Forstkultur im weitesten Sinn«. Unter den aktiven Forstleuten bemerkt er Unzufriedenheit als Folge ungelöster beruflicher Spannungen zwischen der Kulturaufgabe der Nachhaltigkeit – nicht mehr ernten als nachwächst – und der wirtschaftlich orientierten Alltagspflicht. Er sieht regressives Verhalten, eine Wurstigkeit in Gestalt einer verstärkten Hinwendung zur Jagd, auch Aggression und Apathie. »Der Forstmann hat mit der Zeit zu gehen, sonst geht er mit der Zeit«, sagte der hessische Landforstmeister Wentzel 1970. Die Frage ist nur: Wohin geht die Zeit?

Es schallt aus dem Wald heraus, was die Wachstumsgesellschaft auch in ihn hineinruft: Ökonomie vor Ökologie. Im Wald wird dieses Gegensatzpaar nur gedämpfter ausgetragen. Die Energieproduzenten Fichte und Tanne, von Eichen und Buchen nicht zu reden, würden wohl – könnten sie es – lachen über die Ungeduld der Kraftwerkbauer, die schon an zehnjährigen Entscheidungszeiträumen schier verzweifeln wollen. Aus der Sicht von Hundertjährigen sieht manches weniger dramatisch aus. Das färbt auf die Förster ab. Wer niemals erntet, was er sät, hat auch keine rechte Sicherheit über das, was die nächste und die übernächste Generation verlangen werden. Niemand im Wald weiß derzeit mit letzter Sicherheit zu sagen, was die Gesellschaft von morgen nötiger haben wird: mehr Holz oder mehr Erholung, mehr Geld oder mehr Schutz vor zuviel Wasser von oben und zu wenig Wasser von unten, vor zuviel Abgasen und zu wenig reiner Luft, vor Lärm, Staub und Streß.

Während die mehr ökonomisch ausgerichteten Förster der Meinung anhängen, ein wirtschaftlich gesunder Wald, der optimale Holzwald also, werfe nicht nur Geld, sondern auch alle anderen Sozialfunktionen – Schutz-

und Erholungswirkungen – wie von selber ab, sind die mehr ökologisch gesonnenen, weniger technikgläubigen Grünröcke der Meinung, daß dem naturnäheren Wald, dem gestuften und gemischten, die Zukunft gehöre. Die seit vielen Jahren krisenhafte Situation der modernen Forstwirtschaft halten sie für schicksalhaft: ein unauflöslicher Konflikt zwischen der bedächtigen Natur des Waldes und der hektischen Industriegesellschaft, mit deren Patentrezepten – Rationalisierung, Mechanisierung, Wachstum – im Wald allein nichts gewonnen sei. Im »Forstwissenschaftlichen Centralblatt« konnte man lesen: »Leider gibt es einseitige und ausgesprochen kurzsichtige Äußerungen, die von reinen Rentabilitätsvorstellungen ausgehen und die Rettung erblikken in einer totalen Mechanisierung der forstlichen Produktion.«

Karl Hasel, emeritierter Ordinarius für Forstpolitik und Naturschutz an der Universität Göttingen, zu diesem Wettlauf zwischen dem Hasen Industrie und dem Igel Wald: »Die Krise der Forstwirtschaft ist eine Krise des Holzproduktionsbetriebes; sie ist die zwangsläufige Folge der fortschreitenden Industrialisierung und einer auf globales wirtschaftliches Wachstum eingestellten Wirtschaftspolitik, mit welcher der Holzproduktionsbetrieb wegen seiner besonderen Eigenart nicht Schritt zu halten vermag. Er besitzt infolge seiner engen Bindung an die Natur weit geringere Entfaltungsmöglichkeiten. Es ist das eine schicksalhafte Situation, in die jede Urproduktion in einer Industriegesellschaft unausweichlich hineingezogen wird.«

Aber wie im Märchen dürfte der Igel letztlich das Rennen machen: Es ist anzunehmen, daß die naturferne Industriegesellschaft schon sehr bald körperlich und geistig nichts nötiger haben wird als ihr größtes noch intaktes Natursystem, eben den Wald. Der Wald nicht mehr primär als Rohstofflieferant, sondern als riesiger Dienstleistungsbetrieb für gesunde Luft, gesundes Wasser, weniger Staub, weniger Lärm, weniger Streß. Aber: Was ist der Preis für den Sieg des Igels? Konkret: Wer gibt schon Geld aus für Luft, zahlt Eintritt im Wald? Sollen also 700000 Privatwaldbesitzer, viele kleine Leute darunter, in deren Hand nahezu die Hälfte des deutschen Waldes ist, 60 Millionen Mitbürgern (von denen 41 Prozent auf nur sieben Prozent Republikfläche in ungesunden Ballungsräumen leben) die Gesundheit bezahlen?

Hasel zählt auf, was Gesetz und Gesellschaft dem Waldbesitzer schon heute aufbürden: »Fast überall arbeitet der Waldbesitzer mit Verlust, und es ist nicht abzusehen, wann sich dieser Zustand wieder ändern wird. Der Waldbesitzer aber kann nicht ausweichen, er ist der Allgemeinheit verpflichtet. Er muß seinen Wald im Interesse der Sicherung der natürlichen Lebensgrundlagen und als Erholungsraum pflegen, er muß kahlgehauene Flächen mit Rücksicht auf die Landeskultur wieder aufforsten, er darf sich nicht durch Großkahlhiebe und unpflegliche Nutzung auf Kosten der Allgemeinheit zu sanieren versuchen. Er kann seinen Wald oder Teile davon nicht ohne weiteres roden und als Bauland verwerten. Oft ist er durch die Rücksicht auf Erholungsuchende zu Mehraufwendungen veranlaßt für Schaffung von Erholungseinrichtungen, die mit der Waldbewirtschaftung nichts zu tun haben. Er muß Beschädigungen des Waldes und selbst Waldbrände in Kauf nehmen, er muß bedeutende Beträge aufwenden, um die Waldverschmutzung zu beseitigen, ohne dafür Ersatz zu erhalten.« Denn das Bundeswaldgesetz sichert seit 1975 jedermann zu jeder Zeit das freie Betretungsrecht für jeden Wald: ein ganzjähriger Tag der offenen Tür. 35 Millionen Menschen – gerechnet für die Summe aller Wochenenden eines Jahres – allein in den Wäldern Baden-Württembergs!

Während also die Allgemeinheit vom Wald alles verlangt: Holz, saubere Luft, reines Wasser, Stille und Schutz, Trimm-dich-Pfade, Spazierwege, Liegewiesen, Wetterhütten, Grillplätze, Reitwege und dazu den möglichst häufigen Anblick von Bambi, dem gefräßigen Reh, läßt sie ihn mit den Kosten dafür im Stich. Die Forstwissenschaft errechnete, daß die Ausgaben und Mindererlöse, die dem öffentlichen und privaten Waldbesitz in Deutschland durch die Schutz- und Erholungsfunktion entstehen, sich im Jahr 1974 auf 392 Millionen Mark beliefen, das sind 6,30 DM pro Kopf der Bevölkerung. Es gibt keinen anderen Wirtschaftszweig, der 14 Prozent seines Umsatzes für Zwecke aufwendet, die ausschließlich dem Gemeinwohl dienen.

Die Masse der Politiker, ob klein oder groß, ob im Bundestag oder in den Länder- und Kommunalparlamenten, hat vom Wald so gut wie keine nähere Kenntnis. Für sie ist – aus dem Intercity-Zug betrachtet – jede Nadelwaldplantage, weil sie aus Bäumen besteht und grün ist, halt Wald und jedes Reh, das sie auf dem Feld davor äsen sehen, ein Zeichen dafür, wie heil doch die deutsche Natur im allgemeinen und der deutsche Wald im besonderen noch sind. Der Wald hat keine Lobby, die sich jener der anderen großen Wirtschaftszweige auch nur annähernd vergleichen ließe.

Der Münchner Forstpolitiker Richard Plochmann schrieb darum denen, die politisch über Schicksal und Zukunft unseres Waldes zu bestimmen haben, ins Stammbuch: »Soweit wir es zu erfassen vermögen, haben die Forstbetriebe, die staatlichen wie die privaten, auf die Krise der Forstwirtschaft in einer Art reagiert, wie die Unternehmer eines jeden anderen Wirtschaftszweiges auch. Sie sparten Kosten beim jungen Wald. Ganz konkret heißt dies: Sie haben Buchen durch Fichten ersetzt und Mischwald durch reinen Nadelholzbestand, weil der nicht nur billiger zu begründen, sondern auch leichter zu pflegen ist. Wo dem Waldbesitzer dies nicht im Schutz- oder Erholungswald ausdrücklich verboten wird, kann er diesen Weg auch ruhigen Gewissens gehen; er verletzt dabei kein Gesetz und produziert keine Holzberge auf Kosten der Steuerzahler.

Die Konsequenz besteht allerdings darin: Für viele Pflanzen und Tiere wird dieser Wald keinen Platz zum Überleben bieten; seine Fähigkeit, vor Erosion zu bewahren, Hochwasser zu dämpfen und Wassernot zu lindern, wird schwinden, und er selbst wird anfälliger werden für Naturgefahren und uns dazu zwingen, mehr Chemikalien – Dünger, Herbizide, Pestizide – zu seiner Erhaltung einzusetzen. Auch im Wald bedeutet dieser Weg den weiteren Verzehr unserer Umweltsubstanz.«

Sind Sechsmarkdreißig pro Kopf und Jahr, der Gegenwert einer Kinokarte für den zweiten Rang, unzumutbar für die Bürger, wenn es darum geht, das Grüne Drittel der Republik, den deutschen Wald, nicht, dem rasch schwankenden Markt folgend, immer wieder einmal in roten Zahlen versinken zu lassen?

Es ist nicht zu viel. Es ist nicht einmal genug: Die Umwandlung holzorientierter Wirtschaftswälder in naturnähere Erholungs- und Schutzwälder kostet Geld, das dem ohnehin oft draufzahlenden privaten Waldbesitzer nicht abverlangt werden kann. Wir wenden – nach Angaben der Deutschen Forschungsgemeinschaft – in der Bundesrepublik jährlich 17 Milliarden Mark zur Behandlung ernährungsbedingter Krankheiten auf. Im und am Wald könnten wir in manchem gesunden. Trügen wir auch nur einen Teil dieser ungeheuren Summen statt zu den Ärzten und Apothekern zu den Förstern, sie könnten uns und kommenden Generationen einen Wald bauen, den Bertolt Brecht meinte: »Weißt du, was ein Wald ist? Ist ein Wald etwa nur zehntausend Klafter Holz? Oder ist er eine grüne Menschenfreude?«

Der Gedanke fasziniert viele Menschen: Da steht ein Baum jahrhundertelang, Jahrtausende sogar, an einem Ort, kein anorganischer auf Ewigkeit angelegter Fels, sondern ein sterbliches Lebewesen aus Zellen, Säften, Haut und Gliedern. Er blutet, wenn man ihn verwundet. Er bricht, wenn man ihm Gewalt antut. Er ist Person.

Da wundert es nicht, daß einige dieser Methusalem-Gestalten wie sehende, hörende Zeugen der Geschichte empfunden werden: Königsmäntel streiften ihre Haut, heidnische Kinder spielten in ihrem Schatten, Erhängte baumelten – faulige Früchte menschlich pervertierter Zeiten – von ihren Ästen. Es sind Bäume, die schaudern machen kraft ihres schieren, uns unbegreiflichen Alters, ihrer Gegenwart in der Vergangenheit.

Und doch gibt es zu ihrem Innersten nicht nur über den Weg der Phantasie Zugang; man kann durchaus erklären, wie sie wurden, was sie sind; kann sie ihrer geschichtlichen Aura entkleiden und sie geistig reduzieren auf Stoffwechselvorgänge, auf biologische Wechselwirkungen zwischen ihnen und ihrer Umwelt.

Ist der einzelne Baum schon ein Wunder an Vielfalt der Strukturen und Funktionen, so ist es die Summe der Bäume, die man Wald nennt, noch mehr. Wie sie abhängig sind voneinander, diese Individualisten, wie sie im Kampf liegen um Licht und Wasser, wie sie sich vermehren und wie sie sterben, das ist die geistige Anstrengung des Eindringens in diese Stoffülle wert.

Der Baum als Einzelwesen

Peter Burschel

Professor Dr. Peter Burschel, Jahrgang 1927, ist seit 1972 Inhaber des Lehrstuhls für Waldbau und Forsteinrichtung der Universität München. Er studierte Forstwissenschaft in Göttingen, München und Oregon, USA. Sechs Jahre lang war er wissenschaftlich in Lateinamerika tätig und betrieb Urwaldforschung in Chile. Schwerpunkt seiner heutigen Arbeit ist die Ökologie und Technik der natürlichen Verjüngung wichtiger Waldformen in der Bundesrepublik, besonders des Alpenwaldes. Peter Burschel ist in seinem Heimatkreis stark im Naturschutz engagiert. Er ist Jäger mit Dackel und Diskretion; wiewohl passioniert, scheinen Büchsenknall und Hörnerklang den zu Understatement neigenden Wissenschaftler eher ein wenig zu irritieren.

Dem Bayernkönig Ludwig II. hatte es landschaftliche Schönheit angetan, und es fiel ihm weiß Gott nicht schwer, schöne Flecken in seinem Reich zu finden. An eine solche herausragende Stelle vor der Wettersteinwand oberhalb von Garmisch-Partenkirchen hat er sich eine Jagdhütte bauen lassen. Seltsam wie er selbst war, ist auch diese Hütte geworden: Von außen ein Jagdhaus – dabei hatte der König gar keinen Spaß an der Jagd – und drinnen orientalische Pracht. Schachen-Schloß wird es genannt.

Um dieses Haus bauen und erreichen zu können, mußte er einen Pfad anlegen lassen. Er führt von der Wetterstein-Alm in etwa fünfzehnhundert Meter Höhe an der Wettersteinwand entlang bis zum Schloß. Ihn zu wandern lohnt sich nicht nur wegen des seltsamen Schlosses, das an seinem Ende wartet, sondern auch wegen des Waldes, durch den er führt. Er stellt einen zwar nur sehr kleinen, aber eindrucksvollen Ausschnitt aus dem »Grünen Drittel« dar, das der Wald an der Gesamtfläche der Bundesrepublik ausmacht. Es ist ein Bergwald, nicht weit von der Waldgrenze entfernt; Fichten sind in dieser Höhe sein Hauptelement, aber man trifft auch gelegentlich noch Ahorn und Vogelbeere. Und ein Blick hinauf zur Wettersteinwand läßt erkennen, daß im Waldgrenzbereich Lärchen und Zirben wachsen. Oft sind es mächtige Bäume.

Wandert man von der Wetterstein-Alm los, so kommt man nach zwei Kilometern an eine Stelle, die als Sehenswürdigkeit einem Vergleich mit dem Schachen-Schloß standhält. Hier gibt es nämlich ein Stück Wald, wie man es nur noch selten in Deutschland finden kann; sein Reiz wird noch dadurch erhöht, daß es kaum jemand kennt. Verläßt man dort den Königspfad und geht den Steilhang vielleicht dreihundert Meter hinab, so gelangt man in einen ziemlich dichten Bestand von mächtigen Fichten. Sie sind etwa zweihundertfünfzig Jahre alt, wie Jahresringzählungen ergaben; ihre Durchmesser betragen mehr als einen halben Meter, und sie haben lange, große Kronen.

Zu einer Sehenswürdigkeit wird dieses Waldstück aber dadurch, daß in seiner Mitte ein wahrer Riese von einem Baum steht: eine Fichte von mehr als einem Meter Durchmesser. Sturm oder Eis hat sie in dreißig Meter Höhe abgebrochen; trotzdem überragt sie ihre Nachbarn noch immer um ein Beträchtliches. Ihre Krone hält in großer Menge dunkelgrüne Nadeln gegen das Licht. Zeichen des Alters sind daran nicht erkennbar. Und doch gibt es sie. Als ihr zur Altersbestimmung ein Bohrkern von wenigen Millimetern Durchmesser entnommen werden sollte, zeigte sich, daß das hölzerne Innere des Stammes verfault ist. Deswegen muß der schöne Baum nicht notwendigerweise in den nächsten Jahren sterben oder fallen; das kann noch Jahrzehnte dauern, mehr als ein Jahrhundert sogar. Aber die Fäulnis zeigt, daß auch Bäume – obwohl für sie Zeit von ganz anderer Dimension ist als für den Menschen – ihr Ende finden.

Da die Fichte sich einer genauen Altersbestimmung entzog, blieb nichts anderes übrig, als die Zahl der Jahre zu schätzen, die sie auf dem rissigen Bukkel haben mag. Das wurde erleichtert, weil im Hochlagenbereich, in dem auch dieser Wald liegt, schon Tausende von Altersbestimmungen gemacht worden sind, die einen Anhalt geben. Danach dürften es um die sechshundert Jahre sein, die dieser Baum der Steilheit des Geländes, mörderischen Stürmen und strengen Wintern getrotzt hat.

Es wird ihn kaum berührt haben, daß der Bayernkönig Ludwig ganz in seiner Nähe vorübergeritten ist. Für ihn waren, neben den elementaren, ganz andere Ereignisse von Bedeutung: Er muß ja Altersgenossen gehabt haben, mögen sie auch fünfzig oder gar hundert Jahre älter oder jünger gewesen sein als er. Nach der ziemlich gleichmäßigen Alterszusammensetzung des ihn umgebenden – jüngeren – Waldes ist zu vermuten, daß er nicht durch einen allmählichen Alterstod seiner Gefährten allein zurückblieb. Viel wahrscheinlicher ist es, daß vor etwa drei Jahrhunderten ein säkularer Sturm, ein Feuer oder eine andere Naturkatastrophe die Altersgenossen niederbrachte. Es ist aber auch möglich, daß der Mensch es war, der – es könnte bald nach dem Dreißigjährigen Krieg gewesen sein – ihr Ende verursachte; etwa indem er Feuer legte, um seine Hochweiden zu vergrößern. In unserem seit Jahrhunderten intensiv besiedelten Land müssen wir auch in sehr alten Wäldern immer damit rechnen, daß der Mensch bei ihrer Entstehung im Spiel war und auf die Waldentwicklung Einfluß nahm.

Legen Sie uns auf ein paar hundert Millionen nicht fest: Es gibt an die 20 Milliarden Waldbäume in der Bundesrepublik. Sie machen das »Grüne Drittel« unserer Staatsfläche aus. Doch ihre große Anzahl geht auf Kosten ihrer Entwicklung; sie stehen oft zu dicht, als daß sie sich im Umfang ganz auswachsen könnten, und sie erhalten von uns nicht genügend Zeit, um wirklich alt werden zu können. Sie sind, wie wir, eine Leistungsgesellschaft. Und die Vermassung fördert den Kampf um einen Platz an der Sonne.

Lebenschance: 1:1 Million

Für dieses Stück des Grünen Drittels ist das Verhältnis zum Menschen heute fast ohne Spannung. Hier ist der Wald zum Schutzwald erklärt worden, und von ihm erwartet man im wesentlichen nichts anderes, als daß er vorhanden ist und es auch bleibt. Nichts weiter als das. Keine Eingriffe also und weiteres Leben für den alten Riesen, auch für die anderen ja nicht mehr jungen Bäume des ihn umgebenden Bestandes. Und gelegentlich für einen der Jahr um Jahr keimenden Samen die Chance, ein paar Jahre, bestenfalls Jahrzehnte alt zu werden und dabei Kniehöhe zu erreichen: der dichte Schatten des Mutterbestandes erlaubt nicht mehr.

Sollte aber der Gigant eines Tages fallen oder ein Unfall – seien es Sturm, Eis oder Schnee – ein Lichtloch in das Kronendach des Hauptbestandes reißen, dann wird es einigen wenigen Bäumen aus dieser dritten Generation gelingen, höher zu werden und die entstandene Lücke zu füllen. Die Wahrscheinlichkeit ist für einen fallenden Samen indessen nicht gerade groß, daß er sich zu einem Baum von sechshundert Jahren entwickelt; sie liegt nur in der Größenordnung von eins zu Millionen.

Unser Waldstück ist also gut dran. Das gilt auch dann, wenn man forstlichen Entscheidungen gegenüber skeptisch ist, besonders dort, wo es um das hohe Alter von Bäumen geht. Als der bayerische König seinen Traum von einem Jagdschloß an der Baumgrenze verwirklichen wollte, wurden dazu große Mengen von Zirben eingeschlagen. Noch einhundert Jahre später ist deutlich zu sehen, wo sie im Waldbild fehlen. Heute gibt es Ansprüche ganz anderer Art und Größenordnung an den Wald, als sie solch ein kleines und zudem erfreulich nutzloses Schloß mit sich brachte.

Der Baum, ein bemerkenswertes Lebewesen

Der Wald besteht aus Bäumen, das weiß jeder. Dennoch wird der Bewohner Mitteleuropas bei dem Wort Baum oft gar nicht an den Wald denken, sondern an großartige Baumgestalten, die er aus Parks oder Alleen kennt. Zu ihnen hat er oft sogar ein unmittelbareres, persönliches Verhältnis. Niemand hat sie gezählt, diese eindrucksvollen Gütezeichen unserer Siedlungen und Landschaften.

Ganz sicher aber ist, daß ihre meist weniger eindrucksvollen Brüder im Wald ungleich zahlreicher sind. Auch von ihnen ist nicht genau bekannt, wie viele es in der Bundesrepublik geben mag, aber immerhin läßt sich die Größenordnung herleiten, in der sie vorkommen. Wenn es einem auf ein, zwei Milliarden mehr oder weniger nicht ankommt, und wenn man die noch sehr jungen außer Betracht läßt, dann dürften es um die zwanzig Milliarden Bäume sein, die das Grüne Drittel der Bundesrepublik bilden. Eine Zahl immerhin, die so groß ist, daß ein viel benutztes Sprichwort eigentlich umgekehrt werden müßte: Aus so vielen Bäumen besteht der Wald, daß der einzelne davon kaum noch auffällt.

In unseren mitteleuropäischen Wäldern fehlen den Bäumen zwei wichtige Voraussetzungen für eine eindrucksvolle Entfaltung ihrer Individualität: Raum und Zeit. Der Mensch, die Forstleute insbesondere, geben dem einzelnen Baum nicht genügend Raum für seine Entwicklung, und sie lassen ihn bei weitem nicht so alt und damit so groß und mächtig werden, wie er wohl könnte. Daß die Förster dafür ihre Gründe haben, ist schon richtig. Nur ist das Ergebnis in seiner Gesamtheit zwar oft ein schöner Wald, in dem aber der einzelne, das Baumindividuum, sich kaum noch hervortun kann.

Ob man nun einen Urwald betrachtet, mit seinen mehrere Jahrhunderte alten Baumgestalten, Baumgreisen manchmal, oder den oft gleichförmigen, selten über hundertjährigen Wirtschaftswald Mitteleuropas: immer ist der einzelne Baum sein Bauelement, und man muß einiges über ihn wissen, wenn man den Wald in seinen Erscheinungsformen verstehen will.

Was eine Pflanze zum Baum macht

Wozu Kräuter und Sträucher nicht fähig sind – der Baum kann es und ist damit allen anderen Pflanzen überlegen: Er kann seine Blätter fünfzig Meter, und gelegentlich sogar noch höher, über die Erdoberfläche heben, in Höhen also, in denen nur noch andere Bäume ihm das lebenswichtige Licht streitig machen. Das ist der Grund dafür, daß in allen Landstrichen der Erde, in denen Feuchtigkeit und Wärme in halbwegs ausreichendem Maße vorhanden sind, immer Bäume das beherrschende Element der Vegetation bilden. Sehr vielgestaltig treten sie auf, und in Tausenden von Arten kommen sie vor, weltweit. Selbst in unseren mitteleuropäischen, in dieser Beziehung gar nicht besonders begünstigten Breiten gibt es immerhin über dreißig verschie-

Autotroph – heterotroph – Produzenten – Konsumenten – Zersetzer

Nur wer grünen Farbstoff, Chlorophyll, besitzt, kann von Luft, Wasser und Sonnenenergie leben. Die Bäume haben Chlorophyll in ihren Blättern und ernähren sich dadurch selbst, sie sind autotroph. Aus Kohlendioxid, Wasser und Licht stellen sie Traubenzucker her, einen der Grundstoffe des Lebens. Sie sind die eigentlichen Produzenten in unserer Welt, die Primärproduzenten.

Viele Pflanzen, Pilze, Bakterien und manche andere besitzen kein Chlorophyll, sie sind daher nicht mit Wasser und Luft zufriedenzustellen. Als Nährstoff benötigen sie vielmehr organische Substanz, die von ihren grünen Brüdern hergestellt ist. Sie sind heterotroph, müssen sich von anderen ernähren. Die Tiere gehören hierher, ohne Ausnahme. Sekundärproduzenten sind sie alle.

Als Konsumenten treten die heterotrophen Lebewesen in Erscheinung, wenn sie sich von lebender organischer Substanz ernähren, oder als Zersetzer, wenn sie den Abfall, die toten Teile der Ökosysteme verzehren.

Im Wald spielen Konsumenten nur gelegentlich eine beachtliche Rolle, etwa dann, wenn Insekten oder Pilze sich auf die Nadeln und Blätter der Bäume stürzen, oder wenn Rehe und Hirsche einen zu großen Teil der jungen Pflanzen verzehren. Dagegen ist der Wald das große und lebenswichtige Aktionsfeld der Zersetzer. Pilze und Bakterien sind es hauptsächlich, die dafür sorgen, daß die toten Blätter, Nadeln, Zweige, Äste und Stämme sich nicht am Boden in lebensbedrohenden Massen ansammeln, sondern daß sie – wenn auch auf verwickelte Weise – wieder zu dem werden, was sie einmal waren: Wasser, Kohlendioxid und ein bißchen Mineralstoff. Der Kreislauf kann dann wieder beginnen, Recycling in Perfektion findet hier statt. Nur wenn Zuwachs und Abbau – Zersetzung – im Einklang sind, funktioniert das Ökosystem, kann der Wald leben.

dene Baumarten. Ihr Erscheinungsbild reicht von so bizarren Gestalten wie der rotbeerigen Eibe und der Stechpalme bis hin zu Fichte und Eiche.

Jeder einzelne Baum zeigt stets die wichtigsten Merkmale seiner Art. Darin äußert sich der genetisch festgelegte Bauplan, aus dem es kein Ausbrechen gibt. Seine Individualität entwickelt er jedoch als Reaktion auf seine Umwelt. Eine freistehende Fichte sieht deshalb ganz anders aus als eine im Gedränge des dichten Waldbestandes aufgewachsene; eine am Rande eines Hochmoores stehende entwickelt sich anders als eine auf tiefgründigem, leicht durchwurzelbarem Boden wachsende; und eine Fichte schließlich, an der Baumgrenze des Harzes, am Brocken etwa, hat kaum noch Ähnlichkeit mit einem Exemplar, das achthundert Meter tiefer am Harzrand steht. Diese ohnehin schon bemerkenswerte Vielfältigkeit der Baumgestalten wird dadurch noch erheblich vergrößert, daß junge Bäume stets anders aussehen als alte.

Diese Vielfalt im Äußeren ist jedoch nur scheinbar unübersehbar. Man braucht nur einmal einen Blick in den Bauplan zu werfen, um die Eigenarten zu entdecken, die eine Pflanze zum Baum machen. Alle Pflanzen haben die Fähigkeit, von anorganischer Nahrung leben zu können, wenn nur Sonnenenergie zur Verfügung steht. Sie sind autotroph, wie die Wissenschaft das nennt. Der Umbau anorganischer Substanzen wie Kohlendioxid und Wasser zu organischen Betriebs- und Baustoffen geschieht im Blatt. Blätter – gleichgültig ob sie die Form von Nadeln haben oder breite Oberflächen bilden, ob sie an immergrünen Pflanzen mehrere Jahre lang erhalten bleiben oder jährlich abgeworfen werden – kann man als Fallen betrachten, die dazu dienen, Sonnenenergie einzufangen. Diese wird von der Pflanze hauptsächlich für zwei Prozesse benötigt. Einmal wird sie in Form von Betriebs-, Bau- und Reservestoffen in chemische Energie umgewandelt. Zum anderen arbeitet die Pflanze damit, um einen ständigen Strom von Wasser aus dem Boden in die Blätter aufrechtzuerhalten.

Alle Pflanzen können das also – jedenfalls soweit sie grüne Blätter haben. Die Sonderstellung der Bäume im Pflanzenreich wird durch folgende Überlegungen verständlich: Eine Pflanze, die eine große Blattoberfläche zur Energiegewinnung besitzt, muß jeder anderen überlegen sein, die in dieser Hinsicht weniger gut ausgestattet ist. Die Pflanze, die überdies noch ihre Blattoberflächen in größere Höhen zu bringen vermag, wird alle anderen, die dagegen zurückbleiben, verdrängen – es wurde schon gesagt.

Daß der Baum beides kann – große Blattoberflächen je Individuum bilden und diese Oberflächen in großen Höhen anordnen – ist auf drei Besonderheiten zurückzuführen. Diese sind zwar einzeln auch an anderen Pflanzen zu beobachten, kombiniert jedoch machen sie den Baum zu dem, was er ist: die mächtigste Landpflanze. Hier die Besonderheiten:

Der Baum besitzt ein ausgeprägtes Höhenwachstum.

Er bildet einen außerordentlich stabilen und dauerhaften Stamm aus, der Jahr für Jahr dicker wird und mit kräftigen Wurzeln im Boden verankert ist.

Er kann sehr alt werden, manche Arten über tausend Jahre.

Der Baum kann hoch hinaus

Sehr viele Pflanzen wachsen in die Höhe. Der gesamte jährliche Höhenzuwachs geht jedoch bei den meisten Arten wieder verloren, weil sie im Herbst oberirdisch oder ganz absterben. Bäume bringen pro Jahr auch nicht mehr an Höhenwachstum zuwege als viele Kräuter oder Gräser. Selbst von einjähri-

Die Höhe ist ein wichtiges Kennzeichen jedes Baumes. Es sind deshalb viele Verfahren entwickelt worden, sie zu messen. Das ist mit komplizierten Geräten sehr genau möglich und in manchen Fällen kann es sogar über stereophotographisch aufgenommene Luftbilder geschehen. Es gibt auch sehr einfache Verfahren, die es jedem ermöglichen, sich schnell eine überschlägige Vorstellung von der Höhe eines Baumes zu verschaffen.

Man braucht dazu nichts anderes als einen Stab, einen Spazierstock etwa, der genau die Länge vom Auge bis zur ausgestreckten Faust hat. Diesen Stock hält man senkrecht nach oben so vor sich, daß die Faust in Augenhöhe liegt. Dann wird durch Hin- und Hergehen die Entfernung zum Baum solange verändert, bis der Baumgipfel in einer Linie mit der Spitze des Stockes gesehen wird. Die Entfernung vom Standpunkt des Beschauers bis zum Baum – sie kann mit Schritten oder einem Meßband gemessen werden – entspricht der Höhe des Baumes. Will man ganz genau sein, so muß die Größe der messenden Person noch hinzugezählt werden. Daß dieser einfachen Prozedur natürlich eine mathematische Gesetzmäßigkeit zugrunde liegt, mag der Darstellung entnommen werden. Sie illustriert gleichzeitig die vorstehende Beschreibung.

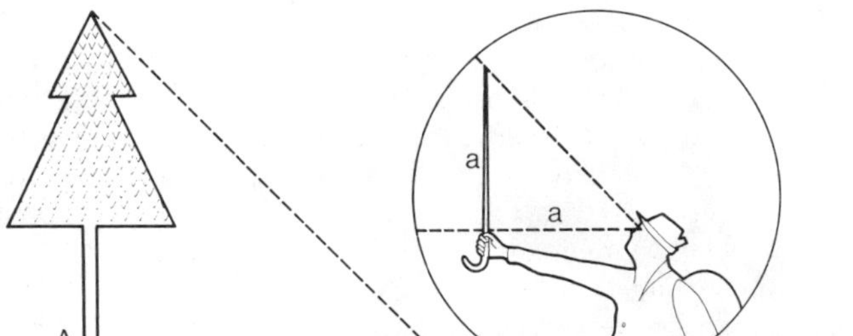

gen Pflanzen, wie etwa der Sonnenblume oder dem Mais, werden sie in dieser Beziehung sogar weit in den Schatten gestellt. Der entscheidende Unterschied besteht jedoch darin, daß der Höhenzuwachs der Bäume immer wieder auf den des Vorjahres aufgesetzt wird. Dadurch kommt es zu einer nach menschlichen Maßstäben zwar nur langsamen, aber doch stetigen Vergrößerung der Baumhöhe.

Nicht alle Bäume werden Riesen

Man wußte es schon immer und hat es sehr schön ausgedrückt, daß sie nämlich nicht in den Himmel wachsen, die Bäume. Die untenstehende Graphik zeigt das auch denen, die nur durch Fakten zu überzeugen sind. Die Bäume können nicht in den Himmel wachsen, weil es unübersteigbare Grenzen für ihre Entwicklung gibt. Man braucht, um sich der Grenzen ihres Wachstums bewußt zu werden, nur an die heikle Statik einer Baumgestalt zu denken.

Besonders interessant ist, daß diese Grenzen der Höhenentwicklung von zwei Größen vor allem bestimmt werden: Einmal von der Baumart und zum anderen vom Standort. Eiben, Ilex, Wildobst und Vogelbeere werden nun einmal nicht so groß wie Kiefern, Ahorne und Eschen. Und diese werden noch erheblich überflügelt von Fichten, Tannen und Lärchen. Es sind Tannen gemessen worden, die um sechzig Meter hoch waren, und auch die Fichte kann es auf sechzig Meter bringen. Aber selbst solche Giganten unserer

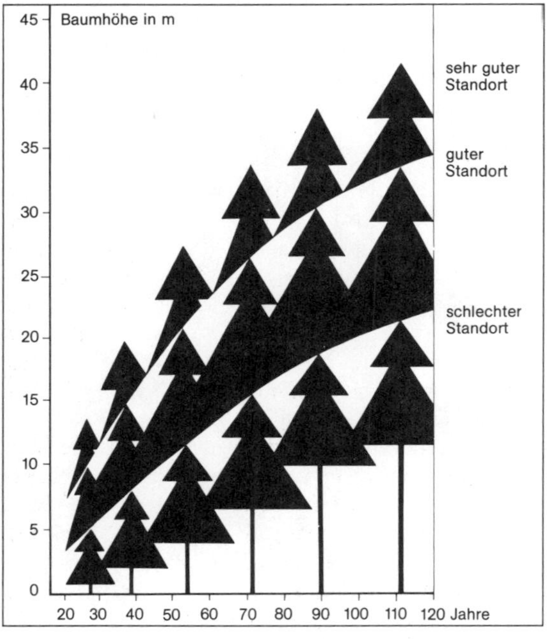

Je älter ein Fichtenbestand und je besser sein Standort, um so höher ist er.

(Quelle: Assmann, E., Franz, F., Fichten-Ertragstafel, München 1963)

Landstriche bleiben weit unter dem Weltrekord. Dieser wird für die Nadelhölzer von der nordkalifornischen Küsten-Sequoia mit einhunderteinundzwanzig Metern und einer australischen Eukalyptusart mit einhundertsechzehn Metern für die Laubbäume gehalten. Vom Himmel, wo immer er anfängt, bleiben aber auch solche Rekord-Bäume noch weit entfernt.

Die Armen und die Reichen

Nun erreicht aber auch ein Baum, den man alt genug werden läßt, die Maximalhöhe seiner Art keineswegs überall. Seine Möglichkeiten in dieser Hinsicht werden vielmehr vom Standort vorgegeben – es wurde schon angedeutet. Auf gut mit Wasser versorgtem, leicht durchwurzelbarem und nährstoffreichem Standort kann ein Baum bei gleichem Alter wesentlich höher werden als auf einem anderen, der ungünstigere Voraussetzungen bietet.

Dieser Zusammenhang zwischen der Höhe, die ein Baum in einer gewissen Zeitspanne erreichen kann, und der Güte des Standortes ist so eng, daß er als gesetzmäßig angesehen werden kann. Wenn daher das Alter des Baumes bekannt ist und seine Höhe gemessen wird, so kann aus dem Ergebnis auf die Qualität des Standorts geschlossen werden.

Die Baumhöhe ist zudem einigermaßen leicht und genau meßbar. Und sie wird kaum durch den Standraum beeinflußt, den ein Baum im Wald für seine Entwicklung zur Verfügung hat. Dieser wirkt sich lediglich auf den Durchmesser aus; zum Beispiel ist eine ziemlich frei aufgewachsene Fichte bei gleichem Alter zwar deutlich dicker, aber etwa genauso hoch wie eine andere, die in engem Verband mit Nachbarbäumen wuchs. Voraussetzung für diesen Vergleich ist allerdings, daß der Standort in beiden Fällen derselbe ist.

Krone und Blätter, die Energiefallen

Mit den Jahren, die er lebt, wird ein Baum nicht nur höher, sondern auch breiter und überhaupt größer. Daß sein Stammdurchmesser zunimmt, ist dabei nur ein Aspekt, ein so wichtiger allerdings, daß dem ein ganzer Abschnitt gewidmet werden muß. Unmittelbar mit der Höhenzunahme hängt dagegen die Kronenentwicklung zusammen. Die Krone ermöglicht es dem Baum, seine Blätter so anzuordnen, daß sie ihrer wichtigen Aufgabe gerecht werden können: Sonnenenergie einfangen. Jede Baumart hat dafür eine eigene Kronenarchitektur entwickelt, die so ausgeprägt ist, daß das Grundmuster immer erkennbar bleibt, auch wenn der einzelne Baum in den ausgefallensten Kronenvariationen auftreten mag.

Diese charakteristische Architektur ergibt sich aus der Art, in der die Äste und Zweige im Verhältnis zum Hauptstamm angeordnet werden. Die Rangordnung zwischen Stammtrieb und Asttrieb wird dabei über eine komplizierte Steuerung aufrechterhalten, deren Botschaften durch Pflanzenhormone übermittelt werden.

Die Äste können im rechten oder spitzen Winkel aus dem Hauptstamm hervortreten; und deren Äste, die Zweige, sind wiederum in einem für jede

Baumart typischen Muster verteilt. Solange ein Baum jung ist, verläuft sein Höhenwachstum schneller als das Längenwachstum der Äste. Es ergeben sich dann spitze Kronenformen, an denen die Endpunkte auch bei Laubbäumen meist klar zu erkennen sind. Wenn mit zunehmendem Baumalter die Höhenentwicklung nachläßt, während die Äste und Zweige weiter in die Breite wachsen, dann wird die Krone runder und voller.

Über die Stammachse mit ihren Ast- und Zweigsystemen ist es den Bäumen möglich, ihre Blattoberflächen zu entfalten. Jeder einzelne versucht dabei, möglichst große Flächen zu erreichen und die Einzelblätter wirkungsvoll anzuordnen. Man braucht nur einmal aufmerksam vom Inneren einer Baumkrone nach außen zu sehen, um die geradezu unglaubliche Perfektion zu erkennen, mit der es einem Baum gelingt, jedes einfallende Lichtquant zu erwischen. Er schafft das aber nicht nur durch die Art, wie die einzelnen Blätter nahezu ohne Zwischenräume nebeneinandergestellt werden, sondern darüber hinaus durch das Hintereinanderschieben mehrerer Schichten von Blättern. Große Bäume bilden so über tausend Quadratmeter Blattfläche.

Wie dem Höhenwachstum sind aber auch der Vergrößerung der Blattflächen Grenzen gesetzt. Die Ausbildung solcher hintereinander gestaffelten Blattschichten findet nämlich dann ein Ende, wenn nicht mehr genug Licht

Standort – Biotop – Biozönose – Ökosystem

Von Klima, Boden und Hangneigung hängt es vor allem ab, ob es Baum und Wald gut geht, oder ob sie eher Mühe haben, sich zu erhalten und zu entwickeln. Aus dem Zusammenwirken dieser drei Umwelteinflüsse entsteht das, was die Förster als den Standort des Waldes bezeichnen. Wollen sie darüber hinaus die Situation auf kleinstem Raum besonders charakterisieren, wenn beispielsweise Kleinpflanzen sich in einer winzigen Mulde entwickeln, oder sie am Fuße eines alten Wurzelstockes stehen, dann sprechen sie vom Kleinstandort.

Von den Ökologen wird der Standort meist als Biotop bezeichnet, und Lebensstätte wäre ein weiterer deutscher Begriff dafür.

Der Standort, das (oder der!) Biotop, ist in unserem Grünen Drittel mit Wald bestockt. Dieser besteht aber niemals nur aus Bäumen, sondern immer finden sich in ihm zahlreiche andere Pflanzen und Tiere, alle zusammen bilden eine Biozönose oder Lebensgemeinschaft!

Aus dem Zusammenwirken von Biotop und Biozönose ergibt sich dann als vielschichtiges und kompliziertes Gebilde das Ökosystem; als Begriff ist es aus der Fachpresse der Biologen längst herausgedrungen und Teil, vielleicht oft zu eilig gebrauchter Teil der Umgangssprache geworden. Energieflüsse, Stoffkreisläufe und Regelmechanismen sind die bestimmenden Eigenschaften der Ökosysteme.

durchdringen kann. Ein Blatt muß noch genügend Lichtquanten auffangen können, damit mindestens so viele organische Verbindungen aufgebaut werden, wie es durch Atmung selbst verbraucht. Ist das nicht mehr der Fall, so werden entweder überhaupt keine Blätter gebildet oder die gebildeten kümmern und vergehen. Baumkronen sind also als raffiniert aufgebaute Gerüste zu verstehen, die einen mehr oder weniger mächtigen Mantel aus Blattorganen mit großer Oberfläche gegen das Licht halten.

Nun können alle unsere Baumarten am besten wachsen, wenn sie volles Licht erhalten; darin unterscheiden sie sich nicht. Ein Unterschied, und zwar ein sehr großer, ergibt sich jedoch, wenn es darum geht, mit wenig Licht auszukommen. Das können nämlich einige Arten ungleich besser als andere. Die Forstleute teilen sie deshalb in Licht- und Schattenbaumarten ein. Noch bei sehr geringer Helligkeit, also unter ziemlich dichtem Schirm alter Bäume, wachsen die Schattenbaumarten Buche und Tanne; außerordentlich lichtbedürftig sind dagegen Lärche, Kiefer, Birke, Erle, Aspe und auch die Eiche. Und die Fichte wird wegen ihrer Zwischenstellung als Halbschattenbaumart bezeichnet.

Wenn es um die Entwicklungsprozesse in Wäldern geht, oder auch um die Formen der Waldbewirtschaftung, wie sie die Förster anwenden, liegt oft der Schlüssel zum Verständnis in dieser Eigenart unserer Bäume. Vor allem, wenn der Wald sich natürlich, aus sich selbst heraus, erneuern soll, kommt es besonders auf die Belichtung an.

Die Stämme – hölzerne Konstruktionselemente

Die große Stärke der Bäume ist ihr Höhenwachstum, das wurde gezeigt. Sie können ihre Kronen allerdings nur in großen Höhen halten, weil sie in der Lage sind, einen ungemein stabilen Körper aus Stamm und Ästen aufzubauen; auch diese Fähigkeit haben Bäume wiederum vielen anderen Pflanzen voraus. Zwar wachsen sie wie diese zunächst aus Vegetationspunkten an den Triebspitzen, und durch Vergrößerung der Zellen kommt es dabei zu einer deutlichen Verdickung der Triebe. Für viele Pflanzen endet damit aber auch schon die Möglichkeit, Durchmesser zu erreichen. Immerhin sollte man dieses primäre Dickenwachstum nicht unterschätzen: Palmen bilden ihren Stamm ausschließlich auf diese Weise aus. Er ist von Beginn an so dick, wie er später als mächtige Säule dasteht.

In unseren Bäumen hat sich dagegen ein anderes, außerordentlich wirkungsvolles System zur Vollendung entwickeln können, durch das sich die Schäfte bilden: Entlang der gesamten Oberfläche des Baumkörpers, also sowohl der Sprosse als auch der Wurzeln, befindet sich eine hauchdünne, nur mikroskopisch erkennbare Schicht von Zellen, das Kambium. Diese Zellen besitzen Eigenschaften, wie man sie aus embryonalen, also sehr jugendlichen Geweben kennt: Sie sind in der Lage, sich immer wieder zu teilen. Dabei entstehen neue Zellen, aus denen dann die Bauelemente des Baumes hervorgehen. Das mit bloßem Auge nicht sichtbare Kambium kann man sich mit etwas Phantasie folgendermaßen veranschaulichen: Man denke sich einen Luftballon, der sehr groß ist und die Form eines Baumes – seines Stammes und seiner Äste – hat. Würde ein solcher Luftballon aufgeblasen, so entspräche die Gummihaut des Ballons der Kambium-Umhüllung des Baumes. So bedeutungslos diese Zellschicht dem Volumen nach ist, so lebensentscheidend ist sie für den Baum; ihre Aktivität bewirkt das sekundäre Dickenwachstum.

Durch die Teilung der Zellen des Kambiums entstehen zwei Gruppen von Geweben: Die zum Bauminnern abgegebenen bilden das Holz, eine kompliziert aufgebaute Substanz, über die noch eingehend zu reden sein wird. Werden die neuen Zellen dagegen nach außen an das Kambium angelagert, so entsteht daraus der Bast.

Holz und Äste – fest muß der Stamm sein

Zum Holz sei zunächst gesagt, daß es hauptsächlich aus zwei chemischen Substanzen besteht, nämlich Zellulose und Lignin. Erstere verleiht Zugfestigkeit und letztere Widerstandsfähigkeit gegen Druck. Aus beiden Eigenschaften entsteht außerordentliche Festigkeit, wie sie in der für Holz typischen Kombination von Druck-, Zug- und Biegefestigkeit von kaum einem anderen Material erreicht wird. Nur ein Stoff von solcher Eigenart ist überhaupt in der Lage, mit der unerhörten Belastung fertigzuwerden, die der statisch »unmögliche« Baumkörper verursacht.

Die Stabilität der Stämme, die es den Bäumen ermöglicht, sich über alle anderen Pflanzenarten zu erheben, ist jedoch nicht nur durch das Material Holz zu erklären, aus dem sie bestehen. Hinzu tritt noch ihre Form. Erst beides zusammen, Baumaterial und Gestalt, erlauben es dem Baum, sein eigenes, oft beträchtliches Gewicht zu tragen und darüber hinaus den Naturkräften standzuhalten. Allein die Kronen großer Bäume können Gewichte von mehreren Tonnen erreichen. Lagern sich im Winter noch zusätzlich Schneemassen darauf ab, so kann die Widerstandsfähigkeit des Stammes so überdehnt werden, daß er bricht.

In Fichtenwäldern erreichen die von den Kronen festgehaltenen Schneemengen sechzig bis achtzig Kilogramm je Quadratmeter überschirmter Bodenfläche. Schon für Bäume von zwanzig Quadratmeter Schirmfläche entstehen so Belastungen von ein bis zwei Tonnen zusätzlichen Gewichts. Laubbäume sind durch Schnee meist weniger gefährdet als die Nadelbäume, da sie im Winter keine Blätter haben. Ihnen geht es dann allerdings besonders schlecht, wenn einmal – wie es gelegentlich vorkommt – später Schnee auf das sich entfaltende Laub mit seinen großen Oberflächen fällt.

So recht zeigen, was er aushalten kann, muß der Stamm besonders dann, wenn Sturmwinde auf die mächtige Kronenfläche prallen. Je größer und dichter die Krone ist und je höher sie sich über dem Boden befindet, um so größer wird die Kraft, der der Stamm widerstehen muß. Um das richtig einzuschätzen, muß man sich den Baum als einen im Boden fest verankerten Hebel vorstellen, auf dessen oberes Ende Kraft einwirkt. Dieser Hebel ist nur dann wirklich haltbar, wenn er auf seiner ganzen Länge gleichmäßig der Biegekraft widersteht, die der Sturm – oder auch der Schnee – verursachen. Da nun aber diese Belastung aufgrund der Hebelwirkung stammabwärts immer größer wird, muß der Stamm unten dicker sein als oben. Das ist er auch tatsächlich; schließlich endet ja jeder Baum, wie dick er auch sei, an seiner Spitze in einer kaum fingerdicken Endknospe.

Wenn man nun allerdings annimmt, daß es nach diesen Überlegungen leicht sein müßte, die Beziehung zwischen Baumhöhe und Durchmesser nach den Gesetzen der Statik herzuleiten, so wird man sehr bald feststellen, daß es sich dabei um eine höchst verwickelte mathematische Aufgabe handelt. Es müßten nämlich dazu viele Größen – Baumart, Alter, Baumhöhe, Standort, Kronendichte, um nur die wichtigsten zu nennen – berücksichtigt werden. Sie überlagern die einfach erscheinende Grundbeziehung. Immerhin läßt sich folgendes ganz allgemein dazu sagen: Ein völlig freistehender, tiefbeasteter Baum, ein Solitär, wird – besonders wenn er an einer dem Wind ausgesetzten Stelle steht – mit zunehmender Höhe des Stammes im Durchmesser ziemlich gleichmäßig und stark abnehmen, und zwar mehr als einen Zentimeter je Meter auch im unteren Teil des Stammes. Er wird abholzig, sagen die Forstleute. Es leuchtet ohne weiteres ein, daß derartig gewachsene Baumschäfte besonders widerstandsfähige Hebelarme darstellen.

Ganz anders verhalten sich dagegen Bäume, die mit anderen zusammen stehen, wie das im Wald fast immer der Fall ist. Sie sind durch die vielen Nachbarn zwar gegen den Angriff des Windes einigermaßen geschützt. Gleichzeitig aber laufen sie Gefahr, von diesen überwachsen und unterdrückt zu werden. Das äußert sich im laufenden Absterben der unteren Kronenäste, denen durch das Blattwerk der Nachbarn das Licht entzogen wird. Das Ergebnis sind immer viel kleinere Kronen, als sie der freistehende Baum entwickeln kann. Solche Bäume sind nun von der Statik her – geringeres Kronengewicht, weniger Sturmbelastung – in der Lage, ihr Dickenwachstum zu vernachlässigen. Das tun sie hauptsächlich dadurch, daß sie im unteren Schaftteil weniger dicke Jahrringe bilden als im Bereich des Kronenansatzes. Dadurch entstehen die säulenartigen Stämme der Waldbäume.

Aber auch diese vollholzigen Schäfte nehmen mit jedem Meter Höhe noch bis zu einem Zentimeter im Durchmesser ab. Ganz sicher sind solche Bäume keineswegs so durch Sturm und Schnee belastbar wie die Solitäre. Das gilt um so ausgeprägter, je enger sie aufwachsen und je vollholziger sie infolgedessen sind. Werden solche Bäume plötzlich freigestellt, so fallen sie meist sehr bald Sturm oder Schnee zum Opfer. Darin äußert sich ein eigenartiges Abhängigkeitsverhältnis, das zwischen den Bäumen im Wald besteht: einerseits sind Nachbarn tödliche Feinde; jedes Baumindividuum, das den Anschluß an die oberste Kronenschicht verliert, wird erbarmungslos überwachsen. Andererseits hat ein Einzelbaum, von allen seinen Widersachern plötzlich befreit, nur sehr geringe Überlebenschancen.

Die Stämme stellen also äußerst stabile zentrale Stützen der Kronen dar. Dadurch können sie ihre wichtige Funktion im Bauplan der Bäume erfüllen, nämlich die Äste, die Zweige und schließlich die Blätter zu tragen. Um diese geht es ja eigentlich nur.

Die weitaus meisten Äste stammen aus Seitenknospen, die unmittelbar unter der Gipfelknospe austreiben; sie haben deshalb ihren Ursprung immer im Mark des Stammes. Solange sie leben, sind sie fest mit dem Baumkörper verbunden; wie der Stamm vergrößern sie sich durch Dickenwachstum mit Hilfe des Kambiums; und durch die jährlich austreibende Endknospe nimmt die Länge des Astes zu. Soweit verläuft alles reibungslos.

Das Problem beginnt, wenn tiefer am Stamm sitzende Äste in den Schatten von Nachbarbäumen geraten oder wenn ihnen höher angesetzte Teile der eigenen Krone die Lichtzufuhr abschneiden, so daß sie absterben. Von diesem Moment an stellen sie Fremdkörper für den Baum dar. Diese Fremdkörper, aus eigenem Fleisch und Blut sozusagen, haben nun zu allem Überfluß auch noch Eigenschaften, durch die sie für den Baum unangenehmer werden können als etwa ein in den Stamm geschlagener dicker Nagel. Die toten Äste werden nämlich von Bakterien und Pilzen befallen, denen das abgestorbene Holz als Nahrung dient. Im Verlauf etlicher Jahre wird dadurch die Astsubstanz so weit abgebaut, daß sie ihre Festigkeit verliert und die toten Äste schließlich abbrechen. Bei Laubbäumen geht das viel schneller als bei Nadelhölzern. Erst jetzt kann es dem Baum gelingen, durch Überwallung des im Kambiummantel entstandenen Lochs den Prozeß der Astreinigung zum Abschluß zu bringen. Das aber bedeutet, daß holzzersetzende Pilze jahrelang die Möglichkeit haben, über den toten Ast in den Stamm einzudringen.

Der Baum trifft für diesen Fall jedoch seine Gegenmaßnahmen: In der letzten Lebensphase des Astes lagert er nämlich in der Grenzschicht zwischen Ast und Stamm Substanzen ein, die das Eindringen von Pilzen aus dem Astbereich verhindern sollen: Harze sind das beim Nadelholz und Kernstoffe oder Wundgummi beim Laubholz. Die Wirksamkeit dieser Schutzmaßnahme ist jedoch dann gelegentlich nicht ausreichend, wenn es sich um sehr dicke Äste handelt und wenn der Reinigungsprozeß auch noch sehr lange dauert. Überraschend ist bei alldem, daß die Stellen, an denen die toten Äste in den Stamm einwachsen, fast nie zu Schwachpunkten für dessen Stabilität werden. Nur wenn von ihnen aus die Holzsubstanz des Stammes in Mitleidenschaft gezogen wird, kann das der Anfang vom Ende des Baumes werden.

> Bäume bringen ihre eigenen Glieder um: Kommt nicht mehr genug Licht zu den unteren Ästen, sterben sie ab. Pilze und Bakterien könnten von den nun morsch werdenden, sie ernährenden Armen leicht in den Baumleib gelangen, würden die Bäume dem nicht einen Riegel aus Harz oder Wundgummi vorschieben. Schließlich wird der Aststumpf »überwallt«. Bäume haben ausdrucksvolle Gesichter.

Die Rinde, Haut und Gesicht des Baumes

Der Baumstamm ist also ein bemerkenswert stabiles Gebilde, selbst wenn er manchmal Schwierigkeiten mit seinen Ästen hat. Zudem besitzt er die Fähigkeit, seinen Durchmesser über Jahrhunderte hinweg zu vergrößern. Daß er diese außerordentliche Fähigkeit besitzt, ist besonders erstaunlich, weil ja die hauchdünne vitale Zellschicht, das Kambium, die das alles bewirkt, an der sehr gefährdeten Außenfläche des Stammes sitzt. Läge sie dort frei, so würde sie in kurzer Zeit durch Austrocknung und mechanische Beschädigungen zerstört werden. Das kann aber nicht passieren, weil sich als Ergebnis einer langen Entwicklungsgeschichte die wirkungsvoll isolierende Schutzschicht der Rinde heranbilden konnte. Sie hat zwar keine große Bedeutung für die Festigkeit des Stammes, ist aber infolge ihres Aufbaus, ihrer Eigenarten und Funktionen lebenswichtig für ihn. Für den Betrachter von Bäumen erlaubt sie zudem interessante und wichtige Schlüsse auf deren Lebensgeschichte.

Die Rinde der Bäume entsteht auf nicht ganz einfache Weise. Es wurde schon gesagt, daß sie zunächst auch durch die Aktivität des Kambiums gebildet wird. Aus den Zellen, die es nach außen abgibt, entsteht nämlich kein Holz, sondern ein Gewebe, das Bast genannt wird und bereits kurz erwähnt wurde. Es erfüllt zunächst einmal eine ganz wichtige Aufgabe dadurch, daß die nahe am Kambium gelegenen Bastzellen Assimilate, Produkte der Photosynthese, aus den Blättern stammabwärts leiten. Im inneren Teil der Rinde besteht also ein Röhrensystem, das von den Blättern bis in die Wurzelstränge hinein reicht; ganz ähnlich, wie es im jungen Holz für den Wasserstrom in umgekehrter Richtung aus dem Boden zu den Blättern ausgebildet ist.

Durch die vom Kambium laufend neu gebildeten Zellen werden die älteren nach außen gedrückt und sind dann zum Absterben verurteilt. Bevor das geschieht, entwickelt sich jedoch aus einigen der noch lebenden Bastzellen das Korkkambium. Das ist eine dünne Schicht teilungsfähiger Zellen, die den stark isolierenden Kork produzieren. Und Isolation gegen zu starke Strahlung sowie Schutz gegen mechanische Einwirkungen auf das Kambium zu bieten, ist die andere Aufgabe der Rinde. Darüber hinaus schützt die Rinde aber auch noch gegen Attacken von Bakterien, Pilzen und Borkenkäfern. Gerbstoffe und – bei vielen Nadelhölzern – Harze bewirken diesen zusätzlichen Schutzeffekt.

Im Gegensatz zum eigentlichen Kambium lebt das Korkkambium bei vielen Baumarten nur kurze Zeit. Wenn es durch das Dickenwachstum nach außen gedrückt wird, stirbt es ab. Vorher hat sich allerdings in tieferen Rindenschichten ein neues gebildet. Vergrößert der Baum seinen Durchmesser weiter, und das tut er ja bis an sein Lebensende, so gerät die Borke unter Druck und reißt. Je nach Anordnung des Korkkambiums entstehen dabei unterschiedliche Borkenbilder, von der Ringelborke an Kirsche und Birke bis zur groben Schuppenborke an Eiche und Kiefer. Ganz anders ist der Ablauf der Dinge an Buche und Hainbuche. Deren erstes Korkkambium stirbt nicht ab, sondern bleibt nahe der Rindenoberfläche erhalten, wodurch sich das glatte

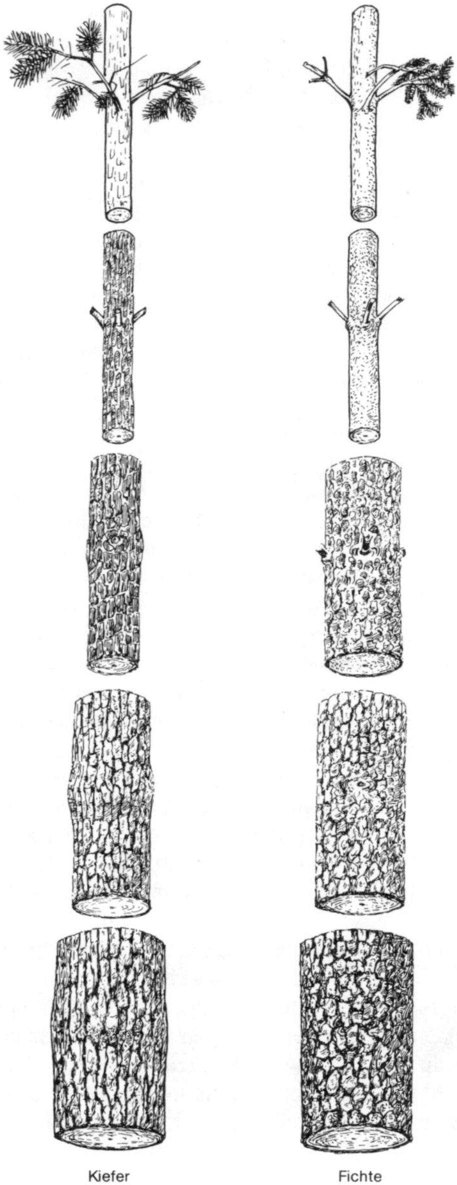

Laubbäume verlieren ihre abgestorbenen Äste schnell, an Nadelbäumen geht das dagegen sehr langsam. An der Rinde kann man noch sehr lange erkennen, wo und wie tief ein Ast im Holz steckt. Jede Baumart hat für sie typische Rindennarben.
Die Kiefer zeigt durch Beulen an, wo Äste im Holz des Stammes stecken. An der schuppigen Fichte sind es Unregelmäßigkeiten im Rindenbild, die den überwallten Ast markieren. Die Narben der Eiche werden von den Forstleuten und Holzkäufern »Rosen« genannt. Je deutlicher sie zu erkennen sind, um so dichter sitzt der tote Ast darunter. Die eigenartigen Rindennarben der glattborkigen Buche heißen treffend »Chinesenbärte« und zeigen die Lage überwallter Äste lange an.
(Quelle: Schulz, H., Forstarchiv, 1961)

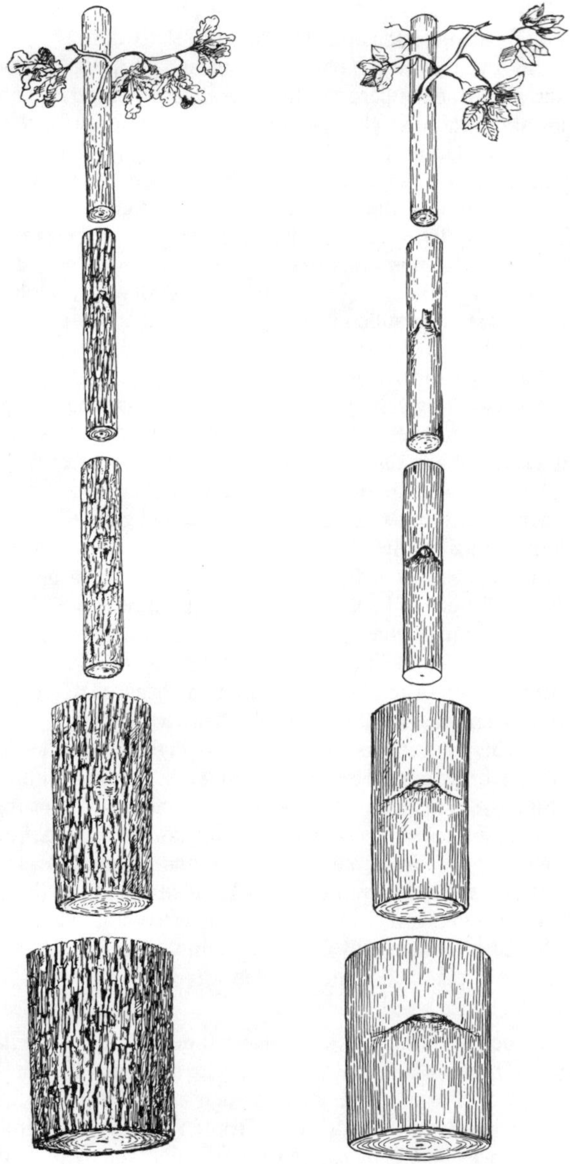

Eiche Buche

Rindenbild ergibt. An allen Baumarten blättern außen laufend Rindenpartikel ab. Dadurch und weil überhaupt weniger Rinden- als Holzzellen entstehen, bleibt die Rinde auch an alten Bäumen relativ dünn.

Bei Unterscheidungsversuchen ist Achtsamkeit nötig, da am selben Baum junge und alte Rinde außerordentlich verschieden aussehen kann. Junge Rinde ist an allen Bäumen glatt und gleichmäßig geformt; erst mit dem Alter wird sie je nach Baumart – schuppiger, dicker oder tief zerfurcht und rissig.

Aus dieser Entstehungsgeschichte der Baumrinde müßte auch jedem verständlich werden, daß alles, was die reguläre Tätigkeit des Kambiums beeinträchtigt oder verändert, an der Rinde erkennbar bleiben muß. Überall, wo der hauchdünne Kambiummantel durchbrochen wird, sei es durch einen Ast, durch Blitz oder fallende Nachbarbäume, wird weder Holzsubstanz nach innen noch Bast nach außen produziert. Wohl aber versuchen die kambialen Zellen sogleich, das kleine oder große Loch in dem von ihnen gebildeten Mantel von den Rändern her zu schließen.

Diese Überwallung gelingt ihnen auch zumeist in langen, bei großen Wunden viele Jahre dauernden Zeiträumen. Auf den Überwallungsflächen beginnt das Kambium dann auch wieder, Holz nach innen und Bast nach außen abzulagern. Die Rinde, die sich dabei bildet, ist jedoch wesentlich jünger als die der Umgebung über dem nicht geschädigten Kambium. Es dauert dann Jahrzehnte, bis die Rinde auf der Wundstelle sich wieder genau der Umgebung angepaßt hat. Bei sehr großen Wundstellen bleiben Unregelmäßigkeiten im Rindenbild sogar über hundert Jahre lang sichtbar. Aber auch kleinste Kambiumverletzungen sind lange Zeit auf der Rinde erkennbar. Oft wird auch zusätzlich der überwallte Teil der Baumoberfläche gegenüber der unbeeinträchtigten durch kleine Wulstlinien abgegrenzt, die schlecht verheilten Operationsnarben am menschlichen Körper gleichen.

Diese Narben, zusammen mit Unregelmäßigkeiten im Rindenbild, signalisieren immer Ereignisse, deren Folgen im Holz darunter Spuren hinterlassen haben. Sind die Wülste ausgeprägt und die Rindenveränderungen sehr deutlich, so liegt die zugehörige Störung im Holzkörper nicht tief unter der Oberfläche. Werden die Rindennarben dagegen undeutlich, so kann angenommen werden, daß man den Stamm tief aufschneiden müßte, wollte man den zugehörigen Fehler im Holz finden. Einkäufer wertvollen Holzes werden daher immer darauf bestehen, daß sie jeden Stamm in der Rinde sehen, bevor sie sich zu einem Preisangebot entschließen.

Das ist auch so etwas Merkwürdiges an den Bäumen: Sie haben Haare nicht, wo man sie vermuten würde, sondern an den Füßen: Wurzelhaare, die sie in Form von äußeren Zellen ausstülpen, damit ihnen auch nicht ein im Boden verfügbarer Tropfen Wasser entgeht. Am Baum wird klar, was das heißt: »einen heben«, nämlich Wasser aus der Erde hochzuschaffen, so hoch, bis der Baum »einen in der Krone« hat.

Die Wurzeln – Pumpe und Fundament

Nachdem nun seitenlang über Stämme gesprochen worden ist, konnte der Eindruck entstehen, als ob im wesentlichen sie es seien, die den Bäumen Festigkeit verleihen. Sie sind aber nur ein Teil des Bauplanes, der die Bäume befähigt, ihre Produktionszentren, die Blätter, hoch über den Boden zu erheben. Eine mindestens genauso wichtige Rolle spielen die Wurzeln. Sie müssen zum einen das Wasser samt den darin gelösten Nährelementen dem Boden entnehmen und zum anderen die ungeheure Last des Baumkörpers im Boden verankern.

Das Wasser bewegt sich gegen die Schwerkraft

Ein Hektar Buchenwald – also eine 100 mal 100 Meter große Fläche – muß an einem einzigen Tag bis zu vierzigtausend Liter, das sind vierzig Tonnen oder Kubikmeter Wasser, dem Boden entnehmen. Auch wenn Zahlen dieser Art mit Vorsicht zu behandeln sind, weil es sehr schwierig ist, solche Vorgänge genau zu messen, so zeigt doch die Größenordnung, welche Leistungen von den Wurzeln allein in dieser Beziehung erbracht werden müssen. Dabei darf nicht vergessen werden, daß dieses Wasser meistens keineswegs aus einem freien Wasserkörper wie etwa einem Bach oder einem geschlossenen Grundwasserstrom gewonnen wird. Vielmehr handelt es sich überwiegend um Feuchtigkeit aus dem Porenraum des Bodens. Ein Vergleich des Wasserhaushalts eines Baumes mit einem einfachen Pumpsystem ist also nicht möglich. Selbst wenn man den Ansaugstutzen einer leistungsfähigen Pumpe in Tausende von kleinen Einheiten auflöste und gut verteilt in den Boden eingrübe, so brächte noch so intensives Pumpen kein nennenswertes Ergebnis zustande.

Die Pflanzen und damit auch die Bäume bringen deshalb derlei zuwege, weil sich an ihnen ein äußerst wirksames und dabei kaum aufwendiges Wassergewinnungsverfahren entwickeln konnte. Sie sind mit ihren Wurzelspitzen nicht nur in der Lage, im Boden vorzudringen, sondern sie können daran sehr große und äußerst dünnhäutige Oberflächen bilden. Das tun sie, indem sie die äußeren Zellen der jungen Wurzeln zu langen gewundenen Wurzelhaaren ausstülpen. Diese dringen in die feinen Hohlräume des Bodens ein und finden dort auch die geringsten Wassermengen. Das Wasser kommt also nicht zum Baum, sondern die Wurzel wächst zum Wasser. Sobald alle verfügbare Feuchtigkeit mit Hilfe osmotischer Kräfte in die Wurzel aufgenommen worden ist, sterben die Wurzelhaare wieder ab.

Damit ist nun allerdings die Frage noch nicht beantwortet, wie das von den Wurzelhaaren aufgenommene Wasser in die Blätter kommt. Die Antwort kann nur durch die Betrachtung des ganzen Wasserhaushalts der Bäume gegeben werden. Ein System von Kapillaren im jungen Holz, den Leitgefäßen, verbindet die Wurzel über Stamm und Äste mit den Blättern.

Die dünnen Wasserfäden darin werden durch Kohäsionskräfte von über einhundert Atmosphären zusammengehalten, die zwischen den einzelnen

Unten: Nicht so wertvoll, aber nicht minder schön wie ihre Artgenossen im dichten Wald, ist diese mächtige Eiche im Solling, Überbleibsel aus einer Zeit, in der noch Schweine in unseren Wäldern geweidet wurden.

Rechts: Kann sich ein Baum frei und ohne Konkurrenz durch Nachbarn entwickeln, so entstehen tief beastete und abholzige Baumgestalten wie diese Fichte: schön und stabil, aber keine Freude für den Sägewerker.

Wassermolekülen bestehen. Sie sind dadurch fast unzerreißbar. Am oberen Ende dieser Wassersäulen, in den Blättern also, kommt es dann zur Verdampfung von einzelnen oder auch vielen Wassermolekülen, je nach Witterung. Sie werden gasförmig und fließen durch die Spaltöffnungen in die Atmosphäre ab.

Durch die Verdunstung wird ein Sog auf die tiefer liegenden Moleküle ausgeübt, die nach oben wandern und die ganze nachfolgende Wassersäule mitziehen. Die hauchdünnen Wassersäulen geraten so in eine Bewegung, deren Zug sich bis in die Wurzeln fortsetzt. Er erfaßt auch die Wassermoleküle, die von den Wurzelhaaren unmittelbar dem Boden entzogen worden waren. Eine Saugspannung von zehn bis zwanzig Atmosphären reicht aus, um das Wasser bis in die Spitzen auch der höchsten Bäume zu bringen. Sie ist zwar viel zu gering, um die Kohäsionskräfte zu brechen, die die Wassersäulen zusammenhalten, doch verursacht sie im Inneren der hölzernen Leitgefäße einen erheblichen Unterdruck. Sie würden dadurch zusammengedrückt, wenn nicht versteifende Konstruktionselemente die Festigkeit der Gefäßwände wesentlich erhöhten. Trotzdem kommt es in Zeiten starker Transpiration der Bäume zu deutlichen Verengungen dieser Gefäße. Sie führen dazu, daß der Durchmesser eines Baumes zu solchen Zeiten deutlich kleiner ist, als wenn kein Wasser verdunstet wird und daher auch kein Unterdruck in den Gefäßen herrscht. Will man das messen, so muß man allerdings über sehr feine Meßgeräte verfügen, ein einfaches Meßband jedenfalls ist dazu nicht genau genug.

Zum Schluß dieser Überlegungen die Antwort auf die Frage nach den Kräften, die ein Baum für diese Art der Wasserleitung aufwenden muß: Eigene Energie braucht er dafür überhaupt nicht. Der ganze Vorgang läuft nach physikalischen Gesetzen ab, deren Motor die Saugspannung zwischen trockener Außenluft und feuchtem Blattinneren ist und die sich bis in die Wurzeln auswirkt. Angetrieben wird der Motor von der Sonnenenergie.

Viele unserer Bäume haben die selbständige Wassergewinnung aus dem Boden sehr häufig durch eine ebenso merkwürdige wie originelle Zusammenarbeit mit Pilzen ergänzen können. Die Pilze umspinnen die Saugwurzelenden der Bäume mit einem dichten Geflecht von Fäden. Aus diesem Geflecht, das als Verdickung der Wurzelspitzen häufig sogar mit bloßem Auge erkennbar ist, wachsen zahlreiche feine Pilzfäden heraus und in den Boden hinein. Dort nehmen sie dann in ähnlicher Form das Wasser auf, wie es sonst die Wurzelhaare tun.

Andere Fäden verlassen das Gespinst nach innen und wachsen zwischen den Zellwänden ein kurzes Stück in die äußerste Wurzelschicht ein. Dort findet dann aber nicht nur die Weitergabe des von den Pilzen aufgenommenen Wassers an die Wurzel statt. Der Pilz, der ja keine Blätter oder andere grüne Teile besitzt, wird über diese Kontaktstellen – fast kann man sagen als Entgelt – mit Assimilaten versorgt, die aus der Blätterschicht des Baumes in den Wurzelbereich transportiert werden.

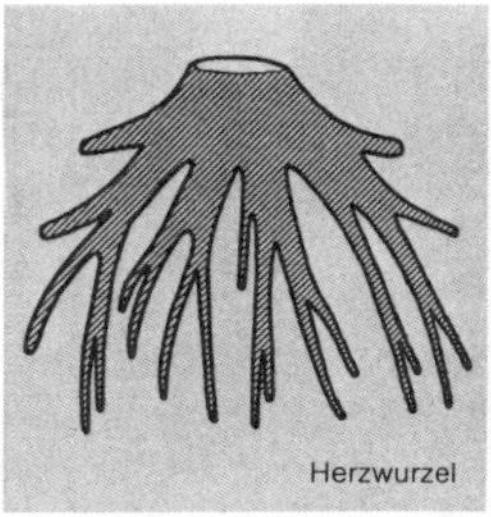

Das Herzwurzelsystem einer Buche. Ahorn, Linde, Erle, Lärche und Douglasie besitzen ein ähnliches Wurzelwerk.

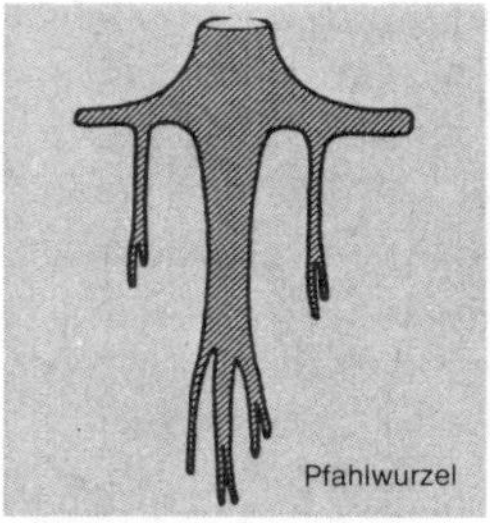

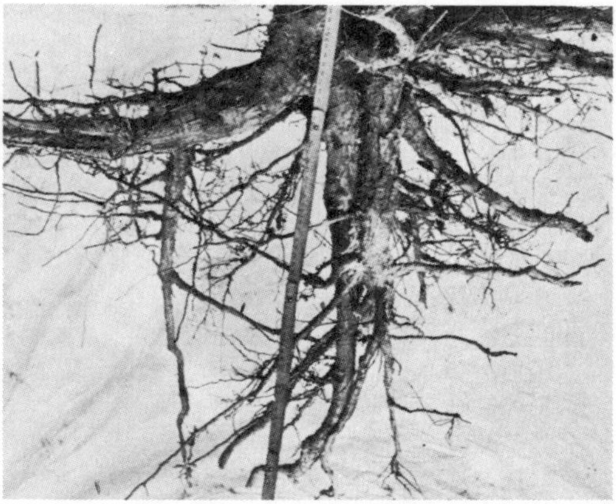

Pfahlwurzelsystem einer Tanne. Auch Kiefern und Eichen haben oft Pfahlwurzeln.

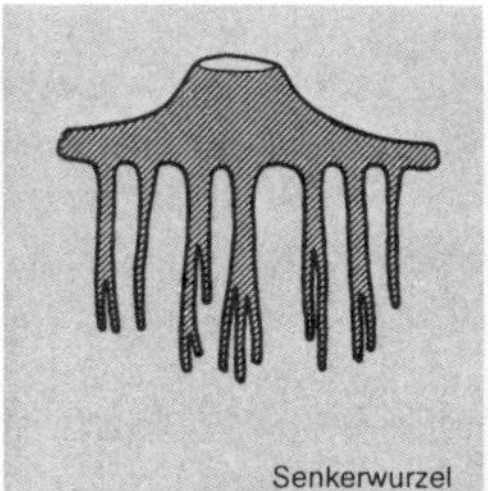

Senkerwurzelsystem einer Fichte. Esche und Aspe bilden ebenfalls solche Wurzeln aus.

(Quelle: Köstler, J. N. et al, Die Wurzeln der Waldbäume, Hamburg und Berlin 1968)

Bei uns werden Bäume nicht so alt wie die amerikanische Grannenkiefer, mehr als tausend Jahre erreichen aber auch einige unserer Arten gelegentlich. Um die 500 Jahre lang steht diese alte Linde schon in der Feldflur.

Rechte Seite:
Mykorrhiza: Als dichtes Geflecht umhüllen Pilzfäden die Feinwurzeln der Bäume. Mit bloßem Auge ist sie an den dicken, plumpen Wurzelspitzen erkennbar.

Diese als Mykorrhiza bezeichnete Zusammenarbeit zwischen Bäumen und Pilzen ist eine sehr wichtige Sache für Pilz wie Baum. Das gute Wachstum von Bäumen auch auf armen und sauren Standorten ist der Mithilfe von Pilzen bei ihrer Ernährung zu danken. Vor allem ist der Pilz in der Lage, Phosphor, Kali und Stickstoff für die Bäume aufzunehmen. Soll Wald an Stellen gepflanzt werden, an denen es keine Mykorrhizapilze gibt, so müssen sie mit ausgebracht werden. Nun ist aber die Zusammenarbeit zwischen Pilz und

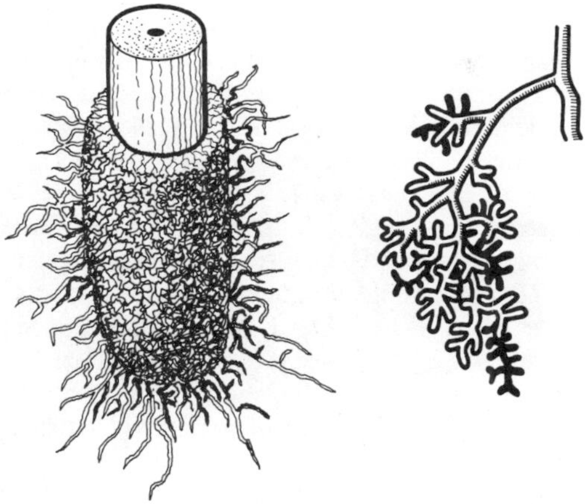

(Quelle: Strasburger, E., Lehrbuch der Botanik, 23./24. Aufl., Jena 1947)

Baum nicht nur für diesen wichtig. Auch die Pilze sind davon in vitaler Weise abhängig; so gibt es den Goldröhrling nur unter Lärchen und den Birkenpilz nur, wenn Birken in der Nähe stehen. Aus dem allen ergibt sich aber auch, warum eine Übernutzung der Pilze durch Sammler bedenklich sein kann.

Nun läßt sich das alles leicht sagen und anhand von Abbildungen auch vorstellen. Zur wirklichen Beurteilung der damit vollbrachten Leistung sei aber noch einmal der oben zitierte Buchenwald mit seinem Wasserverbrauch von vierzigtausend Litern am Tag herangezogen. Ein solcher Wald von einem Hektar Größe setzt sich, wenn er etwa hundertzwanzig Jahre alt ist, aus zweihundert mächtigen Bäumen zusammen. Jeder von ihnen würde dann zweihundert Liter Wasser am Tag benötigen. Das sind zwanzig Gießkannen voll, die über das feine Saugsystem der Wurzelspitzen bzw. Pilzfäden dem Boden entzogen werden müssen. Auch wenn es sich dabei um besonders hohe Werte handeln sollte, so würde doch eine Wassergewinnung von hundert Litern je Baum und Tag, also nur die Hälfte des Maximalwerts, dies aber Tag für Tag, eine erstaunliche Leistung darstellen.

Fest muß der Baum verankert sein

Zur Verankerung des Baumes im Boden stellen die Feinwurzeln keinen wesentlichen Beitrag dar. Dazu haben die Bäume ihre mächtigen Grob- oder Stützwurzeln entwickelt. Sie entstehen dadurch, daß die Feinwurzeln verholzen und, wie der Stamm, durch sekundäres Dickenwachstum an Stärke zunehmen.

Nun sind weder die Feinwurzeln der Bäume noch die groben sichtbar; sie befinden sich ja tief im Boden. Trotzdem aber hat fast jeder schon einmal solche Wurzelsysteme gesehen. Sie werden sichtbar, wenn große Maschinen herangeholt werden müssen, um gewaltige Wurzelstöcke aus dem Boden zu wuchten; für Straßenbauten ist das oft nötig. Oder aber man sieht die oft riesigen Wurfböden, die mit der gesamten Wurzeltracht der Bäume durch Sturmwinde aus dem Erdreich herausgehebelt werden. Geworfene, also mit dem Wurzelballen umgefallene Bäume kommen in der Tat sehr viel häufiger vor als abgebrochene Stämme. Diese Tatsache zeigt, daß die Wurzelzone für die Stabilität unserer Bäume ungleich kritischer ist als der Stamm.

Die Verankerung des großen Hebelsystems Baum am Boden geschieht auf zweierlei Weise. Zum einen bindet sich der Baum durch sein Grobwurzelsystem an ein großes Stück Boden. Das Gewicht dieses Bodenbrockens muß groß und die Verankerung fest genug sein, damit der Baum auch bei Sturm gehalten wird. Zum anderen bilden die Wurzeln ein höchst wirksames Zug- und Stützsystem. Bei Belastung der Krone durch Wind zurren die windseitigen Wurzelstränge den Baum fest, während die dem Wind abgewandten die großen Kräfte durch Abstützen auffangen. Die Halterungszone zwischen Stamm und Wurzel ist zur Erhöhung der Bruchsicherheit durch die Wurzelanläufe verstärkt. Sie sind bei unseren Bäumen meist nur ein kurzes Stück weit sichtbar; bei manchen tropischen und subtropischen Baumarten stellen sie sich jedoch als gewaltige, viele Meter am Stamm hinaufreichende Brettwurzeln dar.

In Böden, die für die Wurzeln einigermaßen durchlässig sind, ist die Verbindung des oberirdischen Baumteils mit einem großen, schweren Erdbrokken der Normalfall. Natürlich wird auch sie noch verstärkt durch Zug- und Stützwirkungen der Wurzeln. Fällt ein solcher Baum als Opfer von Sturm oder Schnee, so ist sein Verankerungsmechanismus daran erkennbar, daß der Wurfboden ziemlich genau in der Höhe des Stammansatzes – des Stockes – aus dem Erdreich gedreht worden ist.

Die auf Zug- und Stützwirkung der Wurzeln beruhende Verankerung der Bäume wird immer dann besonders bedeutungsvoll, wenn der Boden der Durchwurzelung Hindernisse entgegensetzt. Das ist beispielsweise der Fall in felsigem Gebiet. Hier hat der Baum nur dann eine Chance, sich zu halten, wenn es ihm gelingt, sich mit Hilfe stärkerer und längerer Wurzelstränge in Klüften zu verankern oder an mächtigen Felsbrocken anzubinden. Dieses Verankerungssystem ist besonders wirkungsvoll und erklärt die große Standfestigkeit von Bäumen auf steilen Felswänden und -graten.

Ganz heikel wird es jedoch mit dieser Form der Bindung des Baumes an den Boden, wenn die Wurzeln nicht wirksam in das Erdreich eindringen können, obwohl es gar nicht steinig ist. So verhindern Dichtlagerungen des Bodens oft schon in geringen Tiefen das weitere Tiefenwachstum der Wurzeln. Ebenso kann Stauwasser, das meist sehr sauerstoffarm ist, der Entwicklung des Grobwurzelsystems eine Grenze setzen. Auf solchen Standorten, die leider gar nicht selten vorkommen, ist der Baum – etwas übertrieben ausgedrückt – kaum mit dem Boden verwachsen, sondern er steht oben drauf. Eine dicht verzweigte, aber flache Wurzelscheibe gibt eine Halterung ab, die bei Sturm durch die Schwingungen der Baumkrone in stampfende Bewegung gerät. Halt kommt dem Baum dabei nur aus der Größe des flachen Wurzeltellers und dem Zug- und Druckwiderstand der oft langen Seitenwurzeln. Reißen die Zugwurzeln oder brechen die Stützwurzeln, so fällt der Baum erbarmungslos um. Wurfböden solcher flach wurzelnden Bäume stellen oft sehr große Teller dar, in deren Mitte, einen Meter oder mehr über den Boden gehoben, der Stammansatz hängt. Diese heikle Form des Wurzelsystems ermöglicht es den Bäumen allerdings, auch solche schwierigen Standorte zu besiedeln.

Wie die Kronen sind auch die mächtigen Baumwurzelsysteme nach Bauplänen entwickelt, die für jede Art typisch sind. Man braucht der Wirklichkeit keinen allzu großen Zwang anzutun, wenn man die Vielfalt der Erscheinungen auf drei Grundmuster zurückführt: das Herzwurzelsystem, das Pfahlwurzelsystem und das Senkerwurzelsystem. Sie werden jedoch nur gut ausgebildet, wenn ein einigermaßen lockerer und tiefgründiger Boden den Bäumen ein ungehindertes Wurzelwachstum erlaubt. Dann bilden die Buche, die Schwarzerle und die Douglasie ihr Herzwurzelsystem aus. Kiefer, Tanne und Eiche werden Pfahlwurzler, und Eschen und Fichten wachsen im Senkerwurzelsystem.

Welchem architektonischen Grundmuster aber auch die Grobwurzeln folgen mögen: jede Art muß damit in der Lage sein, zu bestehen, wie sonst hätte sie Jahrtausende überdauern können. Allerdings muß dem gleich zweierlei hinzugefügt werden. Einmal: Auch die nach allen Regeln des Bauplans ausgewachsene, tiefreichende Wurzeltracht bietet keine absolute Sicherheit dagegen, daß ein Baum bei extremen Stürmen geworfen wird. Zum anderen, und das ist viel wichtiger: Keine Art ist überall und immer in der Lage, ihr artspezifisches Wurzelsystem tatsächlich auszubilden. Die Ursachen dafür wurden schon erwähnt: Verfestigungen in geringen Bodentiefen oder sauerstoffarmes Stauwasser im Boden. Die Wurzeltrachten, die sich auf solchen schwierigen Standorten ausbilden, sind dann oft nur noch Karikaturen des ursprünglichen Musters.

Wichtige Erscheinungen in unseren Wäldern werden aus dieser Tatsache erklärbar. So hat beispielsweise die Roterle trotz ihres ungemein intensiven Herzwurzelsystems auf den meisten Standorten keinerlei Chance, sich gegenüber Buchen oder Eichen zu behaupten; sie würde erbarmungslos überwachsen und verschwinden. Daß es sie trotzdem gibt, verdankt sie dem Umstand, daß ihre Wurzeln sich auch auf feuchten Standorten, fast im Wasser stehend, entwickeln können, ein Kunststück der Anpassung, das sie an solchen Stellen jeglicher Baumkonkurrenz enthebt und das Überleben der Art sichert. Das Bruch ist das Reich der Erle.

Ganz anders steht es da mit der Fichte. Jeder Forstmann, der einen Fichtenwald pflanzt, muß mit einiger Skepsis in die hundert Jahre umfassende Waldzukunft blicken. Unsere häufigste Waldbaumart ist dort, wo sie von Natur aus vorkommt, außerordentlich sturmfest, und das sind – wie die alpinen Hochlagen – oft ganz besonders sturmexponierte Standorte. Sie ist dort so stabil, weil sie ihre Senkerwurzeltracht entweder voll ausbilden oder weil sie sich mit langen Haltewurzeln an Blöcken anbinden und in Klüften verankern kann. Pflanzt man sie aber auf Standorte mit Verdichtungserscheinungen im Boden oder auf solcher mit oberflächennaher Feuchtigkeit, so wird sie zum extremen Flachwurzler. Als Konsequenz aus dieser »Anpassung« erscheint dann diese großartige Baumart oft an der Spitze der forstlichen Katastrophenstatistik.

Wenn ein schlimmer Sturm einen Baum beim Kopfe packt, nimmt er das gelassen hin, sofern das Erdreich, in dem er steht, ihm eine tiefe und weitreichende Verwurzelung gestattete. Stießen seine Wurzeln aber beim Wachsen sehr früh an undurchdringliche Bodenverdichtungen, auf Stauwasser oder klüftenlosen Fels, dann gerät er unter der Hebelkraft des Windes ins Stampfen, und nicht selten stürzt er schließlich um. Unvorstellbar bleibt in jedem Fall, daß die feinen Wurzeln eines Baumes, wenn sie verholzen, sich zu mächtigen Grobwurzeln auswachsen, die ungeheuere Hebelkräfte abzufangen imstande sind. Hier wird auch die Gefährdung der Fichte auf Standorten sichtbar, die ihr nicht gemäß sind: Kann sie nur oberflächlich wurzeln, so fällt sie oft reihenweise im Sturm um. Jeder hat schon die flachen Wurzelteller gesehen, die sie dann, wie anklagend, pathetisch aus dem Erdreich hebt.

Bäume können alt werden

Bäume werden alt, einige Arten sogar ganz außerordentlich. Wird auch die endgültige Baumhöhe im wesentlichen schon im ersten Drittel der Lebensspanne erreicht, so nehmen doch die Durchmesser von Stamm, Wurzeln und Ästen bis fast zum Lebensende jedes Baumes zu. Das hartnäckige sekundäre Dickenwachstum macht das möglich und schafft dann mit der Zeit jene gewaltigen Baumgestalten, die auch in unseren Gegenden noch gelegentlich zu sehen sind.

Große Alter sind allerdings nicht das alleinige Privileg der Bäume. Am Dom zu Hildesheim steht ein wilder Rosenstock, von dem die Sage behauptet, daß er tausendjährig sei. Selbst wenn heimliche Neupflanzungen stattgefunden haben sollten, wie ebenfalls behauptet wird, so zeigt doch diese Geschichte, daß auch Sträucher mit sehr hoher Wahrscheinlichkeit ganz erhebliche Alter erreichen können.

Samen einiger Pflanzenarten, kühl und trocken lagernd, aber auch Sporenstadien von Bakterien können Tausende von Jahren in ihrer Unbeweglichkeit am Leben bleiben. Im allgemeinen aber sind hundert Jahre für die weitaus meisten Pflanzen, und ganz sicher für die Tierwelt, Lebensspannen, die von wenigen Arten und dann nur von einigen Individuen erreicht werden. Die Regel sind wesentlich geringere Lebenserwartungen. Der Mensch stellt dabei keine Ausnahme dar.

Was Bäume angeht, sind hundert Jahre das mindeste, was erreicht wird. Das ist die Spanne, die Aspen, Birken oder auch Erlen zugemessen ist, drei Arten, die in der jugendlichen Entwicklungsphase anderen heimischen Bäumen erheblich in der Schnelligkeit des Wachstums überlegen sind. Sie schaffen es, allen voran die Pappel, in hundert Jahren, einem kurzen Baumleben also, zu imposanten Baumgestalten zu werden.

Mehrere hundert Jahre alt werden alle anderen Baumarten, die sich in unseren Wäldern finden; dreihundert, vierhundert oder auch fünfhundert Jahre wären keine Seltenheit, wenn noch Urwälder in Deutschland bestünden. Auch Individuen mit noch weit höheren Lebensspannen kämen ausnahmsweise vor: Eichen und Linden schaffen es, selbst ein Jahrtausend zu überdauern.

Am hartnäckigsten und erfolgreichsten in der Verteidigung ihres Lebensfadens ist von allen unseren Bäumen anscheinend die Eibe, von der angenommen wird, daß sie mehr als zwei Jahrtausende überleben kann. Und damit kommt sie in die Nähe der Größenordnung, die von den ältesten Bäumen und wohl den ältesten Lebewesen überhaupt als Alter erreicht wird: die außerordentlichen Mammutbäume Kaliforniens können über dreitausend Jahre lang leben; und an dem ältesten Baum überhaupt, einer Grannenkiefer, die auch in Kalifornien, und zwar in sehr hohen Lagen der Sierra Nevada steht, wurden 4700 Jahresringe ermittelt. Der Baum ist also fast fünftausend Jahre alt; zur Zeit von Christi Geburt hatte er bereits dreitausend Jahre auf seinem einsamen Berg gestanden. Das sind Vorstellungen, die zu durchdenken einem Menschen – auch einem an unmenschlich lange Zeiträume gewohnten Forstmann übrigens – nicht ganz leicht fällt: menschliches Leben und Baumleben sind allzu verschieden.

Diese Überlegungen bergen ein wenig die Gefahr in sich, daß man annimmt, alle Bäume könnten ein der Art entsprechendes hohes Endalter erreichen. Das ist aber keineswegs der Fall. Millionen Samen müssen fallen und Hunderttausende junger Pflanzen entstehen, damit einige wenige wirklich alte, ausgewachsene Bäume entstehen können. Alle anderen fallen den vielfältigen Fährnissen des Pflanzenlebens zum Opfer; davon wird später noch die Rede sein.

Aber auch Bäume sterben

Den Betrachtungen über Lebensspannen von Bäumen fehlte Vollständigkeit, wenn nicht einige Worte zum Tode, zum Sterben der Bäume gesagt würden. Schließt man alle Bäume, vom Keimling angefangen, in die Betrachtung ein, so ist der Alterstod eine seltene Ausnahme. Die weitaus überwiegende Zahl der Baumindividuen wird in frühen Entwicklungsphasen das Opfer von Konkurrenzeinflüssen. Sind sie noch sehr klein, werden sie von Gräsern und Sträuchern überwältigt; erreichen sie größere Höhen, dann sind es die Nachbarn oder gar die eigenen Mutterbäume, die ihnen das Licht, vor allem aber auch die Feuchtigkeit streitig machen. Auszehrung und stiller, von niemandem beachteter Tod sind die Folge.

Werden die Bäume älter, so bleibt die Gefahr, die durch den übermächtigen Nachbarn droht, weiter bestehen; sehr häufig tritt aber auch das ein, was am besten als Unfall bezeichnet wird: Sturm, Schneedruck, Blitz oder auch Feuer – in vielen Gebieten der Erde die wichtigste »Unfallursache« für Bäume – fordern ihren Zoll. Und als gewaltsamen Tod könnte man das bezeichnen, das den allermeisten Bäumen unseres Wirtschaftswaldes widerfährt: Sie werden, lange bevor das Alter ihnen ernsthaft zu schaffen macht, von Menschen gefällt.

Nun aber zu den wenigen Bäumen, die einen natürlichen Alterstod sterben. Ihr Ende kündet sich durch zwei Erscheinungen an: Die Blattorgane verlieren ihre Vitalität, werden schütter; es gibt keine Längenzunahmen der Zweige mehr, und es kommt zu einem Absterben der Krone meist von oben nach unten. Vom Sichtbarwerden solcher Symptome bis zum endgültigen Tod des Baumes können wenige Jahre vergehen. Es kann aber auch zu einer Jahrzehnte andauernden Agonie kommen, bis das letzte Lebenszeichen erloschen ist. Mit diesem fatalen Nachlassen der Vitalität von Bäumen geht oft Stammfäule einher. Sie tritt allerdings auch an alten Stämmen auf, deren Kronen noch lebenskräftig erscheinen. Von abgestorbenen Ästen und Verletzungen ausgehend, aber auch aus dem Wurzelstock kommend, zersetzen Pilze das Holz. Das kann so weit gehen, daß zum Schluß nur noch ein dünner Ring aus Rinde, Kambium und etwas Holz erhalten bleibt und mit der Statik eines Rohres das ganze Gebäude hält. In diesem Zustand bedarf es dann aber nur noch eines kräftigen Sturmes, um das senile Individuum endgültig zu Boden zu bringen.

> Es gibt bei uns einen Baum, der zweitausend Jahre und älter werden kann: die Eibe. Sie steht unter Naturschutz, denn freiwachsend, also außerhalb von Gärten und Parks, gehört sie zu den Seltenheiten unserer Wälder. Es bekam ihr nicht, daß ihr Holz von ungeheurer Spannkraft und Zähigkeit ist; so machte man – unter anderem – die Armbrüste des Mittelalters aus ihrem Holz.

Der Wald als Gesellschaft von Bäumen

Peter Burschel

Viele Bäume sind es, die den Wald aufbauen; niemals genügen einige wenige, damit ein Wald entsteht. Es gehört eine nicht zu kleine Fläche dazu, und diese muß einigermaßen dicht mit Bäumen bestanden sein. Man kann diesen Tatbestand auch vom Baum her sehen; dann stellt er sich folgendermaßen dar: Bäume haben die Fähigkeit, jeden ihnen zuträglichen Standort zu erobern und mit vielen Individuen dicht zu bedecken. Diese außerordentlich starke Dynamik unserer Bäume – ihre Unduldsamkeit den meisten anderen Pflanzen gegenüber – ist schon vor fast 200 Jahren von dem deutschen Forstmann Heinrich Cotta in unübertrefflicher Form zum Ausdruck gebracht worden. Der erste Satz aus seinem Waldbau-Lehrbuch lautet:

»Wenn die Menschen Deutschland verließen, so würde dieses nach 100 Jahren ganz mit Holz bewachsen seyn. Da nun letzteres niemand benutzte, so würde es die Erde düngen, und die Wälder würden nicht blos *größer,* sondern auch *fruchtbarer* werden.«

Aber Cotta wußte selbstverständlich, daß der Mensch keinesfalls das Feld je wieder räumen würde. Und darum läßt er dem ersten einen zweiten, ebenso eindrucksvollen Satz folgen:

»Kehrten aber nachher die Menschen wieder zurück, und machten sie wieder eben so große Anforderungen... wie gegenwärtig, so würden die Wälder bei der besten Forstwirtschaft abermals nicht blos *kleiner,* sondern auch *unfruchtbarer* werden.«

Aus diesem Satz geht hervor, daß der Wald seine Vitalität, seine Kraft zu Eroberungen nur dann wirklich ausspielen kann, wenn sein einziger, aber noch weit vitalerer Widersacher, der Mensch, nicht im Spiel ist. Das ist er aber in unserem Raum immer und überall. Er bestimmt, wo überhaupt Wald sein darf. Er unterbindet jeden Versuch, die dem Wald zugewiesene Fläche auszudehnen. Und schließlich schreibt er auch noch vor, wie der Wald auszusehen hat, dort wo er erwünscht ist oder geduldet wird. Die Antwort auf die berühmte Frage des Dichters Eichendorff »Wer hat Dich Du schöner Wald aufgebaut so hoch da droben?« muß daher wohl anders beantwortet werden, als es dem großen Romantiker vorschwebte: Der Mensch war es, der Förster, der Bauer und auch der Jäger.

Aber wenn auch der Naturwald nur noch gelegentlich durchschimmert, so müssen wir doch – wollen wir verstehen, was ein Wald ist – zunächst unberührte, aus eigener Dynamik sich entwickelnde Verhältnisse betrachten.

> Es gab einmal eine Zeit, da war der deutsche Wald, wie der deutsche Mensch heute, von einem unwiderstehlichen Drang nach dem sonnigen Süden, in die Mittelmeerländer, ergriffen. Und beide, Mensch wie Wald, aus demselben Grund: schlechtes Wetter. Am Ende des Erdzeitalters Tertiär, vor eineinhalb Millionen Jahren, war Deutschland von Bäumen bedeckt. Dann wurde es kalt, die Eiszeiten kamen, vier an der Zahl.

Schwarzerle, ein schöner Baum, an dessen Wurzeln stickstoffsammelnde Strahlenpilze leben.

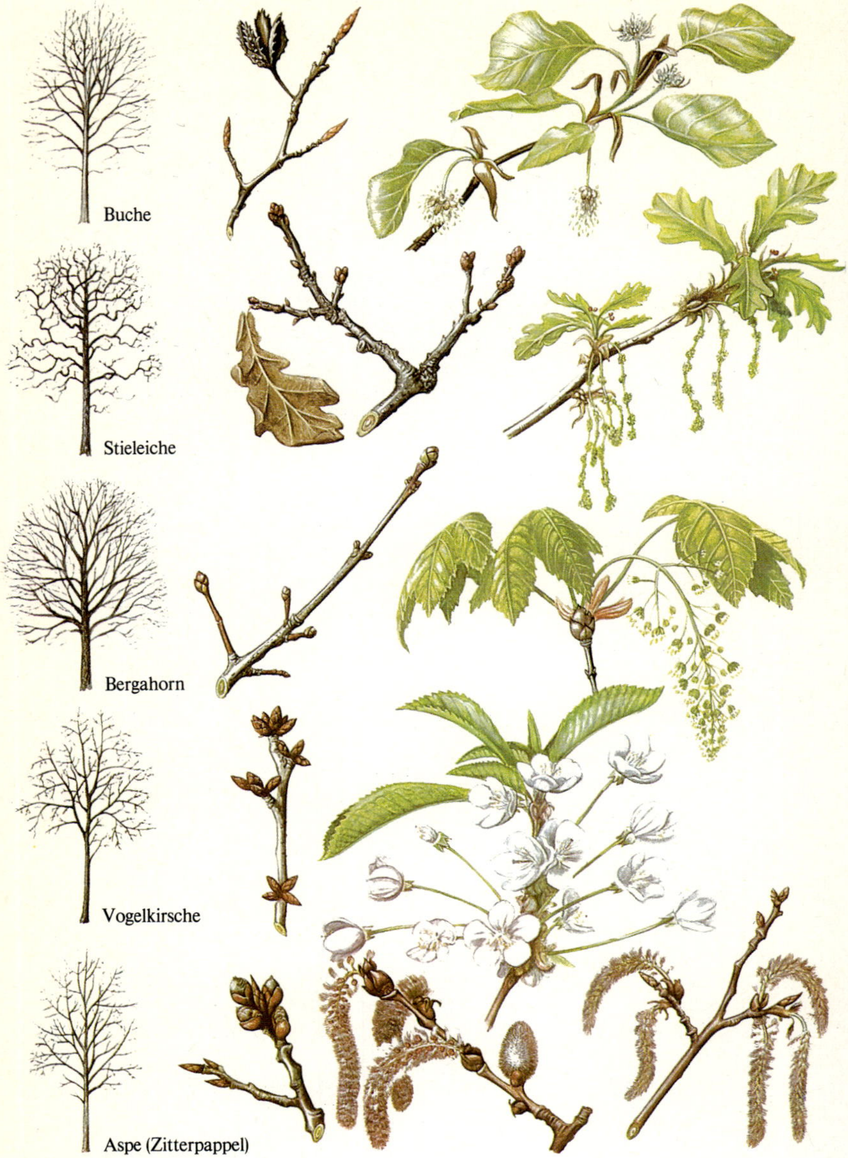
Buche
Stieleiche
Bergahorn
Vogelkirsche
Aspe (Zitterpappel)

Tafel 2

Tafel 3

Tafel 4

Tafel 5

Wo die Buche nicht übermächtig ist, haben sich im Naturwald unseres Raumes Eichenwälder erhalten können. Oft kommt darin auch die Hainbuche vor. So wie hier im Stadtwald von Hannover, der Eilenriede, sieht der Eichen-Hainbuchen-Wald aus.

Tafel 6

Solche Eichen-Buchen-Wirtschaftswälder gibt es nicht selten in unseren Mittelgebirgen. Dieser Eichenbestand im Spessart ist von Buchen unterstanden. Sie umfüttern die wertvollen Stämme der Eichen und verhindern, daß daran ›schlafende Augen‹ austreiben.

Tafel 7

Kiefer in fränkischer Feldflur,
etwa hundertjährig.

Birke – auch ohne Worte schön.

Linden. Auch Baumgruppen wachsen so zusammen, daß die charakteristische Architektur der Art erkennbar bleibt.

Tafel 8

Bäume wandern

So statuarisch, unveränderbar der Wald sich auch geben mag, so wenig darf man sich von diesem Eindruck täuschen lassen. Auch wenn der Mensch nicht im Spiel ist, finden an ihm Veränderungen statt, gewinnt der Wald Terrain oder verliert es. Um das zu sehen, muß man sich allerdings eine zeitverkürzende Brille aufsetzen. Dann treten Vorgänge von höchster Dramatik zutage.

Bäume, unseren heutigen ähnliche Arten, ganz sicher aber die Gattungen, denen sie angehören, gibt es schon seit Millionen von Jahren; und zwar Laubhölzer wie Nadelbäume. Als das Tertiär, ein Erdzeitalter, das immerhin sechzig Millionen Jahre gedauert hatte, zu Ende ging, bedeckten große Wälder unseren Raum. Sie waren aus diesen Baumarten so vielfältig aufgebaut, wie es – in vergleichbaren Breitengraden – noch heute die Wälder des nördlichen Amerikas und Ostasiens sind.

Das war vor fast zwei Millionen Jahren, bevor ein Temperaturrückgang drastischen Ausmaßes die Lebensumstände für diesen Wald ganz erheblich veränderte. Vier-, wahrscheinlich sogar sechsmal drangen große Eismassen aus dem skandinavischen und aus dem südlichen alpinen Raum in unser Gebiet vor. Wald konnte nicht weiter existieren; die Vegetation verschwand. Auch dort, wo das Eis nicht hinkam, entstanden Tundren mit wenigen widerstandsfähigen, niedrigen Pflanzenarten.

Nun darf man sich solche Vorgänge natürlich nicht als nach menschlichen Maßstäben schnelle Ereignisse vorstellen. Immerhin nahmen sie eine Zeitspanne von zwei Millionen Jahren in Anspruch. Und deshalb hatten die Bäume Zeit, der Klimaverschiebung dorthin zu folgen, nach Süden nämlich, wo ihre Lebensbedingungen noch einigermaßen erfüllt blieben. »Gewandert« ist dabei natürlich nicht der einzelne Baum, sondern die Baumarten verschoben ihr Areal; ein Vorgang, der sich nur vor unserer Zeitrafferbrille als Wanderung darstellt. Diese Wanderbewegung stieß jedoch in Europa auf ein erhebliches Hindernis, nämlich die von West nach Ost verlaufende Gebirgsbarriere der Pyrenäen, Alpen und Karpaten. Sie war, da auch vereist, für Pflanzen nur schwer zu überwinden. Die Baumarten, die es geschafft hatten, sich südlich oder südöstlich dieser Gebirge ein Refugium zu sichern, drangen in den sehr langen Zwischeneiszeiten zwar immer wieder nach Norden vor, doch jeder erneute Vorstoß des Eises zwang sie wieder zum Rückzug. Die Zahl der Arten, die diesen gigantischen Selektionsprozeß überlebten, verringerte sich dabei jedesmal. Ganze Gattungen verschwanden. Und nach dem letzten Vorstoß, der Weichseleiszeit, wie sie im Norden heißt, beziehungsweise der Würmeiszeit, wie sie in Süddeutschland genannt wird, war es noch eine Handvoll standhafter Baumarten, die sich von ihren Rückzugsgebieten südlich der mitteleuropäischen Gebirge auf den Weg nach Norden machte.

Den in ihrer Zusammensetzung ähnlichen Wäldern Nordamerikas und Ostasiens ging es ungleich besser. Ihr Verbreitungsgebiet in Asien lag weit außerhalb der Eisgebiete der Erdkugel. Und die nordamerikanischen Wälder konnten ohne wesentliche geographische Hindernisse vor dem Eis nach Süden ausweichen. Alle Gebirgszüge hier, das Felsengebirge im Westen und die Appalachen im Osten, streichen von Nord nach Süd. Daher standen sie den Wanderbewegungen der Bäume nicht im Wege. Das Ergebnis ist deshalb auch in beiden Fällen gleich: Es gingen sehr viel weniger Arten und Gattungen verloren; Wälder konnten sich erhalten, die unter ähnlichen klimatischen Voraussetzungen aus ungleich mehr Baumarten bestehen als die hier in Mitteleuropa.

Wenn daher heute die Forstleute Bäume aus diesen Gebieten in unseren Raum holen, so folgen sie damit einem Fingerzeig der Natur. Mit etwas Phantasie kann sogar von einer Repatriierung der Baumarten gesprochen werden, die vor Hunderttausenden von Jahren vor die Tür unseres Paradieses gesetzt worden waren. Alle kritischen Überlegungen zur Einbürgerung fremdländischer Baumarten haben jedenfalls vor diesem Hintergrund zu geschehen. Allerdings muß auch die Problematik bedacht werden, die mit solchem Tun verbunden ist – und sie ist alles andere als gering, wie sich noch zeigen wird.

Nun aber zurück zu unseren heimischen Bäumen: Am Ende der letzten Eiszeit, etwa zehntausend vor Christus, verbesserten sich die Temperatur- und Lebensbedingungen auch nördlich der Alpen wieder einmal in einer Weise, die diesen Raum für Bäume bewohnbar machte. Sie lebten aber zu jener Zeit in Südfrankreich, auf der italienischen Halbinsel, auf dem Balkan und in Mittelrußland.

Es deutet alles darauf hin, daß sich hier auf standörtlich begünstigten Stellen Waldinseln erhalten konnten, in denen die Bäume die große Pflanzenkatastrophe der Eiszeiten überstanden. Von solchen Verbreitungsinseln aus begann dann allmählich die Wiederbewaldung unseres Raumes, die Heimkehr der Bäume.

Aus ihren Rückzugsgebieten heraus haben erst Kiefern und Birken, dann Eichen, Ulmen, Ahorne und Eschen, aber auch Fichten und schließlich Buchen und Tannen sich bei uns ausgebreitet. Der Entwicklungszustand des Bodens, das Klima und die Schnelligkeit, mit der Baumarten ihre Areale vergrößern, mit der sie wandern können, erklären die Reihenfolge, in der sie bei uns erschienen sind.

Als die Eiszeiten, 10000 Jahre vorm Jahre Null, endlich verschwanden, waren auch die Bäume so gut wie alle verschwunden. Sie lebten in Italien, Südfrankreich, auf dem Balkan und in Mittelrußland. Natürlich waren sie nicht Baum für Baum dorthin gewandert. Die Individuen starben unter dem Eis, nur die Arten breiteten sich nach Süden aus und überlebten. Als es wieder wärmer wurde bei uns, kehrten sie heim. Eine Geschichte, die hier erzählt wird.

Zwei Fichtenschicksale

Wie die Rückwanderung der Bäume im einzelnen vor sich gegangen oder auch gescheitert ist, sei am Beispiel von zwei Fichtenarten gezeigt; nämlich an unserer – durch menschlichen Einfluß – häufigsten Baumart, der Fichte, und an ihrer nahen Verwandten, der Serbischen Fichte.

Mit unserer Fichte sei begonnen. Sie war von der letzten Eiszeit in Gebiete Mittelrußlands, an den Rand der Karpaten im heutigen Rumänien und auf Refugien in Jugoslawien zurückgedrängt worden. Wahrscheinlich in kleinen Beständen fristete die Art dort an besonders begünstigten Stellen ihr Leben. Von hier aus besiedelte sie in einem Jahrtausende dauernden Prozeß ihr heutiges Areal erneut.

Die großen russischen und skandinavischen Fichtenwälder haben ihren Ausgang von den Relikten in Mittelrußland genommen. Unsere Fichten dagegen stammen aus den Restbeständen, die die letzte Eiszeit im nördlichen Jugoslawien überstanden oder sie an den Rändern der südöstlichen Karpatenausläufer überdauerten. Entlang der Gebirge drangen sie, kurze Strecken pro Jahr, in unseren bereits von Eichen-Mischwäldern bedeckten Raum vor. Gebirge sind es denn auch hauptsächlich, wo sie heute zu finden sind. In West- und großen Teilen Norddeutschlands haben sie gar nicht Fuß fassen können. Aber immerhin kommt die Fichte auf natürliche Weise in den Hochlagen des Harzes vor, und auch im Gebiet der Lüneburger Heide ist sie in geringem Umfang nachweisbar. Wahrscheinlich hat sie dort aber nur feuchte Standorte an den Rändern von Mooren besiedelt.

Ganz anders als unsere heimische Fichte hat sich die Serbische Fichte in der Nacheiszeit verhalten, und deshalb wird sie hier erwähnt. Auf einer Karte würde ihr Areal nur als kleiner Punkt zu sehen sein. Dieser Punkt liegt im bosnisch-serbischen Grenzgebiet, nahe bei der Stadt Viségrad an der Drina. Mathematisch ist ein Punkt dimensionslos, und fast ist er das auch in unserem pflanzengeographischen Fall; denn die gesamte Fläche, die von dieser Art bestockt wird, beträgt nicht einmal einhundert Hektar. Das ist deshalb besonders erstaunlich, da ähnliche Fichtenarten im Tertiär in Europa weit verbreitet waren. Das weiß man von vielen paläobotanischen Funden sehr genau. Sie bietet nun ein Beispiel dafür, wie wahrscheinlich viele der Baumarten des Tertiär-Waldes verschwunden sind: Das Klima reduzierte den Lebensbereich, ein Überleben war nur in wenigen Refugien, Zufluchtsgebieten, möglich. Gingen diese verloren, so verschwand die Art. Aber auch wenn sie zu klein wurden und andere, vielleicht vitalere Arten mit einer Verbesserung des Klimas schnell die Umgebung eroberten, war die Art zum langsamen Untergang verurteilt.

Und genauso ist es der Serbischen Fichte ergangen. Auch als die klimatischen Bedingungen wieder günstig geworden waren, gelang es ihr nicht, aus ihrem Refugium auszubrechen. Da niemand weiß, warum das so war, behelfen wir uns mit der Allerweltserklärung »mangelnder Vitalität«. Als dann jedenfalls um sie herum so lebenssprühende Arten wie unsere gewöhnliche

Fichte und die Buche sich ausgebreitet hatten, war jeder Ausbruchsversuch von vornherein zum Scheitern verurteilt.

Im übrigen gibt es in den eiszeitlichen Rückzugsräumen des Balkans und des Mittelmeergebietes etliche solcher gescheiterter Baumexistenzen. Arten wie die Roßkastanie und mehrere Tannen gehören dazu. Ganz besonderes Glück gehabt hat aber wieder unsere Serbische Fichte, deren abgelegene Existenz überhaupt erst vor einhundert Jahren entdeckt wurde. Wäre der Mensch in Gestalt des serbischen Botanikers Pancić tausend Jahre später aufgetaucht, so wäre sie möglicherweise, wahrscheinlich sogar, bereits ausgestor-

Von der Tundra zum Wirtschaftswald. Die Entwicklung nach der Eiszeit.

Zeit		Klima	Vegetation	Geschichte
− 12 000	Späteiszeit	Arktisch kalt	Tundra	Altsteinzeit
− 11 000				
− 10 000		Subarktisch nicht mehr so kalt	Birken-Kiefern	
− 9 000				
− 8 000	Nacheiszeit	Frühe Wärmezeit es wird wärmer		Mittelsteinzeit
− 7 000			Hasel-Kiefern	
− 6 000				
− 5 000		Mittlere Wärmezeit 3° wärmer als heute	Eichen (Ulmen, Linden Eschen, Fichten)	Jungsteinzeit
− 4 000				
− 3 000				
− 2 000		Späte Wärmezeit kühler	Buchen, Eichen (Tannen)	Bronzezeit
− 1 000				
Christi Geburt		Nachwärmezeit heutiges Klima	Buchen	Eisenzeit
+ 1 000			Rodungen	Geschichtliche Zeit
+ 2 000			Wirtschaftswald	

ben gewesen. Er kam im letzten Moment und erkannte sofort die Eignung dieser Art als Zierbaum. Sie hat einen schmalen Wuchs und paßt daher auch in den kleinsten Garten. Außerdem sind ihre silbrigen Nadeln besonders hübsch. Es zeugt vom Unternehmergeist der Gärtner, daß die Serbische Fichte, erst 1876 entdeckt, schon 1881 in den Angebotskatalogen der Baumschulen erschien: Aus dem verlöschenden Tertiärrelikt ist so eine der wichtigsten Zierbaumarten geworden. Ihre Verbreitung in Gärten und Parks macht heute ein Vielfaches von dem aus, was es original von dieser Baumart noch gibt. Ein Aussterben ist nicht mehr zu befürchten.

So ist die Fichte nach der Eiszeit zu uns zurückgekehrt. In den Hochlagen des Harzes spielt sie schon vor etwa 5000 Jahren eine Rolle, während sie im Schwarzwald überhaupt erst vor gut 2000 Jahren Bedeutung erlangte. Die Darstellung stammt aus dem umfassenden Werk über die Fichte des Freiburger Forstwissenschaftlers Schmidt-Vogt.
(Quelle: Schmidt-Vogt, H., Die Fichte, Hamburg 1977)

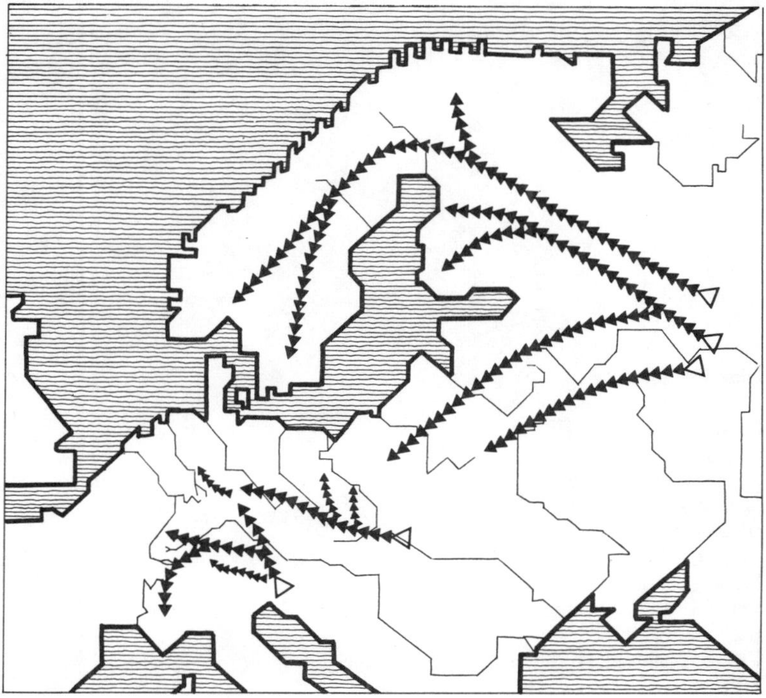

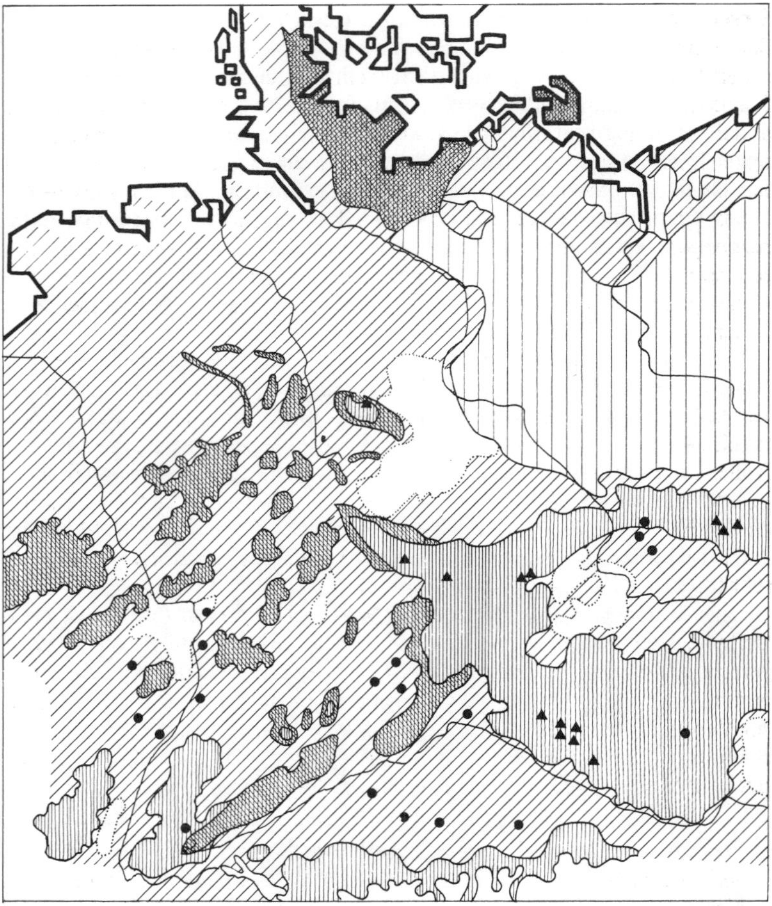

Diese unter Vegetationskundlern berühmte Karte des Göttinger Botanikers Firbas zeigt die Waldbestockung unseres Raumes, bevor der Mensch sie veränderte. Nicht erkennbar wird darauf, daß es vielerorts Feuchtgebiete und Moore gab, die entweder ganz waldfrei oder doch ohne Buche waren.
(Quelle: Ellenberg, H., Vegetation Mitteleuropas, Stuttgart 1978)

Trockengebiete unter 500 mm Niederschlag, Eichenmischwälder, sehr wenig Buche

Buchenmischwaldgebiete der tieferen Lagen mit starker Beteiligung der Eichen

Buchenbergwälder ohne Nadelhölzer

Moränengebiete mit Rotbuche, wenig Kiefern

Buchen-Bergwälder mit Tanne und Fichte ▲

Kiefernwälder auf Sand, z. T. mit Eichen und anderen Laubhölzern

● Waldkiefern lokal vorherrschend

Unser Wald – wie er ohne den Menschen aussähe

Seit zehn- bis zwölftausend Jahren besiedelt also Wald den mitteleuropäischen Raum wieder. Nun gibt es in einem solchen Zeitraum immer wieder Klimaschwankungen erheblichen Ausmaßes, durch die mal die eine, mal die andere Baumart begünstigt wird. Diese Klimaschwankungen sind daher in erster Linie bestimmend dafür, welche Arten von Wäldern Fuß fassen können oder auch wieder verdrängt werden. Das wurde eingehend beschrieben.

Seit einigen tausend Jahren herrschen Temperatur- und Feuchtigkeitsbedingungen, die für die Buche besonders günstig sind. Ließe man sie gewähren, so beherrschte sie die Situation in vielen Wäldern unseres Raumes. Die überragende Bedeutung der Buche geht sehr gut aus der grundlegenden Karte hervor, die der Göttinger Vegetationskundler Firbas entwickelt hat.

Ihren Inhalt kann man mit etwas Mut zur Vereinfachung etwa folgendermaßen zusammenfassen: Buchen- und Buchen-Mischwälder würden Deutschland auf großen Flächen bedecken, wäre der Mensch nicht aufgetaucht. In tieferen Lagen spielte neben der Buche die Eiche eine beachtliche Rolle. In den mittleren und höheren Lagen Süddeutschlands wären die Tanne und in geringerem Maße die Fichte beigemischt. Große, fast reine Bestände der Fichte fänden sich in den Hochlagen des Bayerischen Waldes; und auch die Kiefer als bestimmende Baumart wäre nur auf Sonderstandorten, sehr trockenen hauptsächlich, anzutreffen.

Diese Charakterisierung der natürlichen Wälder unseres Raumes ist zwar treffend, aber doch wohl zu grob, als daß sie der vielfältigen Wirklichkeit gerecht werden könnte. Wir kommen deshalb nicht um die Notwendigkeit herum, etwas mehr in die Details zu gehen. Eine Gliederung, die der Göttinger Vegetationskundler Ellenberg entwickelt hat, ist dafür sehr hilfreich. Sein Buch über die Vegetation Mitteleuropas ist überhaupt grundlegend für alle Betrachtungen, die zu diesem Thema angestellt werden können.

> Wer über die Schwäbische Alb oder durch den Fränkischen Jura wandert und einen Blick für Bäume hat, der mag sich fragen, warum gerade hier so viele Buchen wachsen und sich zu ganzen Wäldern verdichten. Der Grund steckt im Boden und heißt Kalk. Wo dieser geologische Untergrund dominiert, wird der Bauer nicht reich, und darum überließ er das Feld oft dem Buchenwald.

Die natürlichen Buchenwälder

Eine Baumart kann nur dann große Flächen besetzen und halten, wenn sie in der Lage ist, andere Arten zu überflügeln und damit zurückzudrängen.

Was diese Wettbewerbsfähigkeit angeht, so hat sich die Buche als der bemerkenswerteste Baum erwiesen. Obwohl sie als letzte der wichtigen Baumarten wieder in unserem Raum erschienen ist, gelang es ihr doch, nahezu überall Fuß zu fassen. Daß die Entwicklung so und nicht anders verlaufen ist, kann natürlich kein Zufall sein. Die Buche besitzt Eigenschaften, die ihr unter den Lebensbedingungen unseres Raumes gegenüber allen anderen Baumarten Überlegenheit sichern: Unsere Böden sind fast überall von einer Qualität, die der Buche die Ansiedlung ermöglicht. Das ozeanische Klima mit seiner hohen Luftfeuchtigkeit und reichlichen Niederschlägen in der Vegetationszeit, also etwa von Mai bis September, ist ihr sehr günstig. Und vor allem: Die Buche bildet ein dichtes Kronendach, durch das so wenig Licht an den Boden gelangt, daß andere Baumarten sich darunter nur schwer halten. Sie selbst dagegen kann das infolge ihrer Fähigkeit, in der Jugend mit sehr wenig Licht zurechtzukommen. In den meist lichteren Beständen anderer Baumarten spielt sie die Fähigkeit, mit wenig Licht relativ gut zu wachsen, sogar voll aus. Ihren anspruchsvolleren Widersachern, Eichen, Eschen, Ahornen und Fichten, bleibt da kaum eine Chance und der extrem lichtbedürftigen Kiefer schon gar keine.

Danach ist es nun alles andere als verwunderlich, daß die Buche der Baum unseres Raumes ist. Erstaunen verursacht eigentlich viel mehr die Tatsache, daß nicht alle anderen Baumarten überhaupt verschwunden sind. Aber, keine Sorge, so einfach sind die Dinge dann doch wieder nicht. Es gibt nämlich durchaus Standorte, auf denen die Buche ins Hintertreffen geraten kann.

So scheidet sie immer und überall dort aus, wo Hochwasser eine regelmäßige und länger andauernde Erscheinung ist. Die Auenwälder, die unsere Flußläufe begleiten oder doch wenigstens ohne den Menschen begleiten würden, sind daher ohne Buchen. Außerdem gibt es immer wieder, wenn auch oft nur auf kleinen Flächen, Standorte, die besonders reich an Nährstoffen und gut mit Wasser versorgt sind. Sie stellen sozusagen die absolute Creme dessen dar, was unsere Landschaft für Bäume zu bieten hat. Hier bleiben Eschen, Ahorne und Ulmen, aber auch Linden der sonst so vitalen Buche überlegen. Sie wird allenfalls als Begleiterin, also als eine unter vielen, geduldet.

Und dann gibt es die Armenhäuser unserer Landschaft, wo die Buche an ihre Grenzen stößt: sehr kalte, sehr saure, durch stauende Nässe geprägte, aber auch trockene und flachgründige Standorte. Der Fläche nach sind sie nicht sehr groß, doch erlauben sie – je nachdem – Eichen, Fichten oder auch Kiefern, sich in ziemlich reinen Beständen zu erhalten. Hier haben sie und nicht die Buche – wie sonst – die Überlebensvorteile auf ihrer Seite.

Und schließlich ist es zum Verständnis der Dinge wichtig zu wissen, daß es auf großen Flächen von Natur aus gemischte Wälder gibt, in denen die Buche zwar oft die Hauptrolle spielt, aber durchaus nicht alles dominiert. Im Hügel- und Flachland ist dann die Eiche ihre wichtigste Begleiterin. Es genügt hier, drei Gruppen von Buchenwäldern zu unterscheiden. Sie lassen die große Breite der Standorte erkennen, auf denen diese Baumart leben kann. Da sind zunächst die Kalkbuchenwälder. Der Name sagt es schon: sie bilden sich nur dort aus, wo der geologische Untergrund aus Kalkgestein oder doch sehr kalkhaltigem Material aufgebaut ist. Man wird ihn also auf großen

Teilen des Schwäbischen und des Fränkischen Jura, in den Alpen und überall sonst erwarten können und auch finden, wo Muschelkalk oder Jurakalke die Landschaft aufbauen, wie etwa im Göttinger Wald oder in Unterfranken. Aber auch kalkreiche Böden, die aus Ablagerungen der Eiszeiten stammen, wie sie vor allem im Alpenvorland häufig sind, bieten Kalkbuchenwäldern Voraussetzungen für ihre Entfaltung.

Wuchskräftig und vital ist der Kalkbuchenwald immer, wenn genügend Feuchtigkeit zur Verfügung steht. Oft sind dann auch Eschen und Ahorne in die Buchen eingemischt. Gar nicht selten bilden sich jedoch auf den Kalken flachgründige Böden aus, die ziemlich trocken sein können. Dann ist es nicht weit her mit der Wuchskraft der Buche. Unter solchen Bedingungen können die Mehl- und Elsbeere, aber auch Eichen ihre Unempfindlichkeit gegen Trockenheit ausspielen und zu ihren Begleitern werden.

Kalkstandorte – vor allem Jura- und Muschelkalke – sind oft alles andere als günstig für die Landwirtschaft; deshalb war der Anreiz zur Umwandlung des Waldes in Acker nicht allzu groß. Und da auch Nadelbaumarten wie Fichte und Kiefer sich nicht gerade wüchsig darauf entwickeln, hat der Laubwald sich hier großflächig erhalten können.

Nun ist aber Kalk keineswegs die Voraussetzung für die Entfaltung der Buchen. Eine zweite Gruppe von Buchenwäldern, die der ersten, den Kalkbuchenwäldern, in vielem ähnlich ist, hat sich überall dort herausbilden können, wo gut nährstoffversorgte und genügend frische Braunerden die Landschaft bestimmen. Auf solchen Standorten erreicht die Buche ihre maximale Leistungsfähigkeit. Sie kann dort gewaltige Bestände aufbauen. In unserer Gruppierung werden sie Braunerde-Buchenwälder genannt.

Für unsere Betrachtung ist ein Blick auf die Mischbaumarten des Braunerde-Buchenwaldes wichtig. Dort, wo er besonders nährstoffreich und gut wasserversorgt auftritt, sind es vor allem der Ahorn und gelegentlich die Esche, die sich der unduldsamen Buche gegenüber halten können, einzeln oder in kleinen Gruppen eingemischt. Wird der Boden dagegen etwas ärmer oder trockener, dann kommen Traubeneichen und gelegentlich Linden ins Spiel; auch sie immer klar in der Minderheit bleibend.

Wo findet man diesen Braunerde-Buchenwald nun, wenn man sich eine Vorstellung von ihm verschaffen will? Es gibt ihn in Norddeutschland, auf den Jungmoränen Schleswig-Holsteins und selbst auf Geschiebemergeln im Raum der Lüneburger Heide, auf tiefgründigen Lößlehmen und oft an den Unterhängen der Mittelgebirge sowie überall dort, wo sich – wie im Vogelsberg – aus Basalt genügend wasserversorgte Standorte bilden konnten. Große Flächen ehemaligen Braunerde-Buchenwaldes sind jedoch zu landwirtschaftlicher Nutzung gerodet oder forstwirtschaftlich verändert worden. Denn auch die Fichte wächst auf solchen Standorten sehr gut, wenn sie vor der übermächtigen Konkurrenz der Buche geschützt wird.

Die dritte Gruppe der Buchenwälder, die hier behandelt werden soll, wächst auf sauren, eher nährstoffarmen Böden. Sie werden daher als bodensaure Buchenwälder bezeichnet. Viele der Grundgesteine, die unsere Landschaft aufbauen, sind arm an nährstoffliefernden Mineralen, wie Feldspat und Glimmer, und bestehen dafür im wesentlichen aus quarzreicher Substanz. Die Böden, die aus ihnen durch Verwitterung hervorgehen, sind nur unzureichend in der Lage, die Humussäuren zu neutralisieren, die beim Abbau von organischem Material entstehen. Folglich bildet sich saurer Humus. Aus älteren Moränen, entkalkten Lössen, Sandsteinen und Schiefern entstehen diese Böden. Sie sind weit verbreitet; und das wären auch die dazugehörigen Buchenwälder, hätte man sie nicht in fast noch größerem Umfang gerodet, als das bei den Braunerde-Buchenwäldern der Fall war. Zusätzlich haben die Forstleute die Buche vielfach durch Fichten und Kiefern ersetzt. Trotzdem aber gibt es den bodensauren Buchenwald noch auf beachtlichen Flächen, und es darf keinesfalls der Eindruck entstehen, daß es sich bei ihm etwa um eine kümmerliche Bestockung handele. Es zeigt sich hier vielmehr die außerordentliche Standortbreite, die die Buche auszeichnet, wenn sie auch auf diesen Böden zu ganz hervorragendem Wachstum in der Lage ist.

Im folgenden Kapitel über die Leistungsfähigkeit unserer Wälder werden Zahlen aus zwei Beständen des bodensauren Buchenwaldes mitgeteilt werden, die das klar zum Ausdruck bringen. Diese Zahlen sind in Buchenwäldern der deutschen Mittelgebirge gewonnen worden. Dort, also im Hunsrück, im Harz, überall, wo Buntsandstein den geologischen Untergrund bildet, wie im Kaufungerwald, im Spessart, Solling und Odenwald, oder wo arme Keupersandsteine die Landschaft, wie im Steigerwald, aufbauen, auch auf den entkalkten Lößlehmen des Tertiär-Hügellandes südlich der Donau, ist der bodensaure Buchenwald großflächig zu finden oder wäre es doch ohne die fichtenfreundliche Forstwirtschaft. Als Mischbaumarten kommen Ahorne und Eschen in bodensauren Buchenwäldern kaum mehr vor; statt dessen gelingt es den anspruchsloseren Eichen, vor allem der Traubeneiche, sich in dem Buchenmeer als Mischbaumart zu erhalten. Je ärmer der Standort ist, desto ausgeprägter ist das der Fall.

Die Buche und das Nadelholz

Die bisher vorgestellten Buchenwälder bilden entweder Reinbestände, oder sie sind mit anderen Laubhölzern gemischt. Als einzige Nadelbaumart kommt auf Kalkstandorten die ungewöhnlich viel Schatten ertragende Eibe unter der Buche vor. Sie ist jedoch so selten, daß wahrscheinlich nur wenige Waldbesucher sie überhaupt je gesehen haben.

Dort allerdings, wo sich die Verbreitungsgebiete von Fichte und Tanne mit dem der Buche überlappen – im südlichen Teil der Bundesrepublik also – haben sich Mischwälder aus Nadel- und Laubhölzern herausbilden können. Sie sind besonders schön, vielfältig und ertragreich. In den tieferen Lagen ihrer Verbreitung, in Teilen vom Tertiär-Hügelland Bayerns und im Moränen-Vorland der Alpen, beherrscht die Buche noch ganz und gar das Feld. Die Tanne begleitet sie jedoch meistens in beachtlichem Umfang, während die Fichte mehr einzeln beigemischt erscheint. Je höher man jedoch die Gebirge dieses Raumes hinaufsteigt, etwa im Schwarzwald, in den Alpen und im Bayerischen Wald, um so mehr treten die Nadelhölzer hervor: die Lebensbedingungen für die Buche werden ungünstiger und damit die Durchsetzungskraft der Tannen und Fichten größer. Bis ziemlich hoch hinauf hat sich dadurch im Gebirge ein Wald entwickeln können, an dem oft Buche, Tanne und Fichte gleichgewichtigen Anteil haben. Bergmischwald wird diese Baumartenkombination von den Forstleuten genannt.

Sein Kronendach ist lichtdurchlässiger als das des reinen Buchenwaldes. In älteren Beständen kann sich deshalb oft eine Schicht von Bodenpflanzen halten. Unter dem lichten Kronendach gelingt es jungen Bäumen, sich langsam zwischen den Stämmen der alten emporzuschieben. Zwar kann es fünfzig Jahre und auch noch länger dauern, bis eine junge Tanne oder auch Buche nur mannshoch geworden ist. Doch bildet sich dadurch ein stufiger Wald heraus, der auch auf kleinen Flächen aus ganz unterschiedlich hohen Bäumen zusammengesetzt ist. Im typischen, gut entwickelten Bergmischwald hat man daher nicht mehr den Eindruck, in einer riesigen Halle zu stehen, wie in vielen der bisher beschriebenen Buchenwälder. Vielmehr blickt man in jeder Höhe auf Nadeln und Blätter, auf Stämme, dünne wie dicke, und auf Äste.

Wegen des oft steilen Geländes ist im Gebiet dieses Bergmischwaldes nur wenig gerodet worden. Und obwohl er seit langem großflächig und intensiv forstwirtschaftlich genutzt wird, ist er doch vielerorts noch recht gut in seiner ursprünglichen Art erhalten. Ältere Bestände des Alpenraumes und des Schwarzwaldes lassen seine Eigenarten gut erkennen; und im Nationalpark Bayerischer Wald ist der Urwaldrest um den Rachelsee herum ein weithin bekannt gewordenes Beispiel für den ursprünglichen Bergmischwald.

Leider muß dem gleich hinzugefügt werden, daß es den Forstleuten schon seit langem nicht mehr recht gelingt, die Nutzung in diesen sehr wuchskräftigen Wäldern so vorzunehmen, daß deren Charakter dabei erhalten bleibt. Das ist deshalb besonders verwunderlich, weil gerade die Wahrung der Mischung von Buche, Tanne und Fichte in den meisten dieser Waldgebiete stets oberstes Ziel aller forstlichen Maßnahmen war. Mangelnde Kenntnisse der Lebensabläufe darin und sehr hohe Reh- und Hirschbestände sind es vor allem, durch die besonders die Tanne, oft aber auch die Buche und andere Mischbaumarten, wie der Ahorn, immer mehr verlorengehen.

Was man vom deutschen Menschen nicht sagen kann, trifft auf den deutschesten aller deutschen Bäume zu, die Eiche. Sie nimmt auch mit bescheidensten Lebensqualitäten, sprich Böden, noch vorlieb: arm, sauer und naß. Da vergesellschaftet sie sich mit der Birke zu einem Eichen-Birken-Wald. Übrigens verdankt sie ihre Wertschätzung nicht Bismarck und dessen Sachsenwaldeichen, sondern den Schweinen, die sich an ihren Eicheln mästeten.

Die Eichenwälder

Wo bleiben nach allem die Eichen, wird mancher Leser fragen, diese gewaltigen Bäume, die zudem so häufig mit dem Attribut »deutsch« bedacht werden. Manch ein Wirtshaus heißt noch heute danach. Nun, sie ist in der Tat ein wichtiger Baum im Grünen Drittel unseres Landes; und sie wäre ohne die Rodungen gerade in den von ihr bevorzugten Landschaftsteilen wohl noch häufiger, als sie es heute ist. Im Hinblick auf die Eiche ist es allerdings oft schwierig zu sagen, ob sie nicht durch den Menschen mehr gefördert worden ist, als sie durch ihn an Terrain verlor. Es ist heute kaum noch vorstellbar, welche Rolle diese Baumart durch ihre Eicheln für die Schweinemast, durch ihre gerbstoffreiche Rinde für die Lederproduktion und als wichtiger Bauholzlieferant jahrhundertelang spielte. Auf großen Flächen war sie deshalb einmal der wichtigste Wirtschaftsbaum, der durch den Menschen energisch geschützt und gepflegt wurde. Selbst von den ausgedehnten Eichenwäldern des Spessarts weiß man ziemlich genau, daß ihr Schicksal so gut wie besiegelt wäre, würde der Mensch nicht noch heute ständig zugunsten der Eiche eingreifen.

Es deutet alles darauf hin, daß sich Eichenwälder in tieferen Lagen, also etwa im Hügel- und Flachland, der Buche gegenüber vielfach behaupten konnten. Als Begleitbaumart, meist unter dem Schirm der Eichen wachsend, findet sich dort häufig die Hainbuche. Der Name Eichen-Hainbuchenwald ist aus dieser Kombination entstanden. Oft zeigt jedoch auch in diesen Wäldern bereits die Gegenwart von Buchen an, daß die Rolle der Eiche als dominierende Baumart nicht unumstritten ist. Überall dort allerdings, wo schwere, feuchte Böden, die nur von der Eiche gut durchwurzelt werden können, den Untergrund bilden, wird sie sich als Hauptbaumart halten können, und zwar die Stieleiche zumeist. Auf anderen Standorten hat die Eiche dann am ehesten eine Chance, sich bestandsbildend neben der Buche zu behaupten, wenn diese wegen geringer Niederschläge nicht mehr recht kampfkräftig ist; überall, wo weniger als sechshundertfünfzig Millimeter Regen fallen, ist es um die Konkurrenzkraft der Buche nicht mehr gut bestellt. Hier sind es dann oft Traubeneichen, die sich durchsetzen.

Nun gibt es neben solchen eher anspruchsvollen Standorten mit der Eiche als Hauptbaumart aber auch noch andere Bodenbildungen, auf denen der deutsche Baum niemals Anfechtungen durch die Buche ausgesetzt ist. Das sind die armen, sauren, gelegentlich trockenen, meist aber eher feuchten Standorte, wie es sie im norddeutschen Flachland, aber auch sonst häufig gibt. Hier sind es die robuste Bewurzelung der Eiche zusammen mit der Hartnäckigkeit von Birke, Aspe und Kiefer, die dafür sorgen, daß in unseren Breiten selbst solche ungastlichen Stellen Wald tragen. Aber auch dieser Eichen-Birken-Wald ist häufig durch Nadelhölzer ersetzt worden. Große, oft wüchsige Kiefernwälder haben vielerorts seine Stelle eingenommen. Mit der Fichte hat es dagegen eher Fehlschläge gegeben. Sie durchwurzelt solche Böden unzureichend, ist deshalb sturmgefährdet und wächst schlecht.

Der Auenwald

Die Flüsse und Bäche unseres Landes sind nur noch ein blasser Abglanz dessen, was sie einmal waren. Nicht nur daß sie verdreckt sind, mancherorts so sehr, daß es einfach ein Skandal ist – für den Wald unseres Raumes ist viel schlimmer, daß sie begradigt, vertieft und in ihrem Wasserstand reguliert worden sind. Die Unregelmäßigkeiten der Wasserführung sind – ein Ergebnis dieser Maßnahmen – sehr stark gemildert worden. Im Bereich der Flußoberläufe halten oft Staubecken die großen Wassermengen der Schneeschmelze fest, damit sie dann in Zeiten geringerer Wasserführung abgelassen werden können. Und die Kanalisierung der Flußbetten erlaubt zudem, große Wassermengen schnell abzuführen. Der Mensch ist froh, und er hat auch manchen Grund dazu: Hochwässer spielen keine wesentliche Rolle mehr in unserer Landschaft. Die Kehrseite dieser Erfolgsmeldung heißt allerdings: Auenwälder mit ihrer reichen, sehr vielfältigen Vegetation, Aufenthaltsorte und Winterräume für viele Tiere, kann es nach diesen Maßnahmen nicht mehr geben. Ihre Existenz ist untrennbar mit dem fast rhythmischen Auf und Ab des Wassers verbunden.

Die Hochwässer sind es vor allem, die den Auenwald prägen. Sie tun das auf zweierlei Weise: Zum einen können im Hochwasserbereich – und weiter reicht der Auenwald nicht – nur solche Baumarten gedeihen, die Überflutungen, auch längere, ohne Schaden ertragen können. Alle unsere Nadelbäume sind damit von vornherein aus dem Rennen, und auch die aggressivste der Laubbaumarten, die Buche, gehört aus diesem Grunde nicht zur Ausstattung des Auenwaldes. Zum anderen werden mit den Hochwässern erodierte Bodenteilchen, aber auch organische Sinkstoffe herantransportiert und immer wieder abgelagert. Es entstehen dadurch die meist sehr fruchtbaren Aueböden, die dem Wachstum vieler Pflanzen und den hochwasserfesten Bäumen äußerst günstige Voraussetzungen für ihre Entwicklung bieten.

An den Oberläufen der Flüsse dauern, wegen des meist größeren Gefälles, die Hochwässer nur kurze Zeit an und erfassen dann auch nur ein schmales Band der Uferzone. Außerdem werden oft grobe Sedimente abgelagert, die in Zeiten des Niedrigwassers ausgesprochen trockene Standorte abgeben. Weiden- und Grauerlenbüsche sowie Grauerlenwald – dieser oft außerordentlich dicht – stellen hier den Baumbestand. Solche Grauerlenwälder finden sich in einigem Umfang noch an den Rändern der Alpenflüsse, wie Loisach, Lech und Isar. Ein besonders bekanntes und genau untersuchtes Beispiel für einen solchen Alpenfluß-Auenwald stellt die Pupplinger Au südlich von München dar.

In den tieferen Flußabschnitten mit geringerer Fließgeschwindigkeit wird die Überflutungszone oft sehr viel breiter, und im idealen Falle bildet sich eine ganz typische Vegetationsabfolge heraus: In der Nähe des Flußbettes, dort wo der Fluß sandige Rohböden freilegt, entsteht ein schmales Band von Weiden, Büsche zumeist. Daran an schließt sich, auch noch auf Sand oder Kiesunterlage, ein Wald aus Baumweiden. Auch unsere Schwarz- und Silberpappeln gehören in diesen Teil des Auenwaldes. Er wird Weichholzaue wegen ihres leichten, weichen Holzes genannt.

Je weiter man sich von dem eigentlichen Flußbett entfernt, immer im Hochwasserbereich bleibend allerdings, um so feinkörniger, lehmiger wird der Aueboden und um so seltener und flacher werden die Überflutungen. Hier kann sich ein Wald ganz anderer Art entwickeln. Eschen vor allem, aber auch Ulmen und die Stieleiche prägen das Bild dieses Hartholzaue genannten Waldstreifens entlang der Flüsse.

Wenige Reste dieser Auenwälder sind in unserer Kulturlandschaft verblieben, Zeugen einstiger Pracht. Entlang der Altwässer des Ober- und Mittelrheins etwa kann man sie noch sehen. Aber auch entlang des Mittel- und Unterlaufs von Isar, Inn und an der Donau gibt es solche Reste. Vielerorts zeigt sich allerdings schon an den im Bereich der Auen gelegenen Fichtenaufforstungen, daß das, was die Entwicklung hier jahrtausendelang bestimmt hat, verändert worden ist: der Wechsel von Hoch- und Niedrigwasser. Es kann daher nur eine Frage kurzer Zeit sein, bis auch die Erscheinung des Auenwaldes verschwunden sein wird, abgelöst von Wirtschaftswald aus Esche und Ahorn im besten Fall, von Pappelplantagen oder aber Nadelholzbeständen, die dann auch den Landschaftscharakter völlig verändern.

Die Nadelwälder

Wohin man auch immer in der Bundesrepublik kommt, überall beherrschen Nadelwälder das Bild oder sind doch Nadelbäume wenigstens ein wichtiges Element des Waldes. Und doch ist der sehr breite Raum, der dem Laubwald in unserer Betrachtung bisher eingeräumt wurde, durchaus den Verhältnissen angemessen: Wäldern, in denen das Nadelholz absolut vorherrscht, käme unter ursprünglichen, natürlichen Verhältnissen nur eine vergleichsweise geringe Bedeutung zu.

Eine Großrauminventur in Bayern ergab 1970/71, daß in den alten Waldbeständen des Hochgebirges der Anteil der Tanne heute noch um fünfzehn Prozent herum liegt. Am Aufbau der jüngsten Bestände ist sie nicht einmal mehr mit 1,5 Prozent beteiligt. Das Schalenwild setzt ihrer Verjüngung durch Verbiß stark zu. Auch die Buche geht im Bergmischwald darum zurück: 22 Prozent hält sie noch in alten, zwölf nur mehr in jüngsten Beständen.

Tannen und Fichten

Von der Tanne wurde bereits gesprochen; sie ist die Mischbaumart schlechthin. Zwar gibt es auch bestimmte Standorte, auf denen sie fast reine Bestände bilden kann. Auf feuchten, dicht gelagerten Böden ist das der Fall, wo die überlegene Wurzelkraft ihr Vorteile gegenüber Buche und Fichte verschafft.

Auch die scheinbar so vitale Fichte ist den Laubbäumen in ihrer Durchsetzungskraft absolut unterlegen. Die schützende Hand des Forstmannes war es, durch die sie ihren Siegeszug in unserem Wald antreten konnte. Natürlicherweise zeichnet sie sich durch außerordentliche Unempfindlichkeit gegen Kälte aus, darin der Kiefer kaum nachstehend. Sie gedeiht auch auf feuchten und sehr sauren Standorten, und sie verträgt kontinentales Klima gut. Ihre Konkurrenzkraft läßt dagegen überall dort nach, wo Ozeanität mit hoher Luftfeuchtigkeit und gedämpfteren Klimaextremen sich zum Vorteil anderer Baumarten, vor allem der Laubbäume, auswirkt. Die Fichte schafft es dadurch in bestimmten Stadien ihrer Entwicklung nicht, sich gegenüber ihren Widersachern durchzusetzen. Das ist deswegen ganz besonders überraschend und interessant, weil sie diesen Widersachern im Hinblick auf ihr Wachstum mindestens ebenbürtig, meist sogar überlegen wäre, gelänge es ihr nur Fuß zu fassen.

Nun, sie ist es nicht; und deshalb bildet sie von selbst reine oder doch von ihr im wesentlichen beherrschte Bestände nur auf begrenzten Flächen. Vor allem ist das in den hohen Lagen einiger Mittelgebirge der Fall. So finden sich noch heute Überbleibsel ursprünglicher Fichtenbestände im Harz, wo sie in den Höhenlagen über achthundert Meter den natürlichen Wald bildete: Die ausgedehnten reinen Fichtenbestände der tieferen Lagen dort sind dagegen künstlichen Ursprungs.

Wahrscheinlich im Frankenwald, ebenfalls in höchsten Lagen, ganz sicher aber im Fichtelgebirge und in den Hochlagen des Bayerischen Waldes – diese allerdings vollständig bedeckend – finden sich von Natur aus reine Fichtenbestände. Die des Bayerischen Waldes – ein Teil davon im Nationalpark gelegen – stellen noch heute ziemlich ursprünglichen Wald dar. Trotz ihrer unverkennbaren Monotonie, die auch durch einige Hochmoorflächen kaum gemildert wird, sind sie mit ihren großartigen Baumgestalten außerordentlich eindrucksvoll.

Nach allem, was über die Standortansprüche der Fichte gesagt worden ist, nimmt es nicht wunder, daß sie in einigen Mittelgebirgen in den kalten, hohen Kammlagen mit deren langen, tiefen Schneebedeckung zu finden ist. Überraschend scheint dagegen zunächst, daß sie – aus dem Bayerischen Wald ist das besonders gut bekannt – auch in den tiefsten Tallagen dominieren kann. Um das zu verstehen, braucht man sich nur das Verhalten kalter Luft zu vergegenwärtigen. Sie strömt, da schwerer als warme, in die Täler und Mulden, wo sie geradezu Kälteseen bilden kann. Extrem tiefe Temperaturen im Winter, aber auch strenge Fröste noch im Frühjahr begünstigen daher auch hier die Konkurrenzkraft der Fichte. Das ist die Erklärung für die merkwürdige Ausbildung des Waldes, wie sie im Bayerischen Wald noch heute gut zu erkennen ist: In den Tallagen überwiegen die Fichten. Aus Buchen, Tannen und Fichten setzt sich der Wald an den langen, weiten Hängen des Gebirges zusammen. Und erneut reine Fichtenbestände bedecken die rauhen Hochlagen.

Auch in dem kleinen Teil des Alpenraums, der zur Bundesrepublik gehört, spielt die Fichte natürlicherweise eine beachtliche Rolle. Obwohl das Hochgebirge viel stärker vom Menschen geprägt ist als etwa der Bayerische Wald, ist das auch immer noch ganz gut erkennbar. Die unteren und mittleren Hanglagen sind bestimmt durch einen Mischwald aus Buche, Tanne und Fichte, der bereits vorgestellt wurde. Je höher hinauf man jedoch kommt, um so mehr treten zunächst die Buchen und dann auch die Tannen zurück. Die Fichte wird dagegen immer häufiger und gelegentlich bildet sie einen fast reinen Waldstreifen, der bis zur Waldgrenze hinaufreicht. Dieser Hochlagen-Fichtenwald unseres Hochgebirges besteht wieder – wie oft im Bayerischen Wald – aus dichten, einförmigen Beständen. Gerade im Alpenraum zeigen die einzelnen Bäume dieser Wälder besonders schöne, säulenförmige Kronen. Sie sind das Ergebnis eines jahrtausendelangen Selektionsdruckes durch immer wiederkehrende außerordentliche Schneebelastungen.

Das natürliche Verbreitungsgebiet der Fichte. Das Sternchen im südlichen Teil markiert das winzige Areal der Serbischen Fichte.

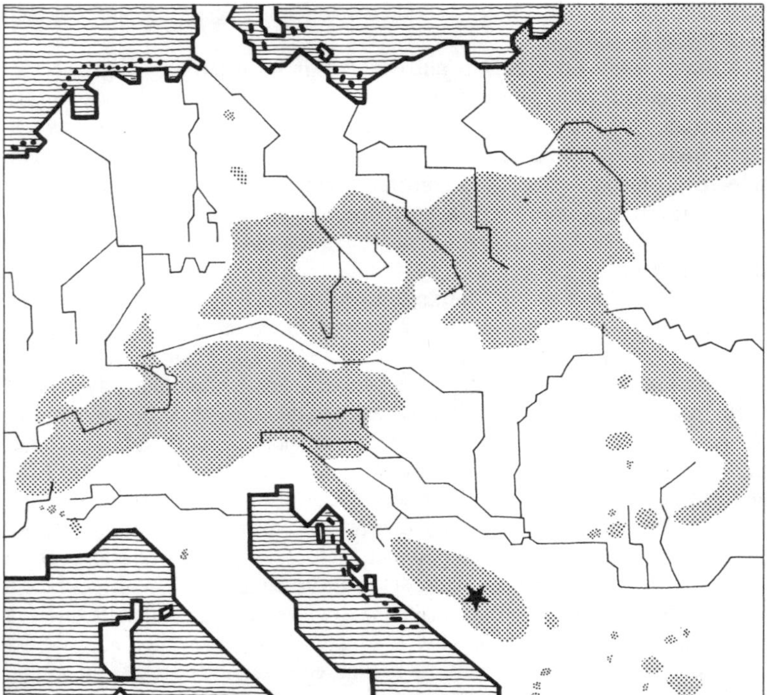

Nur auf extremen Standorten also wird die Fichte vorherrschend, hier hat sie ihre ökologische Nische. Danach wird es niemanden verwundern, wenn dem noch ein weiterer Extremstandort hinzugefügt werden muß, nämlich die Ränder von Mooren.

Feuchtigkeit, saure Böden und wieder Kälte sind es, die der Fichte hier ihre Vorherrschaft sichern. Vorherrschaft auf einem Territorium allerdings, das von anderen Baumarten gar nicht beansprucht wird, von einigen Birken und gelegentlich einer Kiefer einmal abgesehen, oder vielleicht auch einer Spirke, der aufrechten Schwester der Bergkiefer. Dieser Sonderstandort, obwohl er von der Fläche her ganz unbedeutend ist, wird hier aus einem wichtigen Grund erwähnt. Viele Wissenschaftler nehmen nämlich an, daß es sich bei den wenigen natürlichen Vorkommen der Fichte im nordwestdeutschen Flachland, genauer gesagt im Gebiet der heutigen Lüneburger Heide, um solche Moorrandwälder gehandelt hat.

Die Fichte, unser wichtigster Waldbaum heute, kommt also von Natur aus nur auf einem Teil der Fläche der Bundesrepublik vor. Aber selbst dort bildet sie reine oder doch ganz wesentlich von ihr bestimmte Wälder nur auf wenigen, durch extreme Klima- und Bodenbedingungen gekennzeichneten Standorten aus. Ein wichtiges Element war sie dagegen immer in den weit verbreiteten Buchen-Mischwäldern Süddeutschlands und in mittleren Lagen des Harzes.

Kiefernwälder

Wer durch die Lüneburger Heide fährt, in der Oberpfalz seinen Urlaub verbringt oder im Rhein-Main-Gebiet wohnt, kann leicht auf den Einfall kommen, daß die Kiefer in der ursprünglichen Waldbestockung der Bundesrepublik zu den wichtigsten Baumarten gehört hat. Wie im Falle der Fichte muß aber auch im Hinblick auf die Kiefer dringend davor gewarnt werden, aus der gegenwärtigen Zusammensetzung der Wälder auf deren ursprünglichen Zustand zu schließen.

Wie die Fichte nämlich, zeitweise sogar in noch viel größerem Umfang, ist die Kiefer auf Standorten angebaut worden, auf denen sie natürlich gar nicht vorkam. Ihre Areale im Naturwald unseres Raumes waren tatsächlich gar nicht besonders groß.

Die Kiefer war die erste Baumart, die unseren noch baumleeren Raum zusammen mit der Birke besiedelte. Anspruchslosigkeit dem Bodenzustand und Härte klimatischen Unbilden gegenüber verhalfen ihr dazu. Darüber hinaus sicherten häufige Fruktifikationen mit der Bildung sehr zahlreicher, leichter und gut flugfähiger Samen eine »schnelle« Verbreitung aus den eiszeitlichen Rückzugsgebieten. Vor zehntausend Jahren war daher die Kiefer die alles beherrschende Baumart bei uns. In diesen großen Kiefernwald drangen nun nach und nach im Laufe von Jahrtausenden die anderen Baumarten ein, Eiche, Fichte, Tanne und Buche vor allem. Das ist eingehend beschrieben worden.

Die wenigen natürlichen Kiefernwälder, die es in unserem Raum noch gibt, sind daher am besten zu verstehen, wenn man sie als letzte Überbleibsel dieses großen, uralten Kiefernwaldes der frühen Nacheiszeit betrachtet. Und es sei gleich hinzugefügt, daß die großflächige Wiederausbreitung der Kiefer durch den Menschen in den letzten zweihundert Jahren eine Folge der Bodenverwüstungen war, die derselbe Mensch vorher angerichtet hatte. Dadurch waren Ausgangslagen entstanden, die sich – was die Armseligkeit des Standortes anging – nicht allzu sehr von dem unterschieden, was die Kiefer bei ihrer Einwanderung nach der Eiszeit hier vorgefunden haben dürfte.

Natürliche Kiefernwälder gibt es heute noch in etlichen Gebieten unseres Raumes. Besonders eindrucksvoll und auch ziemlich umfangreich sind die alten Bestände, die im Alpenraum oft in reiner Form vorkommen, nur an

Die ökologische Nische

Die ökologische Nische ist ein sehr prägnanter Begriff. Nischen sind Vertiefungen in einer Wand. Kirchen sind voll davon, und schöne Statuen oder Bilder werden darin geschützt aufbewahrt. Es wird sich gleich zeigen, daß diese unvermeidliche Assoziation das Verständnis eher erschwert, wenn es um den ökologischen Sinn dieses Begriffes geht.

Die ökologische Nische einer Pflanzen- oder Tierart wird durch alle Umweltfaktoren bestimmt, die deren Überleben ermöglichen. Klima und Boden gehören genauso dazu wie Konkurrenzeinflüsse. Sind diese Faktoren bekannt, so kann auch der Ort des Vorkommens, die Adresse sozusagen, einer Art, ihre Nische, angegeben werden. Infolge großer Konkurrenzkraft und eines weiten Standortsrahmens hätte die Buche ihre Nische auf einem sehr großen Teil unserer Waldfläche. Eine Nische im Sinne unserer gedanklichen Assoziation mit der kleinen Vertiefung in der Wand ist das sicher nicht.

Dieser Vorstellung entspricht dagegen schon viel besser das natürliche Vorkommen der Kiefer an steilen, flachgründigen, vom austrocknenden Föhn umblasenen Südhängen der bayerischen Alpen. Hier sind alle anderen Baumarten als Konkurrenten so sehr im Nachteil, daß die Kiefer das Feld völlig beherrschen kann: Eine klimatisch bestimmte ökologische Nische für die Kiefer im sonst aus Buche, Fichte und Tanne zusammengesetzten Mischwald dieses Raumes hat sich herausgebildet.

Die von Natur aus alles andere als häufige Fichte hat dagegen große Flächen erobert, die ursprünglich der Buche zusammen mit anderen Laubhölzern gehörten. Das aber bedeutet, daß die ökologische Nische ihren Rändern gemischt mit Fichten und Tannen. Sie besiedeln die steilen und durch den Einfluß des Föhns außerordentlich trockenen Südhänge unserer Kalkalpen. Schneeheide ist ihre typische Begleiterin. Meistens verbindet man jedoch die Kiefer mit Sandboden. Und in der Tat sind arme und trockene Sande wichtige Standorte des Kiefernwaldes. Sie sind allerdings keineswegs sehr häufig. Die ärmsten Teile des Nürnberger Reichswaldes wären ein Beispiel dafür.

Aber auch im Voralpenraum, im Schwarzwald, in Nordostbayern und im Rheintal haben sich – immer dann, wenn örtlich kiefernfreundliche, aber laubholzfeindliche Lebensbedingungen bestanden – die Kiefern als herrschende Baumart erhalten können; meist allerdings nicht auf großen Flächen. Und in den großen Gebieten Nordwestdeutschlands, die heute von ihr fast ganz bedeckt erscheinen, wäre ihre Rolle unter natürlichen Bedingungen

der Fichte, wenn es um ihre Standortansprüche geht, gar nicht so verschieden sein kann von der der Buche. Diese ist lediglich von größerer Konkurrenzkraft. Die reale Nische der Fichte war deswegen sehr klein, bis der Forstmann diese Konkurrenz ausschaltete und die Fichte ihre ganze potentielle Nische einnehmen ließ.

Die ökologische Nische als wichtiger Begriff zum Verständnis dessen, was sich in unseren Wäldern tut, ist mit diesen langen Überlegungen immer noch nicht ganz abgehandelt. Es genügt nicht, zu wissen, wo eine Pflanze oder ein Tier zu finden ist, die Adresse zu kennen. Genauso wichtig, ja eigentlich noch wichtiger, ist es, die Rolle zu kennen, die eine Pflanzen- oder Tierart dort spielt, wo sie vorkommt, ihren Beruf, die Planstelle sozusagen, ihre Funktion im Ökosystem Wald.

Die funktionelle Nische der Buchen oder auch Fichten wäre dann die Primärproduktion. Und fast so wichtig wie die Nische der Buchen und Fichten als Primärproduzenten im Wald-Ökosystem ist die der Zersetzer: Bakterien, deren Funktion im Abbau von Eiweißen liegt, Pilze, deren Nischen die Zellulose- oder die Ligninzersetzung ist, und Regenwürmer, die auf dem Gebiet der Dauerhumusbildung besonders aktiv sind.

Alle die Tiere dagegen, die uns so besonders auffallen und beeindrucken, Rehe und Hirsche etwa oder viele Vögel, sind – verglichen mit den meist unsichtbaren Zersetzern – fast als schöne Luxusgeschöpfe zu bezeichnen, die der Wald sich in Maßen leisten kann, obwohl er auch ohne weiteres ohne sie auskäme. Nur geringe Teile seiner Primärproduktion nehmen ihren Weg über sie. Aber auch ihre Funktion für das Ökosystem Wald kann bedeutsam sein, wenn sie etwa die Baumsamen verbreiten.

Zeitraum	Waldzustand
Beginn der geschichtlichen Zeit, etwa um 500 vor Christi Geburt	Dichte Wälder bedecken das ganze Gebiet. Sie sind hauptsächlich aus Eichen, Buchen und Fichten zusammengesetzt. Die tiefen, durch Spätfröste gefährdeten Lagen der Schotterebene gehören der Stieleiche. Linden, Hainbuchen, aber keine Kiefern sind ihre Begleiter. Auf ausgesprochen feuchten Stellen herrscht die Fichte vor. Sie ist aber auch sonst als Mischbaumart gegenwärtig. Die Buche bestimmt den Wald auf den Moränenbuckeln und sonst überall dort, wo die Spätfrostgefahr nicht groß ist. Hügelgräber zeugen von der Gegenwart des Menschen bereits zu dieser Zeit. Keltische Hochäcker deuten auf örtliche landwirtschaftliche Nutzung hin. Die Römer bauen eine Straße quer durch den Wald. Initium culturae: die Kultur beginnt.
Mittelalter	Große Rodungen in der Umgebung; der Ebersberger Forst bleibt jedoch als ausgedehnter Waldkomplex erhalten. Für den Bau der Gehöfte und Ortschaften werden bevorzugt die Fichten geschlagen. Die Laubhölzer breiten sich infolgedessen noch mehr aus. Durch ihre Eicheln und Bucheln bilden sie die Grundlage für die Schweinemast. Der Ebersberger Forst wird zu einem fast reinen Laubwald aus Eichen, Buchen, Linden und Hainbuchen. Große Schweineherden werden im Wald gehalten, die von den Früchten der Laubbäume leben. Schon um 1250 erlassen die Ebersberger Benediktiner die erste Waldordnung zur Regelung der Nutzungen. Sie ist das älteste Dokument dieser Art in Deutschland.
1500 – 1800	Auch das Laubholz wird immer stärker genutzt. Eichenholz vor allem wird als Bau- und Brennmaterial bis nach München transportiert. Neben den großen Schweineherden werden viele tausend Rinder, Pferde und Schafe in den Forst getrieben. Als die Stallfütterung der Haustiere aufkommt, beginnt Streunutzung im Forst: Die Laub- und Humusauflage wird dazu vom

Zeitraum	Waldzustand
	Waldboden abgekratzt und im Stall als Einstreu verwendet. Eine schnelle Verarmung und Verdichtung des Bodens ist die Folge; Jungpflanzen von Buchen und Eichen entwickeln sich nicht mehr. Die Verjüngung der wenigen übriggebliebenen Altfichten wird durch die veränderten Bodenzustände nicht oder nur wenig behindert. Auch der Verbiß durch Weide- und Wildtiere ist an jungen Fichten wesentlich geringer als an den Laubbaumarten. Der Ebersberger Forst wandelt sich im Laufe eines Jahrhunderts – ohne daß gepflanzt oder gesät wird – unter dem Schirm eines abnehmenden Laubholzes in einen fast reinen Fichtenwald um.
Ab 1800	Die Nutzung des großen Nadelwaldes geschieht aufgrund forstwirtschaftlicher Planungen. Fichten und auch Kiefern werden jetzt gesät und gepflanzt. Die Entwicklung der Nadelhölzer verläuft zunächst gut. Ein schwerer Hagelschlag, der Hunderte von Hektar junger Bestände vernichtet, und immer wieder auftretender Borkenkäferbefall sind allerdings Vorboten kommenden Unheils. In den Jahren 1889 bis 1895 vernichten der Nonnenfalter und Stürme den Waldbestand auf über dreitausendfünfhundert Hektar. Viertausend Waldarbeiter schaffen es in kurzer Zeit, die 1,7 Millionen Festmeter Holz aufzuarbeiten, die nach dieser Katastrophe geschlagen werden müssen. Die Aufforstung – wieder mit Fichten und Kiefern vor allem – gestaltet sich infolge starker Spätfrostschäden auf den riesigen Kahlschlägen außerordentlich langwierig und kostspielig. In großen Mengen gehaltene Rothirsche verursachen erhebliche Schäden an den Fichten.
ab 1945	Zu dem Nadelholz wird in bedeutendem Umfang Laubholz – Buchen und Eichen vor allem – eingebracht. Obwohl das schwierig und teuer ist, enthalten die bis heute vierzigjährigen Bestände wieder etwa fünfundzwanzig Prozent Laubholz.

Dort, wo sich die Bäume dem Schnee in langer Entwicklung anpassen konnten, werden, wie hier im Bayerischen Wald, auch größte Schneelasten ertragen.

eher unbedeutend: Buchen auf den besseren und Eichen zusammen mit Birken auf den ärmeren Böden würden sie in dem stark ozeanischen Klima dort verdrängen.

Die großen Sandkiefernwälder des kontinentalen Ostdeutschland schließlich, die sich bis weit nach Polen hinein erstrecken, strahlen in unseren Raum nur wenig hinein. Allenfalls im östlichsten Niedersachsen, die Elbe nur wenig überschreitend, könnte man sie erwarten.

Alles in allem kann man danach die anspruchslose, allerdings lichthungrige Kiefer als eine Baumart bezeichnen, die in vielen Gebieten der Bundesrepublik zur natürlichen Ausstattung an Baumarten gehört. Den Wald beherrschend tritt sie jedoch nur dort in Erscheinung, wo die Lebensbedingungen für Bäume nicht günstig sind, auf armen, trockenen wie auf moorigen Standorten. Und das ist in unserem Raum nur auf begrenzten Flächen der Fall. Aber auch als Mischbaum neben Eiche oder Fichte kann sie sich nur dort erhalten, wo die Lebensbedingungen für diese Arten nicht optimal sind. Ihre weite Verbreitung in unserem Grünen Drittel verdankt sie daher nicht der natürlichen Waldentwicklung, sondern der forstlichen Aktivität des Menschen.

Der Lärchenwald

Man könnte ihn getrost übergehen, den schmalen Waldgürtel, in dem die Lärchen in unserem Grünen Drittel eine Rolle spielen, so klein ist er. Von Berchtesgaden bis Garmisch, aber nur in den höchsten Gebirgslagen, kommt er vor, und auf unserem Marsch zum Schachen-Schloß des Bayernkönigs hatten wir uns darin bewegt. Im Waldgrenzbereich, auf den Nordseiten lieber als auf den südwärts geneigten, wachsen oft mächtige alte Lärchen; und überall, wo sich hier Blößen bilden, findet sich diese Baumart ein. Sie gehört zu den ersten Siedlern auf Lawinenstrichen, Muren und Schotterfeldern. Die Zirbe, von ähnlicher Härte gegen die Unbilden des alpinen Raumes, ist dann ihr einziger Gefährte.

Wie gesagt, der Fläche nach ganz unbedeutend, darf sie doch nicht unerwähnt bleiben, und das nicht nur wegen ihrer ausgefallenen Lebensumstände. Auch die Lärche ist von Forstleuten und Gärtnern in einem solchen Umfang und nahezu überall angebaut worden, daß sich dem Betrachter unserer Wälder der Eindruck aufdrängen muß, sie gehöre unbedingt auf großen Flächen zur natürlichen Ausstattung. Doch weit entfernt davon stellt sie einen Sonderfall von lokalem Rang, eine ausgesprochene Lokalgröße in unserem Naturraum dar. Erst nachdem die Förster besondere Eigenschaften an ihr entdeckt hatten – Anspruchslosigkeit, schnelles Wachstum in der Jugend, wertvolles Holz –, trat sie ihren Siegeszug an, überall hin. Und auch nur mit Hilfe der Förster kann die Lärche ihre tödliche Schwäche überdecken: sie ist extrem lichtbedürftig und hat nicht die geringste Chance, sich in Beständen zu verjüngen, wo Buchen, Tannen oder Fichten ihr das Licht streitig machen.

Natur und Kultur – der heutige Wald

Sehr lange ist bisher über etwas geschrieben worden, das es entweder gar nicht mehr gibt oder das doch nur hier und da gelegentlich noch durchscheint: die natürliche Waldbestockung unseres Landes. Wenn das Wilde, das nach eigenen, oft äußerst verwickelten Gesetzen sich Entwickelnde, beseitigt, gezähmt, geordnet ist, dann sprechen wir – jedenfalls in der Landnutzung – von Kultur. Die Zähmung oder besser die Kultivierung des Waldes durch den Menschen war ein langer Prozeß, der im übrigen keineswegs abgeschlossen ist. Der zwei Jahrtausende währenden Konfrontation von Natur und Mensch, von Natur und Kultur, wird ein eigener Abschnitt dieses Buches gewidmet sein. Damit aber auch das richtig verständlich wird, was in der Folge über die ökologischen Eigenarten des Waldes zu sagen ist, sei hier am Beispiel eines Waldgebietes gezeigt, wie aus einem Naturwald ein Kulturwald wurde.

Das Beispiel ist der Ebersberger Forst, ein etwa zehntausend Hektar großer Wald, zwanzig Kilometer östlich von München. Jeder Münchner kennt ihn. Er stockt auf der Münchner Schotterebene, einem tischebenen Gelände. Nur an seinen Rändern gibt es auch einige Moränenbuckel. Daß der Wald auf so großer Fläche in einem Stück erhalten geblieben ist, verdankt er historischen Umständen: Seit sehr frühen Zeiten war er zum Teil im Besitz der bayerischen Herzöge, zum anderen Teil Eigentum des Klosters Ebersberg. Beide Eigentümer waren an seiner Erhaltung interessiert: der Herzog, weil er darin jagen wollte, und die Mönche, weil sie ihn als Holzlieferant und Weidegrund brauchten, aber wohl auch gleichzeitig der Jagd wegen.

Die Entwicklung dieses großen Forstes vom natürlichen Laub-Nadelholz-Mischwald über den reinen Laubwald, der Jahrhunderte das Feld beherrschte, zum fast reinen Nadelwald seit etwa 1800 zeigt die Darstellung auf S. 84/85. Der Freiburger Forsthistoriker Mantel hat sie erarbeitet.

Diese konzentrierte Darstellung dessen, was einem Wald im Verlauf seiner Umwandlung von Natur- zum Kulturwald widerfahren ist, soll zweierlei bewirken: Zum einen den Leser noch einmal und eindringlich davor warnen, von dem, was er an Wald bei uns vorfindet, auf das zu schließen, was natürlicherweise dort wachsen würde. Und zum anderen soll sie ihn darauf vorbereiten, daß das Wechselspiel zwischen Mensch und Wald von solcher Intensität und Bedeutung ist, daß ihm ein eigenes Kapitel gewidmet werden muß; ein Kapitel, das gleichrangig neben diesen Betrachtungen über den natürlichen Wald zu stehen hat. Unser Wald ist nur zu verstehen, wenn er als großartige Naturerscheinung auf der einen und als Produkt menschlicher Aktivität auf der anderen Seite gesehen wird.

Eingeständnis

Zum Schluß dieses Kapitels kommt das Eingeständnis des Autors, daß es die Wälder, die er beschrieben hat, bei uns eigentlich kaum noch gibt: Der einstige Naturwald wurde unter der Hand des Menschen zum Kulturwald.

Der Wald in seiner Umwelt

Peter Burschel

Natürlich hat jedermann eine Vorstellung davon, wie ein Wald in unseren Breiten aussieht. Er bildet einen Raum, der in unterschiedlicher Weise mit Blattwerk, Zweigen, Ästen und Stämmen gefüllt ist. Die Bodenoberfläche ist immer mehr oder weniger dicht mit biologischen »Abfällen«, vor allem toten Blättern, bedeckt. In Urwäldern können auch ganze Bäume auf dem Boden liegen. Und im Erdreich befindet sich, nur zum geringsten Teil sichtbar, das Wurzelwerk. So ganz grob, in verschiedene horizontale Schichten unterteilt, kann man sich den Wald vorstellen. Die unglaubliche Vielfalt, in der er sich dann tatsächlich dem Auge darbietet, ist einfach darauf zurückzuführen, daß das Grundschema gelegentlich bis fast zur Unkenntlichkeit abgewandelt wird durch viele Faktoren: es genügt hier, Baumarten, Alter und Standort zu nennen. In jedem Fall sollte man die typischen Merkmale des Waldaufbaus kennen, um die vielfältige Wirklichkeit der Walderscheinungen beurteilen und einordnen zu können.

Der Wald – ein Ökosystem

Es wird gelegentlich gesagt, daß der Wald mehr sei als die Summe seiner Bäume. Mehr also als das, was man ohne weiteres sehen kann, auch dann, wenn man mit dem an vorhergehenden Kapiteln geschärften Auge blickt. Das ist tatsächlich so. Er stellt eine eigene, in sich geschlossene Welt dar, an deren Aufbau Boden und Atmosphäre ihren Anteil haben und deren Vorgänge keineswegs nur von den Bäumen, sondern auch von vielen anderen Pflanzenarten und Tieren mitbestimmt werden. Diese Welt ist gut vorstellbar ohne den Menschen. Sturm und Feuer, Pilze und Insekten, Vögel und viele Säugetiere dagegen gehören immer dazu.

Zwischen allen Elementen des Waldes bestehen starke Abhängigkeitsverhältnisse; sie stehen in enger Wechselwirkung zueinander. Diese äußern sich in charakteristischen Energieflüssen, die alle ihren Ursprung in der Sonnenstrahlung haben. Seine permanente Erhaltung wird durch höchst komplizierte Stoffkreisläufe gesichert. Der Wald, mit anderen Worten, ist ein Ökosystem. Als solches steht es neben den anderen großen Land-Ökosystemen: der Wüste, der Steppe und der Tundra.

Es wird in der Folge behutsam vorzugehen sein, soll die Vielfältigkeit und Kompliziertheit des Ökosystems Wald aufscheinend gemacht werden, ohne daß es zu unangemessenen Vereinfachungen kommt.

Die Angst der wissenschaftlich arbeitenden Ökologen ist immer die Angst vor der Vereinfachung: Nichts ist komplexer, weniger durchschaubar, schwieriger zu erklären als ein Ökosystem, zumal das Ökosystem Wald. Es wird hier dennoch versucht. Aber sicher ist eigentlich nur dies: Sturm und Feuer, Pilze und Insekten, Vögel und Säugetiere gehören zum Ökosystem Wald immer dazu; nur ohne uns könnte es ganz gut leben.

So kann man die Vielfalt der Erscheinungen im Wald ordnen.

Biomassen und Oberflächen

Die Einteilung des Waldraumes in Schichten darf keinesfalls zu der Annahme verleiten, daß damit mehr als eine Hilfe zum Verständnis der Dinge gegeben wäre. Will man wirklich erfassen, was sich dort ereignet, so muß tiefer geschürft werden. Es muß eine Vorstellung davon erarbeitet werden, welche Mengen an organischer Substanz – an Biomasse – in jeder dieser Schichten vorhanden sind und um welche Art von Substanzen es sich dabei handelt. Man sollte wissen, welche Oberflächen von ihnen gebildet werden, und schließlich auch, ob diese Biomassen lebend oder bereits abgestorben sind.

Festmeter – was ist das?

Die Forstleute können erstaunlich gut Auskunft geben darüber, wieviel Holz auf einer Waldfläche steht und wieviel dort an jährlichem Zuwachs zu erwarten ist; es wird darüber noch zu reden sein. Sie betrachten für ihre Überlegungen aber immer nur die Stämme und vielleicht einen Teil der Äste. Die Rinde erscheint allenfalls als lästiges Abfallprodukt. Zweige, Blätter und Wurzeln gehen in ihre Berechnungen überhaupt nicht ein. Das Holz wird zudem als Volumen, also in Kubikmetern oder Festmetern, gemessen, wie es in ihrer Fachsprache heißt. Dabei bleibt dann die biologisch sehr bedeutsame Tatsache außer acht, daß ein Festmeter Fichtenholz keineswegs mit einem Festmeter Eichenholz zu vergleichen ist. Im Fall der Fichte hat ein Festmeter nämlich ein Gewicht von dreihundertachtzig Kilogramm, während das gleiche Volumen Eichenholz nicht weniger als fünfhundertsechzig Kilogramm wiegt. Die Leistung, die der Eichenwald bei der Produktion von einem Festmeter Holz erbracht hat, ist daher um etwa fünfzig Prozent größer als die Bioproduktion, die die Fichte für die gleiche Volumeneinheit erbringen mußte.

Aus diesen Gründen eignen sich die forstlichen Angaben über Holzvolumen nur sehr bedingt zur Beschreibung des Ökosystems Wald. Sie können sogar in biologischer Hinsicht zu ausgesprochenen Fehlschlüssen führen. Nun hat man aber in den letzten Jahrzehnten begonnen, den biologischen Eigenschaften des Ökosystems Wald nachzuspüren. Es ist ein großes Internationales Biologisches Programm in Gang gesetzt worden zur umfassenden Erforschung der wichtigsten Ökosysteme der Welt. In der Bundesrepublik sind Analysen von Waldökosystemen vor allem in zwei großen Projekten verwirklicht worden: Eines lag im Solling. Dort wurden Buchen- und Fichtenwälder bearbeitet und zum Vergleich eine Wiese untersucht. Das zweite Projekt, im Ebersberger Forst bei München, war dem Studium eines Fichtenbestandes gewidmet.

Einige Waldbestände sind genau bearbeitet worden. Das war mit außerordentlichen Schwierigkeiten verbunden und deshalb sehr teuer. Man denke nur an die äußerst mühsame Bestimmung der Wurzelmassen solcher Wälder oder an die der Blattgewichte und Blattoberflächen. Was diese angeht, so sei erwähnt, daß in dem Fichtenbestand aus dem Ebersberger Forst bei München nicht weniger als vier Milliarden Nadeln pro Hektar festgestellt wurden. Sie entsprechen etwa der Gesamtzahl aller Menschen, die den Erdball bevölkern. Selbst wenn man weiß, daß solche Befunde über Stichproben hergeleitet werden, erklären derartige Größenordnungen doch, warum bisher erst sehr wenige Wälder so intensiv untersucht werden konnten.

Die Resultate des deutschen Abschnitts aus dem Internationalen Biologischen Programm sind nun in vieler Hinsicht interessant und aufschlußreich. Es ist hier gelungen, die gesamte pflanzliche Komponente des Ökosystems Wald in ihrer festen Bindung an den Boden darzustellen. Beginnt man die Betrachtung im Kronenraum der Bestände, so fallen zunächst die außerordentlichen Oberflächen der Blätter ins Auge. Sie sind zehn- bis zwanzigmal so groß wie die Bodenoberfläche, über der sie gebildet werden. Die Masse, die für die Ausbildung dieser Oberflächen benötigt wird, ist dagegen überraschend gering. Sie macht nur zwischen ein und vier Prozent der gesamten Baumtrockenmasse aus. Gewichtiger sind da schon die Äste mit ihren rund dreißig Tonnen pro Hektar oder ungefähr zehn Prozent der Gesamtmasse, wobei sich Laub- und Nadelholzbestände hier nicht unterscheiden.

Wirklich Gewicht auf den Boden bringen aber erst die Stämme. Je nach Alter, Baumzahl und Baumhöhe liegen deren Gewichte zwischen zweihundert und fast dreihundert Tonnen pro Hektar, also zwischen zehn und fünfzehn Eisenbahnwaggons voller absolut trockener Masse. Nicht weniger als siebzig Prozent der lebenden Pflanzenmasse des Waldes sind es daher, die von den Stämmen gestellt werden.

Überraschend gering sind die Wurzelanteile, nicht einmal fünfzehn Prozent des Ganzen machen sie im Falle der Buchen aus, während im Fichtenwald immerhin dreiundzwanzig Prozent auf diesen für Festigkeit und Versorgung so wichtigen Teil des Waldes entfallen.

Man wird diesen Zahlen aber nicht gerecht, wenn man sie als statische Größen annimmt. Die für die Stämme, Äste und zum Teil auch die für die Wurzeln angegebenen Werte sind ja das Ergebnis einer Jahr für Jahr stattfindenden Anhäufung von Substanz. Die Bäume aus dem alten Buchenbestand des Sollings etwa enthalten in ihrem Kern Holz, das bereits einhundertzweiundzwanzig Jahre alt ist; während das des letzten Jahrringes, des äußersten Baummantels also, gerade eben – vor einem Jahr – gebildet wurde. Die ältesten Äste sind sogar schon vor vielen Jahren abgestorben und abgefallen. Sie konnten daher im Zeitpunkt der Aufnahme genausowenig erfaßt werden wie die vielen Bäume, die im Verlauf des Bestandeslebens abgestorben oder gefällt worden sind. Wo heute noch zweihundertdreiundvierzig mächtige Buchen stehen, hat die Entwicklung vor einhundertzwanzig Jahren mit zehntausend oder mehr Bäumen begonnen. Und auch die achthundert Fichten des Ebersberger Forstes sind nur das, was nach achtzig Jahren von zehntausend einmal gepflanzten übriggeblieben ist. Was an Stämmen und Ästen in einem Wald zu sehen ist, stellt also nur einen Teil dessen dar, was tatsächlich im Laufe der Zeit dort gewachsen ist.

Und mit den Blättern sowie großen Teilen des Wurzelwerks steht die Sache noch wieder anders. Hier gibt es überhaupt keine Akkumulation, keine Anhäufung von organischer Substanz. Vielmehr wechseln die Buchen ihre Blätter Jahr für Jahr; und auch die Nadeln der Fichten bleiben höchstens für sieben Jahre – meistens sogar weniger lange – am Baum erhalten.

Was die Wurzeln angeht, so weiß man über deren Lebensdauer, vor allem die der Feinwurzeln, noch sehr wenig. Immerhin kann gesagt werden, daß viele von ihnen nur sehr kurz, oft weniger als eine Vegetationsperiode lang am Leben bleiben. Dadurch ist auch die bei den Aufnahmen vorgefundene Wurzelmenge nur ein Teil dessen, was tatsächlich im Laufe des Bestandslebens produziert worden ist. Einen korrekten Eindruck von dem, was sich wirklich abspielt in einem Wald, gibt daher der Zuwachs, seine Produktivität. Wir können sie mit ausreichender Genauigkeit nur für die organische Substanz – bestehe sie aus Stamm-, Ast- oder Blattmasse – angeben, die oberirdisch gebildet wird. Aber immerhin, auch der oberirdische Zuwachs allein hat mit seinen zehn bis zwanzig Tonnen pro Hektar an Trockenmasse beachtliche Größenordnungen. Größenordnungen, wie sie nur wenige landwirtschaftliche Gewächse erreichen oder übertreffen können, und das auch nur, wenn Hochzuchtsorten, Düngung, Bewässerung und intensive Bodenbearbeitung zusammenwirken. Ohne solche Hilfestellungen bliebe die Zuwachsleistung der Landwirtschaft weit hinter der des Waldes zurück.

Die tote organische Masse

Mit der lebenden Biomasse des Waldes und ihrem jährlichen Zuwachs haben wir einen sehr wichtigen und ganz sicher den auffälligsten Aspekt des Ökosystems Wald betrachtet. Wirklich zu verstehen sind jedoch die Vorgänge, die in diesem System ablaufen, nur dann, wenn auch die abgestorbenen Teile des Waldes mit berücksichtigt werden. Daß es sie in ungeheuren Mengen gibt, weiß jeder. Die fallenden Blätter des Herbstes sind ja von manchen Dichtern geradezu zum Symbol des Todes erhoben worden, obwohl man sie richtiger als Ausdruck unbändiger Lebenskraft sehen sollte, einer Vitalität, die es sich leisten kann, wichtige Organe jährlich abzustoßen und gleichzeitig neu zu bilden.

Wie dem auch sei, der Waldbesucher läuft, sobald er den Weg verläßt und sich im Bestandesinnern bewegt, auf einem oft dichten Teppich toter Nadeln und Blätter, dem Detritus. In jedem Wald fällt also dauernd totes Material an. In jungen Wäldern wird deutlich mehr Substanz gebildet als gleichzeitig abstirbt, seine Masse nimmt daher zu. Läßt man Wald aber alt genug werden, wie das in unberührten Landstrichen geschieht, so erreicht er irgendwann einmal ein Stadium, in dem genausoviel Substanz, Biomasse also, produziert wird wie gleichzeitig durch Blattfall, umstürzende Bäume und faulendes Holz in noch lebenden Bäumen verlorengeht. Substanzauf- und abbau, Produktion und Tod halten sich dann die Waage.

Verschwände die tote Substanz nicht wieder, würde sie nicht abgebaut, so erstickte der Wald – und damit das Leben überhaupt – bald an sich selbst. Tatsächlich aber dienen ja die toten Teile des Waldes vielen Tieren und Pflanzen – Pilzen und Bakterien vor allem – zur Ernährung. In verzwickten Nahrungsketten formen sie die von den Bäumen hergestellten Biomassen in ihre eigene Körpersubstanz um oder veratmen sie zur Gewinnung der für ihre Existenz notwendigen Energie. Letztlich führt dieser lange, umständliche, über viele Formen von Leben laufende Weg der Dissimilation wieder zu ähnlich einfachen Substanzen, mit denen alles bei der Assimilation begonnen hatte: Kohlendioxid, Wasser, einfache Stickstoff- und Phosphorverbindungen.

Für den Wald ist dieser Stoffkreislauf charakteristisch, in dem die gebildete Substanz zunächst stirbt, dann auf den Boden gelangt und dort abgebaut, durch viele verschiedene Organismen zersetzt wird. Ein Zersetzer-Ökosystem stellt der Wald deshalb dar. Es unterscheidet sich grundsätzlich vom Weide-Ökosystem, in dem bereits die lebende Substanz von Tieren (oder Menschen) genutzt – abgeweidet – wird. Wiesen und Äcker sind in unserem Raum solche Weide-Ökosysteme.

Das Schaubild über die Waldbestände, die im Verlauf des Internationalen Biologischen Programms untersucht worden sind, gibt einen guten Eindruck auch von dem Gewicht, das diese tote, in Um- und Abbau befindliche Substanz im Ökosystem Wald besitzt. Bis zu fünfzig Tonnen pro Hektar toter organischer Substanz, Blätter und Nadeln vor allem, liegen auf dem Boden.

Waldökosysteme in Zahlen: Oberflächen und Trockengewichte

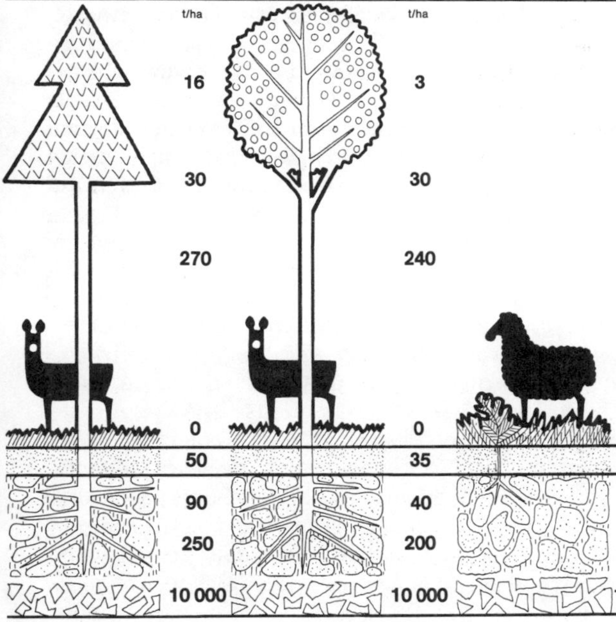

	WALD		WIESE	
Ort	**Ebersberger Forst** Fichte	**Solling** Buche	**Solling** Gras	
Allgemeine Bestandesdaten	80	122	–	Alter, Jahre
	800	243	–	Baumzahl pro ha
	30	27	–	Baumhöhen, m
	22	12	–	Blattoberflächen, ha/ha
	t/ha	t/ha	t/ha	
	16	3	–	**Blätter**
	30	30	–	**Äste**
	270	240	–	**Stämme**
	0	0	3	**Bodenvegetation**
	50	35	–	**Auflagehumus**
	90	40	12	**Wurzeln**
	250	200	–	**Bodenhumus**
	10 000	10 000	10 000	**Durchwurzelter Mineralboden**
Summen	406	313	15	**Gesamte lebende organische Substanz**
	16	11	3	**Oberirdischer Zuwachs im Jahr**
	706	548	–	**Gesamte lebende und tote organische Substanz**

Zerlegt man einen Wald in seine Bestandteile, trocknet, wiegt und mißt diese, dann kommen solche Werte dabei heraus: Wald-Ökosysteme in Zahlen, wie sie von verschiedenen Arbeitsgruppen im Rahmen des Internationalen Biologischen Programms erarbeitet wurden.
(Quelle: Göttinger Bodenkundl. Ber. Nr. 30, 1974, Speidel, H., Briefl. Mitt., 1977, Werte z. T. geschätzt)

Viel mehr jedoch, nämlich um die zweihundert Tonnen pro Hektar, befinden sich als Humus im Boden. Vergleicht man die gesamten im Abbau befindlichen Mengen in und auf dem Boden mit der lebenden Biomasse, so zeigt sich, daß beide Größen gar nicht weit auseinanderliegen. Es kann sogar vorkommen, daß die tote organische Substanz in einem Waldbestand deutlich größer ist als die lebende.

Lebendes und Totes bilden das Ganze

Nimmt man nun beides zusammen, tote verwesende Substanz organischen Ursprungs und die lebende Biomasse, so kommt man auf Trockengewichte, die in nicht zu jungen Waldbeständen um die sechshundert Tonnen pro Hektar liegen. Das ist eine beachtliche Menge, Ausdruck der Lebensdynamik des Waldes.

Es ist allerdings wichtig, auch einen solchen Wert im Zusammenhang mit anderen Größen zu sehen. Nur dann läuft man nicht Gefahr, in verzerrten Dimensionen zu denken. Als eine solche Größe bietet sich der Boden an, auf

Assimilation des Kohlenstoffs durch Photosynthese
Dissimilation durch Atmung

Die Photosynthese ist einer der wichtigsten Prozesse, die auf der Erde ablaufen. Sie findet in den Pflanzenorganen statt, die grünen Farbstoff enthalten, vor allem also in den Blättern. Das Kohlendioxid der Luft wird in ihrem Verlauf zu Zucker assimiliert. Dieser ist Ausgangssubstrat für alle Bau- und Betriebsstoffe von Pflanze und Tier. Neben dem Kohlendioxid gehen Wasser und Sonnenenergie in diese chemische Grundreaktion des Lebens ein. Sauerstoff bleibt dabei übrig und wird an die Atmosphäre abgegeben. Überspringt man die vielen komplizierten Schritte, aus denen sie besteht, beschränkt man sich also auf die Eingangs- und Endgrößen, so läßt sich die Photosynthese folgendermaßen darstellen:

$$6\,CO_2 + 6\,H_2O \xrightarrow[\text{Chlorophyll}]{\text{Lichtenergie}} C_6H_{12}O_6 + 6\,O_2$$

Wichtig für das Verständnis aller Vorgänge im Ökosystem Wald ist es zu wissen, daß dieser Ablauf umkehrbar ist. Der Assimilation entspricht die Dissimilation, die Rückverwandlung des Zuckers über viele Schritte und oft unter Beteiligung zahlloser abbauender Lebewesen in Kohlendioxid und Wasser. Dabei wird Sauerstoff aus der Luft wieder verbraucht und Energie freigesetzt. Diese Energie bildet den Motor des Lebens. Die Dissimilation des Kohlenstoffs – die sich letztlich in der Atmung aller Lebewesen äußert – ist daher ein genauso vitaler Prozeß, wie es vorher seine Assimilation war.

dem die Bioproduktion des Waldes sich abspielt, in dem er wurzelt und aus dem er lebt. In trockenem Zustand – den es allerdings in der Natur nie gibt – hätte der Waldboden ein Gewicht von etwa zehntausend Tonnen pro Hektar, das ergäbe sich, wenn man die durchwurzelte Schicht ausgraben, trocknen und wiegen würde. Im Falle der untersuchten Waldbestände reichte diese Wurzelschicht sechzig bis siebzig Zentimeter tief.

Vergleicht man damit zunächst nur die lebende Biomasse unserer Waldbestände, so macht deren Trockensubstanz etwa drei bis vier Prozent des Gesamtgewichts des Ökosystems aus. Und wenn dazu auch die tote organische Trockensubstanz berücksichtigt wird, so kommt man auf nicht mehr als sechs bis sieben Prozent.

Die Dimensionen sind damit ins rechte Licht gerückt; und es wird aus solchen Zahlen klar, daß selbst die Gewichte besonders eindrucksvoller, mächtiger, alter Wälder keine Probleme für den darunter liegenden Boden darstellen können, auch wenn man als staunender Betrachter gelegentlich diesen Eindruck haben mag.

> Rechnen zerstört oft die schönsten Eindrücke: Wer einen Wald aus dikken alten Bäumen sieht, könnte ihres gewaltigen Gewichts wegen von Mitleid mit dem armen Boden ergriffen werden, der sie aushalten muß. Ganz falsch: Während die getrocknete Substanz des Waldbodens im Wurzelbereich der Bäume 10000 Tonnen pro Hektar beträgt, würde die Trockensubstanz des lebenden Baummaterials nur zwei bis drei Prozent davon ausmachen.

Sonnenmaschine Wald

Das Ökosystem Wald setzt sich also aus den verschiedensten organischen Substanzen zusammen, die zudem in beachtlichen Größenordnungen vorkommen. Zum Aufbau, aber auch zur Erhaltung dieses Systems bedarf es großer Energiemengen. Sie stehen als Sonnenenergie zur Verfügung, die von den riesigen Blattoberflächen der Bäume eingefangen wird. Zur Verdeutlichung der gigantischen Ausmaße der »Sonnenmaschine« Wald sei noch einmal daran erinnert, daß ein Fichtenbestand von einem Hektar Größe mehr als zwanzig Hektar Nadeloberfläche ausbilden kann.

Nun ist das mit der Energie, die das Waldökosystem betreibt, keineswegs eine einfache Angelegenheit. Schon beim Durchdringen der Atmosphäre verliert die Sonnenstrahlung so viel an Energie, daß überhaupt nur etwa um die fünfzig Prozent davon an der Erdoberfläche ankommen: Die Luft und der Wasserdampf werden erwärmt, Wolken und Luft reflektieren die Strahlung; aber auch die Erdoberfläche reflektiert einen Teil der Energie, die zu ihr gelangt. Dieser Effekt ist an Waldoberflächen ungleich geringer als an den meisten anderen Oberflächen, mit denen sich die Erde der Strahlung darbietet. Aus den folgenden Zahlen ist das ersichtlich: Sandboden reflektiert 35 Prozent der Strahlung, Acker 30, Wiese 24, Wald 12 und das Meer 8 Prozent.

Aber selbst über dem Wald sind es also zehn bis fünfzehn Prozent der einfallenden Energie, die einfach durch Reflexion »verloren«gehen. Und am Boden kommen höchstens zehn Prozent dessen an, was die Kronen erreicht. Ein sehr großer Prozentsatz der eingestrahlten Energie wird also von Wald und Boden, dem Ökosystem, absorbiert. Und das wiederum erklärt, warum Wälder auf Luft- oder Satellitenbildern als große dunkle Massen erscheinen.

Die auf solche Weise eingefangene Energie ist es nun, die unser Ökosystem antreibt. Zum Teil erwärmt sie Wald und Boden, zum größeren Teil wird sie jedoch für die Verdunstung von Wasser gebraucht. Hier befinden wir uns gewissermaßen an der anderen Seite des Pumpsystems, dessen bewundernswert kunstvolles Funktionieren bereits bei der Betrachtung des Baumaufbaus vorgestellt wurde. Ungeheure Energiemengen sind notwendig, soll der aus Milliarden von dünnen Wasserfäden bestehende Verdunstungsstrom aufrechterhalten werden, ohne den es kein Pflanzenleben und damit auch keinen Wald gäbe. Als Nebenwirkung ist mit diesem riesigen Energieverbrauch für nichts weiter als die Verdunstung von Wasser ein Kühleffekt verbunden, der vor allem im Sommer für große Landschaften wichtig sein kann. Die Blätter sind infolge der freiwerdenden Verdunstungskälte deutlich kühler als andere bestrahlte Oberflächen. Sie wirken dann weit über die Fläche des Waldes hinaus als grüne Kühlaggregate.

Diesen Betrachtungen muß allerdings gleich hinzugefügt werden, daß das Energieangebot oft größer ist, als es für den Verdunstungsprozeß notwendig wäre. Die Bäume sind nämlich nicht selten gezwungen, den Verdunstungsstrom zu unterbrechen, um zu verhindern, daß der Wasserverbrauch den Nachschub überschreitet. Das dann unvermeidliche Welken können die Blätter dadurch verhindern, daß sie den Wasserstrom durch Schließen der Spaltöffnungen zum Stillstand bringen; die Spaltöffnungen sind also so etwas wie besonders gut funktionierende Sicherheitsventile. Eines ist jedenfalls aus dieser Tatsache zu entnehmen, daß es nämlich oft nicht Mangel an Energie ist, der den Bäumen zu schaffen macht, sondern daß eher der umgekehrte Fall eintritt, in Trockenjahren zum Beispiel: hohe Energieeinstrahlung, aber wenig Wasser, das bewegt werden könnte.

Entscheidend, lebensentscheidend im Sinne des Wortes, ist im Rahmen dieser Energiebetrachtung die Frage nach dem Teil der Strahlung, der durch die Assimilation zu chemischer Energie wird und damit die Stoffproduktion – Zentrum allen Lebens, keineswegs nur dem des Waldes – ermöglicht. Er ist überraschend gering, das sei gleich gesagt. Dabei ist jedoch unbedingt zu bedenken, daß weniger als die Hälfte der die Blattoberflächen erreichenden Strahlung für die Assimilation überhaupt tauglich ist. Nur die Wellenlängen nämlich, die das sichtbare Licht liefern und die nicht einmal vollständig, können das Chlorophyll in den Blättern dazu bringen, aus Wasser und Kohlendioxid Zucker herzustellen. Außerdem ist es wichtig zu wissen, daß von der durch Photosynthese hergestellten Substanz sogleich etwa die Hälfte von den Pflanzen veratmet wird.

Von der gesamten Strahlung sind es etwa ein bis zwei Prozent, die langfristig in die organische Substanz eingehen. Die Ausbeute der für die Assimilation wirklich geeigneten Strahlungsmenge, die der Wald für seine »Urproduktion« verwendet, liegt dagegen um einiges höher. In jedem Fall handelt es sich um eine Größenordnung, die von anderen Pflanzengesellschaften meist nicht erreicht wird. Selbst intensive landwirtschaftliche Kulturen unserer

Der Fluß der Energie durch einen Laubwaldbestand während der Sommermonate im Versuchsforst Hubbard Brook im Nordosten der USA. In Nadelwäldern unseres Raumes kann angenommen werden, daß nach einem »Verlust« von 10% durch Reflexion von der tatsächlich »umgesetzten« Strahlungsenergie zwei Drittel in die Verdunstung von Wasser eingehen, etwa ein Drittel zu Wärme wird und 2% in die organische Substanz eingebaut werden.
(Quellen: Gosz, J. R. et al, Scientific America, 1978; Baumgartner, A., Veröff. Meteor. Ges. München, 1973)

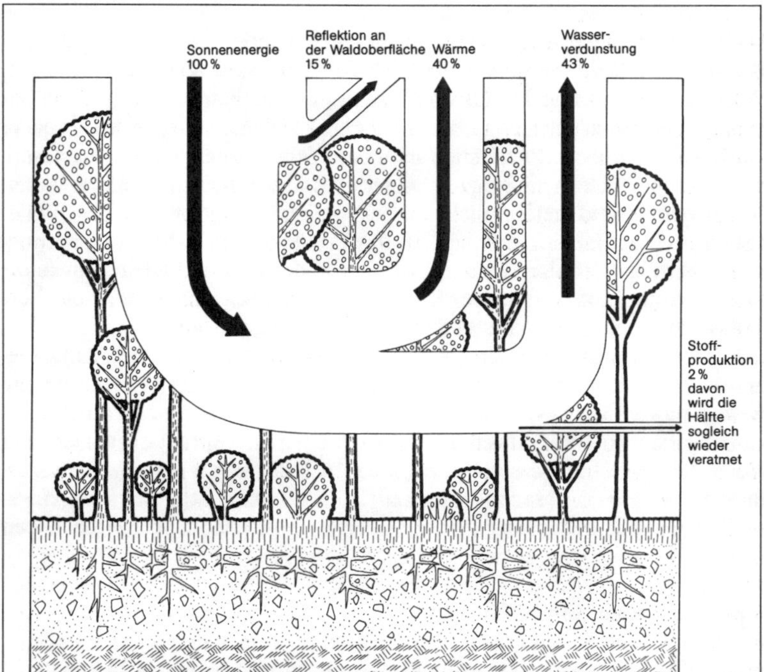

Breiten bringen nur dann mehr zustande, wenn große Energiemengen in Form von Dünger usw. zusätzlich zur Verfügung gestellt werden.

Unterstrichen sei noch einmal die wichtige Erkenntnis, daß der Wald seine Welt, sein Ökosystem, aufbauen und erhalten kann, ohne Energieprobleme zu haben. Das mag man bewundern, und man sollte es auch. Vor allem aber äußert sich darin das Ergebnis einer Millionen von Jahren umfassenden Entwicklung, die nur zu einem dem globalen Strahlungshaushalt angepaßten System führen konnte. Und im übrigen gibt es natürlich auch Situationen für den Wald, in denen die Energieversorgung zur kritischen, begrenzenden Größe wird: Das ist an den Wald- und Baumgrenzen im Gebirge der Fall, wo es an Wärme fehlt.

Wald und Atmosphäre

Als Atmosphäre wird das Gasgemisch bezeichnet, das als gewaltige Hülle die Erde umgibt, gehalten von deren Anziehungskräften. Durch den Wasserdampf, den sie enthält, ist sie mit dem Wasserkreislauf der Hydrosphäre eng verbunden.

Der Wald ragt in diese Atmosphäre hinein. Geht man davon aus, daß der für unsere Überlegungen wichtige Teil davon zwölfeinhalb Kilometer hoch ist und ein Waldstück aus Bäumen von etwa fünfundzwanzig Meter Höhe besteht, so befinden sich etwa 0,2 Prozent der Atmosphäre im unmittelbaren Bereich des Waldes. Betrachtet man nur die Luftmassen, so ist der in unserem Waldstück befindliche Teil davon allerdings um ein beträchtliches höher, da ja das Gasgemisch der Luft in Bodennähe sehr viel dichter ist als weiter oben.

Mit seinen großen Oberflächen steht der Wald in einem engen Austauschverhältnis mit der Atmosphäre. Dieser Austausch ist ungemein vielfältig, lebenswichtig und gelegentlich lebensbedrohend zugleich für den Wald. Lebenswichtig deshalb, weil die Luft das Kohlendioxid enthält, den wichtigsten Nahrungsstoff also. Wichtig, weil der in der Luft enthaltene Sauerstoff für die Atmung gebraucht wird, und bedeutsam schließlich, weil die Luft Transportmittel für Pollen und Samen ist. Man wird das sehen.

Lebensbedrohend kann dieser Austausch dann werden, wenn das Gasgemisch Luft – angetrieben ebenfalls von der Sonnenenergie – in stürmische Bewegung gerät. Und da unser Wald in der großen Westwindtrift der Nordhalbkugel mit ihrem häufigen Wechsel zwischen atmosphärischen Tiefs und Hochs liegt, geschieht das gar nicht selten. Auf den damit verbundenen Austausch von Bewegungsenergie der Luft auf den Wald ist dieser zwar eingestellt, doch gibt es Grenzen, deren Überschreitung tödliche Folgen haben kann.

Luft: Lebenselement des Waldes

Die Luft ist zum Teil anorganischen Ursprungs, zum anderen Teil aber organischer Herkunft, Produkt des Lebens. An wichtigen Gasen enthält die Luft Stickstoff (78%), Sauerstoff (21%) und Kohlendioxid (0,03%). Der Wasserdampfanteil in der Luft wechselt je nach dem Grad der Sättigung und der Temperaturverhältnisse in erheblichen Grenzen.

Stickstoff und Kohlendioxid, aber auch das Wasser – als Wasserdampf zunächst – sind im Verlauf der Erdgeschichte aus dem Erdinnern herausgelangt. Das geschah – und geschieht immer noch – über vulkanische Prozesse als Ergebnis der Entgasung der Erde. Mit dem allmählichen Erkalten der Erde stellten sich in der Atmosphäre Temperaturen ein, bei denen Wasserdampf kondensierte. In großen Regenfällen strömte das Wasser auf die Erde und bildete Meere und Seen. Der noch heute wirksame Wasserkreislauf – Meer – Wasserdampf – Regen – Flüsse – stellte sich ein.

Kohlendioxid: Lebenselixier und Problem

Sehr wichtig für unsere Betrachtung ist nun aber, daß das in großen Mengen in der frühen Atmosphäre befindliche Kohlendioxid sich in dem kondensierten Wasser löste und mit ihm an den Boden gelangte. Hier reagierte es mit dem Gestein und als Ergebnis dieser Reaktion bildeten sich die gewaltigen Kalk- und Dolomitmassive. Daneben wurden in Milliarden Jahren pflanzli-

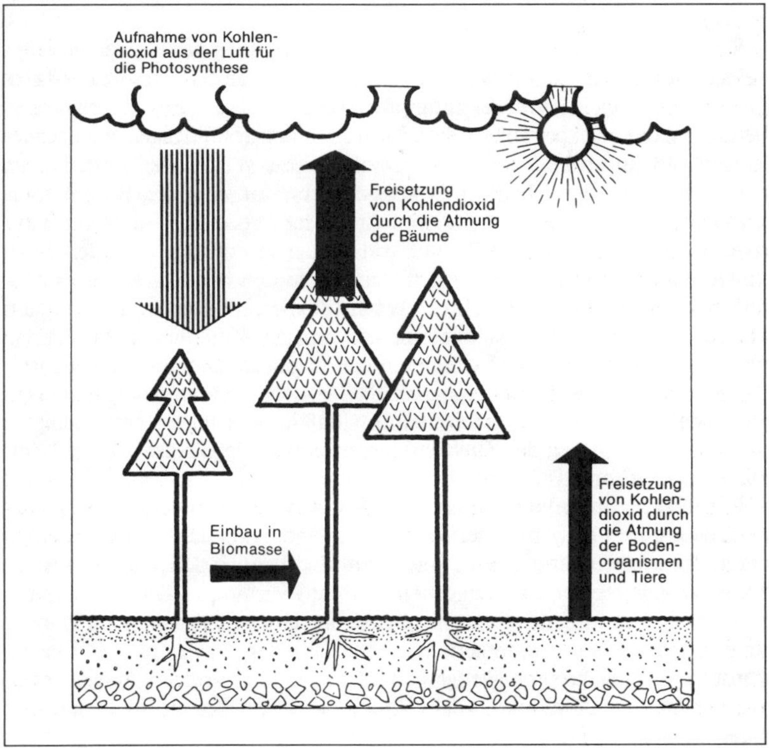

cher Assimilation riesige Mengen des Gases in organischen Sedimenten festgelegt. Ein weiterer, ebenfalls beachtlicher Teil davon ist noch heute in den Wassern der Ozeane gelöst vorhanden. Die sehr geringe in der Luft verbliebene Menge an Kohlendioxid muß eigentlich als ein Anhängsel der im Ozean gelösten betrachtet werden, die etwa fünfzigmal größer ist. Als Anhängsel deshalb, weil beide Mengen in einem ständigen, wenn auch sehr langsamen Austauschverhältnis zueinander stehen. Immerhin, und das ist nun wirklich bemerkenswert, reicht diese prozentual so ungemein geringe Menge an Kohlendioxid im Gasgemisch der Luft als Basis jedweden Lebens aus.

Der Wald mit seinem Bodenhumus stellt eine besonders eindrucksvolle Anhäufung von Kohlenstoff dar, der samt und sonders der Luft im Prozeß der Assimilation entzogen wurde. In den verschiedensten chemischen Verbindungen – von der Zellulose über das Lignin bis hin zum Chlorophyll, den Aminosäuren und den Humusstoffen – kommt er vor. Etwa fünfzig Prozent der Trockenmasse des Waldes bestehen aus Kohlenstoff; und in der toten organischen Substanz des Waldbodens macht er sogar über siebzig Prozent aus. Weltweit betrachtet, ist die in der lebenden und toten Biomasse gespeicherte Kohlenstoffmenge um ein Mehrfaches größer als die in der Atmosphäre enthaltene.

Seit der Jahrhundertwende wird ein stetiger Anstieg des Kohlendioxidgehalts der Luft festgestellt. Das ist zum einen eine Folge der Freisetzung dieses Gases bei den vielen Verbrennungsprozessen, die unsere Zivilisation antreiben. Zum anderen aber äußern sich darin auch die großflächigen Waldzerstörungen und -umwandlungen in vielen Gebieten der Welt. Dabei wird nämlich ein großer Teil der lebenden Biomasse verbrannt und der Bodenhumus beschleunigt abgebaut. Als Endprodukt beider Prozesse wird Kohlenstoff oxidiert und erscheint als Kohlendioxid wieder in der Luft. Für den Menschen ist diese Erscheinung unbedenklich, da das Gas in diesen Konzentrationen nicht schädlich ist. Und für das Wachstum der Pflanzen ist sie sogar sehr vorteilhaft, denn deren Assimilation steigt mit der Zunahme des Kohlendioxidanteils in der Luft an. Es findet also eine globale Düngung mit Kohlendioxid statt. Zwar ist es nicht möglich, diesen »Düngungseffekt« genau nachzuweisen. Aber es ist sehr wahrscheinlich, daß der seit Jahren großflächig zu beobachtende Anstieg der Zuwachsleistungen unserer Wälder auch mit darauf zurückzuführen ist.

Es muß aber unbedingt erwähnt werden, daß die Veränderung der Erdatmosphäre durch die Anreicherung mit Kohlendioxid auch höchst bedenkliche Folgen haben kann. Dieses Gas beeinflußt nämlich den Wärmehaushalt der Erde, indem es die langwellige Ausstrahlung verhindert. Dadurch kann es zu einer Erwärmung der Erdatmosphäre mit schwer abschätzbaren klimatischen Veränderungen kommen. Die Erhaltung der Wälder als der Vegetationsform, die die größten Mengen von Kohlendioxid binden kann, ist schon aus diesem Grunde ein weltweites Anliegen, dessen Bedeutung gerade erst erkannt wird.

Stickstoff: Überfluß in der Luft, Mangelware im Boden

Im Gegensatz zum Kohlendioxid, das durch die geschilderten erdgeschichtlichen Vorgänge nur noch in geringem Umfang am Gasgemisch der Luft beteiligt ist, blieb der Stickstoff, so wie er von den Vulkanen ausgestoßen wurde, im wesentlichen in der Atmosphäre erhalten. Daraus erklärt sich, daß wir eine durch Stickstoff bestimmte Atmosphäre haben. Immerhin ist es vor diesem Hintergrund überraschend, daß die Pflanzen – und damit auch der Wald – sich das Kohlendioxid aus der Luft holen, wo es alles andere als häufig ist, während sie den dort in unerschöpflichen Mengen vorhandenen Stickstoff verschmähen. Diesen entnehmen sie dafür dem Boden, wo er nun seinerseits wieder zu den selteneren Elementen zählt. Dorthin kann der Stickstoff auf dreierlei Weise gelangen. Einmal können sich in der Luft, beispielsweise bei Gewittern, Oxidationsvorgänge abspielen, durch die sich wasserlösliche Stickstoffverbindungen bilden. Sie gelangen dann mit dem Regen, aber auch mit Tau und Nebel, in den Boden. Neuerdings lassen allerdings Forschungsergebnisse vermuten, daß es jedoch mit dieser Stickstoffquelle nicht so weit her ist.

Zum anderen gibt es Bodenorganismen, die den Stickstoff – wie die grüne Pflanze das Kohlendioxid – direkt aus der Luft nehmend assimilieren können; die Knöllchenbakterien der Leguminosen, Strahlenpilze an Erlen, aber auch manche frei lebenden Mikroorganismen besitzen diese Fähigkeit. Durch sie gelangen beachtliche Mengen des lebensnotwendigen Elementes in das Ökosystem Wald.

Und zum dritten werden bei der Verbrennung von Holz, Kohle oder Öl große Mengen von Stickstoffverbindungen an die Atmosphäre abgegeben. Auch sie gelangen wieder – im Niederschlag gelöst – in den Boden zurück. Dieser Vorgang spielt unter natürlichen Bedingungen keine allzu große Rolle; dazu müßten schon große Waldbrände stattfinden. Für unsere moderne Zivilisation werden jedoch permanent so viele »Feuer« – vom Kraftwerk bis zu Ölheizung – unterhalten, daß es zu einer nie dagewesenen Freisetzung von Stickstoffverbindungen in die Atmosphäre kommt. Wie beim Kohlendioxid gibt es infolgedessen auch eine globale, vom Menschen ungewollt hervorgerufene »Stickstoffdüngung« aus der Atmosphäre. Der Wald in unserem Raum reagiert darauf durch verstärkten Zuwachs.

> Auch düngen kann die Luft unsere Wälder: Die vermehrte Anreicherung der Atmosphäre mit Kohlendioxid als Folge von zivilisatorischen Verbrennungsprozessen auf der Erde macht die Wälder, so vermutet man, in letzter Zeit holzreicher als früher. Was den Förster freut, macht dem Ökologen indessen Sorgen: Das Kohlendioxid schirmt die Wärmeabstrahlung gegen den Weltenraum ab; ein Treibhauseffekt, der unser Leben bedrohen kann.

Sauerstoff: das lebenswichtige Nebenprodukt

Nun aber zum Sauerstoff, dem dritten lebenswichtigen Gas. Er hat eine ganz andere Entstehungsgeschichte als seine luftigen Brüder Stickstoff und Kohlendioxid. Nicht wie diese nämlich ist er ein Entgasungsprodukt der Erde, sondern er ist bereits das Ergebnis des Lebens. Wenn der Begriff »Abfall« nicht eine stark abwertende Bedeutung hätte, müßte man ihn als Abfallprodukt der Assimilation bezeichnen.

Als vor knapp vier Milliarden Jahren – das sind nun Zeiträume, vor denen auch die Lebensspannen von Bäumen verblassen – die ersten Lebewesen, wohl hauptsächlich Einzeller, mit der Assimilation von Kohlendioxid begannen, gab es noch gar keinen freien Sauerstoff in der Atmosphäre. Die frühen Lebewesen konnten deshalb auch keine Sauerstoffatmer sein, vielmehr basierte ihr Energiehaushalt auf der Milchsäuregärung, die unabhängig vom Sauerstoff ist. Es gibt noch heute viele Mikroorganismen, die sich Unabhängigkeit vom Sauerstoff für die Energiegewinnung bewahrt haben. Wenn es auch noch keinen freien Sauerstoff gab, so entstand er doch im Prozeß der Photosynthese. Dabei ereignet sich nämlich folgendes: Aus Kohlendioxid, Wasser und Sonnenenergie wird ein Zuckermolekül gebildet. Sechs Sauerstoffmoleküle bleiben übrig und gehen in die Atmosphäre zurück. Es taucht also plötzlich ein Gas auf, das es vor dem Erscheinen von Lebewesen mit der Fähigkeit zur Assimilation in dieser Form gar nicht gegeben hatte.

Diese ersten Lebewesen hatten dann allerdings sehr lange zu tun, nämlich zwei Milliarden Jahre, um den Charakter der Atmosphäre zu verändern. Alles, was zunächst als Ergebnis der Assimilation an Sauerstoff abfiel, verschwand sofort in der Erdkruste. Dort lagen vor allem Eisen und Schwefel als Verbindungen vor, die – so möchte man fast sagen – nur auf die Möglichkeit zur Oxidation gewartet hatten. Zum Verständnis der Größenordnungen, um die es dabei geht, sei erwähnt, daß der weitaus größte Teil der überhaupt durch Assimilation freigesetzten Sauerstoffmenge auf diese Weise als Oxide in der Erdkruste festgelegt worden ist.

Erst als dieses ungeheuerliche Oxidationsbedürfnis befriedigt war, blieb auch Sauerstoff in der Luft frei erhalten; es bildete sich eine Sauerstoffatmosphäre heraus. Und nur in einer solchen konnten sich die pflanzlichen und tierischen Lebensformen herausbilden, die heute das Bild bestimmen, nämlich sauerstoffatmende. Der Übergang von der sauerstoffunabhängigen Energiegewinnung zur sehr wirkungsvollen Sauerstoffatmung war möglich geworden. Die heutige Situation eines etwa zwanzigprozentigen Sauerstoffanteils der Atmosphäre besteht schon seit zweihundert Millionen Jahren, und er hält sich seitdem auf diesem Niveau.

Für den Wald sind aus diesen Befunden zwei wichtige Schlüsse zu ziehen. Zum ersten: Nicht der Wald hat die Zusammensetzung des heutigen Luftgemisches bestimmt; vielmehr hat er sich – genau umgekehrt – in seiner jetzigen Ausformung überhaupt erst entwickeln können, nachdem ein Sauerstoffgehalt aufgebaut worden war, der dem heutigen etwa entsprach. Und zum zweiten: Da der Sauerstoff seinen Anteil über Jahrmillionen konstant halten konnte, muß sich zwischen dem Sauerstoffverbrauch des Lebens für die Atmung und der Sauerstoffproduktion der Pflanzen ein bemerkenswertes Gleichgewicht eingependelt haben. An dessen Erhaltung ist der Wald wesentlich beteiligt.

Luft: Lebensraum des Waldes

In diesem Luftraum steht der Wald also, er ist sein Lebenselement. Aber mit seinen Sturmgewalten muß er auch vom Wald passiv ertragen werden. Und der Luftraum kann zum Träger wichtiger Lebensäußerungen werden, dabei spielt der Wald dann die aktive und die Luft die passive Rolle.

Der Sturm

Am 12. November 1972 kündigte das deutsche Fernsehen in seinen Abendnachrichten ein Sturmtief aus Nordwesten kommend an »mit frischem bis starkem, an der Küste stürmischem Wind«. Es brauste in den Morgenstunden des 13. November über Holland und Nordwestdeutschland hinweg; in Spitzen waren die Windböen so stark, daß ihre Geschwindigkeit nicht mehr gemessen werden konnte. Die Meßgeräte waren überfordert. Man kann deshalb nur sagen, daß die Windgeschwindigkeiten bei über zweihundert Kilometer in der Stunde lagen.

Als das elementare Ereignis nach einigen Stunden vorüber war, lagen zwanzig Millionen Festmeter Holz, die Bestockung von mehr als hunderttausend Hektar, zerbrochen und übereinandergetürmt am Boden. Eine große Fläche in der Tat; groß vor allem, wenn man bedenkt, daß es hauptsächlich Kiefern waren, die dem elementaren Ereignis zum Opfer fielen. Eine Baumart also, die sich mit ihrem Pfahlwurzelsystem gut im Boden verankert. Andere Baumarten erwiesen sich denn auch keineswegs als widerstandsfähiger – wie sollten sie auch. Es fielen einfach deshalb so viele Kiefern, weil es im betroffenen Raum vor allem Kiefern gibt. Mindestens genauso eindrucksvoll wie diese Schadensdimension ist allerdings die Tatsache, daß eine ungleich größere Waldfläche diesen Jahrhundertsturm überstanden hat, Teile davon arg mitgenommen, andere übel zerzaust und wieder andere kaum beeinträchtigt. Der Wald hat also zwar ungeheuerlich gelitten, aber zerstört, sozusagen für immer ruiniert, ist er keineswegs.

Eine zweite Sturmgeschichte spielt mitten im Sommer desselben Jahres 1972, nämlich in der Nacht vom 14. auf den 15. August. Der Wetterbericht ließ überhaupt nichts Böses ahnen. Gewitter nach einem sehr heißen und schwülen Tag wurden für die Nacht angekündigt, und sie ereigneten sich auch. Harmlose, wenn auch laute und nasse Sommergewitter waren es mit einer bemerkenswerten Ausnahme. Im Hochspessart entwickelte sich gegen Mitternacht mit dem Gewitter ein sehr heftiger Südweststurm, der sich mit Orkangewalt auf den voll belaubten Wald stürzte. Das Gebiet um die Ortschaften Rothenbuch, Wiesthal und Heigenbrücken glich am nächsten Morgen einem Schlachtfeld. Vierhunderttausend Festmeter Holz waren dem Sturm zum Opfer gefallen. Auf siebenhundertfünfzig Hektar lag der Baumbestand durcheinandergeworfen oder abgebrochen am Boden. Keine Baumart blieb verschont. Selbst die widerstandsfähigen Eichen hatten sich dieser Elementargewalt gegenüber nicht gewachsen gezeigt.

Die beiden Katastrophengeschichten sind typisch sowohl für die Art der Schäden, die angerichtet werden, als auch für die Stürme, die sie verursachen. Immer wieder werden meteorologische Tiefs mit derartig unglaublichen Energiefreisetzungen über den Wald herfallen, wie das in Norddeutschland geschah. Wir liegen in einer Breite der Erdkugel, wo das nun einmal zu den natürlichen Abläufen gehört.

Und auch Wetterkonstellationen, denen man die ihnen innewohnende Kraft nicht so ohne weiteres ansehen kann, werden sich unvermeidlich immer wieder einmal zusammenbrauen. Sommergewitter bringen sie. Sie haben zwar meist nur eine geringe Ausdehnung – wenige Kilometer breit – und verbrauchen ihre konzentrierte Energie auf einer Strecke von einigen zwanzig oder auch fünfzig Kilometern Länge. Auf der Bahn, die sie dabei brechen, kann allerdings die Baum- und Waldzerstörung fast vollständig sein. Unser Beispiel hat gezeigt, daß selbst die alten Eichen des Spessarts solchen Kraftausbrüchen der Natur nicht gewachsen sind. Hier ist die Stabilität auch unserer widerstandsfähigsten Baumart überfordert! Und niemand möge glauben, daß solche Schäden nur eine Folge der Veränderungen sind, die der Mensch am Wald vorgenommen hat.

Es ist die ziemlich genaue Chronik einer gewaltigen Sturmkatastrophe überliefert, die sich vor hundert Jahren im Bayerischen Wald ereignete. In diesem Raum konnten sich mächtige Fichten-Tannen-Buchen-Urwälder am längsten in Deutschland erhalten. Große Flächen davon waren zur Zeit des Sturmes noch vorhanden, und auch sie widerstanden dem Ansturm des brausenden Wetters nur zum Teil.

Stürme sind daher Ereignisse, die den Wald immer wieder treffen, mal stärker, mal schwächer. Nur selten kommt es zur großen Katastrophe, und selbst dann steht seine Existenz als großflächige Vegetationsform nie in Frage. Ohne Zweifel ist aber dieser Aspekt des Verhältnisses Wald und Atmosphäre so bedeutsam, daß man etwas mehr darüber wissen sollte.

Der Wald im Luftstrom

Der Wald, wie immer er auch aufgebaut sei, bildet eine großflächige Grenzschicht zur Atmosphäre aus. Eine Grenzschicht, die ganz außerordentlich rauh ist, und zwar im aerodynamischen Sinne. Die Rauhigkeit ist nicht direkt meßbar, sondern sie muß aus dem Strömungsverhalten der Luft über einer gegebenen Oberfläche hergeleitet werden. Sie wird dann durch den Rauhigkeitsparameter ausgedrückt. Die folgende Zahlenreihe zeigt, daß Wald die weitaus rauheste natürliche Oberfläche bildet, die großflächig auf der Erde überhaupt vorkommt.

Art der Oberfläche	Wasser	Sand	Grünland	Getreide	Wald
Rauhigkeitsparameter in Zentimetern	0,01	0,2	5	10	300

(Quelle: Baumgartner, A., Veröffentl. Met. Ges. München, 1973)

Diese Rauhigkeit verursacht schon bei geringstem Wind Turbulenzen, dadurch kommt es dann über Wald zu tiefer Durchmischung der strömenden Luftmassen. Ein solcher Effekt ist höchst erwünscht, wenn es im Sommer gilt, die Verdunstungskühle aus der Blätterschicht an die umgebende Landschaft weiterzugeben, oder wenn dadurch Luftverunreinigungen in größere Luftkörper verwirbelt werden. Wird der Wind stärker, entwickelt er sich gar zum Sturm, dann allerdings wird diese Rauhigkeit der Waldoberfläche zum Problem. Über sie kann sich der Impetus, die Kraft des Windes oder Sturmes, gut auf die Bäume übertragen. Sie nehmen die Bewegung auf, indem sie ins Schwingen geraten. Hohe und vollholzige Bäume, also solche, wie sie für viele Waldbestände typisch sind, schwingen weit und weich. Abholzige, meist stark ästige Randbäume oder gar Solitäre dagegen haben einen viel engeren Schwingungsradius, den sie aber häufiger durchmessen. Eigentlich müßten sich die Bäume mit jeder Sturmböe in Richtung des Windes biegen und dann beim Nachlassen des Winddrucks von dem in Spannung geratenen Stamm gerade zurückgezogen werden. Tatsächlich haben diese Bewegungen aber fast immer elliptische Formen. Sie ergeben sich aus der Asymmetrie der Kronen, aus Ungleichmäßigkeiten der Stammformen und durch die unterschiedliche Intensität der Wurzelausbildung nach den verschiedenen Seiten des Baumes.

Dadurch, daß die Bewegungen der einzelnen Kronen unterschiedlich verlaufen – die eine schwingt lang und weit und eine andere kürzer und schneller – kommt es immer wieder zu Berührungen zwischen ihnen. Solche Berührungen wirken natürlich als Bremsen der Bewegungsvorgänge, wodurch die Kraft, die der Sturm auf die Bäume übertragen hat, aufgezehrt oder doch gemildert wird. Die Schutzwirkung, die das Bestandesgefüge für die einzelnen Baumindividuen hat, erklärt sich zumindest teilweise daraus.

Zum anderen Teil kommt sie aber auch dadurch zustande, daß sich jeder Waldbestand mit einem Rand von besonders sturmfesten, meist tief beasteten Bäumen umgibt. Wie undurchdringliche Blöcke springen ja meist die Ränder unserer Wälder aus den Feldmarken heraus. Diesen Eindruck verursachen solche Randbäume. Sie stellen, da sie nur an einer Seite von Nachbarn bedrängt werden, Halbsolitäre dar. Von frühester Jugend an besonders stark Wind und Sturm ausgesetzt, entwickeln sie sich zu ungemein stabilen Individuen. Sie geben den zum Waldinnern sich anschließenden Baumgenossen so nachhaltigen Schutz, daß diese sich in ihrer Entwicklung kaum noch auf extreme Belastungen einzustellen brauchen: vollholzig mit langen und im Verhältnis dazu dünnen Schäften stehen sie da.

Das geht oft ganz gut, inneres Stützgefüge und äußerer Schutzwall funktionieren meistens. Allerdings steckt in diesem System auch eine große Gefahr, die verhängnisvolle Konsequenzen haben kann. Das wird verständlich, wenn man sich ausmalt, was mit den Luftmassen passiert, wenn sie, mit großer Geschwindigkeit über freies Feld herankommend, auf das Hindernis Wald prallen. Es bildet sich ein Stau vor dem dichten, aber standfesten Waldrand, den die Luft nur schwer durchdringen kann. Über diesen Stau hinweg wird nachdrängende Luft hochgedrückt, wodurch sie an der oberen Waldkante noch größere Geschwindigkeit erreicht, als sie ohnehin schon hatte. Es bilden sich Turbulenzen, Wirbel, die dann etliche Meter hinter der schmalen Randzone auf die dort nicht mehr besonders stabilen Bäume treffen. Das Ergebnis sind typische Schadensbilder: Ein schmaler Saum von Randbäumen übersteht den Angriff des Sturmes und dahinter brechen große Löcher aus dem Bestand heraus.

Nicht der dichte, undurchdringliche, sondern der lockere Wald- und Bestandesrand bietet den besten Schutz vor Sturm.

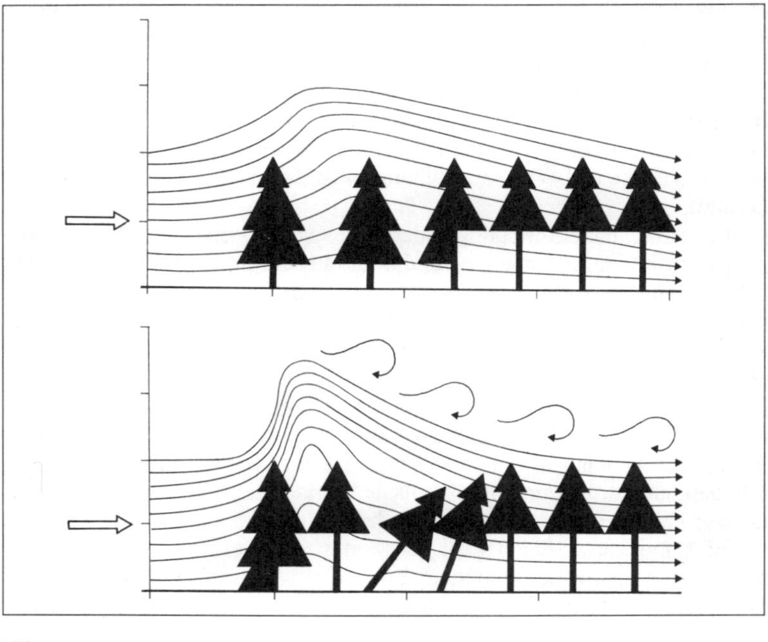

Ein zweites großes Gefahrenmoment droht solchen Waldbeständen, die gegen Sturm nur durch ihr Stützsystem geschützt sind, wenn sich Öffnungen im Kronendach bilden: Ein Blitzschlag kann sie hervorrufen, der Tod von Bäumen durch Krankheiten oder auch Fällungen, die der Mensch vornimmt. Jede Öffnung, sei sie groß oder klein, erhöht die Rauhigkeit der Waldoberfläche, führt zu Turbulenzen der Luftströmung und stört natürlich das Stützgefüge. Alles zusammen vergrößert dann erheblich die Wahrscheinlichkeit, daß eines Tages ein Sturm in die sich bietende schwache Stelle einbricht und den ganzen Bestand umwirft.

Sind diese Gefahrenmomente erkannt, so ergibt sich daraus, wie ein Wald aufgebaut sein sollte, damit er ein hohes Maß an Festigkeit gegenüber dem Sturm besitzt: nicht zu dicht darf er sein, aus nur so vielen Baumindividuen pro Hektar sollte er bestehen, daß jedes einzelne davon genügend Raum zu seiner Entwicklung hat. Nur Bäume mit gut ausgebildeten Kronen sind auch gut bewurzelt und dadurch sturmfest. Sie bleiben notfalls selbst dann standfest, wenn ihre Nachbarn ausfallen sollten.

Und der ideale Waldrand steht dem Wind nicht als dichtes Bollwerk im Weg. So offen wie möglich sollte er vielmehr sein, aus weit auseinanderstehenden Bäumen zusammengesetzt – jeder einzelne fast ein Solitär – und nur allmählich in den dichten Innenbestand übergehend. In einen solchen Rand können die Luftmassen eindringen und werden nur langsam abgebremst. Der waldlebensgefährliche Luftstau mit seinen Turbulenzen wird dann vermieden. Sehr viele unserer Wälder sind allerdings noch weit von diesem Ideal entfernt.

Baumkinder vom Wind

Luft als Lebensraum, als Nahrungslieferant, als Bedrohung auch wurde vorgestellt und besprochen. Der Wald spielt dabei stets eine passive Rolle. Die Luft muß zum Baum kommen, damit er leben oder auch leiden kann. Es gibt aber auch die Umkehrung dieses Verhältnisses: der Wald verändert die Luft und macht sie sich unmittelbar nutzbar. Davon soll jetzt die Rede sein.

In Abständen von einigen Jahren geistern immer wieder Meldungen von Staubstürmen aus fernen Regionen durch unsere Zeitungen; feinste Überbleibsel von gelbem oder auch rötlichem Feinstaub sind dann bei uns gesichtet worden. Manchmal ist auch von Schwefelregen die Rede. Gut erkennbar überzieht er die Oberflächen von Tümpeln und Pfützen; und als Überraschung für die Hausfrauen taucht er in deren Staubtüchern auf. Das Nachrichtenspiel geht dann fast immer folgendermaßen weiter: Einige Tage nach dem Erscheinen der Notiz über den geheimnisvollen Staub wird in derselben Zeitung ein Leserbrief veröffentlicht. Darin weist ein Kenner der Materie darauf hin, daß eine der wichtigen Baumarten in unserem Grünen Drittel blüht. Pollenkörner sind es nämlich, die Staubstürme in fernen Regionen der Erde vorgetäuscht haben. Diese winzigen männlichen Fortpflanzungszellen

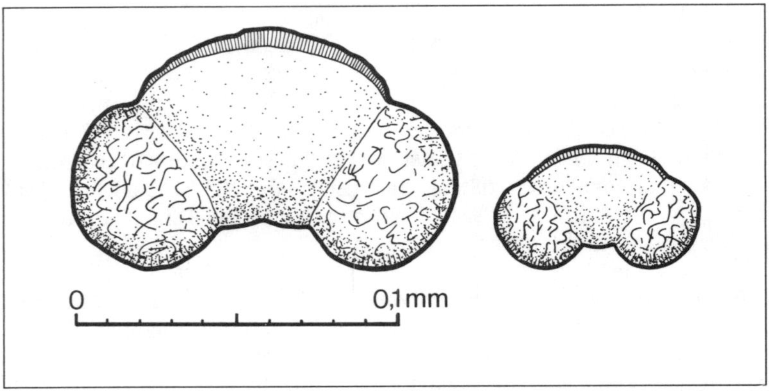

Pollenkörner von Tanne und Kiefer. Große Luftsäcke ermöglichen ihnen weite Flugstrecken. Die Pollen vieler anderer Baumarten besitzen keine Luftsäcke, sie sind daher noch viel kleiner als die hier abgebildeten.
(Quelle: Bauer, F., Zimmermann, G., Der Wald in Zahlen von A – Z, München, Basel, Wien 1963)

vieler unserer Bäume sind so gebaut, daß sie schon von leichten Luftströmungen weit transportiert werden können, wenn sie in reifem Zustand die Blüte verlassen haben. Luftsäcke, wie Ballons um die eigentlichen Samenzellen angeordnet, oder außerordentliche Kleinheit bewirken diese leichte Beweglichkeit in der Luft.

Dieses massenhafte Auftreten des Pollens in Blütejahren des Waldes wird verständlich, wenn man sich die Bestäubungsstrategien der Bäume verdeutlicht. Es sind zwei Konzepte dafür denkbar, die männlichen Samenzellen auf die winzigen Auffangflächen der weiblichen Eizellen zu bringen. Das erste Prinzip zielt darauf ab, wenige Samenzellen direkt in die weiblichen Blütenteile zu transportieren. Seine Verwirklichung haben Insekten übernommen – Bienen und Hummeln vor allem. Mit der Honigsuche tragen sie die Pollen an ihrem Körper von einer Blüte zur anderen. Wildobstbäume, Ahorne, Linden, aber auch Vogelbeeren verfahren nach diesem Konzept.

Das zweite Prinzip, das der Windbestäubung, funktioniert ungleich aufwendiger: Es werden dabei so viele Pollen in Marsch gesetzt, daß alle Oberflächen in naher und weiter Entfernung davon dicht bedeckt werden. Auf diese Weise müssen auch die winzigen Auffangeinrichtungen der weiblichen Blüten Pollenkörner abbekommen. Ökonomisch gesehen mag der gigantische Aufwand irritieren. Ökologisch dagegen läßt sich sagen: Das Prinzip funktioniert auf geradezu perfekte Weise.

Auch der engagierteste Baumliebhaber wird nicht bestreiten wollen, daß der massenhafte Ausstoß von Pollen, den die Bäume zum Zweck ihrer Vermehrung dem Wind anvertrauen, einer Luftverschmutzung gleichkommt, zumindest in den Augen – besser: in den Nasen – jener armen Menschen, die von einer diesbezüglichen Allergie geplagt sind. Es wird sie beim Niesen und Augentränen auch nur wenig trösten, daß Pollen die Fingerabdrücke der vegetativen Erdgeschichte sind. Noch nach Jahrtausenden kann man aus ihnen, wenn man sie in Mooren konserviert auffindet, Schlüsse auf die Vegetationsdecke längst vergangener Erdzeitalter ziehen. Was wir von unseren vorgeschichtlichen Wäldern wissen, stammt aus solchen Pollenanalysen.

Transportmittel Luft

Die Luft als treibende Kraft transportiert die Pollenkörner über große Entfernungen überall hin und einige wenige von ihnen auch auf die Eizellen. Eine erste Vorstellung von der Transportleistung, die die Luft mit den Baumpollen vollbringt, gewann der schwedische Wissenschaftler Hesselmann 1918. Zur Zeit der Baumblüte stellte er Pollenfänge, kleine mit Leim bestrichene Oberflächen, auf Schiffen vor der schwedischen Küste auf. Das Ergebnis einer sechswöchigen Beobachtung geht aus folgender Zahlenreihe hervor:

Baumart	Zahl der Pollenkörner pro cm^2 vor der Küste in einem Abstand von	
	30 km	55 km
Fichte	700	400
Kiefer	200	100
Birke	700	400

In der Nähe des Waldes selbst ist die Zahl der anfliegenden Pollenkörner natürlich noch ungleich größer. Für den Zeitraum der Blüte kann man im Kronenraum eines Kiefernwaldes mit etwa dreißigtausend Körnern pro Quadratzentimeter rechnen, und auch in einem Buchenwald fliegen an die zwanzigtausend Pollen pro Quadratzentimeter an. Man braucht sich nur zu überlegen, daß das zweihundert bis dreihundert je Quadratmillimeter sind, um zu verstehen, mit welcher Perfektion die Luft das Konzept »an jede Stelle ein Pollenkorn« zu erfüllen erlaubt.

Manch ein von Pollenallergien geplagter Mensch wird diese Aktivität des Waldes als Luftverschmutzung in einem für ihn höchst unangenehmen Sinne verstehen. Und tatsächlich sind gewisse Parallelen zu Staub spuckenden Industrien nicht ganz von der Hand zu weisen. Einige wesentliche Unterschiede dürfen dabei jedoch nicht übersehen werden: Die Produktion von Baumpollen findet in bedeutendem Umfang nicht in jedem Jahr statt. Außerdem ist das Phänomen eine Frage von wenigen Tagen oder Wochen. Und schließlich handelt es sich bei Pollen um organische Substanzen, die auf und im Boden in überschaubaren Zeiträumen abgebaut werden. Nur in Mooren mit ihrem sauren und sehr sauerstoffarmen Wasser erhalten sich die Pollen länger. Hier bietet sich dem Wissenschaftler dann die Möglichkeit, aus der Dichte und Zusammensetzung der Pollenfunde Schlüsse auf die Vegetation der Vergangenheit herzuleiten. Für die Erarbeitung der Waldgeschichte unseres Raumes, wie sie in einem anderen Kapitel dargestellt wird, stellen solche Pollenanalysen die wichtigste Informationsquelle dar.

Bestäubung, Befruchtung und somit die Erhaltung des Waldes sind also Sache der Luft, des Windes. Aber auch für die Ausbreitung des Waldes spielt sie eine bedeutsame Rolle. Die Samen vieler Bäume werden ebenfalls von der bewegten Luft transportiert. Oft haben sie deshalb Formen, die eine solche Verbreitung erleichtern oder überhaupt erst ermöglichen. Viele Kilometer weit können die Samen der Pappeln und Weiden fliegen, wenn der Wind richtig weht. Die Samen sind selbst sehr klein und zudem mit langen, federartigen Flughaaren ausgerüstet. Diese schaffen dem kleinen, leichten Körper eine große Oberfläche, an der der Wind angreifen kann. Auch die Samen der Birken sind klein und leicht. Sie besitzen gleichfalls große Oberflächen, die durch Flughäute entstehen. Trägt Wind oder gar Sturm sie aus den Kronen hoher Bäume, so können auch sie auf diese Weise ganz erhebliche Entfernungen überbrücken.

Die Früchte des Ahorn – allen Kindern als Nasenzwicker bekannt –, die der Ulme, der Esche oder auch der Hainbuche besitzen regelrechte Flügel. Mit Ausnahme der Zirbe sind solche Flügel auch typisch für die Samen aller Nadelhölzer. Vielleicht ist es im Falle dieser Baumarten überhaupt richtiger, von Propellern als von Flügeln zu sprechen. Diese sind nämlich meistens so gebogen, daß sie den Samen beim Ausfliegen in eine schnelle rotierende Bewegung versetzen. Fallen sie an windstillen Tagen aus, so kann man sie, Hubschraubern vergleichbar, zur Erde schweben sehen.

Schutzhülle Luft

Schon seit geraumer Zeit weiß die Botanik, daß der Wald, aber auch andere Vegetationsformen, in erheblichem Umfang flüchtige, also gasförmige Stoffe an die Atmosphäre abgeben. Im Innern pflanzlicher Gewebe – in solchen von Bäumen besonders reichlich – befinden sich neben vielen anderen Substanzen auch Harze. Schon bei normalen Temperaturen verflüchtigen sich bestimmte Bestandteile davon, nämlich die Terpene. In verschiedenen, kompliziert zusammengesetzten Verbindungen werden sie gasförmig und gelangen durch die Spaltöffnungen der Blätter in die Atmosphäre. Ihre Konzentration ist in der Nähe der Blattoberflächen am größten. Mit den am Kronendach des Waldes häufigen Turbulenzen gelangen sie aber auch in deutlich nachweisbaren Mengen in größere Luftkörper.

Diese Terpene haben eine bemerkenswerte Eigenschaft: Sie wirken fungizid, d.h. sie hemmen die Entwicklung von Pilzen oder töten diese gar ab. Es ist deshalb wohl anzunehmen, daß das Vorhandensein solcher fungiziden Gase in der Waldluft die Wahrscheinlichkeit von Pilzkrankheiten an Bäumen erheblich verringert. Der Wald schafft sich damit gewissermaßen selbst eine schützende Atmosphäre.

Die Terpene werden aber auch weit über den Wald hinaus geweht; sehr wahrscheinlich ergeben sich daraus ökologische Fernwirkungen, auch wenn diese noch nicht im einzelnen erforscht worden sind. Der Münchner Forstbotaniker Schütt hat darauf hingewiesen. Auf jeden Fall aber sind es solche Stoffe, die der Waldluft ihre Würze verleihen.

Auch hier ist es wieder interessant, sich eine Vorstellung von den Größenordnungen zu machen, die bei solchen subtilen Vorgängen im Spiel sind. Man weiß ungefähr, wieviel die Vegetation weltweit an solchen Terpenen an die Luft abgibt. Es sollen an die einhundertfünfundsiebzig Millionen Tonnen im Jahr sein. Mit dieser stolzen Zahl müssen die siebenundzwanzig Millionen Tonnen gasförmiger Schadstoffe verglichen werden, die unsere Zivilisation in die Atmosphäre entläßt.

Natürlich darf ein solcher Vergleich nur mit äußerster Vorsicht gemacht werden. Es ist dabei nämlich unbedingt folgendes im Auge zu behalten: Technische Luftverunreinigungen sind zu einem erheblichen Teil – man denke an das Schwefeldioxid – starke, undifferenziert wirkende Pflanzengifte.

Bei den Terpenen handelt es sich dagegen offenbar um Substanzen, die selektiv wirken: bestimmte Pflanzenarten, wie Krankheiten verursachende Pilze, werden betroffen, andere dagegen entwickeln sich, geschützt vor einigen ihrer Feinde, besonders gut. Wir haben es hier offenbar mit einer dieser feinen Wechselwirkungen zu tun, die für das Ökosystem Wald typisch sind. Deren Existenz und Wirkungsweise beginnt auch der Wissenschaft erst allmählich aufzugehen.

Der Waldboden ist eine Wissenschaft für sich, die komplizierteste vielleicht im Waldgeschehen. Daß sie hier allerdings so kurz abgehandelt wird, liegt an der Vermutung der Autoren, daß die Liebe der Leser zum Wald Grenzen hat. Gegen den Protest des Autors hat das Redaktionskollegium darum die Kürzung dieses Kapitels beschlossen, bestätigt Peter Burschel aber gern, daß es weit mehr über den Waldboden zu sagen gäbe, als hier steht.

Wald und Boden

Der Boden ist ein wichtiger Teil des Standortes, aus dem der Wald lebt. Es ist aber keineswegs nur so, daß der Boden das Wachstum und die Entwicklung des Waldes bestimmt; umgekehrt hat auch der Wald einen großen Einfluß auf den Boden. Dieser ist immer zugleich das Ergebnis der Verwitterung des geologischen Ausgangsmaterials, dem er aufliegt, und der Einflüsse, denen er durch die Vegetation ausgesetzt ist.

Für die Bodenbildung in unserem Raum stand – nach geologischen Maßstäben – nur sehr kurze Zeit zur Verfügung. Unsere Böden sind jung. Das zentrale Ereignis auch für die Bodenentstehung in unserem Raum war die Eiszeit. In ihrem Verlauf traten auf riesigen Flächen tiefgreifende Veränderungen ein. Alte Böden wurden vom Eis weggehobelt und zusammen mit Brocken unverwitterten Gesteins als Moränen abgelagert. Der ganze Alpenraum und sein Vorland sind dadurch ebenso geprägt worden, wie das norddeutsche Tiefland. Die dazwischenliegenden Gebiete blieben zwar eisfrei, doch gab es dort nur niedrige Tundra – Vegetation, die wenig Schutz gegen Niederschläge, Eisbildungen und Temperaturextreme bieten konnte. In gewaltigen Erosions- und Fließvorgängen wurde daher auch hier der aus alter Verwitterung stammende Boden abtransportiert oder umgelagert. Und schließlich konnte in Trockenperioden der Wind den vegetationsarmen Boden angreifen, seine feineren Teile emporwirbeln und über weite Strecken transportieren. Als Ergebnis solcher Sand- und Staubstürme hat sich auf großen Flächen Löß abgelagert, oft in beachtlicher Mächtigkeit.

Ihrer alten Bodendecken beraubte Gebirge, große Moränengebiete, Fließerden und Löß auf riesigen Flächen bildeten daher das Rohmaterial für die Bodenentwicklung. Diese begann, als das Klima vor fünfzehntausend Jahren wärmer wurde, die großen Eismassen sich zurückzuziehen begannen und Vegetation unseren mitteleuropäischen Raum wiederbesiedeln konnte.

Die Verwitterung ist ein tiefgreifender und intensiver Prozeß: Wasser, Säuren darin und die Temperatur mit ihren brüsken Wechseln wirken auf das Ausgangssubstrat. Durch die Sprengkraft gefrierenden Wassers vor allem wird es zerkleinert. Luft und Wasser können immer tiefer eindringen. Umgestaltungen in großem Ausmaß finden statt. Die meisten Substrate verlehmen in diesem Stadium der Entwicklung dadurch, daß sich Tonminerale bilden. Diese umhüllen und verkitten die kleinen Quarzkörner. Eisenverbindungen geben dem ganzen Boden die typisch gelb-bräunliche Farbe des Lehms. Natürlich hängen Art und Qualität der so entstehenden Böden ganz erheblich vom Ausgangssubstrat ab. Bodenqualität bedeutet in diesem Zusammenhang zunächst: Eignung für die Entwicklung von Vegetation. Kaum hat sich Vegetation aber eingefunden, so nimmt diese selbst formenden Einfluß auf den durch Verwitterung entstandenen Rohboden. Handelt es sich bei der Vegetation gar um Wald, so ist die Wirkung besonders tiefgreifend.

Zum einen ist sie mechanischer Art; sie entsteht direkt durch den Lockerungseffekt, der mit dem Eindringen von großen und kleinen Wurzeln in den

Boden verbunden ist. Indirekterweise kommt ein solcher Lockerungseffekt aber auch dadurch zustande, daß die Bestandesabfälle – Streu, tote Äste, umgestürzte Bäume – die Nahrungsbasis für eine Fülle von Bodenorganismen von Regenwürmern bis hin zu einer Vielzahl von Insekten liefern. Mehrere Tonnen solcher Lebewesen sind in einem Waldboden in ständiger Aktivität, wirkungsvolle Wühlarbeit im Boden ist das Ergebnis.

Zum anderen gibt es intensive chemische Einwirkungen des Waldes auf die Bodenbildung. Sie sind nicht weniger wichtig als die mechanischen und äußern sich vor allem in der Humusbildung. Ihren Ausgang hat sie wieder in den Bestandesabfällen, vor allem der Streu. Alle tote organische Substanz wird von den Bodenorganismen zunächst zerkleinert und im Stoffwechsel chemisch umgewandelt. Dadurch wird sie entweder zu Körpersubstanz dieser Organismen umgeformt oder zur Energiegewinnung veratmet. Die widerstandsfähigeren Komponenten der toten Bestandesmasse – vor allem das Lignin gehört hierher – werden dagegen zur Gerüstsubstanz der Humusstoffe. Deren dunkle Färbung gibt dem oberen Bereich des Waldbodens sein charakteristisches Aussehen. In den Mineralboden hinein dringen sie entweder als Folge der Einwaschung durch das Regenwasser, oder sie werden durch Bodenorganismen dorthin gebracht. Vor allem Regenwürmer leisten dabei Erstaunliches.

Die Humusstoffe – sie stellen chemisch eine verwirrende Fülle von Substanzen dar – spielen eine wichtige Rolle im Boden. Sie können sowohl Feuchtigkeit als auch Nährstoffe gut binden und für das Pflanzenwachstum zur Verfügung halten. Verbinden sie sich noch mit den Tonmineralen des Bodens, so entsteht der optimale Waldboden: Sorptionskraft für Nährelemente, große Haltekraft für Wasser und ein porenreiches, gut durchlüftetes Bodengefüge zeichnen ihn aus.

Der vielstufige Abbau der toten organischen Substanz im Wald ist auch der Schlüssel zu dessen Nährstoffhaushalt. Nährelemente, wie Phosphor, Kalium, Magnesium und viele andere, werden zunächst in sehr geringen Mengen durch die Verwitterung aus dem Gestein freigesetzt und in Form einfacher Verbindungen im Bodenwasser gelöst. Für den Stickstoff gilt das auch, allerdings mit der Einschränkung, daß er nicht aus der Gesteinsverwitterung stammt. Er gelangt vielmehr aus der Luft in den Boden – im Kapitel »Wald und Atmosphäre« war das bereits erläutert worden. Die Wurzeln nehmen die Nährelemente mit dem Wasser auf, und der Verdunstungsstrom verteilt sie in der Pflanze, so daß sie in die lebende Pflanzensubstanz eingebaut werden können. Diese stirbt eines Tages wieder und fällt als Blatt im Herbst oder als stürzender Baum nach Jahrhunderten auf den Boden zurück. Dort läuft dann der vorher beschriebene Prozeß der Zersetzung durch Mikroorganismen ab. Die komplizierten organischen Substanzen zerfallen. Über viele chemische Schritte werden schließlich auch die Nährelemente wieder als die einfachen Verbindungen des Anfangs an die Bodenlösung abgegeben. Die Baumwurzeln finden sie dort und der Kreislauf beginnt von neuem.

Wald und Wasser

Ohne Wasser kann ein Wald nicht leben, genauso wenig wie ohne Luft oder ohne Boden. Es muß sogar ziemlich viel davon zur Verfügung stehen, damit Wald-Ökosysteme funktionieren können. Und nur über die Luft und den Boden kommt der Wald zu seinem Wasser. Allerdings ist das mit dem Wasser eine ähnlich verwickelte Geschichte wie mit der Luft; wie diese nämlich stellt es zum einen und vor allem Lebensvoraussetzung dar, und doch kann es zum anderen auch zur tödlichen Bedrohung für den Wald werden.

Der große Wasserkreislauf der Erde bringt das Wasser; seine Basis sind die Wassermassen der Ozeane. An deren Oberflächen findet Verdunstung statt, es bildet sich Wasserdampf. Ist die Atmosphäre davon gesättigt, fällt er als Regen wieder aus. Der Teil des Wasserdampfes, der über der Landoberfläche als Regen niedergeht, versucht über Bäche und Flüsse wieder ins Meer zu gelangen, und zwar so schnell es geht, der Schwerkraft folgend. Das gelingt nun aber keineswegs vollständig. Schon auf dem höchst verschlungenen Weg vom Regen zum Fluß geht nämlich ein ganz erheblicher Teil Wasser durch Verdunstung wieder an die Atmosphäre zurück. In diesem Abschnitt des großen Wasserkreislaufs ist der Wald angesiedelt, davon lebt und darin wirkt er. Und daraus erklärt sich auch, warum der Wald für den Wasserhaushalt unserer Landschaften so bedeutsam ist.

In jedem Fall muß Niederschlag fallen, damit alles beginnen kann. Aber auch die Schwierigkeiten beginnen schon damit, denn er kann als Regen, als sanfter oder starker, als Schnee, als Hagel oder auch von den Blättern aus Nebel herausgekämmte Feuchtigkeit in Erscheinung treten und dadurch jeweils andere Reaktionen im Wald bewirken.

Der Wald als Hindernis – Interzeption

In unserem Landstrich liegen die Niederschläge zwischen fünfhundert und tausend Millimeter im Jahr, nur in höheren Gebirgslagen kommen auch Werte bis über eintausendfünfhundert Millimeter vor. Nur dort auch spielt die Feuchtigkeit eine Rolle, die der Wald mit seinen Blättern und Zweigen aus vorübertreibendem Nebel auskämmt. Jede Form von Niederschlag gerät auf ihrem Weg zur Erdoberfläche zunächst auf die Kronen der Bäume, die ihnen mit ihren großen Blattflächen den Weg versperren, eine Erscheinung, die Interzeption genannt wird. Je nach Baumart und Alter eines Bestandes sind bis zu vier Millimeter Regen nötig, um diese Oberfläche überall zu benetzen. Erst dann bleibt Wasser übrig, das an den Blatt- oder Nadelrändern zusammenlaufen und anschließend zu Boden fallen kann.

Von Regenschauern geringer Intensität hat der Wald deshalb nur wenig für seinen Wasserhaushalt. Diese bei jedem Regen auf den Oberflächen – vor allem der Blätter – gespeicherten Wassermengen werden nämlich immer nach dem Ende des Regens verdunstet. Es tritt also ein Wasserverlust durch Interzeption ein. Dieser Interzeptionsverlust nun ist ganz erstaunlich hoch; in dichten Nadelholzbeständen mit guter Benadelung werden zwischen dreißig und vierzig Prozent des gesamten Jahresniederschlags unverzüglich wieder in Wasserdampf zurückverwandelt und an die Atmosphäre zurückgegeben. In Laubholzbeständen mit ihren geringeren Blattoberflächen ist dieser Interzeptionsverlust auch deshalb deutlich geringer, weil sie im Winterhalbjahr keine Blätter haben. Also irgendwo zwischen fünfzehn und vierzig Prozent der in Richtung Boden sich bewegenden Regenmengen scheiden, wenn sie auf Wald treffen, aus dem Rennen aus, bevor sie überhaupt ihr Ziel erreichen. Landwirtschaftliche Kulturen verursachen natürlich auch solche »Verluste«, doch sind diese im allgemeinen wesentlich geringer.

Der Wald als Wasserverbraucher – Transpiration

Das, was durch Kronenlücken direkt auf den Boden gelangt, von den Blättern abtropft und an den Baumstämmen herabfließt – an den Schäften der Buchen können das bei starken Regenfällen geradezu kleine Bäche sein – ist der Waldniederschlag. Auch von ihm geht sogleich wieder ein Teil durch Verdunstung an die Atmosphäre zurück, nämlich von der humosen Oberfläche des Waldbodens aus oder von den Blättern der Waldbodenpflanzen. Der weitaus größte Teil dieses Waldniederschlags dringt jedoch in den lockeren und porenreichen Waldboden ein, er wird zu Bodenwasser. Der Schwerkraft folgend, gebremst durch die Kleinheit der Bodenhohlräume, wandert das Bodenwasser langsam nach unten. Manche der Bodenhohlräume, die Feinporen, sind so klein, daß sie das Wasser gegen die Schwerkraft festhalten.

Und dies ist nun der Ort und der Moment, in dem der Wald, jeder einzelne seiner Bäume, das Wasser gewinnen kann, das er für seine Lebensprozesse braucht. Die Wurzeln nehmen es auf und leiten es über die Transportsysteme zu den Blättern. Aus diesen wird es dann durch Sonnenenergie verdampft und über die Spaltöffnungen an die Luft abgegeben. Transpiration heißt dieser Vorgang. Im Verlauf des Verdampfungsvorgangs geschieht allerdings noch etwas sehr Wesentliches: Die Nährelemente, seien dies Stickstoff, Phosphor, Kali, Kalzium oder Spurenelemente, die das Wasser im Boden aufgenommen hatte, bleiben zurück und stehen den Bäumen für die Synthese von organischen Substanzen der verschiedensten Art zur Verfügung. Für die Anlieferung ausreichender Mengen an Nährstoffen muß viel Wasser bewegt werden, da ihre Konzentration darin nur sehr gering ist.

Der Wald ist in der Lage, seinen Wasserverbrauch zu regulieren. Diese Fähigkeit ist von lebenswichtiger Bedeutung. Er transpiriert so viel er kann, solange genügend Wasser im Boden zur Verfügung steht und trockenes, sonniges Wetter mit leicht bewegter Luft dem Verdunstungsprozeß zu Höchstleistungen verhilft. Unter solchen Bedingungen kann der Wald deutlich mehr Wasser verdunsten als eine freie Wasserfläche, ein See etwa. Reicht dagegen in Trockenperioden das Wasser im Boden nicht aus, um den Transpirationsstrom von den Wurzeln zu den Blättern am Fließen zu halten, oder bietet die Luft bei Regen oder sehr hoher Luftfeuchtigkeit keinen oder wenig Anreiz zur Verdunstung, so wird die Transpiration ganz erheblich verringert.

Daher kann ein und dasselbe Stück Wald in einem Trockenjahr mit weniger Wasser auskommen als in einem normalen. Und daher war es auch erst möglich zu sagen, wieviel Wasser ein Wald tatsächlich verbraucht, als sehr umfangreiche und aufwendige Messungen über Zeiträume von vielen Jahren hinweg gemacht worden waren. Danach gibt es Wälder mit hohem Wasserkonsum, insbesondere Birken- und Lärchen-, aber auch Eichenbestände gehören hier her. Und es gibt andere, wie Buchen-, Fichten- und allem Anschein nach auch Kiefernwälder, die mit deutlich geringerer Transpirationsmenge zurechtkommen. Und damit auch das Bedürfnis nach Zahlen wenigstens halbwegs befriedigt wird, sei dem noch hinzugefügt, daß solche hinsichtlich des Wasserverbrauchs anspruchsvollen Wälder in unserem Raum um vierhundert Millimeter Niederschlag durch Transpiration als Wasserdampf wieder an die Atmosphäre zurückexpedieren. Die anspruchsloseren begnügen sich mit dreihundert Millimetern pro Jahr. Doch Vorsicht mit solchen Zahlen!

Der Weg des Wassers durch den Wald. Das meiste kehrt schnell dahin zurück, woher es kam: als Wasserdampf in die Luft. Was im Boden versickert, gelangt nachhaltig und sauber in das Grundwasser und zu den Quellen.

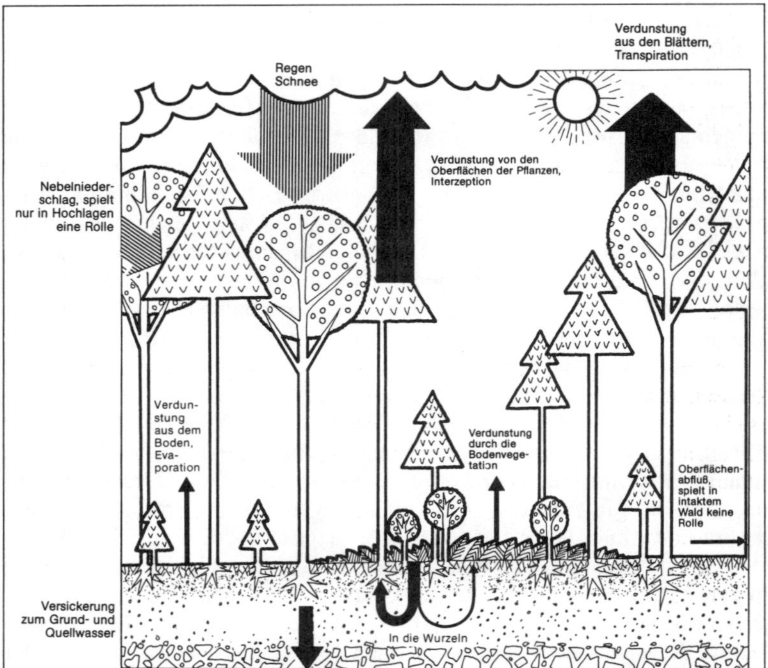

Wenig Wasser bleibt übrig

Nimmt man nun alle Verdunstungsgrößen zusammen, so ergibt sich daraus ein stattlicher, überraschend hoher Wert. Er liegt in »normalen« Jahren bei etwa siebzig Prozent des jährlichen Niederschlags; das aber bedeutet, daß in einem Waldgebiet, in dem siebenhundert Millimeter Regen im Jahr fallen, nicht weniger als fünfhundert davon direkt und ziemlich schnell als Wasserdampf wieder in der Luft auftauchen. In feuchten, strahlungsarmen Jahren können es dagegen 70% des Niederschlags sein, die in den Boden eindringen.

Will man solche Zahlen beurteilen können, so muß man sie mit entsprechenden Werten von Wiesen oder Äckern vergleichen. Dazu mag die folgende, von dem Münchner Bioklimatologen Baumgartner, einem der besten Kenner der Materie, zusammengestellte Reihe dienen:

Art der Oberfläche	Prozentanteil des Jahresniederschlags, der durch Verdunstung an die Atmosphäre zurückgegeben wird		
	feuchtes Jahr	durchschnittliches Jahr	trockenes Jahr
Ohne Vegetation	25	30	50
Getreide	25	40	55
Dauerwiese	25	65	65
Nadelwald	30	70	80
Offene Wasserfläche	30	75	85
Sumpfwiese	40	100	100

(Quelle: Baumgartner, A., Proc. FAO/USSR Int. Symp. 1970)

Der Wald stellt danach ein Ökosystem dar, das sich durch einen bemerkenswert hohen Wasserdurchsatz auszeichnet. Sieht man von dem in unseren Breiten nicht sehr häufigen Sonderfall der Feuchtwiese ab, so übertrifft er in dieser Beziehung alle anderen denkbaren Bodendecken. Dieser große Wasserdurchsatz ist eine Folge der hohen Energieausbeute, zu der der Wald befähigt ist. Er erklärt aber auch seine überragende Produktionsleistung an organischer Masse.

Wald und Schnee

Wie der Regen, wird auch der Schnee von den Kronen aufgefangen, es findet Interzeption statt. Ist das Wetter sehr kalt, so hat das meist keine großen Folgen für den Wald. Der feine, trockene Schnee hält sich nicht gut an Nadeln und Ästen der Bäume. Bei wärmerem Wetter – vor allem im Frühjahr – bleibt er jedoch als schwerer, großflockiger Naßschnee auf Nadeln und Zweigen liegen und vergrößert dabei deren Oberflächen noch mehr. Auf diesen »Auffangflächen« lagert sich dann immer mehr Schnee ab. Die Zwischenräume von Zweig zu Zweig werden allmählich überbrückt. Besonders in sehr dichten jüngeren Waldbeständen kann sich dadurch schließlich eine einzige geschlossene Schneedecke auf dem Kronendache bilden. Gewichte bis zu fünfundachtzig Kilogramm je Quadratmeter Bodenfläche erreicht eine solche Last, wie der Züricher Forstwissenschaftler Leibundgut ermittelt hat. Damit wird dann allerdings die Tragfähigkeit der Bäume überschritten: In älteren Beständen brechen die Kronen besonders schwer beladener Bäume ab. Und in jüngeren, auf denen sich geschlossene Schneedecken ausbilden, kommt es zu großflächigen Zusammenbrüchen.

Was gegen Sturm Widerstandskraft verleiht, hilft auch, die Last des Schnees zu tragen: Solche Wälder sind im allgemeinen schneebruchfest, die aus verhältnismäßig wenigen großkronigen Bäumen bestehen. Sehr dichte, aus vielen Individuen zusammengesetzte Bestände sind dagegen besonders labil und schneegefährdet. Das ist deshalb zunächst verwunderlich, weil ja der großkronige Baum oft wesentlich mehr Schnee auffangen kann als ein gleich hoher, aber sonst schwächer ausgebildeter. Trotzdem ist ein kleinkroniger Baum wesentlich stärker durch Schnee gefährdet: Sobald ein Baum Gelegenheit hat, sich einigermaßen frei zu entfalten, schafft er sich die stati-

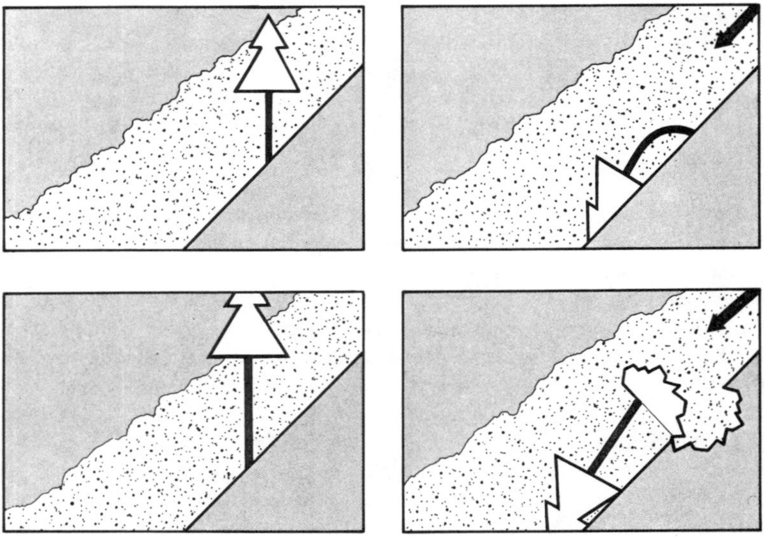

schen Voraussetzungen, die es ihm ermöglichen, seine großflächig dimensionierte Gestalt auch bei extremen Belastungen zu tragen. Die Erkenntnis ist für den Schutz von Wäldern gegen Sturm und Schnee so wichtig, daß sie gar nicht oft genug wiederholt werden kann.

Der Wald verjüngt sich

In seiner großen Vielgestaltigkeit ist der Wald vorgestellt worden. Und es wurde ein Eindruck davon vermittelt, wie dieses großartige Naturphänomen lebt und über welche Wechselwirkungen es mit seiner Umwelt verbunden ist. Wenn immer wieder von »dem Wald« gesprochen wurde, so konnte sich leicht die Vorstellung einschleichen, daß es sich dabei um etwas handelt wie ein Gebäude, das eben da ist und, wenn nichts Handfestes passiert, auch da bleibt. Der Wald ist aber kein Gebilde solcher Art; wenn man ihn mit etwas vergleichen will, dann käme eine Tierpopulation oder auch ein Volk von Menschen ihm viel näher. Wie diese besteht ja auch der Wald aus vielen Individuen, von denen jedes nur eine bestimmte Lebensspanne hat. Soll der Wald als die Gemeinschaft großer Pflanzen permanent erhalten bleiben, die er darstellt, so müssen in ihm alte Individuen durch junge ersetzt werden. Die Forstleute nennen das Verjüngung, ein Begriff, der den Tatbestand, um den es geht, sehr gut trifft. Wenn es sich dabei in jedem einzelnen Fall auch um die Baum-Individuen dreht, so ist doch diese Verjüngung ein Vorgang, der überraschend kollektive Züge trägt.

Junge Bäume schneien im Gebirge vollständig ein. Gleitet der Schnee dann am Hang abwärts, so drückt er die Bäume platt an den Boden. Sie richten sich im Frühjahr immer wieder auf. Auffälliger »Säbelwuchs« ist die lebenslange Folge davon.

Sind die Bäume größer, so kann es geschehen, daß der gleitende Schnee die Stämme entwurzelt. Dadurch bilden sich Bodenwunden, die Ausgangspunkte für nachfolgende Erosion sein können.

Bäume blühen

Die Verjüngung erfaßt den Wald als großes Ereignis deswegen, weil sie in Intervallen vonstatten geht. Deren Abfolge wird durch die Baumblüte bestimmt. Denn nicht in jedem Jahr blüht der Wald. Es war schon im Kapitel über die Luft auf den Umstand hingewiesen worden, daß es Jahre gibt, in denen Wolken von Pollen aus den Wäldern kommen; und andere, in denen kein Pollenkorn zu sehen ist. Bäume blühen und fruchten oft kollektiv.

Der Vorgang der Fruktifikation beginnt viel früher, als er auffällig wird. Wenn nämlich im April oder Mai die Blüte oder die Blütenstände erscheinen, so sind sie eigentlich schon fast ein Jahr alt. Im Frühsommer des Vorjahres sind sie nämlich bereits entstanden und winterfest in Knospen eingepackt worden. Und in diesem Zeitraum der Blütenbildung, also ein Jahr vor dem Blühen selbst, ist auch das auslösende Moment für die Unregelmäßigkeit der Fruktifikation zu suchen. Alle Untersuchungen zu dieser Frage haben erkennen lassen, daß Blütenknospen nur dann gebildet werden, wenn im besagten Zeitraum heißes und trockenes Wetter herrscht. Je wärmer und je trockener, um so größer wird die Wahrscheinlichkeit der Blütenbildung. Und das gilt für jeden Baum und damit für den ganzen Wald.

Will nun auch noch jemand wissen, warum das so ist, so sei ihm vorweg gesagt, daß man es so ganz genau eigentlich nicht weiß. Es deutet manches darauf hin, daß die genannten Wetterbedingungen Blühhormone aktivieren, von denen man ihrerseits aber erst sehr unzureichende Vorstellungen hat. So hilft sich die Wissenschaft mit der Erklärung des Botanikers Klebs weiter, der schon Anfang dieses Jahrhunderts fand, daß es in Jahren mit solcher Witterung zu einem Ungleichgewicht zwischen der stark angeregten Assimilation und der verringerten Aufnahme von Wasser und den darin enthaltenen Nährelementen kommt. Daraus ergibt sich ein Übergewicht an Assimilaten, und das soll den Anstoß zur Blütenbildung bewirken.

Vielleicht ist es tatsächlich so. Der Zusammenhang zwischen der Witterung und der Fruktifikation der Bäume ist jedenfalls so klar, daß man nach einem sehr guten Weinjahr, das ja immer ein trockenes und warmes ist, mit einiger Sicherheit die Baumblüte für das nächste Frühjahr voraussagen kann. Etwas Vorsicht sollte aber selbst dann immer noch walten; denn sehr starkes Blühen in aufeinander folgenden Jahren kommt auch dann kaum vor, wenn alle sonstigen Voraussetzungen erfüllt sind. Außerdem ist zu bedenken, daß manche Baumarten, wie Birken, Erlen, Hainbuchen, aber auch Lärchen und Tannen, in kürzeren Abständen blühen, als das Eichen, Buchen und Fichten tun.

Die Blüte ist ein gewaltiger Vorgang für den Wald, das ging schon aus den Ausführungen über den Pollenflug hervor. Er ist es, obwohl die Blütenstände etwa von Eiche oder Buche so unscheinbar sind, daß die meisten Waldbesucher sie gar nicht zur Kenntnis nehmen. Auch die Nadelhölzer haben unscheinbare Blüten. Es muß dann schon irgendwo ein wilder Kirschbaum blühen, damit dem Betrachter bewußt wird, was sich da tut.

Entwicklung und Geburt

Ist die Blüte abgeschlossen und hat die Bestäubung funktioniert, sei es durch den Wind oder bei den in dieser Hinsicht anspruchsvolleren Baumarten durch Insekten, so beginnt unverzüglich die Frucht- und Samenbildung. Innerhalb weniger Monate werden aus den befruchteten Eizellen Baum-Embryos, denn nichts Geringeres enthalten die Samen. Solange sie an den Zweigen festsitzen, werden sie vom Mutterbaum ernährt, in dieser Beziehung durchaus der frühen Entwicklung von Tieren oder Menschen im Mutterleib vergleichbar. Der Vorgang der Geburt ist dann – führt man den Vergleich fort – die Trennung von der Mutter, also das Abfallen oder auch Abfliegen vom Baum. Die Stelle, an der die Frucht sich löst und die gut erkennbar bleibt, wird deshalb auch von den Botanikern Nabel genannt. Was dann auf den Boden fällt, in unerhörten Mengen oft, sind fix und fertige winzige Baumindividuen mit gut erkennbar ausgebildeten Keimblättern sowie Sproß- und Wurzelansätzen.

Und damit ist die Analogie zum Säugetier noch keineswegs zu Ende; denn diese kleinen Baumwesen werden zwar nicht gesäugt wie junge Tiere, doch bekommen sie, jedes einzelne von ihnen, eine beachtliche Portion Nahrung mit auf den Weg. Diese Nährstoffe machen dem Gewicht nach ein Mehrfaches dessen aus, was der Embryo selbst auf die Waage bringen würde. Sie sind zudem bei den meisten Nadelhölzern in anderer Form aufbereitet als bei unseren wichtigsten Laubbäumen. In den Samen der Nadelbäume liegt der Embryo in ein Nährgewebe eingebettet, aus dem er seine Nahrung gewissermaßen heraussaugt. Die Embryonen der meisten Laubhölzer tragen dagegen ihr Nahrungsdepot in sich. Die Reservestoffe sind hier in die Keimblätter eingelagert. Im Falle der Eichen ist das soweit getrieben, daß die Keimblätter ihre ursprüngliche Fähigkeit zur Entfaltung und zur Assimilation völlig verloren haben. Sie bleiben bei der Keimung im Boden und nach der Auslieferung der Nährstoffe werden sie als leere, nutzlose Hüllen abgestoßen.

Ob in Nährgeweben oder in den Keimblättern gespeichert, diese Reservestoffe sind es, die die Samen der Bäume zu einer sehr wichtigen Nahrung für viele Tiere machen, Insekten, Vögel und Säugetiere. Pilze und Bakterien, die davon leben, gibt es außerdem noch. Damit ist bereits angedeutet, daß der Weg von der Blüte zur Verjüngung kein geradliniger ist: Späte Fröste, sehr feuchte Witterung, Insekten, Pilze und Tiere der verschiedensten Art reduzieren zunächst die Zahl der Samenanlagen und in der Folge die sich daraus entwickelnden Früchte und Samen ganz erheblich. Was schließlich übrig bleibt, ist gleichwohl immer noch erstaunlich viel, in guten Samenjahren zumindest: Birken und Aspen (Zitterpappeln) entlassen, wo sie einen erheblichen Anteil am Waldaufbau haben, in einem Jahr starker Fruktifikation eine halbe Milliarde ihrer kleinen Samen pro Hektar, fünfhundert Millionen junger Baumindividuen also. Aber auch von den viel größeren Samen der Fichte werden bei solchen Gelegenheiten an die zwanzig Millionen pro Hektar auf die Reise geschickt. Und selbst die Buche mit ihren noch wieder größeren

Früchten kann es auf fünf bis sechs Millionen Bucheckern bringen. Dagegen nehmen sich die ein bis zwei Millionen Eicheln pro Hektar geradezu bescheiden aus, jedenfalls solange man nicht auch ihr Gewicht in Betracht zieht.

Das muß man aber, will man sich wenigstens überschlägig einen Begriff davon machen, was die permanente Notwendigkeit der Verjüngung für den Wald bedeutet. Außerdem zeigt sich dann eine bemerkenswerte Umkehrung der Größenordnungen, wie sie sich nach den Samenzahlen ergeben hatte. Birke und Aspe brauchen nur sechzig bis achtzig Kilogramm pro Hektar an Samen zu produzieren, um zu ihren aberwitzigen Individuenzahlen zu kommen. Die Fichte muß für sehr viel weniger Samen bereits einhundertfünfzig bis zweihundert Kilogramm pro Hektar aufwenden und die Buche für noch weniger gar eine Tonne. Die Eiche schließlich schlägt in dieser Beziehung alle Rekorde; der Stückzahl nach der schwächste Samenproduzent, beträgt doch deren Gewicht um fünf Tonnen pro Hektar, wenigstens in sehr guten Samenjahren.

Solche Werte muß man im Zusammenhang sehen mit den mitgeteilten Größen der jährlichen oberirdischen Substanzproduktion überhaupt; diese liegen für Buchenbestände bei etwa zehn Tonnen pro Hektar und Jahr. Dann erst wird deutlich, daß die Bäume, ja sogar der ganze Wald sich in einem guten Samenjahr bis zum äußersten erschöpfen können. Das tun sie auch tatsächlich und das ist an zwei Erscheinungen gut nachweisbar: Die Jahrringbreiten im Samenjahr selbst, aber auch noch im Folgejahr sind immer deutlich niedriger als in »normalen« Jahren. Es findet also eine Verlagerung des

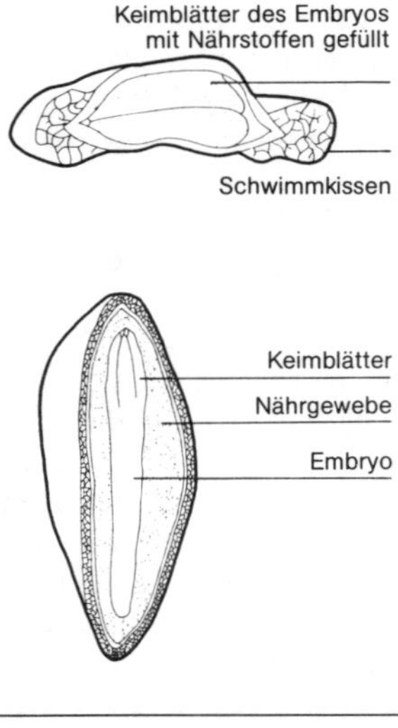

Im Samen der Tanne ist der Baumembryo in ein Nährgewebe eingebettet. Die Erle, wie die meisten anderen Laubbäume, hat ihren Nährstoffvorrat dagegen in die Keimblätter eingelagert. Die Samen der Erle verfügen zudem über Luftkissen, durch die sie auf dem Wasser schwimmen und so weit transportiert werden können.

(Quelle: Rohmeder, E., Das Saatgut in der Forstwirtschaft, Hamburg – Berlin 1970)

Zuwachses von den Stämmen und Ästen zu den Früchten statt. Nimmt man nun alle Samenjahre im Verlauf eines »Bestandeslebens« zusammen und berücksichtigt außerdem noch, daß die Samen aus besonders energiereicher Substanz bestehen, so kann man sagen, daß immerhin bis zu zehn Prozent der gesamten Produktionsleistung des Waldes für die Verjüngung, diesen walderhaltenden Prozeß, aufgewendet werden.

Solche Mengen an hochwertiger, organischer Substanz, die in guten Samenjahren unter Eichen- und Buchenbeständen auf den Boden fallen, erklären aber auch die Bedeutung, die Laubwälder jahrhundertelang für die Schweinemast hatten. Große Schweineherden konnten darin geweidet werden. Über diese Schweineherden haben die Samen der Bäume über sehr lange Zeiträume hinweg einen bedeutenden Beitrag zur menschlichen Ernährung geleistet. Das wiederum ist einer der Gründe dafür, daß der Mensch bei seiner Einflußnahme auf den Wald zunächst keineswegs das Nadelholz, sondern das ihm damals viel wichtigere Laubholz gefördert hat. Noch heute sprechen daher die Forstleute bei Buchen und Eichen nicht von Samen-, sondern von Mastjahren; und die Früchte, die sich da an den Bäumen bilden und nachher herabfallen, sind für sie »die Mast«. Diese Begriffe haben sich erhalten, obwohl die Mast heute nur noch den Wildtieren, Wildschweinen, Hirschen und Rehen, aber auch Vögeln und Mäusen zugute kommt.

Die Erschöpfung, die solche ergiebigen Mastjahre dem Wald verursachen, kommt nicht nur in den schmalen Jahrringen zum Ausdruck. Ein weiteres Indiz dafür ist die Unfähigkeit der Bäume, im Jahr nach der Mast erneut Blüten anzusetzen. Sie können es nicht, selbst wenn die Witterungsbedingungen dafür günstig sind. Die Vorräte an Reservestoffen, die jeder Baum in Holz und Wurzeln speichert, werden im Mastjahr in einem solchen Maße strapaziert, daß mindestens eine weitere Vegetationszeit nötig ist, um sie wieder aufzufüllen. Erst dann aber besteht auch wieder Bereitschaft zu erneuter Fruktifikation.

Wie kommt die Eiche auf die Spitze des Berges?

Es kann nach allem kein Zweifel mehr bestehen an dem außerordentlichen Rang, den die Verjüngung im Leben des Waldes hat. Näher beleuchtet werden müssen allerdings die Mechanismen, durch die die ungeheuren Mengen an Samen verteilt werden. Auf die Rolle des Windes dabei war allerdings in einem vorhergehenden Abschnitt bereits hingewiesen worden.

Alle die Baumsamen, die mit Flügeln oder Flughilfen ausgerüstet sind, fliegen eben so weit sie können. Kleine Samen, derartig bestückt, überbrücken große Strecken. Je kleiner sie sind, in um so größeren Mengen werden sie produziert und auf die Reise gebracht. Das Verteilungsprinzip ist in solchen Fällen das gleiche, wie es bei der Windbestäubung der Bäume beschrieben wurde: Überall, auf jedem Quadratzentimeter – und dort möglichst noch permanent – sollen Samen liegen. Dann nämlich ist sichergestellt, daß auch die wenigen für Keimung und Entwicklung günstigen Stellen damit versorgt sind. An einer simplen Überschlagsrechnung sei diese Strategie verdeutlicht: Birken können, es wurde bereits gesagt, bis zu einer halben Milliarde Samen pro Hektar produzieren. In durchschnittlichen Samenjahren wird man sicher mit hundert Millionen rechnen können. Das sind nicht weniger als zehntausend Samen auf den Quadratmeter, oder einer pro Quadratzentimeter. Die Forderung »Samen überall« wäre also voll erreicht. Und da Birken, Weiden und Aspen sehr häufig fruktifizieren, kann auch die zweite Forderung: »möglichst dauernd«, als erfüllt betrachtet werden. Wenn dann noch bedacht wird, daß immer etliche solcher Samen, die auf einer Waldfläche produziert werden, weit darüber hinaus fliegen, dann wird klar, wie diese Baumarten wandern, ihr Areal vergrößern. Und so erklärt sich auch, warum Kahlflächen im Wald, Heidegebiete oder landwirtschaftliche Flächen, die brach fallen, sich sofort und dicht mit Birken, Aspen oder Weiden besiedeln.

Ganz ähnlich laufen natürlich auch die Vorgänge ab, die zur Verjüngung von Fichten, Tannen und Kiefern führen; mit der Einschränkung allerdings, daß hier eben »nur« einige hundert Samen pro Quadratmeter fallen. Und »dauernde« Verjüngungsbereitschaft ist nur bedingt gegeben; denn es gibt viele Jahre, in denen nur wenige oder gar keine Samen produziert werden. Dafür ist allerdings die Überlebenschance solcher Nadelholzsamen deutlich größer. Zu irgend etwas muß ja der größere Vorrat an Reserven nütze sein, den diese Baumembryonen mit auf den Weg bekommen haben.

Nun gibt es aber auch Baumarten, wie Buchen und Eichen, deren Samen nicht fliegen können. Sie sind so groß, daß sie der Schwerkraft folgend ziemlich genau unter dem Baum ihrer Entstehung landen. Meist sind sie besonders gut mit Nährstoffen ausgerüstet und bilden von Anfang an so große und widerstandsfähige Pflanzen, daß die Verjüngung des Waldes auch dann gesichert ist, wenn sich ergiebige Mastjahre nur in großen zeitlichen Abständen ereignen. Die Frage hier muß deshalb lauten: wie können solche Arten ihr Areal ausweiten? Oder besonders drastisch ausgedrückt: wie können Bäume mit solchen Früchten jemals auf die Spitzen und Kämme der Gebirge kommen, wo sie ja allenthalben zu sehen sind?

Nun, das geschieht wieder nach dem zweiten Prinzip, das sich auch schon im Zusammenhang mit der Bestäubung bewährt hatte: Diese Samen müssen durch »Dritte« transportiert werden, ein anderer Weg ist nicht denkbar. Solche »Dritten« sind Vögel, Häher vor allem, aber auch wohl Tauben und Buchfinken, diese heißen sogar danach. Die Häher vollbringen auf diesem Gebiet ganz erstaunliche Leistungen. Sie stopfen sich voll mit Eicheln oder Bucheckern. Natürlich fressen sie die weitaus meisten davon auf. Aber immer wieder verlieren sie im Flug einige davon, und, was viel wichtiger ist, sie legen sich Winterdepots damit an. Dazu verstecken sie die Eicheln und Bucheckern im Laub und im Boden. Etliche solcher Depots finden sie dann nicht wieder, oder sie leeren sie nicht ganz. Dadurch tauchen dann im nächsten Frühjahr kleine Eichen auch an Stellen auf, wo weit und breit kein einziger Mutterbaum zu sehen ist. Die Rolle solcher Hähersaaten für die Ausbreitung der Buchen und Eichen ist ganz außerordentlich groß. Und die Verjüngung der Zirbe, unseres Waldgrenzbaumes, ist ohne den Tannenhäher gar nicht denkbar.

Viel simpler spielt sich diese Samenverbreitung durch »Dritte« bei allen Bäumen ab, die Beeren produzieren. Viele Vogelarten, aber auch Säugetiere fressen sie, verdauen das Fruchtfleisch und scheiden die Samen wieder aus. Mit der häufig Frucht tragenden Vogelbeere funktioniert das Prinzip so außerordentlich gut, daß die Grundforderungen der Samenverbreitung fast wieder erfüllt werden: ständig und überall Samen entwicklungsbereit zu halten. Mit etwas geschärftem Blick findet man tatsächlich überall in unseren Wäldern Jungpflanzen von Vogelbeeren am Boden. Als große Bäume sind sie vor allem deswegen nicht häufiger, weil sie für Rehe und Hirsche ausgesprochene Leckerbissen darstellen. Das ist übrigens auch der Grund dafür, daß die Resultate der Hähersaaten von Eichen nicht häufiger zu sehen sind. Es darf allerdings auch nicht verschwiegen werden, daß die jungen Vogelbeerbäume dort, wo sie dem Wild entkommen, z.B. auf gezäunten Flächen, oft von den Forstleuten als »unerwünscht« beseitigt werden.

Viele Samen, aber nur wenige Bäume

Man darf nicht glauben, daß der Prozeß der Verjüngung mit Blüte, Samenbildung und Samenfall abgeschlossen wäre. Da liegen jetzt zwar die kleinen Baumembryonen zu Millionen auf dem Boden; gut verpackt und versorgt, aber eben doch in Kälte und Feuchtigkeit monatelang, begehrte Nahrung für viele andere Lebewesen. Dann im frühen Frühjahr, oft unter dem Schnee noch, beginnt die Keimung – immer übrigens mit der Keimwurzel zuerst. Komplizierte enzymatische Prozesse machen die Reservestoffe für die Entwicklung nutzbar. Jetzt genügt ein Spätfrost, eine Trockenperiode oder auch ein Übermaß an Feuchtigkeit, und ein schnelles Ende der Keimlinge ist besiegelt. Hirsche, Rehe, Mäuse, Läuse – Blattläuse nämlich –, alles stürzt sich zudem auf die kleinen Bäume. Und nicht nur während der Keimungsphase setzen sie ihnen zu, sondern Jahre lang. So lange nämlich, bis sie groß genug sind, daß weder Mäuse noch Wild Blätter und Knospen erreichen können und die Rinde zu dick wird, um schmackhaft zu sein. Die Baumverjüngung ist nämlich in unseren Breiten die wichtigste Nahrungsbasis für höhere Tiere im Wald. Hauptsächlich sie stellt den Teil der Primärproduktion des Waldes dar, der für diese Tierarten erreichbar ist; und darum ist das Verhältnis zwischen Wildtier und Wald in dieser Phase besonders gespannt.

> Hier, bei der Verjüngungsproblematik des Waldes, deutet sich zum erstenmal in diesem Buch das Spannungsverhältnis zwischen Wild und Wald an: von den kleinen Blattfressern, den Läusen, bis zu den großen Rindenfressern, den Hirschen, stürzt sich alles auf die jungen Bäume.

Die aufregende Dramatik eines solchen Verjüngungsprozesses wird am deutlichsten, wenn man sich die Größen vergegenwärtigt, um die es dabei geht. Und das soll zum Abschluß dieses Kapitels anhand eines Buchenwaldes von einem Hektar Größe geschehen. Wir beobachten ihn ein sehr viele Jahre währendes Leben lang im Hinblick auf seine Verjüngungsbemühungen: Unser Buchenwald muß etwa siebzig Jahre alt werden, bis er mannbar wird und zum erstenmal blüht. Vom Alter hundert an fruchtet er im Jahrzehnt durchschnittlich einmal stark und dreimal in geringem Umfang. Insgesamt dürften so alle zehn Jahre etwa fünfhundert Eckern je Quadratmeter fallen. Bis zum Alter zweihundertfünfzig sind das 7500 je Quadratmeter oder fünfundsiebzig Millionen pro Hektar. Unter dieser Prämisse stellt sich der gesamte Ablauf dann etwa folgendermaßen dar:

Rechts: Uralte Zirbe an der Waldgrenze.

Großer Aufwand für wenige Bäume. So verjüngt und entwickelt sich ein Buchenwald.

	Alter Jahre	**Waldzustand**	**Verjüngung und Entwicklung**	**Größenordnung** Stück
Erste Waldgeneration	**100 bis 250**	Leben des alten Waldes mit häufiger Fruktifikation. Die Verjüngung vergeht jedoch immer wieder, da das Kronendach zu wenig Licht an den Boden kommen läßt.	Pollen	Tausende Milliarden
			Blüten	Hunderte Millionen
			Bucheckern	Siebzig Millionen
			Keimlinge	Zwanzig Millionen
Zweite Waldgeneration	**0**	Alte Bäume beginnen zu sterben, Licht kommt an den Boden, die Verjüngung faßt Fuß, ein neuer Bestand bildet sich.	Bucheckern	Millionen
	1		Keimlinge	Hunderttausende
	3		Jungpflanzen, 20–30 cm hoch	Zehntausende
	30		Junge Bäume, 9 m hoch	Fünftausend
	100	Das Kronendach ist sehr dicht, Verjüngung kann sich am Boden nicht halten.	Bäume, 28 m hoch	Vierhundertfünfzig
	140		Starke Bäume, 33 m hoch	Zweihundert
	250	Das Kronendach lichtet sich; erneut beginnt Verjüngung Fuß zu fassen.	Sehr starke Bäume, 35 m hoch	Einhundert

Diese Betrachtung der Tiere des Waldes ist ganz ungewöhnlich; sie vermeidet das publikumsfreundliche Herausstellen von Bambi-Gestalten, indem sie den Holzwurm so wichtig nimmt wie den Hirsch, die Maus nicht weniger als das Reh. Es ist dies Kapitel eine Arbeit, die die Tiere des Waldes nicht herkömmlich isoliert sieht, sie nicht nur beschreibt in ihren mehr oder weniger kuriosen Freß- und Sexualgebräuchen, sondern sie als Funktionsglieder im Ökosystem Wald untersucht.

Da kann es dann leicht passieren, daß die Hirsche als Luxusgeschöpfe des Waldes erscheinen, ohne die er gut leben könnte, eine Milbe aber als eine Notwendigkeit hervortritt, ohne die sein Kreislauf beeinträchtigt wäre. Damit ist keine ideelle Wertung verbunden, schon gar nicht eine der Jagd, wie man vorsichtshalber am besten gleich dazusagt.

Es kann bei einer rein ökologischen Betrachtungsweise der Tiere auch geschehen, daß die Grenzen des Machbaren selbst für die Evolution sichtbar werden: Die in den Nahrungsbereichen der Waldtiere zur Verfügung stehende Energie nimmt von unten nach oben – von den Pflanzenfressern zu den Fleischfressern – rapide ab, so daß spezialisierte Fleischfresser als die Spitzentiere notwendigerweise viel seltener sein müssen als Pflanzenfresser. Und ein Superraubtier gar, das sich von Luchsen und Wölfen ernähren wollte, könnte überhaupt nicht entstehen – es fände nicht genügend zu fressen. Touristen bleiben außer Betracht.

Die Tiere des Waldes – Glieder im Ökosystem

Wolfgang Schröder

Wolfgang Schröder, 1941 in Graz geboren, ist Leiter des Instituts für Wildforschung und Jagdkunde der Forstlichen Forschungsanstalt München.

Er ist Dozent für Wildbiologie an der Universität München. Nach dem Studium der Land- und Forstwirtschaft in Österreich sowie der Wildbiologie und Ökologie in USA promovierte er an der Universität Göttingen mit einer Freilandstudie über Gamswild. Seine Forschungen konzentrieren sich heute auf Birk- und Auerhühner, den Rothirsch in der Zivilisationslandschaft und die Wiedereinbürgerung des Steinbocks.

Als Gebirgsjäger ist Schröder ungemein geländegängig, wie sein anderes Ich, eine Bracke, auch. Dieser Hund ist auf einem Gletscher so zu Hause wie in einem Münchener Hörsaal. Niemand sah ihn je mit Halsband und Leine, vor Rehen nicht und nicht in Kneipen – ein vierbeiniger freier Akademiker: Dr. Baux.

Die Tiere des Waldes, so meint man, sind jedem bekannt. Danach befragt, nennt der eine, ganz nach seiner Neigung, Fuchs und Hase, der andere Reh und Hirsch, und ein Vogelfreund denkt vielleicht an Specht und Auerhuhn zuerst.

Sind diese Tiere nun ein repräsentativer Ausschnitt der Tierwelt des Waldes? Sie sind es nicht; sie sind eine willkürliche Auswahl: groß, augenfällig, den Menschen ansprechend und den Säugetieren und Vögeln zugehörig. Die weitaus meisten im Walde lebenden Tierarten gehören aber nicht zu diesen beiden Wirbeltiergruppen. Es sind vielmehr wirbellose Tiere, einzellige Urtierchen, Würmer, Insekten oder Spinnen.

Die Kleinsten sind die Größten

Für sich genommen sind die Einzeltiere dieser Art klein, mit bloßem Auge oft nur schwer erkennbar. Bezieht man aber ihr Gewicht auf einen Hektar Wald, so übertreffen diese Wirbellosen die Wirbeltiere um ein Vielfaches. Aber nicht nur das. Viele dieser Wirbellosen sind am Funktionieren des Waldes als System maßgeblich beteiligt und unentbehrlich.

Die ökologische Rolle der uns bekannteren Waldtiere, wie Reh und Eichhörnchen, ist zwar beschreibbar, doch scheint vielen von ihnen keine unentbehrliche Funktion im Geschehen des Waldes zuzukommen. Sie sind, strenggenommen, für den Ablauf der Funktionsprozesse im Wald entbehrliche Glieder. Das bewog den Zoologen Hermann Remmert zu fragen, ob denn die meisten der größeren Tiere für den Wald überhaupt wichtig seien oder ob sie in ihm nur so herumstünden?

Daß wir diese Tiere dennoch im Wald wissen möchten, hat andere Gründe. Unser Wunsch ist aber nicht daraus herzuleiten, daß sie für den Wald unentbehrlich wären.

Glieder im Ökosystem

Schon mehrmals in diesem Buch kam die Sprache auf den Wald als Ökosystem. Hier bedienen wir uns dieses nicht gerade schönen Begriffes, um die vielschichtigen Geschehnisse des Waldes zu einem systemhaften Ganzen zu verknüpfen. Die belebte Zone unserer Erde, die Biosphäre, ist nicht in klar und leicht abgrenzbare Ökosysteme gegliedert. Deutliche Grenzen, wie an einem See, sind eher selten. Meist sind Übergänge nicht abrupt, sondern fließend. Das trifft besonders für den Wald zu. Als gedankliche Hilfen aber, die die Systemhaftigkeit von Naturausschnitten besser verstehen lassen, sind Ökosysteme in der Betrachtung daher oft willkürlich abgegrenzt. Das ist besonders dann hilfreich, wenn man nicht Einzelbäume oder Tiergruppen in den Vordergrund stellt, sondern den Nährstoffhaushalt und den Energieumsatz eines solchen dreidimensionalen Ausschnittes aus der Biosphäre als Ganzes sieht. In dieser ökologischen Sicht des Waldes sind auch die Tiere nicht für sich und losgelöst zu sehen, sondern im Gesamtgeschehen des Ökosystems Wald.

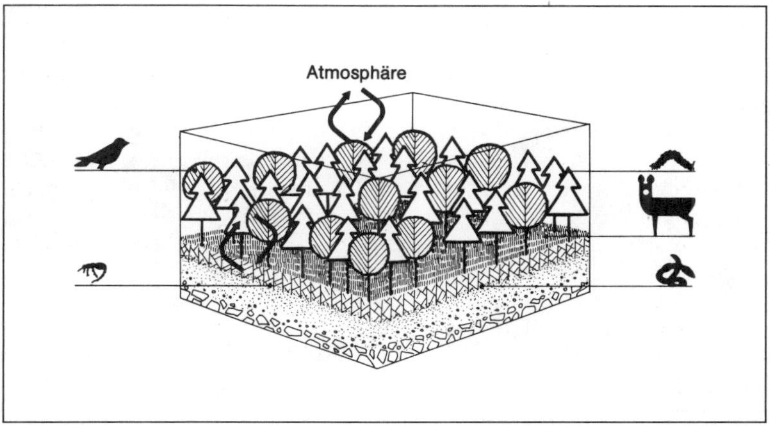

Ökosysteme sind dreidimensionale Ausschnitte aus der Biosphäre, mit einem charakteristischen Boden und Luftraum sowie einer belebten Schicht. Das kann ein Wald sein mit seinen Pflanzen und Tieren, dem darunterliegenden Boden und der Atmosphäre darüber. Die belebten und unbelebten Komponenten des Ökosystems sind durch den Energiefluß und die Nährstoffkreisläufe zu einer funktionellen Einheit, einem System, gekoppelt. Das System funktioniert so: Die grünen Pflanzen fangen einen Teil der Strahlungsenergie der Sonne ein und wandeln sie in ihren Blättern in chemisch gebundene Energie um. Diese ist nun der Ausgang für weitere Lebensprozesse, einschließlich der der Tiere.

Alle Tiere brauchen Pflanzen

Tiere sind Organismen, die zur Aufrechterhaltung ihrer Lebensfunktionen organische Stoffe benötigen. Sie sind, im Gegensatz zu grünen Pflanzen, nicht in der Lage, mit Hilfe des Sonnenlichtes aus anorganischen Nährstoffen körpereigene Substanzen herzustellen. Der Aufbau von komplizierten organischen Verbindungen, wie es die sogenannten Primärproduzenten tun, ist nicht ihr Feld. Sie müssen diese organischen Verbindungen schon als Nahrung zu sich nehmen. Im Gegensatz zu den Pflanzen sind sie somit auf den Verzehr von anderen Lebewesen angewiesen, gleichgültig ob sie Pflanzen- oder Fleischfresser sind. Dies vor allem macht ihre ökologische Stellung deutlich: Sie müssen von anderen Lebewesen leben. (Nebenbei bemerkt: Nur Tiere einfachster Formen, die ein- oder nichtzelligen Organismen, sind von Pflanzen nicht immer klar zu trennen.)

Stellt man nun die sicherlich sehr einfache Frage, welche Tiere eigentlich für den Wald wichtig seien, so kann man darauf antworten: unentbehrlich sind sicher die Zersetzer. Ohne sie würden alle Nährstoffe über kurz oder lang in Pflanzen und Tieren gebunden sein, der Nährstoffvorrat des Bodens

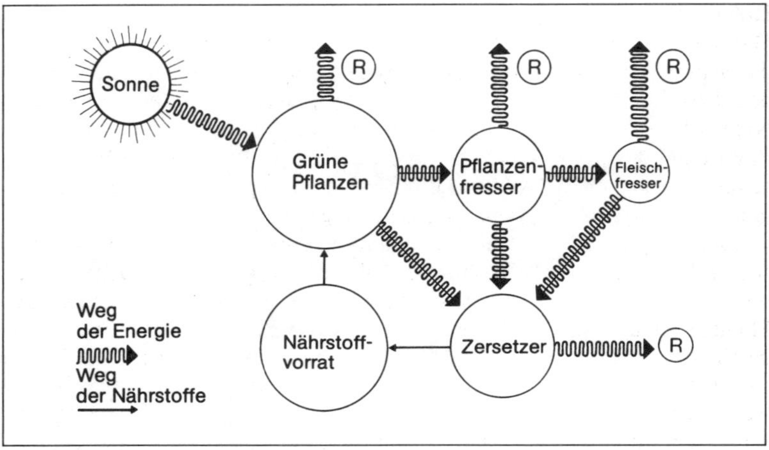

Ordnet man die Tiere im Ökosystem, so gliedern sie sich in drei Gruppen: Pflanzenfresser: Sie nehmen zu ihrem Lebensunterhalt hauptsächlich pflanzliche Nahrung auf. Fleischfresser: Sie fressen hauptsächlich Fleisch und leben somit von anderen Tieren. Zersetzer: Sie leben von toten Pflanzen und Tieren. In diese Gruppe gehören neben den Tieren auch einfache Pflanzen wie Bakterien und Pilze, denn auch sie zersetzen tote organische Materie. Aus der Fülle der Prozesse im Ökosystem scheinen zwei von übergeordneter Bedeutung: Energiedurchgang und Stoffkreislauf. Sie setzen die Grenzen für alles Leben im Ökosystem, auch das tierische.

wäre bald erschöpft. Die Rückführung der Nährstoffe in den Boden ist nun die tatsächlich kritische, lebenswichtige Funktion der Tiere. Der Wissenschaftler bezeichnet den Vorgang der Reduzententätigkeit als Dekomposition, was soviel heißt wie Abbau. Mechanische Zerkleinerung, chemischer Ab- und Umbau sowie die Durchmischung des Erdreichs führen dann schließlich zum Waldboden.

Das ist für die Romantiker des Waldes ziemlich ernüchternd: Er könnte nicht nur ohne Förster und Jäger, er könnte auch ohne jene Tiere leben, die uns so sehr am Herzen liegen. Er bräche erst zusammen, wenn er ohne die »Zersetzer« auskommen müßte: einzellige Urtiere, Bakterien, Pilze, Würmer, Insekten. Indem sie sein totes Material zu Humus aufbereiten, halten sie den Energiefluß in Gang.

Höhere Tiere sind Luxusgeschöpfe
Wie aber steht es mit den Fleischfressern? Ist der Marder, der Sperber oder die Blaumeise (auch sie ist im ökologischen Sinne ein Fleischfresser) unentbehrlich? Man kann sich unschwer ein Ökosystem vorstellen, in dem alle Nährstoffe in Kreisläufen unter Ausschluß von Fleischfressern zirkulieren. Pflanzen und Pflanzenfresser würden in diesem Fall ausschließlich von Zersetzern abgebaut werden. Fleischfresser sind in diesem Denkmodell ausgeschaltet; sie zeigen sich somit nicht als zwingend erforderlich.

Dasselbe gilt prinzipiell auch für Pflanzenfresser. Auch sie sind im Grunde entbehrlich. Sicher, es gäbe ohne bestäubende Insekten nicht solche Blütenpflanzen, die auf Insekten angewiesen sind, aber es blieben auch dann noch Pflanzen genug für ein funktionierendes Ökosystem. Im Labor gelingt es tatsächlich, so einfache Ökosysteme zu schaffen, die nur mit den unentbehrlichen Gruppen von Lebewesen, nämlich Pflanzen und Reduzenten, arbeiten. Nur wenn eine dieser Gruppen ausfällt, bricht das Ökosystem zusammen. Viele Tiere, darunter die für den Menschen interessantesten, sind somit in gewisser Hinsicht Luxusgeschöpfe im Geschehen der Natur.

Diese etwas eigenwillig erscheinende Annäherung an die Tiere des Waldes mit Hilfe ihrer tatsächlichen ökologischen Funktion mag manchem nicht

Trocknet man eine Probe aus Waldboden, so entfällt ein Zehntel des Trockengewichtes auf den organischen Anteil. Der Rest ist mineralisch. Der Löwenanteil der organischen Substanz entfällt auf die abgestorbenen Teile: Blätter, Zweige, Stämme und Wurzeln. Danach folgen die lebenden Wurzeln im Boden. Etwa fünf Prozent des Trockengewichtes aus allen organischen Bestandteilen sind Bodenlebewesen. Unter ihnen dominieren die pflanzlichen Bakterien, Pilze und Algen.

Wieviel Leben ist im Boden?

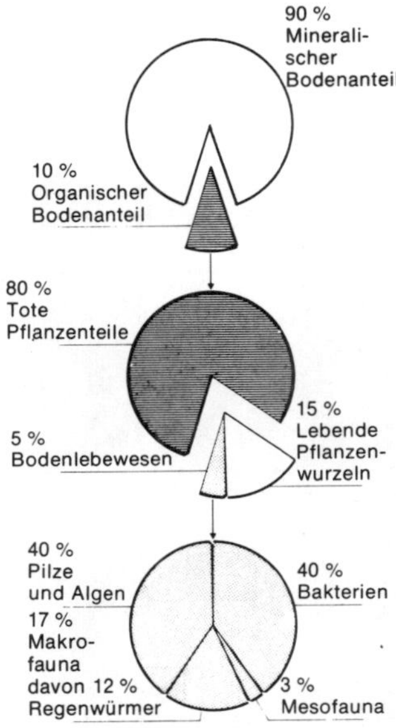

geläufig sein und vielleicht auch nicht gefallen. Man ist gewöhnt, daß die verwandtschaftlichen Beziehungen das Ordnungsprinzip sind, nach dem die Tiere abgehandelt werden. Erst die ökologische Betrachtungsweise einer verwandtschaftlich einheitlichen Gruppe, beispielsweise der Insekten, zeigt, daß die Arten ganz unterschiedliche Rollen im Ökosystem des Waldes spielen. Der Kieferspanner ist ein Pflanzenfresser, die räuberische Schlupfwespe ein Fleischfresser und manche Insektenlarve im Boden wird durch ihr Leben an toten Pflanzenteilen zum Zersetzer.

Durch die ökologische Betrachtungsweise zeichnen wir ein etwas objektiveres Bild der tatsächlichen Vorgänge im Wald einschließlich des Lebens seiner Tiere, und wir vermeiden dabei den eher verzerrten Eindruck, den man erhält, wenn man sich um der Popularität willen sogleich jenen auffälligen Arten zuwendet, zu denen viele Menschen eher eine Neigung verspüren.

Wir wollen den ökologischen Blickwinkel beibehalten und widmen uns daher zuerst dem Leben im Boden, dem wichtigen Komplex der Zersetzer.

Das Leben im Boden

Der Organismenkomplex der Zersetzer besteht nur zu einem Teil aus Tieren. Es beteiligen sich neben ihnen auch Bakterien, Pilze und Algen am Abbau der toten organischen Materie. Meist geschieht er in enger Zusammenarbeit von Pflanzen und Tieren, wobei die einen auf die anderen angewiesen sind. Um den Vorgang zu verstehen, richten wir zuerst den Blick auf das Gesamtgeschehen, also auch auf die daran beteiligten Pflanzenarten.

Die Blätter in der Streu werden stufenweise zerstört: Springschwänze öffnen das Blatt. Asseln, Milben, Regenwürmer und Käfer fressen Löcher. Es bleiben die Blattadern zurück. Dann zerlegen die Pilze und Bakterien den Rest. Im Bild: ein Buchenblatt.

Im Wald überwiegt das abgestorbene pflanzliche Material die Masse von toten Tieren bei weitem. Abgestorbene Pflanzenteile werden oft schon zersetzt, wenn sie noch an der lebenden Pflanze haften. Das weitaus meiste wird aber erst am und im Boden abgebaut. Hier, in der Streu und im Erdreich, ist daher die Aktivität der Zersetzer am größten, und deshalb finden wir dort auch ein Mehrfaches an Arten und Individuen verglichen mit dem Rest des Ökosystemes.

In einem Laubwald leben auf der Fläche eines Hektars rund 250000 Regenwürmer. Ihr Gewicht übertrifft auf gleicher Fläche bereits das Gewicht aller Säugetiere um mehr als das Zehnfache. Die noch kleineren Zersetzer bringen aber noch einmal ein Hundertfaches des Regenwurmgewichtes auf die Waage. Nur durch solche Größenordnungen ist es überhaupt möglich, die rund vier Tonnen Streu, die in einem Laubwald pro Hektar alljährlich auf den Boden fallen, so gut wie restlos abzubauen.

Die unüberschaubare Zahl von Arten der Bodenlebewesen ist erst in Ansätzen bekannt. Viele sind noch nicht identifiziert und beschrieben, noch viel weniger sind es ihre ökologischen Nischen, ihre speziellen Tätigkeiten. Wir haben erst ganz grobe Vorstellungen über den Vorgang der Dekomposition. Behelfen wir uns also mit einer ganz einfachen Dreigliederung der Organismen nach ihrer Größe.

250000 Regenwürmer leben in einem Hektar Laubwaldboden. Damit übertrifft das Gewicht dieser Nützlinge das aller auf derselben Fläche lebenden Säugetiere (vorausgesetzt, es befindet sich keine Winterfütterung für Hirsche darauf). Und die noch kleineren Zersetzer haben auf dieser Fläche das hundertfache Gewicht der Regenwürmer. Ohne sie müßte dies Waldareal unter den jährlich anfallenden vier Tonnen unzersetzter Streu ersticken.

Kleinste, kleine und größere Lebewesen

Die Mikrowelt des Bodens enthält sowohl die pflanzlichen Algen, Bakterien und Pilze wie auch die einzelligen Urtierchen, die Protozoen. Die Rolle der Protozoen ist noch weitgehend unbekannt; meist führen sie ein räuberisches Leben, indem sie Bakterien fressen. Pilze sind immer dann beteiligt, wenn es gilt, Holz abzubauen. Sie sind wie kaum ein anderes Lebewesen in der Lage, das wiederstandsfähige Lignin in den Zellwänden zu zersetzen.

Die Zahl der Mikroorganismen geht in die Milliarden pro Quadratmeter Waldboden, eine Zahl, die unsere Vorstellungskraft übersteigt. Trocknet und wiegt man diese nichtzählbare Menge, so kommt man in etwa auf 1 Kilogramm pro Quadratmeter. Diese Mikrowelt scheint das Bindeglied zwischen den toten Pflanzenteilen und den größeren Bodentierchen zu sein, die ihrerseits durch gegenseitiges Fressen und Gefressenwerden eine Nahrungskette aufbauen, die das tote Material zum Ausgang hat.

Zu den mittelgroßen Tieren zählen Würmer, Nematoden, die auch Rundwürmer genannt werden, kleine Insektenlarven und dann die Gliederfüßler, von denen die Milben und Springschwänze die häufigsten Formen stellen. Man kann diese Tiere in den verschiedensten Bodenschichten auf folgende einfache Weise untersuchen: Auf einen Glasbecher legt man ein Drahtgitter, gerade grob genug, um die Organismen durchzulassen. Nun legt man auf das Gitter ein Stück Bodenschicht und strahlt diese von oben mit einer Lampe an. Da die Bodenorganismen zuviel Licht und Trockenheit meiden, wandern sie nach unten, als ob sie in tiefere Bodenschichten wollten. Hier aber fallen sie durch das Drahtgitter in das Glas, meist auch gleich in ein Konservierungsmittel. Dort kann man sie bequem auszählen und bestimmen.

Von der großen Zahl der so aus der Bodenschicht getriebenen Tierchen gehören viele zur großen Gruppe der Springschwänze. Es sind flügellose, sehr urtümliche Insekten, die im Boden leben. Rund 2000 Arten sind heute bekannt. Die einzelnen Arten der Springschwänze sind auf das Leben in verschiedenen Bodentiefen spezialisiert. Schon ihre äußere Erscheinung deutet darauf hin: Arten, die der Bodenoberfläche zugehören, sind groß, dicht behaart oder beschuppt und von grünlicher oder violetter Farbe. Sie haben oft körperlange Fühler, lange Beine und eine gut ausgebildete Springgabel am hinteren Körperende. Auch die Augen sind bei den Tieren der Bodenoberfläche gut ausgebildet. Springschwänze aus tieferen Bodenschichten sind dagegen klein, weißlich, sie haben kurze Fühler und Beine. Sprunggabel und Augen können fast völlig zurückgebildet sein.

Eine weitere noch viel artenreichere Gruppe ist die der Milben. Bisher sind rund 10000 Arten bekannt. Viele weitere warten noch auf eine Beschreibung durch den Acarologen, den Milbenforscher. Milben sind spinnenähnliche Tiere. Die meisten fressen direkt Detritus, also tote Pflanzenteile, einige jedoch sind räuberisch und fressen Bakterien. Die Nahrungsketten im Boden sind deshalb auch denen über dem Boden vergleichbar, die an lebenden Pflanzen ansetzen.

Hornmilben

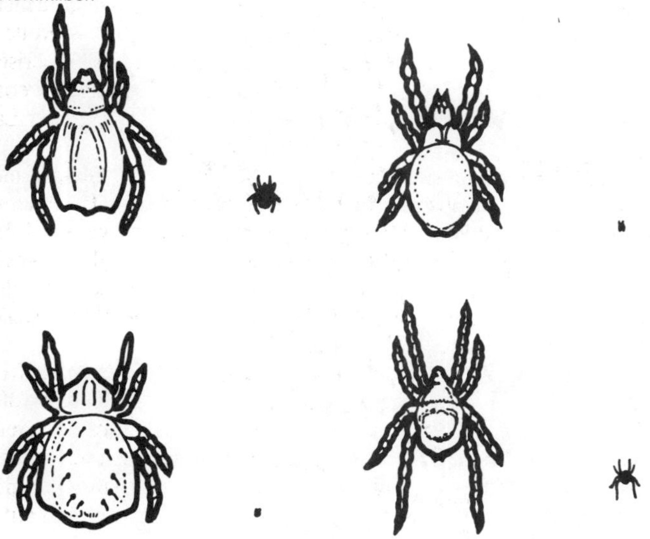

Zeckenähnliche Milbe

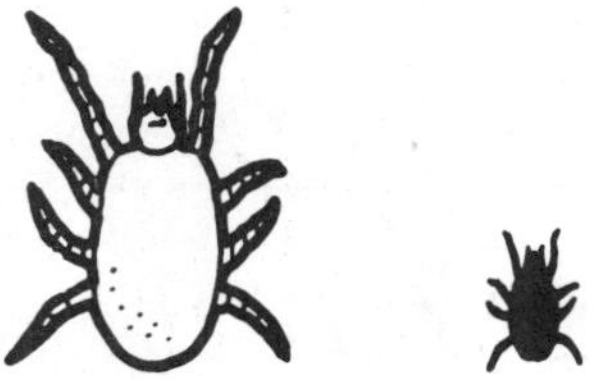

Afterskorpion

Zu den kleineren Tieren im Boden gehören unzählige Milben und der Afterskorpion. Auch unter den Milben sind noch viele Arten unbestimmt und unbenannt.

Springschwänze und Rundwürmer zählen zu den mittelgroßen Tieren im Boden. Von den Springschwänzen haben viele keine deutschen Namen.

Springschwänze

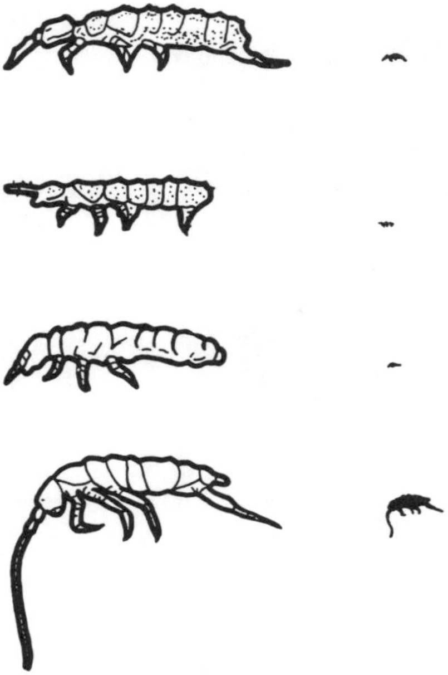

Fadenwurm

Fliegenlarve

0 5 mm

Eine dritte Gruppe umfaßt die größeren Tiere, die sich leicht mit dem bloßem Auge erkennen lassen. Hierher gehören die meisten Insekten, auch die grabenden Wirbeltiere, die Wühlmäuse oder der Maulwurf. Unter den größeren Insekten sind viele, die nur in gewissen Lebensstadien oder zu bestimmten Jahreszeiten im Boden leben. Sucht man unter den Tieren der Makrofauna nach einer wichtigsten Art oder Gruppe, so sind es zweifelsohne die Regenwürmer.

Dieser knappe Überblick erlaubt eine grobe Vorstellung des noch unzureichend erforschten Bodenlebens. Unser geringer Kenntnisstand darüber steht geradezu im Gegensatz zur Bedeutung des Lebens im Boden.

Das Leben über dem Boden

Der Wald ist der komplizierteste und vielschichtigste Lebensraum der Erde. Kein anderes Ökosystem der Biosphäre erreicht einen solchen Komplexitätsgrad. Das Tierleben im Wald ist daher ein Spiegelbild dieser vielfältigen, aber auch eigentümlichen Lebensmöglichkeiten. Eigentümlich deshalb, weil die Besonderheiten des Waldes die Tiere zu ganz bestimmten Anpassungen zwingen.

Schon die reiche Schichtung ist ungewöhnlich: Nur im Wald strecken sich die Pflanzen hoch über den Boden. Und dann ist noch die begehrte Nahrung, die leichter verdaulichen Blätter, im Kronenraum in oft schwindelnder Höhe über dem Erdboden. Aus diesem Grund finden wir dort oben auch die meisten Tiere. Die blätterfressenden Insekten, eine Vielfalt von Vögeln, die sich ebenso von Blättern, mehr aber noch von Samen und Insekten ernähren, und nicht zuletzt auch manche Säugetiere haben sich dem Leben im Kronenraum angepaßt. So lebt das Eichhörnchen am liebsten hoch oben in den Bäumen, und der Marder hat gelernt, ihm dort nachzustellen.

Wer ganzjährig am Boden lebt und womöglich auch nicht klettern kann, der hat es im Wald schon schwerer. Für ihn ist die Nahrung deutlich knapper. Hase, Gelbhalsmaus und Reh sind daher unter natürlichen Verhältnissen eher selten und nur dort häufiger, wo der Wald noch jung oder offen ist oder wo er an seinen Rändern, an Fluß- und Bachläufen eine üppigere Bodenvegetation aufweist. Der Biber hat, indem er Bäume fällt, sogar ein Verfahren entwickelt, um die Nahrung des Kronenraumes in seine Reichweite zu bringen. Im Vergleich zu Kronenraum und Bodenbereich leben nur wenige Arten in der eigentlichen Stammzone dazwischen.

In diesem Ringen um Nahrung verstehen es manche Tiere, den reichen Topf des Bodenlebens anzuzapfen: Salamander und Spitzmaus holen sich die Beute aus dem großen Angebot von Tieren, die den Zerlegern zuzurechnen sind. Sie verknüpfen dadurch die Nahrungskette über dem Boden mit dieser im Boden. Diese für den Wald so typische Schichtung von Lebensraum und Nahrung ist eine seiner zwingenden Eigenheiten für die Anpassungen und die Spezialisierung der Tierwelt. Diese Zwänge fehlen beispielsweise in Graslandschaften oder in der Tundra so gut wie ganz.

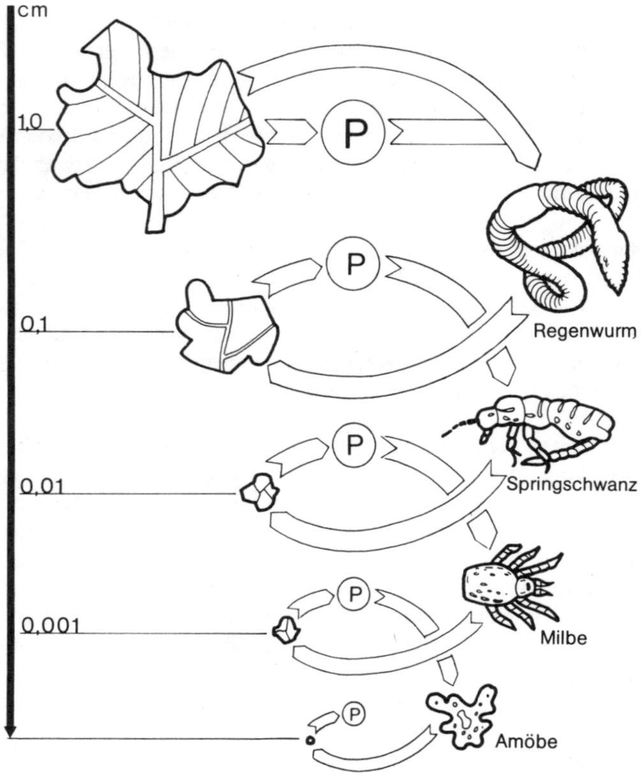

Große Pflanzenteile werden von Tieren zuerst mechanisch zerkleinert. Die Exkremente sind ein besserer Nährboden für die Bakterien und Pilze. Diese sind es, die gleichzeitig mit ihren Enzymen die schwer zersetzbaren Stützgewebe angreifen. Die Tätigkeit der Pilze und Bakterien ist mit (P) gekennzeichnet. Der Abbau von abgestorbener Materie geschieht im engen Zusammenspiel von tierischen und pflanzlichen Zersetzern.

Eine weitere Eigenheit ist die ausgeprägte Saisonalität des Waldes, zumindest in unseren Breiten. Alljährlich werfen die Laubbäume gegen Ende der Vegetationszeit ihre Blätter zu Boden und rauben somit vielen Tieren die Lebensgrundlagen. Viele Tierarten haben sich dem strengen Rhythmus angepaßt. Daß es in unseren Breiten viel mehr blätterfressende Insekten als Vögel gibt, ist eine logische Folge davon.

Insekten vollenden nämlich ihre kurzen Entwicklungsabläufe innerhalb einer Vegetationsperiode, sie erwarten dann in irgendeiner Form des Ruhestadiums den Blattaustrieb im nächsten Frühjahr. So überdauern sie den blattlosen Winter. Längerlebige Tiere können sich dagegen nur schwer zu Blatt-, Frucht- oder Samenspezialisten entwickeln. Für sie ist es lebenswichtig, daß sie auf mehr als eine Nahrungsquelle zurückgreifen können. Sie stellen ihre Freßgewohnheiten dann je nach Notwendigkeit in gewissem Rahmen um. Das fällt solchen Tieren am leichtesten, die sowohl pflanzliche als auch tierische Kost zu fressen vermögen.

Von den Singvögeln verlassen sogar viele unsere Wälder in der Zeit des winterlichen Nahrungsengpasses, um in wärmeren Klimabereichen ihren Nahrungsgewohnheiten nachzugehen. Sieht man etwas genauer auf die Freßgewohnheiten der Zugvögel, so überrascht es nicht, zu entdecken, daß gerade jene den weiten Weg antreten, die sich von den blätterfressenden und daher zeitlich beschränkten Insekten ernähren. Spechte und Kleiber suchen in der Rinde und im Holz nach Insekten. Die finden sie auch im Winter, und deshalb bleiben sie hier.

In den tropischen Regenwäldern sind die Lebensbedingungen durch die gleichförmigen Klimabedingungen ganz anders als in unseren Wäldern. Die Frucht- und Samenfresser sind deshalb dort zahlreicher. Ihr Tisch ist das ganze Jahr über gedeckt. Aus diesen tropischen Wäldern, die ja auch ganzjährig Blätter tragen, lernen wir, daß sogar die Säugetiere des Kronenraumes in ihrem Gewicht pro Grundfläche denen des Bodens mindestens gleich sind. Die Affen, Spezialisten für das Leben im Kronenraum, erreichen manchmal das Zehnfache an Gewicht im Vergleich zu den am Boden lebenden Huftieren.

Der Wald: ein vernetztes System

Im Wald fällt der weitaus größte Teil der jährlichen Pflanzenproduktion zu Boden und wird dort abgebaut. Die tierischen Zersetzer sind an diesem Geschehen reichlich beteiligt. Sie stellen die eine große Kategorie von Tieren dar, die ihre Nahrung aus bereits abgestorbener Materie beziehen.

Die andere Kategorie von Tieren, die Pflanzenfresser, holen sich die Nahrung von der lebenden Pflanze. Ihre Lebensbasis ist im Wald vergleichsweise sehr gering. Nur etwa ein bis drei Prozent der jährlichen Pflanzenproduktion gehen weiter zu den Pflanzenfressern. Dies sehr genau abzuschätzen, ist bisher noch nicht möglich. Einmal ist es sehr schwierig und umständlich und zum anderen schwanken Pflanzenfresser in ihrer Häufigkeit von Jahr zu

Jahr. Das ist besonders bei Insekten so, die in kurzer Zeit ein Hundertfaches des sonst üblichen Bestandes aufbauen können. Zu Bestandsschwankungen in solchem phänomenalen Ausmaß sind andere Tiere nicht fähig. Mäuse erreichen gelegentlich ein Mehrfaches der üblichen Dichte, doch ist dies bescheiden im Vergleich zu den Ausbrüchen der Insekten.

Durch das gegenseitige Fressen und Gefressenwerden bilden sich ganz ausgeprägte und für den Wald typische Nahrungsketten von Pflanzen zu Tieren. Nur über diese Nahrungsverbindungen kann Energie von der Pflanze zum Tier und von Tier zu Tier weitergegeben werden. Diese Erkenntnis ist für das Verständnis des Tierlebens im Wald eine Voraussetzung. Es erklärt sich daraus, warum Fleischfresser stets viel seltener sind als Pflanzenfresser, und es macht auch verständlich, warum es unwahrscheinlich ist, daß ein Superraubtier entsteht, das von Wölfen und Luchsen lebt. Diese Nahrungsabhängigkeiten sind nachfolgend für das Leben über dem Boden skizziert.

Nahrungspyramiden

Sucht man nach Nahrungsbeziehungen im Wald, so ordnet man die Tiere nicht nach ihrer Zugehörigkeit im zoologischen System, Eule zu Eule sozusagen, sondern man gruppiert Tiere wieder nach ihren Ernährungsgewohnheiten.

Nahrungskette im Buchenwald: Von den Blättern leben Insekten, die von Vögeln gefressen werden, diese wieder von Greifvögeln.

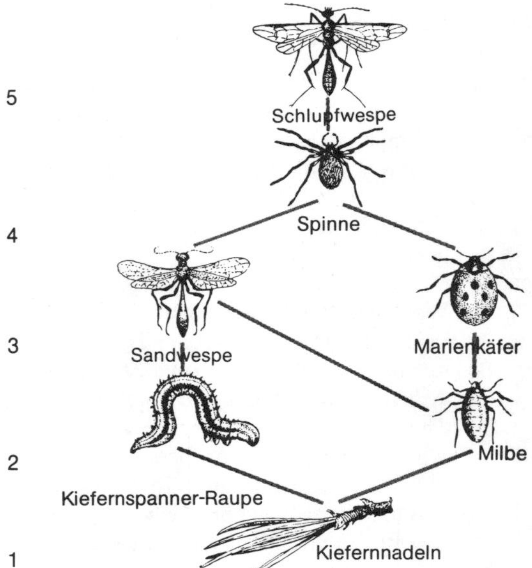

Diesmal aber sind wir mit so einer groben Zuordnung wie zur Gruppe der »Fleischfresser« noch nicht zufrieden, sondern wir fragen weiter, ob das jeweilige Tier ein Fleischfresser erster oder zweiter Ordnung ist. Wie man diese Unterscheidung treffen kann, ist an Hand von Marder und Sperber leicht erläutert. Es gibt meist vier, selten fünf Stufen der Entfernung des jeweiligen Tiers von der pflanzlichen Nahrung als Ausgangsbasis. Man bezeichnet diese Stufen auch gerne als *trophische* Bereiche oder trophische Ebenen und charakterisiert mit diesem griechischen Wort die Ernährung (trophisch – die Ernährung betreffend).

Die grünen Pflanzen stellen den ersten und niedrigsten, aber auch wichtigsten trophischen Bereich im Nahrungsgefüge dar. Alle Pflanzenfresser ernähren sich von dieser lebenden Pflanzenmasse. Sie stellen somit den zweiten trophischen Bereich dar. Diese Pflanzenfresser verzehren im Wald nur einen geringen Bruchteil aller lebenden Pflanzen, aber es ist dieser Teil, der die Ausgangsbasis für alles weitere Leben in der sich nun fortsetzenden Weidenahrungskette bildet. Im Wald dominiert die Basis der grünen Pflanzen sogar so sehr, daß es an die Grenzen der Darstellungsmöglichkeit geht. Hier stehen auf dem Quadratmeter rund 60000 Kilokalorien in grünen Pflanzen nur wenigen hundert Kilokalorien in Pflanzenfressern gegenüber. Fleischfresser, wie der Marder etwa, ernähren sich überwiegend von Pflanzenfressern. Er

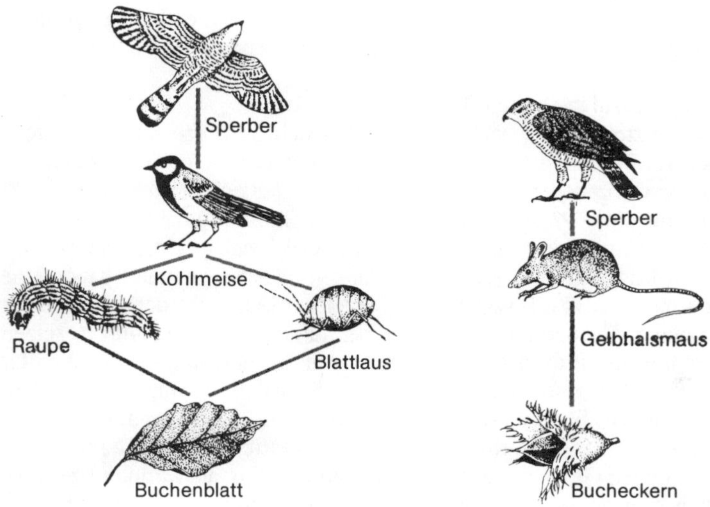

gehört in dieser Sicht – wie alle Fleischfresser mit gleichen Ernährungsgewohnheiten – nach den Pflanzen und Pflanzenfressern in den dritten trophischen Bereich. Schließlich gibt es noch Fleischfresser, die sich schon von Fleischfressern ernähren, Fleischfresser zweiter Ordnung sozusagen. Sie stellen den vierten trophischen Bereich dar. Hierher gehört der Sperber, der eine Kohlmeise schlägt, die ihrerseits bereits von Insekten, also von Tieren lebt.

Diese Zuordnung von Tieren zu trophischen Bereichen ist eine sehr übersichtliche Vereinfachung komplizierter natürlicher Verhältnisse. Eine Vereinfachung ist es deshalb, weil die Nahrungsgewohnheiten vieler Tiere eine eindeutige Zuordnung oft nicht zulassen. Der Sperber beispielsweise ist nämlich nur dann ein Fleischfresser zweiter Ordnung, wenn er seine Kohlmeise frißt. Holt er sich aber eine Maus, was er gelegentlich tut, so ist er nur ein gewöhnlicher Fleischfresser, auf einer trophischen Stufe tiefer, da er einen Pflanzenfresser als Beute gewählt hat.

Wissenschaftliche Fragen, wie sie aus der Vereinfachung erwachsen, sollen uns hier nicht weiter beschäftigen. Viel wichtiger ist ein dabei zu Tage tretendes Prinzip, das die Vielfalt und Menge der Tiere grundlegend begrenzt: In jedem höheren trophischen Bereich wird nur ein Bruchteil der Energie gebunden, die auf der nächst niederen vorhanden wäre. Es geht nämlich auf dem Weg von einem trophischen Bereich zum nächsten viel Energie verloren, und zwar auf dreierlei Weise: Einmal wird nicht alles gefressen. Pflanzenfresser konsumieren nur einen kleinen Teil aller Pflanzen, Fleischfresser nur einen Teil aller Pflanzenfresser. Dann wird von der aufgenommenen Nahrung wiederum ein Teil ungenutzt mit den Exkrementen ausgeschieden. Schließlich wird ein Teil der aufgenommenen Energie für die Lebensvorgänge des Tieres, den Stoffwechsel, verbraucht. Somit bleibt ein oft nur geringer Anteil der Nahrungsenergie für die Anlage von Körpersubstanz.

Warmblütige und kaltblütige Tiere

In dieser letzten Eigenschaft unterscheiden sich die Tiere sehr: Der Stoffwechsel ist von Tiergruppe zu Tiergruppe sehr unterschiedlich. Vögel beispielsweise verbrauchen rund 98 Prozent der Energie für ihre Körperfunktion und nur zwei Prozent gehen in das Wachstum und die Fortpflanzung. Das ist der Preis, den sie für eine annähernd gleichmäßige Körpertemperatur zahlen. Wechselwarme Tiere, wie Schlangen oder Salamander, haben eine deutlich niedrigere Stoffwechselrate. Sie leisten sich nicht den Luxus einer gleichmäßigen Körpertemperatur. Von der aufgenommenen Nahrung setzen sie einen höheren Prozentsatz in Körpersubstanz um. Dafür ist ihre Aktivität sehr von der Außentemperatur abhängig. Sobald ihre Umgebung zu kalt wird, schränken die Wechselwarmen, oft auch kaltblütig genannten Tiere, viele Funktionen ein. Sie sind somit der Temperatur als Umweltfaktor noch zu einem hohen Grade ausgesetzt. Man könnte sagen, die warmblütigen Tiere haben sich von dieser starken Abhängigkeit freigekauft, allerdings zu einem Preis, der in Energie bezahlt wird.

Nur wenige Wälder sind heute schon soweit erforscht, daß wir ein vollständiges Bild der Tiere darin zeichnen können. Das gilt besonders für die Beteiligung der Tiere am Energiehaushalt des Waldes.

Für den Energiehaushalt ist aber nicht nur die in den Tieren gebundene Menge an Energie wichtig, sondern noch viel mehr ihr Verbrauch an Energie, oder anders ausgedrückt: der Energiedurchsatz durch eine Tiergruppe. Darin unterscheiden sich die Tiergruppen nämlich sehr, und ein Vergleich läßt sofort erkennen, daß eine große Menge von Tieren nicht zwangsläufig einem hohen Energieverbrauch entspricht: Salamander bringen in Laubwäldern zweieinhalbmal soviel Gewicht auf die Waage wie Mäuse. Trotzdem brauchen die Mäuse im Jahr etwa zehnmal mehr an Energie als jene. Der Grund ist einfach: Mäuse fressen einfach mehr und schneller, und sie sind auch in der kalten Jahreszeit aktiv.

Auf den grundlegenden Unterschied zwischen wechselwarmen und warmblütigen Tieren haben wir schon hingewiesen: Die Salamander, als wechselwarme, nehmen eben nur einen Bruchteil dessen an Nahrung auf, was Vögel, Mäuse und insbesondere Spitzmäuse verschlingen. Dafür können sie etwa 60 Prozent der aufgenommenen Energie in Körpersubstanz umbauen. Das ist erstaunlich hoch im Vergleich zu den anderen Extremen, den Vögeln und der Spitzmaus.

Die trophische Pyramide:
Im Wald dominieren die grünen Pflanzen. Ihre Menge ist hier durch die in ihnen gebundene Energie wiedergegeben. Dann folgen die Pflanzenfresser mit deutlich geringerem Anteil. Auch zu den Fleischfressern erster und zweiter Ordnung setzt sich der Energieverlust rasch fort. Die Fleischfresser in trophisch hoher Position sind quantitativ unbedeutend.

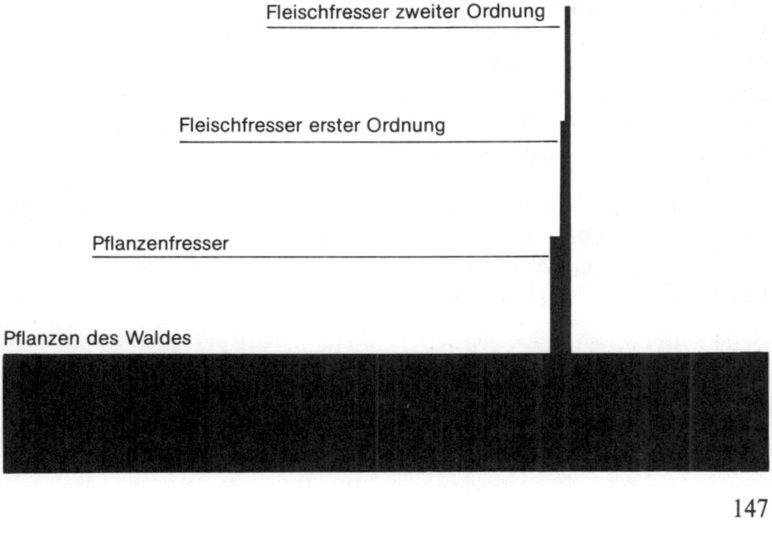

Eine erwachsene Spitzmaus wiegt etwa 15 Gramm, und sie braucht 15,2 Kilokalorien an Nahrungsenergie pro Tag. Die Spinnen, Käferlarven und anderen Bodentierchen ihrer Nahrung enthalten im Schnitt 0,11 Kilokalorien pro Individuum. Eine Spitzmaus braucht daher durchschnittlich 138 solche Mahlzeiten am Tag. Legt man der Spitzmaus einen Arbeitstag von 12 Stunden zugrunde, so muß sie alle 5 Minuten ein Beutetier fangen und fressen. Diese Angaben mögen ein wenig variieren, aber eines wird ganz deutlich: Im Leben einer Spitzmaus bleibt kaum Zeit für anderes als eben fressen.

Raubtiere hungern mehr als Pflanzenfresser

Aus all dem bisher über die Nahrungsbeziehungen Gesagten erkennen wir eines: Die in den trophischen Bereichen gebundene Energie nimmt von der niedrigsten Stufe, den Pflanzen, bis zur höchsten Stufe, den Spitzenfleischfressern, rapide ab, und zwar so rasch, daß im vierten und fünften Bereich gerade noch genügend für den Lebenserwerb weniger Fleischfresser vorhanden ist. Tiere, die trophisch hoch stehen, die spezialisierten Fleischfresser also, können daher von Natur aus nicht häufig sein.

Auch die Zahl der trophischen Bereiche ist auf wenige beschränkt. Keine Tierart könnte sich in allzuhoher trophischer Position spezialisieren, da die Nahrungsgrundlage zu knapp ist. Wer sich von Spitzenfleischfressern ernähren möchte, findet einfach nicht mehr genügend zu fressen.

In einem sehr lesenswerten Essay ging der amerikanische Zoologe Evelyn Hutchinson der Frage nach, was denn der weiteren Zunahme der Zahl von Arten bei Tieren entgegensteht. Sein Schluß: Es ist in erster Linie der rasche Verlust an Energie in der trophischen Pyramide, der nur einer begrenzten Artenzahl ein Auskommen sichert.

Nahrungsketten und Nahrungsnetze

Nahrungsketten zeigen somit die Verknüpfung der Pflanzen und Tiere in einem Ökosystem. Wir haben erfahren, daß sowohl von lebenden Pflanzen als auch von abgestorbenen Pflanzenteilen solche Nahrungsketten ausgehen. Die erste heißt Weide-Nahrungskette, die andere Detritus-Nahrungskette. Meist sind sie noch untereinander durch einige Tiere verknüpft.

Tatsächlich sind in einem Wald die Nahrungsbeziehungen so komplex, daß oft von Nahrungsnetzen gesprochen wird. Verfolgt man aber die Menge der Energie, die über die einzelnen Verbindungen läuft, so sind es zumindest in der Weide-Nahrungskette stets nur ganz wenige Arten, die am Energieumsatz maßgeblich beteiligt sind.

Grenzen der Vielfalt

Wie viele verschiedene Arten von Tieren gibt es im Wald? Gibt es eigentlich eine plausible Antwort auf eine so allgemeine Frage? Mit zunehmender Kenntnis des fast unentwirrbar komplexen Ökosystems Wald häuft sich zum Glück nicht nur das Spezialwissen über Detailfragen, sondern es kristallisie-

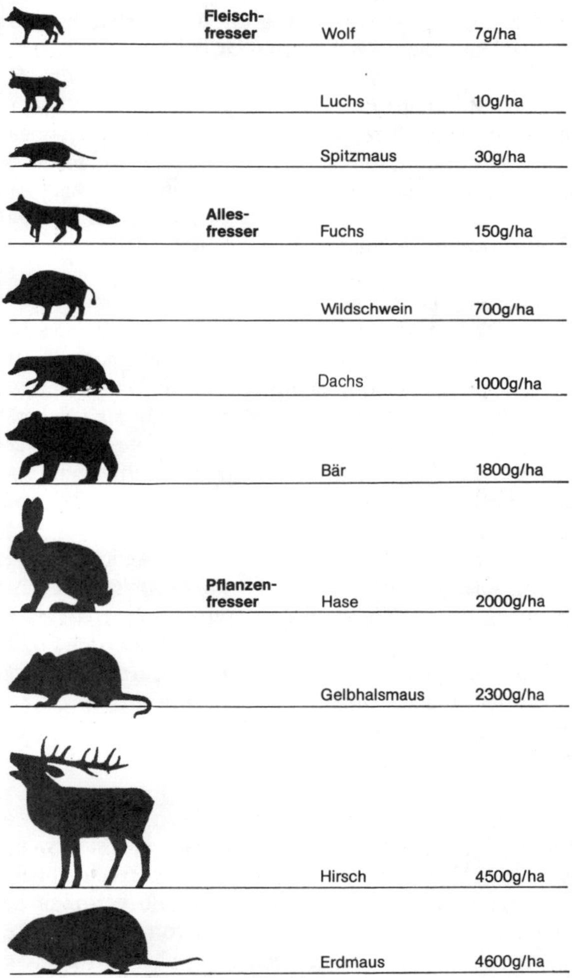

Je höher ein Tier in der trophischen Position steht, desto schmaler ist seine Ernährungsbasis und desto geringer seine eigene Dichte. Um die Dichte der sehr unterschiedlich großen Tiere besser vergleichen zu können, ist ihr Durchschnittsgewicht pro Hektar angegeben. Am meisten an Gewicht bringen die Pflanzenfresser auf die Waage. Dem folgen die sogenannten Allesfresser. Am anderen Ende, mit nur einigen Gramm pro Hektar, stehen die Fleischfresser Wolf und Luchs. Auch die insektenfressende Spitzmaus erreicht nur ganz wenige Gramm.

ren sich allmählich auch Gesetzmäßigkeiten heraus. Inzwischen können auch Antworten gegeben werden, selbst auf komplizierte Fragen nach den Grenzen der Reichhaltigkeit von Tierarten im Wald.

In einem Buchenwald leben um die 7000 Tierarten. Mehr als 5000 davon sind Insekten und nur knapp über 100 zählen zu den Wirbeltieren. Der Rest verteilt sich auf einzellige Tiere, Würmer, Schnecken oder Spinnentiere. Diese Zahlen sind ganz gut gesichert: Wälder auf vergleichbaren Standorten haben ziemlich genauso viele Tierarten. Nun könnte man fragen, warum sind es rund 7000 und nicht 1000 oder 10000 verschiedene Arten? Die Antwort darauf muß schrittweise erarbeitet werden.

Energieknappheit auch bei Tieren

Der Anteil der Tiere am gesamten Energieumsatz des Waldes ist geradezu verschwindend gering, läßt man die Reduzenten außer acht. Es ist somit die Lebensbasis für Tiere über dem Boden recht schmal. Das ist übrigens auch in anderen Landökosystemen ähnlich, wenn auch nicht so ausgeprägt wie im Wald. In manchen Ökosystemen des nassen Elementes, im Meer zum Beispiel, wird der Großteil der Pflanzenproduktion von Pflanzenfressern aufgefressen. Tiere und Pflanzen klaffen dann nicht so weit auseinander. Dafür sind im Meer die Zersetzer weniger wichtig.

Im Wald ist das meiste an pflanzlichen Stoffen entweder nicht freßbar oder nicht erreichbar, solange es lebt. Pflanzen kennen nämlich ein ganzes Bündel von Anpassungen, die es den Pflanzenfressern erschweren, sie zu fressen. Chemische und strukturelle Mechanismen der Selbstverteidigung sind es, die sehr verschieden sind, wie verholzte Pflanzenteile, Dornen, Stacheln, schwerverdauliche Blätter und eine wahre Palette von giftigen oder zumindest abstoßenden Substanzen, die oft keine andere Rolle kennen als die Abwehr von Pflanzenfressern.

Viele Kleine und wenig Große

Eine weitere Regel: Es gibt in einer Lebensgemeinschaft stets weit mehr kleine als große Tiere. Diese auf den ersten Blick selbstverständlich wirkende Aussage läßt sich noch genauer fassen: Tiere, die halb so lang sind, sind zehnmal so häufig. Diese Regel gilt für Organismen von etwa einem Zentimeter Größe aufwärts. (Die kleinsten Tiere können wir noch nicht gut vergleichen, hauptsächlich darum nicht, weil wir sie noch nicht ausreichend kennen. Der Systematiker Ernst Mayr meint dazu: »Wir müssen einfach damit leben, daß die Milbenfauna der Welt noch auf Jahrzehnte hinaus ungeprüft, unbenannt und nicht klassifiziert bleiben wird.« Doch deutet alles darauf hin, daß im Tierreich Häufigkeit und Körpergröße in umgekehrter Beziehung stehen.) Doch wenden wir uns den Häufigkeiten, mit denen die einzelnen Tierarten im Ökosystem vertreten sind, noch etwas genauer zu. Dann sehen wir nämlich ein bestimmtes Muster der Verteilung, das wiederum in vergleichbaren Ökosystemen mit regelhafter Sicherheit gefunden wird.

Im Wald, so denkt man als Spaziergänger, gibt es grüne Nahrung in Fülle. In Wahrheit ist das meiste entweder nicht freßbar, weil es verholzt, mit Dornen und Stacheln bewehrt, unverdaulich oder giftig ist, oder es ist nicht erreichbar, solange es noch – hoch oben – lebt. Die Ernährungsbasis der über dem Boden lebenden Tiere ist darum schmal, um so mehr, je größer sie sind. Es gilt die Regel: Was halb so lang ist, ist zehnmal so häufig.

Seltenheit – das Schicksal vieler Tierarten

Sortiert man die Tierarten in einem Ökosystem, so gibt es nur ganz wenige Arten, die häufig sind; die meisten Arten darin sind vielmehr nur mit wenigen Individuen vertreten. Das gilt für alle Tierarten des Ökosystems, aber auch für einzelne Tiergruppen, wie Vögel oder Insekten. Das sei an folgendem Beispiel verdeutlicht.

Bei einer Bestandsaufnahme von Vögeln im Waldgebiet des niedersächsischen Solling wurden insgesamt 71 Vogelarten festgestellt. Nur von 15 Arten gab es viele Individuen, allen voran: Buchfink, Wintergoldhähnchen und Rotkehlchen. Auf diese 15 Arten kommen nicht weniger als fünfmal soviele Einzeltiere wie auf die übrigen 56 Arten zusammen. Ungleiche Individuenzahlen der einzelnen Arten sind die Regel, oder genauer: Arten mit vielen Tieren sind die Ausnahme, selten zu sein ist das Schicksal der meisten.

Bisher haben wir einige Regeln für das Auftreten von Tieren im Ökosystem erwähnt, ohne zu zeigen, wo denn eigentlich die Grenzen der Reichhaltigkeit liegen, welche Gründe einem Mehr an Arten entgegenstehen. Noch haben wir die Antwort auf die Frage, warum denn gerade 7000 Tierarten im Buchenwald leben, nicht ausreichend beantwortet, doch es rundet sich das Bild. In den nächsten Schritten wenden wir uns dem Fassungsvermögen des Waldes und den Grenzen der Spezialisierung der Arten zu.

Waldaufbau und Vielfalt der Tierwelt

In der Strukturvielfalt der Vegetation erkennen wir heute einen maßgeblichen Grund für die Vielfalt der Tiere. Am besten ist dies an einem Beispiel anschaulich darzustellen. Studien aus der Vogelwelt eignen sich besonders dazu, und das hat seinen guten Grund: Vögel sind ungleich leichter wissenschaftlich zu bearbeiten als etwa Insekten oder Säugetiere. Viele von ihnen sind am Tag aktiv, leben in einem abgegrenzten Territorium und sind somit standorttreu. Der größte Gefallen, den sie dem Biologen bei der Geländearbeit erweisen, ist, in der Brutzeit unermüdlich zu singen. Damit erfreuen sie nicht nur das Herz so manchen Frühaufstehers, sondern sie erleichtern die mühevolle Aufgabe des Zählens und Inventarisierens ganz ungemein, eine Schwierigkeit, die bei vielen anderen Tierarten methodisch noch nicht bewältigt ist, nicht einmal bei einem so populären Tier wie dem Reh.

Erste gesicherte Ergebnisse über den Zusammenhang zwischen Vielfalt der Vögel und Vielfalt der Baumarten in einem Waldgebiet gehen auf die Doktorarbeit des amerikanischen Mathematikers und Ornithologen Robert MacArthur zurück. Er fand, daß es erwartungsgemäß dort, wo mehrere Baumarten den Wald bilden, auch mehrere Vogelarten gibt: Je mehr Baumarten, desto mehr Vogelarten also im Wald. Viel überraschender war aber die Erkenntnis, daß noch wichtiger als die Beteiligung verschiedener Baumarten ein weiteres Moment ist, nämlich die Alters- und Dichtestruktur des Waldes:

Ist ein Wald reichlich gestuft, in Boden-, Strauch-, Mittel- und Oberschicht, dann sind auch die Vogelarten zahlreich. Hat aber der Wald nur Kronenschicht und Stammraum, dann sind darin die Vogelarten nicht so häufig. Dabei ist es nicht so wichtig, welche Baumarten den Wald aufbauen, entscheidend ist vielmehr die Strukturvielfalt. Vor einigen Jahren war dies noch eine neue Erkenntnis. Inzwischen haben viele Vogelstudien in den Wäldern mehrerer Kontinente dasselbe bestätigt. Im Lehrwald der Universität München bei Landshut brachten vogelkundliche Aufnahmen in einem einförmigen, alten Waldbestand 13 Vogelarten. Im benachbarten Bestand mit größerer Strukturvielfalt lebten bereits 19 Arten. Auch hier zeigt sich ganz klar: Die Reichhaltigkeit der Vogelwelt ist ein Spiegelbild des Waldaufbaus.

In stufig aufgebauten Wäldern, in denen von der Waldverjüngung bis zu den großen Bäumen alle Höhenstufen der Bäume in einem Waldbestand stehen, da gibt es auch viele Vogelarten.

Spezialisierung: Profit und Gefahr

Es bleibt uns noch zu begründen, warum denn der Spezialisierung von Arten Grenzen gesetzt sind. Warum können mit einer Nahrungsquelle, die sich heute drei Vogelarten teilen, nicht morgen fünf Arten auskommen?

Offensichtlich können in ein bestimmtes Ökosystem nicht beliebig viele Tierarten gepackt werden. Dem stehen wirksame Kräfte entgegen. Beginnen wir die Erklärung mit einem Blick auf den klimatisch eher stabilen, ganzjährig belaubten, tropischen Regenwald. Dort ist die Spezialisierung der einzelnen Tierarten weit vorangetrieben. Die ökologischen Nischen der Tiere sind relativ eng. Doch auch dort sind der Zahl der Arten im Ökosystem Grenzen gesetzt: Die Tierarten dürfen sich nämlich nicht zu ähnlich werden, sonst können sie nicht koexistieren, weil dann die eine Art die andere verdrängt. Eine bestimmte Nahrungsquelle kann daher nur von einer optimalen Zahl von Tieren genutzt werden.

In unseren Wäldern sind es zwangsläufig weniger Tierarten, dafür aber mit breiteren ökologischen Nischen. Wir haben schon erfahren, daß der jährliche klimatische Rhythmus einer zu weiten Spezialisierung entgegensteht. Die Tiere unserer Breiten gleichen in dieser Hinsicht jenem Bauern, der an Stelle einer Monokultur der gerade gut bezahlten Kartoffel auch Gerste und Weizen anbaut, um die Preisschwankungen der einzelnen Produkte besser zu puffern: Sicherheit kommt auch in der Natur vor dem Risiko.

Die Konkurrenz zwischen den Arten ist dabei die wichtigste der treibenden Kräfte, die die Tierarten formt. Das führt in den verschiedensten Kontinenten zu verblüffenden Ähnlichkeiten der Tiere: Wo immer die Struktur des Lebensraumes ähnlich ist, teilen sich die darin lebenden Arten Raum und Nahrung auf eine im Prinzip gleiche Weise.

Ein Mathematiker brachte es an den Tag: Die Häufigkeit von Vogelarten in einem Wald ist abhängig von der Zahl der in ihm wachsenden Baumarten. Wichtiger noch: die Alters- und Dichtestruktur eines Waldes. Daraus folgt, daß Holzwälder aus nur einer Baumart und einer Altersklasse für die Vögel lebensfeindlich sind. Die Tiere machen es uns vor: eine zu enge Spezialisierung geht auf Kosten der Lebenssicherheit.

Der Blick auf das Ganze

Geben wir nun, nach all den Überlegungen, auf die Frage, warum es im Buchenwald stets rund 7000 Tierarten gibt, eine knappe Antwort: Zum einen steht den Tieren – im Boden und über dem Boden – nur eine begrenzte Menge an Energie zur Verfügung. Zum anderen setzen die Struktur des Lebensraumes und die Dimensionen der ökologischen Nischen der Artenzahl wirksame Grenzen. Rund 7000 Tierarten ist die optimale Zahl für dieses Ökosystem.

Nun stellt sich die Frage, ob diese Überlegungen zum Vorkommen von Tieren in Wäldern auch anderen als den Zoologen nützen. Sie tun es. Mit der Rodung und Bewirtschaftung der Wälder verändert sich die Vegetationsstruktur oder es werden neue Ökosysteme geschaffen. Jeder Eingriff hat notwendigerweise eine Umstellung und Neuanpassung der Tierwelt zur Folge. Kenntnisse über die Grenzen der Vielfalt sind daher grundlegend für die Beurteilung der tierschützenden Funktion des Waldes.

Wer den Ausführungen über die Tiere des Waldes bis hierher gefolgt ist, der hat Einblicke bekommen, wenn auch nur knappe Einblicke, in das Leben im Boden und über dem Boden. Er hat auch eine Vorstellung davon erhalten, daß Tiere im Wald mehr sind als zufällige Anhäufungen; er sieht, daß die Vielfalt der Tiere deutliche Gründe hat und Grenzen kennt.

Diese hier vorgetragenen Erkenntnisse sind die Resultate multidisziplinärer Projekte im Rahmen des Internationalen Biologischen Programmes, das über die letzten Jahre das ökologische Studium der Biosphäre weit vorangetrieben hat. Auch in der Bundesrepublik Deutschland haben die Ökosystem-Studien an einigen Wäldern dazu beigetragen. Einige Waldbestände im Solling, unweit der Universität Göttingen, standen im Zentrum der deutschen Forschungen. In diesen Wäldern kennen wir heute die Rolle der Pflanzen ganz gut; das wurde eingehend dargestellt. Auch über einige Gruppen von Tieren sind wichtige Erkenntnisse erarbeitet worden. Zu einem vollständigen

Bild reicht es meist nicht; es ist noch lückenhaft. Es ist deshalb unumgänglich, einen Blick nach den USA zu richten.

Am vollständigsten, gerade die Tiere betreffend, sind unsere Kenntnisse über einen Wald im Staate New Hampshire im Nordosten der USA. Da er in einer mit uns vergleichbaren Breite liegt, können wir durchaus auf ihn zurückgreifen, um uns ein auch für unsere Wälder gültiges Bild zu machen.

Ein allgemeiner und möglichst wenig verzerrender Versuch, den Wald als Ökosystem zu zeichnen, ist es wiederum, ihn nach seinen Energieflüssen zu

Energie für die Tiere im und über dem Boden.
Die Bindung von Sonnenenergie im Wald ist in der Abbildung auf Seite 99 dargestellt. Was mit dem produzierten Stoff weiter geschieht, ist hier gezeigt: Mehr als die Hälfte der von den Pflanzen eingefangenen Energie wird von ihnen selbst verbraucht, ein kleinerer Teil in den Pflanzen über dem Boden und in den Wurzeln gespeichert. Diese Speicherung zeigt, daß der Wald wächst und noch nicht im Energiegleichgewicht steht. Ein ganz geringer Teil der Energie in den grünen Pflanzen, nur 41 aus 4680 Kilokalorien, wird von den Pflanzenfressern gefressen. Die größte Menge der Energie (3037 aus 4680 Kilokalorien) wird mit den Blättern und dem übrigen Detritus in die Zersetzer-Kette geleitet.

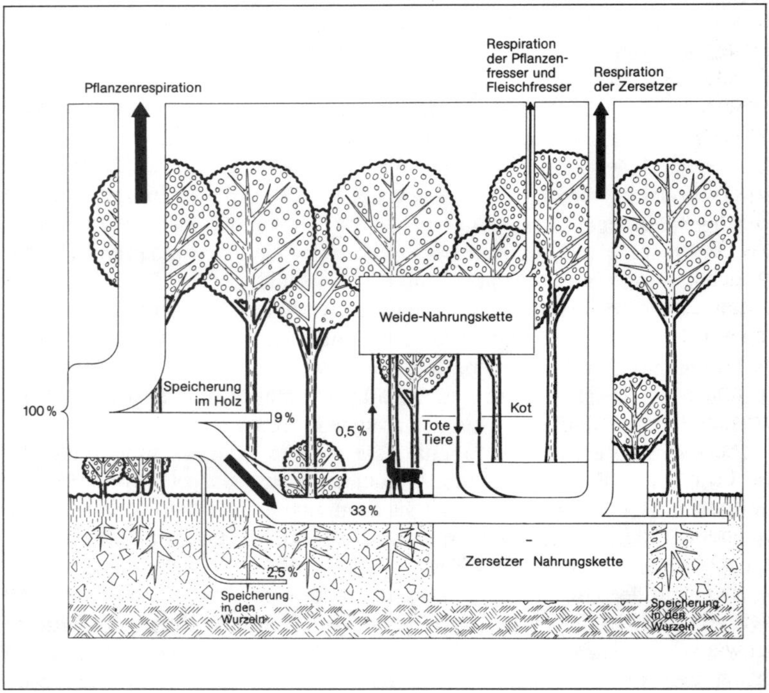

durchleuchten: Man kann nämlich für einen abgegrenzten Wald die Sonnenenergie messen, die auf ihn auftrifft und danach alle jene Kanäle messen, berechnen oder anschätzen, über die diese Sonnenenergie weitergeleitet wird. Am besten erstellt man eine Art Bilanz, in der Art, daß der jährlichen Einnahme (Input) in das System die jährliche Ausgabe (Output) gegenübersteht. Ist ein reifer Wald im Gleichgewicht, so halten sich jährliche Einnahme und Ausgabe die Waage. Im Beispiel des genannten Hubbard-Brook-Versuchsforstes war die Energiebilanz positiv: Ein kleiner Teil der eingehenden Energie blieb übrig und wurde im System gespeichert. Die Erklärung dazu ist naheliegend: der Wald ist noch nicht völlig ausgereift und speichert Energie in den noch wachsenden Bäumen und auch im Boden.

Der Fluß der Energie

Rund zwei Prozent der gesamten Strahlungsenergie der Vegetationszeit wird in organischer Substanz gebunden. Davon wird schon mehr als die Hälfte von den Pflanzen selbst für ihren eigenen Stoffwechsel verbraucht.

Die verbleibende Pflanzenmaterie ist nun der energetische Ausgangspunkt für alle weiteren Lebensprozesse im Wald, einschließlich allen Tierlebens. Verfolgen wir die weitere Verteilung der Energie. Das uns bekannte Schwergewicht auf der Detritus-Nahrungskette wird sofort sichtbar: Fast alles fließt dorthin. Verschwindend gering ist die Energiemenge, die von lebenden Pflanzen aus in die Weide-Nahrungskette, zu den Tieren über den Boden geht. Im Endeffekt wird die gesamte Energie durch die Körperfunktionen der Tiere einschließlich aller tierischen und pflanzlichen Zersetzer wieder als Energie freigesetzt.

Das Nahrungsnetz über dem Boden

Wenn wir in einem ersten Schritt die Ausnutzung der Sonnenstrahlung durch das Ökosystem Wald sehen und in einem zweiten Schritt den weiteren Verbrauch der eingefangenen Energie in den Nahrungsketten, so sollten wir als dritter Schritt die wichtigsten Tiergruppen herausarbeiten, die im energetischen Geschehen die größte Rolle spielen. In der unüberschaubaren Fülle von Tieren sind die Wissenslücken natürlich groß. Eine notwendige Vergröberung ist es daher, wenn die Tierarten zu Gruppen von besonderer Bedeutung zusammengefaßt und gemeinsam beurteilt werden.

Dann fragen wir nicht nach der Rolle der Rötelmaus, der Waldmaus und der Gelbhalsmaus, sondern wir summieren sie zur Gruppe der Mäuse. Diese Gruppierung von ökologisch ähnlichen Tierarten hat auch einen Vorteil: Sie vereinfacht das sonst sehr komplizierte Nahrungsnetz auf wenige, wesentliche und leichter übersehbare Verbindungen.

An erster Stelle stehen die markanten Pflanzenfresser, also die Tiere, die sich von lebenden Pflanzen oder Pflanzenteilen ernähren. Außerordentlich schwankend ist dabei die Rolle der blattfressenden Raupen. In Jahren, in denen die Raupen als Schädling auftreten, ist ihre Rolle allen anderen Tieren gegenüber dominierend. Von der gefressenen Blattmasse können sie aber nur etwa 14 Prozent verdauen. Das meiste fällt mit dem Kot auf den Waldboden und geht so in die Detritus-Kette. Hörnchen, einschließlich Schläfer, die in den Wäldern im Osten Nordamerikas häufig sind, konsumieren nach den Raupen am meisten, gefolgt von Mäusen und Hirschen. Hirsche konsumieren in diesem Wald weniger als Spitzmäuse, Vögel oder Mäuse. Das erstaunt nach den bisherigen Einblicken in das Ökosystem nicht mehr.

Noch völlig unzureichend sind die Vorstellungen über jene Energiemenge, die zu den Fleischfressern weitergeht. Wir wissen nur, daß der Fuchs mehr davon ergattert, da er sich auch an die häufigen Mäuse hält, als der Habicht, dem es schwerer fällt, Beute zu machen.

Die Nahrungsketten im Boden

Im Boden bildet sich die bereits vorgestellte Detritus-Nahrungskette aus. Wie sehr sie dominiert, wird hier deutlich, da sie mehr als 75mal soviel Energie aufnimmt wie die Weide-Nahrungskette. Wie schon erwähnt, bringen die blattfressenden Raupen gelegentlich noch zusätzlich beträchtliche Mengen an Energie durch ihren Kot aus der Baumkrone in die Detritus-Kette. Die Detritus-Kette beginnt bei niedrigen Zersetzern und endet bei räuberischen Insekten. Beide Nahrungsketten sind miteinander in gewissem Maße verbunden: Vögel und Spitzmäuse holen sich über ihre Beute, die sie vom Boden aufnehmen, sogar weit mehr an Energie aus der Detritus-Kette als sie über die Weide-Nahrungskette erhalten, der sie üblicherweise zugerechnet werden. Auch für den Salamander gilt dasselbe: er zapft ebenso den Energiefluß der Detritus-Kette an, wenn er einen Regenwurm frißt.

Manch einer mag jetzt befremdet sein von der ungebräuchlichen Darstellung des Tierlebens im Wald im Spiegel der energetischen Prozesse. Ist dieses ein wenig entzauberte Studium des Waldes und der Tiere sinnvoll und wird es der Rolle der Tiere voll gerecht? Diese letzte Frage soll noch beantwortet werden, bevor wir uns der Lebensweise der Tiere in schon eher herkömmlicher Weise widmen: Es ist sinnvoll, den Wald und die Tiere darin in einem energetisch bilanzierten System zu sehen. Auch in der menschlichen Zivilisation wird die Energie und ihre Verwendung von Tag zu Tag deutlicher, geradezu als Merkmal der einzelnen Zivilisationsetappen oder Wirtschaftssysteme erkannt.

Im natürlichen, rein von der Sonne getriebenen Ökosystem ist es nicht anders: Die Ökosysteme der Meere, der Flüsse, der Moore oder der Wälder, sie alle haben eine für ihre Erscheinungsform typische Art und Weise, mit der Sonnenenergie umzugehen. Im Meer kann die energetische Beteiligung der Tiere weitaus größer sein als im Wald, sie ist es bereits in den Grassteppen und anderen Vegetationsformen, in denen das Ungleichgewicht nicht so zugunsten der Pflanzen ausfällt, wie eben bei den Bäumen im Wald.

Gleichgültig aber, ob Tiere in Ökosystemen mehr oder weniger vom großen Kuchen der Energie bekommen, um ihre weitere Verteilung wird zwi-

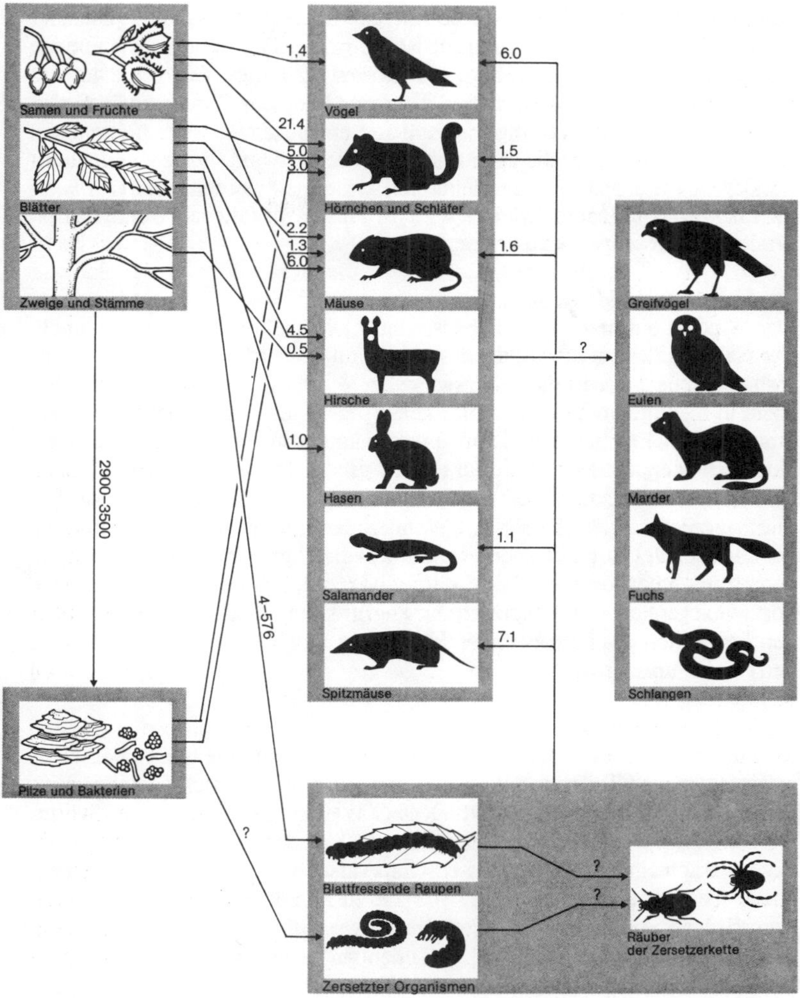

Raupen fressen mehr als Hirsche.
Die Nahrungsverknüpfungen der Tiere sind in diesem Diagramm dargestellt. Die Pfeile und Zahlen geben den Verzehr in Kilokalorien pro Quadratmeter und Jahr an. Der größte Teil, vor allem das Holz, wird erst als tote Pflanzenmasse über Pilze, Bakterien und die wirbellosen Reduzenten verwertet. Insektenraupen entnehmen eine von Jahr zu Jahr stark schwankende Blattmasse, die, nur sehr wenig ausgenutzt, zum größten Teil über die Exkremente der Zersetzer-Kette zugeführt wird. Einige Tiere verstehen es, die große Zersetzer-Kette anzuzapfen. Den Schritt von den Beutetieren zu den Fleischfressern können wir nicht quantifizieren.

schen den Arten fest gerungen. Die Energie ist daher stets knapp, sparsamer Umgang mit diesem kostbaren Gut ist die Folge. Das daraus resultierende Ökosystem ist das Entwicklungsprodukt dieser Zwänge. Der Blick auf das Ganze gibt dem Betrachter ein geschlossenes Bild. Das Bild ist umfassender als das Mosaik von bloß angehäuften und erdrückenden Einzelfakten und Detailkenntnissen über die Pflanzen und Tiere im Wald. Diese sind in Jahrhunderten wissenschaftlicher Kleinarbeit gesammelt worden, aber erst wenn die Energie als der Motor erkannt wird, fügen sich die Glieder zu einem funktionierenden Räderwerk zusammen.

Die Kunst, im Walde zu leben

Der Wald ist ein besonderer Lebensraum. Er ist die mächtigste und komplizierteste Erscheinungsform, die das Leben auf der Erde hervorgebracht hat. Verständlicherweise ist die Lebensweise der Waldbewohner anders als die der Tiere in niedrigeren Vegetationsformen. Spezialisten des Kronenraumes wie Sommergoldhähnchen oder Tannenmeise kann es in der offenen Landschaft einer Grassteppe oder der Tundra nicht geben. Im Wald ist der Ausblick beschränkt, und er ist voller Hindernisse. Auch das prägt die Lebensweise: Hier jagt nicht der rasch fliegende Wanderfalke, der lieber die Taube hoch in der Luft schlägt, sondern hier sitzt der wendige Sperber auf einem Ast und beobachtet scharf die Umgebung, darauf wartend, daß ein unachtsamer Singvogel Gelegenheit zum Überraschungsangriff bietet. Doch bevor wir uns mit den Feinheiten des Lebens im Wald befassen, noch ein Wort zur Herkunft der Tiere in unseren Wäldern.

Woher kommen die Tiere im Wald?

Den reisenden Naturbeobachter erstaunten schon früh die ungleichen Tiere in verschiedenen Teilen der Welt. Die Naturforscher versuchten daher diese Gegebenheit zu ergründen. Alfred Russel Wallace, der Zeitgenosse Charles Darwins, legte dann in einem klassischen Buch die Grundlagen der modernen Zoogeographie nieder. Diese Wissenschaft versucht, die eigenwilligen Muster in der Verbreitung von Pflanzen und Tieren zu erklären. Die heutige Welt der Pflanzen und Tiere ist demzufolge im wesentlichen das Ergebnis dreier Voraussetzungen. Sie beruhen auf (1) den gegenwärtigen klimatischen und geographischen Bedingungen der Erde, (2) der Geschichte des Klimas und der Landmassen und schließlich (3) der Entwicklungsgeschichte der jeweiligen Tiergruppe.

Vergleicht man die Verbreitung von Pflanzen und Tieren auf den Kontinenten, so stößt man immer wieder auf Gemeinsamkeiten. Unsere Tiere werden der holarktischen Region zugerechnet und deren Gebiet umfaßt einen großen Teil Eurasiens, das nördliche Afrika und Nordamerika. Die Verwandtschaft der Fauna dieser Region ist hauptsächlich auf die Landverbindungen zurückzuführen, die früher einmal auch Nordamerika mit Ostasien verbunden haben.

Tiere weichen den Gletschern

Wie schon im Abschnitt über die Bäume ausgeführt, folgte dem viele Millionen Jahre währenden Erdzeitalter des Tertiärs die geradezu stürmische Aufeinanderfolge von mehreren Eisvorstößen im darauffolgenden Eiszeitalter, das – erdgeschichtlich gesehen – mit zwei Millionen Jahren gar nicht besonders lange gedauert hat. Von diesen klimatischen Revolutionen blieben auch die Tiere nicht verschont: Mit den schrumpfenden Wäldern und wachsenden Tundren änderte sich auch die dazugehörige Tierwelt. Den zurückweichenden Wald mit seinen Hirschen ersetzte die Tundra bei jeder Abkühlung mit ihren Rentieren. Der Waldkauz verlor zugunsten der Schnee-Eule an Boden.

Das Tempo solcher Verschiebungen war langsam, gemessen an den Wanderungsgeschwindigkeiten der Tiere. Dennoch überlebten es viele Tierarten nicht, genausowenig wie eine ganze Reihe von Baumarten. Am meisten betroffen waren die Tiere des tertiären Waldes, dessen Fläche bei den größten Eisvorstößen auf geringe Reste zusammenschrumpfte, und das war eine stattliche Zahl eindrucksvoller Arten: Elefanten, Mammuts, Tapire, Rhinozeros, Giraffen sowie mehrere Wildrinder, zahlreiche Hirsche und eine reiche Raubtierfauna vom Säbelzahntiger bis zur Höhlenhyäne.

Viel ging also verloren. Die Lücke ist bei den Säugetieren, die nicht sehr mobil sind, besonders groß. Es ist unwahrscheinlich, daß unsere Säugerfauna, schon vor den dezimierenden Eingriffen des Menschen, mit Arten voll gesättigt war. Eher schon mit den viel mobileren Vögeln.

Der kurze zoogeographische Abriß soll unsere Fauna als einmaliges Produkt vieler zurückliegender Einflüsse erkennen lassen und aufzeigen, daß diese wie der Wald selbst geprägt ist durch den großen geologischen Einschnitt der Eiszeiten. Diese besondere Tierwelt, die in unserem Raum zu Beginn der Landnahme durch den Menschen überwiegend eine Tierwelt des Waldes war, ist das Rohmaterial sozusagen, das der Mensch nun durch die neuerliche Lebensraumveränderung formt. Doch darüber wird später noch zu reden sein.

Der Zwang zu fressen

Jedes Tier ist auf der Suche nach Kalorien und Nährstoffen, und zwar nicht nur zur eigenen Erhaltung, sondern auch indirekt für seinen Partner und seine Nachkommen. Im Endeffekt ist das Fressen soviel wert, wie es die Vermehrung des Tieres fördert. So sind die Spielregeln in der Natur, denn nur das zählt im Wettbewerb um erfolgreiches Überleben.

Der Nahrungserwerb im Wald ist für alle Beteiligten ein geläuterter Vorgang. Viele Generationen von Tieren feilten an den Verhaltensweisen, die mit der Nahrungsaufnahme gekoppelt sind. Drei Gründe sind es, die stets zu ökonomischer Nahrungssuche zwingen: Die ungleiche Verteilung von Nahrung, die Konkurrenz zu anderen Tieren und schließlich die geschickte Vermeidung des Feindes.

Die Arten des Nahrungserwerbs

So sehr sich auch die Tiere unterscheiden mögen, vom Rothirsch bis zur Waldameise, die Art der Nahrungssuche wird trotz unzähliger Abwandlungen auf dreierlei Weise betrieben: Tiere verbrauchen Zeit und Energie, um aktiv nach Nahrung zu suchen, oder sie warten an einem günstigen Platz auf vorbeikommende Nahrung, und schließlich gibt es einige ganz Findige, die sich eine Nahrungsquelle halten.

Das Suchen von Nahrung

Ziel richtiger Nahrungssuche ist ein hoher Nettoenergiegewinn oder in einfacheren Worten: soviel Nahrung wie möglich in kurzer Zeit. Am besten verstehen wir das, wenn wir einer Kohlmeise zusehen, einem der häufigsten Vögel im Wald. Kohlmeisen suchen auf Ästen und Zweigen nach Insekten, und sie suchen am richtigen Platz. Aus Versuchen mit gefangenen Kohlmeisen und Mehlwürmern weiß man, daß sie ergiebige Nahrungsgründe rasch entdecken und gründlich und wiederholt absuchen. Das ist nicht erstaunlich. Schon schwieriger ist es für den Vogel, nach den ergiebigsten Arten von Insekten zu suchen. Luuk Tinbergen hat auch dieses Verhalten der Kohlmeise geklärt. Dazu montierte er eine Kamera im Inneren der Höhle eines Kohlmeisenpaares während der Jungenaufzucht. Neben das Schlupfloch hängte er seine Armbanduhr. Steckte nun eine der Meisen den Kopf durch das Schlupfloch, so löste sie die Kamera aus und schoß jedesmal ein Porträt mit Beute im Schnabel, und das mit genauer Uhrzeit. Gleichzeitig verfolgte Tinbergen das Insektenangebot in den umliegenden Bäumen. Die Ergebnisse überraschten. So gab es Schmetterlinge und Raupen, die von der Meise nicht gesammelt wurden. Sie schmeckten ihr nicht, wie später geklärt werden konnte.

Die schmackhaften Arten sammelten die Meisen aber nicht entsprechend der Häufigkeit ihres Auftretens. Das war zuerst erstaunlich, entpuppte sich dann aber als höchst zweckmäßig. Wenn eine Beute in der Populationsdichte zunimmt, so müßte bei zufälligem Zusammentreffen auch der eingetragene Anteil davon der Populationsbewegung folgen. Das aber war gerade nicht der Fall: War ein Beutetier nur gering vertreten, so nahmen es die Meisen kaum. Wenn aber eine freßbare Raupe ziemlich häufig wurde, dann sammelten die Meisen mehr als zu erwarten war. Wuchsen die Raupen zu sehr großer Häufigkeit weiter, so nahm der gesammelte Anteil wieder ab, vermutlich weil die Meisen nicht soviel fressen konnten, wie die Raupen zunahmen.

Man kann sich dies auf folgende Weise erklären: Meisen entwickeln nach mehrmaligem Zusammentreffen mit ein und derselben Beute ein Suchbild, indem sie sich die bestimmten Schlüsselmerkmale dieser Beute einprägen. Das führt dazu, daß sie vermehrt nach den häufigeren Tieren suchen und dabei die selteneren leicht übersehen. Man könnte dieses Verhalten klug nennen, da es zu einer effizienten Nahrungssuche führt. Klug, im Sinne von einsichtig, ist es aber nicht, sondern es ist das Ergebnis der erwähnten Läuterung, der natürlichen Selektion.

Das richtige Suchen nach Nahrung ist nicht nur unter Vögeln weit verbreitet, auch Insekten, Mäuse, ja sogar der Rothirsch leisten Unerwartetes.

Eigentlich ist es beim Rothirsch, einem Tier von außergewöhnlichem Lernvermögen, nicht so erstaunlich. Die jahreszeitlichen Wanderungen der Rothirsche verbinden Gebiete mit guter Nahrung. Wie perfekt die Tiere diese Suche nach guter Nahrung beherrschen, kam erst durch die laufende Ortung von Tieren mit Halsbandsendern zutage. Ohne diese technische Überwachung blieben so tiefe Einblicke in das Leben dieses scheuen Tieres verschlossen.

Hirsche mit Pieps

In den Ammergauer Bergen verfolgen Wildbiologen den Jahreszyklus einiger sendermarkierter Hirsche. Im Frühjahr stehen diese an den unteren Berghängen und ziehen des Nachts auf die Talwiesen der Bauern. Im Sommer verlassen sie die tieferen Lagen und steigen in die höher gelegenen Bergwälder unweit der Waldgrenze. Im Herbst, im September, gelegentlich schon in den letzten Augusttagen, ziehen sie wieder in das Tal, lange bevor der Schnee kommt. Das war zuerst nicht ganz zu erklären. Doch die Untersuchung der Bodenvegetation, der Hauptnahrung der Hirsche, klärte das anfängliche Rätsel: Oben am Berg trocknet das Gras gegen Sommerende; es nahm eine braune Farbe an. Im Tal aber mähten die Bauern den zweiten Schnitt und die Wiesen waren grün. Die Farbe läßt auf die Qualität schließen. Eine Überprüfung der Nahrungsqualität im Labor zeigte, daß zur Zeit der Rückwanderung im Spätsommer ein Durchschnittshirsch oben am Berg 11 Kilogramm des schlechten Grases fressen müßte, um seinen Eiweißbedarf zu stillen, im Tal aber deckte er ihn schon mit sieben Kilogramm pro Tag. Das ist nun Klugheit, aber ohne Einsicht in die Zusammenhänge, zu der Tiere nicht fähig sind.

Das Warten auf Nahrung

Viele Tiere warten, bis die Nahrung zu ihnen kommt. Das reduziert den Energieverbrauch in der Suche. Natürlich klappt das nur bei beweglicher Nahrung. Der Trauerfliegenschnäpper sitzt in den Zweigen und wartet auf ein ihm nahe kommendes Insekt, das er sich dann im geschickten Flug holt. Wichtig für ihn ist die Wahl der richtigen Warte. Viele Tiere, darunter Greifvögel, Eulen und Raubtiere, kombinieren das Suchen mit dem Warten. Der Habicht sitzt gerne in einer Baumkrone und hält Ausschau nach Beute, ähnlich jagt der Waldkauz oder die kleinste Eule, der Sperlingskauz. Vom Beutetrieb bewegt, fliegen diese geschickten Jäger im suchenden Jagdflug und landen zwischendurch immer wieder auf oft schon bewährten Aussichtswarten, von denen sie auf vorbeikommende Beute einen Angriff starten. Auch der Luchs sitzt gerne auf Baumstümpfen, umgefallenen Bäumen oder Felsen und wartet; erspäht er keine Beute, so schnürt er wieder suchend weiter. Schlangen warten oft stundenlang reglos auf eine Erdmaus oder einen Grasfrosch. Unter den Insekten sind ganze Gruppen hervorragend auf eine Ernährungsweise in dieser Art angepaßt. Am weitesten getrieben haben es die Spinnen. Ihre Vielfalt an Fallen und Netzen ist kaum zu überbieten. Dem Besucher im Wald fällt am ehesten das Kunstwerk der Radnetzspinnen auf, besonders dann, wenn die dünnen und kaum sichtbaren Fäden durch anhängenden Tau in der Sonne wie Perlen auf Schnüren leuchten.

Die Pflege von Nahrungstieren

Im Wald verstehen sich die Ameisen auf diese Art des Nahrungserwerbes. Das Sozialleben der Ameisen mit seinen höheren und niederen Kasten im Staatenverband ist schon so eindrucksvoll, daß man geneigt ist, ihnen einiges zuzutrauen. Die Art, in der sie mit manchen Blattläusen verbunden sind, mit Vorteilen für beide Seiten, erscheint dennoch zunächst verblüffend. Fast alle mitteleuropäischen Ameisenarten haben sich dem Honigtau, wie der Kot der Pflanzenläuse beschönigend heißt, soweit verschrieben, daß sie nur dort siedeln können, wo es auch Pflanzenläuse gibt. Im langen Zusammenleben mit Ameisen haben sich manche Läuse weit in deren Abhängigkeit begeben, zum Beispiel in der Kotabgabe. Die Läuse halten ihren Kot zurück und signalisieren den Ameisen ihre Bereitschaft mit aufgerichtetem Hinterleib und Pendeln der Beine.

Die Vorteile der eigenwilligen Beziehung sind beileibe nicht einseitig. Zwar besteht der Honigtau im wesentlichen aus Zucker und erklärt so die Vorliebe der Ameisen für dieses Produkt. Wie aber können die Pflanzenläuse daran

Melkende Ameisen.
Ameisen sind oft auf den nahrhaften Kot von Pflanzenläusen angewiesen. Sie halten sich gern einen »Stall« von diesen Tieren und umsorgen sie dort. Hier melkt gerade eine Waldameisen-Arbeiterin eine Blattlaus; sie stimuliert die Abgabe von Kottröpfchen. Manchmal geht das eigenartige Verhältnis soweit, daß keine Art ohne die Hilfe der anderen leben kann.

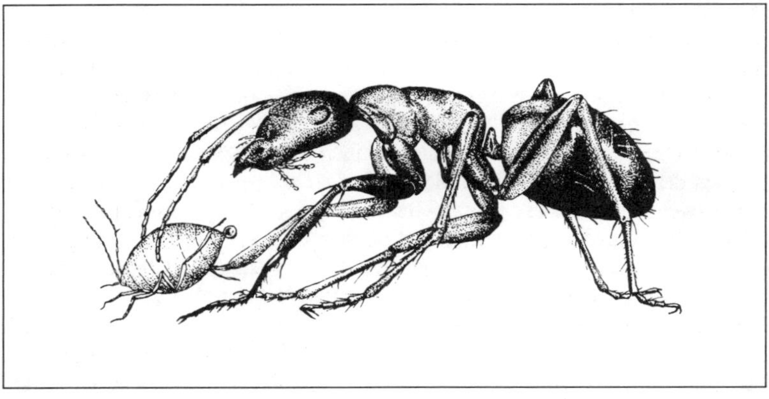

profitieren? Die Ameisen schützen ihre Pfleglinge beispielsweise vor Feinden, dem Marienkäfer und manchen Parasiten. Diese Gefahren werden von Arbeiterinnen in der Nähe der Lauskolonie abgewehrt. Eine Ameisenart baut sogar einen schützenden Pavillon, den »Läusestall«, über ihre kostbaren Ernährer. Andere wieder sammeln die Eier der Läuse von den Wirtspflanzen und bringen sie den Winter über in ihr Nest. Die Abhängigkeit geht in beide Richtungen sehr weit. Die Birkenrindenlaus kann überhaupt nur mit Ameisen zusammenleben. Hält man diese von ihr fern, so geht sie in wenigen Tagen zugrunde.

Was gefressen wird, muß auch verdaut werden

Die Fleischfresser haben es gut, weil sie leichter verdauliche und energiereichere Nahrung aufnehmen. Ihr Problem ist es, dieser wendigen Nahrung habhaft zu werden. Anders herum ist es bei den Pflanzenfressern: Ihre Nahrung ist oft reichlich vorhanden, und sie läuft nicht davon. Dafür ist sie schlecht und schwer verdaulich. Auch die zartesten Blätter sind für das Reh weniger ergiebig als der Hase für den Fuchs.

Nun leben die meisten Tiere von pflanzlicher Nahrung. Pflanzenfresser gibt es in großer Fülle unter den Insekten, den Vögeln, den Säugern bis zu den größten und imposanten Landtieren unserer Erde, den Elefanten. Sie alle ernähren sich von grünen Pflanzen. Das Angebot an pflanzlicher Nahrung übertrifft jenes an tierischer Nahrung nach Art und Umfang bei weitem. Das wissen wir inzwischen aus den Kenntnissen um Nahrungspyramiden.

Ein Sperber würde rasch verhungern, ebenso der Luchs, wollte man diese Tiere auch nur im Versuch auf pflanzliche Diät setzen. Ein höchst spezialisiertes Verdauungssystem ist nämlich zur Verarbeitung dieser widerspenstigen Kost nötig. Den Weg, den die Natur dabei beschritten hat, werden wir an zwei Tiergruppen, den Säugern und den Vögeln, aufzeigen. Doch zuvor ein Blick auf die Eigenschaften der Pflanzen selbst.

Sauerklee und Fichtennadeln

Am Waldboden steht im Sommer der zarte hellgrüne Sauerklee, manchmal einem Teppich gleich. Er wird gerne vom Reh gefressen. Die Nadeln und Triebe der jungen Fichten desselben Waldes dienen dem Reh ebenso als Nahrung. Nur: Das eine ist sehr leicht verdaulich, das andere schwer.

Die Eigenschaft einer Pflanze als Nahrung wird primär durch ihre chemische Zusammensetzung bestimmt. Sauerklee ist eiweißreich und arm an Stützgewebe (Rohfaser). Die steifen und kantigen Fichtennadeln lassen schon den hohen Rohfaseranteil vermuten. Ihr Eiweißgehalt ist vergleichsweise bescheiden. Die schwer verdaulichen Fichtennadeln sind deshalb nur Notnahrung in knappen Zeiten.

Neben diesen chemischen Eigenschaften beeinflußt der anatomische Aufbau von Pflanze und Zelle die Verdaulichkeit. Es lohnt sich, den Zellaufbau hinsichtlich der Anordnung verschiedener leicht und schwer verdaulicher

Substanzen zu betrachten: Die hochverdaulichen, eiweißhaltigen Zellinhalte können von den meisten Tieren zu 98 bis 100 Prozent verwertet werden. In den Zellen der Pflanzen ist dieser kostbare Inhalt von schützenden Zellwänden umgeben, die im wesentlichen aus Zellulose bestehen. Zellulose gibt der Zellwand Halt und Elastizität. Die Zellwände erschweren den Zugang zu den gut verdaulichen flüssigen Inhalten. Säugetiere produzieren nämlich in ihren Verdauungssäften keinen Stoff (Enzym), der Zellulose zersetzen könnte. Einige unter ihnen, wie die Wiederkäuer, bedienen sich dazu bestimmter mikroskopisch kleiner Organismen in Magen und Darm, die an ihrer Stelle Zellulose angreifen, abbauen und umsetzen. (Diese Tiere machen nach, was auch beim Zusammenspiel tierischer und pflanzlicher Zersetzer im Boden passiert.) Aber auch dann noch bleibt der Abbau von Zellulose ein langsamer Vorgang.

Das Verhältnis von Zellwand zu Zellinhalt ist daher ausschlaggebend für die Verdaulichkeit von Pflanzenteilen. Kräuter, junge Gräser, Früchte, Blätter und Triebspitzen enthalten im wesentlichen wenig Stützgewebe. Sie haben dünne Zellwände und sind leicht verdaulich. Bei den im Spätsommer trockenwerdenden Gräsern, den Zweigen von Bäumen und Sträuchern ist es anders: Sie haben viel Stützgewebe und sind rohfaserreich. Bei verholzenden Gewächsen sind die dickwandigeren Zellen tot und noch dazu ohne den wertvollen Zellinhalt. Oft haben solche Pflanzenzellen einen weiteren Bestandteil,

Zellstruktur und Nahrungsqualität.
Blätter, Zweige, Triebe, Knospen, Gräser, Kräuter – sie alle haben einen für sie typischen Zellaufbau. Die Art der Zellen bestimmt den Wert der Nahrung. Der Zellinhalt ist eiweißreich und leichtverdaulich. Um an ihn heranzukommen, muß die Zellwand abgebaut werden. Das geht bei vielen Tieren nur mit Bakterien. Dicke Zellen sind schwer zu knacken und haben nur wenig Inhalt.

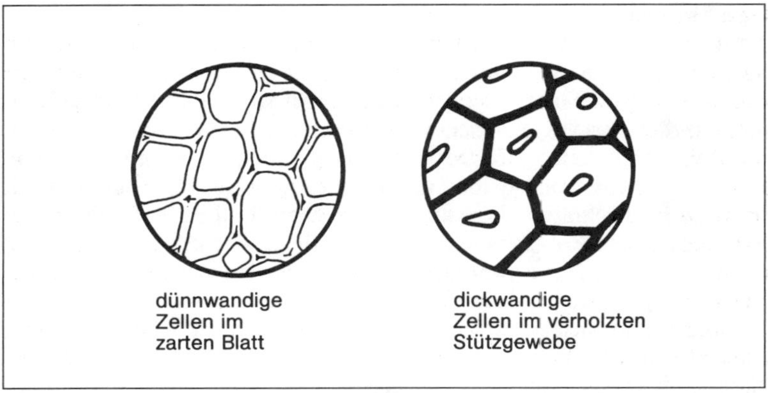

das Lignin, zur Erhöhung der Festigkeit eingelagert. Sie werden dadurch schwer verdaulich und für die meisten Tiere als Nahrung ungeeignet. Den geöffneten, leeren Zellen entfließt kein Zellinhalt mehr. Die eigentliche Verdaulichkeit pflanzlicher Nahrung wird daher von der Stärke der Zellwände, vom Verhältnis Zellwand zu Zellinhalt bestimmt.

> Rehe können mit vollem Pansen verhungern, dann nämlich, wenn sie nicht die hochwertige, leicht verdauliche Pflanzennahrung bekommen, die sie verwerten können, was ihnen fälschlicherweise das Etikett der Naschhaftigkeit eingetragen hat. Der Magen der Wiederkäuer ist eine Lebenswelt für sich: auf ein Gramm Panseninhalt kommen 35 Milliarden Bakterien. Sein Fassungsvermögen beträgt mehrere Kilogramm.

Säuger als Pflanzenfresser

Für die meisten pflanzenfressenden Tiere ist die Umwelt zwar »grün«, doch nur wenig davon ist als Nahrung geeignet. Dies liegt an der ungleichen Zusammensetzung der Pflanzenmaterie. Pflanzenfresser zeigen deshalb bestimmte Richtungen der Spezialisierung, die bei einzelnen Gruppen von Tieren sehr verschieden sind. Viele Kleinnager suchen sich hochwertige Pflanzenteile, die Samen und Früchte. Andere, wie das Reh, wählen unter dem Angebot ganz ausgeprägt die leichter verdaulichen jungen Gräser, Blätter, Triebspitzen und Kräuter. Das Ausmaß des Heraussuchens, des Selektierens von geeigneter Nahrung, ist verschieden ausgeprägt. Das Reh ist unter den Wiederkäuern ein großer Spezialist, was ihm fälschlicherweise den Vorwurf der Naschhaftigkeit eingetragen hat, in Unkenntnis der Zwänge, unter denen seine Nahrungswahl stattfindet. Rothirsch und Gams sind nicht in dem Maße auf die Auswahl so hochwertiger Pflanzenteile angewiesen, obwohl auch sie wie alle übrigen Tiere wählerisch sind. Sie können mehr an Gras verdauen als das Reh. Es gibt eben graduelle Unterschiede.

Für jene Tiere, deren Spezialisierung nicht in einer Beschränkung auf sehr hochwertige Pflanzenteile mündet, gibt es zwei weitere Möglichkeiten: Die bessere und gründlichere Verdauung der aufgenommenen Nahrung einerseits oder der raschere Durchlauf einer größeren Menge an Nahrung bei nur oberflächlichem Aufschluß. Der zweite Weg, das Fressen großer Mengen, kann im Wald nicht ausgeprägt sein, da das Angebot dafür zu gering wäre. Im Wald ist das Streben, mehr aus einer gegebenen Menge an Pflanzennahrung herauszuholen, weit mehr ausgeprägt. Hase und Kaninchen nehmen einen Teil der im Blinddarm zu Kügelchen geformten Produkte nach der Ausscheidung mit dem Maul auf und lassen diese ein zweites Mal den Verdauungstrakt passieren. Auch dies ist eine Möglichkeit der höheren Ausnutzung. Die höchste Vollendung in der gründlichen Ausnutzung pflanzlicher Nahrung erreichen die Wiederkäuer.

Die Mikrowelt des Wiederkäuermagens

Hirsch, Reh, Gams und Steinbock sind Wiederkäuer. Einmalig und kennzeichnend für diese Gruppen der Huftiere ist der vierteilige Magen. Er umfaßt den großen Vormagen oder Pansen, den Netz-, Blätter- und Labmagen.

Der Verdauungstrakt der Wiederkäuer ist um vieles größer, der Darm viel länger als bei Fleischfressern. Das hohe Fassungsvermögen ist eine Voraussetzung für den Ablauf komplizierter Verdauungsprozesse an faserreichem Pflanzenmaterial. Die erstaunliche Verdauungsleistung der Wiederkäuer resultiert aus einem Zusammenspiel mit einer Vielzahl mikroskopisch kleiner Lebewesen (Mikroorganismen) im Vormagen, dem Pansen. Unter diesen Mikroorganismen konnte eine ganze Anzahl von Arten bestimmt werden. Hauptsächlich sind es Bakterien, die in geradezu unvorstellbarer Menge im Pansen leben. Rund 35 Milliarden Bakterien entfallen auf ein Gramm Panseninhalt! Jeder Pansen faßt aber mehrere Kilogramm. Die zweite Gruppe dieser Pansentiere ist den Protozoen zuzuordnen, kleinen einzelligen und primitiven Lebewesen, die um einiges größer sind als Bakterien. Rund eine Million dieser Protozoen wurden auf ein Gramm Panseninhalt beim Rothirsch gezählt.

Das Verhältnis zwischen Wiederkäuer und Pansenorganismen ist das einer wahren Symbiose: Beide Teile ziehen daraus Vorteile. Die Bakterien und Protozoen bauen Zellwände ab. Sie spalten dabei Zellulose in für Wiederkäuer verwertbare Bestandteile. Als Gegenleistung für ihre Verdauungshilfe bietet der Pansen diesen anfälligen Kleinstlebewesen eine konstante und gesicherte »Umwelt«.

Die pflanzenfressenden Huftiere müssen ihren Nahrungsbedarf in unseren Wäldern zum Teil durch Triebe von Sträuchern und kleinen Bäumen decken. Das ist gerade im Winter so, da dann die Bodenvegetation minimal und von schlechter Qualität ist. Nur durch dieses wahre Wunderwerk schaffen sie das überhaupt. Wiederkäuer sind ein Versuch der Natur, mit schlechter Nahrung fertigzuwerden. Die Tiere haben diese Anpassungen nicht – wie früher geglaubt wurde –, um rasch zu fressen und um dann, an einem vor Feinden sicheren Ort, in aller Ruhe wiederzukauen.

Der Magen der Vögel

Vögel stehen grundsätzlich vor dem gleichen Problem. Auch ihr Magen hat eine doppelte Aufgabe: auf mechanischem Weg die Nahrung zu einem Brei zu zermahlen und als Ort für chemische Verdauungsvorgänge zu dienen. Dazu hat der Vogelmagen zwei deutlich voneinander trennbare Abschnitte, den Drüsenmagen und den Muskelmagen. Bei pflanzenfressenden Vögeln ist der Muskelmagen zu einem richtigen Kaumagen ausgebaut und ersetzt funktionell die Mundhöhle und die Zähne der Säugetiere.

Pflanzen- und besonders samenfressende Vögel nehmen noch zusätzlich kleine Steinchen auf, um die zerreibende Kraft zu verstärken. Auf diese Weise wird der Magen zur richtigen Mühle. Der dabei erzeugte Druck ist ganz beachtlich. Beim technischen Stand heutiger Forschung kann dieser Druck an lebenden Vögeln ganz genau gemessen werden. Doch schon Reaumur, den wir eher wegen seiner inzwischen aus der Mode gekommenen Temperaturskala kennen, hat gezeigt, daß ein Truthahn in seinem Magen eine Metallröhre zermahlen kann, die erst bei einem Druck von 36 Kilogramm bricht. Dem nordamerikanischen Truthahn, einem Waldvogel, ist das Auerhuhn in unseren Wäldern ähnlich. Bei hoher Schneelage vermag ein Auerhahn bei nichts weiter als den spröden und dürftigen Fichten- oder Kiefernnadeln zu überleben. Das macht ihm sobald kein anderer Vogel oder Säuger nach. In der letzten Zeit hat man im Darm mancher Vögel Bakterien gefunden, die hier Zellulose aufschließen, ähnlich wie im Verdauungstrakt der Wiederkäuer.

Bei den fleischfressenden Eulen und Greifvögeln sieht der Magen natürlich anders aus. Er gleicht hier eher einem dehnbaren Sack, mit rückgebildeter Muskulatur.

Die Vögel zeigen eine außergewöhnliche Vielfalt in der Ernährung. Kaum eine Nahrungsquelle bleibt ihnen verschlossen, außer jener, die im Verhältnis zu ihrem Gewicht energiearm ist. Das ist der Preis fürs Fliegen. Diese Anpassungsfähigkeit und die Fähigkeit, durch Fliegen überall hin zu können, erlaubt ihnen, eine Vielzahl von ökologischen Nischen zu erschließen: Im Wald finden wir sie überall, als Pflanzenfresser, als Fleischfresser, sogar als Endglied in der Zersetzer-Kette.

Ein Platz zum Leben

Jedes Tier kommt mit den arttypischen körperlichen Verhaltensmerkmalen zur Welt. Damit ist seine ökologische Nische bereits vorgegeben. Woher »weiß« die Haselmaus und woher »weiß« der im hohlen Baum geborene Schwarzspecht, welcher Ausschnitt aus dem Wald ihnen am besten zusagt? Wie wählen sie den für sie richtigen Lebensraum?

Wie findet die Kohlmeise ihren Lebensraum?

Einiges deutet auf die Prägung mancher Tiere hin, eine Prägung auf den Lebensraum, in dem sie geboren wurden. Doch das erklärt noch nicht alles. Bei vielen Vögeln scheint die Suche nach geeigneten Nistplätzen über ein ihnen angeborenes Suchbild zu gehen. Bei Höhlenbrütern kann man sich das auch ganz gut vorstellen. Wie aber findet die Misteldrossel den richtigen Nistplatz, den sie sich im Gezweig von Bäumen sucht? Misteldrosselnester, wie die aller anderen Vögel auch, sind nicht zufällig angelegt, sondern sie zeigen innerhalb der Arten hohe Übereinstimmung in der Nistplatzwahl.

Bei einigen Arten weiß man schon, daß sie eine bestimmte Dichte des Gezweigs aussuchen aufgrund angeborener Vorstellungen. Für Vögel des Waldes scheint kein einfacher Grund, sondern ein mehrfächeriger Mechanismus zur Wahl des Lebensraumes zu führen: Prägung auf das Erscheinungsbild, in dem der Vogel zur Welt kam; angeborene Vorzüge für bestimmte Strukturen des Waldes und schließlich die Tendenz, in der Umgebung des Ortes zu bleiben, in der der Vogel großgeworden ist, oder auch dorthin zurückzukehren.

Planstellen in der Natur

Die Wahl des richtigen Platzes zum Leben führt nun zu einer ganz charakteristischen Verteilung der Tiere im Lebensraum Wald, wobei es gerade den flugfähigen Vögeln sehr gut gelingt, den geräumigen, dreidimensionalen Lebensraum des Waldes vom Boden bis zum höchsten Baumwipfel zu besetzen.

Jede Art tut das auf ihre Weise, die in keinem Fall mit der einer weiteren, im gleichen Wald lebenden Vogelart identisch ist. Es gibt nur Überlappungen. Fressen zwei Arten Verschiedenes, so können sich die Raumausschnitte, in denen sie sich bevorzugt aufhalten, sehr ähnlich sein. Das ist zum Beispiel bei Fliegenschnäppern so, die sich den Raum mit Meisen teilen. Der eine wartet auf fliegende Insekten, der andere holt sie sich in flinker Suche von den Zweigen.

Sind aber die Nahrungsgewohnheiten ähnlich, dann liegen die räumlichen Schwerpunkte meist weiter auseinander. Kohlmeise und Blaumeise sind dafür Beispiele: Sie fressen ähnliche Insekten, nur holt der eine Vogel sie mit Vorliebe aus den Kronen – der andere aus Krautschichten.

Sind viele Vogelarten im Wald und ist dadurch die Konkurrenz recht groß, dann ist die Nische der Arten eingeengt auf jenen Bereich, an den sie am besten angepaßt sind. Dort ist ihre Konkurrenzkraft am größten, da sind sie auch den anderen Arten überlegen. Die Randbereiche geben sie meist kampflos auf.

Man kann auch ein umgekehrtes Gedankenexperiment durchspielen: Nimmt man eine Art aus dem Wald völlig heraus, was so leicht gar nicht ist, so dehnen die benachbarten Vogelarten ihre Nische nach dorthin aus, wo sie sich zuvor bei der Konkurrenz nicht behaupten konnten. Die sogenannte ökologische Einnischung der Arten führt nun dazu, daß jeder Wald möglichst gut ausgefüllt ist. Man kann sich das auch so vorstellen: Die in einem größeren Gebiet vorhandenen Vogelarten versuchen sich alle zu behaupten. Die weniger angepaßten und konkurrenzschwächeren schaffen es nicht. Sie müssen wieder weichen.

Im Endeffekt sind die Arten des Waldes so verteilt, daß dieser möglichst vollgepackt ist. In einem Wald von bestimmter Erscheinungsform finden wir deshalb auch immer dieselbe Kombination von Vögeln. Für einen Buchenwald sind diese Vogelarten in der Tabelle beispielhaft angegeben. Diese Zusammenhänge zu verstehen ist deshalb wichtig, weil dadurch deutlich wird, daß jeder verändernde Eingriff in den Wald auch eine Veränderung der Zusammensetzung von Vogelarten erzwingt. Das kann von Vögeln auf alle Tierarten des Waldes übertragen werden.

Die Vögel im Buchenwald

Ökologische Nische	Vogelart
Fliegenschnappende Arten	Gartenrotschwanz Grauschnäpper Trauerfliegenschnäpper
Insektenfressende Arten auf Blättern a) in der Baumkrone	Waldlaubsäuger Zilpzalp Fitis Wintergoldhähnchen
b) in der Strauchschicht	Gelbspötter Gartengrasmücke Mönchsgrasmücke Dorngrasmücke
Insektenfressende Arten auf Ästen, Zweigen und Stämmen a) Äste und Zweige	Blaumeise Sumpfmeise Kohlmeise
b) Stammoberfläche	Kleiber Waldbaumläufer Gartenbaumläufer Zaunkönig
c) Stamm	Buntspecht
Arten fressen am Boden	Amsel Singdrossel Buchfink Rotkehlchen Heckenbraunelle
Raubvögel a) Nachtgreife	Waldkauz
b) Greifvögel	Sperber
Arten fressen überwiegend Samen und Früchte	Grünling
»Allesfressende« Arten	Kernbeißer Ringeltaube Hohltaube Pirol Eichelhäher
Gelegenheitsräuber	Rabenkrähe

Planstellen für Vögel.
Auf verschiedenen Kontinenten formt in vergleichbaren Wäldern eine unsichtbare Kraft die Vögel zu ähnlichem Aussehen: Die beiden Reihen links zeigen insektenfressende Vögel in einem nordamerikanischen Wald, die rechten Reihen zeigen die Vögel eines vergleichbaren südamerikanischen Waldes. Auch in den entsprechenden Wäldern Europas und Afrikas lebt diese Kombination von Vogeltypen.

Für jedes Handwerk eine Zunft

Leere Räume bleiben in der Natur höchstens vorübergehend unausgefüllt. Wo immer sich Leben halten kann, gibt es das Streben nach einer möglichst gründlichen Ausnutzung der Umwelt. Überall und unabhängig voneinander werden Arten auf die Planstellen im Wald, die typischen ökologischen Nischen dieses eigenwilligen Lebensraumes, zugeschnitten.

Da ist zum Beispiel die Nische des Spechtes. Es ist jene Planstelle, deren Inhaber sich die Nahrung (Insekten) unter der Rinde und im Holz sucht. Diese ökologische Nische ist in allen Wäldern der Erde, überall dort, wo es Bäume gibt, vorhanden. In unseren Wäldern teilen sich gleich mehrere Spechte diese Nische.

In den Bergmischwäldern des Alpenraumes oder des Bayerischen Waldes hört man im Frühjahr am frühen Morgen den Trommelwirbel der Spechte. Hier sind es meist zwei Arten: der seltene Weißrückenspecht, der alte Laubbäume, Buchen und Bergahorne, absucht und von hier auch sein Trommeln ertönen läßt. Etwas häufiger hört man im selben Wald den Dreizehenspecht, der wiederum auf Fichten, zumindest Nadelbäume, spezialisiert ist. Die beiden teilen sich somit die Spechtnische. Gelegentlich hört man auch den viel größeren Schwarzspecht, der beides, Laub- und Nadelholz, zu bearbeiten versteht. Er ist doppelt so groß wie die beiden anderen Kleinspechte. Deshalb versteht er es auch, mit seinem viel kräftigeren Kopf und Schnabel »größere Probleme« zu lösen. Somit leben drei verschiedene Arten im Bergmischwald. Sie teilen sich die allgemeine Planstelle Specht durch unterschiedliche Spezialisierung.

Nun gibt es aber Wälder in anderen Erdteilen, in denen unsere Familie der Spechte gar nicht vorkommt. Ihre Planstelle bleibt aber auch dort nicht unbesetzt. Andere Tierarten, nicht nur Vögel, sondern auch Beuteltiere und Säugetiere, haben sich auf diese ökologische Nische spezialisiert. Es fällt nicht schwer, nach weiteren ökologischen Nischen, nach Planstellen zu suchen, die ähnlich gut umrissen werden können, wie es bei der Nische der Spechte der Fall ist, und die oft auch von mehreren koexistierenden Arten ausgefüllt werden.

Zum Beispiel die Nische der Taggreifvögel im Wald: Habicht und Sperber besetzen diese, Vögel, die sich sehr ähnlich sind, nicht nur im Äußeren, sondern auch in der Jagdweise. Der Habicht ist aber deutlich größer als der Sperber, und dementsprechend teilen sie die Beute auf: Beide fressen Säuger und Vögel, der eine die größeren, der andere die kleineren mit nur geringfügiger Überlappung. Bei Beutetieren in der Größe einer Drossel treffen sich die Ansprüche der beiden.

Von der Vielfalt der Insekten

Die Planstellen für Insekten sind im Wald am zahlreichsten. Auch sie können durch ihre Beweglichkeit alle Bereiche erschließen, durch ihre geringe Größe sogar bis in das Innere der Bäume vordringen. Im Wald nutzen sie das Spektrum praktisch von der Wurzel bis zur Triebspitze.

Ein Beispiel sei herausgegriffen, nämlich die in der Rinde lebenden Insekten und unter ihnen der Buchdrucker. Der schöne Name gehört einem Borkenkäfer, einem Spezialisten für das Leben zwischen Rinde und Holz. Von den Forstleuten ist er wegen seiner Fähigkeit zu außergewöhnlicher Massenvermehrung und Waldvernichtung gefürchtet. Sein Leben verbringt der Käfer überwiegend in der Fraßpflanze. Die Weibchen legen Eier unter der Rinde oder im Holz in Muttergängen ab. Etwa quer dazu verlaufen die Larvengänge, an deren Ende sich die Nachkommen verpuppen. So entsteht das typische Fraßbild des Borkenkäfers.

Der Buchdrucker entwickelt sich in liegenden, vom Sturm geworfenen Fichten oder auch in stehenden, durch Trockenheit oder durch andere Insekten geschwächten Fichten massenhaft. Von dort aus kann er auch auf gesunde Bäume übergehen.

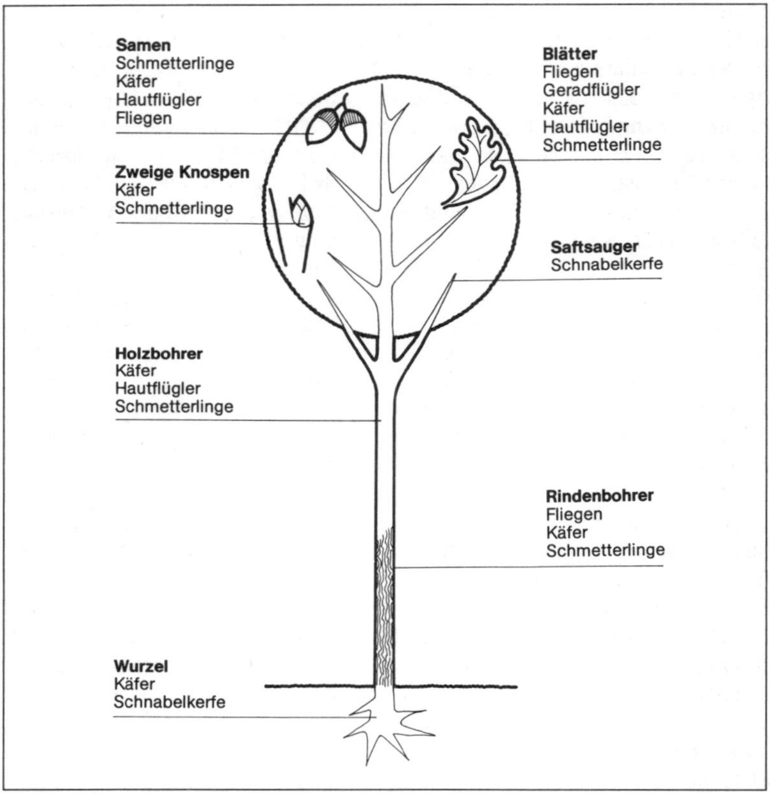

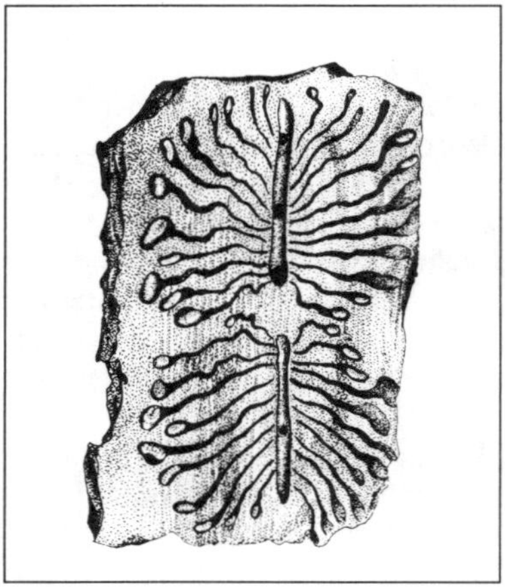

Insekten und Bäume.
Insekten fressen Knospen, Zweige, Blätter, Samen und Wurzeln von Bäumen. Sie bohren in Stamm und Rinde und ernähren sich dort. Einige saugen den Pflanzensaft. Die wichtigsten Insektenordnungen, die von Bäumen leben, sind am schematischen Baum angeführt (oben).

Die Planstelle des Buchdruckers.
Dieser fünf Millimeter kleine Käfer lebt zwischen Rinde und Holz. Das Fraßbild in der Rinde wird oft zum Schrecken des Forstmannes. Seine Vermehrung ist eine Gefahr für Fichtenwälder außerhalb der natürlichen Verbreitung der Fichte.

An den Boden gebunden

Noch sehr dürftig ist die Kenntnis über die ökologische Rolle der Säugetiere im Wald. Wenigstens halbwegs bekannt ist die Lebensweise der größeren und jagdlich wie forstlich wichtigen Schalenwildarten Reh und Rothirsch. Schon viel weniger fundiert ist das Wissen über Fuchs und Dachs im Wald. Ähnlich ist es mit dem Hasen. Studien haben sich bisher mit dem Hasen dort befaßt, wo er häufig ist, nämlich in der Feldflur. Der Hase im Wald dagegen ist ein fast unbekanntes Wesen, und die Welt der Kleinsäuger beschäftigt nur wenige Spezialisten. Dem Laien sind die Arten so gut wie unbekannt. Im Wald leben die eher plumpe Rötelmaus und die Erdmaus als waldbewohnende Wühlmäuse und die flinkeren Langschwanzmäuse Wald- und Gelbhalsmaus. Faßt ein Feind bei ihnen nicht präzise zu, was bei den flinken Mäusen öfter passiert, so überlassen sie ihm die Haut ihres langen Schwanzes, ohne dadurch geschädigt zu sein. Eine solche Schwanzhaut – ohne Maus – ist gelegentlich im Magen von Marder oder Hermelin zu finden.

Dann leben in vielen unserer Wälder die nachtaktive Haselmaus und der Siebenschläfer, ebenso die insektenfressende Waldspitzmaus.

Mauswiesel und Hermelin sind Spezialisten der Mäusejagd. Sie dringen in die Behausung der Beute und überraschen diese dort. Der Marder ist eher ein generalisierter Räuber, ähnlich dem Fuchs, der kleine Säuger und Vögel frißt. Wer beides fangen möchte, gleicht einem Leichtathleten im Mehrkampf. Er muß so manche Technik beherrschen.

Nur wenige Säugetiere haben den Boden verlassen. Ihnen bleibt, im Vergleich zu den flugfähigen Insekten und Vögeln, so manche Planstelle verschlossen. Daß auch sie nach einer möglichst vollständigen Ausnutzung der Lebensmöglichkeiten im Wald trachten, zeigen jene wenigen Arten, die eine bemerkenswerte Kletterfähigkeit entwickelt haben. Hierzu gehören beispielsweise das Eichhörnchen und der Marder.

> Hier endet fürs erste die Betrachtung der Tiere im Wald. Sie geschah rein ökologisch, in einem abstrakten Wald sozusagen. Die Wirklichkeit der Tiere im Försterwald folgt später.

Sucht man nach einem Wirkfaktor, der wie kaum ein anderer Leben und Geschichte unserer Vorfahren geprägt hat, so wird man den Wald finden. Er war vieles nacheinander und manches zugleich: der Feind, den man mit Feuer und Axt zurückschlug; der Beschützer, in dessen dunkle Unwegsamkeit man sich zurückzog vor fremden Kriegshorden. Er war der Ernährer des Viehs und des Herdfeuers. Er begründete als Quelle früh nutzbarer Energie Städte und Handwerke, ja die ersten Industrien. Er war fürstliche Belohnung für die Freien und schmachvolle Fron für die Unfreien. Er war stets ein Mittel der Politik und oft genug ihr Zweck. Er war Anlaß für frühe Gedanken – ökonomische, wissenschaftliche, dichterische. Er war profanes Holz und metaphysisches Heil. Er war und ist Feuer und Wasser, Luft und Erde, Zuflucht der Tiere und der Menschen – noch immer, und dies immer mehr.

Je weiter wir uns von der Natur entfernen, um so intensiver suchen wir ihn. Dem Drang des modernen Menschen ans Wasser, der oft einer Völkerwanderung gleichkommt und seinen tiefsten Grund wohl in unserem Ur-Sprung aus dem Wasser hat, ist, aus ähnlichen Gründen, nur der Drang in den Wald gleichzusetzen.

Nach der Biologie des Baumes, der Soziologie des Waldes und der Ökologie seiner Tiere nun seine Geschichte, die auch die unserige ist. Der Wald zwischen Bronzeaxt und Entrindungsmaschine, sein Gestaltsverlust durch Rodungen, sein Charakterwandel vom Laubwald zum Nadelwald.

Mensch und Wald

Richard Plochmann

Richard Plochmann, Jahrgang 1924, holte sich das Holz für seinen Lehrstuhl mit der Axt in der Hand aus dem Wald: 1953 arbeitete er als Holzfäller in Kanada. Zuvor hatte er in München Forstwissenschaft studiert. Er war bayerischer Forstmeister in Reit im Winkl und in Murnau, Gastprofessor in USA und Konrektor der Universität München, an der er seit 1968 eine Professur für Forstgeschichte und Forstpolitik innehat. Plochmann ist leidenschaftlicher Jäger, der gleichwohl aus Sorge um den Wald zu manchen Erscheinungsformen heutigen Jagens öffentlich auf Distanz gegangen ist. Er trat damit – was die negativen Auswirkungen eines zu hohen Wildbestandes auf Verjüngung und Baumartenreichtum unserer Wälder angeht – in die Reihe so eminenter bayerischer Jagdkritiker wie Wölfle und Köstler. Nur in der Hirschbrunft geht ihm Wild vor Wald.

Den Anteil des Waldes an der Fläche eines Landes, seine Verteilung, ja selbst seine Zusammensetzung aus Laub- und Nadelbäumen, erkennt man am besten aus der Luft. Wer an einem schönen Tag von München nach Hamburg fliegt, dem bietet sich aus der Vogelschau ein buntes Mosaik aus Acker, Wiese und Wald dar. Die großen Waldlandschaften der Rhön und des Harzes grenzen sich von den landwirtschaftlichen Produktionsgebieten der fränkischen Platte oder denen um Deister und Leine ab. Selbst die Vorherrschaft von Fichte und Kiefer im deutschen Wald kann dem achtsamen Auge nicht entgehen.

Hätte ein Mensch der Steinzeit, etwa 5000 Jahre vor Christi Geburt, die gleiche Strecke schon zu fliegen vermocht, eine völlig andere Landschaft wäre unter ihm gelegen: Wald von Horizont zu Horizont, nur gelegentlich unterbrochen von Sumpf und Moor, See oder Fluß. Aus dem Vlies der Laubwälder, das Hügel, Berge und Ebenen überzog, hätte er nur in den Kammlagen der Gebirge schmale Fichtenbänder wahrgenommen, als dunkelgrüne Borte am hellgrünen Waldkleid. An ihren breiten Kronen wäre die weite Verbreitung und die Vorherrschaft der Eichen zu erkennen gewesen.

Deutschland war damals ein Eichenland, wie uns die Pollenarchive der Moore lehrten. Es waren aber ganz sicherlich keine Eichenwälder, wie wir sie heute im Spessart, in der Pfalz oder im hessischen Reinhardswald finden und so leicht durchwandern können. Die urwüchsige Kraft des Waldes war noch nicht gebändigt. Blick und Schritt wurden durch das Gestrüpp der Büsche und Sträucher gehemmt; wo Löcher und Öffnungen im Schirmdach der Baumkronen sich auftaten, sperrten Astgewirr und die Stammwalzen gefallener Baumriesen den Weg oder ragten die bizarren Formen stehender Baumleichen in den Himmel.

Urwälder sind schwer zu beschreiben. Wer eine, wenn auch nur unvollkommene Vorstellung gewinnen möchte, wie der Urwald bei uns vor 7000 Jahren ausgesehen haben könnte, der sollte nach Bentheim in Nordrhein-Westfalen fahren. Dort haben die Fürsten zu Bentheim und Steinfurt in einem Eichenwald seit Jahrhunderten kein Holz mehr geschlagen. Wir, die wir an sauber aufgeräumte Wälder gewöhnt sind, können uns nur schwer vorstellen, daß ein solches chaotisches Waldland den Menschen der Steinzeit alles bot, was sie zum Leben benötigten. Sie fischten in den Flüssen und Seen vom Einbaum aus mit Reuse und Bastnetz; sie jagten mit Stoßlanze und Wurfspeer, mit Pfeil und Bogen. Der Hund war schon ihr Begleiter auf der Jagd und ihr Wächter am Lager.

Aber die Jagd spielte im Leben dieser Waldmenschen schon nicht mehr die gleiche Rolle wie bei ihren Ahnen, die am Ende der Eiszeit in waldlosen Tundren und Steppen den großen Herden der Rentiere, Wildpferde und Moschusochsen nachstellten. Treibjagden, wie sie von Jägern der mittleren Steinzeit bezeugt sind, etwa durch die Knochenreste von über 100 000 Wildpferden am Fuß der Felsabstürze von Solutré in Frankreich, waren nun, wo Wald das Land bedeckte, unmöglich geworden.

Die Wiederbewaldung der Tundren und Steppen, in einigen Jahrtausenden vollendet, veränderte die Welt für Mensch und Tier. Wer nur im offenen Land zu leben verstand, wanderte ab oder starb aus. Zum Wald gehörten andere Bewohner. Die Beutetiere des Menschen, Auerochs, Elch, Hirsch oder Wildschwein, durchzogen ihn nicht in großen Herden, sondern einzeln oder in Rudeln und Rotten. Im Wald war es zudem schwerer, die Tiere zu erlegen. Zwar gelang es dem Menschen, sich vom Tundrenjäger zum Waldbewohner zu wandeln, doch nur um den Preis tiefgreifender Lebensänderungen. Das Sammeln von Waldfrüchten – Beeren, Pilze, Wildobst – und der Fischfang wurden nun wichtiger als die Jagd.

Wenn wir die Funde im Torf der Moore oder im Schlick der Seeverlandungen richtig deuten, dann hat der Mensch die Wiederbewaldung unseres Raumes mit einem Sinken seines Lebensstandards und seiner Kultur bezahlt.

Ob auch er im winterkahlen Laubwald Mitteleuropas, ähnlich den Pygmäen der tropischen Regenwälder, allmählich verkümmert wäre, ist müßige Spekulation. Im fünften vorchristlichen Jahrtausend wanderten, aus dem Osten kommend, Menschen in unseren Raum ein, die schon Bauern waren. Es begann für Wald und Mensch eine neue Ära.

Was kümmert's die Eiche, wenn der Mensch sich daran scheuert?

Um nicht vom Jagen, Fischen oder Sammeln abhängig zu sein, um vielmehr selbst zu erzeugen, was man zum Leben braucht, sind Haustiere und Kulturpflanzen Voraussetzung. Der Bauer, der nach Mitteleuropa kam, hatte beides. Er brachte Einkorn und Zwergweizen, Saubohne und Linse ebenso mit wie Rind, Schwein, Schaf und Ziege. Was er hier suchte, aber im Waldmeer nicht fand, das war Grasland, Steppe, tauglich als Weide und Acker. Die Wälder aus Eiche und anderen Laubbäumen boten aber nur eine schlechte Weide, und bevor ein Getreidekorn in die Erde gelegt werden konnte, mußten die Bäume gerodet werden.

Bis vor wenigen Jahrzehnten hatte man den Einwanderern der Steinzeit das Roden des Eichenwaldes mit Feuer und Steinaxt nicht zugetraut. Man nahm an, sie selbst seien gerade noch rechtzeitig vor dem Wald eingetroffen und hätten durch ihren Landbau seine weitere Ausbreitung verhindert. Heute, nachdem wir aus der Verteilung der in Mooren gefundenen Blütenpollen der Bäume den entwicklungsgeschichtlichen Ablauf der Wiederbewaldung nach Zeit und Baumfolge rekonstruieren können, ist klar, daß diese Bauern ihre neue Heimat dem Wald abringen mußten.

Den Ursprung dieses Bauernvolkes kennen wir ebensowenig wie den Grund, warum es die heimatlichen Grassteppen im Osten verließ. Seine Not, Land zu finden und sein Vermögen, mit allen Schwierigkeiten fertigzuwerden, muß größer gewesen sein als die Furcht vor dem dunkel-drohenden Wald, die aus Märchen und Sagen spricht und selbst uns Heutige noch im lichtlosen Kunstforst zu überfallen vermag. Vielleicht sogar nahmen sie alles dies in Kauf, um im Wald Schutz vor Feinden zu finden.

Die landhungrigen Einwanderer wußten jedenfalls genau, wonach sie suchten: fruchtbare Böden in mildem Klima. Zu finden war dies nur in jenen Beckenlandschaften, in denen die Stürme der Nacheiszeit den feinen Staub, den sie nach dem Abschmelzen der Gletscher aus dem nackten Boden auswehten, zu meterdicken »Lößböden« abgelagert hatten. In den sogenannten Gäulandschaften, wie dem Ries um Nördlingen, der Wetterau nördlich von Frankfurt am Main oder der Magdeburger Börde, die alle noch heute beste landwirtschaftliche Produktionsgebiete sind, setzten sie sich zuerst fest. Weite Gebiete dazwischen blieben unbesiedelt. Im Wald zu siedeln, heißt Wald beseitigen, heißt roden. Auch wir roden heute noch fast einen halben Quadratkilometer jeden Tag, aber kaum noch, um Acker oder Weide zu gewinnen, sondern für Straßen, Siedlungen und Industrieanlagen. Für uns ist Roden eine Frage des Abwägens zwischen Fortschrittsgewinn und Lebensqualitätsverlust, aber kein technisches Problem. Den Motorsägen kann kein Baum und den Schubraupen mit Räumschild und Reißhaken kein Stock oder Stumpen widerstehen. Wer Wald aber mit Steinaxt und Feuerschwamm beseitigen mußte, sah in jedem gewonnenen Quadratmeter den Fortschritt.

Wie man Wald allein mit Haumesser, Axt und Feuer rodet, zeigen uns Siedler in den tropischen Wäldern Afrikas, Ostasiens und Lateinamerikas noch heute drastisch. Waldflächen, größer als jene Deutschlands, werden dort jedes Jahr abgehauen und abgebrannt, um Felder zu gewinnen. Viel anders als an Kongo und Amazonas heute wird es mit der Steinaxt vor 4000 bis 7000 Jahren auch an Main und Elbe nicht zugegangen sein, nur langsamer und mühseliger.

Rodung begann hier stets mit dem Abschlagen der Sträucher und schwacher Bäume. Bei den starken sparte man sich das Fällen. Sie wurden nur geringelt, das heißt, die Rinde wurde rings um den Stamm in Manschettenform abgeschlagen, damit der Baum wegen des unterbrochenen Wassernachschubs abstarb. Vor dem letzten Akt, dem Brennen, mußte allerdings das abgeschlagene Material so stark austrocknen, daß nach dem Entfachen eines heißen Feuers alles Reisig, aber auch das stärkere Holz von den Flammen aufgezehrt werden konnte. Das Ergebnis war noch lange kein Acker. Aber es ließ sich nun ein Stück Boden anbauen. Zwischen liegenden und stehenden Baumleichen, zwischen Stöcken und Stumpen zieht der Caboclo im brasilianischen Urwald so noch heute seine ersten Saatfurchen.

Jahr für Jahr hat der Steinzeitbauer so die Fläche des Getreidelandes um ein neues Stück erweitert. Viel Ackerland brauchte er ohnehin nicht, denn lebenswichtiger als die Feldfrüchte war das Vieh. In seinen Haustieren hatte der Bauer überdies einen mächtigen Helfer gegen den Wald. Rind, Schaf, Ziege und Schwein lebten ja sommers und winters in ihm und von ihm. Sie bewirkten, langsam, aber sicher, das gleiche Ergebnis wie Axt und Feuer: Aus Urwald wurde unter dem Biß des Viehs allmählich lockerer Weidewald und aus ihm letztlich baumlose Weide. Von ihr zum Acker war dann der Weg weder weit noch besonders schwer. Vergleichbar den Jahrringen am Baum mögen so die Rodungsinseln der ersten Bauernhöfe im Waldmeer gewachsen sein, immer in der Gefahr, vom Wald wieder überwachsen zu werden.

Wo sie sich zu halten vermochten, entstanden kleine Dörfer mit einhundert bis zweihundert Menschen. Am Federsee in Oberschwaben grub man eines aus. Aber mehr als Mottenlöcher im Waldpelz waren sie alle zusammen nicht. Ähnlich den Jägern und Sammlern, die wohl noch, ehe sie untergingen, bis zum Ende der Steinzeit im Wald lebten, waren auch die neben ihnen siedelnden Bauern keine Kraft, die es vermocht hätte, ihre Umwelt tiefgreifend zu verändern. Dazu waren die Werkzeuge zu schwach, die Zahl der Menschen zu gering, und die Fläche, die sie dem Wald abrangen, zu klein.

Bevor die Römer kamen

Wer die Geschichte des mitteleuropäischen Waldes gelesen hat, weiß, daß sie noch voll im Fluß war, als die ersten Bauern siedelten. Es fehlten diesem Wald noch eine ganze Reihe von Baumarten, die inzwischen zu Stars im Baumensemble zählen, etwa Buche, Hainbuche oder Tanne. Sie waren aus den mediterranen Rückzugsgebieten, in denen sie die Eiszeiten überstanden hatten, gerade erst wieder eingewandert, als der nächste entscheidende Schritt in der langen Geschichte von Wald und Mensch erfolgte.

Es wird um 2500 vor Christi Geburt gewesen sein, als ein Bauer sein Steinbeil fortwerfen und zur Bronzeaxt greifen konnte. Weniger Kraft und weniger Zeit waren nun nötig, um mit dem neuen Werkzeug im Wald das gleiche zu leisten. Es steckte aber viel mehr hinter diesem Ereignis als nur eine Arbeitserleichterung. Das neue Metall mußte ja gewonnen und bearbeitet werden. Dazu war Holz als Energiequelle ebenso unentbehrlich wie Werkzeuge und Geräte, für die man es gleichfalls benötigte. Zu den Metallen kamen nur wenig später Salz und Glas als neue Produkte, die man tauschte und mit denen man handelte. Wald wurde damit neben Weide, Jagdgrund und Holzlieferant für Hof und Herd erstmals auch zur Rohstoffquelle für eine Güterproduktion, die nicht mehr allein der eigenen Versorgung diente. Was immer man nun erzeugte, ob man Erze abbaute, sie schmolz und ausschmiedete, ob man aus Quarzsanden, Holzasche und Kalk Glas fabrizierte, ob man aus Salzwasser, der Sole, Salz eindunstete, Wagen baute oder Bottiche herstellte – nirgends ging es ohne Holz als Brennmaterial und Werkstoff.

Die Herstellung von Metallen, Salz, Glas oder komplizierterer Geräte erforderte aber – um so mehr, je besser man die Technik der Herstellung zu meistern lernte – spezielle Kenntnisse und Fähigkeiten. Nicht jeder konnte mehr alles. Als der Bauer gezwungen war, Werkzeuge und Geräte von anderen einzutauschen, ging ihm seine volle Selbständigkeit verloren. Aber auch der Handwerker hatte nicht die Zeit, seine Nahrungsmittel selbst anzubauen. Der Beginn einer arbeitsteiligen Wirtschaft war damit erreicht.

Im Wald hatte sich der Kreis seiner Nutzer also erheblich erweitert. Damit wuchs auch der Umfang und das Ausmaß der Eingriffe in ihn, auch wenn sie sich noch in engen Grenzen bewegten. Immerhin, im Süden Deutschlands, der von einer keltischen Oberschicht beherrscht wurde, traten mit dem Aufblühen von Handwerk und Handel zu den Dörfern die ersten Städte, die *oppida.* Wieviele Menschen in ihnen lebten, läßt sich kaum abschätzen. Aber ein oppidum wie Kelheim an der Donau, dessen Mauern sechseinhalb Quadratkilometer umschlossen, muß in ihnen schon eine ganz beträchtliche Zahl von Bewohnern geborgen haben. Sie mit Nahrung zu versorgen, war ohne ausgedehntes Ackerland unmöglich. Die Stadt hatte sicher auch einen beachtlichen Bedarf an Bau- und Nutzholz, vor allem auch an Holzkohle und Brennholz. Aufs ganze gesehen, hat aber all dies am Waldbestand nicht viel und am Waldzustand wohl gar nichts geändert. Was »machbar« wurde, das zeigte sich aber schon sehr wohl.

»Wälder bedecken das ganze Germanien...«

Als die Legionen Roms an Rhein und Donau vorstießen und Süd- und Westdeutschland als Provinzen dem römischen Imperium eingliederten, als ihre Versuche, weiter nach Osten vorzustoßen und die Grenze zur Elbe zu verlegen, am Widerstand der germanischen Stämme scheiterten, da wurde das Land nördlich der Alpen und die Kämpfe um seinen Besitz zum Stoff der Geschichtsschreiber. Neben die spärlichen Funde in Mooren, Feldern und Baugruben, die meist nur Bruchstückhaftes zu berichten vermögen, treten nun Schriften, in denen aus eigener Erfahrung Land und Leute geschildert werden.

Für alle diese Entdecker, Forscher, Feldherrn, Biographen – etwa Cäsar, Tacitus und Seneca – war dies Germanien eine sie abstoßende, barbarische Welt, und so beschrieben sie sie auch: als wildes, unwegsames, von dichten Wäldern überzogenes Land. Plinius, der mehrere Jahre bei der römischen Rheinarmee stationiert war, faßt es knapp, aber um so beeindruckender in einem Satz zusammen: »Wälder bedecken das ganze Germanien und verbinden die Kälte mit dem Dunkel.«

Das Dunkel des Waldes zu lichten, war sicherlich Ziel römischer Entwicklungspolitik. Die Legionen und ihre Hilfstruppen waren ja nicht allein kampferfahrene Streitmacht, sondern auch zäher und harter Arbeitsdienst. Sie schützten Süd- und Westdeutschland durch den Grenzwall des Limes gegen das freie Germanien und schlossen beide mit einem hervorragend ausgebauten Netz von Wasser- und Landstraßen an die Kernlande an. Und mit der Armee kam die Verwaltung, kamen Zivilisation und Kultur einer Weltmacht, kamen Gewerbe, Industrie, Handel, das ganze System einer hochentwickelten Geld- und Verkehrswirtschaft.

Allein in dem halben Hundert von Lagern und Kastellen am Rhein waren bis zu 80000 Soldaten stationiert. Trier, die bedeutendste der vielen Römerstädte, schwoll auf 70000 Einwohner an, eine Bevölkerungszahl, die keine deutsche Stadt des späteren Mittelalters auch nur mehr zur Hälfte erreichte. Was Armee und Städter zum täglichen Leben benötigten, mußte möglichst dem Verbrauchsort nahe erzeugt werden, weil es mit dem Verkehrssystem jener Zeit nicht von weither antransportiert werden konnte. Die Römer brachten ertragreicheren Weizen, die Weinrebe und die Edelkastanie an Rhein und Mosel, ebenso wie leistungsfähigeres Vieh und neues Gerät bis hin zu Mähmaschine auch an Lech und Donau. Aber das Land für Acker, Obstgarten, Weinberg und Weide mußten auch sie erst dem Wald abringen.

Vom Ausmaß der römischen Rodung können wir kein klares Bild rekonstruieren. Sie muß, gemessen an der Zahl der Menschen, die es zu versorgen galt, zumindest lokal beachtlich gewesen sein. In der Nähe der Zentren, etwa an Rhein und Mosel und in den fruchtbarsten Landstrichen am Oberrhein, in der Wetterau, im Neckarland, wurde schon damals, so nimmt man an, eine Verteilung von Wald und Feld erreicht, wie sie noch heute im großen und ganzen bei uns gegeben ist.

In der mit dem Dunkel verbundenen Kälte Germaniens war Holz so wichtig wie Brot und Wein. Legionen, Troß und Verwaltung wollten alle warme Quartiere und heiße Bäder. Eine ausreichende Holzversorgung sicherzustellen, war zuvörderst ein Transportproblem und keines der Verfügbarkeit. Holz barg der Wald in den von der Siedlung unberührten Gebieten, etwa in Schwarz- und Odenwald oder in Oberschwaben, ja in unermeßlicher Menge. Genommen hat man es dort, wo es am einfachsten war. So gut die Römer die Landwirtschaft entwickelten, im Wald blieben auch sie nur Ausbeuter.

Die Berichte der Römer bestätigen, daß im besetzten Süden und noch stärker im freien Germanien große Urwaldkomplexe verblieben waren. Unmerklich ging der um die Dörfer herum genutzte Wald in Urwald über; als sogenannte Ödmark trennte er die Siedlungsareale voneinander und auch die Volksstämme. Der germanische Bauer war ein Waldbauer geworden und blieb es. Er drängte den Wald um Haus und Hof zwar allmählich zurück, aber die Wirtschaft blieb eng von dessen Nutzung abhängig.

Ein klares Bild von Rodung und Siedlung zu entwerfen ist schwer, da die lange Zeit angenommene Kontinuität der Siedlung in Wahrheit wohl nur selten gegeben war. Von der ersten Rodung eines Bauern bis zum Ende der Völkerwanderungszeit wechselte in kürzeren oder längeren Abständen, jedenfalls mehrfach, die völkische oder stämmische Zugehörigkeit der Siedler. Diese Wechsel erfolgten zumeist weder freiwillig noch friedlich. Eroberer drangen ein, löschten die bisherigen Bewohner entweder aus, unterjochten sie, verschmolzen sich mit ihnen oder zwangen sie, abzuwandern. Nicht immer wurden Häuser, Äcker und Weiden übernommen.

Wirtschafts- und Agrarhistoriker sprechen in solchen Fällen von einem Vorgang der Wüstung. Tatsächlich eroberte der Wald nur jene Flächen zurück, die man ihm abgerungen hatte. In Mitteleuropa ist dies ein vorhersehbarer, von den Naturkräften gesteuerter Vorgang, bei dem allein die kürzere oder längere Zeit fraglich ist, die er in Anspruch nimmt. Daß diese Wüstung tatsächlich ablief, beweisen die germanischen Gräberfelder, die keltischen Städte und römischen Villen, die in Wäldern noch immer ausgegraben werden. Besonders in den wirren Zeiten der Völkerwanderung des 4. und 5. Jahrhunderts nach Christus holte der Wald sich viel von dem zurück, was er zuvor an die siedelnden Menschen verloren hatte.

Ob aber die Kontinuität der Siedlung erhalten blieb oder abbrach, ob Acker bis heute Acker blieb oder ob er wieder Wald wurde – das verwirrende Puzzle von Archäologie, Pollenanalyse und Schrifttum hat jedenfalls eines aus dem Dunkel der vor- und frühgeschichtlichen Zeit erkennbar werden lassen: Schon damals rang der Mensch dem Wald mehr Fläche ab, als man lange für möglich gehalten hatte. Axt und Hausvieh verwandelten weitere Urwaldareale in Nutzwald, ohne daß dies geplant gewesen wäre. Trotzdem waren Urwald und Nutzwald noch immer ein herrenloses Gut, das jedem offenstand und mit dem jeder nach Belieben verfahren konnte.

Landbesitz verleiht Macht, und Wald ist Land

Kaum mehr als 600000 Menschen, so schätzt man, haben im Bereich des heutigen Bundesgebiets gelebt, als um die Mitte des ersten nachchristlichen Jahrtausends Rom vertrieben und die germanische Landnahme erfolgt war. Nur 2,3 Menschen, der hundertste Teil der heutigen Bevölkerungsdichte, kamen auf den Quadratkilometer. Allerdings schwankte die Dichte um diesen Mittelwert nach Gunst oder Ungunst von Boden und Klima in weiten Grenzen. Ganze Landstriche, wie etwa die Mittelgebirge, das voralpine Hügelland und die Kalkalpen, waren noch leer von Siedlungen, 600000 Menschen, das sind zu wenige, so ist man versucht zu urteilen, um viel aus- oder anzurichten. Tatsächlich vergehen auch noch einmal 800 Jahre, zwei bis drei Baumgenerationen, bis von den waldgrünen drei Vierteln dieser Zeit wenig mehr als eines übriggeblieben ist. Trotzdem müssen wir hier ansetzen, wenn wir den Prozeß verfolgen wollen, wie aus den bescheidenen Anfängen der Völkerwanderungszeit um 500 in weniger als einem Jahrtausend jene Kulturlandschaft entstand, die heute unsere Umwelt ist.

Ganz sicherlich mußte die Zahl der Menschen wachsen, bevor Tausende von Quadratkilometern Wald gerodet, kultiviert und bebaut werden konnten. Aber welche gesellschaftliche Ordnung, welche staatliche Organisation stand hinter dieser gewaltigen Leistung? Wie wurde das Verteilungsmuster von Wald und Feld gefunden? War das mehr oder weniger glücklicher Zufall oder geplante, gesteuerte Ordnung? Noch immer fällt es dem Historiker schwer, aus dem, was der Boden hier und dort freigibt, sowie aus den noch spärlich fließenden schriftlichen Quellen ein richtiges und lebendiges Bild dieser Zeit zu zeichnen. Vieles an diesem Bild muß unscharf bleiben. Über die Herrschaftsstrukturen, die sich in den ehemals römischen Provinzen westlich und nördlich der Alpen und im freien Germanien herausbildeten, sind wir besser unterrichtet als über die Ausformung der sozialen Schichtung oder das Besitzmuster des Bodens. Die groben Züge lassen sich aber mit wenigen Sätzen nachzeichnen: Aus altem Volksbrauch und dem übernommenen römischen Recht der eroberten Provinzen formte sich eine archaisch und patrimonial verfaßte Feudalgesellschaft und erfuhr im fränkischen Reich ihre Gestaltung. In starrer Zweiteilung kannte sie »Mächtige« *(potentes),* die Herrenschicht des Adels, und »Arme« *(pauperes).* Für viele »Freie« ließ sie keinen Platz.

Die Mächtigen, an ihrer Spitze der König, forderten von den Armen Unterwerfung, Unterordnung und Dienst. Als Gegenleistung gewährten sie ihnen Schutz und Schirm. Arm mußte also nicht materielle Armut bedeuten, wohl aber Ausschluß von der Herrschaftsausübung und Schutzbedürftigkeit in einem archaischen Staat ohne geschriebenes und garantiertes Recht. Die Mächtigen regierten, verwalteten, richteten und kämpften. Körperliche Arbeit dagegen war unter ihrer Würde; sie war das Los der Armen. Wer nicht dem alten germanischen Stammesadel entstammte oder wem es nicht gelang, in den neuen Dienstadel aufzusteigen, der wurde, auch wenn er zum Volk der Eroberer gehörte und selbst Land in Besitz genommen hatte, freiwillig oder erzwungen eingeschmolzen in die *pauperes* und eingereiht in eine »Familie« als Teil des Herrschafts- und Wirtschaftsverbandes eines der Machtträger: König, Herzog, Graf, Bischof, Abt.

Eines ist nun schon klar: Beim Landausbau schufteten die *pauperes,* und die *potentes* schafften an. Offen war nur noch, wer das Land in der Hand hatte, wer darüber verfügte. Als die neuen Siedlungsräume in Besitz genommen wurden, hatte man nur das bewirtschaftete Land verteilt. Das war, soviel ist sicher, nur ein kleines Stück vom Kuchen. Die größten Brocken blieben Niemandsland, im echten Sinne des Wortes. Und sie waren Wald.

Zur politisch entscheidenden Kraft wurden die fränkischen Könige. Sie schufen ein ganz Zentraleuropa umfassendes Reich. Es zu regieren und vor Zerfall zu bewahren war nur denkbar, wenn es den Königen gelang, die Führungskräfte in Heer, Kirche und Verwaltung an sich zu binden, sie an der Macht zu beteiligen, ihre materielle Versorgung zu sichern und ihnen hohes gesellschaftliches Prestige zu verschaffen.

In einer Gesellschaft, deren Wohl und Wehe fast ausschließlich auf der Bewirtschaftung des Bodens aufbaute, in der es nur eng begrenzte Märkte und kaum einen Geldumlauf gab, gewährte vor allem der Besitz von Land Ansehen, Macht und Reichtum. Herrschaftssicherung war also eine Frage, über wieviel Land man verfügte; Land, das man verschenken oder für die Übernahme eines Amtes oder Dienstes verleihen, als Lehen vergeben konnte. Mit Land ließ sich der Adel entlohnen, der sich dem König als Vasall unterwarf und ihm Gehorsam, Dienst und Treue schwor.

Wie konnte man also zu viel Land kommen? Dazu hatte schon einer der ersten Frankenkönige einen höchst erfolgreichen Einfall. Er übertrug die Bestimmung des römischen Rechts, nach der herrenlos gewordenes Land an den Kaiser falle, auf seine Zeit und wendete diesen Rechtssatz auf alles Land an, das noch niemandem gehörte: Niemandsland.

Ein aus dem römischen Recht abgeleiteter Anspruch war allerdings ein zu schwacher Akt der Besitzergreifung, um unwidersprochen Anerkennung zu finden. Er stand zu sehr in Gegensatz zu den germanischen »Gemeinfreiheiten«, dem Gewohnheitsrecht des germanischen Freien auf Jagd, Fischfang und Nutzung im Niemandsland. Die Könige der Merowinger und später auch die der Karolinger verliehen ihm daher besonderen Nachdruck. Sie schlossen durch den Bann, durch spezielle königliche Anordnung und Verfügung, alle anderen von der Ausübung der Gemeinfreiheiten im gebannten Land aus und beanspruchten diese Rechte allein für sich selbst. Diese Bannlegung nannten die Urkunden Einforstung *(forestis)*. Und weil sie sich, wenn auch nicht immer und nicht ausschließlich, auf Waldland bezogen, wurde das Wort Forst zum Synonym für Wald. *Forestis*, so glaubt man heute, ist aus dem lateinischen Wort *foris* abgeleitet, das »abgezäunt, nach draußen abgeschlossen« bedeutet.

Die Liste der Wälder, die wir als alte fränkische Bannforste kennen, ist sehr lang. Harz, Spessart, Soonwald oder Schönbuch, bis heute als weitgehend geschlossene Forste erhalten, gehören ebenso zu ihnen wie der Nürnberger Reichswald oder der Frankfurter Stadtwald, die, obschon vielfältig zersiedelt und zerteilt, heute naturhungrigen Städtern als Auslauf am Abend und am Wochenende dienen.

Die wenigen Namen können nur andeuten, welche riesige Landreserve sich die fränkischen Könige mit den Einforstungen sicherten. Sie lassen erahnen, daß mit ihnen ein großartiges Instrument zur Verfügung stand, um Entwicklungspolitik zu betreiben. Und Merowinger wie vor allem Karolinger verstanden, auf ihm zu spielen. Wir haben im übrigen Grund, für diese Politik noch heute dankbar zu sein, denn sie war Voraussetzung dafür, daß uns große Waldkomplexe über vierzig Menschengenerationen hinweg erhalten geblieben sind.

Gewinn gezogen hat aus dieser Politik aber anfänglich am meisten eine der Säulen des fränkischen Staates, die Reichskirche. Ihren Bischöfen und Äbten waren im Reich die wichtigsten Aufgaben der Verwaltung übertragen. Ihre Klöster dienten als seine Bibliotheken, Archive, Schulen und Kanzleien. Mit politischem Ziel und auch aus Angst um das eigene königliche Seelenheil floß den Bistümern und Klöstern ein breiter Strom von Schenkungen zu, Wald wie Land mit Höfen und Leuten.

Auch hier ließe sich eine fast endlose Liste der Gaben, etwa an Köln, Mainz oder Würzburg, an Fulda, Lorsch oder Reichenau aufzählen. Durch diese Zuwendungen wurde die Reichskirche der Franken – und darauf kommt es hier an – zu einem der großen Waldbesitzer des Mittelalters und ebenso – vor allem durch den Orden der Benediktiner – zum großen Kolonisator der fränkischen Epoche.

Könige und Knechte

Die andere Säule des Reiches war der weltliche Adel, der als Herzog, Markgraf, Graf oder Gesandter dem König in Regierung, Verwaltung und auf dem Schlachtfeld diente. Er wurde mit Amtslehen und auch mit Schenkungen entlohnt und an den Herrscher gebunden. Die Könige, und durch sie Kirche und Adel, verfügten also fast allein über Grund und Boden. Sie waren die Grundherren.

Das nicht als Lehen vergebene Königsland war in *fisci* oder Königsgüter unterteilt, deren Bewohner die »Familie« bildeten.

Knechte, als Leibeigene der Willkür des Königs unterworfen, bewirtschafteten das sogenannte Saalland. Handwerker und Werkstätten, auf die ein großer Gutsbetrieb in der Naturalwirtschaft nicht verzichten konnte, waren den Königsgütern angeschlossen. Leibeigene Bauern bewirtschafteten daneben selbständig ihre Höfe, sogenannte Hufen, und zahlten dafür mit Naturalabgaben und Diensten, den Frohnden, an den Grundherrn.

Vom Forstmeister zum Forstrat

Mit großen Königsgütern, wie etwa Frankfurt, Goslar, Salz an der Saale oder Forchheim, waren Königspfalzen verbunden. Sie dienten König und Hof als Quartier bei ihrer ständigen Wanderschaft durch das Reich. Zur Pfalz gehörten auch fast stets Königsforste, eingeforstetes Waldland. Sie dienten schon im 7. und 8. Jahrhundert der gezielten, vom König gestatteten und geförderten Neusiedlung. Aber dies, wie auch die Nutzung des Waldes durch die Bauern, bedurfte der Aufsicht durch eigens dafür bestellte Personen. *Forestarii* nennen die Urkunden die Förster des Frühmittelalters. Auch für dieses Amt diente Land als Entlohnung. In großen Bezirken stand schon damals an der Spitze der Förster ein *magister forestariorum,* ein Forstmeister.

Für über 1000 Jahre hat es ihn dann gegeben, den Forstmeister, bis er der Gleichmacherei und der sprachlichen Gefühllosigkeit der heutigen Bürokraten zum Opfer fiel und aus ihm ein nichtssagender »Forstrat« wurde.

Die große Zeit der Rodungen

Der fränkischen Periode des Siedlungsausbaues im 7. und vor allem im 8. Jahrhundert folgt, wie so oft in der Geschichte, eine Unterbrechung des Aufschwungs, erzwungen von Krieg, Seuche und Hungersnot. Die Bevölkerung stagnierte und mit ihr Wirtschaft und Lebensstandard. Erst im neuen Jahrtausend geht es wieder aufwärts, dann allerdings mit großen Schritten. Schon um 1350 erreicht Deutschland eine Bevölkerung von 13 – 15 Millionen und damit seine höchste Menschenzahl im Mittelalter. Und mit der Zahl der Menschen wächst der Hunger nach Land, der nun jene Welle der Rodung auslöst, die das noch unberührte Waldland überflutet und weit nach Norden und Osten läuft. Die große Zeit der Entwaldung ist gekommen.

Auch hier wieder stehen sich Grundherr und Bauer als Partner gegenüber. Da nicht nur die Könige, sondern nach ihnen auch Herzöge, Bischöfe und Markgrafen Lehen vergaben, hat sich die Zahl der Grundherren vermehrt und die Größe der einzelnen Grundherrschaft verkleinert. Die im frühen Mittelalter sozial recht verschiedenen *pauperes* sind inzwischen zu einer weithin einheitlichen Gruppe der *armen liute,* dem Bauernstand, eingeschmolzen.

Am Ablauf von Rodung und Kultivierung ändert sich deswegen nicht allzuviel. Der Grundherr stellt das Land. Die Mühe und Last der Neulandgewinnung trägt Bauer oder Mönch. Sie fällen die Bäume, roden die Stöcke, bauen die Häuser, verbrennen Äste und Wurzelwerk, ziehen die erste Ackerfurche und düngen sie mit der Asche der Rodefeuer.

In vielen Dörfern läßt sich heute noch erkennen, wie sie damals geplant und angelegt wurden. Die Waldhufendörfer etwa stießen als Höfebänder in die Täler der Waldgebirge hinein und trieben die Rodung an den Hängen empor.

Ausmaß und Umfang dieser Kolonisation erschließen uns die Namen der Orte und die große Zahl, in der wir sie finden. Schon die Namen sagen zumeist aus, wo man tätig wurde und sich dabei des Wohlgefallens Gottes sicher wähnte. Das -wald, -heim, -tann im Namen deutet auf den Ort der Handlung; das -rode, -reut, -riet, das -schwand, -brand, das -han, -hagen, -scheid auf das Handeln hin. Und wo die Kirche kolonisierte – und sie tat es ja oft und viel – da werden die mit -kirchen, -zell oder -kreuz zusammengesetzten Ortsnamen gewählt.

Auf 170000 schätzt man die Zahl der Siedlungen am Ende des 13. Jahrhunderts. Damit war zumindest der Zahl nach der Siedlungsgipfel erreicht; von nun an geht es wieder abwärts, um etwa zwanzig Prozent bis heute, also um immerhin jeden fünften Ort von damals. In weiten Teilen Deutschlands wurden nun aus Wald mit eingestreuten Rodungsinseln die Waldinseln zwischen der landwirtschaftlichen Flur. Auch später noch wurde hie und dort gerodet, um Acker oder Weide anzulegen. Viel öfter aber breitete sich wieder Wald in der Feldmark aus. Das alles ändert aber wenig an der Tatsache, daß zu Beginn des Spätmittelalters der heutige Fleckerlteppich aus Wald und Flur fertig gewebt war. An die 10 Millionen Hektar oder 100000 Quadratkilometer mag das Flächenopfer des Waldes betragen haben, eine gewaltige Fläche! Auch wer heute im Rückblick glaubt, es sei dem Wald damals zu viel abgenommen worden, wird doch die imponierende Leistung der Rodung anerkennen müssen und denjenigen die Hochachtung nicht versagen können, die die Fruchtbarkeit des gerodeten und bebauten Landes über Jahrhunderte bewahrten.

Der Nährwald

Wächst die Zahl der Mäuler, die gestopft werden wollen, und läßt sich der Feldertrag nicht steigern, so bleibt nichts anderes, als immer mehr Fläche dem Wald abzuringen. Die Beispiele vieler Länder der dritten Welt zeigen, daß dies dort heute nicht anders ist, als es vor acht Jahrhunderten bei uns war. Aber das Flächenopfer war nicht genug. Auch Wald, der Wald blieb, hatte seinen Beitrag dazu zu leisten, daß 15 Millionen Menschen ein Dach über dem Kopf hatten und satt wurden.

Die Häufigkeit der Hungersnöte lehrt, daß die Erfüllung der Bitte um das tägliche Brot das größte und wichtigste Anliegen der breiten Masse des Volkes war. Weiß man dies, so ist leicht zu verstehen, warum das Holz des Waldes selbst in einer Zeit, die man die hölzerne nennt, noch weniger wichtig war als die Früchte seiner Bäume, das Gras und Kraut auf seinem Boden, selbst weniger wichtig als Honig und Wachs der Waldbienen, das Pech oder Harz der Kiefer oder der Bast der Linde. Holz gab es ja immer noch im Überfluß; zu essen gab es zu oft zu wenig. Der Wald war in erster Linie noch Nährwald, unentbehrlicher Bestandteil der Landwirtschaft, zusammen mit dem Acker Existenzgrundlage des Bauern.

Schweinefleisch ist wichtiger als Holz

Wer schon einmal als Wildfutter Eicheln oder Bucheckern gesammelt hat, weiß, welche gewaltigen Mengen in einem guten Frucht- oder Mastjahr am Boden liegen. Ohne Säen und Mühen fällt dann viel mehr aus den Baumkronen, als der sauer bewirtschaftete Acker damals abwarf. Solche Mast war ein Segen, um den man betete und für den man herzlich dankte, wenn er eintraf. Denn: Ob das »Eckerich«, der Fruchtansatz der Bäume, gut war im einzelnen Jahr, ob damit zahlreiche Schweine gemästet werden konnten, viel Fleisch, Schinken, Speck und Fett zu erwarten waren, das hatte eine Bedeutung, die für uns schwer vorstellbar ist. Den Segen erbitten konnte man natürlich nur in einem *berenden* Wald, einem aus starken Eichen oder Buchen mit großen Kronen in vollem Licht.

Nicht nach seinem Holzvorrat, wie heute, wurde der Wald bewertet, sondern nach der Zahl der Schweine, die in ihn eingetrieben werden konnten. Und das Dechelgeld, der Pachtpreis für den Schweineeintrieb, war das erste bare Geld, das Grundherren aus dem Wald erlösten, wenn sie das Recht zum Schweineeintrieb verkaufen konnten. In den etwa 60 Quadratkilometer großen Lushardwald bei Bruchsal sollen in einem guten Mastjahr bis zu 20000 Schweine eingetrieben worden sein; 10000 Gulden Dechelgeld war der Gewinn, den der Bischof von Speyer dann aus seinem Waldeigentum ziehen konnte.

Jeder Baum, der Früchte trug, war also Brotbaum und genoß damit Schutz. Schon in den germanischen Volksrechten wurde mit Strafe bedroht, wer solchen Baum schlug. Das fette Schwein war eben der größte Nutzen des Waldes für Bauern und Herren. Weil dem so war, wurde die Schweinemast auch in allen Einzelheiten geregelt und ihre Durchführung einem *magister porcariorum,* dem Schweinemeister, übertragen. Er mußte das Vertrauen aller besitzen. Von seiner Umsicht hing der Erfolg ab. Und deshalb steht er auch unter dem besonderen Schutz des Volksrechts. Höhere Strafe als üblich trifft, wer ihn verletzt oder tötet.

Er hat seine Schweine im Wald gehütet, bis die Kartoffel die Eichel ersetzte und die Sau vom Wald nur noch das Holz des Futtertroges sah. Erlebt man den Schweinestall einer Großmästerei heute mit Auge, Ohr und Nase, überkommt einen Mitleid mit den Säuen und ihren Pflegern, daß sie nicht mehr in den Wald ziehen dürfen.

Von Blumbesuch und Wonne

Diese romantischen Namen waren Fachausdrücke einer anderen, kaum weniger wichtigen Nutzung des Waldes. Nicht nur für seine Schweine, auch für Rinder, Pferde, Schafe und Ziegen fand ja der Bauer des Mittelalters in der Feldflur nicht genügend Futter. Sie alle mußten sich den größten Teil ihrer Nahrung im Wald suchen, eben bei Blumbesuch und Wonne. Und war im Winter am Boden nichts mehr zu finden, stieg man auf die Bäume und schnitt ihre Zweige ab, schneitelte, wie man es nannte, um sie zu verfüttern. Hie und dort, etwa im Zillertal, kann man noch heute Bäume finden, denen solches passierte.

Die Wonne hat dabei dem Wald viel mehr geschadet als die Mast der Schweine. Kuh und Roß, besonders aber Schaf und Ziege, fressen eben nicht nur die Baumfrüchte, sondern auch gleich die Bäume selbst, soweit sie hinaufreichen können. Während die Mast nur im Eich- und Buchwald möglich war, konnte aber der Blumbesuch in jedem Wald betrieben werden, auch in den Nadelwäldern der Gebirge. Und nur dort, im Bergwald der Alpen, begegnen uns ab und an noch heute Kuh oder Schaf, denn allein hier kann mancher Bauer noch immer nicht auf Gras und Kraut am Waldboden zur Ernährung seines Viehs verzichten, oder glaubt, es nicht zu können.

Hafer aus dem Wald

Mehr als die dreifache Menge des Gesäten trug der Acker nicht oft im Mittelalter. Auf armen Böden blieb es zumeist noch weniger. War kein Land mehr vorhanden, das man roden und ständig anbauen konnte, und wuchs trotzdem die Zahl der Menschen weiter, dann zwang die Not, nach einem Ausweg zu suchen, der wiederum in den Wald führte. Ließ sich nicht dort, und wenn auch nur für kurze Zeit, Getreide anbauen? Eine Haselnußstaude, ein Weißdornbusch, aber auch eine Buche, Eiche oder Esche treiben aus dem Stock neue Gerten, schlägt man sie knapp über dem Boden ab. Die Förster nennen diesen Vorgang »aus dem Stock ausschlagen« und einen Wald, der so aufwächst, den Niederwald.

Alle zehn, zwanzig oder dreißig Jahre läßt sich solch ein Niederwald zu Brenn- oder Kohlholz schlagen. Bis nach dem Hieb die neuen Gerten wieder zusammenwachsen, vergehen einige Jahre. Für diese kurze Spanne erzwang der Hunger, den Wald auch noch als Acker zu nutzen. Mit der Hacke wurde der Boden zwischen den Stöcken mühselig gelockert, um Getreide, zumeist Hafer, zu säen. Zwei oder drei Jahre lang war dies möglich, ehe die Erschöpfung des Bodens und der Wuchs der Stockausschläge das landwirtschaftliche Intermezzo für eine Niederwaldgeneration wieder unterbrachen. Viel brachte er nicht, der Waldacker. Aber wenig konnte auch schon viel bedeuten.

Die Folge: Krüppelwald

Auch diese Variante des Nährwaldes ist Geschichte. Aber bis ins 20. Jahrhundert mußte in vielen Landstrichen der Waldfeldbau helfen, die Tische in den Bauernkaten zu decken. Seine Spuren leben fort in den Namen der Hauberge des Siegerlandes, im Hackwald des Odenwaldes oder in den Birkbergen des Bayerischen Waldes. Der armselige und krüppelige Wuchs ihrer Wälder läßt noch immer erkennen, wie sehr man sie früher geschunden hat.

Süßstoff und Licht aus dem Wald

Heute noch findet dann und wann ein Förster in der Höhlung eines Baumes ein Volk wilder Bienen. Aber es gibt im ordentlich gewordenen deutschen Wald kaum noch hohle Bäume und nur ganz selten wilde Bienen. Wer sie findet, denkt auch nicht an ihren Honig und ihr Wachs. Vor 1000 Jahren war der Honig der einzige Süßstoff und das Wachs wertvoller Rohstoff für Kerzen, Schreibtafeln, Siegelwachs und anderes mehr. Honig und Wachs waren so begehrt, daß sie hohe Preise erzielten. Wo Bäume oder Heidekraut reiche Honigtracht boten, verhalfen Wildbienen zu höheren Walderträgen, als sie mit allen anderen Nutzungsarten erzielt werden konnten. Es lohnte sich dann, die Imkerei mit Wildbienen ganz systematisch zu betreiben und sie einem eigenen Personal, den Zeidlern, zu übertragen. Der Reichswald um Nürnberg etwa wurde zuerst durch seine Bienen berühmt, die ihm den Ehrennamen eintrugen, des »heiligen Reiches Bingarten« zu sein. Sie waren der Anlaß, um in 27 Dörfern Zeidler anzusiedeln. Die Kaiser verliehen ihnen den Grund als Hufen, Rechte am Wald, Zollfreiheit in den Städten des Reiches und selbst ein eigenes Gericht. Die Zeidler hatten als Gegenleistung den Honigzins zu entrichten, den Kaiser Karl IV. 1350 für 200 Mark Silber an einen Nürnberger Patrizier verpfändete und nicht mehr einlöste.

Die Blütezeit der Zeidlerei endete mit dem Mittelalter; im Nürnberger Reichswald und auch anderswo gingen die starken Bäume aus, in die man die Kunsthöhlen für die Bienen, die Beuten, schlagen konnte. Aus dem Wald zogen die Bienen in den Garten, und aus dem Zeidler wurde ein Imker. Wertvoll sind Honig und Wachs und Bienen geblieben, auch wenn Zucker und Stearin sie heute vielfach ersetzen und die Bäume nurmehr als Nektarquelle für die Bienen Bedeutung haben.

Baumblut aus Gefreitenwinkeln

Die Reihe der Produkte, die die Bäume der Wälder zu liefern hatten und die oft begehrter und wertvoller waren als das Holz, ist damit aber noch lange nicht abgeschlossen. Die Küfner, die Boots- und Schiffsbauer benötigten Harz, Teer und Pech in großen Mengen. Die Harzgewinnung war deshalb in Kiefernwäldern ein einträgliches Gewerbe und ist es in Entwicklungsländern selbst noch heute. Aus Wunden, die man gleich einem Gefreitenwinkel in die Rinde schnitt, quoll das Harz und wurde dort abgekratzt. Das schwächte zwar die Vitalität und damit auch den Wuchs des geharzten Baumes, erbrachte aber doch mehr Gewinn als am Wert des Holzes verlorenging. Und mit dem Bast der Linden als dem Sisal des Mittelalters oder der Rinde von Eiche oder Fichte zum Gerben des Leders war es genau das gleiche.

Und Holz brauchte man auch

Der Katalog von Produkten des Waldes könnte den Eindruck erwecken, daß alles in und aus ihm im Mittelalter wichtig gewesen sei, nur nicht das Holz. Das wäre ein Irrtum. Holz war lebensnotwendiger Rohstoff, das übliche Baumaterial der Häuser, die einzige Energiequelle, das Material für Zäune, Brunnen, Leitungsrohre, Pflüge, für Möbel, Geschirr und Löffel, für eine beliebig fortsetzbare Liste von Geräten des täglichen Lebens. Auf das Sechs- bis Achtfache dessen, was wir heute jährlich pro Kopf an Holz verbrauchen, hat man den Bedarf des Menschen im Hochmittelalter geschätzt.

Ein moderner Langholzlaster mit seiner 40 Tonnen schweren Ladung hätte damals zur Jahresversorgung eines größeren Bauernhofes und seiner Menschen nicht ausgereicht. Das waren gewaltige Mengen. Aber im Wald bestand noch keine Not, wie sie jede Mißernte auf den Feldern unweigerlich heraufbeschwor. Das Holz des Waldes und er selbst schienen so unerschöpflich wie Wasser und Luft.

Was an Holz nachwuchs, mag um die Mitte des 14. Jahrhunderts noch genügt haben, Bauern und Bürger ausreichend zu versorgen. Als aber die Zeit der großen Rodungen zu Ende ging, begegnen uns zum erstenmal Zeugnisse, daß örtlich die Grenzen erreicht, wenn nicht gar überschritten wurden. Man begann die Endlichkeit des Waldes zu begreifen; er und sein Holz wurden hier und dort knapp und gewannen eine bisher ungekannte Wertschätzung. Dies spricht deutlich aus dem Brief des Königs Heinrich VII., in dem er 1309 Schultheiß und Rat seiner Stadt Nürnberg unter Androhung des Verlustes seiner Gnade befiehlt, dafür zu sorgen, daß sein und des Reiches Wald zu beiden Seiten der Pegnitz, den man verbrannt, zerstört, verwüstet und zu Ackerland gemacht habe, wieder in Wald verwandelt werde. Das sind neue Worte und nach über 4000 Jahren der Ausbeutung erste Zeichen einer neuen Epoche im Umgang des Menschen mit dem Wald.

Vom Kulturhemmnis zum Wirtschaftsfaktor

Um die Wende vom 13. zum 14. Jahrhundert ist wenig mehr als ein Fünftel des Landes noch Wald. Hätte er auch weiterhin nur das Holz für die Grundherren und ihre Bauern zu liefern gehabt, wäre dies noch lange ohne Einschränkung und Sparen möglich gewesen. Aber beiden erwuchsen im Holzbedarf der Städte, der Bergwerke, Salinen und Glashütten mächtige Konkurrenten. Auch sie waren auf Gedeih und Verderb vom Holz abhängig, und sie verbrauchten Mengen, die alles bisherige in den Schatten stellten. Das mußte einschneidende Folgen haben.

Von einem Gut, das keinen Markt besaß, über das jeder verfügte, wird Holz nun zur Ware, die einen Preis hat. Mit dem Holz selbst ließ sich nun erstmals Geld verdienen. Das konnte auf Weide und Mast nicht ohne nachhaltigen Einfluß bleiben.

Für die Grundherren bot sich damit erstmals eine Alternative zum Bauern, um aus dem Wald Gewinn zu ziehen. Denn sein Holz war nun zur unentbehrlichen Voraussetzung des Reichtums geworden, der aus Silber, Salz, Eisen, Kupfer, Glas und dem Holzhandel zu fließen begann. Wo davon Gebrauch gemacht wurde, kam dies für die Bauern, die bisher den Wald mehr oder weniger allein genutzt hatten, einer Revolution gleich, die tief in ihre Gewohnheiten eingriff und zu Konflikten führen mußte.

Die holzhungrige Stadt

Seit der Vertreibung der Römer hatte es in Deutschland keine Stadt mehr gegeben. Erst in der Periode der großen Rodung begannen sie auch hier wieder zu wachsen. Kaiser, Könige, Reichsbischöfe, Herzöge und Markgrafen waren, vor allem im 12. und 13. Jahrhundert, ihre Gründer. Nun wurden diese Gründungen die Geburtsstätte des Bürgertums, die Zentren des Gewerbes, des Handels, aber auch der Herrschaft und der Verwaltung. Sie gewannen Reichtum und oft auch Macht. Und die Stadt konnte aus einem breiten Menschenreservoir des Landes schöpfen. Mit ihren größeren Chancen zum gesellschaftlichen und materiellen Aufstieg übte sie eine magnetische Anziehungskraft gerade auf die Regsamen, die Unternehmungslustigen aus. »Stadtluft macht frei«, war die faszinierende Parole der Zeit.

Etwa zwanzig Prozent der Bevölkerung, so schätzt man, haben im Spätmittelalter in etwa 4000 Städten und Märkten gelebt. Von einigen hundert Einwohnern bis zu knapp zehntausend in München oder Frankfurt, über zwanzigtausend in Nürnberg und gar dreißigtausend in Köln schwankte die Zahl ihrer Bewohner. Dies alles bräuchte nicht in einem Buch über den Wald zu stehen, wären eben Stadt und Städter nicht solch horrende Holzverbraucher gewesen.

Bis ins späte Mittelalter waren die Städte mit Toren, Türmen, Häusern, Speichern, Kirchen und Brücken aus Holz gebaut. Und selbst als sich Stein- und Fachwerkbau ausbreiteten, steckten auch in ihnen noch erhebliche Mengen davon. Einmal die Städte zu bauen, hätte dem Wald noch keine Wunden geschlagen. Ihre Chroniken lehren aber, daß es dabei nicht blieb. Ohne Ausnahme wütete in ihnen die Geißel des Feuers. In Worms schlug sie von 1221 bis 1298 nicht weniger als siebenmal zu. Der Dom von Mainz lag schon am Tag seiner Einweihung wieder in Asche. Nur 72 Jahre später wurde er erneut ein Raub der Flammen und nach weiteren 56 Jahren saß auf ihm zum drittenmal der rote Hahn. Wo man auch forscht in der Geschichte der Städte: Sie wurden gebaut, brannten ab und wurden wieder neu errichtet; unterschiedlich ist allein, wie oft sie dies Schicksal traf.

Aber das Holz zum Bau der Städte war nur die eine und nicht einmal die gewichtigste Seite. Was ihre primitiven Feuerungs- und Heizsysteme an Holz fraßen, war der Menge nach viel gravierender. Unterstellt man einen durchschnittlichen Jahresverbrauch von 1,5 Kubikmeter Brennholz je Bürger – und das ist eine sehr bescheidene Schätzung – so liegt die Endziffer bei etwa vier Millionen Kubikmetern – ein Siebtel von dem, was heute im bundesdeutschen Wald geschlagen wird.

Man kann sich unter solch einer Zahl nicht viel vorstellen. Lebensnaher wird die Sache, erfährt man, daß trotz der Probleme, die sich mit der Ernte und dem Transport solcher Holzmengen ergaben, keine Chronik davon spricht, man habe frieren müssen, weil es kein Holz gab. Auch die Gewerbe und Handwerke, die Holz oder Holzkohle verbrauchten, seien es Bäckereien, Ziegeleien, Kalkbrennereien, Töpfereien, Metallgießer, Drahtzieher, Huf-, Nagel- oder Waffenschmiede, haben wohl nichts von einer Energiekrise gewußt, trotz ihres großen Bedarfs.

Aber mit Bau- und Brennholz war es noch nicht getan! Zählt man die Namen der Handwerke auf, die vom Holz als Rohstoff abhingen, so deutet allein schon die Liste sowohl auf die Vielfalt des Bedarfes als auch auf die Höhe des Verbrauches hin. Böttcher, Küfer, Muldenmacher, Tischler, Kistler, Wagner, Dreher, Löffelschnitzer, Siebmacher, um nur die wichtigsten zu nennen. Uns Kindern einer Industrie- und Wegwerfgesellschaft ist das Vorstellungsvermögen abhanden gekommen, welch differenzierte Ansprüche von den Meistern all dieser Handwerke an ihren Werkstoff gestellt wurden. Härte, Dichte, Wuchs, Festigkeit, Spaltbarkeit oder Maserung spielten dabei eine Rolle. Wir kennen kaum mehr die Bäume, geschweige denn, daß wir wissen, was man aus ihrem Holz einmal machte: den Spitzahorn etwa zu Schlittenkufen, die Buche zu Holzschuhen und Rechenjochen, den Mehlbeerbaum zu Flöten, die Erle zu Spinnradspulen und den Weißdorn zu Rechenzähnen. Hinter dieser Vielfalt steckte die Erfahrung von Generationen, alles, was die Natur wachsen ließ, nach seiner besten Eignung zu verwenden.

Gleichgültig, ob eine Stadt selbst Waldeigentümerin war, einen Wald zu Lehen hatte oder ob ihre Bürger nur im fremden Wald Rechte zur Holznutzung besaßen, über ausreichendes Holz zu verfügen, war nicht nur ein rechtliches, sondern in gleichem Maße ein Transportproblem. Stämme, Prügel, selbst Bretter weite Strecken über Land zu verfrachten, scheiterte am Zustand der Straßen und an den Kosten. Möglich war nur der Transport auf dem Wasser, und die meisten Städte hatte man ja an Seen oder größeren Flüssen gegründet. Sobald der stadtnahe Wald nicht mehr genug hergab, erlaubten es die Wasserwege, entferntere Bezugsquellen anzuzapfen. Das Floß aus zusammengebundenem Stammholz bot dabei den Vorteil, nicht nur transportiertes Gut zu sein, sondern zugleich auch Transportmittel für eine Vielzahl von Gütern.

Urkunden des 13. Jahrhunderts weisen auf den Beginn und den Ausbau der Flößerei hin. Auf Rhein, Main, Weser, Elbe, Donau und allen ihren breiteren Nebenflüssen wurde geflößt. Die Städte am Mittel- und Niederrhein konnten nun aus dem Schwarzwald, selbst aus dem Fichtelgebirge versorgt werden. Von den Gütern, die auf den Flößen mitschwammen, berichten uns die Zollbücher an der Unzahl der Grenzen, die sie passierten. Neben Holzkohle, Harz und Pottasche findet sich dann unter den Produkten des Waldes auch oft die elastische Eibe. Als Bogenholz für die Armbrust war sie hochwertiges Handelsgut, das in großen Mengen exportiert wurde. Die Eibenbestände der Alpen wurden gegen Ende des Mittelalters regelrecht ausgeplündert, um die Nachfrage decken zu können. Wenn jede Eibe heute als Rarität im alpinen Wald gehegt und geschützt wird, so geschieht dies, um die letzten natürlichen Zeugen einer einst weit verbreiteten Baumart zu retten und zu erhalten.

Schon im Mittelalter hat der Floßholzhandel ein beachtliches Ausmaß erreicht. München, damals eine Stadt in waldreicher Umgebung mit etwa 10000 Einwohnern, bezog im 15. Jahrhundert jährlich 2000 Flöße und mehr aus dem Isarwinkel zwischen Mittenwald und Tölz. Sie lieferten etwa 1,5 Kubikmeter Bauholz, Bretter, Brennholz und Holzkohle je Bürger. Heute schwimmen die letzten Flöße Deutschlands nurmehr als Touristenattraktion mit Bierfaß und Blaskapelle von Bad Tölz nach München. Ihr Holz wird nicht mehr an der Floßlände verkauft, sondern – so ändern sich die Zeiten – mit dem Lastwagen für die nächste Reise wieder zurückgekarrt.

Eisen, Salz und Glas – die großen Waldfresser

Bergbau, Metallverhüttung, Salzsud und Glasherstellung haben bei uns schon Kelten und Römer betrieben. Neu ist im Hochmittelalter nur das Ausmaß, das diese Gewerbe nun mit dem Ansteigen von Bevölkerung, Wirtschaft und Lebensstandard, mit dem Aufblühen der Städte und des Handels annehmen. Aus den bescheidenen Anfängen wachsen Großbetriebe mit überraschender Leistung. Zwei Voraussetzungen waren dazu unerläßlich: Holz und Wasser. Das erstere vorrangig als Energie, das letztere, um das Holz zu Öfen und Pfannen zu schwemmen oder zu »triften«, wie man den Transport des einzelnen Holzprügels auf Bächen nannte, die für ein Floß zu schmal waren.

Für die frühkapitalistischen Großbetriebe waren Wälder daher ein unverzichtbarer Bestandteil der Unternehmung, von deren Leistungsfähigkeit ihr Florieren abhing. Genau dies sagt auch der Chronist über den Harz in der blumigeren Sprache seiner Zeit: »Die Höltzunge sein der Bergwerke Hertze und des Fürsten Schatz; wan kein Höltzung vorhanden, sein die Bergwerke gleich wie eine Klocke ohne den Kneppel und eine Laute ohne Saiten.«

Die enge Bindung zwischen Wald, Holz und Eisen zeigt am schlagendsten das Beispiel des Ruhrgebietes des Mittelalters, die Oberpfalz. Sie war des Heiligen Römischen Reiches Waffenschmiede, nach Flandern eines seiner reichsten Lande. 1387 produzieren 77 Eisenhämmer etwa 2000 Tonnen Eisen. Kaum 100 Jahre später sind es in der höchsten Blütezeit 200 solcher Hämmer, die rund 10000 Tonnen herstellen. Aber die 50 Kubikmeter Holz, die als Holzkohle für die Gewinnung einer Tonne Eisen benötigt wurden, waren zu viel für die Leistungsfähigkeit des Waldes. Schon um die Mitte des 16. Jahrhunderts zwingt Holzmangel zur Drosselung der Produktion, und damit beginnt der Niedergang. Die Konkurrenzfähigkeit gegenüber Böhmen, Tirol, Steiermark, Harz und Siegerland ging bald verloren. Davon hat sich die Oberpfalz nie wieder erholen können. Daß sie heute zu den zurückgebliebenen

Gebieten zählt, hat auch noch andere Gründe. Aber der Niedergang wurde ausgelöst durch den Raubbau am Holz und die Energiekrise, die er nach sich zog.

Ließ das Eisen die Oberpfalz aufblühen und der Raubbau am Wald sie wieder verarmen, so war es in Lüneburg das Salz. Schon 1262 dampften dort in 54 Siedehäusern 216 Sudpfannen. Für 1350 ist eine Jahresproduktion von 30000 Tonnen Salz bezeugt. 250000 – 300000 Kubikmeter Holz wird man dazu wohl benötigt haben. Legen wir den durchschnittlichen Holzvorrat des deutschen Waldes von heute nach der amtlichen Statistik zugrunde, so mußte allein für die Pfannenheizung das gesamte Holz von 14 – 17 Quadratkilometer Wald eingeschlagen werden, das Bau- und Leitungsholz, besonders aber das Faßholz zum Versand des Salzes, nicht gerechnet. Wer glaubt, es sei eine Urlandschaft, was im Naturpark Lüneburger Heide heute mit viel Mühe und hohen Kosten erhalten wird, irrt. So romantisch Hermann Löns auch die Heide besang – sie war einst Wald. Die Heide kam erst, als eine nimmersatte Saline den Wald aufgefressen hatte.

Wo der Boden kein Erz oder Salz barg, wo kein Fluß das Flößen des Holzes ermöglichte, blieb als letzter Weg, um mit Holz etwas anzufangen, das Glas. Es war leicht genug für einen Transport über weite Strecken, und der steigende Bedarf an Tafel- und Hohlglas versprach ein Geschäft. Seit dem 14. Jahrhundert wurden so im Bayerischen Wald, in Schwarzwald und Spessart, im hessischen Bergland und an vielen anderen Orten Glashütten errichtet. Viel Freude haben sie den Glasmeistern, die das Recht zum Betrieb erwarben, und den Grundherren, die es vergaben, nur selten bereitet.

Wie die Pfannen der Sudhäuser wurden auch die Öfen der Glashütten mit Holz gefüttert, und 20 bis 30 Stunden mußte man heizen, damit der Quarzsand schmolz. Damit Waldglas entstand, mengte man 100 Teilen Sand 30 Teile Pottasche als Schmelzmittel, den Fluß, und 15 Teile Kalk bei.

Das zum Glasfluß, aber ebenso zum Seifensieden und Tuchfärben benötigte Kali konnte bis ins 19. Jahrhundert nur aus Holzasche gewonnen werden. Sie wurde mehrfach mit Wasser versetzt, in Sudkesseln ausgedampft und letztlich im Kalzinierofen zur fertigen Pottasche ausgeglüht. Welch unerhört rohstoffaufwendigen Prozeß dies darstellte, wird klar, wenn man weiß – und aus dem Nährstoffkreislauf des Waldes können wir es wissen –, daß nur 0,05 bis 1,5 Tausendstel aus dem Volumen von einem Kubikmeter Fichte oder Buche als Pottasche verblieb. Nur aus diesem Grund ist es auch zu verstehen, daß ein Vielfaches mehr an Holz für die Pottasche als für die Ofenheizung verbraucht wurde.

Was sich den Aschebrennern bot im Wald, vom Reisighaufen über den Windwurf bis zur stehenden Alttanne, konnten sie gebrauchen. Die beste Ausbeute und den größten Verdienst brachten die starken Stämme, die man am Stammfuß aushöhlen, anzünden und stehend von innen in fünf bis sieben Tagen ausglühen konnte. Und es waren sicher rauhe Gesellen, die dieses heiße und dreckige Geschäft betrieben.

Bauer und Herr im Streit um den Wald

Bis die Städte und alle anderen Großverbraucher im Spätmittelalter begannen, den Wald dem Bauern streitig zu machen, hatte er ihn weitgehend allein nach seinem Bedarf genutzt und gestaltet. Zwei ganz verschiedene Formen des Waldes hatten sich dabei herausgebildet, die genau auf das Benötigte abgestimmt waren. Ohne daß wir ihren Ursprung und ihre Entwicklung kennen, sind sie nun weit verbreitet und werden nach tradierten Regeln bewirtschaftet.

Die eine der beiden Formen ist uns im Mast- oder Weidewald schon begegnet. In ihm kam es auf die fruchtenden Bäume an, vor allem auf die Eiche. Hell und licht hatte der Wald zu sein, stark und großkronig seine Bäume, damit sie viel Mast warfen und damit am Boden Futter wuchs. Holz war hier ein Nebenprodukt.

Von ganz anderer Art war dagegen der Wald, der die Energie lieferte. Seine Bäume waren nicht aus Samen gewachsen wie beim Mastwald. Er war ein Ausschlagswald und sproß aus Stöcken und Stumpen und wuchs mit seinen zahlreichen Gerten dicht empor. Je nach der gewünschten Stärke der Gerten schlug man alle zehn bis zwanzig, auch dreißig Jahre ein Stück, einen »Schlag«, ab und setzte es damit wieder »auf den Stock«. Hier wuchs also das Brennholz, das sich leicht transportieren, auf Ofenlänge schneiden oder auch zu Holzkohle verarbeiten ließ. Schlug man nicht alle Gerten und ließ man aus Samen aufgewachsene Stangen als Oberholz beim Schlag stehen, so lieferten sie nach drei oder fünf Brennholzhieben auch noch Bau- und Werkholz in verschiedener Stärke.

Etwas anders sah es dort aus, wo Nadelbäume vorkamen. Sie schlagen ja nicht aus dem Stock aus. Weide- und Energiewald ließen sich hier also nicht trennen. Ein Wald mußte allen Anforderungen genügen. Aber auch hier bevorzugte der Bauer dann die Laubbäume, allein schon wegen ihres Laubes als Futter und Streu; und auch hier nutzte er einzelne Bäume, eben nur das, was er gerade brauchte und was paßte: Er plenterte, wie der Förster sagt, er machte keinen Schlag.

Bis heute haben sich die Namen erhalten, die man damals diesen Waldformen gab. Der Ausschlagwald hieß Niederwald; trug er Oberholz, so sprach man vom Mittelwald, während der Mast- oder Weidewald Hochwald hieß.

Für die Großverbraucher waren die bäuerlichen Wälder nicht ideal und auch nicht die Art, wie der Bauer wirtschaftete. Ihnen lag an möglichst viel Holz auf einer Fläche. Und alles, was auf einer Fläche stand, sollte auch auf einmal geerntet werden. Der Kahlschlag als neue Art der Waldnutzung entsteht, der als Begriff unserer Umgangssprache keiner weiteren Erläuterung bedarf. Wo viel Holz gebraucht wurde, da konnte man auch beim Kahlschlag nicht zimperlich sein; man hackte eben große Stücke kahl. Zum Unterschied in der Art der Nutzung kam ein zweiter, für die Zukunft entscheidender. Die Großverbraucher konnten nicht mehr die Laubbäume am besten gebrauchen, sondern Fichten, Tannen und Kiefern, das Nadelholz. Es ist leichter und war daher besser zu flößen und zu triften; es ist weicher und war daher besser zu bearbeiten und im Bau zu verwenden; sein Feuer unter den Sudpfannen war nicht zu heiß. Und noch dazu wächst es schneller, und seine Stämme sind länger, gerader und weniger astig.

Bauer und Großverbraucher hatten also sehr verschiedene Ansprüche an den Wald. Dies hatte sehr reale Folgen, sobald Holz einen Wert als Handelsgut oder Energiequelle großgewerblicher Produktion erhielt. Denn nun liefen erstmals die Interessen von Bauern und Grundherrn auseinander. Dem Grundherrn bot sich nun die Chance, mehr aus dem Wald herauszuholen als nur den Zins und Zehent der Bauern. Nur die Besitz- und Nutzungsrechte mußte man dazu ändern.

Wem etwas weggenommen werden soll, von dem er glaubt, daß es ihm gehört, der setzt sich zur Wehr. Das taten auch die Bauern, als die Grundherren anfingen, die Zügel im Wald anzuziehen. Ihr vermeintliches Recht bekamen sie trotzdem nicht. So wurde der Streit um den Wald auch zu einem der Gründe für die Bauernunruhen, die im 15. Jahrhundert ausbrachen und die im Bauernkrieg des Jahres 1525 ihren Höhepunkt und zugleich ihr für die Bauern unglückliches Ende fanden. Was die Bauern drückte, was sie beklagten und forderten, hat damals Sebastian Lotzer in 12 Artikeln als Manifest und Programm formuliert und dabei festgestellt: »Zum fünften sind wir auch beschwert der Beholzung halb, denn unsere Herrschaften haben sich die Holzer alle zugeeignet, und wenn der arme Mann etwas bedarf, muß ers ums doppelte Geld kaufen. Nun ist unsre Meinung: Gehölze, mögen sie Geistliche oder Weltliche innehaben, die sie nit gekauft haben, die sollen einer ganzen Gemeind wieder anheimfallen.«

Mit der Niederlage der Bauern ist für die Landesherren aber der Weg frei zum absolutistischen Staat des 17. und 18. Jahrhunderts und damit auch für Eingriff und Kontrolle im Wald.

Erste Versuche, dem Raubbau zu steuern

Raubbau ist ein böses Wort. Es sagt, daß die Schätze der Erde egoistisch verschwendet werden. Den Menschen des Spätmittelalters muß es beim Gedanken ans Holz ähnlich ergangen sein wie uns heute bei Öl oder Silber. Nur sah man die Lage schwärzer, als sie wirklich war. In weiten Gebieten war der Holzschatz erst angekratzt, und anderswo standen Erzeugung und Nutzung noch im Gleichgewicht. Es gab aber auch die Beispiele, wo Holznot nicht eine Zukunftsvision war, sondern Realität.

Nun ist die Angst zwar ein schlechter Ratgeber, aber oft ein Motor des Fortschrittes. Sie hat auch im Wald auf Wege geführt, die die Holzerzeugung steigerten. Man dachte über das Heute hinaus und fragte, wie sich auch für morgen eine ausreichende Versorgung sichern, ein Weg vom Raubbau zur Wirtschaft finden ließe.

Im Wald zu ermitteln, was nachwächst, und das rechte Maß zu treffen, wieviel Holz man schlagen kann, ist schwer. Die Fläche ist groß und unübersichtlich, die Produktionszeit lang, und die produzierte Menge läßt sich nur mit Schwierigkeit messen. Am einfachsten ging dies im Niederwald. Da sie die Gerten ihres Niederwaldes alle sieben Jahre abhackten, teilten die Bürger der Stadt Erfurt schon im 14. Jahrhundert den Wald in sieben Teile, so daß für jedes Jahr ein Schlag zur Holzgewinnung zur Verfügung stand. Da aber nicht der ganze Wald den gleichen Wuchs hatte, wählte man die Schläge verschieden groß, um jährlich dieselbe Nutzungsmenge beziehen zu können. Diese »Schlageinteilung« ist das erste uns bekannte Beispiel einer Ertragsregelung, die zu gleichmäßigen und fortdauernden Holznutzungen führen sollte. Mit ihr war der Grundstein zu einer planmäßigen und nachhaltigen Forstwirtschaft gelegt. Sie hat für Nieder- und Mittelwald – wir Förster nennen sie Betriebsarten – schon im Mittelalter zu einem ausgereiften forstlichen Wirtschaftssystem geführt.

Ein zweiter Schritt zur Forstwirtschaft wurde vollzogen, als im Hochwald die Wiederbesamung nach dem Abhacken der alten Bäume nicht mehr der Natur überlassen blieb, sondern der Mensch dies künstlich mit Saat oder Pflanzung vollzog. Wer sich der Bedeutung der Eiche im mittelalterlichen Wald erinnert, den wird es nicht wundern, daß man zuerst bei ihr an Pflanzung oder Saat dachte. Schon im Hochmittelalter bestand bei der Ernte einer Eiche die Pflicht, junge Eichen zu pflanzen und bis ins »dritte Laub«, das heißt drei Jahre lang, zu pflegen. Bei der Eiche war das nicht schwer. Weder das Sammeln noch das Säen der Eicheln gaben Probleme auf. Bei den Nadelbäumen lag die Sache schon wesentlich komplizierter.

Es war kein Förster, sondern ein streng blickender Nürnberger Ratsherr, der erstmals zu Ostern 1368 Tannen, Fichten und Kiefern säte. Dem Bergwerks- und Handelsherrn muß die Gefahr bewußt geworden sein, die seiner Vaterstadt drohte, ginge ihr das Holz aus. Nadelbäume zu säen, war aber nicht nur technisch schwierig, es verlangte vor allem den Bruch mit den Denkkategorien und den Traditionen der Zeit. Denn Fichte oder Kiefer galten als die nichtfruchtenden, die wertlosen Bäume, deren Rodung Gott erfreute und den Menschen half. Das Nadelholz als den Rohstoff der Zukunft zu erkennen, die Notwendigkeit seiner Nachzucht zu sehen, war unerhört. Gar zu experimentieren, wann man den Samen sammeln muß, wie man ihn aus den Zapfen entfernen kann, wo er zu lagern ist über den Winter, wie man ihn zu säen hat, das alles zeigt Peter Stromeir als einen ganz ungewöhnlichen Mann. Was er vielleicht als ein Hobby begann, vollendete er zu einem von Anfang bis zum Ende wohldurchdachten Verfahren, in dem das Pflügen des Bodens und der Schutz der kleinen Fichten und Tannen gegen den Frost durch einen Schirm frostharter Birken ebenso seinen Platz hatte wie der Zeitpunkt der Saat bei zunehmendem Mond im Frühjahr, die Saattiefe oder die Samenmenge.

Peter Stromeirs Saatverfahren führte zum Erfolg und setzte sich durch. Schläge, verlichtete Waldteile und Brachland wurden eingesät. Er hat damit seine Vaterstadt vor Holznot bewahrt und ihr einen unschätzbaren Dienst erwiesen. Aber mehr als das, er zeigte, wie man Laubbäume durch Nadelholz ersetzen konnte, und damit lieferte er gleichzeitig den Hebel, der den tiefgreifendsten Wandel des deutschen Waldes herbeiführte, mit dem wir uns von nun an zu beschäftigen haben.

Aber nicht nur in Städten, auch in Salinen und Bergwerken waren Männer am Werk, die Mittel und Wege suchten und fanden, damit der Bedarf ihrer Betriebe nicht zu Raubbau und Ruin führte. Auch hier entstanden also Geburtsstätten einer der Zukunft verantwortlichen Forstwirtschaft, so etwa bei der Saline Reichenhall oder dem Bergwesen des Harzes.

Um 1500 hatten die bayerischen Herzöge die Sudhäuser Reichenhalls in ihre Hand gebracht. Um 100000 Kubikmeter Holz wurden damals verbraucht. Innerhalb eines Jahrhunderts stieg diese Menge um das Zwei- bis Zweieinhalbfache. Dies war ohne Raubbau möglich, da eine straffe Organisation mit einem Salzmayer an der Spitze, zwei Waldmeistern, Holzschaffern (Förstern) und Holzmeistern (Einschlagsunternehmern) geschaffen wurde, die für Wald und Holz verantwortlich war. Ihr wurde nicht nur eine Instruktion und eine Ordnung mit genauen Anweisungen, Geboten und Verboten an die Hand gegeben, sondern erstmals auch ein Plan.

Man mag streiten, ob dieses Wort schon angebracht ist. Immerhin enthielt das Werk eine recht umständliche Beschreibung aller Wälder. Und wenn dabei auch noch keine Holzmassen geschätzt oder gemessen wurden, so ist das Ziel doch schon klar. Der Wald wurde als »perpetuierlicher«, »continuierlicher« und »ewiger« Bestandteil der Saline betrachtet, und demgemäß sollte er auch gebraucht werden. Schon 1509 wurde daher der Grundsatz festgelegt, junge Wälder zu schonen und nur in den reifen zu hacken.

Schon zu diesem Zeitpunkt galt, was eineinhalb Jahrhunderte später ein Ratskanzlerschreiben ganz eindringlich zum Ausdruck brachte: »Gott hat die Wäldt für den Salzquell erschaffen auf daß sie ewig wie er continuieren mögen – also solle der Mensch es halten: Ehe der alte ausgehet, der junge bereits wieder zum verhackhen herangewaxen ist.« Der Grundsatz der Nachhaltigkeit, die *magna charta* der Forstwirtschaft, war geboren.

Auf dem Weg zum Ruin

Millionen sonnenhungriger Urlauber überfluten jeden Sommer die Strände des Mittelmeeres. Sie zieht es zum Wasser und nicht in den Wald. Es gibt dort nicht mehr viel von ihm, und es ist nicht leicht, ihn zu finden. Was einem fast überall begegnet, sind kahle Berge, nackte Felsen, braune Weiden und krüppeliger Busch, die der Adria und der Ägäis ihren uns fremden Reiz verleihen. Wer es weiß, daß auch sie einmal ausgedehnte Eichen-, Buchen- oder Tannenwälder trugen, dem stellt sich die Frage: Was hat unser Land davor bewahrt, einen ähnlichen Weg zu gehen? Verdanken wir unser Grünes Drittel mehr der Weisheit und der Einsicht unserer Vorfahren oder der Gunst der Natur? Anders und ganz überspitzt gefragt: Haben sie ihn bewußt erhalten oder nur nicht kaputtgekriegt?

Sie haben ihn erhalten wollen, das steht außer Zweifel. Die ersten Versuche dazu reichen – wir haben es gesehen – weit zurück ins Mittelalter. Sie wurden nicht aufgegeben, sondern fortgesetzt, sogar verstärkt, als die Neuzeit begann. Nur zwischen dem, was man wollte, und dem, was man tat, klaffte eine immer größer werdende Lücke, betrachtet man die Zeit der Renaissance und des Barock, jene drei Jahrhunderte zwischen 1500 und 1800. Tatsächlich verhütete mehr die Waldfreundlichkeit unseres Klimas als die Tüchtigkeit der Vorväter die Verkarstung und Versteppung.

Wer sich selbst als forstlicher Musterschüler im Erdenrund versteht, und dazu neigen die deutschen Forstleute ein wenig, wer auch gerne mit spitzen Fingern die Sünden der Nachbarn aufzeigt, sollte, selbst bei allem berechtigten Stolz, die eigenen Missetaten nicht verschweigen und sich des Vorteils bewußt bleiben, den unser Klima gewährt.

Forstgesetze mit Pfiff

Wer heute in der Zeitung liest: »Landtag verabschiedet neues Forstgesetz«, wird dies kaum für eine Sensationsmeldung halten. Zum einen billigen wir dem Staat ganz selbstverständlich das Recht zu, zu bestimmen, was Waldbesitzern und Waldbesuchern zu tun erlaubt sei und was nicht. Zum anderen ist die Zahl jener, die der Gesetzesinhalt wirklich interessiert, bescheiden.

Als in der ersten Hälfte des 16. Jahrhunderts von Herzögen, Fürstbischöfen oder Grafen Forstordnungen erlassen wurden, war das anders. Bisher hatten nur Grundherren für ihren Wald und der Rat der Genossen für Markwälder in Waldordnungen oder Weistümern bestimmt, was erlaubt war und was verboten. Forstordnungen waren dagegen etwas völlig Neues, denn hier wurde das Recht in Anspruch genommen, nicht nur im eigenen, sondern in jedem Wald des Herrschaftsgebietes das Sagen zu haben.

Da jeder Landesherr auf seine Forstordnung ebensolchen Wert legte wie in unserer Zeit die Bundesländer auf ihr eigenes Forstgesetz, wurden sie in schier unübersehbarer Vielfalt erlassen. Der Rechtsgleichheit damals, wie dem Überblick heute, war allein der Umstand förderlich, daß man oft und über weite Passagen voneinander abschrieb.

Die Angst, die Holzquelle, von welcher der Bauer ebenso abhing wie der Handwerker und der Landesherr, könne schon morgen nur noch spärlich sprudeln, läßt sich aus dem Vorwort zu jeder Forstordnung ablesen. Sie war – ob zu Recht oder Unrecht mag dahingestellt bleiben – die moralische und auch die legale Rechtfertigung für das Eingreifen der Staatsmacht und für ihre drastischen Vorschriften.

Ordnung galt es zu schaffen, und dazu verbot man als erstes das Roden. Der Wald war zum knappen Gut geworden, das der Staat gesetzlich schützte und das nur mit seiner Billigung beseitigt werden durfte. Neben dem Rodeverbot erging die Pflicht zur Aufforstung. Ordnung zu schaffen hoffte man auch, indem man das Sammeln von Brennholz und seine Abfuhr aus dem Wald nur an ein oder zwei Tagen in jeder Woche erlaubte, oder indem ein lebender Baum nur abgehauen werden durfte, wenn der Förster ihn zuvor markierte. Aber dies war nur in den Wintermonaten bei zunehmendem Mond erlaubt, denn allein dann besaß das Holz nach uraltem Volksglauben seine größte Haltbarkeit. Für jede geschlagene Eiche waren dann sechs junge zu pflanzen oder auf dem Schlag zehn taugliche Samenbäume zu belassen. Schon die wenigen Beispiele zeigen, daß Forstordnungen Gesetz, ja fast Lehrbuch waren, auch wenn ihre Verfasser keine gütigen Lehrer sein wollten.

Ordnung mußte auch geschaffen werden im Weidewald. Jeder Bauer durfte im Sommer nurmehr das Vieh austreiben, welches er im Winter mit eigenem Futter zu ernähren vermochte. Neben der Eindämmung der Zahl bot sich als zweite Schraube die Zeit an, um die Weide einzuschränken. Genau auf den Tag wurde bestimmt, von wann ab und bis wann in den Wald eingetrieben werden durfte. Ziege und Schaf, denen junge Baumtriebe besonders gut schmecken, wurden ganz aus dem Wald verbannt. Weide war darüber hinaus nur am Tage und nur unter der Aufsicht von Hirten erlaubt. Die Förster konnten alle Jungwälder von der Weide ausschließen, »verhängen«, wie man die Kennzeichnung dieser Teile mit angehängten Strohbüscheln nannte. Der fast erbliche Haß zwischen Bauer und Förster über Jahrhunderte hinweg wurde stets neu angefacht durch bäuerliches Bestreben, diese Bestimmungen zu durchbrechen oder, auf Försterseite, ihre Einhaltung zu erzwingen.

Das Haushalten im Wald war aber nur die eine Seite. Das Sparen beim Verbrauch war mindestens ebenso wichtig. So schreiben Forstordnungen auch gleich die Bauweise vor, rationierten den Bezug, verboten mehr als eine Badestube oder einen Backofen im Dorf. Alles und jedes, von der Höhe der Stöcke im Wald, dem Verbot, Bauholz im Wald zu behauen, damit die Späne nicht verlorengingen, bis zur Ofenlochgröße wurde vorgeschrieben.

Wer einmal eine Forstordnung von vorne bis hinten gelesen hat – die bayerische etwa benötigte 96 Seiten –, der wird das Stoßgebet eines Pfarrers verstehen:

»Ach lieber Got
Wieviel neuer Gebot,
Laß es in Güte walten,
wer kann sie alle halten!«

Die Kirchgänger, denen dies alles zweimal im Jahr von der Kanzel verkündet werden mußte, haben hier wohl eifrig mitgebetet.

Drakonische Strafen

Wer nicht gedachte, einen Verstoß in Güte walten zu lassen, das waren die Landesherren. Drakonische Strafen anzudrohen, gehörte zur Gesetzgebung jener Zeit wie der Baum zum Wald. So reicht das Strafmaß vom Pfennigbetrag bis zum Gefängnis, vom Verlust einzelner Glieder bis zur Landesverweisung, vom Auspeitschen bis zum Tod. Weiter Spielraum war allerdings den Forstmeistern belassen, die zu Gericht saßen, und die Suppe wird wohl selten so heiß gegessen worden sein, wie die Forstordnungen sie kochten. Aber es bedurfte ja auch gar nicht viel, um den Bauern hart zu treffen. Wer ihm seine Axt nahm, mit der er frevelte, die Sau beschlagnahmte, die er unberechtigt in den Wald trieb, oder Frondienste aufbrummte, weil er mit Geld nicht zahlen konnte, der strafte schwer genug.

Bis zum Dreißigjährigen Krieg, so gewinnt man den Eindruck, vermochten die Forstordnungen den Weg der Wälder in den Ruin aufzuhalten. Sie waren für die »armen Liüte« Last und Ärger, aber sie schufen eben doch eine Ordnung und verhinderten Schlimmes. Neben dem Guten haben sie aber auch ein Schlechtes bewirkt, das böse Folgen hatte. Das Verantwortungsbewußtsein für den Gemeinbesitz, das unter den Genossen lebendig war, geht nun zusammen mit der Unabhängigkeit der Genossenschaften verloren. An die Stelle von Stolz und Rücksicht auf »unseren Wald« tritt der Eigennutz an »einem Wald«, der das Recht und den Anspruch des Nächsten und der nächsten Generation nicht mehr kennt.

Die Jagd und der Wald

Stets war die Geschichte der Jagd mit der Geschichte des Waldes eng verknüpft, und vieles in der wechselvollen Geschichte unserer Wälder ist ohne Kenntnis der Geschichte der Jagd gar nicht begreifbar. Aus den Anfängen germanischer Jagd blieb so manche Einzelheit im Dunkel der Wälder. Die dürftigen jagdgeschichtlichen Quellen machen es schwer, ein lückenloses Bild zusammenzufügen, schwerer als es die guten Zeugnisse über die Jagd der Antike, die der Ägypter, Assyrer oder Römer erlauben. In den Anfängen jagten die Germanen im Wald oder am Wasser. Felder gab es in nennenswertem Umfang noch nicht. Die Jagdtechnik war vielseitig und bunt, und sie unterschied sich dadurch von der gegenwärtigen Einfalt des Schießgewehrs. Die erste große Wende kam mit der Idee eines Frankenkönigs, den Volkswald, also den noch weitgehend herrenlosen Wald, zum Königswald zu erklären. Zum Schutz seiner Besitzungen belegte der König einige dieser Wälder mit dem königlichen Forstbann, womit deren Nutzung unter Androhung harter Strafen verboten wurde. Der Wald wurde, so hieß es, »eingeforstet«.

Nicht alle Wildarten waren mit dem Bann belegt. Stets bezog sich der Bann auf Rotwild und Schwarzwild, die somit dem König vorbehalten blieben. Das Recht, andere Arten der sogenannten »Niederen Jagd« zu jagen, war meist an den landsässigen Adel verliehen. Frei im Sinne des alten Rechtes auf freien Tierfang blieben kaum noch Tiere. Lediglich der Wolf konnte von jedermann verfolgt, gefangen und erschlagen werden. Der nächste Schritt in der Entwicklung war das sogenannte »eingestellte deutsche Jagen«. Es hatte den Charakter eines Hoffestes.

Eine solche große Jagd sei an einem Beispiel dargestellt, und zwar dem gut belegten festlichen Jagen bei Leonberg im Jahre 1748. Das Jagen war erst als Wasserjagd angelegt. Zuerst wurde der Bach des Wasserbachtales zu einem großen See aufgestaut, inmitten eines großen Waldgebietes.

Die Schmelz- oder Rennöfen der Eisenhämmer und -hütten fraßen um 50 cbm Holz für jede Tonne gewonnenen Eisens.

Während der Glasbläser am Ofen der mittelalterlichen Glashütte steht, sind im Hintergrund die Pottaschebrenner tätig, die schon ein tiefes Loch in den Wald gefressen haben.

Bär und Specht, Wildschwein, Hund und Jäger sind nur Beiwerk am Holzschnitt, der die Arbeit des Zeidlers an den in Bäume geschlagenen Bienenhöhlen, den Beuten, zeigt.

Dann kamen bauliche Anlagen: ein Kastell aus Holz trennte die Wasserfläche von den eingehegten Tieren. Am gegenüberliegenden Ufer des Sees lag inmitten einer Triumphpforte der Jagdschirm für 50 Personen, jener Stand, von dem aus die Jagdgesellschaft vorhatte, zu schießen. Am Jagdtage fanden sich unter dem Spektakel von Pauken und Trompeten die fürstlichen Herren mit ihrem Gefolge ein. Danach öffneten die Bauern und Jäger die Tore zum blutigen Schauspiel. Rund 800 Rothirsche und Sauen flohen durch die Bögen des Kastells und landeten, von einer Sichtblende irregeleitet, im See. Auf die schwimmenden und am Ufer Rettung suchenden Tiere eröffneten die Herren im Jagdschirm das Feuer. Rund die Hälfte aller Tiere, 400 etwa, blieb auf der Strecke. Der zeitgenössische Bericht bestätigte, daß die Jagdgesellschaft das erwünschte Vergnügen fand: Sie ergötzte sich an den ins Wasser stürzenden Tieren und über ihr ängstliches Fliehen.

Was zuvor in keinem Bauernaufstand gelang, schafften die Spätfolgen und Ausstrahlungen der Französischen Revolution. Im Jahre 1848 beschloß die Nationalversammlung in Frankfurt die Aufhebung des Jagdrechts auf fremden Grund und Boden. Damit war der Grundstein zu unserer gegenwärtigen Jagdgesetzgebung gelegt. Heute ist die Jagd kein Herrenrecht mehr. Sie kann keine Not mehr bewirken, und sie ist im Interessensfeld mit der Land- und Forstwirtschaft nicht mehr bevorrechtigt. Die alten Jäger verschmolzen nach den revolutionären Änderungen mit den neuen. Viele Traditionen, gute und weniger gute, erwiesen sich als außerordentlich widerstandsfähig und leben bis heute fort. Ein wenig vom Hauch des Exklusiven hat die Jagd bis heute behalten, und nur wer Jäger ist, kann sich in der von den barocken Berufsjägern überkommenen Fachsprache unterhalten.

Eigennutz geht vor Gemeinnutz

Ob die Forstordnungen und die Förster, die sie durchzusetzen versuchten, es vermocht hätten, den Wald vor dem Ruin zu bewahren, wissen wir nicht. Die Katastrophe des Dreißigjährigen Krieges verschüttete die Ansätze dazu und gab der Entwicklung eine andere Bahn. Als der Waffenlärm verstummte, lagen weite Teile des Reiches in Schutt und Asche. Wieder einmal war die Zahl der Bewohner von 16 auf 10 Millionen geschrumpft und damit niedriger als 1350. Die Gewerbe waren ruiniert, der Handel erloschen, die Viehbestände dezimiert. Weithin herrschte Not und Elend.

Für den Wald brachten zerstörte Städte, verlassene Dörfer, wüste Felder und verfallene Hämmer, Hütten und Salinen eine Atempause, in der er sich regenerieren konnte. Der Holzverbrauch fiel drastisch, die Waldfläche nahm zu und die geschrumpfte Zahl der Weidetiere gab dem Jungwald wieder eine Wuchschance. Aber um daraus für lange Gewinn zu schlagen, hätte es der Ordnung und Bewahrung, hätte es des Gemeinsinnes bedurft.

Wo ein Krieg die Grundfesten der staatlichen und gesellschaftlichen Ordnung zerrüttet, wird immer auch der Wald die Rechnung zu bezahlen haben. Jetzt rächte sich die Zerschlagung der genossenschaftlichen Ordnung der

Im Flachland während des Winters,
im Bergwald aber im Sommer jeden Jahres
wurden mit Axt und Zugsäge die
Bäume von der Durchforstungsstange
bis zum alten Riesen gefällt.

Marken. Rücksichtslos suchte nun jeder seinen Vorteil, und die Hüter der Ordnung waren weder in der Lage noch oft auch willens, Übergriffen zu wehren. Bei den Förstern war die über Generationen weitergegebene Erfahrung im Wald abgerissen. Man wählte auch gar nicht mehr nach dem fachlichen Können, sondern nahm den Nächstbesten, den es mit einem Amt zu versorgen galt. (Das soll es ja heute auch noch geben.) Eine miserable Besoldung und die Abhängigkeit des Einkommens von Strafgeldern und Gebühren, wie etwa für das Markieren der einzuschlagenden Bäume, waren schlechte Dämme gegen Untreue und Betrug.

Das alles hätte sich korrigieren, mit der Zeit normalisieren lassen. Viel schlimmer in der Konsequenz – hinein bis in unsere Tage – war es, daß nun zum erstenmal die Jäger das Sagen im Wald bekamen.

Entgegen aller Vernunft und allen wirtschaftlichen Zielen legte man die Verantwortung für die Wälder, soweit sie nicht direkt der Versorgung eines Bergwerkes oder einer Saline dienten, in die Hände von Jagdmarschällen und Jägermeistern. Daß der deutsche Förster heute von Außenstehenden als der Mann in Grün mit Dackel und Gewehr gesehen wird, der sich zum Zwecke der Jagd mit Bäumen umgibt, daß er sich selbst noch manchmal so versteht, hatte genau hier seinen verdrießlichen Ursprung. Aber die Jagdleidenschaft der absolutistischen Herrscher des Barock sah eben im Wald zuerst einmal die Wildbahn. Was man dort Eigenartiges trieb, wird in der Geschichte der Jagd berichtet. Hier ist nur festzustellen: die Fürsten waren blind und taub für allen Schaden, der im Wald entstand. Auch hier galt: Wie der Herr, so sein Gescherr. Vom Oberjägermeister bis zum Forstknecht tanzten die Diener mit ihren Herren um Dianens Thron. Und auch diese Jagdpassion und ihr Kult hat fortgewirkt bis in unsere Tage.

Die Jagd wurde aber nicht allein aus Leidenschaft betrieben. Sie war im absolutistischen Staat ebenso Gesellschaftsereignis, Art der Selbstdarstellung, Gelegenheit, Prunk und Pracht des Herrschers zu demonstrieren. Der Spaß war weder für den, der das Vergnügen hatte, noch viel weniger für die, die es ausrichten mußten, billig. Und teuer bezahlte es auch der Wald, der dabei die Kulisse abgab. Wo die Jagd zur Hauptbeschäftigung der Herrscher und ihrer Höfe wurde, fraß sie, zählt man vom Bau der Jagdschlösser bis zur Hundehaltung alles zusammen, tiefe Löcher in die Staatssäckel. Für die Bauern war sie eine Last, die mehr drückte als vieles andere. Unbezahlte Treiberdienste, Einquartierung von Jagdpersonal und Wildschaden im Feld, der nicht nur unentschädigt blieb, sondern gegen den man sich bei harter Strafe nicht einmal wehren durfte, erschwerten das Leben und schmälerten den Ertrag der bäuerlichen Arbeit.

Die Rudel der Hirsche haben zusammen mit den Herden der Nutztiere den Wald zugrunde gerichtet, ohne daß wir abzuschätzen vermöchten, wer dabei die tieferen Wunden schlug. Da keine jungen Bäume mehr aufkommen konnten – sie wurden abgebissen –, war die allmähliche Verlichtung des Waldes unausbleiblich.

Da sie das begehrtere Futter sind, wurden die Laubbäume viel stärker dezimiert als Fichte und Kiefer. Ohne Zutun des Menschen beschleunigte damit der Zahn der wilden und der zahmen Tiere in weiten Gebieten, etwa im Alpenvorland oder in der nordwestdeutschen Tiefebene, den Umwandlungsprozeß vom Laub- zum Nadelwald, an dessen Beginn Peter Stromeir und seine Nürnberger Tannensäer standen. Das schlimmste Ergebnis des Diktates der Jäger im Wald ist aber darin zu erblicken, daß es die Entwicklung einer eigenständigen Forstwirtschaft für nahezu zwei Jahrhunderte verhinderte; es ließ viele der vorhandenen Ansätze verkommen und würgte neue ab. Es hat auch eine vernünftige und zielbewußte Eingliederung des Waldes in die Merkantilismus genannte Wirtschaftspolitik der absolutistischen Staaten Deutschlands ungemein erschwert.

Der Merkantilismus setzte sich als eine einheitliche, von übergeordneten Zielen bestimmte Wirtschaftspolitik in den deutschen Territorialstaaten durch, nachdem sie im Westfälischen Frieden von 1648 die volle Souveränität gegen Reich und Untertanen endgültig erlangt hatten. Riesige Aufgaben harrten ihrer Lösung. Die katastrophalen Folgen des großen Krieges galt es zu beseitigen. Die stehenden Heere und der Prunk der Höfe kosteten viel Geld und erzwangen neue Wege der Staatsfinanzierung. Der absolutistische Herrscher fühlte sich verantwortlich für das öffentliche Wohl und die »irdische Glückseligkeit« seiner Untertanen.

Wollte man die anspruchsvollen Ziele erreichen, so mußte die Wirtschaft wachsen, die Finanzkraft des Staates gestärkt und seine innere wie äußere Macht gesteigert werden. Mehr Menschen waren die wichtigste Voraussetzung für einen Aufschwung. Preußen und andere Staaten öffneten deshalb ihre Grenzen und nahmen Flüchtlinge auf, die wegen ihres Glaubens anderswo vertrieben wurden, wie die Hugenotten. Die Bauern suchte man vor Überforderung oder gar Vertreibung durch ihre Grundherren, dem Bauernlegen, zu schützen. Man half, die zerstörten Dörfer aufzubauen, das an Busch und Wald verlorene Land wieder zu kultivieren, und man bemühte sich, die Bauern eine bessere Wirtschaft zu lehren, neue Kulturpflanzen, wie Klee und Kartoffeln, einzuführen und beim Vieh auf bessere Leistung zu achten. Kernstück der Politik aber war die Förderung der Gewerbe, vor allem der nicht dem Zunftzwang unterliegenden, in eigenen Fabrikationsstätten arbeitenden Manufakturen. Sie schützte man durch die Gewährung von Monopolen nach innen und durch Zölle gegen Konkurrenz von außen. Denn: »Ein Land ohne Manufakturen ist ein menschlicher Körper sonder Leben, ergo ein totes Land, das beständig power und elendig ist«, so meinte König Friedrich Wilhelm I. von Preußen.

Der Merkantilismus hat zwar viele seiner Ziele nicht erreicht, aber zwischen 1700 und 1800 doch ganz ansehnliche Erfolge errungen. Er erkaufte sie mit vielen Opfern und Fehlern, besonders im Wald. Neben dem allgemeinen Verfall der Sitten und neben der Jagd wurde so auch der Merkantilismus, trotz seiner guten Vorsätze, Anlaß zum Ruin des Waldes an vielen Orten.

Das begann schon bei der Landwirtschaft. Den Wald von der Geißel der Weide zu befreien, gelang noch immer nicht, da man für sein Futter keinen Ersatz wußte. Selbst der Fortschritt auf dem Feld ging am Ende wieder zu Lasten des Waldes und führte ihn einen Schritt näher zum Ruin. Mit der Einführung des Klees als Futterpflanze wurde die Stallhaltung des Viehes auch im Sommer möglich. Das gestattete, mehr Mist zu erzeugen, die Felder besser zu düngen und so ihren Ertrag zu steigern. Die Sommerstallhaltung erforderte nun aber auch mehr Streu für den Stall. Das Stroh konnte dafür nicht genommen werden, denn es wurde im Winter verfüttert. Wo konnte man dann die Streu herbekommen? Aus dem Wald natürlich!

Die lockere Bodenauflage im Wald, die Blätter und Nadeln am Boden und der Auflagehumus sind eine gute Einstreu, kratzt man sie mit dem Rechen zusammen und fährt sie in den Stall. Für den Wald und seinen Nährstoffhaushalt war dies das Musterbeispiel eines Raubbaues. Denn mit der Bodenauflage entzog man dem Wald sein Nährstoffkapital und investierte es als Mist im Acker.

Wo die Streu sich nicht mit dem Rechen gewinnen ließ, wie in der Heide, trat an seine Stelle die Hacke. Samt Wurzeln und humosem Oberboden wurde hier die Heide als viereckige Plaggen abgehauen, um als Streu in den Stall und dann als Kompost auf den Acker zu wandern.

Wozu dies im nordwestdeutschen Tiefland führte, kann als klassisches Beispiel einer Waldvernichtung dienen: Bereits im Spätmittelalter verlichteten die Eichen-Birken-Wälder durch Holzentnahme und Weide. Langsam wanderte in Löcher und Lücken die Heide ein. Das Waldgefüge war also schon labil, als im 17. Jahrhundert die Schafweide mit Heidschnucken und der Plaggenhieb folgten. Zu beiden kamen Heidefeuer, die man legte, um überalterte Heide zu verjüngen und die, einmal im Laufen, vor dem Wald nicht halt machten. Der alte Wald löste sich dadurch allmählich auf, junger wuchs nicht mehr nach. Die Grenze zwischen Wald und Heide wurde fließend. Mit dem Vordringen der Heide konnte der Bestand an Schnucken zunehmen. Um 1800 sollen in der Lüneburger Heide eine halbe Million Schafe geweidet haben.

Im Tiefland des Königreiches Hannover ist zur gleichen Zeit der Waldanteil unter ein Zehntel der Landfläche gesunken. Ein grünes Zehntel, das nicht einmal grün war, denn es war fraglich, ob man überhaupt noch von Wald sprechen konnte oder besser von Heide mit Bäumen reden sollte. Die Eiche, der Charakterbaum dieses Raumes, fand und findet sich aber fast nurmehr als Schutz um die Höfe. Im Wald ist sie von der härteren und zäheren Kiefer abgelöst worden. Keine drei Jahrhunderte hat dieser phänomenale Prozeß beansprucht. Er läßt sich auch in vielen anderen Gegenden, wie etwa der Oberpfalz, verfolgen, wenn auch nicht mit derart drastischen Ergebnissen. Merkantilistische Agrar- und Gewerbepolitik hat ihn, wegen der Wolle, gefördert und trotz der Auswirkungen auf den Wald, die man sehr wohl erkannte, in Kauf genommen.

Ähnlich große Opfer vom Wald verlangte aber auch die merkantilistische Handelspolitik. Holz ließ sich verkaufen, es hatte einen Markt. Holzhunger hatten nicht nur die Städte – Wien zählte um 1800 schon 200000 Seelen –, sondern vor allem auch die seefahrenden Kolonialmächte.

Holland und England hatten ihre eigenen Wälder bereits dem Bau der Flotten und Häfen geopfert. Sie waren auf Importe angewiesen und bereit, für sie zu bezahlen. Ein Hindernis lag allerdings im Weg. Der Export von Rohstoffen widersprach einer der obersten Maximen des Merkantilismus! Sie sollten der eigenen Wirtschaft vorbehalten bleiben. Dieses theoretische Handicap schob man aber mit einem ebenso billigen wie einfachen Definitionstrick zur Seite: Nur das Holz im Wald ist Rohstoff. Geschlagen und zum Wasser gebracht, ist es bereits bearbeitetes Produkt und kann deshalb auch exportiert werden.

Das öffnete die Schranken zum Ausverkauf des Waldes auf Donau, Main, Elbe, Weser und Rhein. Hier winkten ohne große Anstrengung die dringend benötigten Bareinnahmen. Man mußte sich nicht einmal selbst um alles kümmern und auch kein Risiko tragen. Am einfachsten war es, den stehenden Wald an Unternehmer und Handelskompanien zum Export zu verkaufen, »am Stock«, wie die Förster sagen, auch wenn man dafür nur einen recht bescheidenen Kaufpreis erzielte.

Da die Käufer auch verdienen wollten, nahmen sie nur das Beste, sie sahnten ab und sparten gleichzeitig bei der Holzernte. Auch dies ging dann auf Kosten des verbleibenden Waldes. Wo also im 18. Jahrhundert die Flöße die Flüsse hinunterschwammen, blieb ein geschundener Wald zurück. Bis zu 320 m lang und 50 m breit band man die Flöße auf dem Rhein zusammen. Knapp 30000 Kubikmeter Holz mit einem Gewicht von etwa 17000 Tonnen enthielt solch ein Prinzipalfloß. Etwa zur Hälfte bestand es als dem eigentlichen Floß aus 18 bis 30 Meter langen Fichten und Tannen mit einem Durchmesser von 35 bis 40 Zentimetern am schwächeren Ende, den sogenannten Holländerstämmen, und zur anderen Hälfte aus den begehrten Schiffbaueichen als Zu- und Oblast. 560 Mann Besatzung waren notwendig, um solch ein Superfloß von Kehl oder Mannheim nach Dordrecht in Holland zu steuern; 450 davon standen an Rudern, 70 bis 80 fungierten als Ankerknechte und selbst zwei Metzger fehlten nicht. Eine komplizierte Konstruktion erlaubte es, den Giganten zu steuern.

Zweimal im Jahr verfrachteten die großen Holländerkompanien solch ein Monster. Welches Risiko ein Auseinanderbrechen barg, aber ebenso schon ein Preisverfall, machen die 0,7 bis 1 Million Gulden seines Verkaufswertes klar.

Der Verkäufer des Holzes erhielt zwar nur ein Fünftel bis ein Siebtel des Erlöses in Holland. Aber auch das war eine Menge Geld. Der Versuchung, aus dem Holz des Waldes Geld zu machen, entgegen allen Grundsätzen der geltenden Wirtschaftspolitik, hat kaum einer, dem sich dazu Gelegenheit bot, widerstanden.

Lebensnah schildert das Novemberbild des Breviarium Grimani die herbstliche Schweinemast im Eichenwald vor dem Hintergrund einer Jagdszene.

Tafel 10

Tafel 11

Auf Kalkgesteinen entstehen Rendzina-Böden. Ein dunkler, sehr humoser Bodenhorizont ist typisch für eine solche Rendzina. Übergangslos schließt sich darunter das Kalkgestein an. Wenn genug Niederschlag fällt und die Baumwurzeln tief in die Klüfte des Gesteins eindringen können, so wächst der Wald gut. Alle Rendzina-Böden sind sehr empfindlich gegen die Beseitigung der Waldbestockung. Es kommt dann zu schnellem Humusverlust (links).

Die Braunerde ist ein häufiger Boden in unseren Wäldern. Der obersten Bodenschicht ist immer Humus beigemischt, sie ist daher dunkel gefärbt. Dieser Humusanteil kann mehr oder weniger tief reichen, er wird aber nach unten immer geringer. Die Farbe der sich anschließenden verlehmten Bodenschicht ist stark vom Ausgangsgestein bestimmt. Sie kann rötlich, gelb- oder dunkelbraun sein. Alle unsere Baumarten gedeihen auf den Braunerden (Mitte).

Podsole sind arme, sehr saure Böden: Wenig zersetzte Streu bildet sich oft an der Bodenoberfläche. Der Boden darunter ist zunächst dunkel, daran schließt sich dann ein deutlich sichtbares Band gebleichten Bodens an. Die dort ausgelaugten Humusstoffe und Eisenverbindungen reichern sich darunter wieder an als dunkles und dann ockerfarbenes Band. Diese Anreicherungsschicht kann als Ortstein hart und für Wurzeln undurchdringlich werden. Falsche Bodenbewirtschaftung wie Streunutzung und Überweidung verstärken die Podsolbildung. Nicht wenige unserer ärmeren Kiefernwälder stehen auf solchen Podsolen (rechts).

Tafel 12

Tafel 13

Rechte Seite:
Kahlschlag in der Oberpfalz: Ernte des alten Holzes und Wiederaufforstung unmittelbar danach. Hier ist ein ›Überhälter‹ belassen worden, ein besonders schöner Baum aus dem alten Bestand, der allmählich in den jungen Wald einwachsen wird.

Links oben:
Das Leberblümchen, häufige Waldbodenpflanze auf kalkreichen Standorten.

Links Mitte:
Der Rippenfarn liebt Schatten und Feuchtigkeit, Kalkstandorte meidet er.

Links unten:
Von totem Holz lebt der Pilz, der diese Fruchtkörper bildet.

Rechts:
Lungenkraut. Nicht sehr häufig, aber doch auf vielen Standorten zu Hause, sofern diese nicht zu nährstoffarm oder trocken sind.

Tafel 14

Tafel 15

Tafel 16

Riesige Kahlflächen waren das Ergebnis des Floßhandels im badischen und württembergischen Schwarzwald. Im Neckarland, in Rheinebene, Odenwald und Pfalz wurden die Eichenbestände geplündert und damit auch hier ihre Ablösung durch die Kiefer eingeleitet. Was aber auf dem Rhein im Großen ablief, das vollzog sich im kleineren Maßstab entlang sehr vieler Wasserstraßen. Das Holz der Wälder finanzierte Kriegskassen, Entwicklungsfonds, Jagdschlösser und Mätressen. Wo Geld fehlte und ein Holzhändler es bot, da wurde nicht lange nach der Zukunft gefragt, sondern zugeschlagen.

Nur wo der Wald zur Versorgung großer Montanunternehmen weder vor den Karren der Jagd noch den der Agrar- oder Handelspolitik gespannt werden konnte, hat auch der Merkantilismus einen Beitrag zur Entwicklung der Forstwirtschaft geleistet. Dies war bei den Bergwerken und Hütten Sachsens und des Harzes wie bei den Salinen am Alpennordrand der Fall.

110000 Hektar Wald, die doppelte Fläche des Bodensees, war der Saline Reichenhall zu ihrer Holzversorgung unterstellt. Hier blieben die Förster am Werk und die Jäger aus dem Wald. Jedes Jahrhundert einmal hat man in Reichenhall den Wald »geschätzt«. Für jeden Waldort oder Schlag hat man veranschlagt, was an Holz dort stockte, wann er »würchbar«, schlagbar würde und wieviel Holzmasse man dann erwarten könne. Als man gerechnet, zusammenaddiert und tabelliert hatte, befürchtete man 1609, nach 43 Jahren nicht mehr »continuieren«, dem Grundsatz der Nachhaltigkeit folgen zu können. 1720 glaubte man für 92 Jahre ausreichend Holz zu haben. 1811 hätte man um 20 Prozent mehr einschlagen können, als die Saline benötigte. Man hatte eben vorsichtig geschätzt, die Leistungen des Waldes zu niedrig und den Bedarf zu hoch angenommen. Ähnlich wie in Bayern verfuhr man auch im Harz. Man veranschlagte dabei nicht nur, wieviel man einschlagen könne, sondern plante auch, was im Wald selbst zu geschehen habe, damit möglichst viel Holz heranwüchse. Größe, Form und Abfolge der Schläge wurden bestimmt, die Saat angeordnet, wo die Natur versagt. Eines ist aber auch hier nicht zu übersehen: der Trend vom Laub- zum Nadelwald.

Wohin hatte es der Eigennutz der absolutistischen Fürsten und auch jener der Bauern im deutschen Wald gebracht, als der große politische, wirtschaftliche und soziale Umbruch zu Beginn des 19. Jahrhunderts sich vollzog, den die Französische Revolution auslöste?

In den gut 150 Jahren seit dem langen Krieg war dem Wald noch einmal Fläche verloren gegangen; nicht mehr an Acker oder Wiese, sondern nun an Heide oder Ödland. Wo ihm dieser Weg erspart blieb, zehrten zu viele zu sehr an seiner Substanz. Behält man die Ausnahmen im Auge, so galt für die große Masse: Er war ausgeplündert, in Auflösung begriffen, insgesamt weithin ruiniert. Die Holznot, von der man seit 300 Jahren nicht aufhörte zu reden, war immer noch nicht Wirklichkeit geworden. Zur akuten Versorgungskrise war es nur lokal gekommen. War die Angst vor der »Holznot« also nur ein Hirngespinst? Haben die Fürsten und die Förster die Holznot nur erfunden, um mit ihr das eigene Süppchen besser kochen zu können?

Um 1750 schätzt man die deutsche Bevölkerung auf 18 Millionen Menschen. Gehen wir mit Optimismus davon aus, daß ihnen ebenfalls an Wald dreißig Prozent der Landesfläche zur Verfügung standen. Unterstellen wir weiter, der Wald hätte nach der langen Periode seiner Mißhandlung etwa die Hälfte von dem zu leisten vermocht, wie der unserige heute. Für jeden Bürger wären unter diesen Annahmen etwa 1,5 Kubikmeter Holz zur Verfügung gestanden. Das mag gerade noch ausgereicht haben. Damit war aber ohne Zweifel die Leistungsgrenze ausgeschöpft. Ihr weiteres Überschreiten hätte zu einem raschen völligen Verfall führen müssen. Die Bevölkerung aber wuchs weiter, sehr schnell sogar, das wußte man. 1800 überschritt sie schon die 25-Millionen-Marke. Überdenkt man dies, so stellte sich die Frage: Konnte es überhaupt noch einen Ausweg geben? Mußte diese Situation nicht in eine Katastrophe führen?

Revolutionen, die den Wald verändern

Wer die aufregende Geschichte der Rettung des Waldes im 19. Jahrhundert erzählen will, wer zeigen will, warum wir noch heute in einem Waldland leben können und wem wir dies verdanken, der muß – und wenn auch nur in jeweils wenigen Sätzen – von Aufklärung und Rationalismus, von Bauernbefreiung und Säkularisation, von Adam Smith und James Watt und vom Ende des Heiligen Römischen Reiches Deutscher Nation reden.

Die Aufklärung als geistige Grundlage löste den Umbruch aus und trieb ihn an. Sie ließ an die Vernunft und an eine natürliche, von Gott gegebene Ordnung glauben, in der die Gleichheit und Freiheit aller Bürger ebenso garantiert wird wie Frieden, Sicherheit und Recht. Freiheit, wie sie nun verstanden wird, strebte nach völlig Neuem, bisher Unerhörtem: der Freiheit der Person, der Gleichheit aller vor dem Gesetz und damit der Abschaffung aller Privilegien; der Freiheit der Betätigung und somit der Überwindung der ständischen und zünftischen Ordnung der Gesellschaft; der Freiheit des Eigentums und seines Gebrauches, also der Abschaffung der in der Grundherrschaft seit 1000 Jahren bestehenden Agrarverfassung. Aber nicht allein die rationalistische Aufklärungsphilosophie und die Naturrechtslehre ließen den Ruf nach solcher Freiheit wachsen. Mächtige Impulse erhielt er auch von den neuen ökonomischen Theorien, die aus den Lehren der Philosophie und des Rechtes entwickelt wurden. An den Fesseln merkantilistischer Wirtschaftspolitik rüttelten zuerst die Physiokraten, deren Wirtschaftslehre der Franzose François Quesnay in der Mitte des 18. Jahrhunderts formulierte. Er proklamierte, daß nur durch die freie Entfaltung der Bauern sich die Stagnation der Landwirtschaft überwinden ließe. Der Vorteil, den der Bauer aus seiner Befreiung zöge, trage bei zum Wohl des Staates.

Stärker noch als die Physiokraten hat aber der Schotte Adam Smith die Gemüter bewegt und die Welt verändert. Er bezeichnete Arbeit als die eigentliche Quelle des Reichtums einer Nation und Arbeitsteilung als das wichtigste Prinzip der volkswirtschaftlichen Ordnung. Er erkannte Boden,

Kapital und Arbeit als die Faktoren des Wirtschaftens, aus denen Rente, Zins und Lohn gezogen werden. Er definierte die Gesetze des Marktes und die Rolle des Preises. Das vom eigenen Interesse gesteuerte Handeln des Menschen führt, wenn es sich frei von Fesseln und Eingriffen entfalten kann, so glaubte er, zu den besten Ergebnissen für ihn, die Gemeinschaft und den Staat. Im freien Spiel der Kräfte sah Adam Smith den Schlüssel für Fortschritt und Wachstum. Die Freiheit des Eigentums und die Freiheit, über es nach eigenem Belieben zu verfügen, gehörten daher ebenso zu den Grundforderungen des Wirtschaftsliberalismus wie die Ablehnung des Staates als Unternehmer.

Die Wurzeln der Moderne entsprangen aber auch aus dem raschen Aufblühen der Naturwissenschaft wie aus den Errungenschaften der Technik. Es gelingen die ersten Durchbrüche, die Gesetze der Natur zu enträtseln. Eisen beginnt das Holz im Maschinenbau abzulösen, als James Watt 1749 die Dampfmaschine erfindet. Fast gleichzeitig gelingt es, Energie auch aus den fossilen Brennstoffen Kohle und Torf zu gewinnen.

Dies alles stößt die Tore auf zum industriellen Zeitalter. Sein Heraufziehen wäre nicht, zumindest nicht so schnell, möglich gewesen, hätte nicht auch die Landwirtschaft durch ihre Fortschritte die Ernährung der rasch anwachsenden Bevölkerung ermöglicht.

Die politischen Folgen der geistigen Strömungen des 18. Jahrhunderts sind bekannt. Der Ruf nach Freiheit, Gleichheit und Brüderlichkeit entfachte den Sturm der Revolution, in dem die feudale Ordnung des absolutistischen Frankreich zerbricht. Die Ideen und Ziele der Revolution ergriffen auch Deutschland. Sie führten auch hier zur Ablösung der ständisch-aristokratischen, der feudalen Ordnung durch den liberalen Staat. Das Heilige Römische Reich Deutscher Nation ging unter. Mit einem Federstrich wurde die Unzahl kleiner Landesherren ihrer Herrschaftsrechte entkleidet, »mediatisiert«. Die Säkularisation enteignete die Institutionen der Kirche ihres riesigen Grundbesitzes. Von dem kleinkarierten Mosaik des alten Reiches hinterließ der Wiener Kongreß 1815 einen locker zusammengehaltenen Bund, dem 39 souveräne deutsche Einzelstaaten angehörten.

Das ist der große historische Rahmen, in den auch unsere Geschichte des Waldes von der Mitte des 18. bis zu jener des 19. Jahrhunderts zu stellen ist. Während dieser Zeit wurden auch im Wald Revolutionen vollzogen.

Die neuen Herren im Wald

Das Muster des Waldbesitzes hatte mehr als ein Jahrtausend des Bannens, Verschenkens, als Lehen Vergebens, Verleihens, Verpfändens und Verkaufens entstehen lassen. Am Ende des 18. Jahrhunderts war es verwirrend vielfältig und unklar zugleich. De jure war ein großer Teil noch immer Lehen des Reiches oder eines seiner Fürstentümer. Wer über den Boden verfügte, dem gehörte aber noch lange nicht der Wald. Er hatte, was der Wald zu bieten vermochte, stets mit anderen zu teilen. Fürst, Grundherr, Bauer und Bürger hatten teil am Gebrauch und wollten alle möglichst viel. Es wäre ein Wunder gewesen, hätte nicht die Verworrenheit der Besitzverhältnisse das Verantwortungsbewußtsein gelähmt und die Raffgier herausgefordert. Die Angst, man könne zu kurz kommen, war noch nie ein Garant für gute Wirtschaft. Im Gegenteil, viel öfter ließ man das gemeinsam Besessene auch gemeinsam verkommen.

In den führenden Köpfen der Zeit reifte daher die Überzeugung, Waldbesitzverteilung und Agrarverfassung hätten sich überlebt. Wollte man sie reformieren, so war die Auflösung der Grundherrschaft unvermeidlich und damit auch die Neuordnung der Eigentumsverhältnisse an Grund und Boden zwingend. Langsam und mühevoll, von Kirche und Grundherrn beargwöhnt und behindert, wurden die ersten Schritte auf dem langen und steinigen Weg der Reform gegangen. Wie so oft, waren es auch hier unvorhergesehene Ereignisse, die letztlich als Katalysator wirkten.

1801 annektierte Napoleon alles Land links des Rheins, warf die bisherigen Landesherren hinaus und verpflichtete das Reich zu ihrer Entschädigung. Zwei Jahre später beschloß der Reichstag unter dem Druck von Frankreich und Rußland die Souveränität der geistlichen Fürsten und – mit sechs Ausnahmen – aller Reichsstädte aufzuheben. Das gesamte Vermögen der geistlichen Territorialstaaten wurde ohne Entschädigung enteignet. Die Säkularisation des restlichen Kirchenbesitzes folgte. Noch mehrmals während der nächsten zwei Jahrzehnte werden Herrschaftsrechte aufgehoben, wird enteignet, entschädigt, werden Länder und Städte verschachert und verteilt. 1820 ist der Gärungsprozeß der staatlichen Neugestaltung abgeschlossen und mit ihm auch ein wesentlicher Teil der Neuverteilung des Eigentums am Wald vollzogen.

Nimmt man die Fläche als Maß, so haben jene, die Land und Souveränität retteten, auch die größte Ernte an Wald eingefahren. Vergleicht man den Waldbesitz der Wittelsbacher vor und nach dem napoleonischen Sturm, so nannte der bayerische König ziemlich genau viermal so viel sein eigen als 20 Jahre zuvor der Kurfürst Altbayerns. Nur ist es – wie in den anderen deutschen Staaten auch – nicht mehr der Wald des Königs, auch wenn in den Grenzsteinen noch für mehr als 100 Jahre »KW« für »Königlicher Wald« eingehauen wird. Aus dem Wald des Herrschers war zunächst de facto und später auch de jure der Wald des Staates, der Staatswald, geworden.

Wählt man den materiellen Aspekt zur Betrachtung, so haben letztendlich jene weltlichen Landesherren am besten abgeschnitten oder am meisten Glück gehabt, die damals als die großen Verlierer erschienen. Denn wer seine Souveränität einbüßte, mediatisiert wurde, wie die Fürstenberg, Solms oder Thurn und Taxis, dem vergoldete man den Verlust der Hoheitsrechte durch die Überlassung des Lehenslandes als privates Eigentum. Nicht Staats-, sondern Privatwald war hier also die Folge der Neuordnung. Und Privatwald sind diese Flächen bis heute geblieben. Dies gilt auch für die entmachteten Reichsstädte, denen man ihren Lehenswald als kommunales Eigentum beließ. Die Stadtwälder von Frankfurt a.M. oder Freiburg i.B. sind anschauliche Beispiele dafür.

Die meisten Wälder hatten damit zwar ihre neuen Herren, nur konnten diese in ihnen noch lange nicht tun und lassen, was sie wollten. Fast ausnahmslos besaßen Bauern oder Bürger ja noch das Recht, in diesen Wäldern zu weiden, Streu zu nutzen, Brenn-, Werk- oder Bauholz, Kienspäne oder Dachschindeln zu gewinnen. Wollte man sie aus dem Wald haben, so blieb nichts, als ihre Rechte abzulösen. Mit Geld war dabei nicht viel zu machen. Abgesehen davon, daß die meisten der neuen Eigentümer es nicht gehabt hätten, wollten es die Berechtigten auch gar nicht haben. Wald selbst mußte abgetreten werden, soviel davon, daß aus dem übereigneten Stück auf Dauer das gleiche bezogen werden konnte, wie vorher aus dem Wald, in dem man berechtigt war. Als Purification, als Reinigung des Waldes, bezeichnete man diese Rechtsablösung. Die Freiheit, über das Eigentum nach eigenem Belieben verfügen zu können – eine Grundforderung von Adam Smith –, wurde im Wald damit verwirklicht, auch wenn es lange dauerte und hier und dort bis heute nicht gelang.

Was sollte aber mit den im gemeinsamen Besitz aller Einwohner eines oder mehrerer Orte stehenden Markwäldern geschehen? Sie waren ja ebenfalls zumeist in einem erbärmlichen Zustand, und auf sie trafen die Lehren des Wirtschaftsliberalismus ganz besonders zu. Von ihnen waren vor allem die ehemaligen Grundherren überzeugt, die in den Markwäldern vielfach als Obermärker, gewissermaßen als die Vorsitzenden der Genossenschaft mit erweiterten Rechten, das Sagen hatten. Geschehen ist etwas erstaunlich Verschiedenes. Wo der Einfluß des französischen Rechtes stark war, spalteten die ehemaligen Grundherren ihren Anteil ab, während der Rest in das Eigentum der politischen Gemeinde überführt wurde, wie etwa in der Pfalz, in Baden-Württemberg oder in Unterfranken. Wo dies nicht der Fall war, betrieben die Obermärker die Aufteilung unter die Genossen, auch wenn deren Mehrheit es gar nicht wollte. Da keiner zu kurz kommen sollte, erkaufte man die Freiheit des Eigentums mit einer grotesken Zerstückelung und oft mit unsinnigen Flächenreformen dazu. Waldgrundstücke mit einem halben Hektar Größe sind kaum vernünftig zu bewirtschaften, und völlig unmöglich wird dies, wenn sie nur 10 Meter breit, dafür aber 500 Meter lang sind. Man kann die Parzellierung bedauern, den Bauernhöfen wuchs mit dem eigenen Wald doch eine wichtige Sparkasse zu.

Nur selten vermochten die Beteiligten, Teilung oder Überführung in Gemeindeeigentum zu verhindern und ihre Waldgenossenschaft über die Zeit des Umbruchs zu retten. Weit über ein Drittel des Waldes gelangte so aus Rechtsablösung und Aufteilung als Kleinbesitz in das Eigentum von Bauern und Bürgern. Ein knappes Viertel kam als Kommunalwald in die Hand von Gemeinden.

Vielfältig ist der Strauß der neuen Herren also auch geblieben, als die Besitzreform um die Mitte des 19. Jahrhunderts abgeschlossen war. Eines hat sich jedoch entscheidend geändert: »Die Verworrenheit der mittelalterlichen Leihe ist dem klaren Eigentumsbegriff der Neuzeit gewichen«, wie J. Köstler es formulierte. Eindeutige Eigentumsverhältnisse waren aber die entscheidende Voraussetzung zum Wiederaufbau des Waldes.

Die Renaissance im Wald

Als der Pulverdampf der napoleonischen Kriege endgültig verzogen war, die Staatskassen sich langsam wieder zu füllen begannen und der Waldbesitz des Staates nun nicht mehr als Sünde wider den Geist des Liberalismus betrachtet wurde, reifte die Zeit für eine Renaissance des Waldes. Was da wiedergeboren wird, ist allerdings ein vom Förster geprägter Wald, ein Holzwald, der Geld verdienen soll, in dem mit Mark und Pfennig, mit Zins und Zinseszins gerechnet wird.

Eine junge Generation von Förstern suchte nun als hochkarätige Spezialisten nach Arbeit im Wald und fand sie in den Forstverwaltungen, die nach den Vorbildern Preußens und Bayerns überall in Deutschland aufgebaut wurden. Anerkennung und Wertschätzung ihrer Leistung durch Dienstherren und Bürger, aber ebenso der alte Argwohn der Bauern gegen sie, ließ die Grünröcke zu einer Gruppe mit elitärem Selbstverständnis und unverkennbar militärischem Einschlag zusammenwachsen.

Aber nicht nur Eigentumsverhältnisse, Verwaltungsorganisation und Fachpersonal verbesserte die Voraussetzungen für einen Wiederaufbau des Waldes. Die Herden der weidenden Kühe, Pferde und Schafe im Wald schrumpften mit der Renaissance der Landwirtschaft und verschwanden langsam. Selbst die Rudel der Hirsche fielen der wirtschaftlichen Vernunft oder der Revolution von 1848 zum Opfer.

Außerhalb des Waldes wuchs weiter die Zahl der Menschen und begann der Aufbau der Industrie. Der Pfiff der ersten Lokomotive war das Signal, das dem Holz bisher unerreichbare Märkte erschloß. Was auf den Güterzügen in Städte und Fabrikhöfe oder zu Gruben und Zechen rollte, waren immer mehr Balken, Bretter, Grubenstempel, Eisenbahnschwellen, Holzprügel für Zellstoff und Papier und immer weniger Brennscheiter oder Holzkohlensäcke. Den grundlegenden Wandel, der sich hier vollzog, läßt die Statistik am besten erkennen: 1800 werden noch nahezu 90 Prozent allen Holzes verbrannt, 1850 nur mehr drei Viertel, 1900 kaum mehr die Hälfte. Heute wandern keine 10 Prozent mehr in die Öfen oder die offenen Kamine. Im Schlepptau der Revolution des Holzverbrauches wuchs die Attraktivität der Forstwirtschaft. Der Kubikmeter eines Baumstammes für das Sägewerk kostet nun zwei- bis fünfmal soviel wie dieselbe Menge für den Feuerrost.

Als um 1820 die Aufbauarbeit aufgenommen wurde, war das Marschziel klar: Möglichst viel Holz soll produziert, die Bäume sollen alt und das Holz stark werden! Da man die Zukunftschancen des Nutzholzes, insbesondere der Fichte und Kiefer, noch nicht erkannte, wurde anfänglich dem Laubwald, der ja das bessere Brennholz liefert, der Vorzug gegeben. In Mittel-,

West-und Nordwestdeutschland hatten ja auch zu diesem Zeitpunkt Fichte und Kiefer erst lokal Fuß gefaßt. Spessart, Rhön, hessisches Bergland, Pfalz, Taunus oder Eifel waren noch reine Laubwaldgebiete. Auch für die gesamte Bundesrepublik können wir – obwohl genaue Zahlen fehlen – mit einem deutlichen Überwiegen der Laub- gegenüber den Nadelbäumen rechnen. Dieses Verhältnis hat sich inzwischen umgekehrt. 66 Prozent der Waldfläche entfallen heute auf den Nadelwald, und der Prozeß dieses Wandels ist noch nicht zum Stillstand gekommen.

Dieser Preis war für die Sanierung des Waldes im 19. Jahrhundert zu bezahlen. Ob man ihn hoch oder nieder einschätzt, er kostete mit der Veränderung des Charakters des Waldes auch den Wandel vieler Landschaften. Dunkler und strenger wurde beider Bild. Die natürlichen Verbreitungsareale der Baumarten wurden verwischt, Fremdlinge aus anderen Kontinenten importiert und Mischwälder durch Monokulturen ersetzt. An Stelle eines geschundenen und armseligen, aber immer noch natürlich oder naturnah zusammengesetzten Waldes trat vielerorts und mehr und mehr der stramme, gepflegte und ertragreiche Produktionsforst.

Wie kam es zu diesem Wandel der Waldbestockung, der Förstern von Naturschützern und Jägern zum Vorwurf gemacht wird? Zwei völlig verschiedenartige Ursachen haben ihn ausgelöst: In einem Fall hat man den Laub- oder Mischwald gewollt und brachte ihn nicht mehr zustande; im anderen hätte man ihn haben können und wollte ihn nicht mehr. Solch paradoxe Aussage bedarf einer vereinfachenden Erklärung.

Wo Wald auf Acker oder Ödung wieder neu begründet werden soll, sind die Belastungen durch Frost, Sonne oder Dürre, auch durch die Konkurrenz anderer Pflanzen so groß, daß ihnen nur die härtesten Baumarten, die Pioniere, gewachsen sind. Zu diesen gehören weder Eiche noch Buche, wohl aber die Kiefer und auch die Fichte. Kahl und öd waren aber riesige Flächen, nicht allein auf Heide oder Hutung, sondern oft dort, wo man zwar noch von Wald redete, aber nurmehr einen schäbigen Rest davon besaß. Hier blieb dann auch bei bestem Willen keine andere Wahl, als die robusten Nadelbaumarten anzubauen. Wilhelm Pfeil, einer der bekanntesten Forstmänner seiner Zeit, sagte es offen: »Viele Fichtenpflanzungen und Kiefernsaaten sind nichts als der Schanddeckel, mit dem man die Mißgriffe bei der Nachzucht des Laubholzes zudecken wollte, und zu dem man griff, weil man mit dieser nicht fort konnte.« Die Sünden des 18. Jahrhunderts erlaubten Erhaltung und Mehrung des Waldes nur um den Preis der Nadelbäume. Auf das Schuldkonto der Förster allein darf man diesen erzwungenen Nadelforst also nicht rechnen.

Der Weg zum Nadelwald – dies macht die Entwicklung um so bedenklicher – ist zudem eine Einbahnstraße. Er ist dies zumindest für den Zeitraum bis zur Ernte der nächsten Waldgeneration, und selbst dann ist das Wenden, das Zurück schwierig und ungemein aufwendig. Wollen wir offenbleiben für neue Ansprüche oder auch für eine neue Rangordnung der Ansprüche unserer Gesellschaft an den Wald, so vermag dies ein naturnaher Wald besser. Er gestattet es, sich flexibler neuen Erwartungen und unvorhergesehenen Entwicklungen anzupassen. Der naturnahe Wald ist die bessere »Lebensversicherung«.

Erfolg und Tragik des Wegs zum Nadelholz läßt am eindringlichsten die Waldrenaissance des nordwestdeutschen Tieflandes erkennen. Dort war die Waldvernichtung am weitesten fortgeschritten, die Bodenverarmung unter der Heide am stärksten und die Bedingungen für eine Wiederbegründung des Waldes am ungünstigsten. Fast ein Jahrhundert, bis zum Ersten Weltkrieg, hat man dort Heide wieder aufgeforstet, erst das Land, das dem Staat gehörte, und, als die Heidschnuckenwirtschaft nicht mehr lohnte, auch die Heide in Bauernhand. Als Baumpioniere kamen nur Kiefer und Birke in Betracht. Man wählte aus wirtschaftlichen Gründen die Kiefer. Einige Hunderttausend Hektar Heide forstete man auf. Der Orkan des Jahres 1972 und die Feuer- und Insektenkalamitäten, die ihm folgten, vernichteten ein gut Teil dieses Jahrhundertwerkes wieder. Schlußendlich war auch dies ein Preis, der für die Waldvernichtung vergangener Jahrhunderte bezahlt wurde.

Die Forstwirtschaft wird selbständig

Was aber war der Grund, daß man sich auch dort für Nadelbaumarten entschied, wo eine andere Wahl offenstand? Zum erstenmal in ihrer Geschichte wurde die Forstwirtschaft im 19. Jahrhundert ein eigenständiger Wirtschaftszweig. Sie war nicht mehr nachgeordneter Teil anderer Unternehmungen, seien es Saline, Glashütte oder Jagd. Sie produzierte nun für einen Markt. Sie konnte nun über ihre Ziele selbst entscheiden. Sie stand dabei in nationaler und zunehmend auch internationaler Konkurrenz, und sie paßte sich dem Wandel der Nachfrage während der ersten industriellen Revolution an. Mit wachsendem Bedarf an Fichten- und Kiefernholz – und steigendem Preis für beide – weitete die Forstwirtschaft die Erzeugung dieser Produkte zu Lasten von Buche und Eiche aus. Diese im System einer Marktwirtschaft richtige und einleuchtende Entscheidung wurde zudem durch die Überlegenheit der Nadelbaumarten in Wuchs und Ausbeute erleichtert. Die Fichte produziert eben ziemlich genau die doppelte Holzmasse der Buche und die Ausbeute an hochwertigem Nutzholz ist sogar rund dreimal so groß. Das gilt jedenfalls, wenn man das Holz nach dem Volumen berechnet, wie es üblich ist.

Ganz im Geist des Wirtschaftsliberalismus entwickelte eine Denkschule der Forstwirtschaft, beginnend ab 1820, eine Theorie der Forstwirtschaft, die streng privatwirtschaftlich ausgerichtet war. Das Ziel sollte sein, die größtmögliche Rente aus dem Waldboden zu erwirtschaften. Das Holz des Baumes im Wald definierte sie als Kapital und den jährlichen Holzzuwachs als die Zinsen von ihm. Sind Holzvorrat und -zuwachs bekannt, so lassen sich auch das eingesetzte Kapital und seine Verzinsung nach bekannten Formeln ohne Schwierigkeit ermitteln.

Man konnte also berechnen, mit welcher Baumart und mit welcher Produktionszeit die höchste Bodenrente erreicht wird, und es ließ sich auch prüfen, ob ein vorhandener Waldbestand die von seinem Eigner geforderte Kapitalverzinsung von drei oder vier Prozent auch erbringt. Wer einen Wald kaufen oder Geld in die Aufforstung einer Wiese investieren will, dem wird solch eine Rechnung die Frage beantworten, ob er nicht doch besser eine Eigentumswohnung oder ein Rennpferd erwerben sollte.

So weit, so gut. Die als Bodenreinertragslehre bezeichnete Theorie wollten ihre Erfinder aber nicht nur als Entscheidungshilfe für Investitionen gelten lassen. Sie sollte genereller Maßstab und Richtschnur der Forstwirtschaft sein. Und nach dem Motto »Zeit ist Geld« sollte jeder Waldbestand der Axt zum Opfer fallen, dessen Zuwachs oder Ertrag nicht mehr die geforderte Verzinsung des im Holzvorrat investierten Kapitals erbrachte.

Was die strikte Praktizierung dieser Theorie bedeutet hätte, formulierte einer ihrer Väter, Wilhelm Pfeil, schon 1834 treffend und plastisch: »Das materielle Bedürfnis gestattet immer weniger, dem Sinn für das Schöne in der Waldwirtschaft Raum zu geben. Erst verschwinden die herrlichen alten großen Bäume, dann die einzelnen malerischen Baumgruppen, zuletzt verdrängt die einförmige graue tote Kiefer das freundliche lebendige Laubholz. Man kann dies beklagen, aber nicht ändern!«

Aber ganz so unabänderlich wie Herr Pfeil die Entwicklung sah, lief sie doch nicht ab. Die Bodenreinertragslehre brachte Verstand und Seele der Förster in Wallung, nein, in Aufruhr, denn ihre konsequente Anwendung hätte bedeutet:

- das Todesurteil des Laubwaldes, da die Formeln eine finanzielle Überlegenheit des Nadelwaldes ergeben,
- den Anbau reiner Bestände von Fichte, Kiefer oder importierter Nadelbäume wie der Douglasie, da sie mehr leisten,
- die Verkürzung der Produktionszeiträume auf 60 bis 90 Jahre, da sich hier die maximale Bodenrente errechnet,
- den Verzicht auf hohe Holzvorräte und starkes Holz, da für beides die Umtriebszeit zu kurz ist, und letztlich
- den Zwang zum Kahlschlag mit nachfolgender Pflanzung, da eine natürliche Verjüngung wegen der langen Zeit, die sie benötigt, weder von der Theorie vertretbar noch wegen der Kürze der Produktionszeiträume praktisch durchführbar ist.

Dieser Kaufpreis für eine maximale Waldbodenrente erschien vielen zu hoch. So formierten sich die Gegner, formulierten ihre Gegentheorie, die Waldreinertragslehre, und zogen zu Felde. Auch sie wollten als Kinder des Wirtschaftsliberalismus den höchsten Ertrag aus dem Wald; aber sie wollten ihn bar, als Überschuß der Einnahmen über die Ausgaben eines Betriebes. Sie fragten also nicht nach dem Kapital und den Zinsen, und ihre Rechnung fiel damit auch völlig anders aus. Starkes Holz mit seinen höheren Preisen schlug nun zu Buch. Es errechneten sich Produktionszeiträume, die etwa doppelt so lang, und Holzvorräte, die doppelt so hoch waren. Damit waren auch Buche und Eiche wieder konkurrenzfähig. Wegen seiner größeren Widerstandskraft gegen Naturgefahren und wegen der besseren Ausnutzung standörtlicher Unterschiede wurde der gemischte dem reinen Bestand vorgezogen, wurde die Naturverjüngung und nicht der Kahlschlag angestrebt. In jeder Hinsicht ergab sich so ziemlich genau das Gegenteil von den Maximen der bestrittenen Bodenreinertragstheorie.

Die Verfechter solch unterschiedlicher Theorien stehen immer in der Gefahr, Sachlichkeit durch Weltanschauung zu ersetzen. Jedenfalls ließ sich mit und um Boden- und Waldreinertrag prächtig streiten. Genau dies tat man denn auch, über ein knappes Jahrhundert hinweg. Selbst heute flackert der Streit noch hier und dort wieder auf, obwohl er zwar nicht von den Gerichten, sondern der Praxis im Wald mit einem Vergleich geschlichtet wurde, der näher an der Wald- als an der Bodenreinertragslehre lag. Dies darf aber nicht darüber hinwegtäuschen, daß von der Mitte des letzten bis weit in den Beginn dieses Jahrhunderts hinein die Lehrsätze der Bodenreinertragslehre, obwohl sie nirgends in voller Konsequenz zur Anwendung kamen, doch einen unverkennbar großen Einfluß auf Planen und Handeln im Walde ausgeübt haben.

Dies beweist nicht allein die Umkehrung des Anteilsverhältnisses von Laub- und Nadelbaumarten in eineinhalb Jahrhunderten, sondern ebenso der Anteil der nur von einer Baumart beherrschten Bestände, der Monokulturen. Zwischen 1880 und 1920 erreichte er seine höchsten Werte und stieg in Bayern – nur für dieses Land wissen wir es aus einer landesweiten Inventur – auf über 50 Prozent. Auch die vielen Kahlschläge im Land sind unübersehbare Hinweise darauf. Kennt man die Wälder benachbarter Länder, wie etwa der Schweiz oder Sloweniens, denen ein solcher Glaubenskrieg erspart blieb, so weiß man, daß mehr Naturnähe, mehr Wissen um das Wesen des Waldes, weniger Formelgläubigkeit und weniger Dogmatismus uns manchen Irrweg erspart hätten. Um so dankbarer ist man den Männern, denen der Reinertrag nicht zum einzigen Maßstab wurde, für die auch die ästhetische Schönheit eines Mischwaldes oder das geringere Risiko eines Buchenbestandes zählte. Auf den Lehrstühlen der Universitäten wie in den Chefsesseln staatlicher Forstverwaltungen gab es solche Männer.

Wer mit offenen Augen den Wald durchwandert, wird dort vieles, was ihm begegnet, besser verstehen, kennt er den Streit zwischen den Förstern. Auch wenn er wenig Verständnis für die Fehlentwicklungen aufbringen kann, die die Bodenreinertragslehre auslöste, so sollte er sich nicht den Blick verstellen lassen für die Leistungen der Förster im 19. Jahrhundert. Als es zu Ende ging, wächst auf Ödland wieder Wald, sind die Blößen gedeckt, die Lücken geschlossen und ist aus kümmerlichem Nieder- und Mittelwald wüchsiger Hochwald geworden. Die Holzproduktion ist auf das Zwei- bis Dreifache gestiegen, die Nutzholzausbeute hat sich verfünffacht, und der Wald bringt seinen Besitzern Geld. Mit den Überschüssen der Staatswaldungen können die Finanzminister einen recht beachtlichen Teil ihrer Etats finanzieren.

Man kann dieser Aufbauleistung den Respekt und die Hochachtung nicht versagen. Selbst wo Mißerfolge nicht ausblieben und Fehler gemacht wurden, haben sie keinen bleibenden Schaden angerichtet. Waldbesitzer und Förster praktizierten planmäßige und nachhaltige Forstwirtschaft und bereiteten ihr den Weg in Europa und anderen Kontinenten der Erde.

Kriege und Krisen

Seit der zweiten Hälfte des letzten Jahrhunderts spricht in Deutschland keiner mehr von einer Holznot, von Raubbau oder Waldverwüstung, obwohl die Gesellschaft mehr Holz verbraucht, als der Produktionswald mit seinem hohen Holzzuwachs zu erzeugen vermochte. Aber Wasser und Schiene erlaubten ja nun den Holzimport in großem Stil. Die Nachbarn im Osten und Norden, die Kolonien in Afrika und selbst Nordamerika waren gerne bereit, das Loch in der deutschen Holzversorgung zu stopfen. Sie zehrten noch vom Urwald; sie ernteten, ohne gesät zu haben. Das trug dazu bei, daß sie am deutschen Markt mit Preisen antreten konnten, die trotz der Frachtraten dem heimischen Anbieter ruinös erschienen. Wie beim Weizen geriet auch beim Holz der deutsche Produzent in die Hinterhand und damit in wirtschaftliche Bedrängnis. Das ließ schnell liberale Blütenträume verwelken und Landwirte wie Waldbesitzer nach einem Schutz gegen die existenzgefährdende Konkurrenz des Auslandes rufen. Der Deutsche Reichstag entschloß sich 1879, Schutzzölle auf alle nach Deutschland importierten Hölzer und Holzprodukte zu erheben. Damit blieben die Wirtschaftsergebnisse zufriedenstellend und die Zukunftsaspekte der Forstwirtschaft rosig. Eine Antwort auf die Frage aber, wie es eine Waldgeneration nach der Sanierung weitergehen solle, stand trotzdem noch aus. Die Suche nach einem Leitbild der deutschen Forstwirtschaft im 20. Jahrhundert war noch in vollem Gange. Der Forstmann war mit den Kenntnissen und Mitteln der damaligen Zeit nicht in der Lage, die komplexen und komplizierten Zusammenhänge eines Waldes, seine Ökologie, zu enträtseln. Aber er verstand zumindest, daß sein Eingreifen, sein Tun und Handeln im Wald Folgen nach sich zog, die er zwar nicht überblicken konnte, die aber dessen Gesundheit, Widerstandskraft und Leistungsfähigkeit beeinflußten.

Carl Gayer, seit 1878 Waldbauprofessor in München, entwarf als sein Leitbild, auf dem begrenzten biologischen Wissen seiner Zeit aufbauend, die Lehre vom gemischten Wald. Man kann sie auch als eine Lehre zurück zur Natur, als das Konzept einer naturgerechten Forstwirtschaft bezeichnen. Nur dort, wo es dem Förster gelinge, die »natürlichen Erzeugungskräfte« eines Waldes zu erhalten und für seine Ziele einzusetzen, könne er auch den größten materiellen und immateriellen Nutzen aus ihm erzielen, dozierte Gayer. Nicht der reine Bestand, die Monokultur, sondern allein der aus verschiedenen Baumarten gemischte Wald bewahre diese natürlichen Erzeugungskräfte. Das zwinge den Förster, die primitive Roßkur des Kahlschlages aufzugeben und zur Neubegründung des Waldes durch die Natur zurückzukehren. Genügend Zeit dafür, 30 Jahre und mehr im einzelnen Waldort, sei eine der unabdingbaren Voraussetzungen. Gayer erblickte »in der Harmonie aller im Walde wirkenden Kräfte« das Geheimnis seiner Produktion. Dies macht deutlich, daß er den Wald bereits als ein Ökosystem verstand, dessen Störung oder Zerstörung es zu verhindern gelte. Der Forstmann müsse vielmehr ganz bewußt die natürlichen Lebensabläufe nach seinen Zielen steuern.

Gayers Argumentation leuchtete ein und fand daher viele Verfechter. Wie läßt sich dann aber die Diskrepanz zwischen Wollen und Wirklichkeit im Wald erklären?

Vielleicht hätten zwei oder drei Jahrzehnte ungestörter Entwicklung genügt, um ein Gelingen zu ermöglichen? Es ist müßig, die Frage zu stellen. Der Wald wurde mit hineingerissen in die politischen und wirtschaftlichen Strudel von 1914 bis 1950. Schon der Erste Weltkrieg und die ihm folgenden Hunger- und Inflationsjahre forderten von ihm Tribut. Abgeschnitten von Importen mußte der eigene Wald den gesamten Kriegs- und Nachkriegsbedarf decken. Das bedeutete Abbau der angesparten Holzvorräte. Der Wald hatte das benötigte Holz zu liefern, ob dies nun nach einem naturgerechten Konzept möglich war oder nicht. Aus der Not der Zeit landete man wieder beim Kahlschlag oder ganz in seiner Nähe. Den Aderlaß des Ersten Weltkrieges konnte der Wald verkraften. Kaum 15 Jahre später folgte aber bereits der nächste und viel gewaltigere Eingriff.

Holz war einer der wenigen Rohstoffe, über die wir selbst verfügten. Schon 1935 unterstellte man es daher einer staatlichen Planwirtschaft. Die Preise wurden auf einem Niveau eingefroren, das noch – als Folge der Weltwirtschaftskrise – unter jenem von 1913 lag. Da zu solchen Hungerpreisen jeder so wenig wie irgend möglich auf den Markt brachte, bestimmten Behörden – wie zur Zeit des Merkantilismus –, wieviel jeder Waldbesitzer einzuschlagen habe. Auch das Prinzip der Nachhaltigkeit wurde in Kraft gesetzt. Der Bedarf der Volkswirtschaft, nicht das Leistungsvermögen des Waldes, war der allein gültige Maßstab. Bis zum doppelten der nachhaltigen Holznutzung kletterten die Einschlagsauflagen bis zum Ende des Krieges. Nach dem Zusammenbruch hatte der Wald noch einmal für zwei bis drei Jahre Millionen vor dem Erfrieren zu bewahren, das Feuer für die Suppe zu heizen und den Siegern sein Holz als Reparation zu liefern. Als 1952 der Holzpreis endgültig freigegeben wurde und zur nachhaltigen Holznutzung zurückgekehrt werden konnte, da waren nicht nur die ersparten Holzreserven liquidiert, sondern auch ein guter Teil des Produktionsvermögens. Diese Auszehrung mußte zu einem Preis hingenommen werden, der anfänglich zur Ankurbelung der Wirtschaft und später aus Kriegsgründen weit unter dem Marktwert festgesetzt blieb. Das hierdurch erzwungene Sonderopfer des Waldbesitzes ist auf mindestens fünf Milliarden Mark zu schätzen.

1948 versuchten die Förster, Bilanz zu ziehen. Auf durchschnittlich 100 Kubikmeter je Hektar, etwa die Hälfte des normalen, schätzten sie den verbliebenen Holzvorrat. Würde die Autobahn von Garmisch bis Flensburg durch geschlossenen Wald führen, hätten Kriegs- und Nachkriegsjahre einen Streifen von gut 1500 m auf jeder Seite kahlgefressen. Wie 150 Jahre zuvor stand man erneut vor riesigen Kahlflächen, verlichteten Althölzern und übermäßig durchforsteten Stangenorten. Es bedarf wohl keiner weiteren Erläuterungen, warum Wunsch und Wirklichkeit nicht übereinstimmten. Die gleichen Probleme und Zwänge wie schon einmal zuvor versperrten erneut die Verwirklichung einer naturgerechten Forstwirtschaft.

Man darf allerdings die Schuld nicht allein den Kriegen zuschreiben. Denn seit der Jahrhundertwende begann wieder eine Zeitbombe im Wald zu ticken, die man längst entschärft gewähnt hatte: die Übervermehrung von Reh und Hirsch. Das hatte niemand erwartet. Denn 1848 war auch für die Jagd die Feudalzeit zu Ende gegangen. In der Paulskirche zu Frankfurt hatte der Reichstag beschlossen: »Die Jagdgerechtigkeit auf fremden Grund und

Der lichte und räumige »Nährwald« aus mächtigen und breitkronigen Eichen ist heute im deutschen Wald ebenso ein seltenes Relikt wie der »Energiewald« des Niederwaldes mit seinem Gewirr von Stockausschlägen.

Boden, Jagddienste, Jagdfrohnden und andere Leistungen für Jagdzwecke sind ohne Entschädigung aufgehoben. Jedem steht das Jagdrecht auf eigenem Grund und Boden zu. Der Landesgesetzgebung ist es vorbehalten, zu bestimmen, wie die Ausübung dieses Rechtes aus Gründen der öffentlichen Sicherheit zu ordnen ist.«

Dieser Freispruch kostete vielen Rehen und Hirschen das Leben. Nur in großen Waldkomplexen vermochten sie überhaupt zu überleben und selbst dort war ihre Zahl so gering, daß man ernsthaft ihre Ausrottung befürchtete. Wie wir heute um die Erhaltung von Falke, Uhu oder Fischotter bangen, so tat man dies damals um Reh und Hirsch. Die Hege, die Idee vom Jäger nicht nur als Erbeuter, sondern auch als Bewahrer und Schützer des gejagten Tieres, wurde deshalb propagiert. Schon um 1900 fand dies Niederschlag in Jagdgesetzen, die Schonzeiten festlegten oder die Erlegung weiblicher Tiere verboten. Die vom Staat geplante, gelenkte und kontrollierte Hege, einschließlich der Pflicht zur Fütterung der Wildtiere in Notzeiten, bescherte aber erst das Reichsjagdgesetz des Jahres 1934.

Die Jäger feiern es als Kulturtat; Förster erblicken in ihm ein Werkzeug, das es erlaubte, egoistische Ziele auf Kosten des Waldes zu verfolgen. Denn nun begann die Zahl der Rehe und Hirsche wieder so anzusteigen, daß sie einen Strich durch die Rechnung des naturgerechten Konzepts machte. Ahorn, Tanne, Vogelbeere, Esche, Eiche oder Hainbuche, sie alle gehören zu den Leckerbissen auf dem Speisezettel von Rehen und Hirschen. Welche engen Beziehungen zwischen der Höhe der Wildbestände und der Vegetation bestehen, schildert das nächste Kapitel. Hier bleibt nur festzustellen, daß neben dem Kahlschlag auch der Hunger von Reh und Hirsch die Verarmung unseres Waldes verursachten. Wer nicht ganz genau hinsieht, bemerkt es gar nicht und selbst wer es bemerkt, kann schwerlich die Wirkung richtig einschätzen. Sieht aber auch der Laie der Schonung oder Dickung an, daß aus der Vielfalt des alten Waldes nur mehr Fichte oder Kiefer übriggeblieben sind, so ist es längst zu spät und der Schaden für die nächsten 100 Jahre nicht mehr zu reparieren. Nach dem Ende des Krieges haben die Wildbestände bei Reh und Hirsch jene Höhe erreicht, die eine zielgemäße Bewirtschaftung des Waldes auf der Mehrzahl seiner Flächen nicht mehr gestattete. Die Zeitbombe hatte gezündet.

Wählt man als Abschluß der Geschichte unseres Waldes jenen Zeitpunkt – kaum dreißig Jahre zurück –, an dem auch für ihn wieder bessere Zeiten begannen, dann waren mehr als 6000 Jahre vergangen, seit der erste Bauer rodete, fast 600, seit Peter Stromeir zum erstenmal säte und keine 200, seit planmäßige Forstwirtschaft sich durchgesetzt hatte. Vom ehemaligen Wald war nur mehr ein Rest, ein knappes Drittel, verblieben. In ihm war kein Hektar mehr Urwald. Überall hatte der Mensch genutzt und verändert. Allen Einbußen zum Trotz war uns aber ein Walderbe hinterlassen, das ein Teil der Heimat und ein Stück von uns selbst ist. Das Wissen um die Geschichte dieses Erbes kann Hilfe sein, es zu bewahren.

Der Waldbau

Peter Burschel

Worum geht es?

Jeder kann sich einigermaßen vorstellen, was Landwirtschaft ist. Zwar wissen viele, daß auch Wald bewirtschaftet wird, jedoch sind Kenntnisse über die Waldwirtschaft keineswegs besonders verbreitet. Der Grund dafür ist einfach. Jede Form der Landwirtschaft, des Landbaus, ist ein permanenter, ungeheuer energieaufwendiger und daher überall sichtbarer Kampf gegen die Natur. Gegen die Natur aber bedeutet: gegen die natürliche Vegetationsdekke unseres Raumes, also gegen den Wald. Bedurfte es in der Vergangenheit des biblischen Schweißes im Angesicht, so sind es heute Wogen von Erdöl in Form von Treibstoff, Dünger und Pestiziden, mit denen das landwirtschaftliche Ökosystem Kultursteppe aufrecht und auf höchsten Touren gehalten werden muß.

Die Forstleute haben es da von vornherein leichter; sie bewirtschaften eine Vegetationsform, die von Natur aus vorhanden ist. Für sie bietet es sich geradezu an, ihre Eingriffe, den Waldbau, so vorzunehmen, daß sie sich natürlichen Abläufen anpassen oder sie nachahmen. Je mehr das gelingt, um so weniger sichtbar sind solche Maßnahmen und desto weniger spürbar bleiben sie für den Wald. Und umgekehrt läßt sich sagen, je weniger naturangepaßt sie ausgeführt werden, desto mehr treten Ähnlichkeiten zwischen Waldwirtschaft und Landwirtschaft zutage und um so energieaufwendiger werden sie.

Waldbau wird immer dann nötig, wenn Ansprüche an den Wald gestellt werden, die über den Wunsch nach dessen bloßem Vorhandensein hinausgehen. Und solche Ansprüche stellt der Mensch seit Jahrhunderten und heute sogar in zunehmendem Maße: zum Nutzen, zum Schutze und zur Freude soll der Wald für ihn dasein.

Damit er diesen Ansprüchen gerecht wird, nimmt der Förster Einfluß auf den Wald. Es ist also nichts mit dem schönen Spruch: »Am besten hat's die Forstpartie: Der Wald, der wächst auch ohne sie.« Im Gegenteil, die Forstleute haben ihre Möglichkeiten so ausgiebig genutzt, daß der vom Waldbau geprägte Wald, also der Forst oder Wirtschaftswald, das Bild völlig beherrscht. Wie der Waldbau in die Tat umgesetzt wird, das soll in den folgenden Kapiteln gezeigt werden.

Die Grundlagen des Waldbaus

Dem, was die Förster in den Wäldern tun, liegen einige wenige wichtige Erkenntnisse und Erfahrungen zugrunde. Kennt man sie, dann zeigt sich, daß hinter allem eine meist gar nicht besonders komplizierte Logik steht, deren Verständnis der Zugang zum Waldbau ist.

Waldbau ist die nachhaltige Nutzung von Wäldern. Wie waldbauliche Maßnahmen im einzelnen auch aussehen mögen, sie nutzen zwar den Wald, aber sie zerstören ihn nie; ja, wenn sie gut sind, so sollten sie ihn nicht einmal ernstlich stören. Die Nutzungen, die der Waldbau aus dem Wald zieht, müssen nachhaltig, das heißt Jahr für Jahr in gleicher oder gar steigender Höhe möglich sein. Und damit nicht der geringste Zweifel darüber aufkommen kann, ob die Nachhaltigkeit gewahrt ist, werden alle Wälder in regelmäßigen, meist zehnjährigen Abständen aufgemessen. Es wird Inventur gemacht und festgestellt, wie hoch der Zuwachs ist. Nur dieser wird genutzt. Seine Höhe, der Hiebssatz, ist in den Forsteinrichtungswerken der Forstwirtschaft verbindlich festgelegt.

Unsere Wälder können in dieser Beziehung geradezu als ein Musterbeispiel vernünftiger Wirtschaft dienen: Kontinuierliche Erträge werden gewonnen, ohne daß der Wald in seiner Substanz leidet, und ohne daß es zu Beeinträchtigungen der Umwelt kommt. Wie sehr dieses wirtschaftlich genutzte Ökosystem noch natürlich ist, zeigt eine einfache Überlegung: Käme es aus irgendwelchen Gründen zu einem wirkungsvollen, mehrere Jahre andauernden Embargo von Erdöl und ständen daher Kunstdünger, Pestizide und Treibstoffe der Landwirtschaft nicht mehr zur Verfügung, so würden deren Erträge sehr stark zurückgehen. Die Abhängigkeit der Landwirtschaft von massiver Energiezufuhr ist nahezu total. Unserem Wirtschaftswald dagegen würde das überhaupt nichts ausmachen. Seine Abläufe sind immer noch so natürlich, daß sie von der Zufuhr zusätzlicher Energie unabhängig sind.

Leider ist das Prinzip der Nachhaltigkeit noch keineswegs weltweit verbreitet. In vielen, oft großartigen Wäldern weiter Landstriche dieser Welt herrscht nach wie vor die nackte Zerstörung. Sie werden behandelt, als ob sie Erdöllager wären, die man auspumpt und dann vergißt. Verwüstungen unglaublichen Ausmaßes sind die Folge. Mit Waldbau hat das nicht das geringste zu tun.

Das eiserne Gesetz des Standortes

Der Standort eines Waldes – der Boden, auf dem er stockt, seine Höhe über dem Meer, das Klima und anderes mehr – bestimmt, welche Baumarten angebaut werden können, welche Mischungen von Baumarten erstrebenswert oder notwendig sind und welche Besonderheiten, wie zum Beispiel Sturmgefährdung, bei waldbaulichen Maßnahmen beachtet werden müssen. Die Kenntnisse über die Eigenarten der Standorte sind heute so umfassend, daß grobe Fehlentscheidungen auf diesem Gebiet geradezu als forstliche Kunstfehler anzusehen sind.

Die Bäume als Persönlichkeiten

Es gibt in unserem Grünen Drittel zwar nur wenige wichtige Baumarten, doch stellt jede von ihnen eine Persönlichkeit besonderer Prägung dar. Deren unterschiedliche Charaktere äußern sich vor allem in der Art, wie sie wachsen, in ihrer Fähigkeit, mit mehr oder weniger Licht zurechtzukommen, und in den Altern, in welchen ihre Lebenskraft nachläßt. Nur wenn der Förster diese Eigenarten gut kennt, kann er sinnvollen Waldbau betreiben.

Birken, Aspen, Erlen sind extrem lichtbedürftig, Lichtbaumarten mit der Fähigkeit, offene Flächen schnell zu erobern. Birken und Aspen ist jeder Standort recht, die Erlen allerdings sind von Natur aus auf Brüche und Fluß-

Forstamt: ROTENBURG
Kreis : ROTENBURG

Betr. Nr.: 08 028/77

Forstbetriebsgutachten

Betrieb: REALVERBAND OSTERVESEDE, 2139 OSTERVESEDE NR. 16

Größe: 24,3 ha Forstbetriebsfläche

Stichtag des Waldzustandes: 01.10.1977

Gültigkeit der Nutzungsplanung: 10 Jahre

Taxator: DIPL. FORSTING. JIRI JOHANIDES
HINTER DER BLUME 43
3510 HANN. MÜNDEN 1

Amtliche Anerkennung

Die nachstehende Forstbetriebsplanung und die Herleitung des Nutzungssatzes entsprechen den Richtlinien des Bundesministers der Finanzen für die Bemessung forstlicher Nutzungssätze vom 28. 4. 1956.

Der jährliche Nutzungssatz beträgt für die Zeit

vom: 01. OKTOBER 1977 bis: 30. SEPTEMBER 1987

120 Erntefestmeter ohne Rinde.

Das sind je Jahr und Hektar 4,9 Fm.

Hannover, den 10. MAI 1979

Landwirtschaftskammer Hannover
- Abteilung Forstwirtschaft -
Im Auftrage:

Ohne Nachhaltigkeit keine Forstwirtschaft, die Leistungsfähigkeit des Waldes bestimmt den Einschlag. Selbst kleine Betriebe, wie diese Forstgenossenschaft im nördlichen Niedersachsen, müssen nachweisen, daß Zuwachs und Hiebssatz im Einklang sind.

läufe beschränkt. In den ersten zehn bis fünfzehn Lebensjahren wachsen sie allen anderen Baumarten davon. Sie sind die typischen Pioniere, die ersten Siedler, frosthart, immer präsent und ungemein robust. Allerdings haben sie auch bedeutende Schwächen: Das zunächst ungezügelte Höhenwachstum läßt bald nach, der Atem hält nicht lange vor. Und sie erreichen nur geringe Alter, einhundert Jahre vielleicht.

Ihnen sehr nahe stehen, was Lichtbedürftigkeit und Schnelligkeit des Jugendwachstums angeht, Kiefer, Eiche und Lärche. Auch sie können Pioniere auf der Kahlfäche sein. Auch sie sind einigermaßen resistent gegen späte Fröste. Und was die Güte des Standorts angeht, so ist nur die Lärche ein wenig anspruchsvoller. In einem unterscheiden sie sich jedoch grundsätzlich von der ersten Gruppe der Pioniere: Sie haben den langen Atem, ihr Zuwachs hält lange vor und sie können Hunderte von Jahren alt werden.

Die nächste Gruppe von Baumarten läßt sich geradezu umgekehrt charakterisieren: Ihr Reich ist nicht die Freifläche, sondern der Waldbestand. Im Halbschatten von Lücken oder unter dem lichten Schirm älterer Bäume finden sie sich ein. Dort sind sie auch einigermaßen gegen Spätfrost gefeit, der ihnen auf der Freifläche sehr zusetzt.

Als Halbschattenarten werden sie deshalb bezeichnet. Sie verausgaben ihre Wuchspotenz in der Jugend nicht so sehr. Hohe Wuchsleistung wird lange durchgehalten. In diese Gruppe gehören unsere wuchskräftigsten Nadelbäume, die Fichte und die Douglasie, der Heimkehrer aus Nordamerika. Aber auch solche wichtigen Mischbaumarten wie Ahorne, Eschen und Ulmen sind Bäume des Halbschattens. Jedoch können sie, was ihr Wachstum angeht, mit den beiden Nadelbäumen bei weitem nicht mithalten. Und während Fichte und Douglasie auf Standorten sehr unterschiedlicher Qualität, von sehr armen bis hin zu sehr guten, wachsen und angebaut werden können, stellen Ahorn, Esche und Ulme und in dieser Beziehung die höchsten Ansprüche von allen unseren Baumarten. Alt können alle unsere Halbschattenarten in jedem Fall werden.

Und zum Schluß kommen die Baumarten, die den Schutz eines Kronenschirmes geradezu brauchen, damit sie Fuß fassen und sich entwickeln können. Gegen Frost und gegen übermäßiges Wachstum konkurrierender Vegetation – seien das Kräuter oder auch andere Baumarten – muß der Schirm alter Bäume schützen. Unter solchen Bedingungen allerdings sind die Schattenbaumarten Buche und Tanne allen Nebenbuhlern weit überlegen. Dann können sie ihre große Schwäche kompensieren: sehr langsames Wachstum in den ersten Lebensjahren. Sehr spät erst kommt ihre Fähigkeit zum Vorschein, kräftig und sehr lange anhaltend wachsen zu können.

Die Tanne treibt diese eigenartige ökologische Anpassung an den Schatten so weit, daß sie ein Jahrhundert unter dem Druck mächtiger Nachbarbäume dahinvegetieren kann, dabei nicht mehr als zwei oder auch drei Meter Höhe erreichend. Fallen dann die großen Nebenbuhler eines Tages, so wächst sie fast genauso los, als wäre sie erst zehn Jahre alt.

Unsere Schattenbaumarten – auch Linde und Hainbuche gehören hierher – verhalten sich also in fast jeder Beziehung genau andersherum als die extremen Lichtbaumarten. Und es paßt gut in diesen Lebensrhythmus, daß alle beachtliche Alter erreichen können.

Holz – viel und wertvoll – muß produziert werden

Waldbau hat nur einen Sinn, wenn wir damit mehr Holz schneller und billiger produzieren, als es ein Urwald kann. Und möglichst hochwertiges Holz soll es außerdem sein. Nun wachsen unsere Waldbäume ganz unterschiedlich schnell, das war bei der Betrachtung ihrer ökologischen Eigenschaften schon angeklungen. Zudem ist das Holz, das sie produzieren, auch noch von ganz unterschiedlichem Wert. Legt man einmal einen sehr guten Standort und Preise von 1977 zugrunde, so ergibt sich ein Bild wie unten.

Holz, wie es im Walde heranwächst, ist aber nicht nur von Baumart zu Baumart verschieden und unterschiedlich geschätzt, sondern innerhalb der gleichen Baumart gibt es immer sehr wertvolles und geringwertiges Holz. Ja sogar an jedem einzelnen Baum findet sich diese Abstufung. Dieser Sachverhalt läßt sich ganz einfach ausdrücken: Je dünner Baumstämme sind, um so weniger Wert haben sie; oder umgekehrt gesagt, je dicker sie sind, desto mehr kann man mit ihnen anfangen und um so höher werden sie bezahlt. Da Bäume in ihrem unteren Stammabschnitt immer am dicksten sind, liegt auch hier stets ihr höchster Wert.

Der Durchmesser eines Stammes ist aber nur eine Seite der Qualität von Baumstämmen. Genauso wichtig für einen Holzkäufer ist die Frage, ob ein

Baumart	Festmeter pro Jahr u. Hektar	Durchschnittlicher Wert des Holzes DM/Festmeter
Douglasie	14	115
Tanne	11	115
Fichte	10	125
Buche	7	70
Lärche	7	120
Kiefer	6	100
Erle	6	75
Eiche	5	300
Esche	4	80
Birke	4	70

Baum gerade gewachsen ist, ob er Fehler aufweist, Wunden zum Beispiel, und vor allem, ob er ästig ist. Also dick muß der Baumstamm sein, fehlerfrei und ohne Äste, wenn er hohe Preise erbringen soll. Astfrei aber kann ein Baumstamm, das liegt in seiner Natur, auch wieder nur im untersten Abschnitt sein. Auf diesen Teil des Baumes von vielleicht sechs bis höchstens fünfzehn Metern Länge konzentriert sich daher die Arbeit des Forstmannes ganz besonders.

Allerdings befindet er sich dabei in einem nicht unerheblichen Dilemma. Denn hoher Durchmesser und Astreinheit am gleichen Stamm sind Widersprüche in sich. Ein Baum, der dicker ist als seine gleichaltrigen Nachbarn, hatte immer auch eine größere Krone als diese. Eine größere Krone aber bedeutet mehr und tiefer am Stamm herabreichende Äste. Der dickere Baum ist zugleich auch der ästigere. Die Kunst des Waldbaus ist es daher, einen Kompromiß zu finden zwischen dem äußerst vitalen und auch sturmfesten, sehr großkronigen Baum, der aber ästiges Holz liefert, und dem eingeengten, kleinkronigen, aber astreinen Baum.

Der Waldbau und das Ökosystem

Das letzte der wichtigen waldbaulichen Konzepte ist ökologischer Art. Pflanzt man einen Wald auf einer Kahlfläche, so besteht er zunächst aus vielen kleinen und vor allem jungen Bäumen. Wie alle jungen Lebewesen sind sie in der Lage, schnell zu wachsen. Der größte Teil dessen, was sie in den Blättern durch Assimilation produzieren, steht zur Bildung von Holz und anderen Baumteilen zur Verfügung. Das Ökosystem ist jung. Diese Aufbauphase geht aber allmählich in ein Stadium der Reife über. Die Stämme, das Wurzelwerk, alles wird immer größer und umfangreicher. Damit wird aber auch dauernd mehr Energie nötig, nur um diese so sehr angewachsene Biomasse am Leben zu halten. Der größte Teil dessen, was jetzt durch die Photosynthese an Substanz gebildet wird, dient der Aufrechterhaltung des Systems: es wird veratmet. Schließlich bildet sich ein Gleichgewichtszustand heraus: Die Blätter produzieren genauso viel, wie gleichzeitig für die Atmung und den Ersatz der absterbenden Bäume, Äste oder Blätter benötigt wird. Der Wald hat einen Zustand der Reife erreicht.

In den Rahmen dieser natürlichen Entwicklung ist der Waldbau eingespannt. Durch geschicktes Vorgehen kann der Forstmann alle seine Maßnahmen so einrichten, daß sie in bestimmte Ausschnitte des Ablaufs passen. Er hat also – ganz anders als der Landwirt – die Möglichkeit, naturnah zu bleiben mit seiner Wirtschaft. Wo er sich in diesem Entwicklungsprozeß des Ökosystems etabliert, hängt allerdings von seinen Zielen ab. Die Produktion von großen Holzmengen ist nur in jungen und daher unreifen Ökosystemen möglich. Ist sie das wichtigste Ziel der Waldbewirtschaftung, so muß diese im ersten, besonders produktiven Abschnitt der Entwicklung des Ökosystems angesiedelt sein. Die Ernte eines solchen »Produktionswaldes« erfolgt, wenn der Zuwachs an Holz am höchsten ist. Der Wald wird dadurch künstlich jung gehalten. Dieses Konzept wird auf dem weitaus größten Teil unserer Waldfläche verwirklicht.

Wird dagegen vor allem Schutzwirkung vom Wald erwartet, so kann diese am besten durch alte Bäume gewährleistet werden. Schutzwälder in guter Verfassung liegen daher oft bereits jenseits des Produktionsmaximums. Schutzwirksamkeit wird dann durch Verlust an Holzzuwachs erkauft. Allerdings muß dieser Preis keineswegs besonders hoch sein. Denn der Wert des Holzes steigt ja mit seinem Durchmesser beträchtlich an, das wurde im vorigen Abschnitt dargelegt. Dadurch kann der Rückgang in der reinen Leistung an Holzproduktion durch höhere Durchschnittspreise durchaus ausgeglichen werden.

Mit der zunehmenden Ausweisung großer Schutzwaldflächen werden in der Zukunft zweifellos diejenigen waldbaulichen Arbeitsverfahren sehr an Bedeutung gewinnen, die die Nutzung und Erhaltung von Waldökosystemen fortgeschrittenen Reifezustandes ermöglichen.

Mit dem Erholungswald schließlich stellt sich der Zusammenhang zwischen Ökologie und Waldbau noch wieder anders dar. Erholungssuchende gibt es in allen Wäldern, und sicher finden sie auch Erholung in allen. Allerdings besteht kein Zweifel, daß sehr alte Bestände und mächtige Einzelbäume auf die Waldbesucher eine besondere Anziehungskraft ausüben. Deshalb sollte in Erholungsgebieten, zumindest in manchen Beständen und sicher mehr als bisher üblich, die Entwicklung reifer Ökosysteme angestrebt werden. Hier lautete dann allerdings die Devise: Verzicht auf Produktion von Holz und keine weiteren waldbaulichen Eingriffe, außer vielleicht von solchen, die zum Schutz der Besucher nötig werden. Irgendwann können solche Waldbestände dann Ökosysteme bilden, in denen Assimilation und Dissimilation, Produktion und Verbrauch sich die Waage halten. Nur wenige Hektar von Wald dieser Art gibt es bisher im Grünen Drittel der Bundesrepublik. In den Nationalparken soll er – sehr langfristig allerdings – auch in größeren Beständen heranwachsen. Hier wird der Waldbau dann vom Naturschutz abgelöst. Im letzten Abschnitt dieses Buches wird gezeigt werden, was es damit auf sich hat.

Der Kahlhieb oder die künstliche Waldverjüngung

Die einfachste Form, einen Wald zu bewirtschaften, besteht darin, so scheint es wenigstens, Jahr für Jahr ein Stück von ihm einzuschlagen und den so entstandenen Kahlschlag wieder aufzuforsten. Dabei geht es dann gar nicht einmal so unnatürlich zu, wie oft angenommen wird. Auch in Naturwäldern gibt es immer wieder größere oder kleinere Katastrophen – Sturm, Schnee, Feuer –, durch die der Baumbestand flächig zerstört wird. Und auch dort nimmt der neue Wald seinen Ausgang auf der kahlen Fläche. Hier wie im Wirtschaftswald beginnen damit dann aber auch schon die Probleme. Sie entstehen daraus, daß ein höchst kompliziertes System von Energieflüssen und Stoffkreisläufen des Waldes abrupt unterbrochen wird. Die neue ökologische

Situation gibt anderen Vegetationsformen eine plötzliche Chance zur Entwicklung. Explosionsartig erscheinen äußerst vitale Kräuter, Sträucher und Pionierbaumarten auf jedem Kahlschlag. Das Ziel des Forstmannes ist es aber immer, eine ganz bestimmte Form des Waldes auf der Kahlfläche zu begründen, und das ganz schnell außerdem. Mit der so problemlos anmutenden Kahlschlagwirtschaft handelt er sich daher oft das Ärgernis ein, mit großem Geld- und Energieaufwand seine zunächst empfindlichen jungen Bäume gegen die viel vitaleren »Unkräuter« und »Unhölzer« schützen zu müssen.

Und damit ist das Problem in seinem ganzen Umfang noch gar nicht erschöpfend dargestellt. Wird das Kronendach mit seinen tonnenschweren Nadel- und Astmassen entfernt, so kann plötzlich Licht und damit Wärme den Boden erreichen, und auch Niederschlagswasser gelangt in wesentlich größerem Maße dorthin als vorher. Dadurch verbessern sich die Lebensbedingungen vieler Bodenorganismen, die nun die erheblichen Mengen toter organischer Substanz schnell zersetzen können. Der darin enthaltene Kohlenstoff erscheint als Kohlendioxid in der Luft und belastet den ohnehin schon prekären Kohlendioxid-Haushalt der Atmosphäre. Aber auch viele Pflanzennährstoffe werden in diesen Zersetzungsprozessen frei. Zum Teil fördern sie noch zusätzlich die Entfaltung der Kräuter und Sträucher. Aber sie können auch mit dem Bodenwasser ausgewaschen werden und belasten dann die Bäche und Flüsse.

Aber natürlich hat der Kahlhieb auch seine Vorteile. Die technischen liegen auf der Hand: Auf den Kahlschlägen fällt konzentriert viel Holz an, die Arbeit ist ergiebig; es lohnt sich, Wege zu bauen, um das Holz zu transportieren, und es können auch größte Maschinen eingesetzt werden. Aber auch die waldbaulichen Vorzüge der Kahlschlagwirtschaft sind nicht geringzuschätzen. Der Forstmann ist frei, die Baumart für den neuen Bestand auszuwählen, die für seine Ziele und für den gegebenen Standort am geeignetsten

Hochwald – Niederwald

Hochwald ist nicht nur ein schöner, großer Wald mit hohen Bäumen oder ein im Gebirge hoch gelegener. In der forstlichen Fachsprache bezeichnet dieser Begriff vielmehr jenen Wald, dessen Bäume aus Samen hervorgegangen sind. Also auch eine frisch gepflanzte Kultur stellt bereits einen Hochwald dar. Fast die ganze Waldfläche Deutschlands ist von Hochwald in diesem Sinne bedeckt.

Das Gegenstück zum Hochwald ist der Niederwald. Er entsteht, wenn die Stöcke von abgeschlagenen Bäumen wieder austreiben und neue Stämme bilden. Der Niederwald hat in der Vergangenheit eine sehr große Bedeutung gehabt. Heute gibt es in der Bundesrepublik noch etwa dreihunderttausend Hektar davon.

erscheint. Auch die Begründung von Mischbeständen ist durchaus möglich. Überall dort, wo das Unkraut sich bereits zu stark entwickelt hat, oder wo verfestigte Bodenschichten aufgelockert werden sollen, kann mit entsprechenden Maschinen gepflügt oder gefräst werden. Und vor allem: Es ist auf Kahlschlägen besonders leicht, mit Pflanzen aus den forstlichen Baumschulen zu arbeiten.

Die Schule des Waldes

Will der Forstmann einen Wald durch Pflanzung neu begründen – und auf Kahlschlägen muß er das fast immer –, so benötigt er Pflanzen. Und zwar braucht er sehr viele davon, denn auf einem einzigen Hektar Waldfläche müssen viertausend Fichten oder zehntausend Buchen oder zwölftausend Kiefern gepflanzt werden. Früher gehörte zu jedem zünftigen Forsthaus ein kleiner Pflanzgarten, in dem junge Bäume herangezogen wurden. Inzwischen ist die Anzucht von Forstpflanzen eine Wissenschaft für sich geworden, die erhebliche Spezialkenntnisse und vor allem praktische Erfahrung verlangt. Rationell ist sie zudem nur noch möglich, wenn sie auf großen Flächen betrieben wird. Die letzte Stunde des kleinen Revierpflanzgartens hat daher schon vor Jahren geschlagen. Der große leistungsfähige Anzuchtbetrieb, meist ein privates Unternehmen, beherrscht den Markt. Und es handelt sich um keinen kleinen Markt dabei; immerhin werden in der Bundesrepublik zwischen dreihundert und fünfhundert Millionen junge Bäume pro Jahr produziert und gepflanzt.

Die meisten Forstpflanzen werden aus Samen gezogen. Das ist nur scheinbar so selbstverständlich wie es klingt, denn es gilt nicht für Weiden und Pappeln, die aus Stecklingen, in den Boden gesteckten kurzen Zweigstücken, entstehen.

Das Ernten und die Aufbereitung der Samen unterliegen strengen Gesetzen. Saatgut darf nämlich nur in Waldbeständen gewonnen werden, die nach ihrem Aussehen und Zustand leistungsfähige Nachkommen erwarten lassen. Außerdem muß der Nachweis der Herkunft des Samens geführt werden, bis die daraus entstandene Pflanze verkauft wird. Das Gesetz über forstliches Saat- und Pflanzgut regelt das ganz genau, und es sichert auf diese Weise, daß bei der praktischen Arbeit im Wald nur solche Herkünfte verwendet werden, die dem jeweiligen Standort angepaßt sind, also beispielsweise Gebirgspflanzen für den Anbau im Gebirge. Die Baumschulen sind meist in lange Beete eingeteilt. Ein Teil von ihnen sind Saatbeete und ein anderer Teil Verschulbeete. Auf den Saatbeeten wird das Saatgut ausgebracht, in Rillen meist, aber auch ganzflächig bei manchen Arten. Kleine Samen dürfen nur ganz flach mit Boden bedeckt werden, einige, wie die der Birke, werden überhaupt nur angedrückt. Alle werden feucht gehalten während des Keimprozesses, wenn nötig gegen zu starke Einstrahlung beschattet und permanent gegen Pilzbefall, Insekten und was es sonst noch an Fährnissen geben mag, geschützt. Das Ergebnis sind so hohe Pflanzenausbeuten aus den Samen, wie sie in der

Natur nie vorkommen. Kiefern und Erlen, Buchen und Eichen bleiben meist zwei Jahre im Saatbeet, dann werden sie – im Herbst oder Frühjahr, jedenfalls immer kurz vor der Pflanzung – ausgehoben und verkauft. Sämlinge heißen solche Pflanzen. Gut organisierte und technisch perfekte Versandmethoden machen Transporte über viele Hunderte von Kilometern möglich.

Fichten, Tannen, Douglasien, aber auch viele Laubhölzer, werden dagegen nicht als Sämlinge gepflanzt; sie sind nach zwei Jahren im Saatbeet einfach noch zu klein, als daß man sie schon den Härten des Lebens im Walde aussetzen könnte. Da nun aber das Gedränge in den dichten Saatbeeten zu groß wird, werden sie innerhalb der Baumschule verpflanzt, verschult, wie der schöne Fachausdruck dafür heißt. Standen auf dem Saatbeet nach zwei Jahren etwa siebenhundert kleine Fichten je Quadratmeter Beetfläche, so sind es nach der Verschulung um die siebzig, also nur noch zehn Prozent davon. Diese haben jetzt den Platz zur Verfügung, den sie brauchen, um in weiteren zwei Jahren zu kräftigen, etwa fünfzig Zentimeter hohen Pflanzen heranzuwachsen. Junge Bäume dieser Art sind dann gewappnet, auch mit ungünstigen Lebensbedingungen auf der Kahlfläche, Unkrautkonkurrenz vor allem, zurechtzukommen. Ihre Qualität drückt sich aus in der Höhe, dem Durchmesser der Stämmchen und der Zahl der Äste, die sie gebildet haben.

Schlag und Hieb

sind für Forstleute keineswegs zwei Begriffe für dieselbe Sache. Der Schlag bezeichnet in der waldbaulichen Fachsprache die Fläche, auf der eine Maßnahme stattfindet. Diese Verwendung entspricht ziemlich genau der in der Landwirtschaft üblichen, wo ja auch ein einheitlich bewirtschaftetes Feldstück als Schlag bezeichnet wird, ein Weizenschlag etwa. Der Hieb ist dagegen die tatsächliche Entnahme von Bäumen. Dabei ruft heute selbst dieses so bildhafte Wort falsche Vorstellungen hervor: Gehauen mit der Axt wird nämlich nur noch wenig, die meisten Hiebsoperationen bestehen vielmehr aus Schnitten mit der Motorsäge.

Der Kahlhieb führt also zum Kahlschlag. Während aber der Hieb in wenigen Tagen oder Wochen ausgeführt ist, bleibt sein Ergebnis, der Kahlschlag, jahrelang sichtbar. Der Schlag in diesem Sinne, eine Fläche also, die mit einem in sich ziemlich einheitlichen und gleich alten Wald bestockt ist, prägt den weitaus größten Teil unserer Waldfläche. Die Aneinanderreihung solcher Schläge ist in unseren Wäldern überall sichtbar. Deshalb werden sie oft etwas abschätzig als »Schlagwälder« bezeichnet.

Anmerkung: Auch die Forstleute selbst halten die beiden Begriffe nicht immer klar auseinander.

Eine besonders intensive Bodennutzung stellt die Forstpflanzenanzucht also dar. Man muß schon an den Gemüse- oder Weinbau denken, will man zu vergleichbaren Umsatzhöhen je Hektar bebauten Bodens kommen. Regelmäßige Bodenbearbeitung, Verwendung aller nur denkbaren Pestizide gegen Unkraut, Pilze, Insekten, Spezialmaschinen für jeden Arbeitsgang, künstliche Bewässerung, mineralische Düngung und eine sorgfältige Humuswirtschaft charakterisieren diesen ausgefallenen Zweig der Forstwirtschaft. Zweifellos steht er der Landwirtschaft in allem viel näher als dem Waldbau. Aber – und deshalb sind sie hier so eingehend dargestellt worden – die Baumschulen sind die Kinderhorte, die Schulen, wie der Name sagt, für den weitaus größten Teil der deutschen Waldfläche. Nicht weniger als 1,6 Milliarden junger Bäume – zählt man alle Altersgruppen zusammen – befinden sich dort ständig in Vorbereitung auf ihre eigentliche Berufung, Wald zu bilden.

Wie viele Pflanzen ergeben einen Wald?

Pflanzung ist also meist die Devise beim Kahlschlag. Die erste Frage dazu muß dann lauten, wie viele Bäume und in welcher Verteilung sollen auf die Fläche gebracht werden? Dazu gibt es einfache Regeln und Erfahrungssätze: Ist mit starker Entwicklung der Bodenvegetation, dem Unkraut, zu rechnen oder ist eine Fläche besonders von Spätfrösten bedroht, so müssen viele und große Pflanzen ausgebracht werden. Sind diese Gefahren dagegen geringer oder werden sie durch Bodenbearbeitungen ganz oder teilweise beseitigt, so können weniger oder auch kleinere Pflanzen verwendet werden. Außerdem hängt die Pflanzenzahl natürlich auch von den Eigenarten der einzelnen Baumarten ab.

Entwicklungsphasen des Waldes	
Anflug	Junge Bäume, die natürlich aus angeflogenen Samen entstanden sind (z. B. Fichten und Birken).
Aufschlag	Junge Bäume aus Samen, die nicht fliegen können, natürlich entstanden (z. B. Eichen und Buchen).
Kultur	Mit gepflanzten jungen Bäumen bestandene Fläche.
Dickung	Die Bäume sind so groß geworden, daß sie sich berühren und ein dichtes Dickicht bilden.
Stangenholz	Ein Baumbestand, dessen Durchmesser zwischen zehn und zwanzig Zentimetern liegen.
Baumholz	Bestand, dessen Bäume mehr als zwanzig Zentimeter dick sind.
Altholz	Ein alter Wald, der aus dicken Bäumen besteht.

Die Pflanzendichte soll aber auch die Astreinigung lenken. Alle unsere Laubbäume sind in der Lage, sich von ihren abgestorbenen Ästen selbst zu befreien. Pflanzt man sie daher in engen Verbänden, so machen sie sich bald selbst Konkurrenz, ihre unteren Äste sterben schnell ab, und es entstehen auf diese Weise schlanke und astreine Schäfte. Dazu kommt noch eine weitere Besonderheit dieser Baumarten, die aber auch bei der Kiefer zu beobachten ist. Wenn sie sich als junge Bäume ohne seitlichen Konkurrenzdruck durch Artgenossen entfalten können, so bilden sie große Kronen und Äste; sie werden dem Solitär ähnlich, und ihr Holz ist so ästig, daß es beinahe nur noch als Brennholz verwertbar ist. Die Forstleute nennen solche Bäume dann auch sehr drastisch »Protzen«. Das Ergebnis dieser Überlegungen heißt deshalb auch: Laubhölzer und Kiefern werden eng gepflanzt: bis fünfzehntausend Pflanzen pro Hektar.

Anders verhalten sich dagegen die übrigen Nadelhölzer. Ihre Äste verrotten auch dann nicht, wenn sie abgestorben sind. Außerdem neigen die Nadelhölzer nicht in so außerordentlichem Maße dazu wie die Laubhölzer, sich bei etwas mehr Wuchsraum zu Protzen zu entwickeln. Deshalb genügen von diesen Baumarten viel weniger Pflanzen. Fichten werden zu viertausend je Hektar gepflanzt, an Lärchen um die zweitausend, und für die Douglasie reichen ein- bis zweitausend aus. Die Art, wie diese großen Mengen junger Bäume auf die Kahlflächen gebracht werden, hat Natur- und Waldliebhaber schon immer verärgert. Das geschieht nämlich wie auf dem Exerzierplatz: In Reih und Glied! Allerdings wird heute nicht mehr mit der Perfektion vorgegangen wie in früheren Jahrzehnten.

Der Grund für diesen Ordnungssinn ist einfach und auch einleuchtend. Eine mehr oder weniger große Zahl von Pflanzen ist so auf eine Fläche zu verteilen, daß keine größeren Lücken bleiben. Und schnell soll das auch noch gehen, damit es nicht zu teuer wird. Das ist nur durch Gleichmäßigkeit zu erreichen. Als Ergebnis erscheinen dann unweigerlich gerade Linien, eben die Reihen. Einen Trost für die Freunde des »Natürlichen«, das die gerade Linie jedenfalls im Wald nicht kennt, gibt es dabei allerdings auch. Die ganze Ordnung des Anfanges wird mit der Zeit immer undeutlicher. Da von den vielen gepflanzten Bäumchen schon nach wenigen Jahrzehnten nur noch wenige übrig sind, wird auch die Gleichmäßigkeit der ursprünglichen Verteilung immer undeutlicher.

Immerhin sei auch darauf hingewiesen, daß es durchaus Fälle gibt, in denen von der starren Ordnung der Pflanzung abgewichen wird. Das ist auf steilen Hängen im Gebirge oft der Fall. Dort haben junge Bäume nur dann eine Chance zu überleben, wenn sie gegen den Schub des Schnees geschützt sind. Deshalb wird in solchen Lagen überhaupt nur dort eine Pflanze in den Boden gesetzt, wo der Stock eines gefällten Baumes, ein aus der Erde herausragender Stein oder sonst ein starkes Hindernis den Schnee festhält. Hier ist nicht Gleichmäßigkeit der Verteilung, sondern Sicherheit des Überlebens der kritische Punkt.

Wann wird gepflanzt?

Natürlich wird im Frühjahr gepflanzt, wann sonst, wird jeder sagen. Und in der Tat werden die meisten Bäume ausgangs des Winters gesetzt. Der Boden muß schon frostfrei, die jungen Pflanzen dürfen aber noch nicht angetrieben sein. Nach langen Wintern kann sich der Zeitraum, der für die Kulturarbeiten zur Verfügung steht, auf wenigen Wochen zusammendrängen. Deshalb ist es oft nötig, einen Teil der Pflanzarbeiten in den Herbst zu verlagern, wenn die Pflanzen in den Baumschulen ihre Entwicklung im wesentlichen abgeschlossen haben. Laubhölzer und auch Douglasien sind dann ohne Probleme in den Boden zu bringen.

Aber selbst im Hochsommer könnte man pflanzen, Kiefern zum Beispiel. Dann nämlich machen alle jungen Bäume eine kurze Entwicklungspause durch, besonders ihr Wurzelwachstum kommt dabei zur Ruhe. Allerdings wird dieser Sommerzeitpunkt nur selten ausgenutzt: Die Überlebenschance dabei ist eben doch geringer als im Frühjahr. Das gilt ganz besonders, wenn der Pflanzung eine kräftige Trockenperiode folgt.

Erwähnt sei immerhin auch, daß in den letzten Jahren die Anzucht von Forstpflanzen in kleinen Töpfen eine gewisse Bedeutung erlangt hat. Da solche Topfpflanzen mit ihrem gesamten ungestörten Wurzelwerk in den Boden gebracht werden können, spielt die Jahreszeit dabei keine Rolle mehr. Sie könnten das ganze Jahr über gepflanzt werden, sofern nur der Boden offen ist. Allerdings sind solche Topfpflanzen immer noch wesentlich zu teuer für die Forstwirtschaft. Nur auf ganz schwierigen Standorten, auf sehr trockenen und steinigen Stellen zum Beispiel, werden sie bisher verwendet. Im Gartenbau, für die Bepflanzung von Straßenrändern und für Baumpflanzungen in der freien Landwirtschaft spielen sie dagegen eine beachtliche Rolle.

Wer pflanzt den Wald und wie?

Luther hätte auch angesichts eines bevorstehenden Weltuntergangs noch einen Baum gepflanzt, so soll er gesagt haben. Zum Glück ist er, was diese Entschlossenheit angeht, nicht auf die Probe gestellt worden. Ein wenig von diesem symbolhaften Vertrauen in die Zukunft hat das Pflanzen von Bäumen auch heute noch. Das hat es selbst dann, wenn gerade gesagt wurde, daß forstliches Pflanzen ein Geschäft am laufenden Band ist und schon auf kleinen Flächen Tausende von Malen ausgeführt werden muß. Es bedarf heute eines gerüttelten Maßes an Vertrauen vor allem in die Vernunft des Menschen, wenn man Bäume pflanzt, die mindestens hundert Jahre alt werden sollen. In einer Welt, in der sich die Politiker ihrer Fähigkeit des »Overkills« rühmen, werden – käme es zu einer Probe aufs Exempel – Menschen wie Bäume gleichermaßen in Mitleidenschaft gezogen. Man braucht sich nur zu erinnern, daß das Auto vor hundert Jahren noch nicht erfunden war und sich auszumalen, was seitdem auf der Erde und vor allem in unserem Raum geschehen ist. Dann wird das Vertrauen lutherischer Dimension deutlich, das sich in der Pflanzung von derart langlebigen Waldbäumen äußert.

Aber die Eingangsfrage lautet ja: »Wer pflanzt?« Und da kommen wir erneut um eine etwas abschweifende Betrachtung nicht herum. Die Antwort lautet nämlich: Frauen vor allem. In der Vergangenheit waren es hauptsächlich Frauen, die gepflanzt haben: Sie »kultivierten« die Kahlflächen, indem sie sie aufforsteten; das Ergebnis ihrer Tätigkeit wird – immer noch – die »Kultur« genannt, und sie selbst haben dafür die Bezeichnung »Kulturfrau« erhalten. Auch heute noch gibt es solche Kulturfrauen vielerorts.

Auf das »Wie« der Pflanzung von Waldbäumen braucht nicht allzuviel Zeit verwendet werden. Es gibt dafür viele zum Teil uralte Techniken; man kann es von Hand oder auch mit Pflanzmaschinen besorgen. Den, der den romantischen Aspekt des Waldbaus besonders schätzt, wird es beruhigen, daß in unserem Grünen Drittel immer noch ganz überwiegend mit der Hand gepflanzt wird. Ein Verfahren hat sich dafür fast überall durchgesetzt. Es

So werden in unseren Wäldern die meisten Bäume gepflanzt, mindestens einer pro Minute.

Früher wurde so gepflanzt: Ein Loch in den Boden, ein kleiner Hügel darin und die junge Pflanze darauf. Gut, aber langsam ging das.

(Quelle: Loycke, H. J., Die Technik der Forstkultur, München 1963)

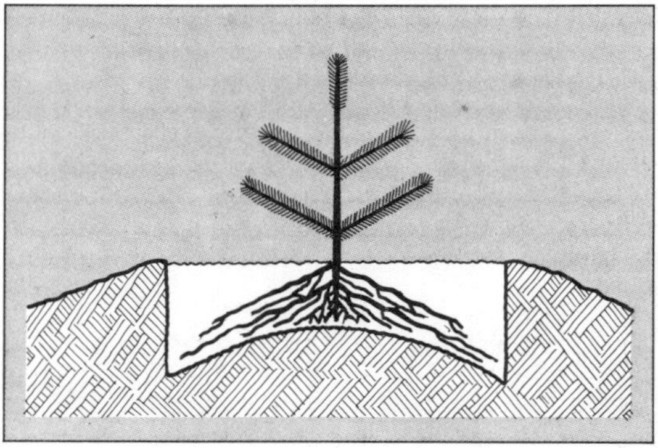

wird Winkelpflanzung genannt, der bayerische Forstmann Reißinger hat es in den fünfziger Jahren entwickelt. Bis zum Erscheinen dieser eleganten und schnellen Methode war eine einfache Lochpflanzung weit verbreitet. Sie erforderte einen erheblich höheren Arbeitsaufwand, ohne daß wesentlich bessere Anwuchserfolge erzielt worden wären. Unsere älteren Fichtenbestände sind aus Lochpflanzungen entstanden.

Und dann gibt es noch die Pflanzmaschinen, auch davon viele Modelle. Die meisten sind landwirtschaftlichen Geräten, wie Rübenpflanzmaschinen, nachgebaut. Zwar erbringen sie außerordentlich hohe Leistungen, jedoch sind sie nur einsetzbar, wenn der Boden fast so gut vorbereitet ist wie ein Acker. Daß die Wiederaufforstungen der riesigen Sturmwurfflächen aus dem Jahre 1972 in Norddeutschland innerhalb weniger Jahre abgeschlossen werden konnten, ist auch mit ein Verdienst solcher Maschinen. Sie konnten dort so weitgehende Verwendung finden, weil die meisten dieser Flächen nach dem Abräumen der geworfenen und gebrochenen Bäume sehr intensiv und tief gepflügt worden sind. Eigens für den Wald konstruierte Pflanzmaschinen, die auch auf nicht vorbereitetem Boden funktionieren, gibt es erst seit wenigen Jahren. Solche Maschinen sind nicht von Bodenbearbeitungen abhängig, durch die das Wald-Ökosystem stark beeinträchtigt wird. Und außerdem können sie auch auf schwierigerem Gelände eingesetzt werden.

Der Wald erobert einen Kahlschlag zurück. Gegen diese Entwicklung muß der Forstmann ankämpfen, da er meistens Baumarten pflanzt, die im natürlichen Ablauf erst nach 50 oder 100 Jahren an der Reihe wären. Das aber kostet Geld.

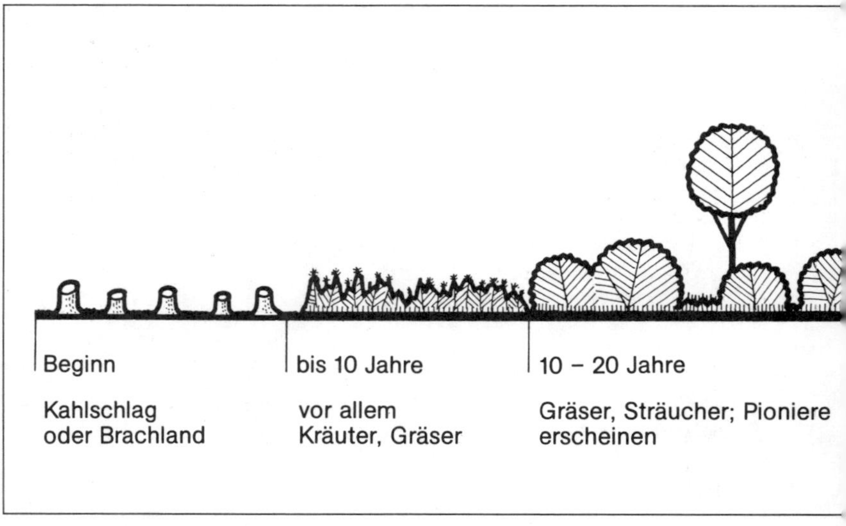

Die Rache der Natur

1. Teil: Die Sukzession oder das Unkraut

Das Pflanzen, womöglich noch von Baumarten, die keine eigentlichen Pioniere sind, ist eine risikoreiche Veränderung der natürlichen Abläufe auf Freiflächen. Die zunächst viel vitaleren Bodenpflanzen würden den meisten der jungen Forstpflanzen den Garaus machen oder sie doch zumindest stark behindern. Die frühen natürlichen Phasen der Wiederbesiedlung von Kahlflächen werden dadurch zu »Unkraut«, das zurückgedrängt werden muß. Beträchtliche Energiemengen in Form von Sensenarbeit, Freischneidemaschinen oder auch Herbiziden müssen aufgewendet werden, damit das waldbauliche Ziel ohne zu große Verluste an Zeit und Geld erreicht werden kann. Wieder sind es meist die Kulturfrauen, die dieses Geschäft besorgen. Und es ist keine leichte Arbeit, mit Sichel oder Sense die eingewachsenen Forstpflanzen von der Konkurrenz durch Brombeeren, Binsen oder Gräser zu befreien. Und auch das Ausbringen von Herbiziden mit den schweren Spritzen auf dem Rücken ist alles andere als reine Freude.

Zu allem Überfluß ist mit der »Verunkrautung« von Kahlflächen noch eine weitere waldbaulich höchst unerfreuliche Erscheinung verbunden. Die Gräser und Kräuter bieten Mäusen gute Unterschlupfmöglichkeiten und

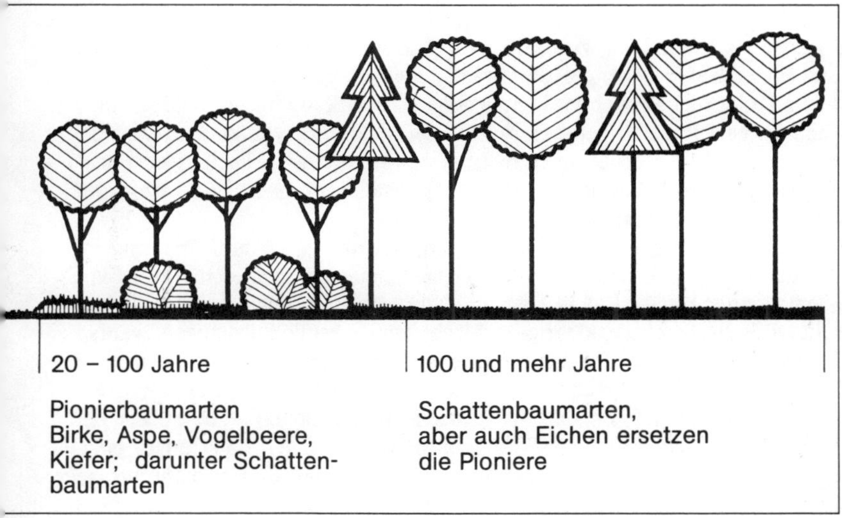

zudem, wenigstens im Sommerhalbjahr, einen reichgedeckten Tisch. Die kleinen Nager vermehren sich, wie es eben nur Mäuse können. Geht dann im Winter oder im zeitigen Frühjahr die Nahrung aus, dann bleibt ihnen nichts anderes übrig, als die jungen Forstpflanzen zu attackieren. Die kurzschwänzigen Wühlmäuse sind es vor allem, die die Wurzeln der kleinen Bäume abfressen und die Rinde von den Stämmchen abnagen. Gelegentlich hilft sich der Forstmann auch hier durch einen Griff in den unerschöpflichen Giftschrank, den die chemische Industrie für alles bereithält. Häufiger ist jedoch glücklicherweise ein Vertrauen auf das meist schnelle Auf und Ab in der Populationsdichte der Nager und damit auf das Funktionieren natürlicher Regulationsmechanismen.

2. Teil: Das Schalenwild

In unseren durch Kahlschläge geprägten Wäldern gibt es immer einen erheblichen Flächenanteil – um die zehn Prozent –, in dem Rehen und Hirschen sehr viel Nahrung zur Verfügung steht. Nahrung in Form von Gräsern, Kräutern und Forstpflanzen. Etliche Tonnen Trockensubstanz pro Jahr und Hektar sind es. Das Ergebnis sind ungewöhnlich gute Lebensbedingungen für diese Tierarten in unseren Wäldern. Entsprechende Vermehrungsraten sind die Folge davon. Aber die krautige Komponente der Bodenvegetation stirbt im Winterhalbjahr oberirdisch ab. Dann sind die Wildtiere im wesentlichen auf die holzigen Pflanzen als Nahrung angewiesen, und dazu gehören nicht zuletzt die jungen Bäume.

Nun wäre das alles nicht besonders schwerwiegend, hätten wir es mit ungestörter Natur zu tun. Dann sorgten Wölfe und strenge Winter unbarmherzig für die Wahrung einer für die Vegetation tragbaren Wilddichte. Und darüber hinaus hätten die Wildtiere die Möglichkeit, im Winter auf nahrungsreichere Flächen auszuweichen, wie es die strauchreichen Wälder entlang der Bäche und Flüsse waren. Aber die Auenwälder sind zerstört, der Wolf ist ausgerottet und selbst der Winter wird seiner Selektionswirkung für die Wildbestände dadurch beraubt, daß gefüttert wird. Viel Wild also, viel zu viel, weil die natürlichen Regelmechanismen nicht mehr funktionieren. Die jungen Forstpflanzen werden gefressen, um so mehr, je seltener sie sind. Die Mischbaumarten trifft es am stärksten.

Gegenmaßnahmen sind unumgänglich, obwohl sie in ihrer Wirkung im ökologischen Sinne höchst fatale Folgen haben. In leichteren Fällen, vor allem wenn es um die Fichte geht, wird wieder zur Chemie gegriffen. Verbißschutzmittel, stinkende, klebrige, schlecht schmeckende Substanzen, werden Jahr für Jahr so lange auf den Leittrieb und die obersten Zweige der kleinen Bäume gespritzt oder geschmiert, bis diese schließlich über die Reichweite des Wildes hinausgewachsen sind. In schwierigen Situationen – besonders viel Wild oder verbißempfindliche Mischkulturen – werden die Verjüngungsflächen mit Zäunen umstellt. Unser Wald ist voll davon. Es gibt nicht wenige Forstbetriebe, in denen die Länge aller Zäune, die gegen Wildschäden errich-

Kahlhieb
Kahlhieb des hundertjährigen Fichtenaltholzes. Vorbereitung der Wiederaufforstung mit Traktor und Reisiggabel.

Nächstes Frühjahr auf dem Kahlschlag: Pflanzung von drei- bis viertausend Fichten pro Hektar in langen Reihen. Spritzen gegen Verbiß durch Reh und Hirsch.

Oder: Pflanzung eines Mischbestandes von Fichten und Buchen, diese in Gruppen und am Rand. Jetzt muß ein Zaun her.

2. bis 5. Jahr: Unkraut ist das große Problem. Freischneiden mit Sichel, Sense oder Motormäher, Gift ist das letzte Mittel.

Tafel 18

Zehn Jahre später: Die Dickung hat sich geschlossen. Der Zaun kann abgebaut werden. Und Weihnachtsbäume bringen die erste Einnahme.

Nach fünfundzwanzig Jahren, das Stangenholz: Transportschneisen für Traktoren werden angelegt, 400 Stämme pro Hektar für die Ästung ausgewählt, geästet und durch Auslesedurchforstung freigestellt. Industrieholz für Papier und Spanplatten fällt an.

Fünfzig Jahre später, das Baumholz, gut tausend Bäume sind noch übrig: Durchforstungen erbringen jetzt auch wertvolles Stammholz. Die geästeten Bäume, aber auch die eingemischten Buchen, wachsen zu Starkholz heran, das mit hundert Jahren geerntet wird. Der Zyklus beginnt dann von neuem.

Saumhieb
Fichtenbestände können nicht nur durch Kahlhiebe genutzt werden. Oft wird auch am Saum des Altholzes gepflanzt oder natürlich verjüngt, wie hier. Am Saum wird dann auch immer wieder ein Streifen des Altholzes geerntet und so allmählich der ganze Bestand verjüngt.

Schirmhieb
Ein Buchenaltholz von 130 Jahren mit einigen Lärchen darin ist aufgelichtet worden, Bucheckern fallen.

Zehn Jahre später: Verjüngung hat sich eingefunden. Das Altholz ist weiter aufgelichtet worden, damit die Verjüngung sich gut entwickeln kann. Holz liegt an der mit roten Punkten markierten Transportschneise.

Tafel 21

Nach zwanzig Jahren: Die letzten Altbuchen sind gefallen. Dichte Buchenverjüngung beherrscht das Feld. Eine Altlärche wurde als Überhälter belassen, junge Lärchen sind in die Buchen gepflanzt worden.

Nach dreißig Jahren: Der dichte Buchen-Lärchen-Bestand bildet eine Dickung. Erste Eingriffe zur Pflege des Bestandes werden nötig.

Tafel 22

Femelhieb
Ein großer Bestand von Fichten, Tannen und Buchen soll geerntet werden. Nach sehr vorsichtiger Öffnung des Kronendaches auf kleinen Flächen findet sich Verjüngung der Schattenbaumarten ein. Der weitaus größte Teil des Altbestandes bleibt noch dicht geschlossen.

Zehn Jahre später: Über den Verjüngungskernen wird der Altbestand geerntet, es entstehen Femellöcher, in deren Zentrum bereits junge Buchen und Tannen stehen. Fichten kommen jetzt auch an, da genügend Licht vorhanden ist. Der junge Wald besteht also wieder aus den drei Baumarten des Altbestandes.

Zwanzig Jahre später: Durch vorsichtiges Erweitern der Femellöcher wird der verjüngte Teil des Bestandes immer größer.

Dreißig Jahre später: Die Femellöcher fließen ineinander, die Verjüngung mit ihren unregelmäßigen Höhen beginnt zu überwiegen. Ein weiteres Jahrzehnt ist jedoch nötig, bis die ganze Fläche erfaßt ist.

Tafel 24

tet werden mußten, leicht ausreichen würde, um den gesamten Wald einzuzäunen.

Nun ist das alles schon schlimm genug, wenn man nur die Kosten betrachtet. Tatsächlich aber verbirgt sich hinter diesem Tatbestand viel mehr. Der Grund für die riesigen Zäunungen von Verjüngungsflächen sind zu hohe Wildbestände, für die die Nahrungsbasis nicht ausreicht – es wurde schon gesagt. Anstatt nun, wie es logisch wäre, den Wildstand auf die Nahrungsbasis abzustellen, werden gerade die Verjüngungsflächen, auf denen sich die nötige Nahrung befindet, eingezäunt und damit dem Wild unzugänglich gemacht. Fütterung im Winter muß dann verhindern, daß die Tiere eingehen. Sie reicht aber nicht aus, um die hohe Belastung der gesamten Bodenvegetation zu verhindern. Dazu wäre eine den größten Teil des Jahres umfassende volle Ernährung des Wildes nötig. Aber die erscheint dann doch nur wenigen Jägern erstrebenswert, weil dadurch der Wildtiercharakter unserer Rehe und Hirsche bald vollends dahin wäre. Schärfere Bejagung des Schalenwildes ist die einzige praktikable Lösung des Dilemmas. Und so widersinnig das auch manchem klingen mag, sie würde nicht nur dem Wald, sondern auch dem Wild gut tun.

Der Niederwald

Eigentlich brauchte man kein Wort mehr über ihn zu verlieren. Niederwald gibt es nur noch hier und da als Form der Waldbewirtschaftung, auf wenigen Hektar wird er noch betrieben. Wälder allerdings, die aus ehemaligem Niederwald hervorgegangen sind, kann man in vielen Gegenden Deutschlands finden. Seine geschichtliche Bedeutung ist kaum zu überschätzen und deshalb eingehend im Geschichtskapitel dieses Buches dargestellt worden. Zum Waldbau aber gehört er auch. Und an dieser Stelle muß er dargestellt werden, da er eine ganz ausgefallene Erscheinungsform der Kahlschlagwirtschaft darstellt.

Der Niederwald kann nur mit Baumarten betrieben werden, die in der Lage sind, aus dem Stock auszuschlagen, und das sind nur unsere Laubhölzer: Erle, Hainbuche, Esche und Eiche können es sehr gut, während es der Buche schon schwerer fällt. Aber auch die Stöcke dieser Laubbäume sind nur solange fähig, vitale Ausschläge zu bilden, solange sie nicht zu dick sind. Darum – und das entsprach auch ganz der ökonomischen Aufgabenstellung des Niederwaldes – mußten die Einschläge, das »auf den Stock Setzen«, in kurzen Abständen von nur fünfzehn bis dreißig Jahren aufeinander folgen.

Das geschah als radikaler Kahlhieb, kein Stamm – und sei er noch so dünn – blieb stehen. Der Unterschied zum Kahlhieb, wie er im vorigen Kapitel dargestellt wurde, ist aber trotzdem ein beachtlicher. Die kahlgeschlagene Fläche braucht nämlich nicht aufgeforstet zu werden. Vielmehr treiben schlafende Augen aus, die unter der Rinde der verbliebenen Stöcke sitzen.

Schlafende Augen – dieser Begriff ist ungemein treffend. Er bezeichnet Knospen, die schon gebildet wurden, als der Baum die Höhe des jetzigen

Stockes hatte, als er also zwanzig bis dreißig Zentimeter hoch war. Sie entfalteten sich jedoch nicht, sondern verharrten über Jahrzehnte in Ruhe, eben schlafend. Mit dem Dickenwachstum des Stammes wurden sie nach außen gedrückt, bereit, auszutreiben, wenn sich Gelegenheit oder Notwendigkeit dazu ergeben sollte. Mit dem Abhieb des Stammes wird diese Gelegenheit zur Überlebenschance für den Baum.

Und dann wird der nächste große Unterschied dem eigentlichen Kahlhieb gegenüber wirksam. Die austreibenden Knospen verfügen nämlich nicht, wie kleine Baumschulpflanzen das tun, über ein winziges Wurzelsystem, sondern sie können das intakte, voll ausgebildete Wurzelwerk eines großen Baumes mit seiner Aufnahmekraft für Wasser und Nährstoffe und mit den darin gespeicherten Reservestoffen für sich nutzbar machen. Das Ergebnis ist eine so schnelle Entwicklung, daß die im Winter eingeschlagene Niederwaldfläche bereits im nächsten Herbst wieder von Ausschlaggerten dicht bedeckt ist. Unkraut oder anderen Baumarten bleibt da kaum eine Chance.

Der Niederwald hat seine Bedeutung verloren. Seine Produkte Brennholz und Gerbrinde werden nicht mehr benötigt. Nicht mehr bewirtschaftete Nieder- und Mittelwälder bedecken aber immer noch über 300000 Hektar unserer Waldfläche. Deshalb mußte diese eigenartige Sonderform des Kahlschlagbetriebes hier dargestellt werden. Und aus dem gleichen Grunde muß auch kurz angeführt werden, was mit diesen Niederwäldern werden wird. Dafür gibt es nämlich vier Möglichkeiten:

■ Auf kleinen Flächen von wenigen Hektar Größe sollte er in Gebieten, wo er einmal landschaftsprägend war – im Siegerland, in der Pfalz, in Unterfranken – als Dokument vergangener Landnutzung erhalten werden. Erhalten werden aber kann er nur, wenn er weiter nach alter Weise genutzt wird. Geschieht das nicht, geht sein Charakter schnell verloren.
■ Dort, wo er auf guten Standorten stockt und nach Zusammensetzung und Vitalität nicht befriedigt, muß er umgewandelt werden. Dazu wird er eingeschlagen, und es werden junge Pflanzen der Baumarten gepflanzt, die in Zukunft dort wachsen sollen. Oft wird dabei der Laubwald des Niederwaldes durch Nadelholz ersetzt. Wenn dabei geschickt und landschaftspfleglich vorgegangen wird, so kann ein erfreuliches Mosaik aus umgewandelten und belassenen Flächenteilen entstehen.
■ Oft befindet sich der Niederwald noch in guter Verfassung; und wenn dann seine Baumartenzusammensetzung den waldbaulichen Zielsetzungen entspricht, läßt man ihn sich entwickeln, auch über die für den Niederwald typische kurze Umtriebszeit hinaus. Man behandelt ihn wie einen aus Pflanzung entstandenen Wald und läßt ihn »durchwachsen«, bis er genügend starke Stämme gebildet hat, die als Nutzholz verwendbar sind.
■ Vielfach findet sich Niederwald auch auf armen, trockenen oder steilen Standorten. Dort sollte man ihn sich selbst überlassen. Er bildet dann eine ausreichende, den Boden schützende Bestockung, die auch ästhetischen

Ansprüchen durchaus gerecht wird. Als Ruheflächen in der überlasteten Landschaft und willkommenen Lebensraum für viele Tierarten kann er auch ohne »Nutzung« eine wichtige Rolle spielen.

Die Naturverjüngung

Auf Kahlschlägen ist die künstliche Verjüngung durch Pflanzung die Regel. Die natürliche Verjüngung, die aus den Samen der alten Waldbäume entsteht, spielt dort dagegen nur eine untergeordnete Rolle. Es gibt aber auch eine ganze Reihe von waldbaulichen Verfahren, die gerade die Ausnutzung der natürlichen Verjüngung zum Ziel haben. War bei der Waldbegründung auf der Kahlfläche die Nähe zu landwirtschaftlicher Landnutzung vor allem dann ganz deutlich, wenn sie mit intensiver Bodenarbeit verbunden war, so ist bei den Naturverjüngungsverfahren die Ähnlichkeit mit Abläufen in natürlichen Waldökosystemen unverkennbar. Und darauf ist es wohl zurückzuführen, daß von diesen Verfahren seit jeher eine große Faszination auf viele Forstleute ausgegangen ist. Leider hat sie jedoch nicht dazu geführt, diesen waldgemäßen Ernte- und Verjüngungsverfahren die Rolle im Waldbau unseres Raumes zu sichern, die ihnen eigentlich zukäme. Sie erfordern viel Zeit, waldbauliches Gespür und persönliches Engagement jedes Forstmannes – Ansprüche, die selten zusammengehen. Außerdem sind sie auch nicht unbeschränkt überall anwendbar, selbst wenn guter Wille vorhanden ist: Standort und Zustand der Altbestände erlauben es nicht. So ist denn schon vorweg festzustellen, daß Kahlschläge – wenn auch meist kleine – den überwiegenden Teil der jährlichen Verjüngungsfläche unseres Waldes prägen. Für subtilere waldbauliche Verfahren bleibt der kleinere Teil.

Schirm gibt Schutz

Ausgangs des 18. Jahrhunderts war das Verfahren der natürlichen Verjüngung unter dem Schirm des Mutterbestandes voll entwickelt. Seine Technik entstand in den Buchenwäldern der Mittelgebirge, die damals als Lieferanten von Brennholz große Bedeutung hatten. Der Ablauf ahmt einen Prozeß nach, wie er sich in sehr alten Buchenbeständen auch ohne Mitwirkung des Menschen abspielen würde. Ein solcher Buchenwald bildet zunächst noch ein so dichtes und geschlossenes Kronendach, daß sich am Boden kaum Pflanzen halten können, weder Kräuter und Gräser noch junge Waldbäume. Infolge Überalterung brechen dann allmählich einzelne Altbäume heraus, wodurch das Kronendach hier und dort geöffnet wird. Das Mehr an einfallender Sonnenenergie erlaubt jedoch nur wenigen Schatten ertragenden Bodenpflanzen ein allmähliches Ankommen. Gleichzeitig aber beginnen sich solche Baumarten zu verjüngen, die nur wenig Licht brauchen, also die Buche vor allem und die Tanne dort, wo Samenbäume dieser Art vorhanden sind. Je schneller die Altbäume jetzt absterben oder vom Sturm geworfen werden, sei das einzeln oder in Gruppen, je mehr Licht und Feuchtigkeit bleibt für die Verjüngung übrig und um so schneller entwickelt sie sich. Und wenn der letzte Baum des Altbestandes schließlich das Zeitliche segnet, so steht, wenn auch noch sehr jugendlich, der neue Wald an Stelle des alten. Wald ist also unverändert auf der Fläche geblieben, nur sein Alter und damit auch sein Entwicklungsstand als Ökosystem haben sich geändert. Eine Freilegung des Bodens mit allen Folgen, wie sie beim Kahlschlag unvermeidlich sind, kann es bei solchen Abläufen in nennenswertem Maße gar nicht geben.

Man kann sich den Prozeß einer Schirmverjüngung als eine allmähliche, aber gleichmäßige Auflockerung des Kronendaches der alten Bäume vorstellen. Es ist aber genau so gut möglich, daß er ungleichmäßig vonstattengeht: Hier und dort im Altbestand sterben Bäume ab, und im Laufe der Zeit vergrößern sich die so entstandenen Löcher im Kronendach dadurch, daß angrenzende Bäume ebenfalls absterben oder ein Opfer des Sturmes werden. Und genauso gehen die Förster vor, wenn sie einen Waldbestand ernten und gleichzeitig natürlich verjüngen wollen. Wird Gleichmäßigkeit auf der ganzen Fläche angestrebt, so nennen sie ihr Verfahren Schirmhieb. Wird dagegen über einzelne, sich langsam vergrößernde Öffnungen, später Löcher, im Kronendach vorgegangen, so heißt es Femelhieb.

Beide Verjüngungsverfahren nehmen in einem Wald ihren Ausgang, dessen Kronendach so dicht geschlossen ist, daß sich keine nennenswerte Bodenvegetation halten kann. Das weitere Vorgehen ist dann allerdings unterschiedlich. Der erste Hieb eines Schirmschlagbetriebs führt nur zu einer sehr vorsichtigen Auflockerung des Kronendaches, die zunächst gar nicht auf die Verjüngung ausgerichtet ist. Durch sie soll vielmehr nur ein wenig mehr Licht, Wärme und auch Niederschlag an den Boden gebracht werden, gerade so viel wie nötig ist, damit die Aktivität der Zersetzer, der Bodenorganismen also, angeregt wird. Und das ist auch wieder nur dann und dort nötig, wo sich am Boden große, unzersetzte Mengen an organischer Substanz angesammelt haben. Dieser erste Eingriff soll also den Bodenzustand so weit verbessern, daß die Verjüngung Fuß fassen kann. Er wird deshalb Vorbereitungshieb genannt und nur dort angewandt, wo eine solche Vorbereitung nötig ist.

Um die Verjüngung selbst geht es dann aber beim nächsten Schritt. Er wird gemacht, wenn der Altbestand starken Fruchtansatz erkennen läßt. Der Boden ist inzwischen durch den mehrere Jahre zurückliegenden Vorbereitungshieb verjüngungsbereit geworden; es fehlt also nur noch an den Samen. Und die fallen im Herbst. Im Winter danach wird etwa ein Drittel der Bäume des Altholzes so aus dem Bestand geschlagen, daß die verbleibenden einen gleichmäßigen, aber lockeren Schirm bilden. Besamungshieb wird dieser Eingriff genannt. Er läßt immer noch so viele Bäume auf der Verjüngungsfläche stehen, daß die Bodenvegetation durch deren Kronenschirm in der Entwicklung gebremst bleibt und daß die keimenden Samen und die sich entwickelnden jungen Bäume einen sicheren Schutz gegen Spätfröste behalten.

Wenn alles gut geht, dann keimen die vielen Samen des Mastjahres nicht nur, sondern es überleben auch genügend Keimlinge. Erst wenn sich eine ausreichende Zahl von jungen Bäumen eingefunden hat, ist die wichtigste Voraussetzung für den weiteren Gang der Dinge geschaffen. Fallen dagegen zu viele Keimlinge den Gefahren der frühen Entwicklung zum Opfer – man denke an Mäuse, Pilze oder Insekten –, dann müssen weitere Mastjahre abgewartet werden. Oft genügen dann allerdings schon geringere Fruchtansätze an den Schirmbäumen, um die Vervollständigung der Verjüngung zu sichern. Laufen die Dinge ganz schlecht, so bleibt keine andere Wahl, als auf den nicht natürlich verjüngten Stellen zu pflanzen.

Irgendwann aber ist die Verjüngung komplett: Der Wald besteht jetzt aus zwei untereinandergeschobenen Beständen: einem alten, im waldbaulichen Sinne alten in der Oberschicht, und einem zweiten, ganz jungen, der nur wenige Zentimeter hoch ist. Und dieser kann sich nun entwickeln, langsam zwar, aber sicher.

Erst wenn sich die Verjüngung fest etabliert hat, wenn sie robust genug geworden ist, auch mit der Konkurrenz durch die Bodenvegetation fertigzuwerden, wird das Kronendach des Altholzes weiter aufgelichtet; ein Lichtungshieb wird geführt. Höchstens die Hälfte des Altbestandes bleibt jetzt noch stehen. Danach erreicht ein so großer Anteil des einfallenden Lichtes die Verjüngung, daß diese sich schneller entwickeln kann. In Abständen von drei bis fünf Jahren werden dann Räumungshiebe geführt, und wenn der junge Bestand etwa Manneshöhe erreicht hat, ist auch der letzte Baum des Altholzes verschwunden.

So schnell sich ein solcher Verjüngungsgang hier auch lesen mag, so zeitraubend – nach menschlichen Maßstäben – ist er in Wirklichkeit. Von seiner Einleitung bis zum Abschluß vergehen zehn bis zwanzig Jahre. Verläuft nicht alles programmgemäß, so kann es auch drei Jahrzehnte dauern, bis der letzte Altbaum fällt. Das ganze Arbeitsleben eines Försters kann damit ausgefüllt sein. Und doch ist ein solches Vorgehen, vor allem der langsame Ablauf, den Ansprüchen vieler Baumarten angemessen. Schattenbaumarten, aber auch die Halbschattenarten, können im Schirmschlagverfahren verjüngt werden. Geschützte Entwicklung in der Jugend und lange anhaltender Zuwachs an den frei stehenden Altbäumen sind wichtige Eigenarten des Schirmhiebes.

Der Femelhieb nutzt auch zunächst den Schutz des Altholzschirmes aus, allerdings geschieht das auf eine deutlich andere Weise als beim Schirmhieb. Hier werden in das geschlossene Altholz hinein zunächst Auflockerungen des Kronenschirms über kleinen Flächen von wenigen hundert Quadratmetern Größe geschaffen. Der größte Teil des Altbestandes bleibt aber davon zunächst ganz unberührt. Wenn sich dann auf diesen kleinen Flächen, den Femelkernen, die Verjüngung der Schattenbaumarten eingefunden hat, werden die Schirmbäume entnommen. Es entstehen dadurch kleine Löcher im Altholz, die Femellöcher. Von oben betrachtet sieht das Kronendach dann aus wie ein grüner Wollpullover mit kleinen Mottenlöchern darin. Im Zentrum dieser Löcher gibt es so viel Licht, daß nicht nur Halbschattenbaumarten gut wachsen können, selbst lichtbedürftige Arten sind hier in der Lage, ihr schnelles Jugendwachstum zu entfalten und sich einen Vorsprung gegenüber den zunächst langsameren Schattenbäumen zu sichern. Diese, also Buchen und Tannen, kommen aber an den Rändern der Femellöcher immer weiter an, das Seitenlicht gibt ihnen genügend Möglichkeiten dazu.

In Abständen von einigen Jahren wird das Loch, der Entwicklung der Verjüngung folgend, erweitert, indem ringsherum Streifen des Altholzes entnommen werden. Die ursprünglichen Verjüngungskerne weiten sich so aus und irgendwann fließen sie zusammen; die Verjüngung beginnt das Feld zu beherrschen. Die Verteilung der verbleibenden Teile des Altbestandes wird immer ungleichmäßiger, bis auch die letzten Reste davon verschwunden sind.

Mag manchem der Verjüngungszeitraum des Schirmhiebes mit seinen zehn bis zwanzig Jahren lang erschienen sein, der des Femelschlagbetriebes ist noch deutlich länger. Zwanzig bis vierzig Jahre kann es dauern, bis der neue, der junge Wald fix und fertig dasteht.

Und je länger der Verjüngungszeitraum sich ausdehnt, um so mehr unterscheiden sich die neuen Bestände, die aus den beiden Verjüngungsverfahren hervorgegangen sind. Die Schirmschlagverjüngung läßt Wald entstehen, in dem die einzelnen Bäume fast gleich alt sind. Alle sind in wenigen Mastjahren, oft nur in einem einzigen entstanden. Durch die Gleichmäßigkeit, mit der der Altholzschirm gehalten wird, entwickelt sich auch der junge Wald als eine einzige Schicht. Auf dem Femelschlag, insbesondere wenn er über eine lange Zeit ausgedehnt wird, entsteht dagegen ein anderes Bild. Im Zentrum der Femellöcher sind die Bäume älter und auch wesentlich höher als die mehr zu den Rändern hin stehenden. Nach der vollständigen Ernte des Altholzes bietet der Nachfolgebestand einen ähnlichen Anblick wie das Zeltdach des Münchner Olympia-Stadions: Höhere und ältere Teile gehen fließend in jüngere und niedrigere über.

Für beide Verjüngungsverfahren gilt, daß sie bei langsamem Vorgehen vor allem die Schattenbaumarten fördern. Lichtbaumarten, aber auch die Halbschattenbäume, können vollständig ausgedunkelt werden. Je schneller das Vorgehen und je kürzer infolgedessen der Verjüngungszeitraum, um so besser werden die Chancen auch für lichtbedürftige Arten. Selbst Bestände von Eichen und Kiefern können im Schirmschlagverfahren verjüngt werden. Voraussetzungen sind allerdings ein besonders kurzer Verjüngungszeitraum oder ein sehr offener Schirm. Fichtennaturverjüngungen, oft in Mischung mit anderen Baumarten, werden im Anhalt an beide Verfahren ausgeführt, auch in diesem Fall wird meistens mit ziemlich kurzen Überschirmungszeiten gearbeitet.

Die Douglasienbestände unseres Raumes sind im allgemeinen noch nicht alt genug, als daß sie verjüngt werden müßten. Da diese Baumart jedoch außerordentlich spätfrostempfindlich ist, versucht man, ihr überall dort, wo sie gepflanzt werden soll, Schutz durch einen Altholzschirm zu verschaffen. Das geschieht, indem der Altbestand, der durch die Douglasienpflanzung ersetzt werden soll, in eine lockere Schirmstellung gebracht wird. Unter diesem Schirm werden die Douglasien gepflanzt. Der weitere Ablauf der Dinge entspricht dann dem Schirmhieb, und »Anbau unter Schirm« heißt diese auf künstlicher Verjüngung basierende Variante.

Werden der Schirmhieb oder auch der Femelhieb bei der Verjüngung der bisher genannten Baumarten nur gelegentlich angewandt, so sind sie in unseren Buchengebieten und im Bereich des Fichten-Tannen-Buchen-Waldes die Regel. Die Buche ist der Baum des Schirmhiebes. Die großen Buchenmeere der Mittelgebirge sind fast ausschließlich daraus entstanden. Und vielen der großartigen Mischwälder Süddeutschlands aus Buche, Tanne und Fichte sieht man ihre Entstehung aus der Schirmschlagverjüngung oder dem Femelhieb an.

Die Durchforstung

Der Wald beginnt seine Entwicklung mit vielen kleinen Bäumen. Entsteht er aus Naturverjüngung, so können es mehr als hunderttausend pro Hektar sein. Aber selbst wenn der Forstmann einen Fichtenwald begründet, so tut er das mit drei- bis fünftausend Pflanzen. Er tut das, obwohl er weiß, daß am Ende der Umtriebszeit – also nach hundert Jahren im Falle der Fichte oder nach hundertvierzig Jahren, wenn es um die Buche geht – nur noch wenige hundert davon übrig sein werden. Die folgende Zahlenreihe mag einen Eindruck von diesem Zusammenhang zwischen Alter und Baumzahl geben:

Baumart	Baumzahlen pro Hektar am Anfang des Bestandslebens	am Ende des Bestandslebens	Jahre/bzw. Erntealter
Eiche	bis 100 000	75	200
Buche	bis 100 000	200	140
Fichte	4 000	400	100
Kiefer	12 000	300	120
Lärche	2 500	200	140
Douglasie	2 000	200	100

Besonders interessant an diesen Zahlenreihen ist nun, daß die rapide Abnahme der Baumzahlen keineswegs das Ergebnis waldbaulicher Maßnahmen sein muß. Auch in Wäldern, in denen der Förster seine Hand nicht im Spiel hat, erreicht nur ein sehr kleiner Teil der Ausgangsbaumzahl hohe Alter und damit große Dimensionen. Je größer Bäume sind, um so weniger von ihnen passen auf eine gegebene Fläche. Glück und Vitalität muß ein Baum haben, damit er alt werden kann. Glück bedeutet für einen Baum, daß er auf einer besonders vorteilhaften Stelle steht, also auf einer leichten Bodenwelle in feuchtem Gelände oder in einer Mulde dort, wo es an Feuchtigkeit mangelt. Aber auch ein Altersvorsprung von einem oder zwei Jahren den Nachbarn gegenüber kann nicht einholbare Überlegenheit sichern. Und Vitalität äußert sich wie überall sonst auch: schnelles, anhaltendes Wachstum und Robustheit allen Gefahren gegenüber. Aus der Sicht der Verlierer, also des weitaus größten Teils der Bäume, stellt sich der gleiche Sachverhalt allerdings anders dar: Wer seine Krone nicht in der obersten Baumschicht zu halten vermag, hat keine Chance mehr, im Kreise der Großen mitzusprechen. Er sinkt unweigerlich immer weiter ab in der sozialen Hierarchie. Für die Lichtbaumarten führt dieser Abstieg meist in relativ kurzer Frist zum Tode, während die Schattenarten sich noch jahrzehntelang in diesem Unterstand zu halten vermögen.

Wenn die Entwicklungen im Wald ohnehin auf diese Weise verlaufen, also aus sehr vielen kleinen Individuen im Laufe der Zeit sehr wenige Große werden, warum muß dann der Forstmann auch in dieses Geschehen wieder eingreifen, um dem Verlauf der Dinge seinen Stempel aufzudrücken? Das liegt einfach daran, daß er die vorgegebenen Ziele erreichen will, von denen in diesem Buch immer wieder die Rede ist:

- Wertvolles Holz soll produziert werden: Die vitalsten Bäume, die sich im erbarmungslosen Ausscheidungskampf des Waldes durchsetzen würden, sind oft nicht die besten für die Holzproduktion.
- Dicke Stämme sollen es aber trotzdem werden: Entwickeln sich die Bestände überdicht, so wird ein erheblicher Teil der gesamten Holzproduktion an vielen Stämmen angelegt, die jedoch keine großen Durchmesser erreichen. Außerdem sind überdichte Bestände wenig widerstandsfähig gegen Schnee und Sturm.
- Und Mischbestände sollen es sein: Dazu ist es meistens nötig, die unterschiedliche Wuchsdynamik der einzelnen Baumarten so aneinander anzupassen, daß auch die weniger durchsetzungsfähigen Arten erhalten bleiben.

Wann muß durchforstet werden?

Durchforstet wird ein Bestand praktisch sein ganzes Leben lang. Das beginnt sehr bald, nachdem die jungen Waldbäume so groß geworden sind, daß sie einen geschlossenen Bestand bilden, eine Dickung zunächst. Mit dem Größerwerden wiederholen sich Durchforstungen dann in unregelmäßigen zeitlichen Intervallen. Diese richten sich nach der Höhenentwicklung des Waldes: Immer, wenn ein Bestand zwischen drei und fünf Meter höher geworden ist, als er zur Zeit des letzten Eingriffs war, folgt die nächste Durchforstung. Und da nun alle unsere Baumarten in der Jugend sehr viel schneller wachsen als im höheren Alter, folgen die Durchforstungen einander in der Jugend in kürzeren Zeiträumen als später. Vielfach wird aber in der waldbaulichen Praxis auch ohne die Berücksichtigung solcher biologischer Eigenarten vorgegangen, indem jeder Bestand einmal in jedem zehnjährigen Forsteinrichtungszeitraum durchgearbeitet wird.

Trotzdem aber steckt in den oben angestellten Überlegungen über den Wachstumsgang von Wäldern eine wichtige Hilfe zum Verständnis der Dinge. Da unsere Bäume in der Jugend besonders schnell wachsen, vor allem in die Höhe und in die Breite, verlaufen auch in dieser Zeit, also die ersten fünfzig Jahre lang, die Ausscheidungsprozesse in einem Bestand sehr heftig. Protzige Vorwüchse bilden sich heraus und wertvolle Mischbaumarten werden überwachsen und verdrängt, wenn jetzt nicht eingegriffen wird. Die erste Hälfte des Bestandeslebens ist daher im Wirtschaftswald die Zeitspanne, in der der Wald geformt werden kann. Alles, was in diesem Zeitraum nicht zielgemäß verläuft, ist später kaum noch korrigierbar. Werden beispielsweise die eingemischten Buchen in einem jungen Fichtenbestand nicht rechtzeitig vor der zunächst größeren Wuchskraft der Fichten bewahrt, so sind sie später eben nicht mehr vorhanden oder aber hoffnungslos unterdrückt.

In der zweiten Hälfte des Bestandeslebens stellen sich die Dinge dagegen erheblich anders dar. Die Zahl der Bäume ist sehr viel kleiner geworden, dafür hat aber jeder einzelne von ihnen eine ganz beträchtliche Krone ausgebildet. Werden solche Bäume geschlagen, dann entstehen erhebliche Löcher im Kronendach, und es dauert etliche Jahre, bis die verbliebenen sie von den Seiten her wieder zuwachsen. Die Häufigkeit der Eingriffe und ihre Stärke wird deshalb geringer werden müssen. Allerdings liefert jeder Baum, der jetzt bei der Durchforstung anfällt, auch bereits einen beachtlichen Stamm.

Scharfe und häufige Eingriffe in der Jugend und Durchforstungen mit geringer Häufigkeit und mäßiger Stärke in der Folge, so könnte das Fazit aus allen Überlegungen zum »Wann« der Durchforstung lauten.

Wie wird durchforstet: Auslese und Zuwachs

In jedem Bestand unserer Wälder gibt es ein Durcheinander von dicken und dünnen, von größeren und kleineren Bäumen. Dieses Nebeneinander ist auch dann zu finden, wenn alle Bäume das gleiche Alter haben. In einem hundertjährigen Fichtenbestand etwa kann der stärkste Baum über fünfzig Zentimeter Durchmesser in Brusthöhe haben, während sein Nachbar es bei gleichem Alter auf wenig mehr als fünfzehn Zentimeter gebracht hat. Der erbarmungslose Ausscheidungskampf führt zu einer ausgeprägten Schichtung. Es gibt herrschende, der obersten Schicht angehörige Bäume. Andere, meist zahlreichere, sind bereits zurückgefallen, ihre Position kann allenfalls als noch mitherrschend bezeichnet werden. Und eine weitere, sehr große Zahl von Bäumen befindet sich bereits im Unterstand; sie stellen die Unterdrückten dar, nur ein Zufall kann sie vor dem baldigen Ende retten.

In dieses dramatische Geschehen greift nun der Förster mit der Durchforstung ein, indem er versucht, die Hierarchie der Bäume zu beeinflussen. Dabei arbeitet er vor allem in der Schicht der Herrschenden; aber auch die Beherrschten, also die eigentlich schon zum Tode verurteilten, interessieren ihn, wie gleich gezeigt werden wird. Eines kann jedoch schon jetzt gesagt werden: Wäre nicht der Förster mit seinen Einschlagskolonnen in unseren

Warum Durchforstung?

Das Gedränge ist zu groß! Die besten Bäume werden von ihren Nebenbuhlern befreit.

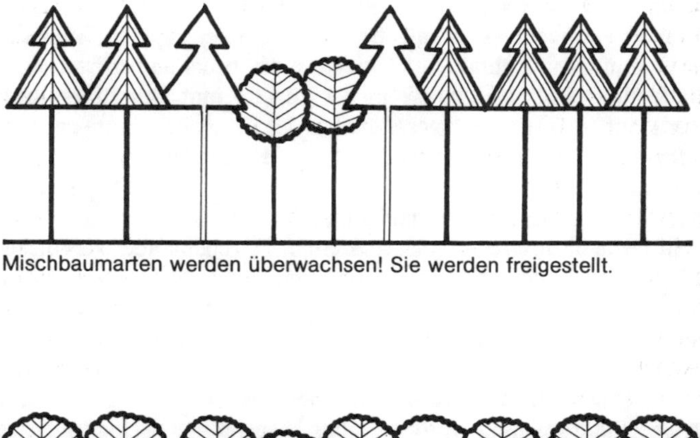

Mischbaumarten werden überwachsen! Sie werden freigestellt.

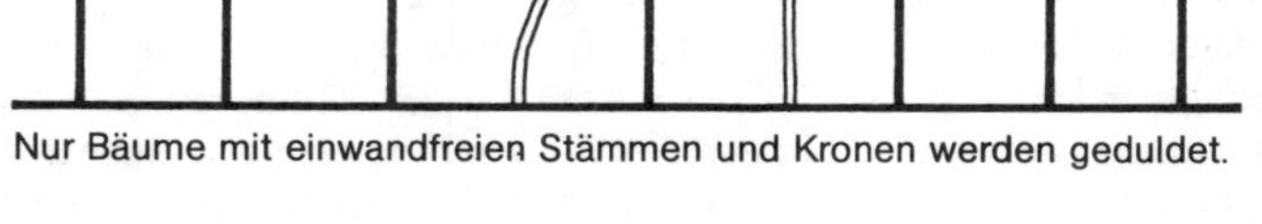

Nur Bäume mit einwandfreien Stämmen und Kronen werden geduldet.

Wirtschaftswäldern stets zur Stelle, so stünden diese voll von toten, mehr oder weniger in Auflösung befindlichen Stämmen. Die Situation wäre von der in Naturwäldern nicht so sehr verschieden: alles, was dem Konkurrenzkampf nicht standhält, stirbt und bleibt lange als Baumleiche sichtbar.

Unter den zunächst vielen Tausenden von Bäumen der herrschenden Schicht befinden sich immer auch die wenigen hundert, die einmal die großen Stämme des Altbestandes stellen werden. Diese nun werden schon in der dynamischen Jugendphase herausgearbeitet: Sie werden ausgewählt und durch die Entnahme der sie bedrängenden Nachbarn in ihrer Entwicklung gefördert. Im Wirtschaftswald bleibt es also nicht allein dem Zufall und dem Recht des Stärkeren überlassen, welche Bäume den Endbestand bilden werden. In früher Jugend ausgewählte, gerade, astfreie und doch lebenskräftige Individuen sind es vielmehr. Möglichst gleichmäßig über die Fläche verteilt, mit gut ausgebildeten, symmetrischen Kronen, werden sie schon in der Jugend erkennbar. Und auch die Mischbaumarten bekommen schon jetzt ihren Platz zugewiesen, indem sie davor bewahrt werden, daß die oft vitalere Hauptbaumart sie überwächst. Durchforstung in solchen frühen Altersphasen des Waldes ist also Auslese. Und als »Auslesedurchforstung« wird sie deshalb auch bezeichnet. So viel Befriedigung diese frühen Durchforstungen dem Forstmann bereiten können, so ärgerlich ist es, daß sie meistens mehr Geld kosten, als der Verkauf des noch dünnen Holzes einbringt.

Diese Situation ändert sich in der zweiten Lebenshälfte eines Bestandes. Jetzt hat der Forstmann es bereits mit beachtlich großen Bäumen zu tun, es war schon die Rede davon. Zwar heben sich die ausgelesenen Stämme deutlich aus der Masse der Bäume heraus, aber insgesamt gibt es dann noch immer mehr als doppelt so viele, wie einmal im Endbestand stehen werden. Jeder einzelne von ihnen hat inzwischen einen respektablen Stamm gebildet, dessen Wert weit über den Kosten liegt, die seine Fällung verursacht. Die Ernte wird also ein wichtiger und lukrativer Aspekt aller Durchforstungsmaßnahmen in der zweiten Hälfte des Bestandslebens. Wie überhaupt zu bedenken ist, daß etwa die Hälfte der gesamten Holzproduktion unserer Wälder im Verlauf der Durchforstungen gewonnen wird.

Die Durchforstungen in diesem Abschnitt des Waldlebens dienen also nicht mehr der Auslese, die war abgeschlossen. Vielmehr kommt es jetzt darauf an, den ausgelesenen Bäumen die Bildung einer leistungsfähigen Krone zu ermöglichen, zu der das Licht freien Zugang hat. Die Sonnenenergie als Motor des Zuwachses muß so gut wie möglich ausgenutzt werden können. »Lichtwuchsdurchforstung« kann daher dieser zweite Teil der Bestandespflege genannt werden.

Genügend Bäume werden auf der Fläche gehalten, damit jedes erreichbare Lichtquant in Biomasse und damit auch in Holz umgesetzt werden kann. Bevorzugten Gebrauch davon aber machen die Auslesebäume, die infolgedessen die größten Dimensionen erreichen und am Ende ihres Lebens die höchsten Werte bringen. Es ist in diesem Zusammenhang denn auch sehr

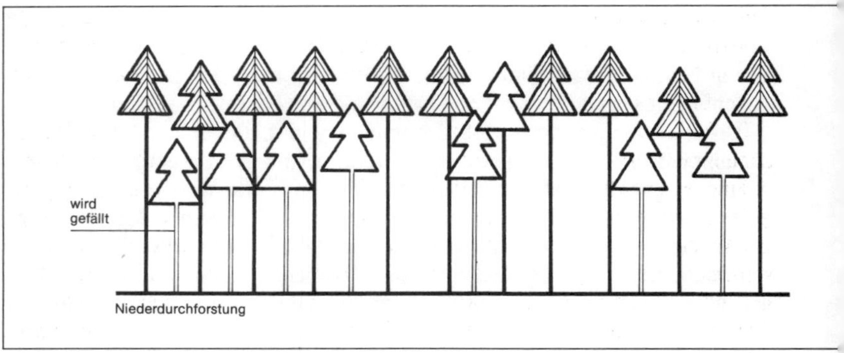

Die Niederdurchforstung entnimmt unterständige Bäume und wenige im Wachstum zurückbleibende aus der herrschenden Schicht.

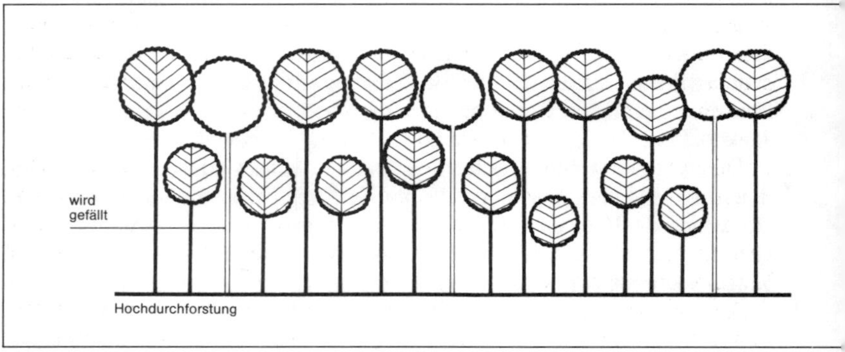

Die Hochdurchforstung erlaubt kräftige Eingriffe in die herrschende Baumschicht, da der Unterstand Boden und Schäfte gegen zu starken Lichteinfall abschirmt.

bemerkenswert, daß diese letzten und stärksten Bäume des Bestandes zwar nur etwa fünfzig Prozent der gesamten Holzproduktion bringen, daß sie aber damit nicht weniger als fünfundsiebzig Prozent der Wertleistung stellen.

Hochdurchforstung – Niederdurchforstung

Die Art, wie die Durchforstungen – Auslese in der Jugend, Lichtwuchs danach – im einzelnen ausgeführt werden, richtet sich nach den Baumarten und ihren biologischen Eigenarten. Grundsätzlich gibt es dafür zwei Wege. Immer geht es darum, den Bäumen der Oberschicht – und zwar den besten davon – den Lebensraum zu schaffen, den sie zu ihrer Entwicklung benötigen. Nur so kann ja der Bestand geformt werden, das ist ausführlich dargelegt worden. Der Unterschied muß daher in der Behandlung der unterständigen Bäume liegen, also derjenigen, die im Ausscheidungskampf mit der Oberschicht bereits den kürzeren gezogen haben.

In Beständen aus Schattenbaumarten, wie Buchen und Tannen, haben auch bereits überwachsene Bäume die Fähigkeit, lange Zeit im Schatten weiterzuleben. Diese Überlebenschance wächst, wenn die Durchforstungseingriffe in der herrschenden Baumschicht stark sind, so daß viel Licht auch in das Waldinnere dringen kann. Dadurch bleibt der Stammraum des Hauptbestandes immer ausgefüllt durch die unterdrückten Stämme und deren Laub. Das hat für den Forstmann zwei große Vorteile. Zum einen gibt es ihm die Freiheit auch zu stärkeren Eingriffen in die Oberschicht. Das dichte Blattwerk der unterständigen Bäume verhindert dann, daß unerwünschte Bodenvegetation sich einfindet. Und zum anderen werden auch die Schäfte der ausgelesenen herrschenden Bäume immer durch Laubwerk umfüttert und so gegen das Licht abgeschirmt. Dadurch bleibt gesichert, daß die schlafenden Augen an den Schäften von Eichen und Buchen nicht austreiben. Just aber das würden sie tun, wenn sie sich plötzlich im vollen Licht befänden. Sie bilden dann zunächst dünne Triebe, die Wasserreiser genannt werden. Natürlich werden diese Reiser im Laufe der Jahre immer dicker, sie entwickeln sich dann zu Klebästen. Dieser Name bezeichnet ihr Aussehen absolut treffend, sie sehen nämlich aus, als seien sie dem Stamm angeklebt worden. Höchst ärgerlich daran ist aber, daß sie sich genau an den Teilen der Stämme bilden, wo das wertvollste, weil astreine Holz heranwachsen soll. Dem Waldbesucher mit ästhetischem Sinn allerdings werden solche von Wasserreisern und Klebästen bedeckten Bäume oft eher eine Freude sein.

Diese Art der Eingriffe wird Hochdurchforstung genannt. Für Buchenbestände ist sie typisch. Mehr als jede andere Baumart ist die Buche in der Lage, auch in hohem Alter noch auf Freistellung ihrer Krone durch verstärkten Zuwachs zu reagieren. Eine solche Freistellung ist daher nur möglich, wenn die Schäfte vor Belichtung geschützt bleiben. Auch die Eiche wird hochdurchforstet, allerdings bei ganz anderer Ausgangslage. Sie ist ja sehr lichtbedürftig, und deshalb können einmal aus der herrschenden Schicht abgesunkene Bäume nicht lange überleben. Sie gehen schnell ein. Da die Eiche aber, wie keine andere Baumart sonst, zur Bildung besagter Wasserreiser neigt, werden zusammen mit ihr fast immer Buchen oder Hainbuchen angebaut. Diese Schattenbaumarten werden nun so gehalten, daß sie eine dichte Unter- und Zwischenschicht bilden, über der sich die mächtigen Alteichen erheben. Deren wertvolle Schäfte bleiben dadurch auch bei Eingriffen in das Kronendach immer im Schatten und Schutz der Buchen.

Hochdurchforstete Wälder – auch die Fichten-Tannen-Buchen-Bestände Süddeutschlands können so behandelt werden – zeichnen sich durch große Schönheit aus. Obwohl sie das Ergebnis sehr sorgfältigen Waldbaus sind, ruft die Vielschichtigkeit ihres Aufbaus den Eindruck von Natürlichkeit hervor.

In den Eichenwäldern des Spessarts und in den Buchenmeeren der Mittelgebirge finden sich gelungene Beispiele hochdurchforsteter Bestände.

Andere Baumarten, Fichte und Kiefer vor allem, brauchen mehr Licht zum Überleben als Buchen oder Tannen. Hat eine Fichte oder Kiefer einmal den Anschluß an die oberste Kronenschicht verloren, so ist ihr Schicksal meistens bald besiegelt. Außerdem reagieren Fichten und Kiefern nur in der Jugend auf starke Eingriffe durch kräftigen Zuwachs der verbleibenden Bäume. Je älter und größer sie werden, um so schwerer fällt es ihnen, die Löcher im Kronendach wieder zu schließen, die bei stärkeren Durchforstungen unvermeidlich entstehen. Zuwachsverluste wären die Folge starker Eingriffe in der zweiten Lebenshälfte solcher Bestände. Ein dichter Kronenschluß muß daher in Fichten- und Kiefernwäldern erhalten bleiben, und zwar ein so dichter, daß der gesamte Unter- und Zwischenstand nach dem Herabsinken in der Waldhierarchie aus der herrschenden in die unterdrückte Schicht bald abstirbt. Und da weder Fichten noch Kiefern Wasserreiser bilden, ist auch die Existenz einer Unterschicht für die Holzqualität nicht wichtig.

Unter solchen Voraussetzungen mißt der durchforstende Waldbauer dem Unter- und Zwischenstand keine Bedeutung für die Bestandeserziehung bei. Im Gegenteil, er weiß, daß die Bäume dieser Schicht häufig bald absterben und dann an Holzwert verlieren werden. Deshalb erntet er sie.

Das Gewicht, das diese Art des Vorgehens auf die Entnahme der zurückgefallenen und unterdrückten Bäume, also die niederen Baumklassen, legt, hat ihr den Namen Niederdurchforstung eingebracht. Im Gegensatz zur Hochdurchforstung entstehen dadurch ganz und gar einschichtige Bestände. Besonders im Stangenholzalter ist der Anblick niederdurchforsteter Fichten- und Kiefernwälder ziemlich monoton. Diese Monotonie verliert sich allerdings mit der weiteren Entwicklung, und es entstehen hallenartige Bestände, deren großer, offener Raum mit mächtigen Stämmen erfüllt ist, die wie Säulen dastehen. Alte Fichtenwälder dieser Art gibt es überall zu sehen. Unter den Kiefernalthölzern, die alle durch Niederdurchforstungen geformt worden sind, findet sich oft ein dichter Teppich von Heide oder Heidelbeere. Und selbst viele der Buchendome in unseren Wäldern sind unschwer als Ergebnis von Niederdurchforstungseingriffen auszumachen, die auch bei dieser Baumart bis weit in das neunzehnte Jahrhundert hinein angewendet worden sind.

Der Plenter-Wald

Zu Anfang dieses Kapitels über den Waldbau war gesagt worden, daß waldbauliche Maßnahmen das Wald-Ökosystem nie zerstören, ja daß sie es im Idealfall nicht einmal stören. Alle Verfahren zur Verjüngung, die bisher besprochen wurden, erfüllen ganz eindeutig den ersten Teil dieser Forderung: Auch auf einem Kahlschlag wird immer dafür Sorge getragen, daß sofort neuer Wald an die Stelle des alten tritt. Aber gestört wird das Ökosystem dadurch ganz erheblich, und selbst Schirm- und Femelhiebe stellen durchaus noch gravierende Eingriffe dar.

Ein Plenterwald

Eine waldbauliche Methode der Ernte und Verjüngung gibt es jedoch, die für den Wald wie für den Betrachter fast unbemerkbar bleibt. Und zwar ist das die Einzelstammwirtschaft im sogenannten Plenterwald. Noch viel mehr als die bisher beschriebenen waldbaulichen Arbeitsweisen hat dieser Plenterwald die Vorstellungskraft der Forstleute bewegt. Aber auch vielen Betrachtern des Forstwesens leuchtet er meist schnell als das Nonplusultra des Waldbaus ein. Dieses große Interesse steht nun im Gegensatz zu der praktischen Bedeutung des Plenterwaldes, der nicht einmal ein Prozent der Waldfläche unseres Raumes einnimmt.

Das Vorgehen bei der Plenterwaldwirtschaft ist ein ganz und gar anderes als beim Kahl- oder Schirmhieb, und auch der Ursprung dieser Form der Waldwirtschaft ist besonderer Art. Die Basis des Kahl- oder Schirmschlagbetriebes ist, wie der Name sagt, ein Schlag, eine Fläche also. Auf einer solchen Fläche, sei sie von einem oder mehreren Hektar Größe, wird der Waldbestand gleichmäßig behandelt: Wird durchforstet, so wird die ganze Fläche bearbeitet; und wird geerntet, so trifft es in kurzer Zeit – beim Kahlhieb in einem einzigen Jahr – alle Bäume. Ziemlich gleichaltrige, gleichmäßige und oft einschichtige Bestände entstehen aus dieser Art des Waldbaus, das war gezeigt worden. Kann ein Waldbesitzer nur über eine kleine Fläche von wenigen Hektar verfügen, so bedeutet ein solches Vorgehen immer, daß er Holz nur in Abständen von vielen Jahren einschlagen kann. Ein Bauer benötigte aber dauernd Holz, jedes Jahr mußte er heizen, Zäune, Ställe und Hof ausbessern. Und selbst heute hat er dafür noch ständigen Bedarf. Er war deshalb daran interessiert, jährlich Holz zu ernten. Und genau das tat er im Plenterwald. Jedes Jahr, oder zumindest jedes zweite oder dritte, konnte er Bäume fällen, die genügend große Durchmesser erreicht hatten. Das waren nicht mehr als zwei oder drei starke Stämme pro Hektar. Dazu kamen noch einige schwächere Bäume an den Stellen, wo sein Waldbestand zu dicht wurde. Diese Entnahme einzelner meist starker Bäume nennt man plentern, und der Wald, in dem das ohne Unterbrechung möglich ist, heißt Plenterwald.

Dort, wo die großen Bäume mit ihren mächtigen Kronen gefällt werden, entstehen Öffnungen im Kronendach, die so viel Licht und Wärme durchlassen, daß sich junge Bäume am Waldboden einfinden und langsam entwickeln können. Das Kronendach des Hauptbestandes bleibt allerdings trotz der regelmäßig wiederkehrenden Plenterungen so dicht, daß nur Schattenbaumarten, wie Tanne und Buche, und die Halbschattenart Fichte sich halten können. Fast der gesamte Plenterwald Deutschlands findet sich denn auch in bäuerlichen Wäldern mit Tannen, Fichten und Buchen als Hauptbaumarten. In den Schwarzwald, ins Allgäu oder in den Bayerischen Wald muß man fahren, will man sie sehen.

Was durch solche jahrhundertelange pflegliche Plenterwirtschaft entstand, ist nun wirklich bemerkenswerter Wald. Auf kleinster Fläche finden sich Bäume aller Entwicklungsstufen nebeneinander. Riesen von siebzig, achtzig, selbst hundert Zentimeter Durchmesser stehen neben Stämmen mittlerer Stärke; und kleine Bäume finden sich überall darunter. Das Alter, das für die Charakterisierung der Schlagwälder so wichtig ist, verliert im Plenterwald vollständig an Bedeutung. Es ist nicht mehr feststellbar, da die einzelnen Baumindividuen oft mehr Zeit »wartend« im Schatten der Großen verbringen, als die gesamte Lebenszeit des Schlagwaldes beträgt. Mannshohe Stämme können mehr als hundert Jahre alt sein, wenn sie durch die Ernte einer großen Alttanne endlich genügend Licht bekommen und loswachsen können. Das tun sie dann aber fast so schnell, als ob sie erst ein oder zwei Jahrzehnte alt wären. Werden sie dann nach weiteren einhundert oder auch zweihundert Jahren als große Bäume eingeschlagen, so sieht man auf dem Stammquerschnitt einen Kern von wenigen Zentimetern Durchmesser mit hundert oder mehr feinsten Jahrringen, um den herum die Schicht breitringigen Holzes gelagert ist.

In einem solchen Plenterwald verliert aber nicht nur das Baumalter seine waldbauliche Bedeutung für das Planen und Handeln des Forstmannes. Auch Begriffe wie Verjüngung und Durchforstung, von denen in den vorangegangenen Kapiteln so viel die Rede war, ändern ihren Inhalt. Verjüngung ist nicht mehr ein Abschnitt im Entwicklungszyklus wie im Schlagwald. Sie findet vielmehr permanent statt, und meistens kommt sie ohne größere Nachhilfe durch den Forstmann an. Ähnliches gilt für die Formung des Bestandes. Jeder Hieb, der in der obersten Kronenschicht vorgenommen wird, fördert die unter- und zwischenständigen Bäume; und es ist ein leichtes, diese gleichzeitig in ihrer Dichte zu regulieren und fehlerhafte Stämme herauszunehmen. Jede Hiebsmaßnahme dient dadurch der Ernte, der Pflege und der Verjüngung in einem.

Im Idealfall befindet sich ein solcher Plenterwald in einem Gleichgewichtszustand. Dieser bildet sich durch die Art heraus, in der die waldbaulichen Eingriffe vorgenommen werden. Ein solches ideales Fließgleichgewicht kann man mathematisch beschreiben. Das ist allerdings weniger überraschend als die Tatsache, daß Generationen von Waldbauern es durch ihr Gespür für natürliche Abläufe nach praktischer Erfahrung eingestellt und gehalten haben. In seinem Aussehen, und damit auch in allen seinen ökologischen Wirkungen, ändert sich also ein Plenterwald im Laufe der Zeit nicht oder nur geringfügig, obwohl die Baumindividuen, aus denen er besteht, immer wieder andere sind.

Ein solcher Plenterwald macht auf den Betrachter häufig den Eindruck eines Urwaldes. Es gibt große und kleine Bäume, fast immer besteht er aus mehreren Baumarten, und die Spuren waldbaulicher Maßnahmen sind kaum zu sehen. Und doch ist dieser Eindruck nicht richtig. Hört der Waldbauer auf, die Entwicklung zu steuern, so geht das charakteristische Fließgleichgewicht des Plenterwaldes sehr schnell verloren. Werden die größeren Bäume nämlich nicht immer wieder eingeschlagen, so gibt es bald so viele davon, daß sie ein geschlossenes Kronendach bilden können. Darunter aber geht der größte Teil des Unter- und Zwischenstandes aus Lichtmangel ein, und der charakteristische Aufbau des Waldes verliert sich. Der Plenterwald ist daher ein typischer Wirtschaftswald. Kein anderer Wald ist darüber hinaus auf ein so dichtes Wegenetz angewiesen wie der Plenterwald, sollen bei den regelmäßigen Holzentnahmen keine Schäden an Boden und Bestand entstehen.

Starkes Holz wird also im Plenterwald produziert. In kurzen Intervallen kann es geerntet werden. Trotzdem aber bleibt die ganze Fläche gleichmäßig bedeckt mit einer gegen Sturm und Schnee sehr widerstandsfähigen Bestokkung. Und schön ist dieser Wald zudem, wie kaum ein anderer. Ökonomen, Ökologen und Waldfreunde sind so gleichermaßen angetan: Was Wunder, daß der Plenterwald auch die Forstleute immer fasziniert hat.

Bei so vielen Vorteilen sollte er daher überall, wo er bereits existiert, erhalten werden. Erhalten aber heißt, als Plenterwald bewirtschaften. Darüber hinaus bieten sich im süddeutschen Raum auch Waldbestände des Schlagwaldes für die Plenterung an. Wo es um den Schutz von Boden oder Wasser geht, gibt es keine bessere Bestockung als den Plenterwald. Für engagierte und gleichzeitig behutsame Forstleute stellt er eine große berufliche Herausforderung dar. Dem muß allerdings auch gleich folgendes hinzugefügt werden: Wie diese eindrucksvolle Erscheinungsform des Wirtschaftswaldes bisher auf kleine Teile des Buchen-Fichten-Tannen-Waldes beschränkt war, so wird sie auch in Zukunft nur in solchen Wäldern bedeutsam sein. Einen großen Anteil an unserer Waldfläche kann der Plenterwald nicht erobern. Das Modell ist eindrucksvoll, doch stößt es in der rauhen Wirklichkeit schnell auf Grenzen. Standort, Baumart und Wirtschaft stecken diese ab.

Viel und mehr soll der Wald produzieren

Optimieren, maximieren, viel, schnell, gut und besser! Die Wirtschaftslehre hat es den Menschen eingeredet, und sie haben es geglaubt: Ein Auto ist gut, eine Million davon ist jedoch viel besser. Gibt es aber über zwanzig Millionen, das bedeutet bei uns eines pro Hektar oder einhundert pro Quadratkilometer, dann merkt auch der letzte, das Quantität irgendwann einmal nur noch auf Kosten der Qualität zu haben ist. Das wird besonders fatal, wenn es sich nicht um die Qualität irgendeines Produktes, sondern um die des Lebens handelt.

Auch die Forstwirtschaft kennt dieses Streben nach »Mehr und Besser«, und zwar mit allen positiven und negativen Konsequenzen, wie sich gleich zeigen wird. Bedeutende Möglichkeiten sind es, die der Forstmann dafür zur Verfügung hat:

- Er kann die an einem Standort heimischen Baumarten durch solche ersetzen, die dort zwar von Natur aus nicht vorkommen, sich aber durch schnelleres Wachstum auszeichnen.
- Die auf vielen Standorten möglichen Mischwälder kann er in reine Bestände eben dieser schnellwüchsigen Arten umwandeln.
- Der Pflanzenschutz bietet eine ganze Palette von Möglichkeiten zur Verhinderung von Pflanzenkrankheiten oder zu deren Behebung.
- Mineralische Dünger steigern das Wachstum der Waldbäume.
- Und die Züchtung von besonders schnellwüchsigen Bäumen durch systematische Auslese oder durch Kreuzungen eröffnet ungeahnte Perspektiven in dieser Richtung.

Nadelholz, Nadelholz, Nadelholz
Die positive Seite der Bilanz zunächst

Der erfolgreichste Schritt zur Erhöhung der Holzproduktion in unseren Wäldern ist bereits getan worden. Er bestand in der Ausbreitung der Nadelbäume weit über ihre natürlichen Verbreitungsgebiete hinaus. Der wirtschaftliche Erfolg des Anbaus von Fichten und Kiefern auf riesigen Flächen war und ist außerordentlich. Keine andere waldbauliche Maßnahme hat ähnliche Wirkungen auf die Zuwachsleistung des Waldes an Holz gehabt. Im übrigen ist diese Entwicklung keineswegs abgeschlossen, in nicht wenigen Betrieben nimmt die Nadelholzfläche durchaus noch zu. Die Gründe dafür liegen auf der Hand: Ein Festmeter Fichtenholz bringt nun einmal 120 Mark, während für die gleiche Menge an Buchenholz nur 70 bezahlt werden. Ein Beispiel soll die Zusammenhänge etwas umfassender erläutern:

Auf erheblichen Flächen des Grünen Drittels kommen bodensaure Buchenwälder vor. Ersetzt der Waldbesitzer die Buche dort durch Fichten, so bringt ihm das mehrere Vorteile: Die Umtriebszeit wird von einhundertzwanzig bis einhundertvierzig Jahren auf einhundert gesenkt. Die Fichte wächst eben schneller. Im gleichen Zeitraum produziert der Fichtenwald achthundert Festmeter Holz pro Hektar statt der sechshundert des Buchenbestandes. Vierzigtausend Mark aus dem Buchenwald – nimmt man alles zusammen – müssen sich mit den einhunderttausend Mark messen, die die Fichten erbracht haben, wenn sie alle geerntet worden sind.

Vor hundert Jahren waren es noch die privaten Waldbesitzer, die Bauern vor allem, die der betriebswirtschaftlichen Überzeugungskraft solcher Zahlen widerstanden, vielleicht weil sie diese in ihrer Tragweite für die oft kleinen

Waldflächen nicht besonders ernst nahmen. Heute hat man am ehesten im Staatswald und im Großprivatwald der Ausweitung des Fichtenanbaus Grenzen gesetzt.

Der großflächige Anbau der einheimischen Nadelhölzer war also für den Holzertrag ein ganz großer Erfolg. Er wird jedoch noch übertroffen, wenn es um nicht heimische Koniferen geht. Die Douglasie vor allem gehört in diese Betrachtung. Und bevor der Einwand kommt: nur keine Baumarten aus fernen Landstrichen hereinholen!, sei folgendes vorangestellt: Es besteht kein fundamentaler Unterschied zwischen dem Anbau der Fichte in weiten Gebieten unseres Hügellandes und der Einbürgerung der Douglasie. Die Fichte ist eine Baumart extremer Standorte, oder aber sie kommt eher im zweiten Rang gemischt mit anderen Arten vor. Der größte Teil der Bundesrepublik ist sogar von Natur aus frei von Fichten. Die Ausweitung ihres Areals ist deshalb keineswegs weniger risikoreich als die Einbürgerung der Douglasie, die nur in zehntausend Kilometer Entfernung im Westen der USA von Natur aus Wälder bildet.

Es gibt sogar Überlegungen, nach denen das Risiko eher geringer sein dürfte: In ihrer Heimat kommt die Douglasie nämlich auf einer viel weiteren Palette von Standorten vor als die Fichte bei uns; und sie ist auf dem größten Teil der Waldfläche dort der wichtigste Waldbaum. Dazu kommt nun noch, daß Fichten und Kiefern bei der Umwandlung der Wälder Deutschlands in Koniferenforste ohne viel Federlesens überall angebaut wurden, und das meistens gleich großflächig. Die Douglasie ist dagegen seit etwa einhundert Jahren zunächst in kleinen Beständen gepflanzt worden. Deren Entwicklung wurde sorgfältig beobachtet, und es hat sich daraus ein recht festes Fundament an Kenntnissen bilden können, auf dem der heutige Anbau verwirklicht wird. Diese Basis ist kaum schmaler als die, auf der die Kultur von Fichte, Kiefer und Lärche außerhalb ihrer natürlichen Verbreitungsgebiete ruht.

Die Douglasie gewinnt gegenwärtig schnell an Terrain in unseren Wäldern. Sie wächst noch besser als die Fichte und wird genauso gut bezahlt. Das ist eine attraktive Kombination von Eigenschaften. Vielen Besuchern bleibt das allerdings verborgen, da Fichte und Douglasie sich ziemlich ähnlich sehen. In Kieferngebiete vor allem dringt sie ein. Die Standortserkundung hat nämlich gezeigt, daß die Böden unter den ja ebenfalls künstlichen Kiefernbeständen oft besser sind, als man das bei ihrer Aufforstung vor hundert oder hundertfünfzig Jahren annehmen konnte. Auch dort, wo es darum geht, Niederwälder in Hochwälder umzuwandeln, spielt die Douglasie eine Hauptrolle. Im ersteren Falle wird also eine Nadelbaumart durch eine andere ersetzt, während im zweiten die Veränderung des Laubholzes – wenn auch als Sonderfall des Ausschlagwaldes – weitergeht.

Alle anderen Exoten spielen im Vergleich zur Douglasie nur eine ganz untergeordnete Rolle. Anbauten in nennenswertem Umfang gibt es überhaupt nur noch von der Japanischen Lärche, der westamerikanischen Sitka-Fichte und der aus dem Osten der USA stammenden Roteiche.

Die negative Seite der Bilanz

Wenn bis hierher der Eindruck entstanden sein sollte, daß die Verpflanzung einer Baumart aus ihrem natürlichen Areal eine überhaupt nicht problematische Angelegenheit sei, so muß dem allerdings entgegengewirkt werden. Tatsächlich bedeutet nämlich eine solche Maßnahme immer, daß eine Pflanzenart aus der Umgebung herausgenommen wird, an die sie sich in Jahrtausenden in scharfer Selektion angepaßt hatte. Boden, Klima, Höhenlage, ja oft auch die geographische Breite sind anders am neuen Standort. Und auch die vielfältigen Vernetzungen mit den lebenden Elementen der neuen Umgebung müssen sich erst herausbilden. Dabei kann es zu schweren Rückschlägen kommen.

Das sei an einem besonders drastischen Beispiel gezeigt, nämlich an der Weymouthskiefer oder Strobe, wie sie auch genannt wird. Sie ist die wichtigste Nadelbaumart des Nordostens der USA. Dieser schöne Baum mit seinen langen, weichen Nadeln wurde schon im achtzehnten Jahrhundert in deutschen Wäldern angebaut. Sein Wachstum hier ist fast so eindrucksvoll wie das der Douglasie. Man muß allerdings besser sagen, es war so eindrucksvoll, denn diesem Baum widerfuhr eine Katastrophe unvorhersehbaren Ausmaßes. In unserem Raum gibt es nämlich einen bis dahin unbeachteten Pilz, den Blasenrost, mit einem interessanten Entwicklungszyklus. Dieser spielt sich

So umständlich ein solcher Lebenszyklus auch erscheinen mag, der Blasenrost, der ihn durchlebt, hat die vitale Weymouthskiefer damit an den Rand ihrer Existenz gebracht. (Quelle: Butin, H., Zycha, H., Forstpathologie, Stuttgart 1973)

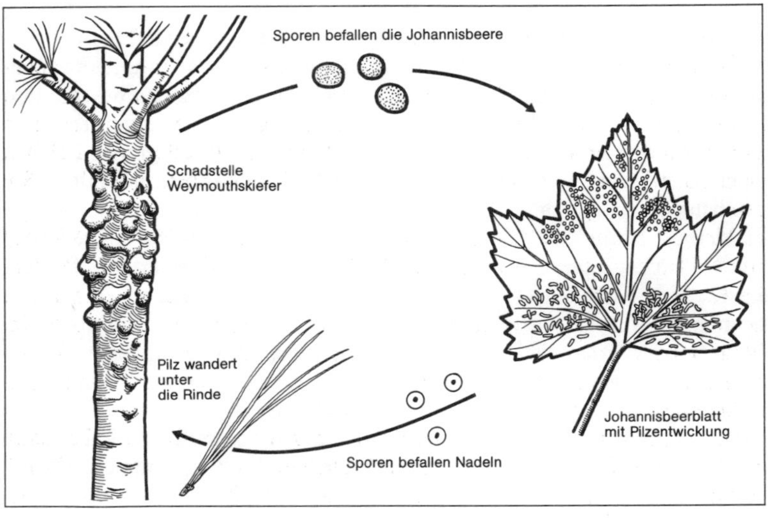

zum Teil auf den Blättern von Stachel- und Johannisbeeren ab, von denen auch wilde Arten bei uns vorkommen. Zum anderen Teil wird er in der Rinde fünfnadliger Kiefern abgewickelt. Davon gibt es bei uns nur die Zirbe in höchsten Gebirgslagen. Dort konnte der Rost sein Leben fristen. Zirbe und wilde Johannisbeeren auf der einen und der Rostpilz auf der anderen Seite waren aufeinander eingestellt, größere Probleme traten nicht auf. Das änderte sich jedoch, als allenthalben Weymouthskiefern auftauchten und Stachelbeeren ohnehin in jedem Garten standen. Die amerikanische Kiefer, nicht über Jahrtausende vertraut geworden mit dem Rost, wie ihre europäische Schwester, die Zirbe, widerstand dem Pilzbefall nicht. Der Rost setzte ihr so sehr zu, daß der Anbau in großem Stil trotz ihrer waldbaulichen und ökonomischen Vorzüge eingestellt werden mußte. Leider ist die Geschichte damit noch nicht zu Ende erzählt. Mit befallenen Pflanzen aus europäischen Baumschulen gelangte der Weymouthskiefern-Blasenrost dann eines Tages auch in die USA. Mit gleicher Vehemenz wie die nach Europa importierten Weymouthskiefern attackierte er diese Baumart dann auch in ihrer Heimat. Über Jahrzehnte stellte der Blasenrost eine tödliche Bedrohung für sie dar. Durch systematische Ausrottung – mit Gesetz, Gewalt und Gift – ist inzwischen dort jedoch das andere Ende der Entwicklungskette dieses Pilzes fast beseitigt worden: nämlich die Stachel- und Johannisbeeren.

Dieses drastische Beispiel – das sich um andere vermehren ließe – mag zeigen, daß die Verpflanzung einer Baumart in eine neue Umgebung zu einem tödlichen Abenteuer werden kann. Sie sollte daher – wenn überhaupt – nur nach sorgfältigen Versuchen vorgenommen werden. Sorgfältig in diesem Zusammenhang bedeutet aber immer: auf vielen Standorten und über Jahrzehnte hinweg.

Der Reinbestand – die Monokultur

Aber auch dann, wenn die Konsequenzen der Arealausweitung einer Baumart nicht derartig verheerend sind wie im Falle der Weymouthskiefer, so kann es doch beachtliche Probleme geben. Die Gefahr dazu ist immer dann ganz besonders groß, wenn die Bäume als Reinbestände auf großen Flächen angebaut werden. Und gerade das ist beim Nadelholzanbau in größtem Stil geschehen.

Weniger nachteilig als oft befürchtet, hat sich im allgemeinen die Wirkung von Nadelholzreinbeständen auf den Boden erwiesen. Zwar sind die Nadeln der Koniferen schwerer zersetzbar als die Blätter der Laubbäume, so daß sich noch saurere Humusformen auf und im Boden bilden können, als sie im Wald ohnehin oft zu finden sind. Zumeist verfügen die Waldböden jedoch über eine ausreichende Widerstandskraft, so daß sie die zusätzliche Versauerung ohne erkennbare Nachteile verkraften können.

Nur auf sehr armen Sand- und Lehmböden sieht es anders aus. Hier kann der Abbau der Bestandesabfälle ganz erheblich ins Stocken kommen. Mächtige Polster unzersetzter Streu bilden sich dann. Unter solchen Verhältnissen neutralisiert der Boden die darin entstehenden organischen Säuren nicht mehr genügend, und die ohnehin nicht guten Lebensbedingungen für viele Mikroorganismen werden immer schlechter: Die Detritus-Nahrungskette des Wald-Ökosystems erleidet schwere Störungen. Als Folge davon kommt es zu Auswaschungen von Nährstoffen, vor allem von Phosphor, aus dem Oberboden und, da die Streuzersetzung gehemmt ist, zu Stickstoffmangel. Solche ohnehin schon armen Standorte können also durch den Anbau mehrerer Generationen von Nadelholz deutlich geschädigt werden und in ihrer Fruchtbarkeit nachlassen.

Viel bedenklicher als die Monokultur der Nadelhölzer auf manchen Böden ist ihre Empfindlichkeit gegenüber Störungen aller möglichen Art. Was Sturm und Schnee dabei anrichten können, ist ausführlich dargestellt worden. Durch zweckmäßige waldbauliche Maßnahmen kann dem bis zu einem gewissen Grade vorgebeugt werden. Auch das war schon mitgeteilt worden. Noch nicht behandelt, aber äußerst wichtig zur Beurteilung der großflächigen Nadelholzkultur in unserem Raum und zum Verständnis der Problematik von Monokulturen sind die Gefahren, die von Insekten, Pilzen und Feuer drohen.

Reinbestände erzeugen große Mengen in sich sehr einheitlicher Produkte auf der Flächeneinheit. In diesem Vorteil im technischen Sinne liegt aber auch zugleich ihre Verwundbarkeit. Solche Gleichförmigkeit der Pflanzenmasse bietet ideale Voraussetzungen für die Entwicklung von Schadorganismen, die davon leben können. Diese, seien es Insekten oder Pilze, gibt es auch im Naturwald, und auch dort können sie Beeinträchtigungen in einigem Umfang hervorrufen. In unserem auf großen Flächen durch Reinbestände geprägten Wirtschaftswald ist nun aber nicht nur das Nahrungsangebot für diese Schadorganismen besonders groß, sondern darüber hinaus sind wichtige Regelungsmechanismen gestört, durch die diese in Schach gehalten werden könnten.

Wie aus dem Zusammenspiel solcher Faktoren die Katastrophe entstehen kann, das sei an folgendem fiktiven Beispiel gezeigt: Ein Fichtenbestand stockt auf einem trockenen Standort, der aber in klimatisch normalen Jahren noch ein befriedigendes Gedeihen ermöglicht. Es kommt daher zu einer Anhäufung großer Nahrungsmengen, z.B. der Nadeln, für ein bestimmtes Insekt. In Trockenjahren, die sich immer wieder einmal ereignen, bekommen die Fichten hier nun erhebliche Schwierigkeiten mit der Wasserversorgung: sie kümmern. Dieses Kümmern ist an schmalen Jahrringen und kurzen Höhentrieben erkennbar. Darüber hinaus hat es aber auch physiologische Konsequenzen. So kann sich der Zuckergehalt in den Nadeln erhöhen, wodurch sich deren Nahrungseigenschaften für das Schadinsekt noch verbessern. Es steht jetzt also nicht nur sehr viel, sondern darüber hinaus auch sehr attraktive Nahrung zur Verfügung. Die Schadinsekten finden in solchen Jahren gute Lebensmöglichkeiten: Sie legen viele Eier, die Überlebensrate der jungen Tiere ist groß, diese schreiten bald wieder zur Vermehrung und so weiter.

Trotzdem würde diese Kette von günstigen Bedingungen immer noch nicht notwendigerweise zu einer Bevölkerungsexplosion des Schadinsekts führen, wenn nicht das wichtigste Glied im natürlichen Regelkreis beeinträchtigt wäre. Alle Arten von Insekten haben ihre Feinde: Vögel, Fledermäuse und selbst Wildschweine gehören ebenso dazu, wie Viren, Bakterien und Pilze. Besonders wirksame Regulatoren sind Parasiten, ebenfalls Insekten, die ihre Eier in die Schadinsekten selbst legen. Die daraus entstehenden jungen Parasiten fressen diese dann von innen her auf.

Unter natürlichen Verhältnissen gibt es diese Parasiten fast immer in genügender Häufigkeit. In solchen Jahren nämlich, in denen die für Fichten schädlichen Arten nur gering vertreten sind, finden sie genügend andere Insektenarten, die auf beigemischten Baumarten oder in der Bodenvegetation leben. Die Population der Parasiten bleibt dadurch immer groß genug, so daß sie bei Anfängen von Massenvermehrungen von Schadinsekten zu einer Regelung der Verhältnisse wirksam beitragen können. In den Reinbeständen unserer Wirtschaftswälder gibt es jedoch nicht mehr genügend Mischbaumarten, und in vielen Beständen des Waldes fehlt es außerdem nahezu völlig an Bodenvegetation als Lebensbasis für Insekten.

Die einförmigen Waldbestände sind also selbst ausgesprochen arm an Insektenarten, die parasitiert werden könnten. Infolgedessen geht der Parasitenbestand stark zurück, oder er fällt sogar ganz aus. Werden jetzt die übrigen Bedingungen für die Entwicklung einer Art von Schadinsekten günstig, wie das in unserem Fichtenwald nach einem Trockenjahr der Fall sein könnte, so steht einer Massenvermehrung nichts mehr im Wege. Die natürliche Regulation funktioniert nicht mehr, und der Forstmann sieht sich möglicherweise wieder einmal vor der Notwendigkeit, mit großem technischen Aufwand Insektizide auszubringen. Dabei werden nicht selten Feind wie Freund getroffen, die Verwirrung im Ökosystem Wald nimmt weiter zu, das Symptom wird kuriert, echte Heilung aber nicht erreicht.

Nicht nur Sturm, Schnee, Insekten und Pilze haben über die Reinbestände unserer Wirtschaftswälder ihre waldbedrohenden Möglichkeiten beträchtlich ausweiten können. Das gilt auch für das Feuer. In den Naturwäldern unseres Raumes mit seinen hohen Sommerniederschlägen spielten Feuer, wie sie etwa durch Blitz ausgelöst werden könnten, wahrscheinlich keine große Rolle. Laubwälder sind zudem ohnehin durch Feuer nicht besonders gefährdet. Die großflächigen Reinbestände aus gut brennbarem Nadelholz stellen dagegen ein ideales Brennmaterial dar.

Das beginnt schon auf Kahlschlägen, die sich, auch wenn sie mit Fichten oder Kiefern wieder aufgeforstet worden sind, dicht mit Bodenvegetation bedecken, Gras vor allem. Dieses stirbt im Herbst oberirdisch ab und bedeckt als trockene Schicht den Boden. Während der häufigen Trockenperioden im März und April brennt sie wie Zunder. Schon eine Zigarettenkippe entzündet sie. Die große Feuersgefahr in unseren Wäldern, gerade im frühen Frühjahr, erklärt sich daraus.

Die Schwarzkiefer stammt aus dem
Mittelmeerraum, aber auch im Wienerwald
kommt sie von Natur aus vor.
Nur gelegentlich wird sie bei uns angebaut.

Aber auch ein Fichten- oder Kiefernbestand selbst kann sehr anfällig für Feuer sein. Die Dickungen und Stangenhölzer, also die jungen Altersklassen des Schlagwaldes, sind vor allem gefährdet. In extremen Dürrejahren trocknet alle tote organische Substanz im Wald – und er ist voll davon – vollständig aus. Ein Funke, aus dem Auspuff eines Traktors zum Beispiel, genügt zur Zündung. In manchen Gebieten der USA werden deshalb die Wälder für alle Menschen geschlossen, vom Waldarbeiter angefangen bis zum Touristen, sobald extrem geringe relative Luftfeuchten höchste Gefahr signalisieren. Ob Vergleichbares in unserem überbesiedelten Land möglich sein würde, ist zweifelhaft. Daß es nötig wäre, daran kann allerdings kein Zweifel bestehen, wenn man erfährt, daß sich allein im Gebiet des Nürnberger Reichswaldes jährlich dreißig Waldbrände ereignen, und in Trockenjahren sogar ein Mehrfaches davon. Fahrlässigkeit ist fast immer die Ursache.

Die Lösung: Mischwald mit Augenmaß

Sturm, Schnee, Insekten, Pilze und Feuer spielen immer eine Rolle im Wald. In Wäldern, die großflächig aus reinen Nadelholzbeständen zusammengesetzt sind, reinlich unterteilt zudem nach Altersklassen, wird diese Rolle zur großen Gefahr. Die nachfolgende Liste von katastrophalen Ereignissen – nur einige sind angeführt, allerdings besonders eindrucksvolle – mag eine Vorstellung davon geben und das untermauern, was in den vorhergehenden Abschnitten gesagt wurde.

Jahr	Ort	Ursache	Umfang des Schadens
1944 – 1951	Mitteleuropa	Fichtenborkenkäfer	30 Millionen Festmeter Holz mußten eingeschlagen werden.
1954 – 1955	Ebersberger Forst	Nonne	Insektizideinsatz auf 6000 Hektar
1956 – 1959	Kieferngebiete Bayerns	Kiefernspanner	Insektizideinsatz auf 4000 Hektar
1972	Holland Niedersachsen DDR	Sturm	über 100 000 Hektar Wald zerstört; 23 Millionen Festmeter Sturmholz
1975	Niedersachsen	Feuer	8000 Hektar zerstört
1979	Niederbayern	Naßschnee	eine Million Festmeter gebrochen

Der Wald der Bundesrepublik besteht nun einmal auf großen Flächen aus wenig gemischten oder reinen Nadelholzbeständen. Daran kann nichts mehr geändert werden. Daß solche Bestände aber auch heute noch begründet werden, vielfach ohne den Versuch einer Mischung, das ist schon bedenklicher. Zweifellos ist der Vorteil des Nadelholzanbaus aus wirtschaftlichen Gründen so groß, daß es nicht möglich ist, die führende Rolle der Koniferen zu brechen. Das wäre zudem auch nicht vernünftig, denn wichtige mittelständische Industrien und Handwerksbetriebe leben davon.

Und es sollte bei solchen Betrachtungen auch nicht vergessen werden, daß die Koniferen ungemein schöne Bäume sind und daß unsere Landschaft seit mehr als einem Jahrhundert von ihnen geprägt wird, auch dort, wo sie von Natur aus gar nicht vorkommen. Für Generationen von Menschen bilden sie die vertraute Kulisse ihrer Umgebung. Wichtig ist es daher, und in diesem Punkt gibt es kaum Meinungsverschiedenheiten, die Monotonie der Nadelholzwirtschaft, diesen Begriff auch im ökologischen Sinne verstanden, durch die Begründung von vielgestaltigen Wäldern zu brechen. Wälder, an deren Aufbau auch Laubholz beteiligt ist, und die zudem noch die den Ansprüchen der verschiedenen Baumarten entsprechende Pflege erfahren, bieten ein Höchstmaß an Stabilität den vielen Fährnissen gegenüber, denen der Wald nun einmal ausgesetzt ist – absolute Sicherheit gibt es ohnehin nicht.

Wie man solche Mischwälder – natürlich oder künstlich – begründet, das ist ausreichend bekannt. Bekannt ist auch, daß ihre Kultur meist höhere Kosten verursacht als das Pflanzen von Kiefern oder Fichten allein. Diese Mehrkosten müssen zum Teil auch vom privaten Waldbesitzer getragen werden. Sie sind für ihn eine Art von Versicherungsprämie, über die ein höheres Maß an Sicherheit eingekauft wird. Vor allem aber hat die Gesellschaft als Ganzes ein so großes Interesse an der Schaffung und Bewahrung vielfältiger Wälder, daß sie den größten Teil der höheren Aufwendungen dafür tragen muß. Man weiß also, um was es geht und wie es zu machen ist. Gelungene Beispiele gibt es zudem die Fülle. Der Waldbau von heute wird daher an seinen Taten gemessen werden.

> Die ganze Gesellschaft wird sich eines Tages fragen lassen müssen, ob sie dem Waldbau die Möglichkeit gegeben hat, seine Erkenntnisse zu verwirklichen. Und das bedeutet: Der Wald muß zum Teil aus seinen ökonomischen Zwängen herausgenommen werden, weil die Prinzipien der Ökonomie nicht voll anwendbar sind auf das langlebige, anderen Gesetzen folgende Ökosystem Wald. Nur grün zu sein, ist für das Grüne Drittel nicht genug.

Ändert sich der Wald, ändert sich die Tierwelt

Wolfgang Schröder

Die Tierwelt entspricht der Erscheinung des Waldes. Ändert sich der Wald, so ändert sich auch die Tierwelt in ihm. Die Tiere sind Spielball der auf den Wald einwirkenden und ihn gestaltenden Kräfte. Das ist die Regel. Auerhuhn und Haselhuhn leben nur dann im Wald, wenn seine Struktur ihren speziellen Bedürfnissen entspricht. Gelegentlich geschieht es auch, daß der Mensch in direkter Weise – nicht über den Lebensraum – die Situation einer Tierwelt im Wald bestimmt. So ist beispielsweise die Verbreitung von Rothirsch und Wildschwein absichtlich auf einige große Wälder beschränkt.

Andere Wälder werden bewußt von diesen Arten frei gehalten. Im Grunde genommen trifft das auch auf Braunbären oder Luchse zu, die in allen unseren Wäldern leben könnten und auch würden, wenn es der Mensch zuließe. Aufs Ganze gesehen ist es allerdings die Ausnahme, daß Tierarten so sehr vom Menschen in direkter Weise beeinflußt werden. Es sind nur die großen, für die kleinen gilt das kaum.

Den Wildtieren im heutigen Wald, dem Försterwald, und ihren Lebensbedingungen darin, sind die folgenden Abschnitte gewidmet. Wir beginnen mit einer Gegenüberstellung von Urwald und Wirtschaftswald in ihren Eigenschaften als Lebensraum für Tiere.

Tiere in Urwald und Forst

Urwald ist nicht gleich Urwald. Der Fichten-Tannen-Buchenwald, den wir noch in wenigen Relikten im Bayerischen Wald, an manchen Stellen in Österreich und in Jugoslawien finden, sieht ganz anders aus als ein Buchenurwald, der wesentlich einförmiger ist. So unterschiedlich wie die Wälder selbst ist auch die Tierwelt darin. Urwälder, als es sie noch gab, hatten keine identische Tierwelt. Es gab nur gemeinsame Merkmale, die zu kennen uns die Tierwelt des Wirtschaftswaldes besser verstehen läßt.

Eines dieser kennzeichnenden Merkmale ist die Vielfalt der Tierwelt. Es bedarf keiner langen Ausführungen über die zahlreichen Tierarten in Urwäldern. Der für den Urwald typische Aufbau, das Nebeneinander alter und junger Bäume, das tote Holz und die zahlreichen Bäume in allen Stadien des Gesundheitszustandes, das alles bietet einer großen Zahl von Tieren Platz. In einförmigen Wirtschaftswäldern lebt nur ein Teil, ein Ausschnitt, aus dem reichhaltigen Artenspektrum des Urwaldes.

Die Vielfalt der Tierwelt wird aber nicht nur durch die einfache Zahl der vorhandenen Tierarten charakterisiert, sondern auch durch die Gleichmäßigkeit, mit der die Arten anzutreffen sind. Ein einfaches Beispiel hilft, diesen Gedanken zu verdeutlichen: Buchfink und Rotkehlchen leben in einem Waldgebiet mit ungefähr gleich vielen Brutpaaren. In einem anderen Waldgebiet ist der Buchfink fünfmal häufiger als das Rotkehlchen. Im ersten Gebiet ist – bei gleicher Zahl von Vogelarten – die Gleichmäßigkeit höher; sie ist sogar so hoch als möglich, da beide Arten gleich häufig sind.

Nun sind im Wald, oder auch in anderen Lebensräumen, die Tierarten nie mit der gleichen Zahl von Einzeltieren vertreten: 100 Ringeltauben, 100

Hasen, 100 Füchse etwa, sondern die Unterschiede sind ausgeprägt. Nur: Im Urwald ist die Gleichmäßigkeit relativ hoch, höher zumindest als in den vom Menschen veränderten Wirtschaftswäldern. Ein gut funktionierendes und sehr komplexes Regulationssystem macht es unwahrscheinlich, daß eine Art aus den Fugen gerät und vielleicht Schädlingsausmaß annimmt. Andererseits garantieren diese Regulationsmechanismen auch dafür, daß keine Art zu selten wird oder gar ausstirbt. Dieses hohe Maß an Gleichmäßigkeit wird nur dort erreicht, wo die gesamte Lebensgemeinschaft Wald, alle Tiere und Pflanzen zusammengenommen, in langer Zeit gegenseitiger Anpassung und Abstimmung ein Optimum der Vielfalt erzielt hat. Und das ist typisch für den Urwald. Optimal bedeutet hier die beste Ausnutzung der Energie des Ökosystems Wald.

Im heutigen Wald ist nicht nur die Zahl der Tierarten verändert, sondern vor allem die Verteilung: Reh und Rotfuchs sind viel häufiger als früher, die Rötelmaus und Eichenwickler wachsen dort und da zu Schädlingsausmaß an und Auerhahn und Haselhuhn sind dem Aussterben nahe.

Von der Vielfalt zur Einfalt

Zum Wald unseres Industriezeitalters war es ein weiter und wechselvoller Weg, den der forstgeschichtliche Abriß dieses Buches nachgezeichnet hat. Ein ständiger Wechsel der Tierwelt begleitete die geänderten Bilder des Waldes. Einige Tiere, etwa Braunbär, Auerochse und Wolf, blieben auf der Strekke. Andere, wie Rothirsch und Rehe, rückten tatsächlich und auch im Interesse des Menschen in den Vordergrund. Die Waldveränderungen prägten und formten auch ständig die Vogelwelt. Über sie wurde gut Buch geführt, so daß sich so manches für die zurückliegenden Zeiten rekonstruieren läßt.

Für den Solling, ein Mittelgebirge im südlichen Niedersachsen, hat dies Erwin Scherner im Zuge der Ökosystemstudien des Internationalen Biologischen Programmes versucht. Der Solling war ursprünglich von einförmigen Buchenwäldern bedeckt. Die Eiche hatte nur eine geringe Beteiligung. Die gewöhnlichen Baumvögel wie Buchfink oder Kohlmeise waren sicher im ursprünglichen Wald schon häufiger. Nur wenige Moor- und Bruchflächen unterbrachen das ausgedehnte und eher monotone Kleid der Wälder. An diesen Stellen siedelten vermutlich Feuchtlandbewohner wie Schwarzstorch und Wiesenpieper. Dann begann im 8. Jahrhundert die Landnahme durch die ersten Siedler: Zuerst wich der Wald in den Tälern, später auch an den Hängen, und es schoben sich Wiesen, Felder und Weiden mit einigen Gehöften dazwischen. Die Siedlungen blieben während des ganzen Mittelalters im Randbereich. Der Zentralsolling war für den Ackerbau nicht geeignet, die Böden zu schlecht. Diese Anfänge landwirtschaftlicher Nutzung, die den geschlossenen Wald aufbrachen, schufen neue Lebensräume. Eine Reihe von Einwanderern kamen mit den Bauern: Rebhuhn, Wachtel, Wachtelkönig, Grünling, Haus- und Feldsperling, Elster und nicht zuletzt die in engem Verbund mit Mensch, Vieh und Stall lebenden Schwalben, die Rauch- und die

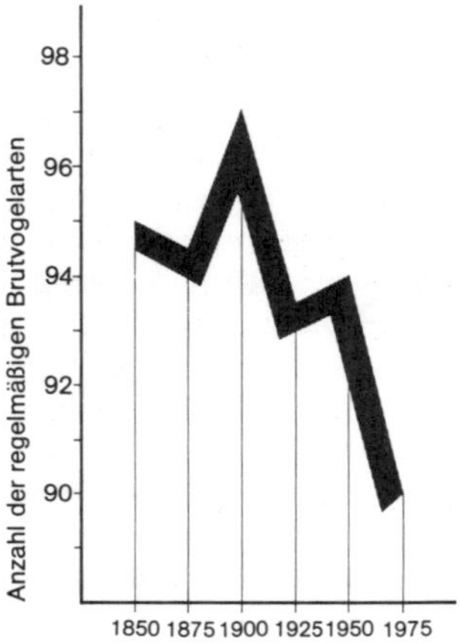

Vogelarten in den Wäldern des Solling.
Die Brutvögel waren um die Jahrhundertwende am zahlreichsten. Das hatte seinen Grund in der damaligen Vielfalt des Waldes. Mit dem Aufkommen großer, monotoner Nadelholzkomplexe verschwanden einige Arten.

Mehlschwalbe. Auch die Durchzügler sahen ihre Rastmöglichkeit erweitert, das galt für Rauhfußbussard wie auch Kiebitz oder Saatkrähe.

Dann kam eine harte Zeit für die Wälder des Sollings. Sie wurden arg geschunden. Bis in die Mitte des 19. Jahrhunderts deckten Salinen, Hütten und Manufakturen aus nah und fern ihren Brennholzbedarf im Wald. Hinzu kam das Vieh: Rinder, Pferde und Schweine lebten in heute unvorstellbaren Mengen im Wald. Die Wälder verlichteten, Lichtholzarten wie die Birke breiteten sich aus. Es gab zahlreiche, weidebedingte Blößen. Erst mit dem Rückgang der Bevölkerung und dem des Viehbestandes in den Wirren des Dreißigjährigen Krieges ließ auch der Druck auf den Wald nach, er verjüngte sich wieder natürlich. Die Lichtbaumart Eiche gewann im klimatisch günstigeren Süden an Boden. Sie war als früchtetragender Baum für das wilde und das zahme Schwein willkommen und wurde geschützt und gepflegt.

Dann folgte um 1800 der planmäßige Anbau von Nadelhölzern, hauptsächlich Fichten und Kiefern, die im Laubholzgebiet des Sollings gefehlt hatten. Mit den Koniferen kamen etwa zehn neue Vogelarten, die ursprünglich keinen Lebensraum im Solling gehabt hatten, darunter Auerhuhn, Rauhfußkauz, Goldhähnchen, einige Meisen und – naheliegend – der Tannenhäher und der Fichtenkreuzschnabel. Wahrscheinlich entsprachen die ersten Ansätze der Nadelholzwirtschaft den Zeiten der größten Artenmannigfaltigkeit bei den Tieren. Was hier an den auffälligen und daher viel besser beobachteten Vögeln aufgezeigt ist, kann für die ganze Fauna, die Säuger, Insekten oder Amphibien als ebenso gültig angenommen werden.

Unser Beispiel mag vielleicht in einem Punkt überraschen: Nicht der Urwald faßte die meisten Tierarten, sondern ein ganz bestimmtes Stadium des nachfolgenden Waldes unter starker, aber vielfältiger menschlicher Nutzung. Während der Urwald große Flächen mehr oder weniger einförmig bedeckte, herrschte im verwüsteten Wald des ausgehenden Mittelalters – mag er forstlich noch so ertragsarm gewesen sein – ein reiches Nebeneinander von parkartigen Waldstücken, Blößen, Birkenwäldern, Haselflächen und später jungen Nadelholzaufforstungen. Die reiche Stufung des Waldes, die in Urwäldern eine vielfältige Tierwelt garantiert, war nicht mehr so ausgeprägt. Dafür war die geringere Stufung durch eine viel größere, flächenhaftere Abwechslung ersetzt, und zwar in einem Maß, daß der Gipfel an Tierarten im neu entstandenen Flächenmosaik über dem des früheren Urwaldes lag.

Aber der Wald wandelte sich weiter unter der Hand des Menschen. Mit zunehmender Ausbreitung des Nadelholzes schrumpfte der Lebensraum der Laubwaldvögel: Grün-, Mittel- und Kleinspecht, Schwanzmeise oder Kleiber gingen zurück. Durch das Aufforsten der Blößen schwanden die Bewohner halboffener Lebensräume: Der Wiedehopf starb um 1900 aus, der Ziegenmelker ist so gut wie verschwunden. Auch der Auerhahn verließ den Solling wieder, in den er erst kurz zuvor gekommen war. Die Entwässerungen und Aufforstungen der Bruch- und Moorflächen verdrängten Birkhuhn und Schwarzstorch.

Heute sind bereits mehr als 50 Prozent des Sollings mit einförmigen Fichtenforsten bedeckt, und das führt zu neuerlicher Monotonie und zwar zu deutlich größerer als im Urwald. In der Folge sind seit 1850 13 Vogelarten ausgestorben. Dem stehen nur wenige neue Einwanderer gegenüber. Seit 1950 beschleunigt sich der Artenschwund, und es ist vorauszusehen, daß dieser Trend noch anhalten wird.

Das Beispiel Solling ist typisch für das Dilemma unserer gesamten Entwicklung: Wir steuern von einer reichhaltigen, menschengeprägten Kulturlandschaft zu einer monotonen, langweiligen und ökologisch minderen Produktionslandschaft. Wer das sieht, der präge sich das Bild eines Landschaftsmalers aus dem 19. Jahrhundert ein und spaziere danach offenen Auges durch die damals abgebildete Gegend.

Der Rückgang der Vögel in den letzten Jahrzehnten verdient noch einen zweiten Blick. Es sind nämlich ganz bestimmte Arten, die es trifft. Zum Beispiel die größeren Vögel, die grob überschlagen mehr als 100 Gramm auf die Waage bringen. Diese Arten bleiben auch ganzjährig bei uns und ziehen nicht im Herbst in freundlichere Gefilde. Kleine Vögel und Zugvögel bleiben eher vom Rückgang verschont. Die betroffenen Arten sind noch dazu von Haus aus selten. Sie sind es, weil sie am Ende einer Nahrungskette stehen, wie die Greifvögel. Ihre Ernährungsbasis ist im Wald schmal und trägt nicht viele Individuen, wie wir in den Ausführungen über Nahrungspyramiden erfahren haben. Oder diese Vögel sind auf seltene Lebensräume und Nahrungsquellen spezialisiert, wie Schwarzstorch, Birkhuhn oder Bekassine und deshalb selten. Es trifft also gerade die anfälligen, auch anderswo gefährdeten Arten, die wir daher Kulturflüchter nennen.

Der Wald – eine letzte Oase

Eine Oase ist eine Stätte üppigen Lebens in einer sonst tristen Gegend. Gerade dazu ist der Wald in unserem intensiv bewirtschafteten Mitteleuropa geworden. Einst prägte der Wald das Landschaftsbild vollkommen und bestimmte dadurch die Tierwelt. Lediglich in den Feuchtgebieten, von den Gewässern bis zu den Mooren, war nicht er eine die Tierwelt prägende Kraft. Dann folgte ein Jahrtausend bäuerlicher, landwirtschaftlicher Nutzung: Der Wald stockte im wesentlichen nur mehr auf den ihm heute noch belassenen Standorten.

Große Feuchtgebiete, Öd- und Unland im damaligen Sprachgebrauch, trotzen aber noch den beschränkten technischen Möglichkeiten in der Landnahme. In diesen feuchten Resten der Naturlandschaft, aber auch im verbliebenen Wald und nicht zuletzt in der damals tierfreundlichen bäuerlichen Agrarlandschaft, war ein reiches Tierleben gesichert.

Das Bild änderte sich wieder mit der industriellen Revolution: Nun konnte man auch das Unland, wie es hieß, in Kultur nehmen. Metertiefe Furchen wurden mit dem Dampfpflug in die Moore gezogen und breit fließende Ströme und sich schlängelnde Bäche mit Verbauungen gezähmt. Die einst reichhaltige Tierwelt der Feuchtflächen schwand bis auf kümmerliche Reste dahin. Auch auf den Feldern vollzog sich ein Prozeß mit ähnlichen weitreichenden Folgen: Die vielschichtig und kleinräumig bestellte Feldflur wich einer großflächigen, wenig differenzierten und brutalen Landwirtschaft mit industriellen Produktionsmethoden. Mit einem ungeheueren technischen und chemischen Einsatz erzwingt der Landwirt die Einfalt der Pflanzenwelt in der Vegetationszeit, und in der Vegetationsruhe sind die Felder blank und ausgeräumt. Ohne Vegetationsdecke liegen sie da, ein ganz und gar unnatürlicher Zustand.

In dieser Umwelt überleben nur wenige Tiere, einige wenige Arten mit außergewöhnlichem Anpassungsvermögen. Der Wald aber wird in dieser Landschaft zu einer letzten Oase. Nur in ihm können anspruchsvolle Tiere, nur in ihm kann überhaupt ein Teil der ursprünglichen Tierwelt überleben. Ohne den Wald sind die Wildkatze und der Baummarder, der Auerhahn, der Schwarzspecht und der Hirschkäfer nicht denkbar.

Verlorene Tierarten des Waldes

Einige Arten der ursprünglichen Waldfauna haben nicht überlebt, sie sind ausgestorben. Genauer gesagt: sie wurden ausgerottet. Zwar geht bei einigen Arten, wie Auerochse oder Biber, eine weitere Einschränkung des von Natur aus nicht großen Lebensraumes voraus, und die Ausrottung der letzten Exemplare durch direkte Vernichtung besiegelte nur den Akt des Unterganges. Aber nicht immer ist das so: Die großen Raubtiere hat der Mensch in voller Absicht so lange verfolgt, bis sie in ihren Rückzugsgebieten, in den größeren Wäldern, zur Strecke gebracht waren. Der Lebensraum des Wolfes wurde dabei nicht zerstört, wie der des Bibers.

Auerochse und Wisent, diese beiden europäischen Wildrinder, waren Waldtiere und deshalb selten. Hierzulande gab es nie vergleichbare Herden von Wisenten, wie die nordamerikanischen Bisons sie in den Prärien bildeten. Die Ortsnamenforschung läßt als ehemaliges Wisent-Verbreitungsgebiet die Laubwälder in den Flußniederungen erkennen, und die jagdgeschichtlichen Quellen deuten auf eine größere Häufigkeit des Auerochsen hin. Noch im frühen Mittelalter waren beide begehrte und gefährliche Jagdwildarten. Die Überlieferungen rühmen Karl des Großen Mut in der Jagd auf Wildrinder in der Nähe von Aachen.

Mit den großen Waldrodungen schwand der Lebensraum dieser imposanten Tiere. Die letzten Auerochsen starben unter den Kugeln französischer Söldner auf einem Gut in Polen während des Dreißigjährigen Krieges. Der Wisent überlebte wie durch ein Wunder. Heute ist er Schaustück in zoologischen Gärten und Gehegen. Nur im polnischen Waldgebiet von Bialowies lebt ein kleiner Bestand in Freiheit, doch auch dort in großer Abhängigkeit vom Menschen.

Braunbär und Luchs

Der Braunbär zählt zwar in der Klassifikation des Tierreiches zu den Fleischfressern, doch nimmt er es mit seiner Abstammung nicht so genau und ernährt sich überwiegend vegetarisch. Tiere, Käfer, Würmer und Schnecken sammelt er gerne unter Steinen, die er dazu umdreht. Größere Tiere erbeutet er nur selten. Er ist nicht darauf spezialisiert und deshalb auch nicht sehr geschickt. Wegen dieser Nahrungsgewohnheiten war der Bär viel häufiger als die reinen Fleischfresser, besonders in Wäldern mit Eicheln oder ähnlich ergiebigen Samen.

Nördlich der Alpen überlebte auch der Braunbär nicht, obwohl man ihm mehr Sympathie entgegenbrachte als anderen Raubtieren. Stellenweise war es sogar verboten, ihm nachzustellen. Der Wittelsbacher Herzog Albrecht verfügte 1540, daß Bären im Hofjagdgebiet von Hohenschwangau zu hegen seien. Maximilian von Österreich erwähnte die Gegend um Füssen lobend wegen der zahlreichen Bären, auf die »wir großen Haß und großes Verlangen tragen«. Im Bayerischen Wald starben die letzten Bären um 1830; etwas länger hielten sie sich in den bayerischen Alpen. In der Schweiz gibt es noch Beobachtungen aus diesem Jahrhundert, und in den österreichischen Bergen leben heute noch sehr vereinzelte Bären. Im Gebirgsstock Brenta, unweit der Stadt Trient in Norditalien, lebt noch ein kleiner Bestand des ursprünglichen Alpenbären. Auch in den Buchenwäldern der Abruzzen, in einer weitläufigen Gebirgsregion Mittelitaliens, haben etwa 100 Bären überlebt. Die ersten wissenschaftlichen Studien der Lebensweise des Bären erzwangen die Korrektur überlieferter Vorstellungen. Das gilt besonders für die vermeintliche Gefährlichkeit dem Menschen gegenüber.

Was beim Bären noch Wunschdenken bleiben muß, ist beim Luchs bereits wahr: Diese im vorigen Jahrhundert ausgerottete Großkatze ist vom Menschen an einigen Stellen in Mitteleuropa wieder eingebürgert worden. Der Erfolg der Bemühungen weist deutlich darauf hin, daß es nicht die Zerstörung des Lebensraumes, sondern die direkten Nachstellungen waren, die diese Katzen verdrängt hatten. So fand der schon verlorene Luchs den Weg zurück in die bewaldeten Berge der Steiermark und des Kantons Obwalden in der Schweiz. Auch im Bayerischen Wald leben seit einigen Jahren wieder einige Luchse.

Der Wolf – Schrecken des Menschen

Ist bei Luchsen, sogar noch bei Bären, ein Wandel im Denken der Bevölkerung deutlich, so sitzt die Angst vor dem Wolf noch zu tief. Nun war das nicht immer so. Der Wolfsforscher Erik Zimen ging der Wolf-Mensch-Beziehung nach und fand, daß manche Naturvölker ihn »Bruder« nannten und er in der Antike, bei Griechen und Römern, noch nicht das Feindbild war, zu dem er später stilisiert wurde. Auch bei unseren germanischen Vorfahren kam der Haß auf den Wolf erst im Mittelalter, mit dem Aufkommen der höfischen Jagd und mit der Ausdehnung der Landwirtschaft in der Periode der großen Waldrodungen.

Dann wurde die Ausrottung des Wolfes zur Staatsaufgabe. Die gesetzlichen Anweisungen zu seiner Vernichtung nehmen in jagdlichen Bestimmungen oftmals den breitesten Raum ein. Zur Wolfsvertilgung war jeder Bauer angehalten; die Teilnahme an den häufigen Treibjagden war eine der wesentlichen Pflichten. Hauptamtliche Wolfsjäger, eigens gezüchtete Hunderassen und eine Vielfalt von Fallen führten zum erhofften Erfolg: Die letzten bodenständigen Wölfe starben gegen Ende des vorigen Jahrhunderts.

Seither kommen nur noch gelegentlich Zuwanderer aus dem Osten, die nicht lange überleben. Mehr als jedes andere Raubtier war der Wolf für den Wald wichtig: Er ist ein spezialisierter Jäger wilder Huftiere vom Rothirsch bis zum Wildschwein. Seinen Jagderfolg versteht er geschickt durch Kooperation im Rudel zu steigern. Schauen wir uns das näher an.

Kaum ein Vorgang in der Natur ist so schwer mit objektiven, wissenschaftlichen Methoden darzustellen, wie das Beziehungssystem von Raubtieren und Beute. Früher, als die Emotion in der Beurteilung überwog, da war es klar: Wölfe vernichten ihre Beute. Dann wiesen die ersten systematischen Studien an manch anderen Raubtieren darauf hin, daß deren Einfluß meist maßlos überschätzt worden war. Viele Beutetiere sind – entgegen aller Annahme – nicht von ihren Freßfeinden in der Zahl begrenzt worden, sondern durch Faktoren wie die Nahrung. Wie ist das nun bei Wolf und Huftieren, die seine wichtigste Beute sind?

Die besten langfristigen Studien über Wölfe und deren Beutetiere stehen nun im zweiten Jahrzehnt. Solange muß dieses sehr wechselvolle System beobachtet werden, wenn man die Breite der gegenseitigen Einwirkungen und Abhängigkeiten erfahren will. Die Studien an nordamerikanischen Wölfen und Hirschen lassen nun einige allgemeine Aussagen schon zu: Wölfe können die Zahl von Hirschen gering halten, wenn, rein rechnerisch, nicht zu viele Hirsche auf einen Wolf kommen. Das ist für geschlossene Waldgebiete anzunehmen. Und weiter: Wölfe beeinflussen nicht nur die Häufigkeit, sondern auch die Verteilung und die Wanderungen der Tiere.

Nur selten bleibt das Wolf-Hirsch-System über längere Zeiten unverändert. In klimatisch rauhen Gebieten ist es in überdurchschnittlich strengen Wintern oft so, daß die Hirsche durch Schnee und Nahrungsknappheit stark abnehmen. Dann kann der Druck der Wölfe auf die verbliebenen Hirsche so groß werden, daß diese örtlich sogar völlig verschwinden. Ohne ihre ergiebige Beute verhungern danach viele Wölfe. Erst dann wieder besiedeln neuerlich Hirsche aus den Randgebieten den so gut wie hirschleeren und wolfsarmen Wald.

In den weiten Wäldern im Staate Minnesota an der kanadischen Grenze haben Wildbiologen diesen Vorgang verfolgt und aufgezeichnet. Aus den noch bestehenden europäischen Wolfsgebieten fehlen ähnlich gründliche Studien. Manche der Erfahrungen aus Übersee scheinen auch in unserem Wald in früherer Zeit Gültigkeit gehabt zu haben. Wo immer es Rehe und Rothirsche gab, waren Wölfe ihre wichtigsten Feinde. In den großen und geschlossenen Wäldern der Urlandschaft, in denen Rehe und Hirsche von Natur aus nicht sehr häufig sein konnten, waren sie zusätzlich dem Druck des Wolfes ausgesetzt, der ihre Häufigkeit, zumindest örtlich und vorübergehend, noch weiter absenkte. Das mag in den eiszeitlichen Tundren anders gewesen sein, als Huftiere häufiger waren als später im Wald. Auch scheint kein anderes Raubtier – bei uns kam ohnehin nur noch der Luchs in Frage – einen ähnlich großen Einfluß auf Huftiere zu haben.

Wir haben in Europa auch vieles aus den Aufzeichnungen jener Jäger gelernt, die in den noch wenig beeinflußten Wäldern der Karpaten oder des Balkans auf Rothirsche gejagt haben. Manches davon deckt sich mit den Erkenntnissen aus der modernen wissenschaftlichen Erfahrungswelt. Es gibt die Schilderungen von Hirschbrunften aus jenen dunklen Wäldern, in denen die begehrtesten, weil größten Hirschgeweihe heranwuchsen. Tagelang oft mußte man damals lauschen, um den Schrei vereinzelter Hirsche zu hören. Aus diesen Wäldern stammt der von Jägern und Forstleuten geprägte, oft zitierte Satz: »Wo der Wolf geht, wächst der Wald.«

Die Beute des Jägers

Immer schon hat es die Jäger in den Wald gezogen. Einst war er wildes, abenteuerträchtiges Jagdgebiet. Das ist in dieser Form vorbei, aber eine gewisse Faszination geht auch heute noch vom Försterwald aus: Er bietet immer noch mehr Naturerlebnis als die durch Technik und Chemie entzauberte Feldflur.

In unserer Zeit ist per Gesetz genau geregelt, was denn jagdbares Getier ist und was nicht: Rund 25 Säugetiere und mehrere Dutzend Vögel sind zu jagdbaren Tieren erklärt worden. Dabei besagt das Wort jagdbar nichts anderes,

Wildart	Strecke
Rehwild	650 000
Schwarzwild	40 000
Rotwild	31 000
Damwild	10 500
Gamswild	2 500

Schalenwild
Jahresstrecken der wichtigsten Schalenwildarten in der Bundesrepublik (1976)

Wildart	Strecke
Kaninchen	1 500 000
Feldhase	1 000 000
Fasan	820 000
Ringeltaube	750 000
Wildenten	400 000
Rebhühner	250 000
Füchse	200 000

Niederwild
Jahresstrecken der wichtigsten Niederwildarten (das Reh zählt zwar zum Niederwild, ist aber beim Schalenwild aufgeführt)

Zum Hochwild gerechnete Wildarten in der Bundesrepublik Deutschland.
Der Begriff Hochwild geht auf die einst landesherrliche »Hohe Jagd« zurück.

Art	Zugehörigkeit	Herkunft
Rothirsch	Geweihträger	einheimisch
Damhirsch	Geweihträger	Kleinasien
Sikahirsch	Geweihträger	Japan
Gamswild	Hornträger	einheimisch
Steinbock	Hornträger	einheimisch
Muffelwild	Hornträger	Korsika, Sardinien
Schwarzwild	Schweine	einheimisch
Auerhahn	Rauhfußhühner	einheimisch
Steinadler	Greifvögel	einheimisch
Seeadler	Greifvögel	einheimisch

als daß so klassifizierte Tiere dem Jagdrecht unterliegen, nicht aber, daß sie auch alle bejagt werden. Nur für bestimmte jagdbare Arten gibt es eine ebenso gesetzlich geregelte Jagdzeit, in der ihnen der Jäger nachstellen darf. Alle anderen sind ganzjährig geschont. Unter diesen tatsächlich bejagten Tieren sind es wiederum nur ganz wenige, die eine jagdwirtschaftliche Bedeutung haben; es kommt der Jäger auf sie häufig genug zum Schuß. Jahresstrekken, die eine Million und mehr Tiere übersteigen, erreichen in der Bundesrepublik Deutschland nur der Feldhase, das Wildkaninchen und gelegentlich noch der Fasan. Ihnen folgt die Ringeltaube mit einer dreiviertel Million erlegter Stücke, und bald danach das Reh. Nimmt man nicht nur die Stückzahl, sondern auch das Gewicht der erlegten Tiere, dann steht das Reh mit Abstand an der Spitze der ertragreichen Wildarten.

Alle jagdlich ergiebigen Tierarten sind in erster Linie in der Feldflur zu Hause, wenn sie auch gelegentlich im Wald leben. Sie haben die Gabe, mit einer Landschaft auch dann noch zurechtzukommen, wenn sie intensiv genutzt ist und monotone Züge trägt. Andere Tiere können das nicht. Rebhühner und ihre rapide, durch die schwindenden Jagdstrecken belegte Abnahme sind ein Beispiel dafür. Und auch für Spezialisten wie Hase und Fasan sind die fetten Jahre vorbei; in der industriell betriebenen Landwirtschaft finden sie sich nur noch schwer zurecht.

Der Jäger gebraucht oft den Ausdruck »Schalenwild« und meint damit die wilden Huftiere, von denen bei uns neben den Geweihträgern und Hornträgern auch das Schwarzwild vorkommt. Von den Schalenwildarten sind Rothirsch, Reh und Wildsau so sehr mit dem Wald verbunden, daß ihnen in diesem Buch eigene Kapitel gewidmet werden.

Rehe, die unbekannten Wesen

Rehe sind ganz erstaunliche Tiere, die lange Zeit verkannt wurden, und viele ihrer Lebensäußerungen widersprechen dem Klischee vom grazilen und scheuen Tier. Rehböcke sind höchst aggressive Tiere, die Rivalen und den männlichen Nachwuchs aus ihrem Revier verjagen. Zieht man sie von Hand auf, so verletzen sie nicht selten die Pfleger schwer, und im Gatter forkeln sie Geißen und Kitze, wenn denen der Fluchtweg nicht reicht. Über keine Wildart hat die systematische Forschung der letzten Jahre so viel Neues, so viel Unerwartetes zutage gebracht.

Rehe sind faszinierende Tiere mit bewundernswerter Anpassungsfähigkeit. Es gibt sie heute fast überall, besonders im Wald. Wer immer Rehe sieht, am Straßenrand, im Vorgarten oder beim abendlichen Spaziergang am Waldrand, oder wer um ihre jagdwirtschaftliche Spitzenposition weiß, der hat Mühe zu verstehen, daß dies in früheren Jahrhunderten anders war. Wir finden Rehknochenreste weit seltener in den Abfallgruben vorgeschichtlicher Jägerhorden als die von Rothirsch und Wildschwein. Auch spätere, geschichtliche Quellen bezeugen noch die Seltenheit des Rehes: Der Hofküche der hessischen Landgrafen in Kassel lieferten die Jäger im Jahr 1560 über 300

Stück Rotwild, aber nur 49 Rehe. In Bayern war es nicht anders. Vor hundert Jahren wurden jährlich gegen 200 Rehe nach München in das Zerwirkgewölbe geliefert, schreibt der Jagdschriftsteller Franz von Kobell im Jahre 1858, und er nimmt es als Fingerzeig für einen bereits gestiegenen Rehbestand. Im Gegensatz zu vielen anderen beliebten Arten rückte das Reh früher nie in den engeren Interessenkreis der Jäger. Für Rehe gibt es kaum spezielle Jagdarten, wie für Hirsch, Sau oder Fuchs. Lediglich die sogenannte Blattjagd, das Anlocken des Bockes durch Nachahmung des Fiepens einer Geiß auf einem Buchenblatt, ist allein dieser Tierart gewidmet.

Warum aber ist das früher so seltene Reh heute ein allgegenwärtiges Tier? So ganz einfach ist das immer noch nicht zu beantworten. Etwas Licht auf

Rehabschuß in der Bundesrepublik Deutschland.
Die Zahl der gestreckten Rehe nahm nach dem letzten Krieg von knapp über 400000 bis auf etwa 700000 in den letzten Jahren zu. Das ist ein deutlicher Hinweis für die Zunahme der Rehbestände selbst.

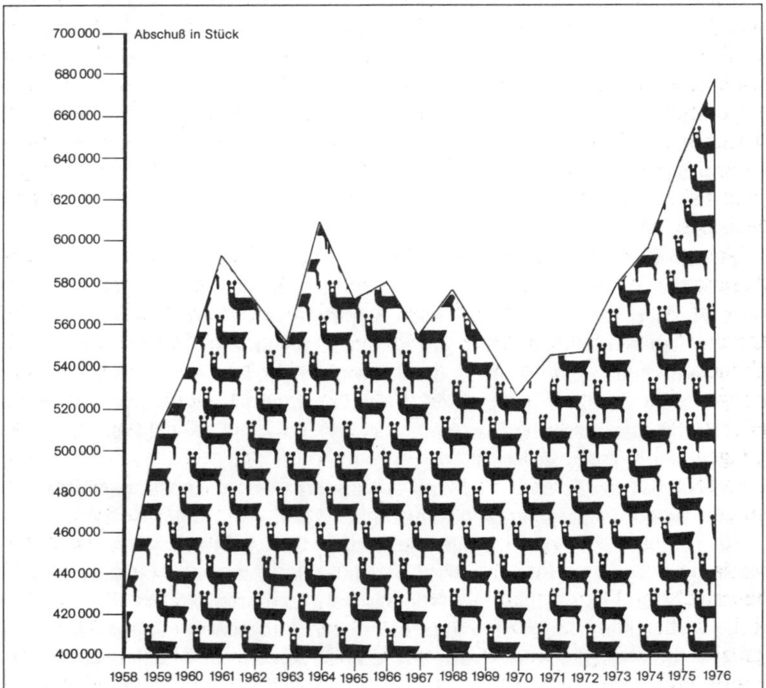

die Zusammenhänge warf die junge Wissenschaft der Wildforschung, als sie begann, ökologischen Fragen an freilebenden Wildtieren nachzugehen. Wir wollen deshalb hier einige Gründe für die so außerordentliche Rehvermehrung nennen.

Einmal ist es der andere Wald. In großen, geschlossenen Waldgebieten, wie sie heute noch in manchen Gegenden Südosteuropas zu finden sind, ist das Reh immer noch selten. Der Waldaufbau eines Naturwaldes läßt nur wenig den Unterwuchs förderndes Licht auf den Boden; die Nahrungsbasis für das Reh bleibt schmal. Und dieser große Wald ist der Lebensraum, in dem das Reh entstanden und an den es mit seinen Verhaltensweisen angepaßt ist. Rehe sind vorzugsweise Einzelgänger, sie bilden, anders als das Rotwild, im Wald keine Rudel. Erwachsene Böcke und Geißen sind zu bestimmter Jahreszeit sehr unverträglich und vertreiben ihre gleichgeschlechtlichen Artgenossen. Deshalb bilden sie ein mehr oder weniger gleichmäßiges Netz von Reh-Territorien. Dieser eigentätige Beitrag zur Begrenzung der Bestandesdichte beim Reh funktioniert aber nur dann, wenn der Wald groß und einigermaßen – für das Reh – übersichtlich und gleichförmig ist. Und das ist unser Wald gerade nicht mehr.

Seine Zerstückelung in viele kleine Teile ermöglicht es den Rehen, allabendlich auf die benachbarten Wiesen und Felder zu ziehen. Es steht ihnen somit ein Nahrungsangebot zur Verfügung, das nicht aus dem Wald selbst kommt, jedenfalls nicht im Sommerhalbjahr. Viele Rehe stehen während der Vegetationszeit überhaupt im Feld und kehren erst nach der Ernte der Feldfrucht in den Wald zurück. Dort überwintern sie in einer Zeit, in der die Bökke und Geißen ihr aggressives, territoriales Verhalten vorübergehend eingestellt haben. Im nächsten Frühjahr kehren sie wieder in die Feldflur, in den Mais oder in das Getreide zurück.

Neben der Zerstückelung des Waldes in viele Waldflecken, die heute in das Agrarland eingestreut sind, ist eine weitere für das Reh bedeutsame Veränderung im Wald selbst zu finden. Nadelholzdickungen wechseln mit Kahlschlägen und Stangen- und Altbeständen in bunter Folge. Mit diesem schachbrettähnlichen Waldbild wird das Reh in seinem Verhalten nicht fertig: Die Dikkungen sind unattraktiv, weil nahrungsarm; sie sind auch unübersichtlich. Hier verteidigt kein starker Bock seinen Einstand. Dafür füllen sich diese Dikkungen mit jenen Rehen, die anderswo nicht gelitten werden: Junge, sozial schwache Rehe – dem Jäger fallen die Böcke unter ihnen als »Knopfböcke« auf, die ihre mißliche Lage durch eine Kümmerform zur Schau tragen.

Seit einigen Jahrzehnten beobachten wir eine zuvor nicht gekannte Variante im Rehverhalten: Dort, wo die Feldflur das Landschaftsbild beherrscht und kaum mehr Wald wächst, entstand das sogenannte Feldreh. Rehe stehen dort in großen Sprüngen von oft mehreren Dutzend Tieren ganzjährig im Feld. Sie meiden den Wald, und zwar auch dann, wenn sie gestört oder verängstigt werden. Der Einzelgänger Reh hat sein auf den Wald zugeschnittenes Verhalten hier geändert. Das zeigt die außergewöhnliche

Fähigkeit zur Anpassung. Eine Voraussetzung für die Entstehung des Feldrehes war die Ausrottung des Wolfes; mit ihrem auf den Wald abgestellten Fluchtverhalten konnten sie in deckungsloser Landschaft mit dem Wolf nicht leben. Auch setzt das Feldreh eine zurückhaltende Einstellung des Jägers voraus, der – ganz anders als im Wald – im freien Feld die Rehe mit seinen weittragenden Waffen ausrotten könnte.

Auffallend ist, daß die frühere Seltenheit der Rehe von jagdgeschichtlichen Zeugen den »zahlreichen Raubthieren« angelastet wurde; dabei ist aber zu bedenken, daß die Einsichten in das komplizierte Wechselspiel zwischen Räuber und Beute damals nicht sehr tiefgründig waren. Später, als es den Wölfen in Mitteleuropa an den Kragen ging, dezimierte sie der Jäger, der damals ein ganz anderes Verhältnis zum Reh hatte als heute. Der niederen Jagd zugerechnet, unterlag die Jagd auf das Reh nicht den Beschränkungen der Hirsch- und Saujagd. Auch gab es keine Bemühungen, Rehe zu hegen. Treibjagden auf Rehe waren üblich, oder man schoß sie bei der Jagd auf Hasen mit Schrot, wie es die Gelegenheit ergab. Noch bis in die Zeit nach dem Ersten Weltkrieg war der »rauhe Schuß«, der Schuß mit grobem Schrot, auf das Reh gebräuchlich. In einigen Waldgebieten, zum Beispiel im Bayerischen Wald, gehörte die Rehjagd mit Hunden zu den Leidenschaften des Jägers. In Südtirol hat sich diese Jagd mit dem Hund bis vor einige Jahrzehnte gehalten. Auch dort stieg danach der Rehbestand in wenigen Jahren an – als Folge einer Umstellung der Jagdmethoden.

Ein zusätzlicher, schwerer Aderlaß für das Reh war die Abrechnung der lange des Jagdrechts beraubten Bauern mit dem feudalen System nach der bürgerlichen Revolution von 1848. Sie machten ihrem Groll in jeder Hinsicht Luft, und das traf auch die Rehe; sie waren in kurzer Zeit der Ausrottung nahe, glaubte man. Als der königlich-bayerische Revierförster Karl Emil Diezel auf Drängen anderer im Jahre 1872 doch noch ein Kapitel über das Reh in sein heute klassisches Jagdbuch aufnahm, da schrieb er, es komme ihm vor, als handle es sich nur noch »um eine diesem Thiergeschlecht zu haltende Leichenrede«. Damals wußte man noch nicht, was im Reh steckt, wie rasch es sich nach kurzer Zeit der Schonung wieder erholen kann. Als später solche wirksamen Schonzeiten kamen, die mancherorts den Abschuß von weiblichen Rehen ganz untersagten, änderten sich Jagd und Rehbestände gründlich.

Hinzu kam noch, daß mit der Einführung einer verbindlichen Abschußplanung durch das Reichsjagdgesetz (1935) die ungezügelte Jagd noch weiter eingeschränkt wurde. Die Entwicklung zum »Schonen« war Ausdruck eines gleichzeitigen geistigen Wandels, einer geradezu unerwarteten Umstellung im jagdlichen Denken: Die wilde Jagd änderte sich zur Hege. Ausleseabschuß, Hege mit der Büchse, Futtersack und Futterkrippe, sie rückten überall in den Vordergrund des jagdlichen Denkens, und ziemlich genau da stehen wir heute. Jäger und Bevölkerung erfreuen sich noch nie dagewesener Rehbestände und Rehstrecken.

Tatsächlich läge darin ein Grund zur Freude, hätten nicht die so zahlreichen Rehe durch Pflanzenverbiß ein kaum zu überwindendes Hindernis vor den waldbaulichen Bemühungen um einen standortgemäßen, stabilen und ertragreichen Wald aufgebaut. Wo immer ein Waldbauer von der schematischen Wirtschaftsweise des Kahlschlages und des nachfolgenden Pflanzens von Nadelbäumen zu einem differenzierten Waldbau übergehen möchte, da ziehen sich kilometerlange Zäune durch den Wald, um die Verjüngung zu schützen. Ein Ausweg ist noch nicht in Sicht.

Das Wandern ist der Hirsche Lust

Die Verbreitung des Rothirsches ist gesetzlich geregelt: In etwa 80 voneinander getrennten Vorkommen, den sogenannten Rotwildgebieten, zieht dieses größte freilebende Wildtier Deutschlands heute seine Fährte. Das kennzeichnet schon die Schwierigkeiten mit diesem anspruchsvollen Tier in unserer immer enger werdenden Landschaft. Alle Rothirsche leben im Wald, etwa die Hälfte der Waldfläche ist bei uns gleichzeitig Rotwildgebiet; es sind dies besonders die großen Waldgebiete: die Alpen, der Schwarzwald, der Harz, der Spessart oder auch die Lüneburger Heide.

In diesen Wäldern werden die Rothirsche gehalten, und das dank ihrer eigenartigen Weise im Umgang mit dem Lebensraum recht gut. Rothirsche haben eine besondere Art des räumlichen Verhaltens, die nicht vielen anderen Tieren eigen ist, und das funktioniert so: Ein Kalb wird im Sommereinstand oder auf dem Weg dorthin von der Mutter geboren. Der Sommereinstand ist jenes Areal, in dem das Muttertier die Sommermonate verbringt. Im Herbst folgt das Kalb der Mutter von dort in den Wintereinstand, der recht weit weg liegen kann. Vierzig Kilometer und noch mehr können diese jahreszeitlichen Schwerpunkte trennen. Bis das junge Tier frühestens nach einem Jahr, oft noch später, unabhängig wird, hat es von der Mutter alle wichtigen Teile des Lebensraumes gezeigt bekommen. Die Mehrheit der Tiere folgt im weiteren Leben dieser so vom Muttertier überlieferten Raumnutzung. Früher einmal wanderten manche Rothirsche sehr weit, von der Flußaue, in der sie den Winter verbrachten, bis in das Sommerquartier im Hochgebirge, oder sie verbanden mit den überlieferten Wanderrouten nahrungsreichere Gebiete im endlosen Waldmeer. Der Vorteil dieser Art von Weitergabe der angesammelten Kenntnisse über den Lebensraum ist bei einer weit wandernden Art leicht zu verstehen.

Später unterbrach der Mensch gezielt und in voller Absicht die Wanderungen der Rothirsche. Meist wollte man sie in den ehemaligen Sommereinständen, im Gebirge, zurückhalten, wollte verhindern, daß sie im Herbst auf den Feldern der Bauern zu Schaden gehen und womöglich noch von diesen geschossen werden. Dazu richtete man Winterfütterungen in den Waldgebieten ein. Die Tiere lernten die Fütterungen als Ersatz für ehemalige Wintereinstände kennen, und sie überliefern heute den Weg zu einer bestimmten Fütterung vom Muttertier auf das Kalb. Das ging nicht ohne Gewalt. Die

Verbreitung des Rotwildes.
In rund 80 verschiedenen Vorkommen leben heute noch Rothirsche.
Das gesamte Verbreitungsgebiet entspricht etwa der halben Waldfläche.
Die größten Vorkommen sind der Alpenraum, der Harz
und der Schwarzwald.

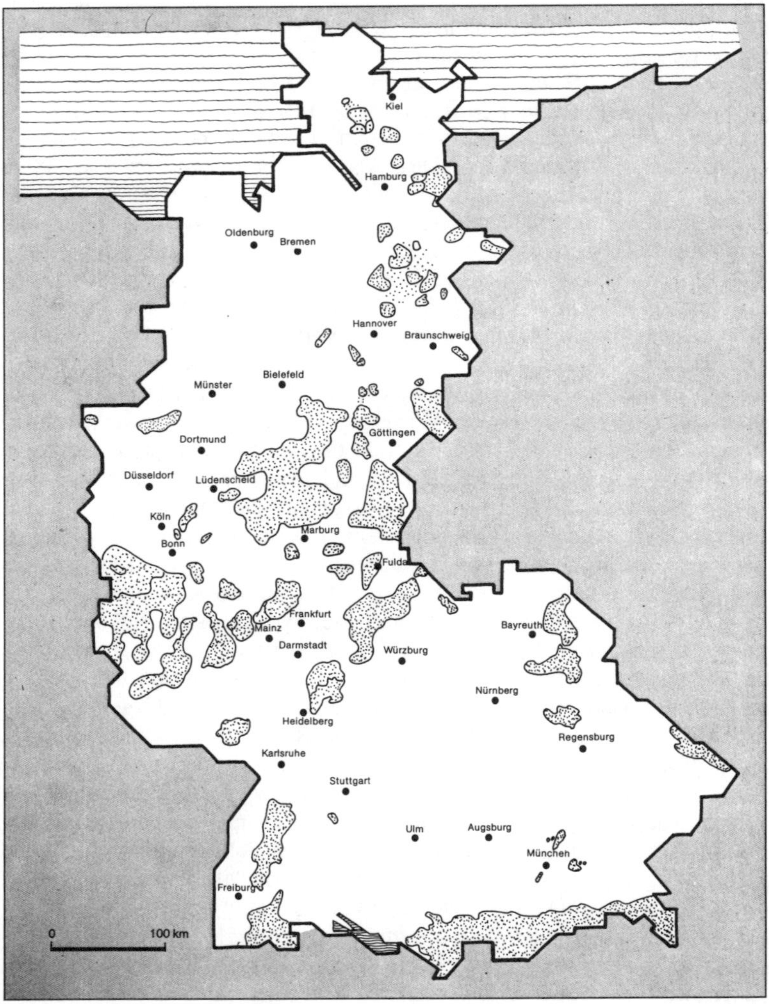

alten Traditionen mußten durch das Abschießen jener Tiere gebrochen werden, die wegwandern wollten. Der neue Bestand wurde mit solchen Tieren aufgebaut, die zuerst die Fütterung akzeptiert hatten.

Über Halsbandsender verfolgte der Wildbiologe Bertram Georgii mehrere Alttiere mit den zugehörigen Kälbern im Linderhofer Tal bei Oberammergau. Sie alle folgten der beschriebenen Raumnutzung: Die Nachkommen ziehen, wie es ihnen die Mütter zeigten. Und das erklärt, warum Rothirsche so schön in ihren ihnen zugewiesenen Gebieten bleiben. Der Versuch weniger Tiere, neue Wanderrouten in Gebiete außerhalb des Vorkommens zu legen, wird heute durch den Abschuß aller Tiere in den gesetzlich rotwildfreien Zonen unterbunden.

Hirsch gegen Reh

Obwohl im Tierreich recht nah miteinander verwandt, ist der Rothirsch als »großer Vetter des Rehs« schlecht charakterisiert. Beide Arten haben in ihrer Entwicklungsgeschichte eine sehr verschiedene Richtung eingeschlagen, durch die ihre Rollen im Wald deutlich verschieden sind. Das kommt schon in der Nahrungswahl zum Ausdruck. Der Rothirsch hat ein sehr leistungsfähiges Verdauungssystem, das ihn befähigt, Nahrung von mäßiger Qualität – Gras, Rinde, Fichtentriebe – mit Gewinn zu verwerten. Das erlaubt ihm, zumindest theoretisch, eine große Spanne von Lebensräumen zu besiedeln: vom Wald bis zum waldfreien Grasland im Hochgebirge oder dem ebenso waldfreien schottischen Hochland. Das Reh kann das nicht. Seine Nahrung muß leichter verdaulich sein. Rehe fressen Kräuter, Blätter, Knospen, junge Triebe, und sie würden verhungern, hätten sie nur Gras zu fressen. Rehe können deshalb auch kein reines Grasland besiedeln wie der Rothirsch. Dort, wo sie außerhalb des Waldes leben, gibt es hochwertige Kulturwiesen und Felder. Steigen sie im Hochgebirge über die Waldgrenze, so tun sie es nur dort, wo es auch genügend Zwergsträucher gibt und nicht nur Gras.

Eng mit der Nahrungswahl gekoppelt ist das soziale Verhalten: Im Rudel leben kann nur, wer dann noch genügend zu fressen findet. Der Rothirsch findet auch im Rudel genug, weil viele Pflanzen und viele Pflanzenteile für ihn Nahrung sind. Im gleichen Lebensraum ist für das Reh viel weniger Grünmasse verdaulich, es muß daher vereinzelt leben, um genügend zu finden. Nur dort, wo eine Landwirtschaft außergewöhnlich viel leicht verdauliche Nahrung anhäuft oder der Mensch es füttert, sind auch für das Reh von der Nahrung her Voraussetzungen für ein Leben im Rudel gegeben. Gibt es in einem Waldgebiet sehr viele Hirsche, wie beispielsweise im hessischen Reinhardswald, so sind die Rehe nicht sehr häufig. Das erklärt sich aus der Nahrungskonkurrenz: Die zahlreichen Hirsche fressen viel von der Vegetation des Waldes, und sie beginnen mit den besseren, leichter verdaulichen Pflanzen. Was sie dann übrig lassen, ist für das Reh kaum mehr verwertbar. So verdrängt bei scharfer Konkurrenz der Hirsch das Reh, freilich nicht mit dem Geweih, sondern mit dem Maul.

Hat der Rothirsch als Wild noch Zukunft?

In Zukunft werden wir die Einpassung des Rothirsches in den vom Menschen geformten Wald mit mehr Geschick und Verständnis betreiben müssen. Ein großräumiges und überregionales Konzept dazu ist der erste Schritt; eine Raumordnung für Rothirsche. Zwei Leitlinien sollten unser Planen und Handeln bestimmen: Die Sicherung eines möglichst großen und sinnvollen Verbreitungsgebietes, und die Erhaltung des Rothirsches als wirkliches Wildtier. Damit hebt sich die künftige Behandlung des Rothirsches deutlich von der der Vergangenheit ab. Wir wissen heute, daß man Rothirsche in Jagdgattern gut manipulieren kann, daß sie durch Züchtung und Fütterung nach menschlichen Wünschen, wie Haustiere, geformt werden können. Nur erscheint das nicht erstrebenswert. Der wertvolle Rothirsch ist der »wilde« Rothirsch, der als Produkt der Landschaft im wesentlichen mit den natürlichen Lebensmöglichkeiten zurechtkommt.

Diese Betrachtung führt zwangsläufig zu einer anderen Einschätzung der traditionsreichen Rotwildgebiete. Die Reviere mit klingendem Namen und

Abschuß von Rotwild in der Bundesrepublik Deutschland.
Von diesem größten Wildtier Mitteleuropas werden heute gegen 30000 Tiere geschossen. Rund 100000 von ihnen leben in Deutschlands Wäldern.

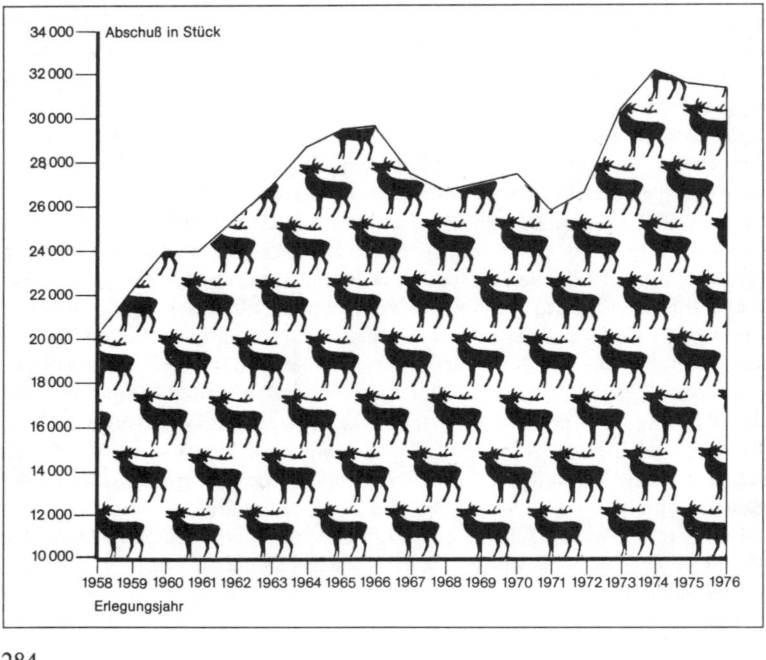

starken Hirschgeweihen sind eigentlich unsere Problemgebiete. Keine Tierart zwingt uns heute zu so genau überlegten Maßnahmen zur Lenkung des Bestandes und zur Ausrichtung des Verbreitungsgebietes wie der Rothirsch. Zu seiner Erhaltung als freilebendes Wildtier in unserer Landschaft sowie als Art von hohem jagdlichen Interesse zeichnen sich drei grundlegende Kategorien ab:

- Rotwildfreie Gebiete, in denen diese Tierart aus landeskulturellen Gründen nicht vorkommen soll.
- Rothirschvorkommen mit einem sehr geringen, dem Wald im wesentlichen angepaßten Bestand ohne große Hilfsmaßnahmen. Bei sehr geringer Dichte können bestehende Rothirschgebiete wieder ausgeweitet werden.
- Traditionsreiche Rothirschzentren mit Elementen der klassischen Hege; sie haben etwas höhere Dichten und sind nur in bestimmten Waldformen und bei entsprechenden Hilfsmaßnahmen ohne übermäßige Waldschäden möglich. Sie bilden die letzten Überbleibsel der feudalen Jagd und der Repräsentationsjagd mit ihren Eigenheiten.

Wildschweine

Dem Wildschwein oder Schwarzwild, wie der Jäger es nennt, ergeht es ähnlich wie dem Rotwild: Seine Verbreitung gleicht einer Insellandschaft von Einzelvorkommen, die allesamt auf größere Wälder beschränkt sind. Auch der Lebensraum der Wildschweine hat heute nur mehr entfernte Ähnlichkeit mit dem ursprünglichen: Gelegentlich überschwemmte Erlenwälder in Mischung mit Eichen, dann Auwälder, Eichen- und Buchenwälder mit reichlich Samen, sie sind die besten Schwarzwildgebiete. Doch heute lebt auch das Wildschwein in den Nadelwäldern, die sich auf den alten Laubholzstandorten breitgemacht haben. Die besonders ergiebige Mast unter Eichen und Buchen spielt nicht mehr die Rolle von einst. Der Allesfresser ist neben diesen Samen und Früchten auf unterirdische Nahrung spezialisiert. Wurzeln, Knollen und Bodentiere bricht er mit seinem kräftigen Rüssel aus dem Boden. Gerade das aber bereitet den Bauern oder jenen, die den Wildschaden zahlen müssen, schlaflose Nächte: Das Schwarzwild bleibt nämlich nur tagsüber im nahrungsarmen Wald. Nachts zieht es mit Vorliebe auf die Felder, um sich an Saat und Feldfrüchte zu halten. Der dabei in kurzer Zeit angerichtete Schaden kann bemerkenswert sein. Mancherorts spricht man deshalb von Schwarzwildbekämpfung, wenn man Schadensverhütung meint. Eine Einstellung übrigens, die dem Rothirsch oder Reh gegenüber undenkbar ist und zwar auch dann, wenn deren Schäden höchst umfangreich und schmerzlich sind. Die Einstellung zur Kreatur ist eben oft nach Arten unterschiedlich und alles andere als vernunftbestimmt.

In der jüngsten Zeit hat die außerordentliche Zunahme des Maisanbaues zu einer weiteren Variante im Schwarzwildverhalten geführt. Die wilden Schweine stellen sich den Sommer über bis in den Herbst in den Mais und kehren erst nach der Ernte in den Wald zurück. Hier sind sie besser und länger geschützt vor Pulver und Blei als im früher geernteten Getreide. Die Klagen über Schäden werden lauter.

Wildschweine sind sehr vermehrungsfreudig. Die frühreifen Bachen, wie die weiblichen Tiere genannt werden, bringen im Schnitt vier bis fünf Junge zur Welt. In Waldgebieten mit nennenswerten Buchen- oder Eichenbeständen steigt die Jungenzahl in Mastjahren auf das Doppelte. Rascher als Rotwild dehnen die anpassungsfähigen Wildschweine ihr Verbreitungsareal bei nachlassender Jagd aus, eine Eigenart, die nach dem letzten Krieg in den Jahren eingeschränkter Jagdmöglichkeiten zu einer Zurückeroberung einiger Waldgebiete führte, in denen die wilde Sau schon ausgerottet war.

So sehr der Schaden in der Landwirtschaft gefürchtet ist, dem Forstmann bereitet das Wildschwein keine Sorgen. Die Nahrungsaufnahme trifft nicht, wie der Verbiß von Hirsch und Reh, die Waldbäume in der Verjüngungsphase. Das Wühlen und Brechen im Boden fördert sogar die Ansamung junger Bäume. Somit findet das bedrängte Schwarzwild als ein im Wald problemloses Tier dort auch ein gerne gewährtes Refugium.

Wild ernten wie Holz?

Genauso wie der Wald eine ständig produzierende natürliche Hilfsquelle für den Menschen ist, sind es auch die Tiere darin. Sie können, wenn man die Jagd richtig ausrichtet, ebenso nachhaltig genutzt werden, ohne in ihrer Existenz gefährdet zu werden. Man kann der nachhaltigen Entnahme von Tieren aus einem Bestand ähnliche Modellvorstellungen zugrunde legen wie der Entnahme von Holz aus dem Wald. Nur praktizieren die Forstleute dieses Vorgehen schon viel länger. In der Jagd auf Wildtiere klaffen Theorie und Praxis weiter auseinander. Noch dominieren die überlieferten jagdlichen Gepflogenheiten, die meist historische oder pragmatische Wurzeln haben, aber nicht immer sachlich begründet sind.

Ein Grundprinzip der nachhaltigen jagdlichen Nutzung eines Tierbestandes soll hier in Anlehnung an die Entnahme von Holz aus dem Wald erklärt werden: Ein Urwald bringt keinen Holzertrag; die Holzmenge des Urwald-Ökosystems steigt nicht mehr weiter an. Es verrottet ebenso viel wie zuwächst. Um aus einem Wald nachhaltig Holz zu entnehmen, müssen die Bäume im Schnitt viel jünger und produktiver sein als im Urwald. Dann wird im Ökosystem Wald mehr produziert als ersetzt, und es gibt einen nutzbaren Zuwachs.

Ganz ähnlich ist es mit dem Wildbestand: Ein nicht genutzter Wildbestand hat keinen nutzbaren Zuwachs. Die Tiere werden auch nicht häufiger, obwohl jährlich Junge geboren werden. Es wird nämlich der Zugang durch natürliche Verluste ausgeglichen. Ein Tierbestand produziert erst dann einen hohen nutzbaren Zuwachs, wenn die Tiere nicht so häufig sind, sondern – durch die Jagd – unter der Marke des ungenutzten Bestandes gehalten werden. Dann nämlich haben Einzeltiere mehr zu fressen, sie vermehren sich rascher, und sie haben geringere natürliche Abgänge. Mag es auch manchem paradox erscheinen: Viele Wildarten erlauben nur dann eine hohe Ausbeute, wenn sie scharf bejagt werden.

Nun verfolgt der Mensch nicht immer dieselben Ziele in der Jagd auf einzelne Tierarten. Bei Rehen ist eine hohe nachhaltige Ausbeute erwünscht. Der dabei gleichzeitig niedrigere Bestand an Rehen verbeißt auch weniger im Wald. Ganz anders ist es beim Auerhahn. Bei diesem urigen Vogel wird eine möglichst hohe Strecke gar nicht angestrebt.

Das Ziel ist es, nur einige wenige Tiere zu entnehmen, damit der Bestand nicht zu sehr sinkt. Hier steht – anders als bei Rehen – nicht die maximale Ausbeute, sondern die Erhaltung eines möglichst hohen Bestandes im Vordergrund.

In unseren Wäldern ist eine zu hohe und dadurch die Wildarten gefährdende Bejagung unwahrscheinlich. Dafür garantiert die zurückhaltende Einstellung des Jägers der Gegenwart, aber auch der hohe Deckungsanteil, der die Jagd auf viele Arten schwierig macht. Für die unverantwortliche Übernutzung von Tierbeständen sind die Wale und der Hering in den Meeren ein trauriges Beispiel. Hier hat die wirtschaftliche Konkurrenz der Fangflotten die bestehenden Modelle zur optimalen und nachhaltigen Nutzung über den Haufen gerannt.

Dürfen Kitze geschossen werden?

Diese Frage drängt sich dem nichtjagenden Beobachter auf, wenn er sieht, daß ein Jungtier auf der Strecke liegt. Überläßt man die Wahl der zu erlegenden Tiere dem Zufall des Zusammentreffens oder dem instinktiven Verlangen des Jägers, den starken Bock zu schießen, so hat das bei langlebigen Tieren einen unerwünschten Effekt: Der Anteil erwachsener Tiere im Bestand nimmt zugunsten der Jungtiere stark ab. Dem kann durch einen Abschuß eines bestimmten Prozentsatzes von jungen Tieren und der jagdlichen Zurückhaltung bei erwachsenen gegengesteuert werden. Damit formt man den Altersaufbau eines Wildbestandes so, daß ein günstiges Verhältnis von alten zu jungen Tieren entsteht. Das ist besonders bei langlebigen Tierarten, die noch dazu sehr gesellig leben, wichtig, denn erwachsene, erfahrene Tiere sind für die Organisation des Bestandes wichtig. Glücklicherweise deckt sich dieses Bestreben auch mit den Trophäenwünschen der Jäger: Erwachsene Männchen haben die größten Geweihe. Der Abschuß an Jungtieren ist daher bei jenen Wildarten wünschenswert, bei denen die natürlichen Verluste minimal sind. Bei Reh, Rothirsch und Wildschwein ist das so. Im übrigen nimmt der Abschuß von Kitzen und Kälbern nur aus dem Bestand, was sich einst der Wolf holte.

Scheu und kaum zu zählen

Anders als Bäume sind Wildtiere sehr bewegliche noch dazu scheue Organismen. Sie zu zählen, zu inventarisieren, bereitet daher großes Kopfzerbrechen. Als Mitte der dreißiger Jahre eine verbindliche Abschußplanung für Schalenwild, Schwarzwild ausgenommen, eingeführt wurde, legte man den Wildbestand eines Revieres als grundlegende Größe der Planung zugrunde. Im wesentlichen ist das auch heute noch so. Nur wissen wir inzwischen, daß es unsinnig ist, weil wir die Tiere nicht zählen können. Das Gesetz der Trägheit gilt aber auch hier: Es wird weiter gezählt.

Rehe sieht man natürlich im Revier, wenn man sich bemüht. Man sieht sie um so leichter, je geringer die Deckung ist, also leichter im Feldrevier als im Wald. Schon bei einem Waldanteil von etwa 30 Prozent ist es nicht mehr möglich, durch Zählung den Rehbestand auch nur annähernd in Erfahrung zu bringen. Die Nachprüfung solcher Zählergebnisse, durch Markierung von Tieren und Berechnung des Bestandes oder durch Totalabschuß hat Zählfehler nachgewiesen, die bis zum Mehrfachen des durch Zählung ermittelten Bestandes reichten. Bei Rothirschen ist es ähnlich. Diese Art wird in der Regel an den Winterfütterungen gezählt. Auch hier ist nur in klimatisch sehr strengen Gebieten bei hoher Schneelage der Fütterungsbestand einigermaßen in Erfahrung zu bringen. Meistens sind die Ergebnisse aber unbrauchbar. Bei Schwarzwild hat man gar nicht erst den Versuch gemacht zu zählen.

Die Entwicklung von Zählmethoden zur Erfassung von Tierbeständen ist inzwischen weltweit ein eigener Wissenschaftszweig. Die bisherigen Erfahrungen erlauben es auch abzuschätzen, ob die Hoffnung besteht, in Zukunft Rehe und Hirsche in der jagdlichen Praxis besser zählen zu können. Die Hoffnung ist im allgemeinen nicht berechtigt.

Was bleibt zu tun? Wie dann läßt sich der Abschuß planen, wenn die Tiere nicht gezählt werden können? Zum Glück geht es auch anders, und zwar viel einfacher. Man versucht, allein mit dem Blick auf die Jagdstrecken, den Bestand der Wildtiere so auszurichten, bis das jeweils gesetzte Ziel erreicht ist: Ein Forstmann beispielsweise kann in seinem Forstamt den Rehabschuß so lange Schritt für Schritt anheben, bis eine wünschenswerte Zahl von Rehen gestreckt wird und gleichzeitig das Schadensmaß, der Verbiß, erträglich wird. Dieses Verfahren wird ihm über einige Jahre Erfahrungswerte über die Höhe der Strecke liefern, die ihm die Planung des jährlichen Abschusses weit besser als bisher ermöglichen, ohne daß er über die Höhe oder Dichte des Bestandes der so schwer zählbaren Tiere Bescheid weiß. Dieses Vorgehen wird von einsichtigen Jägern, vor allem solchen, die auch am Wald interessiert sind, praktiziert. Die Erfahrungen hierbei sind sehr gut, und es zeigt sich mancherorts, daß nachhaltig weit mehr Rehe geschossen werden können, als man zuvor durch die ungeeignete Zählung für möglich gehalten hatte.

Tierische Schäden am Wald

Als Konsumenten im Ökosystem sind Tiere im Wald auf Pflanzen angewiesen. Das Fressen von Pflanzenteilen ist daher eine natürliche Erscheinung. Auch im Urwald verbeißt das Reh eine Jungpflanze, und es bohrt der Borkenkäfer seine Gänge in die Rinde älterer Bäume. Zum Schaden wird es aber erst im Forst, nämlich dort, wo der Mensch diese an sich natürlichen Vorgänge wertet. Noch eines kommt dazu: Der vom Menschen geschaffene Forst ist anfälliger für tierische Schäden. Das Ausmaß der Schäden kann das übliche Maß an Schäden in naturnahen Wäldern weit überschreiten. Aus dieser ökologischen Sicht, die uns die Ursachen der übermäßigen Schäden aufzeigen soll, werden einige Beispiele herausgegriffen. Der Blick gilt dabei grundsätzlich wieder allen Tieren, vom Borkenkäfer bis zum Rothirsch.

Gefährliche Insekten
Am Bohrmehl, das aus dem Bohrloch des Brutganges ausgeworfen wird, entdeckt man den Fichtenborkenkäfer. Das ist noch kein Grund zur Beunruhigung, denn ein gewisser eiserner Bestand, wie ihn der Forstmann bezeichnet, lebt in jedem Fichtenwald. Borkenkäfer befallen einzelne umgestürzte und stehende kränkelnde Bäume. Ihr Schaden ist wirtschaftlich unbedeutend, solange es dabei bleibt. Gefährlich sind sporadische Massenvermehrungen der Käfer, in denen dieser dann auch gesunde Fichten befällt. Für Massenvermehrungen müssen jedoch mehrere Voraussetzungen zusammentreffen: Einmal reichliches bruttaugliches Holzmaterial, wie nach Schneebruch oder Windwurf. Ein zügiges Aufarbeiten solcher Sturm- und Schneeschäden, eine saubere Forstwirtschaft, verhindert die Zunahme des Borkenkäfers.

Die andere wichtige Voraussetzung ist das Wetter. Bei langanhaltendem heißem und trockenem Wetter sinkt die Widerstandskraft des Waldes, er wird anfälliger. Gleichzeitig verläuft bei diesem Wetter die temperaturabhängige Entwicklung des Käfers schneller, er bringt dann pro Jahr zwei bis drei Generationen, wo er sonst nur einen Entwicklungszyklus, von Ei über Larve bis zum Käfer, zu vollenden vermag. Diese Voraussetzungen trafen gegen Ende des letzten Krieges in Südwestdeutschland zusammen. Eine Reihe von trockenen Jahren fiel in die Zeit, in der die Kriegswirren eine saubere Forstwirtschaft in den Fichtengebieten nicht zuließen. Es gab gefährlich viel Brutmaterial. In den Jahren 1944 bis 1951 befielen Borkenkäfer auf großer Fläche Fichtenbestände. 30 Millionen Festmeter mußten eingeschlagen werden.

Grundsätzlich ist die Gefahr einer Massenvermehrung in Reinbeständen aus einer Baumart größer als im Mischwald. Der Reinbestand ist ein ungeheuer großer Nahrungsvorrat. Steht eine Baumart dann auch noch außerhalb ihres natürlichen Verbreitungsgebietes, wie heute die Fichte auf vielen ehemaligen Laubholzstandorten, so ist sie oft anfälliger.

Nimmt in einem Mischwald ein Schädling in seiner Dichte zu, dann konzentrieren sich die dort zahlreichen Räuber und Parasiten auf ihn, und zwar so lange, bis seine Dichte auf das normale Maß zurückgeführt ist. Ein Ausbrechen des Schädlings aus diesen Fesseln ist im Mischwald unwahrscheinlicher als im tierärmeren Reinbestand.

Die Möglichkeit zur Massenvermehrung steckt in vielen forstlich gefährlichen Insekten und auch anderen Tieren, wie den Mäusen. Die Gefahr solcher Massenvermehrung hat der Mensch durch die Beeinträchtigung natürlicher Regulationskräfte im Wald erhöht.

Schäden durch Schalenwild

Der Forstmann spricht von Verbiß, wenn Schalenwild an jungen Waldpflanzen frißt. Daß Hirsche und Rehe dies tun, ist mehr als natürlich. In jedem Wald, in dem diese wilden Wiederkäuer leben, wird auch verbissen. Auch im Urwald. Mehrhundertjährige Tannenriesen aus jugoslawischen Wäldern, die zum Zwecke der Untersuchung der Länge nach gespalten wurden, zeigten in ihrem Kern Spuren mehrmaligen Gipfeltriebverbisses aus den Jugendjahren. Während sie damals als kleine Pflanzen im Schattendruck mächtiger Bäume standen, fraß in mehrjährigen Abständen ein Rothirsch von ihnen, und dennoch wuchsen sie zu Riesenbäumen heran. Es ist auch hier wie bei den Lebensäußerungen der Insekten: Zum Schaden wird alles erst durch die Wertung des Menschen, und wo er die Natur in seine Obhut nimmt, kann das Ausmaß des Verbisses weit über dem natürlichen oder erträglichen liegen.

Mäßig verbissene Jungpflanzen erholen sich rasch wieder. Häufigerer Verbiß schädigt die Pflanze, sie verliert an Höhenwachstum oder stagniert sogar und kann schließlich absterben. Nicht alle Pflanzen werden gleich stark ver-

Der Lebensraum des Auerhahnes.
Sehr eng sind die Ansprüche dieses Vogels an den Wald. In naturgemäß bewirtschafteten Wäldern findet er sich eher zurecht als im Kahlschlagbetrieb. Um die Zukunft des Auerhahnes machen wir uns berechtigte Sorgen.

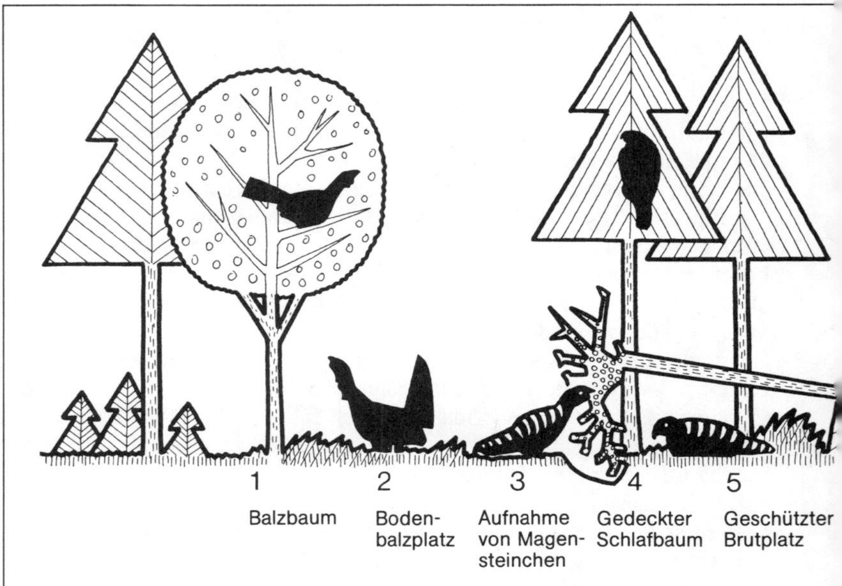

bissen. Einige scheinen den Tieren besser zu schmecken, und oft sind es die seltenen. Die Folgen eines starken Verbisses sind für den Wald äußerst unangenehm. Noch nicht so bei reinen Fichten oder Buchenbeständen, die zwar Wachstumsverzögerungen zeigen, aber schließlich doch einmal hochwachsen. Schlimmer ist es schon in Mischwäldern. Hier richtet sich der Verbiß auf einzelne Arten und drückt ihren Anteil am Wald. Das ist bei der Tanne im Fichten-Tannen-Buchenwald so. Vielfach fällt sie sogar ganz aus, weil sie in den ersten Lebensjahren ganz abgebissen wird. Die Folge ist eine unbefriedigende Naturverjüngung, die den Forstmann zwingt, zu pflanzen, auch dort, wo er gar nicht möchte.

Es liegt auf der Hand, daß hohe Schalenwildbestände starken Verbiß nach sich ziehen. Den Bestand am verbeißenden Tier zu senken ist daher der erste Schritt zur Lösung. Wichtig ist es jedoch, auch den Zusammenhang zwischen Waldbau und Verbißwirkung zu kennen. Schwierig zu sein scheinen alle Phasen der Umstellung, etwa von Kahlschlagbetrieb auf Naturverjüngung. Da werden in der ersten Phase bei manchen Mischbaumarten schon die Keimlin-

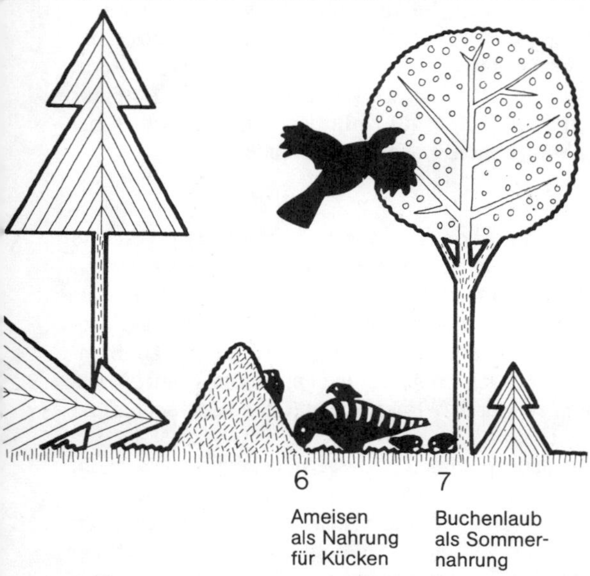

ge gefressen. Läuft die Verjüngung einmal, und damit meint der Forstmann, daß sich die Verjüngung auf größere Flächen befriedigend ausbreitet, dann ist der Verbißschaden nicht mehr so gravierend. Das Angebot an Pflanzen ist viel höher, der Verbiß verteilt sich besser. Damit eine Verjüngung ins »Laufen« kommt, muß der Verbißdruck vorübergehend stark gemildert werden. Das heißt aber: entweder weniger Rehe und Hirsche oder Einzäunung ganzer Waldteile, um die Tiere auszusperren.

Diese im Grunde simplen Zusammenhänge in folgerichtiges praktisches Handeln umzusetzen ist eine der größten Schwierigkeiten, die heute einem standortgerechten Waldbau entgegenstehen. Der Interessenkonflikt zwischen Jagd und Waldbau ist vielerorts noch lange nicht gelöst.

Das Rotwild und einige andere Wildarten wie der Damhirsch haben noch eine andere höchst unangenehme Eigenschaft: Sie schälen. Darunter versteht man, daß diese Tiere an Stämmen, seltener an den Wurzelanläufen, die Rinde abnagen oder abziehen. Bevorzugt werden armdicke Stämme von Fichte, Buche, Eiche, Ahorn, Esche oder Kiefer. Der Baum beginnt zwar, die entstandene Wunde zu überwallen. Ist diese jedoch zu groß, was meist der Fall ist, so dringen holzzerstörende Pilze an der Wundfläche in tieferliegende Schichten ein und beginnen, das Holz zu zersetzen. Der Baum bricht dann leicht. Aber auch dann, wenn er nicht fällt, bleibt das beste Stück des Stammes entwertet.

Das Schälen, dessen Ursachen man in vielen Untersuchungen zu klären versucht, ist eine natürliche Verhaltensweise des Rothirsches. Auch hier wieder ist die Wechselwirkung zwischen Waldbau und Wildschaden deutlich: Bei hohen Rothirschbeständen wird viel geschält. Zunächst einmal aus Hunger. Hirsche schälen aber bevorzugt in gleichalten, dichten Stangenhölzern. In diesen von anderer Nahrung fast freien Einständen warten die Tiere auf die Dunkelheit, damit sie in deren Schutz auf Kulturland und Kahlschlag ziehen können. Ausgedehnte Stangenhölzer reizen zum Schälen.

Vogelschutz mit Nistkästen?

Der Vogelschutz im Wald fand schon im vorigen Jahrhundert begeisterte Anhänger, vor allem die Form des sogenannten Nistkastenvogelschutzes. Man ging davon aus, daß im sauberen Wirtschaftswald die allgemein als nützlich erachteten Höhlenbrüter aus Mangel an Nistgelegenheit in geringerer Dichte vertreten sind, als sie es dem Nahrungsangebot nach sein könnten. Um dem abzuhelfen, wurden Nistkästen an Bäumen angebracht und zusätzlich der Versuch unternommen, durch Winterfütterung die Vögel seßhaft zu machen.

Mit diesen Methoden, besonders mit den Nistkästen, gelang es tatsächlich, in vielen Wäldern die Brutdichte der Höhlenbrüter zu steigern. Schwieriger ist es schon mit der zweiten Annahme des Nistkastenvogelschutzes. Man nahm nämlich an, daß durch die zahlreicheren Vögel Schadinsekten erfolgreich von gefährlichen Massenvermehrungen abgehalten werden könnten.

Aber die Erfahrungen sprechen nicht für diese Annahme. Beobachtungen auf Kontrollflächen weisen darauf hin, daß eine Massenvermehrung der schädlichen Insekten durch Vögel nicht aufgehalten werden kann.

Nicht berücksichtigt hat man in den Anfängen dieses Vogelschutzes, daß nicht nur Schadinsekten, sondern auch deren Gegenspieler, die räuberischen und parasitierenden Insekten, von den Vögeln gefressen werden. Heute weiß man, daß Vögel unter den Faktoren, die auf eine Schädlingsentwicklung einwirken, nur eine untergeordnete Rolle spielen, und daß der Nistkastenvogelschutz aus der Sicht des Forstschutzes keineswegs den betriebenen Aufwand rechtfertigt.

Gelegentlich meinen Vogelliebhaber dennoch, der ideelle Wert der Vögel sei groß genug, so daß ein ökonomisches Mäntelchen dem Vogelschutz ruhig fehlen dürfe. Dagegen ist nichts einzuwenden, wenn dabei erkannt wird, daß es sich mehr um eine Liebhaberei als um eine für den Wald oder die Vogelarten wichtige Maßnahme handelt. Jene Vögel, die im Wald durch die Anbringung von Nistkästen oder Überfütterung gesteigert werden können, sind auch keineswegs bedroht.

Die Alternative zum veralteten Nistkastenvogelschutz ist jener, der in die forstlichen Maßnahmen der Waldbehandlung fest integriert ist. Sein Ziel ist die Erhaltung einer in erster Linie vielfältigen und erst in zweiter Linie individuenreichen Vogelwelt. Das gilt besonders für den Schutz und die Erhaltung gefährdeter Vogelarten durch die Sicherung des Lebensraumes.

Zu mehr als zwei Drittel deckt der Rauhfußkauz seinen Hunger mit Mäusen. Diese kleine Eule lebt in den noch tiefen Wäldern der Alpen und den deutschen Mittelgebirgen.

Vom Rothirsch geschälter Fichtenbestand. Zu viele Hirsche und Fichten im Reinbestand führen zu diesen Bildern. Das Schälen ist eine der unliebsamsten Eigenschaften dieses sonst faszinierenden Tieres.

Unter zu starkem Verbiß stirbt so mancher junge Baum wieder ab. Diese tote Tanne litt jahrelang unter zu hohem Rehverbiß.

Ein Zaun macht den Einfluß von Wild und Weidevieh auf den Wald deutlich. Hier im Gebirgswald ist der übermäßige Verbiß dieser Tiere besonders spürbar. Nicht selten sind Rothirsch, Kuh, Reh und Gams daran beteiligt.

Vogelschutz im Wald heißt Lebensraumgestaltung

In jüngster Zeit rückt eine andere Art des Vogelschutzes im Wald in den Vordergrund: Der Schutz von Schwerpunktarten. Man geht hierbei davon aus, daß besonders schützenswerten, das sind für den Wald typische oder gefährdete Arten, eine Leitfunktion zukommt. Kennt man die Ansprüche an den Lebensraum einer solchen Schwerpunktart, so sind daraus auch Maßnahmen zu erkennen, die den Lebensraum dieser Art erhalten oder sogar neu gestalten.

Das Auerhuhn ist für manche Wälder eine Schwerpunktart: In unseren einförmigen und gleichalten Wäldern kommt der Auerhahn nicht mehr zurecht. Sein Lebensraum sind stufig aufgebaute Nadel- oder Nadel-Mischwälder. Kernstück seines Lebensraumes ist immer ein ausreichend großes und zusammenhängendes Altholz. Nun ist zum Glück das Interesse an diesem urigen und faszinierenden Vogel so groß, daß sich staatliche Forstverwaltungen um den Schutz des Auerhuhnes bemühen. Sie tun dies durch eine Pflege des Lebensraumes, durch eine auerhuhngerechte Waldbehandlung. Und so kommt dieser Wald einer Reihe von weiteren seltenen und schützenswerten Arten zugute.

Dreizehenspecht an der Bruthöhle. Dieser seltene Specht lebt in den Alpen und im Bayerischen Wald. An große und alte Fichten gebunden, meidet er reine Laubwälder.

Der Fichtenborkenkäfer wird wegen seines schönen Fraßbildes auch Buchdrucker genannt. Nur wenige Millimeter groß, wird dieser Käfer in manchen Wäldern zur bedrohlichen Gefahr.

Der ideale Wald für Tiere

Wenn man einen idealen Wald für Tiere zu beschreiben hat, so sind es zwei Gesichtspunkte, die es zu berücksichtigen gilt: Einmal ist dies die Vielfalt und damit das Fassungsvermögen des Waldes für Tierarten. Zum anderen ist es die Sicherung der Arten auf lange Sicht. Letzteres heißt, daß seltene Arten nicht aussterben sollen, aber auch den gefährlichen Tierarten die Massenvermehrung nicht leicht gemacht werden darf. Beide Gesichtspunkte entsprechen einander in hohem Grade in der Forderung nach standortgerechten Mischbeständen und der Ablehnung von Reinbeständen, wo diese dem Standort nicht entsprechen. Dann gibt es noch Randflächen des regulären Wirtschaftswaldes, die trotz der geringen Fläche von großem Wert für Tiere sind. Sie sollten möglichst erhalten werden. Das gilt für die letzten Reste von Niederwäldern, für die Vegetation auf feuchten Standorten und ebenso für manche brachgefallenen landwirtschaftlichen Flächen, auf denen eine natürliche Entwicklung über Strauch, Busch, Vorwald zum Wald für Tiere günstiger ist als die Aufforstung mit Fichte. Diese Randflächen des Waldes sind ökologische Zellen, geduldete Natur, in unserer bis auf das äußerste ausgebeuteten Landschaft.

Holz ist der Grund sowohl für die Existenz als auch für die Zerstörung der Wälder. Während bei uns ganz überwiegend die Holznutzung den Fortbestand des Waldes sichert, weit vor seinen anderen Funktionen der Erholung und Erbauung des Menschen, ist in der Dritten Welt just diese Holznutzung der Wälder örtlich die Ursache ihrer Zerstörung.

Vom gesamten Holzverbrauch der Welt, zweieinhalb Milliarden Festmeter im Jahr, wird nicht weniger als die Hälfte zu Brennholz; in den Entwicklungsländern sind es gar achtzig Prozent, im Gegensatz zu nur unter zehn in den Industriestaaten. In den Regionen der offenen Wälder, wie in den Savannen Afrikas und der Sahel-Zone, endet dies oft in großflächigen Zerstörungen mit katastrophalen Bodenschäden.

Wo die wirtschaftliche Not und der Mangel an Einsicht in die Bedeutung des Waldes für Wasser, Luft und Klima solchen Raubbau noch begreiflich machen, fehlt wohl jedem aufgeklärten Menschen das Verständnis dafür, daß sich kapitalstarke Unternehmer an solch großflächiger Waldzerstörung, zum Beispiel am Amazonas, beteiligen – mit wenig mehr im Blick als Geldanlage und Gewinn durch eine in den weltweiten ökologischen Folgen noch gar nicht absehbare Umwandlung von Wald in Weide für große profitable Rinderherden. Dies Kapitel gibt aber nicht nur Auskunft über den Holzverbrauch der Welt, es ist eine Übersicht über die vielfältigen Anwendungsmöglichkeiten dieses Rohstoffs.

Holz: der Stoff, aus dem die Bäume sind

Horst Schulz

Horst Schulz, Jahrgang 1924, ist Vorstand des Instituts für Holzforschung der Universität München. Er studierte Forstwissenschaft in Eberswalde. Nach seiner Promotion 1954 folgte 1960 die Habilitation an der Universität Göttingen. Es schlossen sich einige Jahre der Forschung und der Lehre in Holztechnologie an der Harvard-Universität in den USA und im Auftrag der Vereinten Nationen an. 1968 bis 1974 war er Direktor des Wilhelm-Klauditz-Instituts für Holzforschung der Fraunhofer-Gesellschaft an der TU Braunschweig. Er ist Mitautor eines Lehrbuches und Herausgeber von Fachzeitschriften. Die Deutsche Gesellschaft für Holzforschung wählte ihn zu ihrem Präsidenten. Der Holzprofessor ist stets kenterverdächtiger Segler in einer stillosen Jolle aus Kunststoff. Als Angler setzt er zwei Drittel der überlisteten Forellen ins Wasser zurück, mit der Ermahnung, vorsichtiger zu sein.

Oft hört man von Naturfreunden Argumente, die etwa folgendermaßen lauten: Unser einheimischer Wald ist ein so wertvolles Gut, daß man ihn mit Motorsäge und Axt nicht verletzen sollte. Außerdem läßt sich vieles, was man aus Holz herstellt, auch aus anderen Rohstoffen gewinnen. Schließlich können wir das bißchen Holz, das sich in unserer hochentwickelten Industriegesellschaft durch andere Stoffe nicht ersetzen läßt, getrost importieren!

Auch in Anzeigen von Firmen, denen die Konkurrenz hölzerner Produkte lästig ist, kann man derartige Behauptungen gelegentlich finden. Naturfreunde wie Kaufleute beweisen damit allerdings nur, daß sie von unserem Wirtschaftswald nicht viel verstehen.

»Kaufe Aluminiumleitern, und du bewahrst einheimischen Bäumen das Leben!« Das wäre eine solche Anzeige, die nicht einmal vordergründig stimmt, denn für Leitern und Gerüste werden langsam gewachsene, in der Konkurrenz mit vitaleren Baumnachbarn meist unterlegene Bäume verwendet. Sie werden dem Bestand entnommen, bevor sie ohnehin sterben. Für den Waldbesitzer – im Falle des Staatswaldes sind wir das alle – bedeutet ihre Nutzung einen Gewinn und für den Wald keinesfalls einen Schaden. Und daß Holzleitern nach wie vor nützliche Geräte sind, wird niemand bestreiten. Gedankenvolle Naturfreunde könnten sich sogar eine Gegenanzeige ausdenken: »Kaufe Holzleitern, denn sie helfen, unseren Wald zu pflegen und sind mit einem Minimum an Energieaufwand und Umweltverschmutzung herzustellen!«

Die Leiter steht hier nicht etwa als Werbeobjekt für das Holz. An ihrem Beispiel soll lediglich gezeigt werden, daß die Verwendung großer Holzmengen aus vielen Bäumen unterschiedlicher Alter und Durchmesser nicht nur unbedenklich, sondern höchst erwünscht und in unseren Wirtschaftswäldern sogar nötig ist. Wichtig bleibt nur, daß nicht mehr eingeschlagen wird, als nachwächst. Und das – die voranstehenden Kapitel dieses Buches haben es gezeigt – ist für den deutschen Wald seit mehr als 150 Jahren oberstes Gesetz. Der sogenannte nachhaltige Holzeinschlag hat den Wald in unserer Landschaft erhalten. Wirtschaftlich aber ist ein solcher Einschlag nur, wenn es für alle dabei anfallenden Bäume – dünne wie dicke, astreiche wie astreine – Verwendungsmöglichkeiten gibt. Über diese Möglichkeiten gibt dies Kapitel Auskunft.

Aber braucht unsere hochentwickelte Industriegesellschaft Holz denn wirklich, und wenn ja, wieviel davon? In den Wäldern der Bundesrepublik werden jährlich fast 30 Millionen Kubikmeter *Rohholz* – oft auch Rundholz genannt – eingeschlagen und verbraucht. Damit ist der unvorstellbare Hunger unserer Industriegesellschaft nach diesem Rohstoff aber bei weitem noch nicht gestillt. Es muß dieselbe Menge noch einmal eingeführt werden, vor allem in Form von Holzprodukten. Andere Industrienationen, wie etwa die USA und Schweden, haben pro Kopf der Bevölkerung sogar noch einen weit höheren Bedarf an Holz als wir. Hoher Holzverbrauch ist also ein Zeichen für hohen Lebensstandard, und nicht etwa umgekehrt.

Aber zurück zu den rund 30 Millionen Kubikmeter Rohholz aus unserem einheimischen Wald. Eine solche Menge muß man sich einmal bildhaft vorstellen: Als massive Holzwand von 30 Meter Höhe und einem Meter Dicke würde sie 1000 Kilometer lang sein und damit von Flensburg bis nach Basel reichen. Darin wäre die Rinde nicht enthalten. Packt man auch sie noch auf die gedachte Wand, würde diese sich um drei weitere Meter erhöhen.

Ließe sich Holz in der vorhandenen Menge und Vielseitigkeit ersetzen, etwa durch Kunststoff? Daran glaubt wohl niemand mehr. Übrig bleibt also das häufig zu hörende Argument, daß man Rohholz oder Holzprodukte, die wir benötigen, getrost importieren könnte. Aber auch das ist falsch. Der Holzverbrauch steigt überall in der Welt. Und im Gegensatz zu unseren intensiv bewirtschafteten, auf ihren Vorrat ständig kontrollierten Wäldern schreitet in anderen Kontinenten die Waldzerstörung schnell voran. Das gilt vor allem für große Teile der Tropen. Sie ist nur selten auf überhöhte Holznutzung zurückzuführen. Hauptsächlich beruht die Waldvernichtung dort auf den Bedürfnissen der armen Bevölkerung, die durch Roden von Wäldern in extensiver Wander-Wirtschaft ihr karges Brot verdient.

Ein Ende der Waldvernichtung ist nicht abzusehen. Diese katastrophale Entwicklung führt nicht nur zu Bodenverwüstungen und Klimaveränderungen, sondern verringert durchaus zu unserem Nachteil die Aussichten auf gleichbleibenden oder gar steigenden Holzimport aus diesen Ländern. Oft wird unterstellt, daß die örtliche Holzindustrie oder Exporteure die größten Waldzerstörer sind. Das stimmt nicht. Sie haben in den meisten Ländern strenge Einschlagsbeschränkungen und forsten auf, um ihre Rohstoffbasis zu erhalten.

Und noch eines: Die Zahl der Staaten, die unbeschränkten Rohholzexport erlauben, wird immer geringer. Jeder will verständlicherweise Arbeitsplätze und Gewinn im eigenen Lande schaffen, seine Rohstoffe selbst nutzen oder wenigstens veredelt exportieren. Auf der anderen Seite des Problems steht, daß unsere größten einheimischen Holzbearbeiter, wie die Sägewerke, fast ausschließlich auf das einheimische Rohholz angewiesen sind, und daran wird sich nichts ändern.

Der Baum – die schöne Holzfabrik

Jeder Baum ist eine Holzfabrik, die Jahresringe anlegt, also Holz bildet. Und wenn der Baum aufhört, das zu tun, ist er tot. Diese Fabriken sind in jeder Form und Holzart die schönsten, leisesten und gesündesten, die es gibt.

In unseren Wäldern produzieren Milliarden von jungen und alten Bäumen durch ihr Wachstum Holz der verschiedensten Art. Einige Baumarten haben schweres, andere leichtes Holz. Dadurch werden Festigkeit, Oberflächenhärte, Bearbeitbarkeit und anderes beeinflußt.

Der Rohstoff Holz ist also sehr vielfältig. Entsprechend groß ist die Zahl seiner Eigenschaften, die im Laufe der Zeit beschrieben worden sind. Von welchem anderen Werkstoff kennt man zum Beispiel die »Warnfähigkeit«?

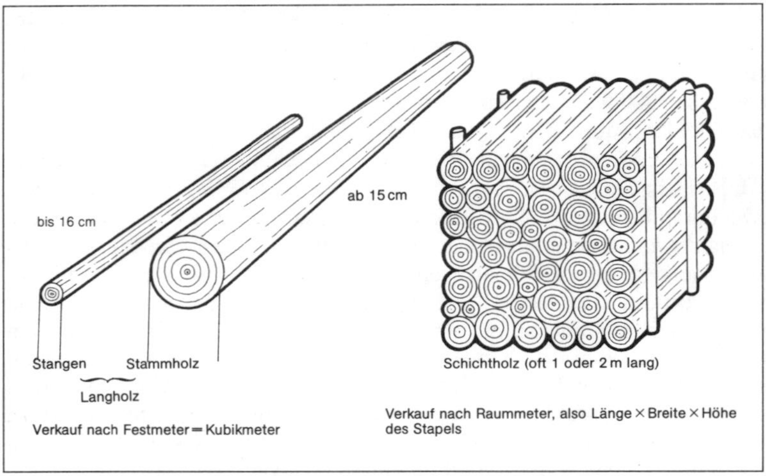

Rohholz
Im Sprachgebrauch oft auch Rundholz genannt, umfaßt Langholz und Schichtholz.

Warnfähigkeit – das ist die Eigenart des Holzes, eine kritische Belastung lange vor dem Bruch hörbar anzuzeigen. Sobald die Holzstützen in einem Untertage-Stollen zu knistern beginnen, weiß der Bergmann, daß das hölzerne Stützwerk entweder schnell verstärkt werden muß oder daß es im schlimmsten Falle Zeit ist, zu fliehen. Tausenden von Bergleuten hat diese Warnfähigkeit das Leben gerettet. Aber nicht alle Holzarten warnen gleichermaßen. Besonders laut stöhnen bei Überdruck Fichte, Lärche und Kiefer.

Holz brennt. Das ist weltweit für Millionen von Menschen, die sich wärmen und ihr Essen kochen wollen, noch immer eine lebenswichtige Eigenschaft des Rohstoffes Holz, aber sie ist von Nachteil im Bauwesen. Dennoch hat selbst die Feuerwehr keineswegs ein so gespanntes Verhältnis zum Holz, wie mancher wohl annehmen mag. Sie kennt dieses Material seit Jahrhunderten und kann sein Verhalten beim Brand voraussehen. Dicke Holzteile, wie vor allem Balken oder in Schichten verleimte Träger, leisten nämlich dem Angriff des Feuers beachtlichen Widerstand. Sie bilden an der Oberfläche eine stark isolierende Holzkohleschicht. Dadurch wird der Brandfortschritt wesentlich verlangsamt, eine Einschätzung des Brandverlaufs möglich und die Rettungsarbeit erleichtert. Die tragenden Teile einer Halle oder einer Scheune bleiben auf diese Weise nach den Löscharbeiten oft weitgehend erhalten. Und gelegentlich sind Konstruktionen aus nicht brennbaren Materialien, wie Stahl oder Stahlbeton, im Brandfall kritischer zu beurteilen, weil sie durch starke Wärmeausdehnung an Tragkraft plötzlich verlieren oder bei Annäherung an den Schmelzpunkt überraschend zusammenbrechen. So ist es zu erklären, daß Stahlstützen, die nicht brennbar sind, manchmal mit brennbaren Brettern isolierend verkleidet werden, um die beschriebenen Folgen zu verzögern.

Viel bekannter sind natürlich Eigenschaften wie Biegefestigkeit, Zugfestigkeit und Druckfestigkeit des Holzes. Aber weitere Beispiele beweisen, daß Holz eine differenzierte Beurteilung verdient, weil es eine ungewöhnlich breite Palette von Eigentümlichkeiten hat, die es interessant und unentbehrlich machen.

Das leichteste Holz im Welthandel ist das Balsaholz. Es wiegt absolut trokken etwa 120 Kilogramm pro Kubikmeter, und das schwerste – das Pockholz – bringt es auf über 1000 Kilogramm. Ein und dasselbe Material – und dennoch ein Gewichtsverhältnis von fast 1:10. Holz ist also nicht gleich Holz. Diese beiden extremen Holzarten wachsen aber nicht bei uns, sondern in tropischen Ländern. Die Gewichte unserer einheimischen Holzarten bewegen sich in engeren Grenzen. Dennoch sind auch hier die Unterschiede beachtlich: Pappelholz liegt unter 400, das der Hainbuche dagegen über 700 Kilogramm pro Kubikmeter. Ersteres kann man mit dem Daumennagel oberflächlich einritzen, für letzteres braucht man dazu ein gutes Messer.

Ein Pappelstab, in den Boden gesteckt, ist nach wenigen Jahren verrottet. Ein Eichenkernholz-Stab hält an der gleichen Stelle über lange Zeit, da er Stoffe enthält, die den Pilzbefall verzögern.

Darüber hinaus gibt es auch innerhalb der gleichen Holzart große Abweichungen vom Durchschnitt. Das dicht unter der Rinde zu findende helle Splintholz der Eiche ist unter dem Einfluß von Wechselfeuchtigkeit nur sehr wenig dauerhaft, es wird schnell zersetzt. Der dunklere Kern dagegen ist selbst unter ungünstigen wechselhaften Witterungsbedingungen sehr dauerhaft.

Aber auch unabhängig von der Frage nach Kern oder Splint kann man Eiche nicht mit Eiche und Kiefer nicht mit Kiefer gleichsetzen, sondern es gibt je nach Standort und Baumalter und zwischen Wurzel und Krone im Baum große Unterschiede in den Holzeigenschaften. So ist das von einer jungen Eiche gebildete Holz in der Regel schwer und fest, während der gleiche Baum im hohen Alter wesentlich leichteres, entsprechend weniger festes, dafür aber sehr leicht zu bearbeitendes Holz anlegt. Umgekehrt verhält es sich mit der Kiefer, die wie alle Nadelhölzer in der Jugend leichteres und in höherem Alter schwereres und damit festeres Holz erzeugt.

Jedoch nicht nur Baumart und Baumalter, sondern auch andere Faktoren beeinflussen die Holzeigenschaften. Greifen wir davon nur einen heraus, nämlich die Höhenlage im Gebirge und ihren Einfluß auf das Holz der Fichte. Mit zunehmender Höhe verkürzt sich die Vegetationsperiode für den Baum, seine Jahrringbildung setzt entsprechend später ein und bleibt auf wenige Monate begrenzt. Auf diese Weise kommen besonders enge Jahrringe zustande, in denen dickwandige, feste Zellen fast völlig fehlen. Derartiges Holz aus bestimmten Hochlagen weicht vom gewöhnlichen Aufbau des Fichtenholzes so stark ab, daß der Zimmermann es für einen Dachstuhl wegen geringer Festigkeit kaum brauchen kann. Der Geigenbauer dagegen sucht dieses Spezialholz, weil es besonders gute Klangeigenschaften hat.

Jeder Waldspaziergang zeigt, daß im gleichen Bestand an ein und derselben Baumart große Unterschiede in der Holzbildung vorkommen müssen, wenn man die unterschiedlichen Kronengrößen beobachtet. Auch die Durchforstungen des Försters können das »Klassensystem« nicht verhindern. Der Unterschied zwischen »arm« und »reich«, sichtbar an kleinen und großen Kronen, bleibt in jedem Bestand deutlich. Und dieses Klassensystem wirkt sich natürlich auf wichtige Holzmerkmale aus: am auffälligsten auf den Durchmesser, aber auch auf das Gewicht des Holzes, auf die Länge der Holzfasern und anderes mehr. Im Wald entsteht also in Abhängigkeit von Baumart, Wuchsgebiet, Standort, soziologischer Stellung des Einzelbaumes, Baumalter und Baumteil eine Vielfalt von Rohstoffen. Sie haben den großen Vor-

Querschnitt durch den Stamm eines Kirschbaumes mit hellem, wasserleitendem Splint- und schönem, dunklem Kernholz.

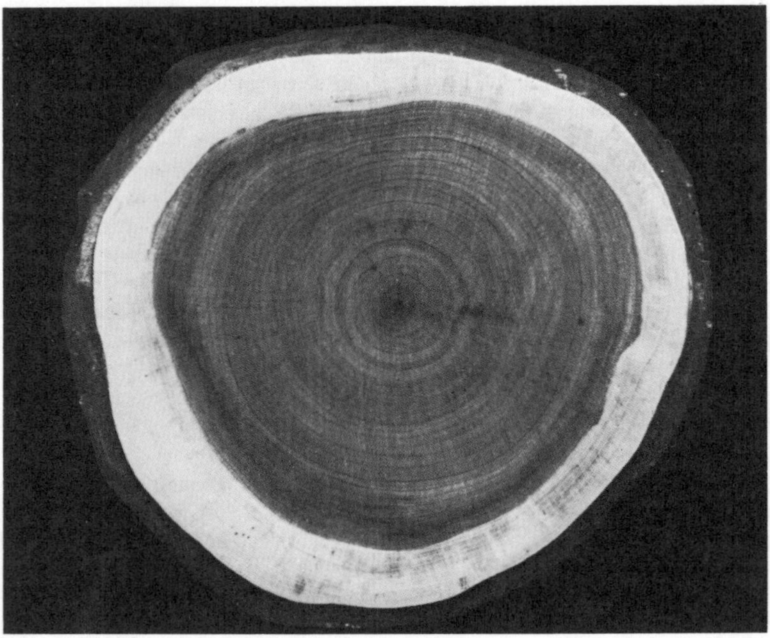

zug, unter umweltfreundlichsten Bedingungen gebildet zu werden. Zudem lassen sie sich ohne großen Aufwand an Energie in unzählige Fertigprodukte verwandeln.

Für eine Reihe von Verwendungszwecken soll der Stamm möglichst gerade und lang sein, während es bei anderen mehr auf eine schöne Farbe, Struktur oder astreine Schichten ankommt. An anderer Stelle schließlich wird leichte Imprägnierbarkeit mit Schutzmitteln oder hohe Oberflächenhärte verlangt. Letzteres gilt beispielsweise für Schulmöbel, und man kann sich denken, warum.

Wie kann man Holz im Vergleich mit anderen Materialien generell einordnen? Da gibt es doch vieles, das besser ist. Sicher, Holz ist eben kein hochspezialisiertes Material. Es gibt keine Einzeleigenschaft – außer seiner individuellen Schönheit –, in der es nicht von anderen Stoffen übertroffen werden könnte.

Holz ist nirgendwo sensationell – nirgendwo ist es der »Klassenbeste«. Sein Vorteil liegt in der Vielfalt, die sich aus seinem grundsätzlichen Aufbau, aus den Unterschieden zwischen den Holzarten und dem individuellen Wachstum ergibt.

Einige Gründe für die Beliebtheit des Holzes

Unter dieser Überschrift lassen sich einerseits bewiesene Tatsachen und andererseits schwer beweisbare Gefühle aufzählen. Eine Herausforderung für ein Sachbuch sind vor allem die letzteren. Nehmen wir zum Beispiel die Behauptung, das Leben in Holzbauten sei besonders gesund. Dagegen ist nichts zu sagen. Ein wissenschaftlicher Beweis ist jedoch schwierig. Bei anderen Baustoffen wird gelegentlich von schädlichen elektrischen Feldern, von ungünstiger Wirkung auf Seele und Gemüt gesprochen – stichhaltig belegen läßt sich das alles bisher nicht.

Aber wenn man davon ausgeht, daß große, robuste Völkerschaften über Jahrhunderte in Holzhäusern herangewachsen sind, dürfen wir getrost unterstellen, daß ein Leben in Holz nicht ungesund sein kann.

Wenig Zweifel herrscht darüber, daß gewachsenes Holz in der Wohnung, am Arbeitsplatz und in repräsentativen Bauten schön und warm anmutet, daß es die Akustik verbessern kann, daß es mit Anstand altert und daß es kaum dem wechselnden Modegeschmack unterliegt. Besonders wichtig ist für Gegenwart und Zukunft vielleicht, daß Holz durch seine Individualität der Eintönigkeit entgegenwirkt und dem Menschen hilft, sich gegen eine immer uniformer werdende Umwelt zu wehren.

Aber bleiben wir zunächst einmal bei einigen seit langem bewährten Beispielen für die Beliebtheit des Holzes. Da ist zunächst seine leichte Bearbeitbarkeit zu erwähnen. Es gibt wohl kein anderes festes Material, das man mit so wenigen und einfachen Werkzeugen wie Säge, Hobel, Hammer, Schraube, Nagel und Leim sowie relativ geringem Kraftaufwand so vielseitig bearbeiten und verbinden kann. Wie groß beispielsweise ist die Zahl der Haushalte, in denen Säge, Hammer, Nagel und Leim vorhanden sind, doch wie lange muß man andererseits suchen, bis man einen findet, der mit einem Schweißgerät ausgestattet ist?

Ein anderer Vorteil des Holzes liegt in seiner hohen Festigkeit bei geringem Gewicht. Für diese Eigenschaft gibt es in der Festigkeitslehre einen sehr anschaulichen Begriff, nämlich die sogenannte Reißlänge. Am besten stellt man sich diese theoretische Größe folgendermaßen vor: Ein Ende eines Stabes wird an einem Hubschrauber befestigt. Dieser steigt senkrecht in die Höhe und zieht einen immer länger und dadurch laufend schwerer werdenden Teil des Stabes hoch. Plötzlich, bei einer bestimmten Höhe des Hubschraubers, reißt der Stab durch sein eigenes, zu groß gewordenes Eigengewicht ab. Das ist die Reißlänge.

Fehlerfreies Holz erreicht faserparallel durch seine hohe Festigkeit bei geringem Gewicht mit einer Reißlänge von 15 bis 30 Kilometer einen sehr hohen Wert, der weit über Baustahl und gängigen Vollkunststoffen liegt. Falsch an dem Beispiel ist allerdings der 30 Kilometer hoch aufsteigende Hubschrauber, weil er diese Höhe nicht schafft.

Aus der Beschreibung der Reißlänge könnte man nun schließen, daß schweres Holz früher abreißt als leichteres, aber das ist nicht der Fall, denn mit zunehmendem Gewicht steigt die Festigkeit des Holzes an.

Ein dritter Grund für die vielseitige Verwendbarkeit des Holzes liegt darin, daß es bei Auflösung des Gefüges hochfeste Fasern in unvorstellbaren Mengen liefert, die uns im Papier, im Karton und in vielen anderen unentbehrlichen Produkten begegnen. Es vergeht kein Tag, an dem wir nicht mit Holzfasern in Berührung kommen – Zeitung und Buch, Papiertaschentuch oder Toilettenpapier.

Nach diesen greifbaren Vorzügen des Holzes noch einmal zurück zum Baum. Er – die schöne Holzfabrik – ist und kann im technischen Sinne niemals etwas Vollkommenes sein. Jeder Baum hat seinen eigenen, höchst individuellen Lebenslauf hinter sich. Er hat deshalb einen langen oder einen kurzen Stamm, dünne oder dicke Äste und kleinere oder größere Fehler in unterschiedlicher Menge.

Gerade in bezug auf Äste tragen nun viele Wald- und Holzfreunde oft zwei Seelen in ihrer Brust. Im Wald erfreut sie eine lange, mächtige Krone mit dikken Ästen. In der Holzhandlung aber fragen sie nach astreinem Holz, und darin steckt ein Widerspruch. Dieser verbreitete Wunsch nach dem »fehlerfreien« Holz ist so stark und allgemein verbreitet, daß der Begriff »astrein« zu einem geflügelten Wort werden konnte. Astrein in der Umgangssprache bedeutet, daß eine Sache besonders gut und richtig ist, auch wenn sie mit Holz gar nichts zu tun hat.

Aber der richtige Wald- und Holzfreund sollte eingewachsene Äste und kleine Fehler überall dort, wo es technisch vertretbar ist, in seine Freude über die Individualität des Holzes einbeziehen und in ihnen ein Stück Baum und einen Teil Wald erkennen und schätzenlernen.

Der Blick ins Holz

Die Wichtigkeit der Kambiumzellen, die den gesamten lebenden Baum umhüllen und Rindenzellen nach außen, Holzzellen nach innen abteilen, ist schon in früheren Kapiteln betont worden. Dabei kann jede Kambiumzelle unterschiedliche Zellarten bilden, wobei hier nur die wichtigsten beschrieben werden sollen. Ihre Vielfalt im Holz läßt sich am besten vereinfachen und verstehen, wenn man sie auf bestimmte Aufgaben bezieht, die sie für den Baum zu erfüllen haben: Wasserleitung von der Wurzel zur Krone, Festigung von Wurzeln, Stamm und Ästen, Speicherung von Reservestoffen.

Interessant und technisch wichtig dabei ist es nun, daß im Laubholz wesentlich mehr und höher spezialisierte Zellarten vorkommen als im Nadelholz. Aber viele Zellarten erfüllen nicht nur eine, sondern mehrere Funktionen – beispielsweise die der Wasserleitung wie die der Festigung.

Zellen, die vor allem der Wasserleitung dienen, sind durch große Zellhohlräume und große oder viele Öffnungen zu den Nachbarzellen charakterisiert. Festigkeit dagegen verleihen dem Holz vor allem solche Zellen, die sich durch dicke Zellwände und kleine Zellhohlräume auszeichnen.

Die Holzarten unterscheiden sich nun nicht nur durch Typ und Anteile ihrer Holzzellen, sondern auch durch deren Anordnung im Jahrring. Vor allem muß dabei zwischen dem am Beginn der Vegetationsperiode gebildeten Frühholz und dem danach angelegten Spätholz unterschieden werden.

So gibt es Laubhölzer, die ihre großen, auffälligen Zellen für die Wasserleitung, die Gefäße, im ersten Teil des Jahrringes, also im Frühholz, konzentrieren, und andere, bei denen sich die meist kleineren Gefäße über den ganzen Jahrring verteilen. Die erste Gruppe von Holzarten bezeichnet man nach dem Eindruck, den man am Querschnitt gewinnt, als ringporig, die zweite als zerstreutporig. Allerdings nehmen auch bei den zerstreutporigen Holzarten die Gefäßdurchmesser vom Früh- zum Spätholz langsam ab. Aber eine klare Grenze zwischen Früh- und Spätholz läßt sich bei ihnen nicht erkennen. Die wenig spezialisierten Nadelhölzer haben keine Gefäße; bei ihnen übernehmen die Frühholzarten die Funktion der Wasserleitung.

Danach kann man die einheimischen Baumarten nach ihrem Holzaufbau in drei Gruppen einteilen, nämlich:
Nadelhölzer (z. B. Fichte, Kiefer, Tanne, Lärche)
Ringporige Laubhölzer (z. B. Eiche, Esche, Rüster)
Zerstreutporige Laubhölzer (z. B. Buche, Ahorn, Birke).

Besonders schön – und an abstrakte Bilder moderner Maler erinnernd – können unter dem Mikroskop solche dünnen Holzschnitte sein, die mit Färbemitteln behandelt wurden. Dabei stellt man fest, daß sich die Wände verschiedener Zellarten unterschiedlich stark verfärben, aber auch, daß sich innerhalb derselben Zellwand Schichtungen ergeben. Diese unterschiedlichen Farbtönungen von Zellwänden und Zellwandschichten deuten auf Wechsel in der chemischen Zusammensetzung der Zellwandbausteine hin.

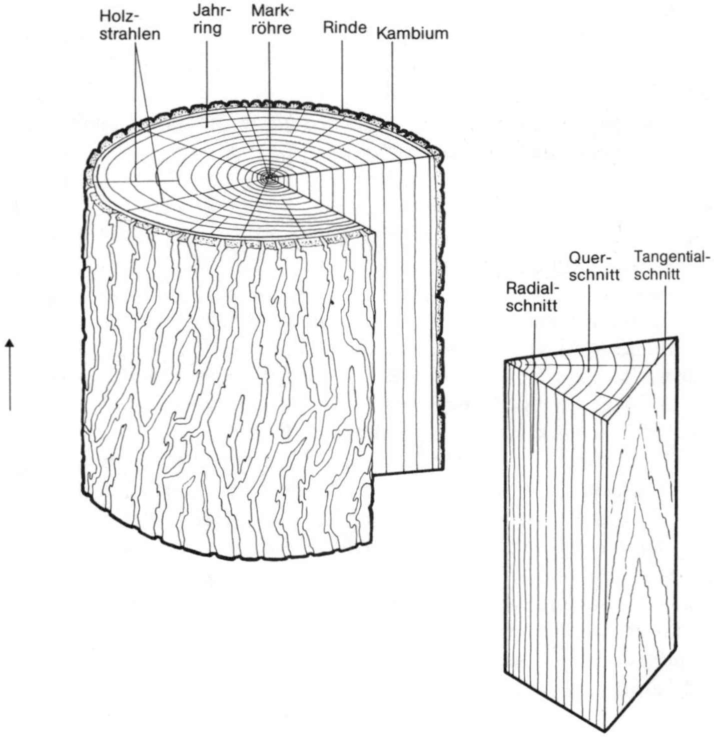

Um ein Holzstück zu beschreiben oder die Holzart zu erkennen, muß man es auf die Wuchsrichtung des Baumes orientieren. Dann kann man die Schnittrichtung und die Merkmale leichter deuten. Wir unterscheiden drei Schnittrichtungen: den Querschnitt und zwei Längsschnitte, nämlich den Tangential- und den Radialschnitt. Der Radialschnitt verläuft also vom Stammzentrum zur Rinde, der Tangentialschnitt mehr oder weniger senkrecht dazu. Zwischen diesen Schnittrichtungen finden sich in den Holzprodukten natürlich alle Übergänge. Weil im Radialschnitt parallel angeschnittene Holzstrahlen in vielen Holzarten örtlich etwas glänzen, wird diese Schnittrichtung oft auch als Spiegelschnitt bezeichnet. Der Tangentialschnitt wird besonders bei Nadelhölzern Fladerschnitt genannt.

Die Unterscheidung von Holzarten ist allerdings oft auf dem Querschnitt am leichtesten, weil dort viele Merkmale am deutlichsten erkennbar sind.

Die überwiegende Mehrzahl der Holzzellen ist gestreckt und auf die Wuchsrichtung des Stammes ausgerichtet. Nur die Holzstrahlen und ihre Zellen verlaufen senkrecht dazu in radialer Richtung.

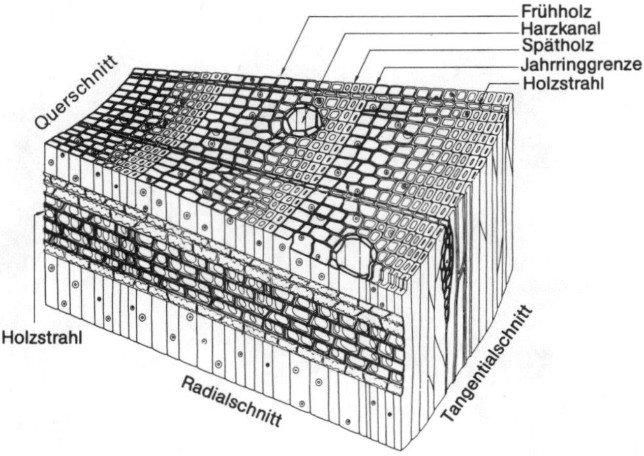

Schematische Darstellung des anatomischen Aufbaues von Nadelholz (oben) und Laubholz (unten). Deutlich wird vor allem der wesentlich einfachere Bau des Nadelholzes. Neben Holzstrahlen und Harzkanälen besteht es fast ausschließlich aus vielseitig nutzbaren Fasern, die bis zu 95 Prozent des Volumens einnehmen können.

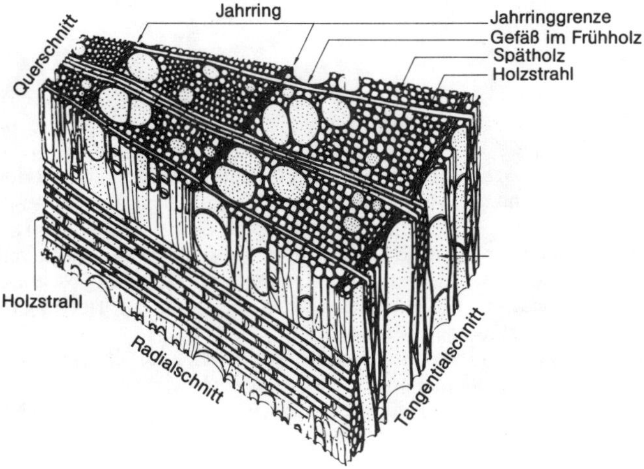

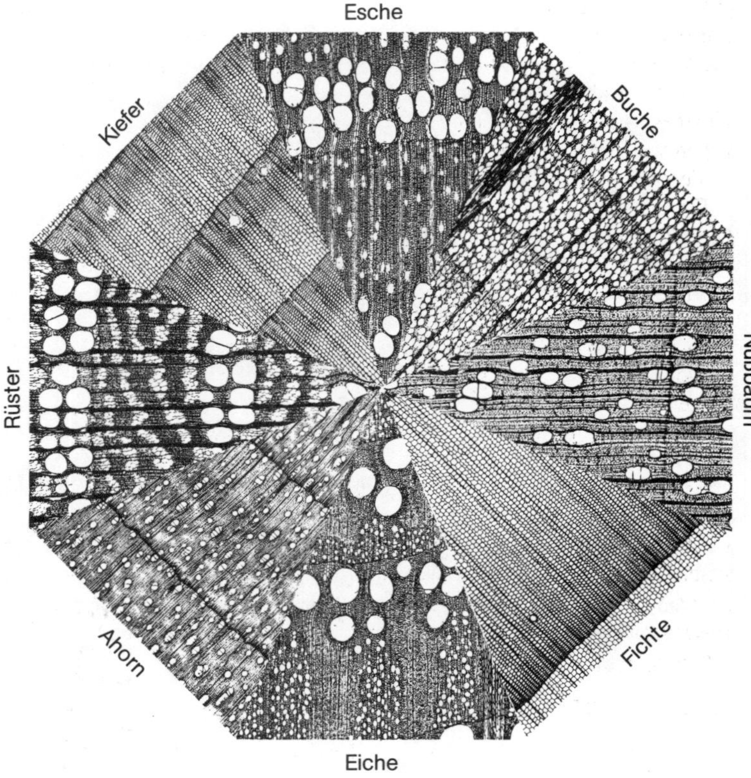

So unterschiedlich zeigen sich einige unserer wichtigsten einheimischen Holzarten im Querschnitt unter dem Mikroskop (Vergrößerung 10fach). Große oder kleine Poren in den Laubhölzern; keine Poren, aber dafür dünnwandige Fasern mit großen Zellhohlräumen für die Wasserleitung im Frühholz der Nadelhölzer. Unterschiede aber auch im Spätholz der Laubhölzer, so zum Beispiel die auch mit bloßem Auge erkennbare Bänderung in der Rüster, die auf eine Häufung von Spätholzgefäßen zurückzuführen ist.

Kiefernholz kann man besonders an seinen großen Harzkanälen erkennen, die in der Tanne völlig fehlen, während sie in Fichtenholz kleiner und seltener sind als in der Kiefer. Aber auch innerhalb jeder Holzart findet man in Abhängigkeit von Wuchsgebiet, Einzelbaum und Baumteil natürlich große Unterschiede.

Daß die Zellwände aus verschiedenen chemischen Bestandteilen bestehen, läßt sich übrigens in jedem Haushalt oder Büro an überall vorhandenen Papieren beobachten. Schreibblöcke und Hefte tragen gelegentlich den Vermerk: »holzfrei«. Diese Aufschrift ist irreführend, da auch solche Papiere selbstverständlich Holzfasern enthalten. Allerdings ist ihnen ein wesentlicher Holzbestandteil – nämlich das Lignin – mehr oder weniger vollständig entzogen worden, und ihr Gehalt am wichtigsten Holzbestandteil, der Cellulose, ist dementsprechend höher.

Ob ein Papier viel oder wenig Lignin enthält, kann man mit ein bißchen Geduld leicht beobachten. Die Tageszeitung besteht neben Cellulose zu einem hohen Anteil aus Lignin. Sie vergilbt unter Lichteinwirkung sehr schnell. Ein Buch aus hochwertigem Papier, d. h. mit höherem Celluloseanteil, vergilbt – auch wenn es längere Zeit aufgeschlagen auf dem Fensterbrett liegt – kaum. Die Aussage »holzfrei« besagt also nur, daß es sich um Papier mit einem hohen Celluloseanteil handelt. Er beträgt übrigens bei allen Holzarten etwa 50 Prozent.

Wichtig für die Holzeigenschaften sind aber nicht nur die Zellarten, sondern auch die Zellgrößen. Das gilt z. B. für die Durchmesser der Gefäße, welche die Zeichnung und die Oberflächenglätte des Holzes, eventuell aber auch seine Imprägnierbarkeit beeinflussen. Besonders bedeutsam ist jedoch die Länge der Fasern in Laub- und Nadelholz. Sie beträgt in unseren einheimischen Laubhölzern durchschnittlich einen Millimeter. In den Nadelhölzern sind sie mit drei bis vier Millimetern ungleich länger. Gleichzeitig haben die Fasern in den Nadelhölzern über 90, in Laubhölzern oft unter 50 Prozent Volumenanteil. Beides, sowohl die überlegene Faserlänge der Nadelhölzer als

Holz gibt es nur, weil es auch Rinde gibt. Sie schützt das Kambium, damit es ungestört Holzzellen produzieren kann. Schön ist die Rinde zudem, wenn auch gegenwärtig meist Abfall für den Förster und Säger.

auch ihr höherer Gehalt an Fasern, begründen ihre besondere Bedeutung für die Papierherstellung.

Nachdem die Holzzellen vom Kambium abgeteilt und fertig ausgebildet sind, stirbt der Zellinhalt bei den meisten von ihnen ab. Nur die Speicherzellen (Parenchymzellen) bleiben am Leben. Da nun die Wasserleitung von den Wurzeln zur Krone in den rindennahen Jahrringen bzw. Holzschichten – im Splintholz – erfolgt, verlieren mit zunehmendem Alter des Baumes die weiter innen liegenden Holzschichten für die aktiven Lebensvorgänge des Baumes an Bedeutung. Aber sie behalten natürlich ihre Funktion für seine Standfestigkeit.

Diese innen liegenden Holzschichten werden bei vielen Baumarten durch die noch lebenden Speicherzellen in ihren Eigenschaften nachträglich verändert, indem durch Umwandlung ihrer Zellinhaltsstoffe ein meist dunkleres Kernholz gebildet wird. Dabei werden Kernstoffe verschiedener Art in die Zellwände oder Zellhohlräume eingelagert und bei einigen Laubbaumarten die Gefäße verschlossen. Nadelhölzer zeigen im Kernbereich meist einen erhöhten Harzgehalt, d.h. die hartnäckig klebrige Substanz, die jeder nach Sitzen auf gefällten Nadelbäumen schon von Handflächen oder Hose mühsam entfernen mußte. Außerdem verfestigt sich bei der Verkernung das Harz und verstopft die Harzkanäle.

Allerdings ist dabei zu unterscheiden zwischen »echten« Kernen und »Falschkernen«. Einen echten Kern bilden z.B. Eiche, Lärche und Kiefer. Typisch für einen Falschkern ist vor allem der von jedem aufmerksamen Waldspaziergänger an Querschnitten gefällter Buchen schon beobachtete »Rotkern«. Echte Kerne werden in einem einigermaßen vorhersehbaren

Kleiner Rotkern in einem Buchenholzquerschnitt; Rotkerne in Buche oder auch andere Falschkerne verursachen keine Minderung der Festigkeit.

Baumalter gebildet, bei der Eiche und der Kiefer etwa mit 25 bis 30 Jahren. Der Rotkern der Buche dagegen entsteht zu einem unbestimmten Zeitpunkt und kann schon in jungen Bäumen vorhanden sein, andererseits in alten Bäumen des gleichen Bestandes oder auf einem anderen Standort noch völlig fehlen. Außerdem zeigen echte Kerne einen Umriß, der dem Querschnitt des Stammes einigermaßen parallel folgt, während Falschkerne oft wolkenförmige Begrenzungen und stark wechselnde Farben aufweisen.

Echte Verkernung zeichnet sich durch schöne Farbe, verminderte Quellung oder Schwindung sowie bei den meisten Holzarten durch erhöhte Widerstandsfähigkeit gegen holzzerstörende Pilze und Insekten aus. Sie bedeutet also in der Regel eine Werterhöhung. Falschkerne dagegen werden oft als Fehler angesehen. Viele dieser Kerne weisen sehr ungleichmäßige, verwaschene und manchmal auch unschöne Farben auf. Das muß aber nicht so sein. Besonders für den Rotkern der Buche gilt dieses oft nicht, sondern ihrem Falschkern wäre zu wünschen, daß er auch im dekorativen Bereich stärker akzeptiert wird als bisher. In Dänemark ist das übrigens längst geschehen. Und noch ein Hinweis: Falschkerne bedeuten – solange kein Pilzbefall hinzukommt – keine Festigkeitsminderung des Holzes.

Der Förster verkauft Holz, Wasser und Luft

Ein besonders interessantes Merkmal des Holzes ist sein Gewicht, weil es uns Auskunft über viele andere Eigenschaften eines Holzstückes und einer ganzen Holzart geben kann. Allerdings ist das mit dem Gewicht gar nicht so einfach. Holz hat nämlich sehr unterschiedliche Gewichte: das Trockengewicht, das Gewicht nach dem Einbau in eine Wand, oder das Gewicht unmittelbar nach der Fällung des Baumes im Wald.

Der frisch eingeschlagene Stamm ist schwer, weil er vor allem in der äußeren Schicht, dem Splintholz, einen hohen Anteil an Wasser enthält. Zum Stamminneren fällt der Wassergehalt meistens ab. Im Splintholz kann das Gewicht des Wassers dasjenige der Holzsubstanz zunächst weit übertreffen. Das gilt besonders für die leichteren Holzarten, denn diese besitzen durchschnittlich dünnere Zellwände und große Zellhohlräume, in welchen dementsprechend viel Wasser Platz hat. Andererseits ist der maximale Wassergehalt, also die vollständige Sättigung des Holzes mit Wasser, auch im stehenden Baum nur ausnahmsweise zu finden. In der Regel besteht der Baum also aus einem Gemisch von Holz, Wasser und Luft – und dieses Gemisch verkauft der Förster. Da nun die leichteren Hölzer, wie die Pappel, viel und die schweren Hölzer, wie die Buche, kurz nach dem Einschlag – auf ihr Trockengewicht bezogen – weniger Wasser enthalten, ist der Gewichtsunterschied zwischen gleich dicken und langen Stämmen zunächst nicht übermäßig groß. Das Transportgewicht des frisch eingeschlagenen Holzes liegt also dichter beieinander als das des ausgetrockneten. Die Austrocknung im Walde bleibt bei baldigem Abtransport meist nur gering und erreicht erst im Laufe der Herstellung der Produkte verwendungsgerechte Werte.

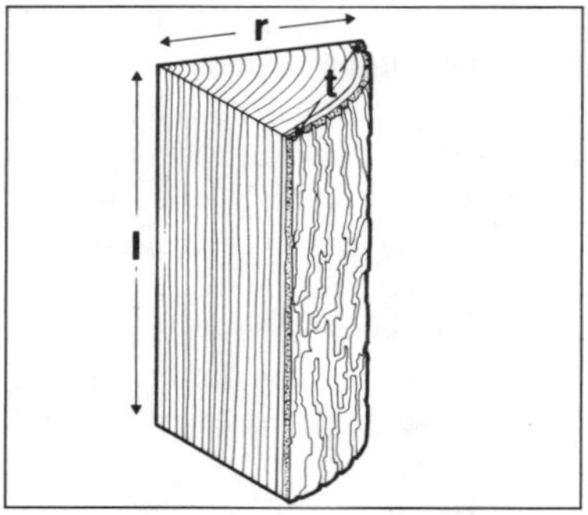

Die Größenordnung für das Quellen und Schwinden verhält sich in den verschiedenen Stammrichtungen folgendermaßen: längs (l) zu radial (r) zu tangential (t) wie 1 zu 10 zu 20

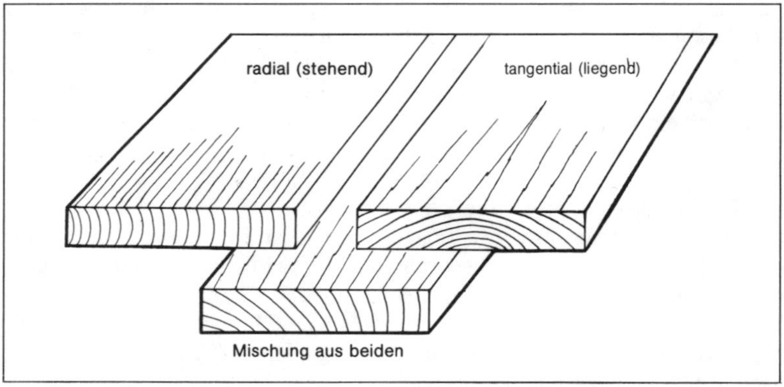

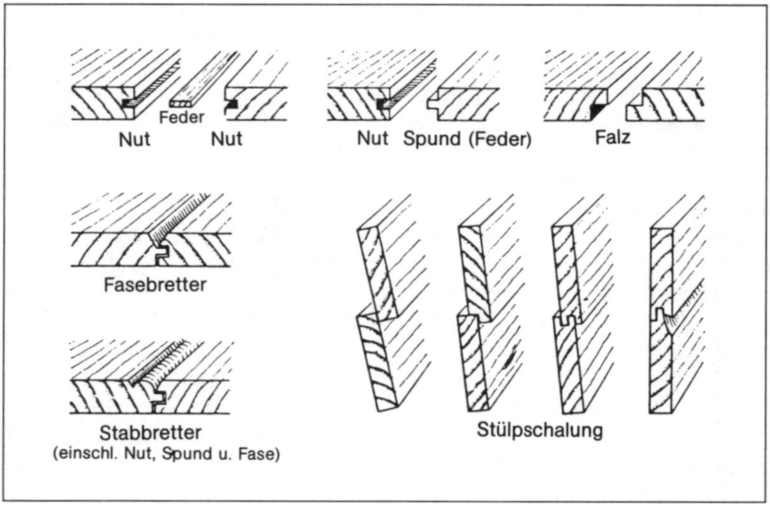

Links Mitte:
Ausrichtung von Jahrringen in Brettern: Ein Durchschnittsbrett, das aus einer Mischung von tangentialer und radialer Schnittrichtung besteht, verändert bei Zu- oder Abnahme seiner Feuchtigkeit um 4 Prozent seine Brettbreite etwa um 1 Prozent.

Links unten:
Bearbeitete Bretter und verschiedene Verbindungen, die trotz Quell- und Schwindbewegungen des Einzelbrettes den Verbund bewahren.

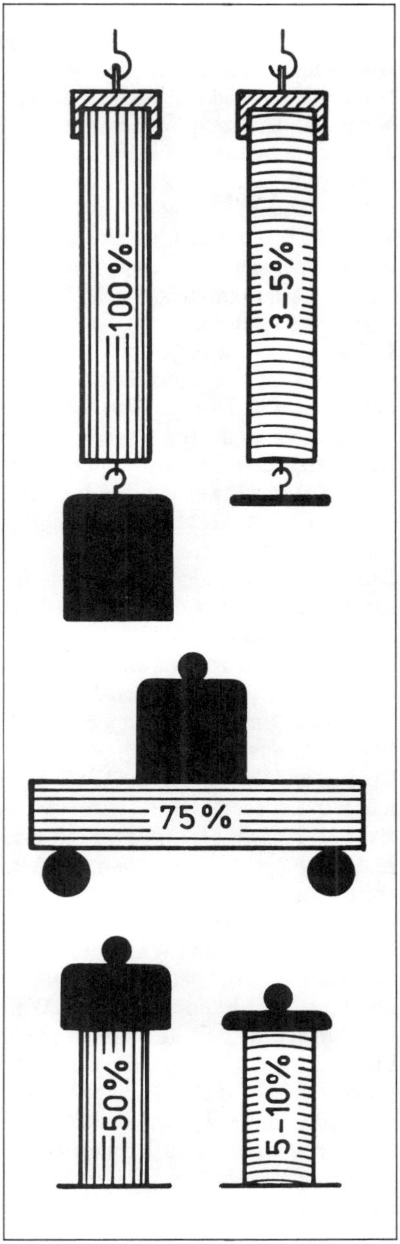

Rechts:
Festigkeitsunterschiede des Holzes bei Belastung in Abhängigkeit von der Ausrichtung des Holzes. Am höchsten liegt die Zugfestigkeit parallel zur Faser. Sie wurde = 100 Prozent gesetzt. Etwa die Hälfte beträgt die Druckfestigkeit parallel zur Faser.

Während der Austrocknung gibt das Holz zunächst das Wasser ab, welches sich in den Zellhohlräumen befindet. Man nennt es »freies« Wasser. Aber auch in den Zellwänden befindet sich in vielen, mikroskopisch kleinen Gängen Feuchtigkeit. Sie wird als »gebundenes« Wasser bezeichnet. Nach Versiegen des freien Wassers aus den Zellhohlräumen wird bei anhaltender Austrocknung auch diesen feinen Gängen Wasser entzogen. Dadurch beginnt die Zellwand zu schrumpfen – das Holz schwindet. Das muß man sich vorstellen wie Wasser im Inneren und in den Wänden eines unlasierten Tongefäßes. Zunächst verdunstet das Wasser aus dem Gefäß selbst, danach bei entsprechender Temperatur auch das aus der Wand. Allerdings schrumpft die Wand eines gebrannten Tongefäßes dabei nicht.

Holz schwindet so lange, bis es sich mit der Feuchtigkeit der umgebenden Luft in einem Gleichgewicht befindet. Wenn dieser Zustand erreicht ist und sich dann die Luftfeuchtigkeit erhöht, paßt sich Holz dieser veränderten Situation durch Feuchtigkeitsaufnahme an: Seine Zellwände dehnen sich aus – das Holz quillt. Die hölzerne Zellwand dehnt sich oder sie schrumpft in Abhängigkeit von ihrem Wassergehalt.

Die Kraft, mit welcher die Quellung vor sich geht, ist so groß, daß man sie sich früher zum Zerkleinern von Felsen nutzbar gemacht hat. Man trieb ausgetrocknete Holzkeile in vorhandene, eingemeißelte oder gesägte Felsspalten. Durch anschließende Befeuchtung dieser Keile bewirkte der enorme Quellungsdruck eine Erweiterung und Vertiefung der Spalten bis hin zur Sprengung des Felsens.

Über Quellen und Schwinden des Holzes haben sich selbst viele Holzfreunde schon oft geärgert. Deshalb ist es so wichtig, die Zusammenhänge zwischen Holz und Feuchtigkeit zu beachten. Wieviel Feuchtigkeit enthält das Holz in unserer Umgebung, und in welchen Größenordnungen spielen sich Quellen und Schwinden ab? Ein Beispiel: Bei 20 Grad Celsius und 65 Prozent relativer Luftfeuchtigkeit stellen sich in einem Stück Holz nach einiger Zeit etwa 12 Prozent Holzfeuchtigkeit ein. Diese 12 Prozent sind Gewichtsprozente, bezogen auf ein absolut trockenes Stück Holz. Ein kleines Frühstücksbrettchen, das absolut trocken 100 Gramm wiegen würde, enthält bei dem beschriebenen Zustand der umgebenden Luft also 12 Gramm Wasser. Um auch diese 12 Gramm Wasser zu entfernen, müßten wir das Brettchen in den Backofen stecken und bei über 100 Grad Celsius darren. Da wir das nicht tun, finden wir in unserer ganzen Wohnung nicht ein Stück Holz, das keine Feuchtigkeit enthält. In unseren zentralbeheizten Räumen liegt die relative Luftfeuchtigkeit oft tiefer als bei 65 Prozent. Nehmen wir an, sie läge bei 50 Prozent. Unter dieser Bedingung enthält das gleiche Frühstücksbrett nur noch 10 Gramm Wasser. Erhöhen wir dagegen die Luftfeuchtigkeit auf 70 Prozent – in Bad und Küche ist das vorübergehend durchaus möglich –, dann steigt die Holzfeuchtigkeit langsam auf 14 Prozent an. Bei Holzverwendung im Freien muß man mit Feuchtigkeiten bis zu 18 Prozent, vorübergehend auch mehr, rechnen.

Bei welchem Feuchtigkeitsprozent, so wird mancher nun fragen, beginnt eigentlich die Schwindung oder endet die Quellung. Trotz einiger Schwankungen rechnet man mit ungefähr 30 Prozent Feuchtigkeit. Oberhalb dieses Bereiches, den man Fasersättigungspunkt nennt, gibt es kein Schwinden und Quellen, weil sich nur der Gehalt an freiem Wasser verändert. Wenn sich unterhalb dieses Fasersättigungspunktes die Feuchtigkeit erhöht oder vermindert, dehnt sich das Holz aus oder es schwindet. Geringe Feuchtigkeitsänderungen bewirken kleine, große dagegen merkliche Bewegungen. Holz arbeitet! Und das leider unterschiedlich stark in den verschiedenen Wuchsrichtungen.

Schlecht schließende Fenster, klemmende Türen, aufgewölbte Dielen sind die Folge, wenn man diese Eigenarten nicht beachtet. Die Erfindungsgabe unserer Vorfahren und viele Entwicklungen der Gegenwart haben zahlreiche Wege aufgezeigt, mit diesen Eigenarten fertig zu werden. Nut und Feder, Rahmen und Füllung, schichtweises Versetzen der Faserrichtung sind nur einige der Möglichkeiten, die der Fachmann kennt, millimetergenau berechnet und für qualitativ hochwertige Produkte benutzt.

Wie sonst wäre es möglich, Präzisionsinstrumente wie Orgeln oder Pianos hier in unserem Lande herzustellen und in klimatisch so unterschiedliche Regionen wie Afrika oder Skandinavien zu exportieren. Mit Holz ist vieles möglich, man muß es nur richtig handhaben.

Genau das gleiche gilt nun für die Festigkeit. Auch sie ist von der Wuchsrichtung des Stammes sehr stark abhängig. Der Baum produziert Holz nicht, um unseren Ansprüchen in der Holzverwendung entgegenzukommen, sondern um hundert und mehr Jahre an ein und derselben Stelle Sturm, Schnee, Reifbehang, Bodenbewegungen und anderen Ereignissen standzuhalten. Und diese Vielfalt machen wir uns zunutze. Leicht, fest und über die ganze Länge stabil ist der Baum! Er ist selbst an solchen Stellen stark, wo kritische Schwächungen auftreten können, wie an Astquirlen. Auch dort muß er halten, wenn ihn der Herbststurm weit durchbiegt. Sonst bricht er ab und scheidet aus der Konkurrenz mit seinen Nachbarn aus.

Wie das Quellen und Schwinden verhält sich auch die Festigkeit in den verschiedenen Richtungen, also faserparallel oder quer zur Faser, sehr ungleichmäßig. Das ist leicht zu erklären, denn die überwiegende Mehrzahl der Zellen verläuft parallel zur Baumachse: einerseits, um den Wassertransport von der Wurzel zur Krone zu erleichtern, und andererseits, um dem Baum seine Stand- und Biegefestigkeit zu geben. So kommt es, daß die Festigkeit parallel zur Faser sehr viel größer ist als quer zur Faser. Das gewachsene Holz zeigt also eine gerichtete Festigkeit, die in einigen Verwendungsbereichen Vor- und in anderen Nachteile hat. So kann die Festigkeit parallel zur Faser diejenige in Querrichtung um das Dreißigfache überschreiten.

In einem Bücherregal und einer Dachlatte ist gerichtete Festigkeit als günstig, in einem sehr breiten und schweren Küchenbrett, das zu Boden fällt und dabei parallel zu den Fasern zerbricht, als ungünstig anzusehen. Besonders deutlich wird die gerichtete Festigkeit übrigens beim Spalten des Holzes. Dies ist praktisch nur in faserparalleler Richtung möglich, und der Spalteffekt wirkt quer zur Faser.

Auf den ruhig stehenden Stamm drückt das Gewicht der Baumkrone. Deshalb könnte man denken, daß Druckfestigkeit die Hauptleistung des Holzes ist. Das stimmt aber nicht, sondern die höchsten Werte zeigt die Zugfestigkeit parallel zur Faser. Nur halb so hoch sind die der Druckfestigkeit. Zwischen den Werten der Zug- und Druckfestigkeit liegen die der Biegefestigkeit.

Wie groß die Zugfestigkeit parallel zur Faser ist, kann man sich so vorstellen: Man hängt ein Mittelklasse-Auto von etwa 1000 Kilogramm Gewicht an einen Holzstab. Welchen Querschnitt müßte dieser fehlerfreie Stab wohl haben, wenn er aus Kiefernholz von durchschnittlicher Festigkeit bestünde? Die Antwort ist verblüffend: nur etwa einen Quadratzentimeter. An einem gleich dicken Stab aus Eschenholz mittlerer Beschaffenheit könnte man sogar einen Wagen mit 1650 Kilogramm hängen, und das wäre ein sehr schweres Personenauto!

Voraussetzung dafür wäre aber auch, daß es sich um getrocknete Holzstäbe handelt, solche mit etwa 12 Prozent Holzfeuchtigkeit, denn die Festigkeit steigt unterhalb des Fasersättigungspunktes mit zunehmender Austrocknung an.

Aber nicht nur die Feuchtigkeit hat Einfluß auf viele Eigenschaften, sondern auch das Gewicht des trockenen Holzes. Im Vergleich zwischen den Holzarten, aber auch innerhalb der gleichen Art zeigt das schwerere Holz die größeren Quell- und Schwindwerte, aber gleichfalls die durchschnittlich höhere Festigkeit und umgekehrt.

Die Schwankungen des Trockengewichtes können nun aber auch innerhalb der gleichen Holzart sehr groß sein. In Eichenholz hat man Einzelproben gefunden, die im absolut trockenen Darrzustand 0,4 Gramm, und andere, die 0,9 Gramm pro Kubikzentimeter wogen. Man kann sich denken, daß derartige Unterschiede auf die Eignung oder Nichteignung für bestimmte Verwendungszwecke großen Einfluß haben.

Das leichte Holz läßt sich müheloser verarbeiten, es quillt und schwindet weniger – man sagt daher auch, es »steht« besser. Andererseits – es ist weniger fest als das schwere Holz der gleichen Art. Für eine Eichenkommode mit paßgenauen Schubladen oder auch für Furniere bevorzugt der Schreiner deshalb das leichte, für einen tragenden Balken der Zimmermann dagegen das schwere Eichenholz.

Die Bewertung von Stämmen im Walde und die Einschätzung, für welchen Verwendungszweck sie am besten geeignet sein könnten, schließt aber umständliche Bestimmungen des Trockengewichtes aus. Man hat deshalb seit langem nach leicht sichtbaren Kennzeichen gesucht, von denen sich auf das Gewicht und die davon abhängigen anderen Eigenschaften schließen läßt. Einen relativ guten Anhaltspunkt bietet bei vielen Baumarten die Jahrringbreite. In ringporigen Laubhölzern, wie der Eiche, lassen enge Jahrringe auf hohen Früh- und geringen Spätholzanteil schließen. Im Frühholz befinden sich aber hauptsächlich die wasserleitenden Gefäße und andere Zellen mit relativ großen Zellhohlräumen. Hoher Frühholzanteil ist im trockenen Holz also gleichzusetzen mit niedrigem Gesamtgewicht. In breiteren Jahrringen dieser Holzarten steigt vor allem der Spätholzanteil mit dickwandigen Zellen stark an. Breite Jahrringe deuten bei ihnen auf hohes Gewicht und überdurchschnittliche Festigkeit. Also für ein Sportgerät oder einen Axtstiel der gleichfalls ringporigen Esche sollte kein allzu engringiges Holz ausgewählt werden.

Genau umgekehrt verhalten sich nun die Nadelhölzer. Mit zunehmender Jahrringbreite erhöht sich bei ihnen vor allem der Anteil des hellen, leichten Frühholzes. Also deuten bei ihnen breite Jahrringe auf leichtes Holz hin. Enge Jahrringe dagegen versprechen größere Spätholzanteile und eine Zunahme von Gewicht und Festigkeit. Für bestimmte Verwendungszwecke, bei denen es auf Festigkeit und Sicherheit ankommt, wie beispielsweise beim Gerüstbau, ist deshalb Nadelholz mit sehr breiten Jahrringen und entsprechend niedriger Tragfähigkeit nicht geeignet.

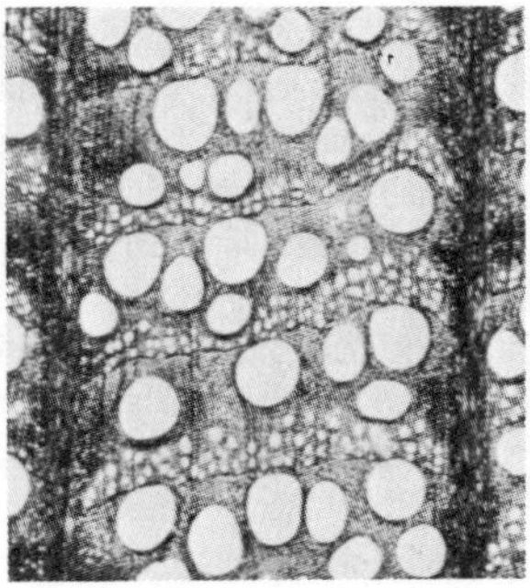

Querschnitt durch Eichenholz mit schmalen, kaum erkennbaren Jahrringen. Der hohe Anteil an wasserleitenden Gefäßen macht derartiges Holz sehr leicht.

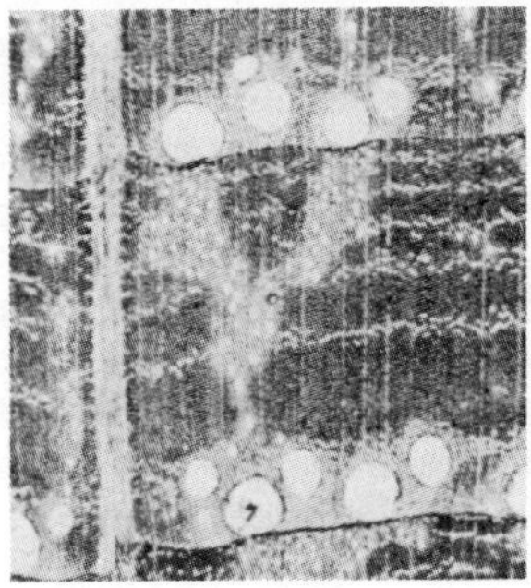

Querschnitt durch einen breiten Eichenjahrring mit hohem Anteil an Spätholz, also an dickwandigen Zellen, die auf schweres Holz schließen lassen.

Eine Ausnahme von der beschriebenen Tendenz bilden gelegentlich die im Zusammenhang mit dem Klangholz erwähnten Fichten aus Gebirgslagen, bei denen enge Jahrringe kaum Spätholz zeigen. Sie sind also nicht fest. Auch bei anderen Nadelhölzern geht das Gewicht und damit die Festigkeit in überaus engen Jahrringen etwas zurück.

Im allgemeinen muß man davon ausgehen, daß die Jahrringbreite von der Jugend zum Alter abnimmt. Daraus ergeben sich Gewichtsveränderungen über den Querschnitt, die sich etwa folgendermaßen darstellen: In Nadelbäumen nehmen Gewicht und Festigkeit von innen nach außen zu. Man hat darin einen Vorteil für die Festigkeitsverteilung gesehen und vom »Röhrenknochen«-Aufbau gesprochen. Ungeklärt bleibt allerdings, warum ringporige Laubbäume ihre Festigkeit entgegengesetzt verteilen: höhere Festigkeit innen – geringere außen.

Keine eindeutige Festigkeitsverteilung im Stamm und auch keinen klaren Zusammenhang zwischen Jahrringbreite und Gewicht zeigen die zerstreutporigen Laubhölzer wie Buche, Ahorn oder Pappel. So kompliziert, interessant, vielseitig und teilweise widersprüchlich ist also das Innenleben unserer Waldbäume.

Ins Holz schreibt der Baum seinen Lebenslauf

Wir feiern Silvester, Geburtstage, Jubiläen, Oktoberfeste. Wir erleben gute und schlechte Jahre. Aber wenn wir unseren Lebenslauf schreiben wollen, bleibt er unvollständig. Wir wissen nicht mehr, ob und wann wir die Masern gehabt haben. Viele Jahre haben wir ganz vergessen, von anderen schreiben wir lieber nichts.

Ganz anders der Baum. Er lebt nach dem Motto »ehrlich währt am längsten«. Und sehr viele Bäume währen dann ja auch wirklich wesentlich länger als wir. Jedes Jahr und seine Ereignisse werden vom Baum im Holz konserviert und stehen unserer Deutung offen. Schmaler Jahrring, breiter Jahrring – schlechtes oder gutes Jahr. 1904, im Alter von 29 Jahren, Verletzung durch Wipfelbruch; Aufrichtung eines Seitentriebes; völlige Verheilung mit kleiner Faulstelle acht Jahre danach. So könnte ein im Holz ablesbares Ereignis im Lebenslauf eines Baumes sich darstellen. Dafür müßte man den Stamm allerdings der Länge nach im Mark auftrennen.

Leichter ist die Analyse von Jahrringbreiten in Querschnitten. Wenn man weiß, daß ein Baum im Winter 1979 gefällt wurde, kann man zurückzählen und messen bis zur Markröhre. Damit hat man aber noch nicht das Alter erfaßt, sondern man muß eine unbekannte Anzahl von Jahren hinzuzählen, die der Baum brauchte, um diejenige Höhe zu erreichen, aus der unsere Stammscheibe entnommen wurde. Also nur bei Jahrringzählungen am Fällschnitt kommen wir dem wahren Baumalter nahe.

In vielen sehr alten Eichen stößt man bei Messungen der Jahrringbreiten im Jahre 1739/40 und danach auf einen starken Rückgang. Was war die Ursache? Aus alten Chroniken erfährt man nach einigem Suchen, daß der Winter 1740 zu den kältesten des Jahrhunderts zählte und daß es in Eichenwäldern »knallte wie vom Gewehrfeuer einer Schlacht«. Dieser Chronist war weder närrisch, noch hat er wahrscheinlich übertrieben. Das Gewehrfeuer lieferten die unter der strengen Kälte mit lautem Knall am Stammfuß aufreißenden Eichen. Auch Anfang 1956 konnte man in einigen Eichenbeständen bei hartem Frost das schußartige Aufreißen von Bäumen hören. Und die Spuren derartiger Frostrisse, die sich nach Abklingen der Kälte sehr schnell wieder schließen, sind auf Waldspaziergängen vor allem an alten Eichen, gelegentlich aber auch an anderen Baumarten zu beobachten.

Aber zurück zu den schmalen Jahrringen im Jahre 1740 und danach. Wenn Jahrringbreitenrückgänge oder -zunahmen innerhalb eines Wuchsgebietes und einer Holzart in bestimmten Jahren übereinstimmen und man die Ursache identifizieren kann, dann spricht man von »Weiserjahren«. 1740 war ein solches Weiserjahr, das sich besonders in Eichen erhalten hat. Vielleicht befindet sich dieser Jahrring sogar an Ihrem Schrank, denn viele Furniereichen, die in den letzten Jahren auf den Markt kamen, haben dieses Jahr noch erlebt.

Aus der Analyse von Jahrringbreiten hat sich übrigens ein eigenständiger kleiner Wissenschaftsbereich entwickelt – die Jahrringchronologie. Sie erfaßt zu- und abnehmende Jahrringbreiten in Kurven und prüft deren Übereinstimmung über längere Zeitfolgen. So ergeben sich für die betreffende Baumart in einem bestimmten Wuchsgebiet Standardkurven. Sie lassen sich in weiter zurückliegende Zeiten verlängern, indem man im Holz, das schon datiert ist, die am weitesten zurückliegenden Jahrringfolgen mit denjenigen in Balken aus alten Bauten in Deckung bringt. Mit dieser Methode ist es möglich geworden, durch immer weitere Vergleiche und gefundene Übereinstimmungen in Schleswig-Holstein für Eichen eine Jahrring-Standardkurve bis 436 nach Christus zu erarbeiten. Dadurch ist es gelungen, das Alter der Holzbauten von Haithabu bei Schleswig, dem wohl bedeutendsten Handelsplatz der Wikingerzeit, auf 800 bis 1020 nach Christus zu datieren und gleichzeitig wichtige Einblicke in die Geschichte dieser Siedlung zu gewinnen.

Für das Bauholz der bekannten Bremer Kogge, des einzigen erhaltenen Holzschiffes aus der Zeit der hansischen Großschiffahrt gegen Ende des Mittelalters, ließ sich mit Hilfe der jahrringanalytischen Altersbestimmung als Fällungsjahr das Jahr 1378 nach Christus ermitteln. Zudem konnte aus der Jahrringfolge des Holzes abgeleitet werden, daß es aus dem Weserbergland stammte und von daher nach Bremen geflößt wurde. In den USA, dem Land der Superlative, reicht die älteste Jahrringstandardkurve bis 5142 vor Christus zurück. Sie gibt lückenlose Auskunft über Wetter und Klima in diesem langen Zeitraum.

Aber nun zurück zum Einzelbaum und seinen Erlebnissen. Jeder Baum hat seine Besonderheiten wie wir auch. Ein Lebewesen, das 80 bis 150 Jahre oder länger an ein und derselben Stelle steht, ohne vor Kälte, Sturm, Hagel, Blitz, bedrängenden Nachbarn oder dem Rothirsch, der seine Rinde benagt, davonlaufen zu können, hat wenig Aussichten, völlig ungeschoren davonzukommen. Wenn man das einsieht, wundert man sich, wieviel fehlerfreies Holz entsteht. Andererseits gibt es keinen Zweifel, daß ein Teil der Ereignisse aus dem Lebenslauf des Baumes in einigen Verwendungen des Holzes als Fehler angesehen wird. Diese sind seit Urzeiten beobachtet worden. Entsprechend alt sind die Bezeichnungen hierfür.

Wer – außer Fachleuten für Eichenholz – hat beispielsweise schon von dem seltenen Mondring gehört? Er ist gelegentlich in Eichen zu finden und daran erkennbar, daß er sich durch hellere Farbe vom umgebenden Kernholz abhebt. Auf eigenartige Weise kommt er zustande:

Es wurde schon gesagt, daß die Verkernung von der Existenz lebender Speicherzellen im sonst toten Holzgewebe abhängig ist. Diese Speicherzellen bilden an der Splintgrenze Kernstoffe und verstopfen in einigen Holzarten auch die Gefäße. Beim Mondring ist eine solche Verkernung unterblieben, weil die Speicherzellen in einem weit zurückliegenden, besonders strengen Winter abgestorben sind. Damit hat der Stamm an derartigen Stellen die Fähigkeit zur Verkernung verloren. Die Kambiumzellen dagegen haben den strengen Winter überlebt und bilden im anschließenden Frühjahr wieder normales Holz einschließlich lebender Speicherzellen. Diese liegen zunächst im Splint, aber bewirken nach entsprechender Zeit eine normale Verkernung. Deshalb liegt in solchen Bäumen unverkerntes Holz als deutlich sichtbarer Mondring inmitten eines vorher und nachher normal ausgebildeten Kernbereiches. Wer will, kann an dem Querschnitt eines frisch eingeschlagenen Stammes auch dieses Ereignis, nämlich den strengen Winter, genau datieren. Andererseits, so könnte man fragen, wen interessiert schon ein solcher Mondring? Nun, er kann den Wert eines über zweihundertjährigen Stammes, der sonst für die Furnierherstellung geeignet wäre, von vielleicht 20000 oder 30000 DM auf 1000 oder weniger DM herunterdrücken.

Aber wenden wir uns anderen Erscheinungen zu, die fast jeder schon einmal in seinem Hause erlebt hat. Da sind die Harztaschen, die in Fichten und Kiefern, aber auch anderen Nadelbäumen vorkommen. Ihre Entstehung muß man sich folgendermaßen vorstellen: Im Frühjahr, wenn der Saftfluß wieder beginnt, lassen sich Kambium und Rinde besonders leicht von der Holzoberfläche ablösen. Wenn in dieser Zeit ein Sturm den Stamm stark durchbiegt, hebt sich auf der windabgekehrten Seite das Kambium auf kleinen Stellen vom Holz ab. Es entsteht ein winziger Spalt, in den aus Harzkanälen Harz einfließt. Da das Kambium dennoch am Leben bleibt, kann es anschließend wieder normale Holzzellen bilden. Diese Harztaschen können in der Verwendung sehr lästig werden, wenn das zunächst verhärtete Harz bei Erwärmung aus einem Holzprodukt ausfließt. Aber der gewissenhafte Tischler, der eine Harztasche erkennt, reinigt sie, indem er sie erhitzt und damit schon vor der Verarbeitung zum Ausfließen bringt.

Wie schon gesagt, der Baum kann den Ereignissen in seiner Umgebung nicht ausweichen, und deshalb werden ihm auch durch das Fällen von Nachbarbäumen ebenso wie durch unbedachte rindenschnitzende Waldbesucher Wunden geschlagen. Vor allem die Fichte wird obendrein besonders häufig und gerne vom Rotwild verletzt. In allen diesen Fällen werden Rinde und Kambium stellenweise herausgerissen, so daß die Holzoberfläche freiliegt. Es entstehen also Wunden, vergleichbar mit Hautabschürfungen bei uns nach einem Sturz. Dann versucht der Baum so zu reagieren wie die menschliche Haut. Aber er hat weniger lebende Zellen, die ihm bei dieser Reaktion helfen. Zunächst einmal trocknet die freigelegte Holzoberfläche je nach Jahreszeit und Witterung mehr oder weniger schnell aus. Sporen holzzerstörender Pilze fliegen überall unsichtbar herum und können sich festsetzen. Außerdem lauern holzschädigende Insekten auf derartig freiliegendes Holz. Eine Chance haben diese Holzzerstörer besonders in der warmen Jahreszeit. Dennoch, der Baum wehrt sich mal mit, mal ohne Erfolg. Nadelhölzer konzentrieren möglichst schnell Harz an der gefährdeten Stelle. Einige Laubhölzer schirmen die wundflächennahe Schicht durch Verstopfung der Gefäße und Einlagerung von Schutzstoffen so schnell wie möglich ab.

Die Ähnlichkeit mit einer kleinen Hautwunde an unserem Körper ist also auch weiterhin bis zu einem gewissen Grade gegeben. Der Baum, genau wie unser Körper, wehrt sich. Allerdings bleibt ein wichtiger Unterschied: Der Baum kann nicht zum Arzt gehen und die Förster machen keine Krankenbesuche, haben keine Tetanus- oder Penicillinspritzen.

Die endgültige Heilung, die allerdings oft viel Zeit erfordert, muß wiederum vom Kambium in der Umgebung der Wunde kommen. Von den Wundrändern her schiebt es, bei einigen Baumarten schnell, bei anderen langsam, neue Holz- und Rindenzellen über die Wunde, so daß sich diese verschließt. Das kann allerdings viele Jahre dauern. Jeder aufmerksame Waldfreund kann bei Spaziergängen Baumwunden in verschiedenen Stadien der Überwallung beobachten.

Schneidet man einen Baumstamm an solchen Wundstellen quer durch, dann kann man genau sehen, in welchem Jahr die Wunde entstanden ist, wie lange ihre Überwachsung gedauert hat und wie der Kampf zwischen Baum und Holzschädlingen unter der Wundfläche ausgegangen ist. Im Falle der Fichte und des Abreißens der Rinde durch das Rotwild geht dieser Kampf leider fast immer zu Lasten der Holzqualität aus, weil die Wunden sehr groß sind, die Überwallung lange dauert und Pilze das Holz zersetzen. An geschädigten Stämmen muß dann der an sich besonders wertvolle untere Teil abgetrennt werden. Nur mit großem Verlust ist er noch zu verkaufen.

Ähnliche Fäulen – also Holzzerstörung durch Pilze – können allerdings auch von verletzten oder erkrankten Wurzeln ausgehen und sich von dort aus in den Stamm hinein ausbreiten. Die Gefahr von Fäulen wird auch durch den Einsatz schwerer Maschinen im Walde vergrößert. Betroffen sind wiederum besonders die Fichte, aber auch die Tanne. Dennoch, auf Maschinen können wir bei der Ernte und dem Transport des Holzes natürlich nicht verzichten. Aber wir müssen die Maschinen und die Art ihres Einsatzes ständig verbessern. Mondringe, Harztaschen sowie Wunden, die durch Holzernte oder das Herausziehen von Stämmen aus dem Bestand verursacht werden, ganz besonders aber auch Schälschäden durch das Rotwild sind in vielen Verwendungen als Holzfehler anzusehen.

Holzfehler ja oder nein?

Aber es gibt noch weitere Erscheinungen, die zeigen, wie schwer es ist, den Begriff Holzfehler zu definieren. Dazu gehört der Drehwuchs, bei dem der Faserverlauf nicht auf kürzestem, geradem Wege von den Wurzeln zur Krone verläuft, sondern spiralig aufsteigt. Landstraßen und Bayerns Biergärten sind oft durch schöne, schattenspendende Roßkastanien geprägt: kurzer Schaft und große Krone. Und kein Stamm ist frei von Drehwuchs. Baumarten wie die Roßkastanie sind immer, andere, wie die Birke, selten oder nie drehwüchsig. Die Fichte zeigt in der Jugend eine – von unten nach oben gesehen – linksspiralige Tendenz des Faserverlaufs, die mit zunehmendem Alter nachläßt oder auch zu Rechtsdrehwuchs umschlagen kann. Jung zu alt – von links nach rechts. Klingt das nicht menschlich?

In vielen tropischen Baumarten gibt es Wechseldrehwuchs, einen schichtenweise regelmäßig wiederkehrenden Umschlag der Drehrichtung, was im radialen Anschnitt des Holzes zu streifigen Glanzunterschieden führt. Sind das nun Holzfehler? Aus der einen Sicht ja, aus der anderen nein. Der Wechseldrehwuchs in tropischen Hölzern erhöht den dekorativen Effekt von Furnieren und Brettoberflächen. Balken aus einem in einer gleichbleibenden Richtung drehwüchsigen Baum neigen dagegen beim Austrocknen zum Verdrehen und können für Zimmermann und Bauherrn ein Ärgernis werden.

Erklärungen für den Drehwuchs haben neben vielen Wissenschaftlern auch Plinius und Goethe gesucht; eine allgemeingültige Antwort gibt es bis heute nicht. Arteigentümlichkeiten, Vererbung, Alter, Windeinwirkung und andere Faktoren können den Drehwuchs beeinflussen. Aber einer anderen Theorie, daß Fasern auf der südlichen Halbkugel zur einen und auf der nördlichen logischerweise zur anderen Richtung drehen müßten, haben sich die Bäume bisher nicht angepaßt. Und das ist das Schöne an Bäumen und am Holz – sie sind eigensinnig, und sobald wir eine einfache Erklärung für irgendeine Erscheinung gefunden und beschrieben haben, beweist uns eine andere Baumart oder ein anderes Stück Holz genau das Gegenteil. Holzforschung hat also noch eine Zukunft.

Eine weitere Besonderheit, die man gelegentlich in Bäumen findet, ist das Reaktionsholz. Reaktion worauf? Am einfachsten stellt man sich das am Beispiel eines schiefstehenden Baumes vor. Dieser Schiefstand ergibt eine einseitige mechanische Belastung für den Baum, und darauf reagiert er, indem er eine besondere Art von Holz bildet. Und zwar produziert er auf einer Stammseite Holz mit breiteren Jahrringen und einem hohen Anteil an dickwandigen, festen Zellen. Interessant ist aber, daß Nadel- und Laubholz auf durchaus verschiedene Art und Weise reagieren. In schiefstehenden Stämmen –

aber auch in Ästen oder im Bereich von Krümmungen – verstärken Nadelbäume auf der Unterseite des Stammes ihre kritische Position durch die Bildung von Druckholz. Laubbäume dagegen bilden ihr Reaktionsholz genau umgekehrt. Auf der Oberseite des geneigten Stammes entsteht bei ihnen Zugholz. Druckholz ist durch erhöhten Gehalt an druckfesten Lignineinlagerungen, Zugholz durch überdurchschnittlichen Anteil an zugfester Cellulose gekennzeichnet.

Auffällig ist besonders das Druckholz in Nadelbäumen, während Zugholz der Laubbäume meist nur unter dem Mikroskop zu identifizieren ist. Druckholz ist nicht nur durch verbreiterte Jahrringe, sondern besonders auch durch dunkelbraunes Spätholz im Querschnitt leicht zu erkennen. Es wird auch als Buchs-, Rotholz oder nagelhartes Holz bezeichnet. Verarbeitung und Verwendung werden gestört, weil es stärker als normales Holz quillt und schwindet, zu Rißbildung neigt, schwer zu nageln ist und dabei oft aufspaltet. Bretter, die Druckholz enthalten, neigen außerdem zum Verziehen und Verwerfen. Die Auswirkungen von Zugholz werden in der Praxis dagegen weniger deutlich.

Noch schwieriger ist der Begriff Holzfehler im Zusammenhang mit dem Ast zu verdeutlichen. Im Wald ist er für den Botaniker und den Forstmann, den Spaziergänger und den Holzverbraucher eine Selbstverständlichkeit. Ein Baum ohne Äste wäre für alle undenkbar: ein scheußlicher, senkrechter »Stift« in der Landschaft, eine Massenversammlung von Obelisken. Ein schrecklicher Gedanke. Aber wenn es um Brett und um Furnier geht, dann dreht sich unser Geschmack nur zu leicht um. Dort lassen wir den Ast allenfalls in der Zirbelkiefer gelten, wo er dann sogar als besonders dekorativ angesehen wird. Aber im Zirbelholz präsentiert er sich durch seine dunkelbraune Farbe, seine Häufigkeit, seine regelmäßige Verteilung und seine feste Verwachsung mit dem umgebenden Holz auch besonders schön. Bei anderen Ästen ist das oft nicht so.

Im ersten Teil dieses Buches ist beschrieben worden, welche Rolle der Ast für den Baum spielt, wie er wächst und wie er vergeht. Hier ist nun der ins Holz eingewachsene Ast zu beschreiben, wie er sich im Brett oder im Balken für uns darstellt. Und das kann sehr verschieden sein. Solange der Ast lebt, ist er mit dem umgebenden Holz fest verwachsen, sobald er abstirbt, wird der verbleibende, aus dem Stamm herausragende Aststumpf wie ein Fremdkörper vom Wachstum des Stammes eng, aber verbindungslos umschlossen. Die schönen Äste der Zirbelkiefer bleiben lange am Leben, weil die Baumabstände groß sind und viele Äste auch im unteren Teil der Krone besonnt werden. Sie sind entsprechend lange mit dem Holz fest verwachsen. In Fichten- und Tannenbeständen dagegen sterben die unteren Zweige relativ früh ab, aber lange, tote Aststümpfe erhalten sich über einen großen Zeitraum und werden passiv – also wie Fremdkörper – über viele Jahrzehnte hinweg vom umgebenden Stammholz überwachsen. In dieser Zeit können sie sich verfärben oder sie vermorschen. Dann ist der Ast im dekorativen Holz ein Problem.

Allerdings gibt es dabei große Unterschiede zwischen den Baumarten. Bei der Mehrzahl unserer Laubbäume brechen die abgestorbenen Äste im geschlossenen Bestand dicht am Stamm ab. Entsprechend kurz ist der zu überwachsende Aststumpf, und im unteren Stammende einer Buche können alle Äste und ihre Stümpfe schon bei 10 Zentimeter dicken Stämmchen völlig überwachsen sein. Darüber bildet sie dicke, astreine Schichten. Ähnlich ist es bei Eiche, Esche und anderen Laubbäumen.

Ganz anders verläuft dieser Vorgang bei den Fichten. Ihre toten Aststümpfe sind wahrscheinlich deshalb so lang, weil es keinen holzzerstörenden Pilz gibt, der sie schnell und wirkungsvoll angreift und zum Abfallen bewegt. Einen Nobelpreis wäre es wert, einen solchen Pilz zu züchten. Andererseits – wer weiß, was ein derart tüchtiger Pilz im Wald dann an unerwünschten Nebentätigkeiten ausüben würde?

Um astreine Schichten zu erreichen, müssen wir bei diesen Holzarten in möglichst vielen Beständen eine künstliche Ästung vornehmen, also die Aststümpfe rechtzeitig absägen. Das wird auch deshalb immer notwendiger, weil eben in Zukunft nicht mehr damit zu rechnen ist, daß wir besonders wertvolles Holz importieren können.

Längsschnitt durch einen Fichtenast (links). Der Gesundastbereich stammt aus der Zeit, als der Ast lebte. Er ist mit dem umgebenden Holz fest verwachsen. Nachdem der Ast abstirbt und abbricht, verbleibt ein Stumpf, der von dem dicker werdenden Stamm verbindungslos eingeschlossen und schließlich überwachsen wird. Erst danach entstehen astreine Holzschichten. Im Brett sieht man, ob ein Ast im gesunden oder toten Teil angeschnitten wurde.

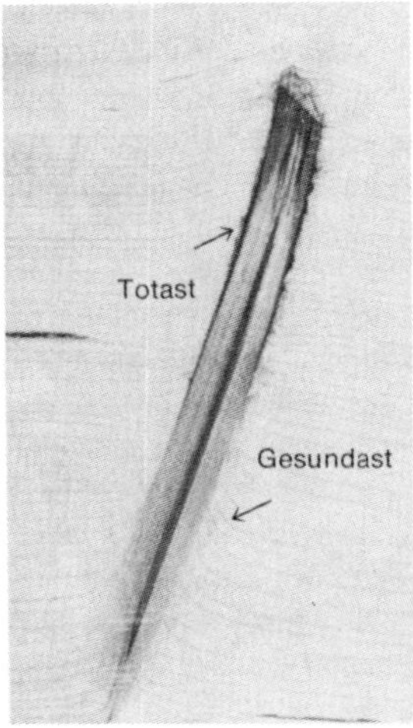

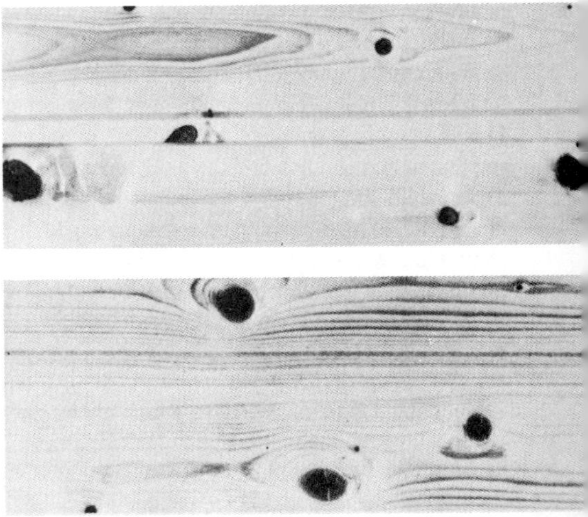

Aber zurück zum eingewachsenen Ast, dessen marknaher Teil mit dem umgebenden Holz fest verwachsen ist und dessen vorderer Stumpf lose und oft unschön verfärbt im umgebenden Holz sitzt. Ersterer bleibt auf Dauer Bestandteil eines Brettes und wird deshalb als fest verwachsener Ast bezeichnet. Ihn sollten wir an so vielen Stellen wie möglich akzeptieren. Letzterer dagegen kann sich vom Brett beim Trocknen oder auch später spontan verabschieden und ein Loch hinterlassen. Man nennt ihn deshalb Durchfallast, und der ist in jedem Fall unschön – auch wenn er weg ist.

Den Lebenslauf des Baumes verraten also nicht nur sein Jahrringbau und seine Verletzungen, sondern auch der Verlauf der Astreinigung. Für den älteren Stamm ist dieser sogar das entscheidende, wertbestimmende Merkmal, weil dicke astreine Schichten gut bezahlt werden. Solche astreinen Schichten können fast ausschließlich im unteren Stammteil entstehen. Nur dort bleiben Äste im geschlossenen Bestand dünn und sterben früh ab. Also können sie nach natürlicher Astreinigung oder aber nach einer künstlichen Ästung auch früher überwachsen werden. Erst danach beginnt die Bildung astreiner Schichten. Deshalb sind alle Verletzungen – wie Rindenablösungen durch das Rotwild – im unteren Stammteil, dem Erdstück, besonders wertmindernd. Rindennagende Giraffen im deutschen Wald wären – so gesehen – halb so schlimm. Äußerlich kann man den Verlauf der Astreinigung an sichtbaren Aststümpfen, Beulen, Rindennarben oder auch dem Fehlen jeglicher Narben und Beulen einigermaßen einschätzen. All das wird zusammen mit Jahrringbreite, Farbe und vorkommenden Fehlern bei der Bewertung von Stämmen und ihrem Verkauf berücksichtigt. Dabei kann es um beträchtliche Werte gehen.

Der bisher teuerste Eichenstamm für Furniere aus dem Spessart hat über 50000 DM gekostet. Aber auch hochwertige Stämme anderer Holzarten können einen Preis von mehreren tausend Mark erreichen. Und ein normaler Fichtenstamm, der Brotbaum vieler Waldbesitzer, kostet bei 15 Meter Länge und einem in Stammitte gemessenen Durchmesser von 30 Zentimetern über 150 Mark. Also auch im Preis finden wir den ins Holz geschriebenen Lebenslauf des Baumes wieder.

Holz ist überall

Ob man Würste grillt und das Holzkohle-Feuer beobachtet; ob man die Wurst dann mit oder ohne Cellulose-Foliendarm verzehrt und Fleisch auf einem Brett zerkleinert; ob man danach Zeitung liest, in den Zähnen stochert, die Arme zufrieden auf die Stuhllehne legt oder beim Kartenspiel auf den Tisch haut; ob man ein Loch durch die dünne Kunststoffolie der Einbauküche bohrt, einen Kratzer in die Schrankwand macht, den Absatz eines Damenschuhs zerbricht oder sich ins Bett legt; ob man auf dem Dachboden nach Kisten sucht und einen Karton findet; ob man im Fertighaus einen Nagel in die Wand schlägt oder beschließt, Heimwerker zu werden – überall stößt man auf Holz!

Mit anderen Worten: Die Vielfalt des Holzgebrauches ist so groß, daß sie sich nur anhand von Beispielen und ohne Anspruch auf Vollständigkeit beschreiben läßt. Und doch gibt es Ordnung in dieser Vielfalt. So können die zahlreichen Verwendungen auf folgende Fragen reduziert werden: Wird das Holz als Substanz, also als Brenn-, Faser-, Span- oder Chemierohstoff verwendet? Soll das Holz als gewachsener, tragender Körper, beispielsweise als Brett, Balken oder als Mast wegen seiner Festigkeit bei geringem Gewicht eingesetzt werden? Oder wird es wegen seiner schönen, individuellen Oberfläche als Furnier oder wiederum als Brett und Balken gesucht?

Substanz, Körper oder Oberfläche – für alle drei Nutzungsrichtungen gibt es zahllose Beispiele. Und zwischen diesen drei Gruppen gibt es außerdem viele Kombinationen. Nehmen wir als Beweis dafür einen Parkettstab, der wegen seiner Tragfähigkeit, Abriebfestigkeit und Isolierfähigkeit als gewachsener Holzkörper, aber auch wegen seiner Oberflächenschönheit Verwendung findet und in dieser Vielfalt seiner Eigenschaften nicht ersetzbar ist.

Holz in der Bundesrepublik Deutschland

Die 60 Millionen Menschen in der Bundesrepublik Deutschland verbrauchen pro Kopf jährlich etwa einen Kubikmeter Rohholz. Das entspricht einem entrindeten Stamm von 14 Meter Länge, der in seiner Mitte einen Durchmesser von 30 Zentimetern aufweist. In diese Menge ist der Import von Rohholz und Holzprodukten – alles auf Rohholz umgerechnet – einbezogen. Vom Baby bis zum Greis beansprucht jeder jährlich 205 Kilogramm Sägeholz und Holzwerkstoffplatten sowie 135 Kilogramm Papier und Pappe. Das ist der Pro-Kopf-Durchschnittsverbrauch. Auf eine dreiköpfige Familie entfällt danach im Jahr über eine Tonne an Holzprodukten.

Fast die Hälfte des einheimischen Holzeinschlages geht in die Sägewerke. Der zweitgrößte Käufer von Holz aus unseren Wäldern ist die Spanplattenindustrie, dicht gefolgt von der einheimischen Holzschliff- und Zellstoffindustrie. Diese drei größten Holzverbraucher haben in den letzten Jahren nur 4 bis 8 Prozent ihres Holzbedarfes importieren können. Mit anderen Worten, sie und ihre Arbeitsplätze hängen fast ausschließlich von der heimischen Holzproduktion ab. Über 1800 Sägewerke mit 30000 Beschäftigten arbeiten in der Bundesrepublik weit verstreut. Wesentlich geringer ist mit 160 die Zahl der Industriebetriebe, die Spanplatten, Sperrholz und Faserplatten herstellen. Aber auch in ihnen finden fast 30000 Menschen Arbeit. Die Zahl der Fabriken, in denen Holzschliff, Zellstoff und Papier produziert werden, liegt bei 200 mit über 50000 Beschäftigten.

Aber was ist das alles, gemessen an anderen Industriezweigen? Das ist eine Menge, denn diese und andere Betriebe schaffen mit ihren Produkten die Grundlage für viele weitere Arbeitsplätze. Denken wir dabei nur an die Möbelindustrie und das Holzhandwerk. Auf die holzverarbeitende Industrie mit mehr als 20 Beschäftigten pro Betrieb entfallen 200000 Arbeitsplätze und auf das Holzhandwerk sogar über 300000.

Kurz und gut, in der Holzbe- und -verarbeitung, also in der Herstellung von Zwischen- und Fertigprodukten aus Holz, wurden 1977 fast 68000 Betriebe mit 650000 Beschäftigten gezählt, die 71,4 Milliarden Deutsche Mark umsetzten. Für den gesamten Straßenfahrzeugbau, einschließlich Reparaturen, werden für das gleiche Jahr 95,9 Milliarden angegeben. In der Herstellung von Kunststoffwaren wurden 19 Milliarden Deutsche Mark umgesetzt.

Die Holzindustrie ist in idealer Weise dezentralisiert, mittelständisch, handwerklich und vielseitig. So vielseitig, daß in diesem Buch nur einige wichtige Zweige beschrieben oder in Bildern angedeutet werden können. Für die besondere Vielseitigkeit sollen hier einige ausgefallene Beispiele sprechen. Wer hat schon einmal etwas von Holzdraht gehört? Holzdraht sind wenige Millimeter dicke Rundstäbe von unterschiedlicher, maximal etwa 4 Meter Länge. Sie werden mit speziellen Hand- oder Maschinenhobeln, die unter der Auflagefläche des Hobels zwei bis vier geschliffene Ringe haben, aus astreinem Fichtenholz herausgearbeitet und für Rollvorhänge, Blumentopfeinfassungen, Zahnstocher, Stäbchen für Spiele und vieles andere verwendet. Beinprothesen werden auch heute noch aus Pappelholz, Hutformen aus Linde, Walzen für Tapetendruck aus dem Holz des Bergahorn hergestellt. Im übrigen kann uns ein Rundgang durch die Wohnung, das Haus oder durch Rathaus, Kirche, Schwimmhalle und Schloß über die Vielseitigkeit und die Zweckmäßigkeit der Holzverwendung am besten informieren.

Man rechnet, daß über 60 Prozent des Rohholzes nach Bearbeitung in Säge- und Plattenwerken, zum kleinen Teil aber auch im runden Zustand im Baugewerbe verwendet werden. Weitere Großabnehmer sind die Möbelindustrie und der Innenausbau. Diesen folgen Verpackungs- und Transportwesen von der Gabelstapler-Palette über Kiste und Karton bis zu Lastkraftwagenaufbauten und zum Sportboot. Schließlich sind zahlreiche kleinere Verwender zu erwähnen, Hersteller von Spielzeug, Musikinstrumenten, Modellen, Kunstgewerbe, Küchenartikeln und vielem mehr.

Nun hat man von Holzprodukten oft den Eindruck, daß sie alle historisch gewachsen, kaum entwicklungsfähig und von der Verdrängung durch andere Materialien bedroht sind. Das ist in weiten Bereichen falsch.

Nehmen wir als Beispiel die im Grunde so einfach aufgebaute Spanplatte, die sich erst nach 1950 so stark entwickelte, daß sie im Pro-Kopf-Verbrauch in Kilogramm mit der Summe der Kunststoffe Schritt halten konnte. Ein Holzprodukt auf der einen, die Summe der Kunststoffprodukte auf der anderen Seite. Späne und Leim – was läßt sich da an Steigerung erwarten? Nun, die Entwicklung war und ist in vollem Gange und ein Ende nicht abzusehen. Man hat durch bessere Leime und ihre Verteilung, durch feinere Oberflächen, Schutz gegen Pilze und gegen Brand ständig Fortschritte erzielt. Man kann auch andere Eigenschaften »züchten«, z.B. indem man sich wieder dem ursprünglichen Prinzip des Holzaufbaues im Stamm annähert und durch parallele Ausrichtung der Späne eine gerichtete Festigkeit in der Platte erzielt

– eben weil diese für viele Verwendungszwecke, z.B. als Regalboden oder Dachplatte, günstiger sein kann.

Oder greifen wir eine andere Neuentwicklung heraus. In den vielen Reihen-, Doppel- und Einfamilienhäusern wird der Keller für Hobby, Sport und Spiel immer wohnlicher. Diese Räume sind gegen den Kellervorraum mit schönen Holztüren geschlossen. Nur zwei Türen, zum Heizofen und zum Öltank, sind aus grau oder weiß gestrichenem Metall, denn es müssen »feuerhemmende« Türen sein. Seit einiger Zeit nun erfüllen auch besonders konstruierte Holztüren in dieser Hinsicht alle Anforderungen, tragen darum das Prädikat »feuerhemmend« und können den Keller verschönern.

Mit dem Fertighaus haben sich die im Hausbau seit langem auf »Ewigkeit« eingestimmten Bundesbürger im Gegensatz zu den mobileren Nordamerikanern und Skandinaviern lange Zeit nicht befreunden können. Inzwischen ist auch hier eingesehen worden, daß kein Mensch mehr für Generationen vorausplanen kann. Und viele haben erlebt, daß Fertighäuser sehr durchdacht, solide gebaut und pflegeleicht sind. Sie sparen dem Bauherrn Nerven, weil sie schlüsselfertig übergeben werden. Die Hersteller bieten bei Vertragsabschluß Festpreise und andere Garantien. Über 80 Prozent aller Fertighäuser bestehen im wesentlichen aus Holz. Die Befürchtungen, daß man in einem feuchten Herbst bei Heimkehr aus dem Urlaub vor einem möblierten Skelett und einem Haufen Späne stehen könnte, sind längst verflogen. Im Gegenteil, der Fertighausbau hat sich bewährt, ständig weiterentwickelt und berechtigtes Vertrauen erworben. Viele Fertighäuser sind durch sachkundige Holzanwendung besonders landschaftsgerecht und gemütlich. Manche Fertighausbesitzer loben ihre vergleichsweise geringen Heizungskosten. Diese Anmerkungen sollen keine Reklame für hölzerne Fertighäuser sein, sondern nur beleuchten, daß sich dieser Industriezweig vor allem auf der Basis von Holzprodukten überzeugend durchgesetzt hat und weiter durchsetzen wird.

Holz lebt in Konkurrenz mit anderen Materialien. Das ist richtig. Aber es hat diese Konkurrenz in vielen Bereichen gut überstanden. In einige Verwendungszwecke ist es sogar zurückgekehrt – dort, wo es schon als verdrängt betrachtet wurde. Ein Anwendungsbereich, in welchem Holz seit dem vorigen Jahrhundert in scharfer Konkurrenz lebt, ist die Bahnschwelle. Zuerst war es die Stahl-, jetzt ist es die Spannbetonschwelle. Und trotzdem, auf den Hochleistungs-Schnellstrecken belehrt uns ein Blick aus dem Rückfenster der Intercity-Züge, wie hoch der Anteil der Holzschwellen in dem Eisenbahnoberbau auch heute noch ist. Die Stahlschwelle war der große Konkurrent im vorigen und am Anfang dieses Jahrhunderts, die Spannbetonschwelle ist es seit fast 30 Jahren. Die Teeröl-imprägnierte Buchenschwelle überdauerte aber 40 bis 45 Jahre und findet dann noch zahlreiche Abnehmer für Garten, Abzäunungen und Terrassen. Spannbetonschwellen müssen diese Lebensdauer erst nachweisen, und irgendwann stellt sich die Frage nach ihrer Vernichtung und den Kosten, die dafür aufzuwenden sind.

Ein Verwendungszweck, in welchem ein Optimum abseits vom Holz erreicht schien, war die von Kunststoff-Oberflächen beherrschte Laborküche. Wisch und weg! Und was wollen die Hausfrauen heute? Eine gemütliche Küche mit Holzfronten, die, wenn es ganz fein soll, aus massiven Brettern und edlen Holzarten bestehen. Nach dem Motto: Eine Anschaffung fürs Leben, die man sich nie »übersieht«.

Also, selbst dort, wo Holz schon fast verdrängt war, wenn auch nur an der Oberfläche, kommt es schneller wieder, als mancher denkt. Und im Konkurrenzkampf zwischen Wand-zu-Wand-Teppich mit Parkett und Dielen ist eine ähnliche Entwicklung nicht unwahrscheinlich.

Mit Holz holt man sich Leben ins Haus und keine Mode, die man nach einiger Zeit satt bekommt. Und noch eines: Wie viele tapezieren eine hölzerne Wandverkleidung und wie viele andererseits verkleiden die fünfte oder sechste Tapete mit Holz? Daraus läßt sich auch ableiten, daß die vielzitierten Wohlfahrtswirkungen des Waldes sich im Holz fortsetzen. In den Wald kommen viele nur gelegentlich. In ihren vier Wänden entspannen sie sich täglich – oder sie versuchen es wenigstens.

Holz hat Zukunft

Holz hat die Entwicklung der Menschheit von Anfang an begleitet: Feuer, Keule, Hebel, Haus, Schiff, Rad, Holzasche für Glas und Waschmittel, Holzkohle für die Erzverhüttung. Das sind nur einige Beispiele, die zeigen, daß Holz über lange Perioden völlig unentbehrlich war.

Und plötzlich, um die Mitte des vorigen Jahrhunderts, kam der große Wandel. Holzkohle wurde durch Koks, Holzasche durch Soda ersetzt und Kriegs- sowie Handelsschiffe nicht mehr aus Holz, sondern aus Stahl gebaut. Holz wurde aus vielen Verwendungsgebieten verdrängt, es war ersetzbar geworden.

Auch der Brennholzverbrauch in den Großstädten ging schlagartig zurück: In Berlin lag er im Jahr 1860 noch bei 0,75, 1890 bei 0,2 Kubikmeter pro Kopf der damaligen Bevölkerung.

In den letzten Jahrzehnten ist in den Industriestaaten das Interesse am Brennholz ständig gesunken. Aber neuerdings zeichnet sich eine Wende ab. In der Holzindustrie wächst das Interesse an der Energiegewinnung aus Holzabfällen. In Haushalten steigt die Angst vor Stromausfällen und vor der Preisentwicklung für andere Energiequellen. Man denkt über Kamin, Kachel- oder Reserve-Kanonenofen nach und damit auch über einen kleinen Holzvorrat. Einige ländliche Gemeinden mit Waldbesitz zeigen Interesse an gemeinsamen Versorgungsanlagen für Energiegewinnung aus dünnem Holz.

Wie unvorhergesehen die große Wende in den Industrienationen um die Mitte des vorigen Jahrhunderts kam, geht vor allem aus dem Kriegsschiffbau hervor. Jahrhundertelang hatten seefahrende Nationen aus den Wäldern Europas und der Kolonien das Eichen-, Rüstern-, Teak- und Mahagoniholz für Schiffskörper und riesige Nadelbäume für Masten geplündert. Gesicherter Holznachschub war von strategischer Bedeutung. Noch 1849 erklärte der Leiter der englischen Marine-Schießschule: »Eisen ist Holz im Schiffbau für Kriegszwecke unterlegen... Kein Eisenschiff kann so gebaut werden, daß es gegen Kugeln ausreichend Widerstand aufweist, es sei denn, man macht es so schwer, daß es nicht mehr schwimmt.« Um 1860 hatte sich das Bild dann völlig zugunsten von Metall verändert.

Holz verlor in dieser Zeit also viele Anwendungsgebiete. Aber das war gut so, denn ein großer Teil der Wälder in Europa war durch Industrialisierung und wachsende Bevölkerung verwüstet oder ausgeplündert.

Andererseits entwickelten sich nach 1850 aber auch laufend neue Holzverwendungen, wie Holzschliff, Zellstoff, Bahnschwellen, Furnierplatten, Faserplatten, Cellulosefasern, Spanplatten, Fertighausbau, Holzleimbau. Außerdem stieg der Bedarf an konventionellen Produkten, wie Brettern und Balken, bis heute ständig an. Alle Prognosen der Vereinten Nationen und anderer Organisationen sagen weltweit weiterhin eine noch steigende Tendenz für den Holzverbrauch voraus.

Man muß in der Beurteilung dieser Prognosen aber noch einen Schritt weiter gehen. Nach dem ersten Stadium der Unersetzbarkeit des Holzes in vielen Bereichen bis 1850 und der teilweisen Austauschbarkeit in der Zeit danach stehen wir heute am Beginn einer dritten Phase der Holzverwendung.

Wald ist auf der Erde weit verbreitet, große Holzmassen wachsen darin stets nach und sind ungemein vielseitig verwendbar. Deshalb muß Holz im Vergleich zu anderen Rohstoffen zwangsläufig noch stärker an Bedeutung

Die Geschichte der Holzverwendung läßt sich vereinfacht in drei Stadien teilen. Wir stehen am Beginn des dritten Stadiums.

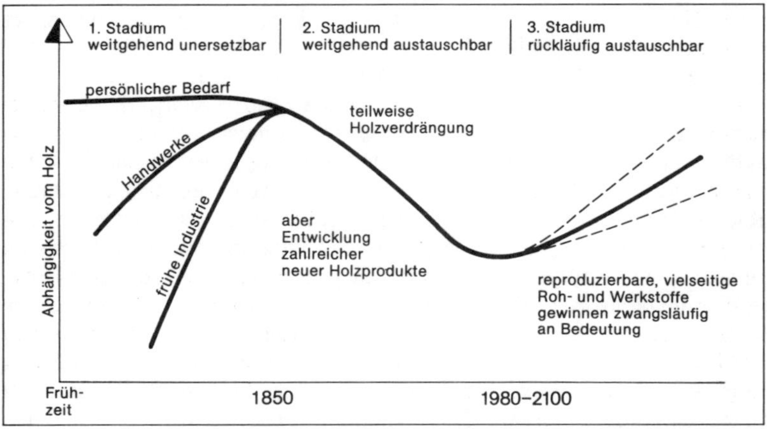

gewinnen, als aus allen Statistiken und den daraus abgeleiteten Voraussagen hervorgeht.

Der jährliche Holzeinschlag liegt weltweit schon jetzt nach Trockengewicht und Volumen weit über der Stahlproduktion und erst recht über der des Kunststoffes. 2,5 Milliarden Kubikmeter jährlich! Stellt man sich diese Menge als riesigen zusammengefügten Balken mit einem Quadratmeter Querschnitt vor, so würde er, falls wir ihn um den Äquator legen, die Erde 62mal umrunden – der jährliche Stahlgürtel gleicher Abmessung dagegen nur zweimal. Das ist imponierend, aber was hat es mit dem deutschen Wald zu tun, den dieses Buch behandelt? Sehr viel, denn wir sind – wie erwähnt – schon jetzt stark auf die Einfuhr von Rohholz und Holzprodukten angewiesen. Und nur aus der Analyse der Weltsituation läßt sich voraussagen, in welchem Maße nachfolgende Generationen vom einheimischen Holz abhängen werden und was sie an Importmöglichkeiten erwarten dürfen. Der Rohholzeinschlag ist weltweit in den letzten Jahrzehnten ständig gestiegen, noch stärker aber die Weltbevölkerung und deren Bedürfnisse an Rohstoffen. Fast 50 Prozent des Holzeinschlages werden noch immer als Brennholz verwendet. Man muß vermuten, daß sein Anteil eher höher liegt, denn wer kann den wirklichen Brennholzverbrauch in ländlichen Gebieten genau erfassen? Das ist noch nicht einmal in der Bundesrepublik möglich – erst recht nicht in Burma. Gegenwärtig deutet hoher Brennholzverbrauch auf niedrigen Lebensstandard und fehlende Holzindustrie hin. Niedriger Brennholzverbrauch dagegen ist ein Zeichen für eine hohe Ausnutzung des Holzes.

Teilt man unter dieser vereinfachten Devise die Länder der Welt anhand der Statistiken der Vereinten Nationen in drei Gruppen, so zeigt sich, daß der Anteil des Brennholzes in Entwicklungsländern extrem hoch ist. Auch in Ländern mit zentraler Planwirtschaft nimmt er noch einen hohen Prozentsatz ein. Lediglich in den Ländern mit hochentwickelter Wirtschaft ist der Brennholzanteil gering. Und noch eines: Jedem Bewohner der Industrieländer steht nicht nur ein höherer Nutzholzanteil zur Verfügung, sondern er verbraucht insgesamt rund die doppelte Holzmenge im Vergleich zu den Bewohnern der anderen Wirtschaftsgebiete.

Das bedeutet bei steigendem Lebensstandard und zunehmender Bevölkerung einen riesigen Zusatzbedarf an Holzprodukten in den anderen Teilen der Welt. Die Vereinten Nationen gehen zwar davon aus, daß sich der Holzeinschlag in der Welt mehr als verdoppeln ließe. Voraussetzung dafür wäre aber ein Ende der Waldverwüstung in den tropischen Gebieten und eine Ausdehnung der nachhaltigen Waldbewirtschaftung auf große Teile der Welt. Unter den gegenwärtigen Umständen sind diese Forderungen nicht durchsetzbar, und es ist zu bezweifeln, ob die katastrophalen Folgen der fortschreitenden Entwaldung in den Tropen und Subtropen, wie Bodenverwüstung und Klimaänderungen, überhaupt rückgängig zu machen sind. Damit sinken langfristig die Chancen für gesicherte oder gar steigende Importmöglichkeiten aus diesen Teilen der Welt.

Viele andere Rohstoffe werden in voraussehbarer Zeit erschöpft, verknappt oder überproportional verteuert sein, und das Interesse an nachwachsenden Rohstoffen wird zwangsläufig steigen. Man hat schon errechnet, bei welchem Erdölpreis es billiger wäre, Kunststoffe aus Holz herzustellen, denn auch das ist technisch möglich. Überhaupt ist generell vorauszusagen, daß die Zahl der Holzverwendungen steigen wird. Dabei werden neben neuen auch viele alte Verwendungsgebiete zurückkehren, aus denen Holz vorübergehend verdrängt war.

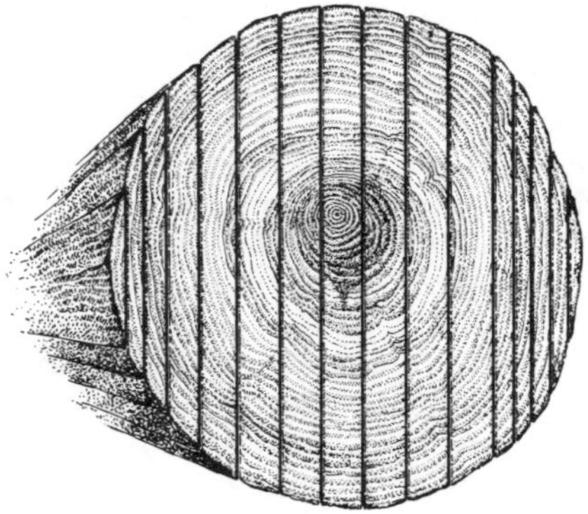

Das Sägeholz
Fast zweitausend Sägewerke, in breiter örtlicher Streuung über die Bundesrepublik verteilt, zerlegen jährlich um 14 Millionen Kubikmeter Rohholz in Bohlen, Bretter, Latten, Balken und Kanthölzer. Bohlen sind über 35 Millimeter dick, Bretter sind dünner. Balken und Kanthölzer haben gedrungenere Querschnitte als Bretter und Bohlen. Von Balken spricht man, wenn an quadratischen oder rechteckigen Querschnitten eine Kantenlänge 20 Zentimeter oder mehr erreicht. Die am meisten verbreitete Maschine in europäischen Sägewerken ist das Vollgatter. Der Rahmen, in den mehrere Sägeblätter in unterschiedlichen Abständen eingespannt werden können, bewegt sich auf und ab. Deshalb werden diese Gatter auch als Vertikalgatter bezeichnet. Bretter oder Bohlen können in einem Durchgang durch das Gatter im Scharfschnitt hergestellt werden. Das macht man in der Regel mit hochwertigen Stämmen, die dann auch blockweise, d. h. in der gleichen Anordnung wie sie gewachsen sind, gestapelt, getrocknet und verkauft werden. Mit anderen Worten: Bretter ein und desselben Stammes bzw. eines Abschnittes bleiben beieinander und zeigen verwandte Struktur und Farbe. Der Schreiner kann auf ähnliche Holzeigenschaften und Zeichnungen vertrauen und diese individuell zur Geltung bringen. Blockweise Lagerung, Trocknung und Verkauf bewahren die Besonderheit eines Stammabschnittes, aber sie bereiten auch Kosten.

Fazit: Der Wert des einheimischen Waldes als Rohstofflieferant wird zwangsläufig größer. Unsere Enkel werden die Wohlfahrtswirkungen des deutschen Waldes für Erholung, Luft, Wasser und als Schutz gegen Erosion sehr schätzen, aber sie werden sich viel bewußter als wir vor allem auch über die vielen Bretter, Furniere, Platten, Bücher, Tüten und Textilien freuen, die dort so still heranwachsen. Sie werden die nächste Ernte kaum erwarten können. Holzreste werden dann, genau wie in früheren Zeiten, nicht mehr im Walde liegen bleiben, sondern bis zum letzten genutzt werden.

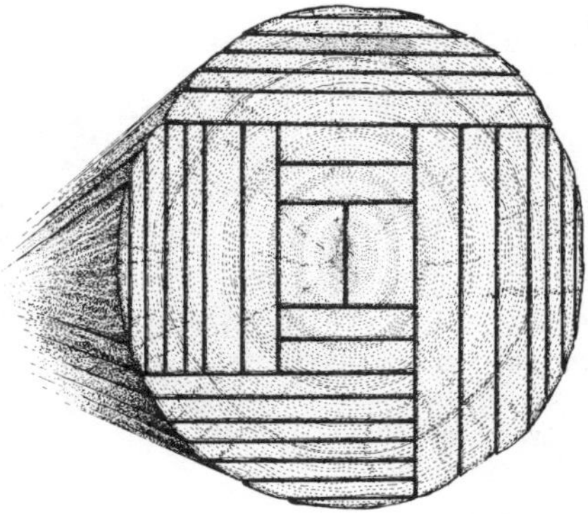

Das meiste Schnittholz wird im Modelschnitt erzeugt, wobei man im ersten Sägedurchgang die Schwarten und Seitenbretter einschneidet. Der verbleibende Model wird um 90 Grad gedreht. Im Nachschnitt am selben oder besser einem nachgeschalteten Gatter entstehen dann parallel besäumte Bretter und Bohlen, Kanthölzer oder Balken. Die besäumten Bretter werden nach ihrer Qualität sortiert und in Kastenstapeln getrocknet. Hier geht also der Zusammenhang zum ursprünglichen Stamm weitgehend verloren. Noch variabler in den Einschnittmöglichkeiten als die Gattersäge ist die Blockbandsäge. Auf Blockbandsägen wird vor allem sehr dickes und wertvolles Rohholz eingeschnitten. Sie sind deshalb in einigen Naturwaldgebieten der gemäßigten Zone und der Tropen besonders häufig, kommen aber für dickes, wertvolles Holz auch bei uns vor. Blockbandsägen haben den Vorteil, daß man Rohholz sehr individuell und in Anpassung an die Qualität, die oft erst beim Einschnitt sichtbar wird, sägen kann. So läßt sich nach jedem Schnitt die Dicke verändern oder der Block kann gedreht und von einer anderen Seite angeschnitten werden. Für dünnes Sägeholz werden auch Kreissägen eingesetzt, bei denen mehrere Sägeblätter, deren Abstand sich verstellen läßt, auf einer Welle sitzen. Neben diesen Hauptsägen gibt es selbstverständlich zusätzliche Sägen für das Parallelschneiden unbesäumter Bretter, für Querschnitte usw.

Das Schälfurnier
Bei der Herstellung von Furnieren ist zwischen Schäl- und Messerfurnieren zu unterscheiden. Schälfurniere werden aus relativ kurzen, aber dicken Stammrollen gewonnen, die mit einer Einspannvorrichtung gegen ein schweres Messer gedrückt und in dünnen Schichten spiralig abgeschält werden. Dabei entsteht nach den ersten Umläufen, wenn die Rolle die zylindrische Form erreicht hat, ein laufendes Furnierband. Dieses Band wird aufgewickelt, aber anschließend vor dem Trocknen wieder abgerollt und durch Querschneiden in unterschiedlich große Teilstücke zerlegt, um fehlerfreie und fehlerhafte Furnierabschnitte zu trennen.
Schälfurniere werden dann meist zu Sperrholz, d. h. zu Furnier- oder Tischlerplatten weiterverarbeitet. Furnierplatten entstehen aus drei, fünf und mehr ungeraden Lagen von beleimten Furnieren, deren Faserrichtung jeweils um 90 Grad gegeneinander versetzt wird. Dadurch wird die Festigkeit in den verschiedenen Richtungen vergleichmäßigt, die Quellung und Schwindung in der Fläche gebremst und Rißbildung verhindert. Nach dem gleichen Grundprinzip werden Tischlerplatten hergestellt.

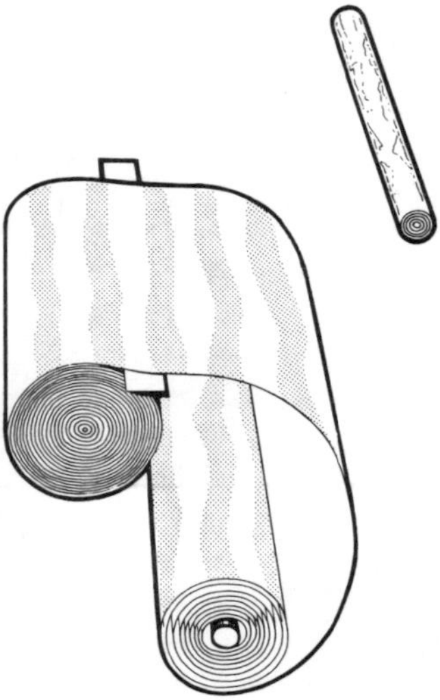

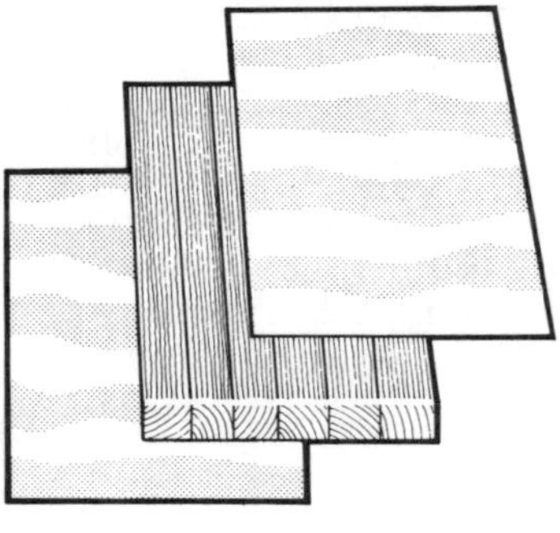

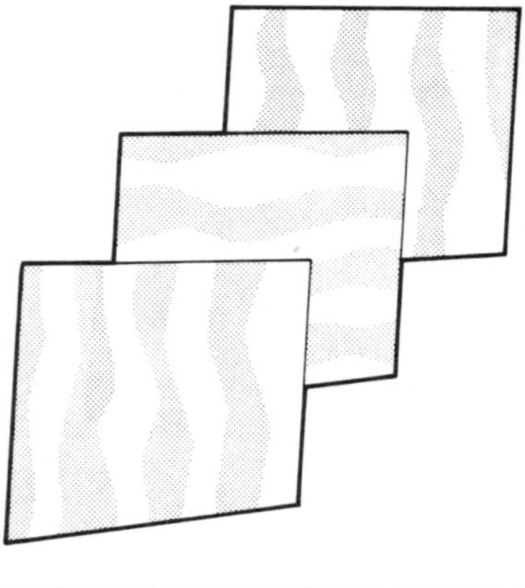

Das Messerfurnier

Zunächst werden die Stämme in der Regel parallel zur Stammrichtung halbiert und die Baumkante abgesägt. Die so vorbereiteten Halbstämme werden befestigt und dann durch ein riesiges Messer Furnierblatt nach Furnierblatt abgehoben.

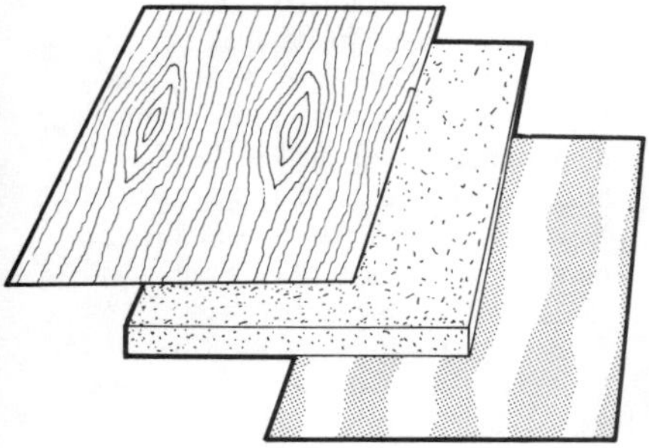

Die Furniermesser können horizontal oder vertikal verlaufen. Jedes Furnierblatt wird sorgfältig auf das zuvor gewonnene gestapelt, um die im Baum gewachsene Nachbarschaft und damit die Verwandtschaft der Zeichnung und Farbe zu bewahren. Nur so ist zu sichern, daß Möbelfabriken oder Tischler später ähnliche Strukturen oder Farben in großen Oberflächen an Möbeln oder Innenausbauten wiederkehrend komponieren können. Messerfurniere werden dazu meist auf Holzwerkstoffplatten, z. B. Span- oder Tischlerplatten, aufgeleimt. Das besonders dekorative und damit wertvollere Furnier ist in der Regel das Messerfurnier. Es bringt vor allem den Wechsel der Jahrringe, in anderen Holzarten aber auch die Holzstrahlen besser zur Geltung als das Schälfurnier. Nur bei einigen Holzarten oder speziellen Strukturen wird die individuelle Schönheit eines Abschnittes durch das Schälfurnier deutlicher. Um die Schneidbarkeit des Holzes zu erhöhen, gelegentlich auch um die Farbe des Holzes positiv zu beeinflussen, wird das Rohholz bei beiden Herstellungsarten von Furnieren vorher gedämpft oder gebrüht.

Furnierholz, besonders Messerfurnierholz, wird aus den wertvollsten Stämmen unserer oder fremder Wälder gewonnen. Eine typische einheimische Holzart für Messerfurniere ist die Eiche. Zu nennen sind aber auch Rüster, Ahorn, Esche, Nußbaum, Kirsche und verstärkt auch Nadelhölzer, wie Lärche, Kiefer und Fichte. Eine typische einheimische Schälholzart ist die Buche. Aber auch diese wird gelegentlich gemessert. Ein großer Anteil sowohl der Messer- als auch der Schälfurniere wird aus tropischen Holzarten erzeugt.

Die Spanplatte

Säge- und Furnierwerke sind größere oder auch kleine Industriebetriebe. Spanplattenwerke dagegen sind meistens sehr groß und zeichnen sich fast durchgängig durch einen hohen Grad an Automation aus. Sie sind mit weniger als hundert einheimischen Betrieben nach der Sägeindustrie in kurzer Zeit zum zweitgrößten Rohholzkäufer aus unseren Wäldern geworden und verbrauchen zusätzlich einen beachtlichen Anteil der Abfälle aus Säge- und Furnierwerken. Die Technologie der Spanplattenherstellung hat unseren Erfindern und Ingenieuren wesentliche Impulse zu verdanken, und ein sehr großer Teil der in der Welt vorhandenen Spanplattenfabriken stammt aus der Bundesrepublik Deutschland. Die Herstellung von Spanplatten, ihre Technologie, Entwicklungsmöglichkeiten und Probleme sind so vielfältig, daß sie hier nur gestreift werden können. Die Vorstellung, beleimte Abfallspäne von Sägen und Hobelmaschinen zu Platten zu verpressen, entstand schon vor 1940. Auch erste Fabriken wurden bald danach gebaut. Ihre Produkte waren unbefriedigend. Den entscheidenden Durchbruch brachte die Idee, Platten aus solchen Spänen herzustellen, die nach Dicke, Länge und Breite einigermaßen vorgegeben, also definiert waren. Dabei wurden dünne Späne vor allem in die Deckschichten, dickere in die Mittelschicht gebracht, und das ergab vielseitig brauchbare Platten mit Eigenschaften, die dem Holz große Anwendungsgebiete erhalten und neue erschlossen haben. Heute gibt es in entwickelten Ländern kaum einen Haushalt, in welchem wir – meist von Furnieren oder Folien überdeckt – keine Spanplatten finden.

Die Möglichkeiten der Spanplattenentwicklung sind noch lange nicht ausgeschöpft. Durch bewußte Auswahl von Holzarten, Spangrößen, Spanformen, Spanausrichtung und -schichtung, von Leimen verschiedenster Art und chemischen Zusätzen, aber auch durch den Grad der Verdichtung in der Presse lassen sich neben den bekannten viele neue Eigenschaften züchten. Die Spanplatte kann sich an viele kommende Anforderungen in ihren Eigenschaften anpassen und ihr Preis ist niedrig, gemessen an Produkten mit gleichwertigen Vorzügen. Die Spanplatte gehört zusammen mit Sperrholz und Faserplatten zu den Holzwerkstoffen. Alle diese Platten haben den Vorzug, daß sie auch bei großflächiger Verwendung keine Risse bilden und daß sie in Dimensionen hergestellt werden können, die von der Baumdicke unabhängig sind. Zudem können Span- und Faserplatten aus dünnem Rohholz hergestellt werden, dessen Entnahme aus unseren Wäldern für die Waldpflege unentbehrlich ist. Die Faserplatten haben bei uns im Gegensatz zu skandinavischen Ländern eine geringere Bedeutung, und sie sind auch in ihrer weltweiten Entwicklung nicht so hoch einzuschätzen wie die Spanplatten. Aber auch die Faserplatten haben ihre Vorteile, denn sie können bei hoher Verdichtung mit einem sehr niedrigen Kunstharzanteil als Bindemittel hergestellt werden, was besonders in Entwicklungsländern sehr wichtig sein kann.

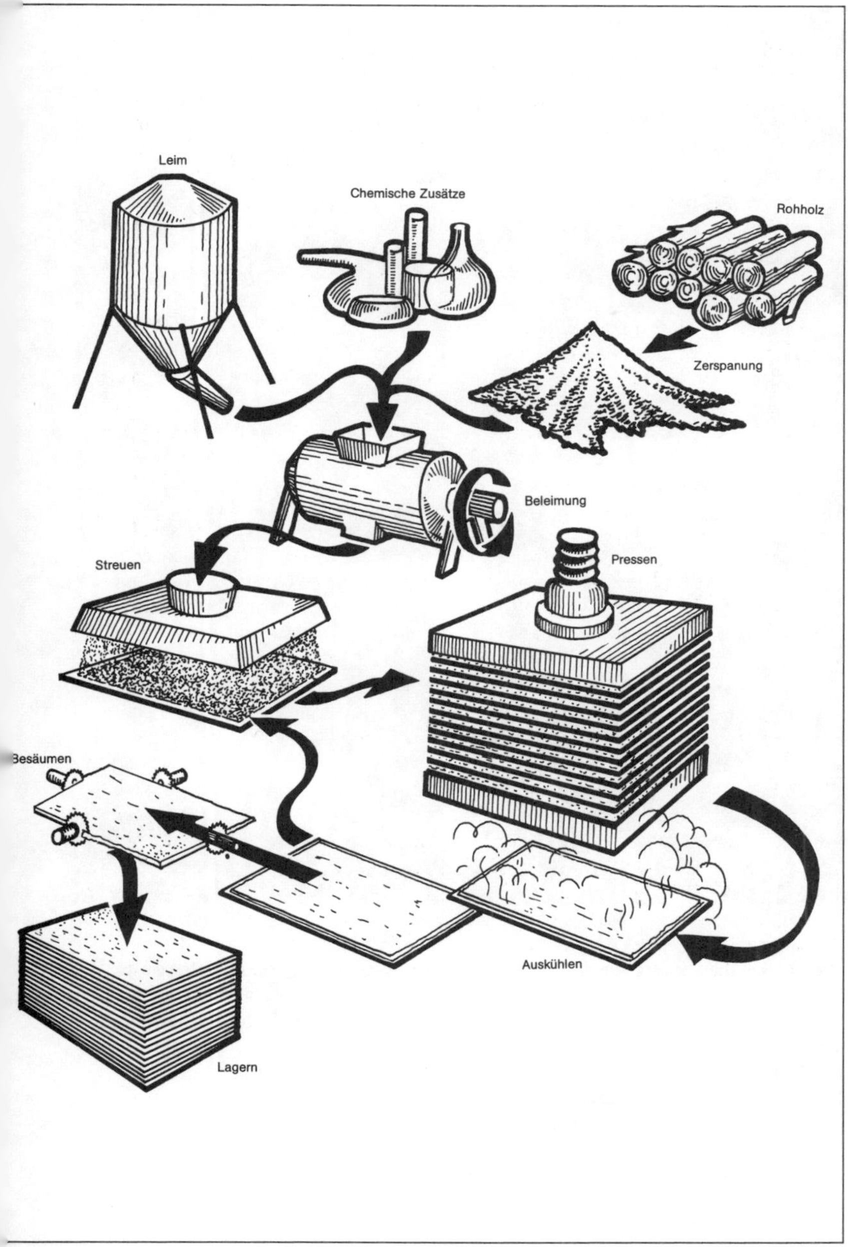
Leim
Chemische Zusätze
Rohholz
Zerspanung
Beleimung
Streuen
Pressen
Besäumen
Auskühlen
Lagern

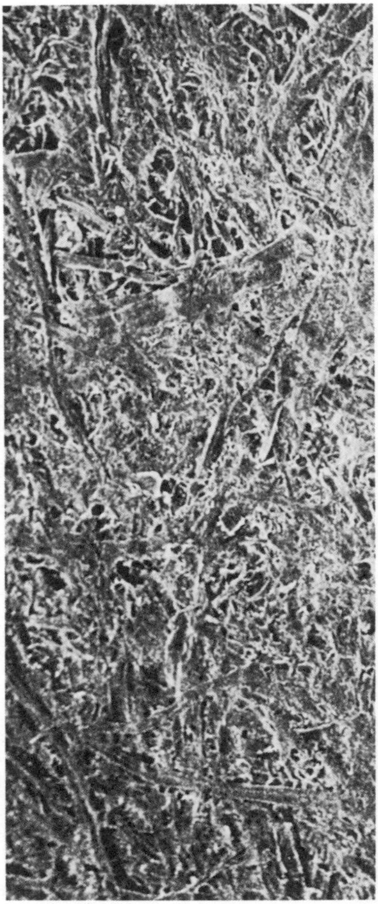

Zeitungspapier

Die Fotos zeigen unterschiedliche Papiersorten unter dem Rasterelektronenmikroskop bei etwa 150facher Vergrößerung.

Zeitungspapier besteht vor allem aus Holzschliff mit einer geringen Beimengung von Zellstoff. Wegen des hohen Ligningehaltes vergilbt es rasch.

Schreibpapier

Schreibpapier zeigt meist glattere Oberflächen als Zeitungspapier und wird hauptsächlich aus Zellstoff hergestellt. Große Unterschiede bestehen aber auch bei Schreibpapieren hinsichtlich der Oberflächenglätte, dem Gehalt an mineralischen Füllstoffen und chemischen Zusätzen sowie im Farbton.

Illustrationspapier
Solche Papiere zeichnen sich durch besonders glatte Oberflächen aus, weil sie neben hochwertigem Zellstoff einen großen Gehalt an Füllstoffen, wie Kaolin, enthalten und in Pressen besonders geglättet werden.

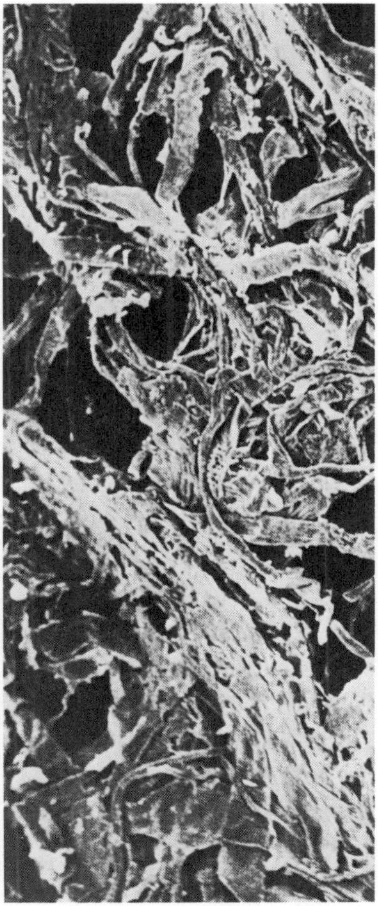

Hygienepapiere
Eine besonders grobe und saugfähige Struktur zeigen Hygienepapiere. Den verwendeten, meist hochwertigen Zellstoffen ist das Lignin weitgehend entzogen und die Papiere werden bei der Herstellung nur gering verdichtet.

Wald – ist er denn nicht, aufs Ganze gesehen, festgefügte, durch Forstgesetze in ihrem Bestand geschützte, von Förstern gehütete Natur? Was gibt es da für den Naturschutz zu schützen? Die Frage ist so unberechtigt nicht, und überhaupt ist der gesamte deutsche Naturschutz ohne die Naturgesinnung und die Arbeit vieler Forstmänner nicht denkbar. Dennoch: Selbst Wald ist in großen Teilen gefährdete Natur. Der Zeitgeist geht auch in ihm um mit seinem Renditedenken, seiner auf Ernte gerichteten Ungeduld, seiner Nutzen-Kosten-Rechnung, die die Maschine fördert. Der Forstmann geht mit der Zeit, oder er geht mit der Zeit.

Es ist Sache einer aufgeklärten Gesellschaft, ihre Vorstellungen vom zukünftigen Wald zu formulieren, Prioritäten zu setzen unter seinen Gaben: mehr Holz für den Markt oder mehr Heil für Leib und Seele. Man kann nicht alles haben, muß aber auch nicht das eine lassen, um das andere tun zu können. Liefert man den Forstmann aber dem naturwidrigen Leistungsdruck der Industriegesellschaft aus und dem Fetischismus der satten schwarzen Bilanzzahlen, dann macht er eben Holz. Es bringt Geld, während der Wald als grüne Menschenfreude – gestuft, gemischt und mehrhundertjährig – zunächst Geld kostet. Diesen Wald ohne finanzielle Opfer zu fordern ist unehrlich.

Dieses Kapitel sucht einen gangbaren Weg zwischen Holz und Heil. Es macht deutlich, daß nirgendwo Naturschutz mehr Menschen- und Tierschutz ist als im Wald.

Wald und Naturschutz

Hans Bibelriether

Dr. Hans Bibelriether, Jahrgang 1933, ging aus dem Waldbauinstitut der Universität München hervor. Nach einer kurzen Dienstzeit als stellvertretender Leiter des Bayerischen Forstamtes München-Nord wurde er 1969 bei der Gründung des ersten deutschen Nationalparks Bayerischer Wald zu dessen Amtsleiter berufen. Als Forstdirektor ist er noch heute dort tätig. Bibelriether machte sich weit über die Grenzen der bayerischen Staatsforstverwaltung hinaus einen Namen als ein dem ökologischen Naturschutz verpflichteter, nicht immer bequemer Forstmann, dessen publizistisches Engagement dem Nationalparkgedanken in Deutschland wesentliche Impulse verlieh. Seinem in vielen Jahren aufgebauten Fotoarchiv verdankt dies Buch sowohl die Schönheit als auch die waldkundlichen Informationen der Bilder.

Spätestens seit dem »Europäischen Naturschutzjahr« 1970 ist das Wort »Naturschutz« allgemein geläufig, tagtäglich begegnet es uns irgendwo. Viele benutzen es, aber nicht alle meinen mit ihm das gleiche. Der Begriff stammt von Ernst Rudorff, Professor an der Staatlichen Musikhochschule in Berlin. 1888 taucht er in seinen Tagebüchern auf. Prägendes Erlebnis für ihn, der als einer der Wegbereiter des Naturschutzes in Deutschland gelten kann, und Anlaß für seinen Einsatz war die Landschaftsverarmung und Naturzerstörung durch die Flurbereinigungsmethoden seiner Zeit. Er rief zur Gründung eines »Deutschen Bundes Heimatschutz« auf; sie erfolgte 1904. Hauptziel des Naturschutzes war es damals, die natürlichen Schönheiten, die einheimische Tier- und Pflanzenwelt, die geologischen Eigentümlichkeiten und das Landschaftsbild insgesamt für die Zukunft zu erhalten. Dieses Anliegen, heute oft als »Klassischer Naturschutz« bezeichnet, hat sich im Hinblick auf die Pflanzen und Tiere zum Biotop- und Artenschutz – d.h. Schutz der Lebensräume und der darin lebenden Tier- und Pflanzenarten – weiterentwickelt.

Seit man sich der Folgen der technisch-industriellen Entwicklung für die natürliche Umwelt zunehmend bewußter wurde, wuchsen dem Naturschutz neue und weiterreichende Aufgaben zu. Er muß sich heute im umfassenden Sinn für den Schutz der »natürlichen Lebensgrundlagen«, also des Wassers, des Bodens, der Luft, des Klimas einsetzen, sich um Daseinsvorsorge auch für die Menschen bemühen.

Eine Landschaft bleibt nur dann auf Dauer für Menschen bewohnbar und liebenswerte Heimat, wenn sie geschützt und gepflegt wird, wenn in ausreichendem Maß ihre natürliche Substanz und Vielfalt, ihre natürlichen »Ressourcen« erhalten bleiben. Dem Wald kommt dabei als relativ naturnahem Element eine ganz besondere Bedeutung zu.

Im Laufe der letzten einhundert Jahre hat sich die Landwirtschaft von einer der Natur angepaßten, die natürlichen Kräfte ausnutzenden Tätigkeit auf hochmechanisierte, mit industriellen Methoden arbeitende Produktionsverfahren umgestellt. Eine spezielle »Landtechnik« und die Produkte der Chemie ermöglichen es dem Bauern, dem Acker mehr oder weniger seinen Willen aufzuzwingen. Es wird außer dem Wetter so gut wie nichts mehr der Natur überlassen, die Produktion ist bis ins Detail geplant und rationalisiert. Hochgezüchtetes Saatgut garantiert hohe Erträge, ungünstige Klimabedingungen werden durch Bewässerung oder Beregnung ausgeglichen, und die natürliche Bodenkraft wird durch steigende Mengen von Kunstdünger angeheizt. Im Gefolge der maschinengerecht angelegten Monokulturen – Reinbestände aus empfindlichen Getreidesorten, aus Zuckerrüben oder Mais auf jeweils riesigen Flächen – müssen die hier zur Massenvermehrung neigenden tierischen und pflanzlichen »Schädlinge« chemisch bekämpft werden. Nach dem letzten Weltkrieg hat der Einsatz von Mitteln gegen Insekten und sogenannte Ackerunkräuter, gegen Pilze und Bakterien einen ungeheuren Aufschwung genommen. Zwischen 1960 und 1972 hat sich der Düngemittelverbrauch in Europa verdreifacht, die Verwendung von Insektiziden und

Fungiziden verdoppelt und verdreifacht. Während noch zu Anfang dieses Jahrhunderts die bäuerliche Kulturlandschaft eine bunte Vielfalt von Pflanzen und Tieren aufwies, sind die landwirtschaftlich genutzten Gebiete im ausgehenden 20. Jahrhundert artenarm und monoton geworden. Kornblume und Mohn, Maikäfer und Eidechse, Rebhuhn und Wachtel sind zu Raritäten geworden.

Demgegenüber besitzt der Wald noch immer ein hohes Maß an Natürlichkeit. Anders als in der Landwirtschaft, sind in ihm bis heute der Einsatz von Düngemitteln und Chemikalien die Ausnahme, die Auswirkungen der Pflanzenzüchtung bescheiden geblieben. Dies ist in erster Linie dem langen Zeitraum von 100 bis 200 Jahren zu verdanken, der zwangsläufig zwischen Begründung und Ernte eines Waldbestandes liegt. Während der Acker alljährlich umgebrochen, gedüngt, gesät und abgeerntet wird, bleibt in Jahrzehnten der Waldboden von forstwirtschaftlichen Maßnahmen unberührt. Lediglich der langsam hochwachsende Wald wird in unregelmäßiger Wiederkehr durchforstet.

Es leuchtet also ein, daß Art und Verteilung eines Waldes in der Landschaft nicht nur eine große Bedeutung für die Vielfalt an Pflanzen und Tieren besitzt, sondern auch wesentlich zur Erhaltung der natürlichen Lebensgrundlagen für uns Menschen beitragen. Weil aber Wald nicht gleich Wald ist und naturnähere und naturfernere Waldformen vorkommen, sind auch seine Wirkungen auf Pflanzen und Tierwelt, auf Klima und Wasserhaushalt, für den Bodenschutz und die Luftreinhaltung gebietsweise recht unterschiedlich. Um die heutigen Wälder und ihre Bedeutung für die verschiedenen Naturschutzziele verstehen und beurteilen zu können, muß man sich ihre Vorfahren, die nicht mehr existenten Urwälder, vergegenwärtigen.

Urwald und Wirtschaftswald

In Mitteleuropa unterscheidet sich Urwald von Wirtschaftswäldern hauptsächlich durch folgende Merkmale:

- Einzelne Bäume wachsen in ihm zu mächtigen Baumriesen heran und werden uralt;
- auf engem Raum finden sich junge und alte, dünne und dicke Bäume nebeneinander;
- auch kleinräumige Mischung der in einem Gebiet vorkommenden Baumarten ist die Regel;
- totes Holz gibt es im Urwald überall, zum Teil stehend, zum Teil am Boden liegend;
- knorrige, skurrile Baumgestalten, im Wirtschaftswald ganz unerwünscht, sind nicht selten.

Es wurde schon erwähnt, daß sich die einstigen Urwälder in unserem Land je nach Standort, Bodenverhältnissen und Klima voneinander unterscheiden. In weiten Teilen Deutschlands herrschten rotbuchenreiche Wälder vor. In wärmeren Gebieten waren Eichen weit verbreitet, mit Hainbuchen und anderen Laubbaumarten gemischt. Längs der Flüsse fanden sich baum- und strauchartenreiche Auewälder, und in Mittel- und Hochgebirgen dominierten Waldtypen mit einem höheren Anteil an Nadelbäumen, Fichten und Tannen zumeist. Die aufgezählten Merkmale sind mehr oder weniger kennzeichnend für Naturwälder verschiedener Standorte im mitteleuropäischen Bereich.

Noch zwei weitere Merkmale sind wesentlich: Von einem Urwald kann nur dann gesprochen werden, wenn natürlicher Wald eine größere zusammenhängende Fläche bedeckt. Und schließlich besaßen in unseren Breiten die einstigen Wälder die Fähigkeit, sich über lange Zeiträume ohne nennenswerte Unterbrechung zu erhalten. Darin liegt ein Unterschied etwa zu Skandinavien oder weiten Gebieten Nordamerikas, wo Waldbrände nicht selten große Freiflächen in die riesigen Waldgebiete fressen, vor allem wegen des hohen Anteils an leicht brennbaren, harzreichen Nadelbäumen und der häufig wiederkehrenden sommerlichen Dürreperioden. In Mitteleuropa gilt dagegen als Regel, daß Urwälder sich fortwährend über kleinflächig ankommenden Nachwuchs aus sich heraus erneuern konnten und über Jahrhunderte, ja Jahrtausende flächendeckend bestehen blieben. Großflächige Zusammenbrüche waren hier die Ausnahme, wozu günstige Boden- und Feuchtigkeitsverhältnisse und der hohe Laubbaumanteil beitrugen.

Die meisten unserer heutigen Wälder, vor allem reine Fichten- oder Kiefernwälder auf Böden und Standorten, die für sie wenig geeignet sind, besitzen diese Fähigkeit zur Stabilität und Erneuerung aus sich selbst heraus oftmals nicht. Solche Reinbestände sind anfällig, besonders gegen Insektenkalamitäten, gegen Stürme, gegen Schneebruch und andere Gefährdungen und werden immer wieder auch großflächig zerstört. Die Brand- und Sturmkatastrophen in Norddeutschland oder die Schneebruchschäden in Niederbayern im Spätwinter 1979 sind dafür Beispiele.

An natürlichen Wäldern lernen

Die mitteleuropäische Forstwirtschaft hat sich aus der Verantwortung gegenüber den Anforderungen der Gesellschaft an den Wald zwar schon lange klar gegen einseitig der Holzproduktion dienende »Holzäcker« entschieden. Mit der Idee der Nachhaltigkeit hat sie außerdem einen geradezu genialen Beitrag zum Naturschutz geleistet, der heute aktueller ist als je zuvor. Heute sieht sie ihre Aufgabe darin, naturnahe, standortgemäße Wirtschaftswälder zu erziehen und zu erhalten, die die vielfältigen Ansprüche an den Wald bestmöglich erfüllen können.

Es fehlen dafür aber noch immer viele Kenntnisse und Erfahrungen. Manche davon lassen sich nur im unberührten und ungenutzten Wald sammeln, also im Urwald oder im aufs neue sich selbst überlassenen Wald. Solche Wälder können als Freilandlaboratorien dienen. Sie werden an vielen Stellen und da und dort auch auf größeren Flächen benötigt.

An vielen Orten werden sie gebraucht, weil unser Wald entwicklungsgeschichtlich und von Ort zu Ort mannigfaltige Unterschiede aufweist. Auf größeren Flächen sind solche Freilandlaboratorien nötig, weil auf kleinen Waldarealen sich nicht alle Lebensvorgänge eines Waldes vollständig zeigen. Kleinere Waldteile werden von ihrer Umgebung so stark beeinflußt, daß sie sich nicht frei nach den ihnen innewohnenden Gesetzen entwickeln können.

Seit einiger Zeit versuchen Forstwissenschaftler, die natürlichen Lebensphasen von Urwäldern zu erfassen. Es wird von Initial-, Optimal-, Terminal- und Zerfallsphasen gesprochen. Tatsächlich überwiegen in mitteleuropäischen Urwäldern, das heißt in den Resten, die noch vorhanden sind, sehr stark die Optimalphasen, die anderen Lebensstadien kommen nur ineinandergreifend kleinflächig und verstreut vor. In der Optimalphase dominieren in einem Bestand einzeln oder truppenweise zusammenstehende mittelalte, ältere und großkronige alte Bäume. Die Initialphase, in der junge Bäume vorherrschen, tritt nur dort auf, wo ziemlich gleichzeitig eine ganze Gruppe von Altbäumen abstirbt. Durch ihren Zusammenbruch gelangt das Sonnenlicht auf so großer Fläche auf den Boden, daß es für eine dichte Ansamung junger Bäume ausreicht.

In den »modernen« Wäldern ist die Relation zwischen Altbaumanteil und Jungwald stark verschoben. Jungwald ist hier ungleich stärker vertreten als im Naturwald, was sich daraus erklärt, daß die Bäume in den Wirtschaftswäldern nur 100–140 Jahre alt und dann gefällt werden, gegenüber mehrhundertjährigen, die überall im Urwald vorkommen. Außerdem stehen die Bäume im Wirtschaftswald meist konzentriert in gleichaltrigen Kollektiven zusammen: der Jungwald für sich, die Dickung, das Stangenholz und das Baumholz. Es fehlt das für den natürlichen Wald typische, abwechslungsreiche, oft mehrschichtige Gefüge.

Die Anhäufung von Biomasse ist in Naturwäldern oder in Wirtschaftswäldern, die nach mehr oder weniger langen Nutzungszeiträumen wieder sich selbst überlassen wurden, ungleich höher als in Wirtschaftswäldern, denen ein beträchtlicher Teil davon als Nutzholz entnommen wird. Welche Wirkungen von der gespeicherten Holzsubstanz in einem Wald ausgehen, ist in den Einzelheiten noch nicht bekannt. Mit einiger Wahrscheinlichkeit ist aber zu sagen, daß damit die Stetigkeit und Dauerhaftigkeit natürlicher Waldökosysteme zusammenhängt. Eine große Menge an organischer Substanz, vom Moder des zerfallenden Holzes über die feinsten Wurzeln bis hin zu Blättern und Nadeln ist offenbar Voraussetzung, damit »Wald« im ursprünglichen Sinn überhaupt möglich ist. In einem Urwald sind sicherlich auch die mächtigen Baumdimensionen kein Luxus der Natur, sondern zumindest für die mechanische Stabilität der Bestände eine Voraussetzung.

Auch hinsichtlich der Lebenserwartung der einzelnen Bäume unterscheiden sich heutige Wälder von ihren Vorfahren. In Urwäldern zeigen manche Bäume ein außerordentlich langes, über Jahrhunderte hin anhaltendes Wachstum. Die aus forstwirtschaftlichen Gründen eingeführte »Umtriebszeit«, innerhalb der ein Wald auf einer bestimmten Fläche vollständig erneuert wird, hat mit der natürlichen Lebenserwartung eines Waldes nichts zu tun.

Es wäre sehr nützlich, die Unterschiede zwischen naturbelassenen und bewirtschafteten Wäldern noch intensiver als bisher zu analysieren. Die Ergebnisse könnten den Forstleuten wertvolle Hinweise auf forstwirtschaftlich wichtige Fragen auch im Verein mit der Umweltbedeutung des Waldes geben. Auch für die Lösung von Naturschutzproblemen liefern in natürlichen Wäldern gewonnene Erkenntnisse und deren Vergleich mit der ökologischen Situation in unseren heutigen Waldtypen wichtige Fingerzeige. Unterschiedliche Waldstrukturen und forstwirtschaftliche Eingriffe können zum Beispiel die Überlebenschancen bestimmter Vogelarten entscheidend zum Positiven wie zum Negativen hin beeinflussen. Gesicherte Beobachtungen gerade aus jüngster Zeit lassen manche forstliche Maßnahme und manche Merkmale von Wirtschaftswäldern im Hinblick auf den Biotop- und Artenschutz in einem neuen Licht erscheinen.

Im Urwald überleben seltene Tierarten

Untersuchungen in urwaldähnlichen Fichten-Tannen-Buchen-Waldteilen des Nationalparks Bayerischer Wald, die von mehrhundertjährigen lebenden und toten Bäumen geprägt sind, ergaben, daß dort 55 Vogelarten brüten. Darunter sind so seltene wie Auerhuhn, Haselhuhn, Dreizehenspecht, Weißrückenspecht, Hohltaube, Sperlingskauz und Rauhfußkauz. Schreiadler und Wanderfalke, einst heimisch in den riesigen Urwäldern an der böhmischen Grenze, sind nicht mehr darunter. Für sie sind die heutigen ursprünglichen Restflächen viel zu klein, die Unruhe und die Störungen zu groß geworden. Im Vergleich dazu brüten in relativ naturnahen über 100- bis 150jährigen Waldteilen des Nationalparks 50 Vogelarten, davon immerhin gegenüber den urwaldähnlichen Restbeständen noch vierzehn statt der fünfzehn dort vorkommenden seltenen und gefährdeten Arten. Anders ist es in den Wirtschaftswäldern desselben Gebietes. Es kommen wesentlich weniger Arten vor, wie die nebenstehende Tabelle zeigt.

Hand in Hand mit der Abnahme alter Wälder geht also das Verschwinden mancher spezialisierten Vogelart. Diese Spezialisten, die auf ganz bestimmte, engbegrenzte Lebensbedingungen angewiesen sind, sind gefährdet, wenn sich ihr Lebensraum ändert, indem er seine Vielfalt verliert. Die Ursachen können verschieden sein. Eine davon ist das Fehlen von totem Holz in Wirtschaftswäldern. Der Urwald dagegen ist voll davon, gleichgültig ob es sich dabei um stehende tote Bäume oder um liegende vermodernde Stämme handelt. Totes Holz ist Lebensraum und Standort für eine ungeheure Vielzahl von Bakterien, Pilzen, Algen, Moosen und Flechten. Es beherbergt auch eine artenreiche Kleintierwelt. Von ihnen wiederum leben eine ganze Reihe größerer Tierarten. Aus dem Nationalpark Bayerischer Wald sind einprägsame Beispiele bekannt. Wie erwähnt leben dort heute noch Weißrückenspecht und Dreizehenspecht, beides äußerst seltene Waldvögel. Der Weißrückenspecht

Bestandsalter		Zahl der Arten	davon seltene („Kulturflüchter")
Urwald 1–400 J.		55	14
Wirtschaftswald (Altersklassenwald)	1–5 J.	25	2
	5–10 J.	20	0
	10–30 J.	25	1
	30–60 J.	40	8
	60–100 J.	45	11
	100–150 J.	50	13

kann nur existieren, wenn in größeren Mengen und auf größeren Flächen dürre, vermorschende, schwachwüchsige Laubbäume vorkommen, aus denen er sich seine Nahrung holt. Für den Dreizehenspecht sind Fichten wichtig, deren Gipfel vom Schnee gebrochen sind, so daß sich Fäulnis ausbreitet, oder Fichten, die vom Stamminnern her schon vermorschen. In Wirtschaftswäldern wird solches Holz frühzeitig entfernt. Die Folgen reichen noch weiter: Der Dreizehenspecht ist ein wichtiger Höhlenlieferant für den Sperlingskauz. Fehlt er, wird auch der Sperlingskauz selten werden, denn er kann Höhlen nicht zimmern.

Auch dem Schwarzspecht macht das Fehlen alter absterbender Bäume zu schaffen. Er braucht mächtige Laubbäume, die bereits im Kern faul oder sonstwie geschädigt sind, damit er in ihnen seine Brut- und Fluchthöhlen anlegen kann. Gibt es diese Bäume nicht in entsprechender Anzahl, gibt es auch keine Lebensmöglichkeiten mehr für eine lebensfähige Schwarzspechtpopulation. Und noch viel weniger für die auf diese Höhlen angewiesenen Vogelarten wie Rauhfußkauz und Hohltaube. Es gilt als sicher, daß der Rückgang der noch vor wenigen Jahrzehnten häufigen Hohltaube mit der Abnahme an Schwarzspechten direkt zusammenhängt.

Diesem größten einheimischen Specht machen aber auch noch andere Probleme zu schaffen. Für seinen Nahrungserwerb braucht er im Kern vermorschte Fichten, die von holzzerstörenden Ameisen befallen sind. Auch solche Stämme werden, soweit man ihre Krankheit äußerlich erkennt, in den Wirtschaftswäldern systematisch entnommen. In Naturwäldern sind sie dagegen immer reichlich vorhanden.

Eine der entscheidenden Veränderungen im Waldaufbau, die die Forstwirtschaft der letzten 200 Jahre bewirkte, liegt in der altersmäßigen Nivellierung der Bestände. Kleinflächig abwechslungsreiche und ungleichaltrige Wälder sind heute in unserem Land in der Minderzahl. Altersklassenwälder aber sind im Hinblick auf die Ziele des Biotop- und Artenschutzes eher bescheiden. Einzelne spezialisierte und damit besonders gefährdete Vogelarten können bestimmte Altersphasen eines Altersklassenwaldes nicht aushalten. Das Auerhuhn kann zum Beispiel in Stangenhölzern und Jungbeständen nicht leben. Es braucht ausgedehnte alte Wälder. Kommen alte Waldbestände nur noch verstreut und weit voneinander entfernt vor, dann verliert, vereinfacht gesagt, ein Vogel den Kontakt zum anderen. Der Hahn balzt im Frühjahr vergeblich, weil ihn keine Henne mehr hört. Nachwuchs stellt sich nicht mehr ein und der Bestand erlischt mit dem Tod des letzten Altvogels. In verschiedenen, früher noch gut besetzten deutschen Auerhuhnvorkommen lief in den letzten Jahrzehnten die Entwicklung so ab. Der Zoologe Wolfgang Scherzinger hat dieses Phänomen im Nationalpark Bayerischer Wald untersucht und anschaulich dargestellt. Von jeder Tierart muß eine Mindestzahl an Individuen, die untereinander Kontakt haben, in einem Gebiet leben können, damit der Fortbestand der Art auch in ungünstigen Jahren gesichert bleibt. Diese allgemein gültige Erkenntnis aus der Populationsökologie ist noch viel zu wenig bekannt.

Scherzinger vergleicht die Auswirkungen der Forstwirtschaft auf die Altersstruktur der Wälder mit dem Auseinandernehmen einer »russischen Holzpuppe«. Naturnahe Wälder weisen innig ineinander verschachtelte Lebensräume auf. Im Altersklassenwald werden die einzelnen Altersphasen der Bäume und damit die Lebensräume entzerrt und flächenmäßig voneinander getrennt. Manche Arten, die im naturnahen Wald miteinander vorkommen, können im Altersklassenwald dann auch nur noch flächenweise getrennt nebeneinander existieren. Insgesamt bedeutet dies eine Biotopverkleinerung für die einzelne Art. Für empfindliche Arten sind solche Lebensraumverkleinerungen unter Umständen lebensgefährlich, nämlich dann, wenn diese zur Unterschreitung der Mindestzahl an Individuen – die kritische Grenze der Population – führt. Die Art ist zum Verschwinden verurteilt.

Biotop- und Artenschutz im Wirtschaftswald

Echte Urwälder existieren in Mitteleuropa nicht mehr. Allenfalls kann man einige winzige Waldteile als Urwaldreste bezeichnen. Sicherlich mehrere

Tausend Hektar weisen als »Naturwaldzellen« – wir werden darauf zu sprechen kommen – noch Merkmale der einstigen Urwälder auf. Was ihnen fehlt, ist vor allem eine gewisse Flächenausdehnung.

Diesen Waldparzellen stehen in der Bundesrepublik mehrere Millionen Hektar Wirtschaftswald gegenüber. Im kleineren Teil davon sind noch einige der ursprünglich vorkommenden Baumarten vertreten. Diese Wälder sind »naturnäher« als die großen Waldflächen, auf denen Kiefer und Fichte vorherrschen, die dort früher nicht heimisch waren. Unsere Wirtschaftswälder werden als solche seit Jahrhunderten genutzt, und auch in Zukunft kann und wird sich an ihrer Aufgabe, Holz oder andere unverzichtbare Leistungen für die Gesellschaft zu liefern, nichts ändern. Niemand zweifelt daran, und es wäre unverantwortlich, etwas anderes zu fordern. Es gibt keinen Weg zurück zum Naturwald auf nennenswerter Fläche, auch wenn seine Artenvielfalt die jedes anderen Waldbestandes unter gleichen Standortsbedingungen übertrifft und solche Wälder damit aus dem Blickwinkel des Schutzes artenreicher Lebensgemeinschaften einen außerordentlichen Rang einnehmen. Es muß also versucht werden, unter Beachtung der wirtschaftlichen Ziele, in den Wäldern ein möglichst hohes Maß an Biotop- und Artenschutzmaßnahmen zusätzlich zu verwirklichen.

Die Voraussetzungen dafür sind aus verschiedenen Gründen nicht schlecht:

- Im Vergleich zu landwirtschaftlichen Nutzflächen werden Wälder nicht bis zum letzten Quadratmeter genutzt.
- Naturbelassene Restflächen sind selbst in großen Fichtenforsten da und dort noch vorhanden.
- Feuchtgebiete werden in Wäldern nicht mehr trockengelegt und früher angelegte Entwässerungsgräben wachsen wieder zu.
- Bach und Flußläufe sind auf Waldstrecken selten begradigt oder verbaut, und sauberer sind sie meist auch.
- Felsblöcke und Steinriegel blieben erhalten, sie wurden nicht im Zuge von Flurbereinigungen beseitigt.
- Hochmoore sind in Waldumgebung weniger gefährdet als in offener Grünlandlage; Kunstdünger und andere Chemikalien werden in ihrer Nachbarschaft nicht verwendet.
- Die Wegerschließung und daraus resultierend die Störung durch Besucher ist abgesehen von Erholungsgebieten im allgemeinen in Wäldern geringer.

Und schließlich ist folgende Tatsache besonders wichtig: Rund ein Drittel unseres Waldes ist Staatsbesitz, weitere 15 Prozent Kommunalwald. Wenn in Feldbreiten Naturschutzvorhaben immer wieder scheitern oder zum Beispiel die Ausweisung von Naturschutzgebieten nicht gelingt, weil die Grundbesitzer, die Bauern, nicht zustimmen können oder wollen, weil sie von ihrem Grund und Boden leben müssen, so gilt das nicht in dem Maß im Wald, ganz und gar nicht im öffentlichen Wald!

Die gesetzlich verankerte Pflicht zum Biotop- und Artenschutz ist bei ihrer Durchsetzung häufig mit der Inanspruchnahme von Fläche verbunden. Dort wo öffentlicher Grundbesitz zur Verfügung steht, kann dieser Auftrag eher und konsequenter verwirklicht werden. Mit gutem Willen läßt sich bei Naturschutzvorhaben im Wald fast immer ein Weg finden. Einige Beispiele können dies wiederum verdeutlichen:

- Im Wald lassen sich Flächen finden zur Anlage von Laichtümpeln für Kröten oder ganz allgemein zur Verbesserung der Lebensmöglichkeiten für Amphibien.
- Es lassen sich Flächen finden zur Anlage von Ersatzweihern für außerhalb des Waldes durch Straßenbau oder andere flächenverzehrende Planungen zerstörte Wasserflächen.
- Gezielt als Nahrungsteiche gestaltete Weiher können das Problem des Schadens, den Fischreiher in privaten Fischzuchtbetrieben anrichten, entschärfen.
- Im Wald kann die Aufforstung einer Freifläche, die sich zum Beispiel zu einer blumen- und insektenreichen Borstgraswiese weiterentwickelt, auch einmal unterbleiben.
- Im Wald ist es leichter, Bachufer vor dem Zertrampeln zu bewahren, wenn durch Nichterschließen oder auch Verlegen entstandener Pfade der Zugang erschwert oder unterbunden wird.
- Im Wald kann allgemein der Besucherverkehr leichter gelenkt und deshalb durch sinnvolle Wegeführung mancher Bereich ruhig vor den Besuchermassen gehalten werden.
- Und schließlich: Wenn es sich bei einer naturschützerisch wertvollen Fläche um Privatbesitz handelt, ermöglicht vielleicht ein Grundtausch mit dem Staat die Lösung des Problems.

Dieser unvollständige Katalog enthält nur Anregungen. Soweit in einem Forstbezirk am Naturschutz interessierte Forstleute tätig sind, werden sie seit langem verwirklicht. Da sich die Lebensmöglichkeiten für viele Tiere und Pflanzen rapid verschlechtern, müssen solche Chancen aber ganz allgemein im öffentlichen Wald genutzt werden. Dies dürfte um so leichter sein, als tatsächlich nur kleine Flächen benötigt werden. Für den Holzzuwachs eines Betriebes und noch mehr für dessen wirtschaftlichen Erfolg sind sie völlig bedeutungslos.

Die aufgezählten Hilfen für den Biotop- und Artenschutz haben noch nichts mit der Waldnutzung selbst, mit der Verjüngung oder Durchforstung einzelner Waldbestände zu tun. Vergegenwärtigen wir uns noch einmal die eingangs skizzierten Verhältnisse in Naturwäldern, so wird deutlich, daß mit und durch die forstbetrieblichen Maßnahmen auch direkt die Erfüllung von Naturschutzaufgaben verbessert werden kann. Je nach Ausgangslage sind zwar die Möglichkeiten unterschiedlich. Folgende Beispiele gelten aber sicherlich allgemein:

■ Durch Erhöhung der Umtriebszeit, das heißt durch Älterwerdenlassen der Waldbestände, verbessern sich die Lebensbedingungen für Tierarten, die alte Wälder bewohnen, wesentlich.

■ Durch Stehenlassen von toten oder absterbenden Bäumen in der nötigen Zahl, ferner durch Stehenlassen von faulen oder sonstwie beschädigten Stämmen, kann die Lebensbasis für »Spezialisten« verbreitert werden.

■ Durch das Unterlassen allzu rasch wiederkehrender Eingriffe in ältere Waldbestände kann die Beunruhigung sonst ruhiger Waldteile reduziert und empfindlichen Arten mehr Sicherheit geboten werden.

■ Durch zeitlich sinnvolle Abstimmung der forstlichen Eingriffe in einen Waldbestand, etwa in dem man während der Brutzeit das Horstgebiet von Habicht, Sperber oder Graureiher nicht mit forstlichen Maßnahmen belastet, kann der Bruterfolg erhöht werden.

■ Durch Waldbauverfahren, besonders Verjüngungsverfahren, die kleinräumig differenziert vorgehen, entstehen reich strukturierte Bestände. Auf diese Weise kann die Artenvielfalt erhöht werden.

■ Gezielte Pflegemaßnahmen in Waldrändern und ihre Ergänzung mit zusätzlichen Baum- und Straucharten erhöhen ebenfalls die Struktur und damit die Artenvielfalt.

■ Läßt man bei der Jungwuchspflege einzelne hinsichtlich ihres Holzes wertlose Bäume, zum Beispiel Weiden, Aspen oder Vogelbeeren stehen, können sich die Lebensmöglichkeiten für Insekten und bestimmte Vögel wesentlich verbessern.

■ Das Liegenlassen von Reisighaufen oder – örtlich begrenzt – von Schneebrüchen oder einzelnen Windwürfen, dient dem gleichen Ziel.

■ Der Verzicht auf zu großflächige Reinbestände, beziehungsweise eine auf den Standort abgestimmte Beteiligung von Mischbaumarten im Bestand und die zusätzliche Anpflanzung seltenerer Baumarten an den Bestands- oder Wegrändern, erhöht ebenfalls die Artenvielfalt nicht nur der Tierwelt.

■ Nicht nur dem Baumbestand, sondern auch der Bodenlebewelt nützt es, wenn das gefällte Holz so schonend wie möglich aus dem Wald heraustransportiert wird.

■ Ein rasches Abfahren des Nutzholzes im Frühjahr vermindert die Gefahr, chemische Bekämpfungsmittel gegen Schadinsekten sprühen zu müssen und dabei auch andere zu gefährden.

■ Und schließlich ist auch einmal der Verlust an Holzertrag zu verschmerzen, wenn ein kleines Waldstück, das vielleicht seltene Orchideen, Frühlingsknotenblumen oder andere Raritäten beherbergt, bei der Durchforstung ausgespart bleibt oder aber gerade dann und gezielt durchforstet wird, wenn die Gefahr besteht, daß diese Pflanzen aus Lichtmangel verschwinden würden.

Naturwaldreservate

Schon 1934 forderte der Forstwissenschaftler Herbert Hesmer, »Naturwaldzellen« in genügender Zahl zu schaffen. Sie sollten dazu dienen, die Entwicklung von bewirtschafteten Forsten mit der von natürlichen, sich selbst überlassenen Wäldern zu vergleichen. Vielen Forstleuten widerstrebt es aber offensichtlich in ihrem Innersten, Wälder, und seien es auch nur kleine Teile davon, aus »Pflege und Nutzung« zu entlassen. Wie sonst wäre es zu erklären, daß die Sicherung von »Naturwaldreservaten« so zäh vorankommt.

Erst in den letzten zwei Jahrzehnten wurde damit begonnen, Hesmers Vorschläge zu verwirklichen. Alle Bundesländer mit Ausnahme von Hessen und Schleswig-Holstein haben inzwischen einschlägige Programme zwar entwikkelt und mehr oder weniger abgeschlossen, aber im Vollzug erst zeigen sich die Widerstände.

Naturwaldreservate in Baden-Württemberg werden als »Waldschutzgebiete« bezeichnet, und als solche sind sie im Landeswaldgesetz verankert. Unterschieden werden die Kategorien »Bannwälder« und »Schonwälder«. Unter Bannwäldern versteht man hier Totalreservate, bestehend aus natürlichen oder naturnahen Waldbeständen, in denen jegliche Nutzung, jeder Eingriff unterbleibt. Vierzig Bannwälder mit einer Fläche von rund 1700 Hektar sind derzeit ausgewiesen, darunter so berühmte Orte wie Hornisgrinde und Wildseemoor. Schonwälder hingegen werden forstlich zwar behandelt, aber es wird das Ziel verfolgt, eine bestimmte Pflanzengesellschaft oder einen bestimmten Waldaufbau, der von historischem Interesse ist, zu konservieren. Auch in Niedersachsen und in Nordrhein-Westfalen wurden Naturwaldreservate ausgeschieden. In Nordrhein-Westfalen ist es bei der ursprünglichen Bezeichnung »Naturwaldzellen«, die die Sache am besten trifft, geblieben. Obwohl dieses Bundesland außerordentlich dicht besiedelt ist, konnte eine bescheidene Anzahl von Naturwaldzellen mit einer Gesamtfläche von insgesamt rund 600 Hektar aufgefunden werden. Rheinland-Pfalz hat bei seinem Waldreichtum ganze 200 Hektar diesem Zweck gewidmet.

Bayern als größtes Bundesland, das ein Drittel der Gesamtwaldfläche des Bundesgebietes aufweist, schließt zur Zeit sein Naturwaldreservat-Programm ab. Insgesamt sind darin 135 Reservate mit einer Gesamtfläche von rund 5500 Hektar bei einer Kernfläche von 4400 Hektar enthalten. Bayern steht damit weit an der Spitze dieser Programme. Leider konnten nur noch für etwa 80 Prozent aller ursprünglichen Waldgesellschaften Beispiele gefunden werden. Die Reservate liegen verstreut in allen bayerischen Landschaften, im Hochgebirge genauso wie im Hügelland südlich der Donau, im Spessart, im Steigerwald, im Bayerischen Wald, im Fichtelgebirge und im Frankenwald. Bemerkenswert ist, daß sich die Naturwaldreservate im wesentlichen auf Staatsbesitz beschränken. Die notwendigen Einschränkungen hinsichtlich ihrer Nutzung lassen sich im Privatbesitz kaum durchsetzen, und entsprechende Entschädigungen ist man nicht bereit aufzubringen.

Nach dem Stand von 1976 sind in der Bundesrepublik 9800 Hektar Wald als Naturwaldreservate ausgewiesen. Ihr Wert und ihre Bedeutung werden in Zukunft davon abhängen, inwieweit es tatsächlich gelingt, sie einerseits vor forstlichen Nutzungen, also vor Forststraßenbau, Holzeinschlag und Nutzholzentnahme zu bewahren, und sie andererseits vor den Menschen zu schützen. Es ist zu befürchten, daß auch die Naturwaldreservate, sind sie erst einmal in Wanderkarten und Naturführern ausgedruckt, bald durch allzuviele Besucher überlastet und beeinträchtigt werden. Naturwaldreservate genießen nicht den Schutz der Naturschutzgesetze. Ihre Unverletzlichkeit ist praktisch nur durch verwaltungsinterne Bestimmungen der Staatsforstverwaltungen gewährt. Ob sie politischem, auf Nutzung gerichteten Druck zu widerstehen vermögen, muß sich erst zeigen.

Schutzgebiete von Amts wegen

In Erfolgsstatistiken der Naturschutzbehörden, vor allem ihrer politischen Spitzen, werden eindrucksvolle Zahlen präsentiert: Fast ein Viertel des Bundesgebietes stehen unter Landschaftsschutz! Und Naturparke, meist mit klangvollen Namen, werden gar schon fast sechzig (!) gezählt. Umfang und Zahl stehen jedoch in krassem Mißverhältnis zu ihrem Wert, wenn man ihn danach bemißt, wie wirkungsvoll letzte Reste ursprünglicher Natur, ein paar Moore, ein natürlicher Flußlauf, ein naturnaher Waldbestand samt ihrer vielfältigen Lebensgemeinschaften wirksam geschützt werden. Allenfalls der Bau von Wochenendhäusern, Zweitwohnungen und sonstigen Gebäuden in Landschaftsschutzgebieten ist unzulässig. Ausnahmegenehmigungen werden jedoch selbst dafür häufig erteilt und für die Errichtung von Bauvorhaben überörtlicher Art, für Verkehrswege, Touristikeinrichtungen, Kraftwerke und ähnliche Projekte ist eine Landschaftsschutzverordnung ohnehin in den seltensten Fällen ein Hindernis. Daß Land- und Forstwirtschaft von Schutzbestimmungen eines Landschaftsschutzgebietes überhaupt nicht berührt werden, rundet das trostlose Bild nur ab.

Dreiundfünfzig Prozent unserer Waldfläche liegen in Naturparken. Daraus wird zwar die Bedeutung des Waldes für die Naturparke sichtbar, nicht aber die der Naturparke für den Wald. Mit den klassischen Anliegen des Naturschutzes, dem Biotop- und Artenschutz, haben sie schon von ihrer Leitidee her wenig zu tun, sollen sie doch vorrangig Landschaften für die Erholung erschließen. Wie wenig Landschaftsschutzgebiete oder die Ausweisung einer Landschaft als Naturpark schwerste Zerstörungen verhindern können, ist am größten deutschen Naturpark, dem Naturpark »Altmühltal«, zu belegen. Quer durch den 1969 geschaffenen Park wird zur Zeit eine der teuersten und aufwendigsten Verkehrserschließungen dieses Jahrhunderts gebaut, der ökonomisch, ökologisch und politisch umstrittene Rhein-Main-Donau-Kanal. Das landschaftlich so reizvolle enge Altmühltal wird völlig verändert; von der Vielfalt der in Jahrhunderten gewachsenen Kulturlandschaft bleibt praktisch nichts übrig.

Was geschieht nun in den Naturschutzgebieten auf Waldarealen? Tatsächlich gibt es unter den 1115 so klassifizierten Schutzgebieten der Bundesrepublik mit rund einem Prozent der Gesamtfläche einige wenige in Wäldern, in denen grundsätzlich jeder verändernde Eingriff verboten ist. Der Wald soll sich nach seinen eigenen Gesetzen entwickeln, und sogar das freie Betreten durch Besucher abseits der Wege ist eingeschränkt. Dagegen gelten in allen größeren Naturschutzgebieten, zum Beispiel in denen der Alpen, Bestimmungen, die die Ausübung der Jagd und Fischerei und die »ordnungsgemäße« Land- und Forstwirtschaft nicht im mindesten einschränken! Praktisch ist also zwar das Abpflücken und Ausgraben einzelner Blumen streng verboten, die stetige Veränderung und vielfältige Beeinträchtigung der gesamten Lebensgemeinschaft durch Land- und Forstwirtschaft, zum Beispiel durch den Wirtschaftswegebau, bleibt dagegen außer Betracht. In Niedersachsen sind von den bestehenden 165 Naturschutzgebieten drei Viertel gefährdet oder in ihrem Bestand bedroht. Dieses Ergebnis einer landesweiten Bestandsaufnahme ist durchaus repräsentativ für die ganze Republik.

Es gibt keine wirksame Überwachung der Schutzbestimmungen; die Mehrzahl unserer Naturschutzgebiete ist praktisch ohne Aufsicht. Erst in den Naturschutzgesetzen aus jüngster Zeit werden die Schutzbestimmungen strenger, und die vorbereitete Einrichtung einer »Naturschutzwacht« mag vielleicht die Mängel in der Aufsicht eines Tages beheben.

Nationalparke

Die Tatsache, daß der erste von bislang zwei Nationalparken der Bundesrepublik in einem großen geschlossenen Waldgebiet geschaffen wurde und daß es in den Jahren seit seiner Gründung 1970 immer wieder zu grundsätzlichen Diskussionen über Art und Umfang von Eingriffen in die Waldbestände kam, gibt Anlaß, auf diese Schutzgebietskategorie ausführlicher einzugehen. Eine ganze Reihe von grundsätzlichen Fragen der Beziehung Naturschutz-Wald-Forstwirtschaft werden hier wie unter einem Vergrößerungsglas sichtbar.

Die Bezeichnung »Nationalpark« ist ein in vielen Ländern gebräuchlicher Qualitätsbegriff für Schutzgebiete außerordentlicher Bedeutung und von internationalem Rang. Sie stammt aus Nordamerika. Man verfolgte dort bereits 1872, als der erste Nationalpark der Erde, der Yellowstone-Nationalpark, geschaffen wurde, die Absicht, großartige Naturlandschaften »zur Erbauung und zur Freude« gegenwärtiger und künftiger Generationen streng zu schützen. Schon seit damals war keinerlei wirtschaftliche Nutzung oder gar Ausbeutung der natürlichen Ressourcen zugelassen. Von Amerika aus hat sich die Nationalparkidee über die ganze Welt verbreitet. Heute gelten als Richtlinien, nach denen Nationalparke zu behandeln sind, zwei Empfehlungen der IUCN, der Internationalen Union zum Schutz der Natur, aus den Jahren 1969 und 1973. Danach soll sich in Nationalparken die Natur ungestört nach ihren eigenen Gesetzen entwickeln können; Nutzungen der natürlichen Ressourcen, wie der Wasserkraft, der Bodenschätze, des Holzes sind nicht erlaubt. Auch Landwirtschaft, Jagd oder Fischerei sind in Nationalparken grundsätzlich verboten. Daran ändern auch nichts Ausnahmen, wie zum Beispiel in einigen riesigen nordamerikanischen Nationalparken, die es dem Besucher erlauben, örtlich begrenzt sich ein paar Lachse für seine Bratpfanne zu angeln.

Soweit Nationalparke nicht völlig in sich geschlossene Ökosysteme enthalten, kann lenkend eingegriffen werden. Ein Beispiel dafür ist die Regulierung von Elefantenbeständen oder Rothirschpopulationen, um deren Übersatz zu verhindern oder benachbarte Gebiete zu schützen. Auch Schutzvorkehrungen für touristische Einrichtungen im Park selbst sind zugelassen. In manchen Nationalparken werden auch vor- oder frühgeschichtliche Stätten geschützt samt historischer, durch Ureinwohner betriebener Nutzungsformen. Flächenmäßig fallen sie nicht ins Gewicht. Im Unterschied allerdings zu großflächigen Naturschutzgebieten, werden Nationalparke ausdrücklich für Besucher erschlossen, um ihnen besondere Naturerlebnisse und Naturbeobachtungen zu ermöglichen.

Wie steht es nun damit in unseren deutschen Nationalparken? Mit 13 000 Hektar ist der Nationalpark Bayerischer Wald Kernstück des größten geschlossenen Waldgebietes in Mitteleuropa, des bayerisch-böhmischen Grenzgebirges. Der Innere Bayerische Wald ist erst sehr spät besiedelt worden; die letzten Dörfer entstanden um 1700. Deshalb sind auch die Wälder weniger als anderswo in unserem Land durch Nutzungen verändert worden. Noch um 1850, als eine intensivere forstliche Bewirtschaftung einsetzte, existierten Urwälder oder urwaldartige Waldbestände auf drei Viertel der Fläche des heutigen Nationalparks. In anderen großen Waldgebieten, selbst in den unzugänglichen Gebirgstälern der Alpen, reicht die forstliche Nutzung sehr viel weiter zurück. Auch heute noch tragen die natürlichen Fichtenwälder des Nationalparks oberhalb 1100–1200 Meter Seehöhe sehr ursprüngliche Züge. Und selbst in der tiefer gelegenen Bergmischwaldzone aus Fichte, Weißtanne und Buche blieben da und dort noch urwaldähnliche Restbestände erhalten. Auf dem größten Teil der Fläche haben allerdings 120 Jahre Forstwirtschaft genügt, um die Wälder monotoner, insgesamt jünger und ärmer an Struktur zu machen. Die zuvor beschriebenen Unterschiede zwischen Urwald und Wirtschaftswald lassen sich im Nationalpark Bayerischer Wald noch recht gut beobachten. Vor diesem Hintergrund wird verständlich, weshalb es in der Anfangsphase dieses Nationalparks zwangsläufig zu Diskussionen um die Waldbehandlung kommen mußte. Das Problem liegt darin, daß es sich weithin eben nicht mehr um natürliche, sondern um vom Menschen veränderte Waldbestände handelt. Zwei miteinander nicht zu vereinbarende Ansichten stehen sich hier gegenüber:

Die eine – hauptsächlich von Forstleuten vertretene – läßt sich so zusammenfassen: Es ist zwingend notwendig, vom Menschen veränderte Wälder durch aktive forstliche Pflegeeingriffe mit der Zeit wieder in naturnähere Waldbestände oder Naturwälder zurückzuführen. Geschieht dies nicht, wächst die Gefahr, daß die Waldbestände im Nationalpark eines Tages großflächig zusammenbrechen. Zum Schlagwort verdichtet lautet das Konzept: »Künstlich mehr Natur schaffen!«

»Die Natur ist von sich aus in der Lage, von Waldteil zu Waldteil je nach Boden und Kleinklima sehr viel ›richtiger‹ und differenzierter, als es der Forstmann mit seinem begrenzten Wissen je erreichen kann, die Waldbestände in einen Urwald zurückzuentwickeln.« So könnte die Gegenthese formuliert werden. Dabei könnten alle Elemente mitwirken, die das Wesen des Waldes ausmachen.

Außerdem, so wird argumentiert, überlagern bei den forstlichen Pflegeeingriffen die Schäden, die am Waldboden, an Pflanzen- und Tierwelt durch Fällung und Transport der Bäume entstehen, die erhofften positiven Wirkungen. Diese zweite Ansicht hat stärker die Waldgesamtheit und die einwirkenden Klimafaktoren im Auge und mißt den Baumarten, ihren Strukturen und Mischungen weniger Gewicht bei.

In der Praxis wurde im Nationalpark Bayerischer Wald der ersten, der forstlichen Ansicht gefolgt. Auf Grund eines Waldpflegeplanes, der wie die Forsteinrichtung des Wirtschaftswaldes von zehn zu zehn Jahren neu zu überprüfen ist, wurden forstliche Eingriffe durchgeführt, um den Wald naturnäher und abwechslungsreicher zu machen sowie besser zu strukturieren. Das dabei anfallende Holz wird entnommen und verkauft. Dieses Vorgehen wird durch die Bestimmungen des Bayerischen Naturschutzgesetzes aus dem Jahr 1973 gedeckt, das erstmals in Deutschland überhaupt Nationalparke definierte. Nach Art. 8 dieses Gesetzes dienen »Nationalparke vornehmlich der Erhaltung und wissenschaftlichen Beobachtung natürlicher und naturnaher Lebensgemeinschaften sowie eines möglichst artenreichen, heimischen Tier-und Pflanzenbestandes. Sie bezwecken keine wirtschaftsbestimmte Nutzung und sind der Bevölkerung zu Bildungs- und Erholungszwecken zu erschließen, soweit es der Schutzzweck erlaubt.«

Über eine wichtige Frage wird sicherlich in Zukunft noch gesprochen werden: ob nämlich solche waldpflegliche Eingriffe im Nationalpark nur auf Zeit durchgeführt werden sollen oder auf Dauer. Die Entscheidung darüber wird bestimmt durch die Festlegungen des bayerischen Naturschutzgesetzes und international anerkannter Grundsätze beeinflußt und ist von größter naturschutzpolitischer Bedeutung. Inzwischen werden auf 4000 von 13000 Hektar keine Eingriffe in den Waldbestand vorgenommen. Es handelt sich dabei vor allem um besonders ursprüngliche Waldteile. Sie werden einer natürlichen Weiterentwicklung überlassen.

Seit 1978 existiert ein zweiter Nationalpark in der Bundesrepublik. Das Land Bayern überführte das über 50 Jahre alte, rund 21000 Hektar große Naturschutzgebiet »Königssee« in den »Nationalpark Berchtesgaden«. Da es sich dort überwiegend um alpine Fels- und Mattenregionen handelt und bei den Waldflächen um schwer zugängliche, teilweise auch nicht besonders wüchsige, spielte die Diskussion um die forstlichen Maßnahmen im Park nur eine sekundäre Rolle. Die für den Nationalpark Berchtesgaden bereits erlassene Schutzverordnung verbietet eindeutig und ausdrücklich wirtschaftsbestimmte Holznutzungen.

Bereits nach wenigen Jahren Nationalparkgeschichte zeigt sich: Nationalparke können eine außerordentliche Bedeutung für den Naturschutz auch in den Wäldern gewinnen. Sie sind flächenmäßig die bedeutendsten Reservate, in denen das Naturpotential nicht genutzt wird, natürliche Entwicklungen unbeeinflußt ablaufen dürfen und für eine konsequente Überwachung gesorgt werden kann. Allerdings gilt das nur dann, wenn bei ihrer Errichtung Mindestbedingungen erfüllt werden:

- Die Erhaltung und wissenschaftliche Beobachtung natürlicher, naturnaher Lebensgemeinschaften muß als Zweck eindeutig und rechtsverbindlich festgelegt werden.
- Nutzungen des Naturpotentials müssen untersagt sein; soweit überkommene Rechte bestehen, wären sie möglichst rasch abzulösen.
- Damit die erlassenen Schutzbestimmungen durchgesetzt werden können, muß das Gebiet überwiegend im öffentlichen Eigentum stehen.
- Die Nationalparkverwaltung muß unabhängige Fachleute und weitreichende Kompetenzen besitzen.
- Einrichtungen für Information, Betreuung und Lenkung der Besucher sind unverzichtbar.

Es gäbe in unserem Land einige weitere Gebiete, die als Nationalparke ausgewiesen werden könnten. Diskutiert wird zur Zeit über die »Hohe Rhön« und noch immer über das Wattenmeer. Ob es für einen kleineren Nationalpark in einem der großen Laubwaldgebiete der Mittelgebirge schon zu spät ist, wäre zu untersuchen. In der Praxis werden aber wohl alle Projekte an massiven Nutzungsinteressen verschiedenster Art scheitern. Es fehlt in Deutschland noch immer weithin an Verständnis dafür, daß auch vom Menschen nicht wirtschaftlich genutzte Landesteile notwendig und wertvoll sind. Man sollte außerdem nicht vergessen: Mindestens 10000 Hektar sollen Nationalparke groß sein. Das ist gerade die Fläche, die jeweils in 100 Tagen in der Bundesrepublik überteert, überbaut oder sonstwie dem Naturhaushalt entzogen wird.

Schutzwald – wogegen oder wofür?

Hans Bibelriether

In den siebziger Jahren wurden in unserem Land rund 100000 Kilometer Straßen und Wirtschaftswege gebaut. In vielen Landstrichen beeinträchtigt ständiger Verkehrslärm Gesundheit und Wohlbefinden der Bewohner, von den Städten und ihren Randbereichen ganz zu schweigen. Während der gleichen Zeit wurden 350000 Hektar Boden überbaut und damit dem Naturhaushalt entzogen. Dies ist das Eineinhalbfache der Fläche aller existierenden deutschen Naturschutzgebiete. Mehrere tausend Kilometer Bachläufe wurden begradigt oder ausgebaut. Die Wasserqualität nahm weiter ab, die Eutrophierung zu, das heißt die Anreicherung mit Nährstoffen, zum Beispiel Phosphaten aus Waschmitteln. Viele Bäche, Flüsse und Seen haben auf diese Weise ihre Selbstreinigungskraft eingebüßt. Die Grundwasserbildung wurde weiter reduziert und der Grundwasserspiegel durch die stetige Steigerung des Wasserverbrauchs abgesenkt.

Die Abfall- und Abwassermengen erreichten Rekordmarken, und der Ausstoß an gas- und staubförmiger Luftverunreinigung nimmt noch immer nicht ab. Die gesamte Natur wird dadurch belastet, und dies um so mehr, als im Vergleich zu 1970 statt 45000 heute 60000 chemische Stoffe eingesetzt werden. Allzuviele davon wirken für sich allein oder in noch unbekannten Kombinationen miteinander als langlebige, gefährliche Gifte für Pflanze, Tier und Mensch. Menschliches Tun und Verhalten beeinflußt heute die Natur bis in die letzten Winkel der Erde. Ganz außerordentlich und nachhaltig geschieht dies in so dicht besiedelten und hochindustrialisierten Ländern wie dem unseren.

Auch Wälder üben stets eine Wirkung auf die umgebende Landschaft aus, auf die Luft, den Wasserhaushalt, den Boden, das Klima. Der Forstwissenschaftler Viktor Dietrich hat erstmals in den dreißiger Jahren alle Wirkungen, die von Wäldern ausgehen, alle Nutzungen, die aus Wäldern zu ziehen sind und alle sonstigen Eigenheiten in der sogenannten »Funktionslehre« des Waldes zusammengefaßt. Neben den »Nutzfunktionen« (Lieferung von Holz, Arbeitsplätzen, Einkommen, Vermögen) wird eine zweite Hauptgruppe als »Schutzfunktionen« bezeichnet: Die Wirkungen des Waldes auf den Wasserhaushalt, seine Rolle beim Bodenschutz und Lawinenschutz, für die Klimaverbesserung und die Luftreinheit und schließlich seine Wirksamkeit in der Lärmabwehr.

Die dritte Gruppe, unscharf abgegrenzt als »Sozialfunktionen«, soll vor allem den Wert des Waldes für die Erholung erfassen. Während Nutz- und Erholungsfunktionen im wesentlichen von den jeweiligen menschlichen Interessenslagen abhängen und durch sie definiert werden, können die Schutzfunktionen objektiv dargestellt werden.

In fast nicht mehr überschaubarer Zahl wurden inzwischen Einzelerkenntnisse über die Auswirkungen des Waldes auf Wasser, Klima, Luft, Boden und andere Umweltfaktoren von Wissenschaftlern veröffentlicht. Ein besonders großer Teil befaßt sich mit den Wechselbeziehungen zwischen Wald und Wasser.

Schutzwald für Wasser und Boden

An den Beziehungen zwischen Wald, Wasser und Mensch interessieren uns in erster Linie zwei Dinge: die Frage nach der Wassermenge, die aus Wäldern kommt, und die Frage nach der Qualität, der Reinheit des Wassers aus Wäldern. Daß Wasser eine der Grundvoraussetzungen für das Leben eines Baumes und das Leben von Wäldern überhaupt ist, muß man nicht noch einmal erläutern.

Hinsichtlich der niederfallenden Regenmenge unterscheiden sich Waldgebiete und Feldfluren nicht. Daß Wald vermehrt Regen anzieht, ist ein Märchen. Lediglich in nebelreichen Gebieten kommt in ihnen eine größere Wassermenge auf den Boden. Vor allem Nadelbäume kämmen mit ihren Nadeln und feinen Zweigen Wasser gleichsam aus der Luft aus. Nadeln und Zweige werden feucht, die Nässe sammelt sich zu Tropfen, rinnt am Stamm nieder oder tropft zu Boden. Unter ganz speziellen Bedingungen kann in den Nebelzonen hoher Gebirgslagen die auf diese Weise in einem Wald auf den Boden gelangende Wassermenge die des normalen Regens übersteigen. Im Bayerischen Wald zum Beispiel beträgt der Anteil dieses »Nebelniederschlages« in höchsten Lagen bis zu 70 Prozent der Gesamtniederschlagsmenge.

Drei Faktoren, in ihrer Wirkung je nach Baumartenmischung und Struktur des Waldes, Luftfeuchtigkeit und Temperatur wechselnd, entscheiden über den für uns Menschen nutzbaren Anteil des Niederschlagswassers aus Waldgebieten: die Verdunstungsmenge an Regen oder Schnee direkt aus den Baumkronen (Interzeption); die Verdunstung vom Waldboden (Evaporation) und schließlich die von den Wurzeln aufgenommene Menge des Sickerwassers im Boden. Der relativ bescheidene Rest, der übrigbleibt, gelangt ins Grundwasser und tritt in Quellen wieder zu Tage oder fließt – allerdings nur in steilem Gelände – oberflächlich in Rinnsalen und Gräben ab. Insgesamt ist der nutzbare Anteil an Regen, der über Wäldern niedergeht, nicht sehr hoch, geringer jedenfalls als in anderen Landstrichen.

Der hervorragende Ruf des Waldes, ein Schützer des Wassers zu sein, stammt aus den besonderen Eigenschaften des Waldbodens. Ein intakter Waldboden mit seiner Streuschicht und dem humosen Oberboden nimmt das Wasser leicht auf und speichert es gut. Es muß selbst in steilem Gelände schon sehr stark und ausdauernd regnen, bis Wasser am Waldboden oberflächlich abfließt. Auf Grund zahlreicher Freilandversuche in verschiedensten Ländern läßt sich folgendes sagen: In waldreichen Gebieten gelangt ein zwar relativ geringer Anteil des Niederschlagswassers ins Grundwasser, dafür aber relativ gleichmäßig über das Jahr verteilt, und relativ gleichmäßig ist deshalb auch die Quellschüttung in Wäldern. Waldfreie Gebiete liefern dagegen eine deutlich größere Menge des Niederschlagswassers in die Bäche und Flüsse. Dieser Abfluß vollzieht sich jedoch an der Bodenoberfläche sehr rasch und mit oft starken Hochwasserspitzen. Will man auch diesen raschen Abfluß nutzen, so müssen Talsperren eingerichtet werden. Sie sind in der Lage, auch das Wasser aus Starkregen und schnellen Schneeschmelzen aufzufangen und im Laufe des Jahres zur Verfügung zu stellen. Wie so viele technische Einrichtungen, werfen aber auch solche Talsperren erhebliche Probleme auf: Sie sind kostenaufwendig, und durch Geröll und Geschiebe, das durch Erosion aus waldfreien Gebieten antransportiert wird, werden sie in kurzer Zeit aufgefüllt. Sie müssen daher immer wieder ausgeräumt werden. Außerdem wird die Reinhaltung des Wassers immer schwieriger.

Die gute Aufnahme- und Speicherfähigkeit des Waldbodens ist für seine Schutzaufgaben von größter Bedeutung, denn der Oberflächenabfluß ist die Hauptursache der Erosion: Geröll, Sand, Lehm und Tonmaterial werden von den Berghängen in die Täler verfrachtet. Oberflächenabfluß, Erosion und Hochwasser hängen unmittelbar zusammen. Erosionserscheinungen kann an Regentagen jeder im kleinen beobachten: An der Böschung einer neugebauten Straße entstehen Furchen und Rinnen, und der Graben füllt sich mit Bodenmaterial. Regen schwemmt einen Teil des neu angelegten Beetes im Garten aus, wenn das Gelände auch nur ein bißchen Neigung hat. Bei Fahrten durchs Land fällt auf, daß Gewitterregen aus Feldern oder Weinbergen am Straßenrand Erdreich bis auf die Straße transportieren. In den Bergen machen wolkenbruchartige Regenfälle in kurzer Zeit aus kleinen Rinnsalen gewaltige Wildbäche und Mure, die Straßen und Brücken zerstören. Besonders aus den Südalpen, aber auch aus den entwaldeten Gebieten Jugoslawiens, Italiens oder Spaniens wird alljährlich über Schlammfluten und Erdrutsche berichtet. Fernstraßen und Eisenbahnlinien werden blockiert. Es wird mitgerissen, was im Weg liegt.

Je schneller das Wasser oberflächlich abfließt, um so stärker ist seine ausschwemmende Kraft, um so schneller sammeln sich große Wassermengen in den Flußtälern. Ein Starkregen, der pro Quadratmeter 80 Liter Regenwasser in wenigen Stunden liefert (das sind pro Hektar 800000 Liter oder 800 Kubikmeter Wasser!), führt im offenen Gelände zu gewaltigen Wasserfluten im Tal. Trifft die gleiche Menge auf intakten Waldboden, versickert sie größtenteils. Erst nach Tagen oder Wochen gelangt sie über Quellen wieder zu Tage. Gefährliche Hochwasser entstehen nicht.

Ein besonders eindrucksvolles Beispiel dafür, welche Bodenmengen im Spiel sind, ist aus den USA bekannt. In einem Einzugsgebiet, das mit Eichenwald bedeckt war, transportierte der zugehörige Bach zwei Tonnen Bodenmaterial pro Jahr ab. Nach Umwandlung des Waldes in Ackerland erhöhte sich der Abtrag um das Hundertfache auf zweihundert Tonnen im Jahr. Um die Verhinderung von Hochwasser also geht es und um den Schutz vor Erdrutsch, Steinschlag und Lawinen, wenn so viele Wälder in Bergländern als »Schutzwälder« vor Kahlschlag oder anderen Zerstörungen gesetzlich geschützt werden.

Unter ganz bestimmten geologischen Bodenverhältnissen kann allerdings auch allzuviel Regenwasser im Boden zu Schäden führen: Tagelanger Regen füllt sämtliche Poren und Hohlräume vollständig aus. Es kann dann zum Beispiel passieren, daß nasser und weicher Tonboden eines ganzen Berghanges ins Rutschen gerät samt dem darauf stehenden Waldbestand. Großflächige Rutschungen werden vor allem immer wieder auch an solchen Steilhängen beobachtet, wo flachgründige, dicht gelagerte Böden auf hangparallel verlaufenden Felsen aufliegen. In Extremfällen kann dort auch kein noch so naturnaher Wald solche Erdrutschungen verhindern. Hier ist dann auch der Wald mit seiner Kunst am Ende.

Wird eine solche Rutschgefahr beobachtet oder vermutet, muß bei der Waldbehandlung sorgfältig der Bodenwasserhaushalt berücksichtigt werden. Man kann diese labilen Hänge mit Baumarten bepflanzen, die besonders tiefgehende Wurzeln besitzen. Sie können einerseits den Boden tief aufschließen und damit auch tiefreichend festigen, gleichzeitig aber auch zur Entstehung eines großen Porenanteils beitragen. Aus praktischen Erfahrungen wurden Regeln für die waldbauliche Behandlung rutschgefährdeter Berghänge, oder wie die Forstleute allgemeiner sagen: von »Bodenschutzwäldern«, abgeleitet.

Baum- und Strauchbewuchs schützt auch die Ufer unserer Bäche und Flüsse vor Erosion. Teuere technische Uferverbauungen, die ohnehin nur die Lebensvielfalt eines Fließgewässers beeinträchtigen, kann man sich sparen, wenn ursprüngliche Ufergehölze erhalten oder aus geeigneten Baumarten neu angelegt werden. Ganz hervorragende Eigenschaften haben Roterle und Esche, aber auch Weißerlen und Weiden eignen sich gut für den Uferschutz. Die Vorzüge eines biologischen Schutzes gegenüber technischen Bauwerken lassen sich in drei Punkten zusammenfassen: Die Strömungsenergie des fließenden Wassers wird schon in größerer Entfernung vom Ufer verringert. Die Wurzeln wirken sowohl im Ufer selbst als auch außen am Ufer, technische Schutzbauten wirken nur außen. Ein geeignet zusammengesetztes Ufergehölz regeneriert sich selbständig, ist dauerhaft und benötigt einen geringen Pflegeaufwand.

Die Rekultivierung von Kippen und Halden ist eine Sonderaufgabe des forstlichen Bodenschutzes. Abraummassen von Bergwerken oder Kohlegruben sind nahezu humusfrei und zunächst bodenbiologisch tot. Die lockere Lagerung führt zwar zu rascher Versickerung des Niederschlagswassers, weil die Halden aber meist steile Hänge haben, sind sie trotzdem von Erosion bedroht. Nach jahrzehntelangen praktischen Versuchen, untermauert durch wissenschaftliche Forschungen, weiß man heute sehr gut, welche Halden mit welchen Baumarten zu rekultivieren sind. Vor allem anspruchslose Baumarten haben sich bewährt. So ist es möglich, nach dem Abbau von Bodenschätzen sowohl die entstandenen Landschaftswunden als auch das Abraummaterial, ja selbst Müllkippen durch Begrünung in ästhetisch ansprechende und gesunde Folgelandschaften zu verwandeln.

Wald liefert Trinkwasser

Alles rasch oberflächlich abfließende Wasser ist in Gefahr, mehr oder weniger stark verunreinigt zu werden. Am Beispiel des Wasserabflusses aus Ballungsgebieten läßt sich das verdeutlichen: Über einer Großstadt gehen starke

Gewitterregen nieder. Das Wasser kann nicht in den Boden eindringen; es sammelt sich auf Teerstraßen, Plätzen und Höfen. Je nach Neigung des Geländes fließt es schnell oder langsam in die Kanalisation und über die Kanalisation in die Flüsse. Dabei wird es aufs stärkste mit allen möglichen Stoffen verunreinigt. Da derzeit rund zehn Prozent unserer Landesfläche überbaut oder überteert, also »versiegelt« sind, unterliegen jährlich Milliarden Kubikmeter Niederschlagswasser dieser direkten Verschmutzung. Schnee, der nur zwei, drei Tage in Städten oder an Straßenrändern liegt, beweist dies auch optisch.

Weit über die Hälfte unserer Landesfläche wird landwirtschaftlich genutzt. Auch aus diesen Gebieten fließt Wasser rasch und unmittelbar in die Bäche ab. Da in der Landwirtschaft steigende Mengen an Düngemitteln und Pestiziden einschließlich der »Unkrautbekämpfungsmittel« verwendet werden, leuchtet ein, daß das Wasser auch aus diesen Gebieten häufig mit Schadstoffen belastet ist. Eine Untersuchung ergab, daß zum Beispiel in bewaldeten Gebieten die Gewässerbelastung nur ein bis drei Milligramm Nitrat je Liter Grundwasser betrug, was der normalen Situation entspricht. In benachbarten landwirtschaftlichen Gebieten lag sie dagegen über zwanzig Milligramm pro Liter. Daß Düngung auch im Wald – was selten geschieht – zu Anreicherungen im Wasser führen kann, zeigten Versuche im Fichtelgebirge. Dies ist der Grund, weshalb in Trinkwasserschutzgebieten nicht nur der Einsatz von Pestiziden, sondern auch von Düngemitteln untersagt ist. Und schließlich kann auch eine ganz bestimmte waldbauliche Maßnahme, der Kahlschlag, den Nitratgehalt beeinflussen, die Folge ist eine Auswaschung von Nitrat ins Grundwasser.

Trotzdem gilt allgemein: Wald wirkt der Gewässerverschmutzung entgegen. Die große innere Oberfläche des Waldbodens ist ein vorzüglicher Filter für das Sickerwasser; eventuell mit dem Regen niedergegangene Verunreinigungen werden festgehalten, der Fremdstoffgehalt bleibt gering. Im Vergleich zu allen anderen Bodennutzungsarten spendet der Wald das sauberste Trinkwasser. Der Schweizer Forstwissenschaftler Hans Leibundgut formulierte trefflich:

»Ein wirklich zuverlässiger Grundwasserschutz ist heute jedoch praktisch nur noch durch den Waldbestand möglich, denn die Düngung, chemische Schädlings- und Unkrautbekämpfung in der Landwirtschaft, der Niedersatz von Smog der Verbrennungs- und Industrieanlagen sowie der Motorfahrzeuge, Ausfluß von Öl und Chemikalien bei Verkehrsunfällen usw. bringen eine ständige Gefahr für die Grundwasserreserven mit sich. Im Hinblick auf eigentliche Katastrophen und auf ausgedehnte Vergiftungen von See-, Fluß- und Grundwasser, wie sie namentlich im Kriegsfall oder durch Sabotage leicht entstehen können, sollte der Pflege der Quellen als Notersatz alle Aufmerksamkeit geschenkt werden. Waldquellen liefern das sauberste und beste Trinkwasser. Solches Wasser ist praktisch keimfrei und arm an Fremdstoffen.«

Wie sehr auch andere Länder diese Aufgabe erkannt haben, zeigt folgendes Beispiel: Die Sowjetunion hat praktisch alle Wälder längs der Flüsse zu Wasserschutzwäldern erklärt. Ihre Fläche soll über fünfundfünfzig Millionen Hektar betragen, also etwa acht Prozent der Gesamtwaldfläche dieses riesigen Landes. Zum Vergleich: Die Waldfläche der Bundesrepublik beträgt nur sieben Millionen Hektar.

Für unsere einheimischen Waldgebiete sind in zweierlei Hinsicht Folgerungen zu ziehen: Zum einen muß eine vorausschauende Landesplanung in noch größerer Zahl und noch größerer Flächenausdehnung Wasserschutzgebiete ausweisen. Auch wenn aus ihnen zur Zeit noch kein Trinkwasser gewonnen wird, die geeigneten Gebiete sollen vorläufig sichergestellt werden. Zum andern müssen von den Waldbesitzern in solchen Gebieten möglichst naturnahe und widerstandsfähige Waldbestände erhalten oder neu begründet werden. Solche Wälder bieten die größtmögliche Sicherheit gegen Kalamitäten und Katastrophen aller Art und damit gegen den Zwang, von Fall zu Fall dann doch gefährliche Chemikalien einsetzen zu müssen. Sie spenden deshalb auch langfristig am ehesten wertvolles Trinkwasser.

Wald schützt vor Lawinen

Niederschläge fallen nicht nur als Regen, sondern in höheren Mittelgebirgen und in den Alpen zu fünfzig Prozent und mehr als Schnee. Für manche Waldteile, für die Bewohner von Gebirgstälern und neuerdings für die zahllosen Skitouristen können Schneemassen in Form von Lawinen zur tödlichen Gefahr werden. Folgt man schriftlichen Zeugnissen, dann waren die Landsleute Wilhelm Tells die ersten, die den Wert intakter Gebirgswälder für den Lawinenschutz nicht nur erkannten, sondern auch Konsequenzen daraus zogen: Im Jahr 1382 wurde der Waldbannbrief von Flüelen und 1515 die Waldbannordnung von Altdorf im Kanton Uri erlassen. In rascher Folge wurden dann auch in anderen Gebirgstälern die Hochwälder als »Bannwälder« geschützt. Ziel war der Schutz von Gut und Leben durch Waldschutz vor Lawinen.

Der Wald ist eben im Hochgebirge der beste Garant gegen Lawinen, Erdrutsch, Steinschlag, Wildbäche und Schuttströme. Er steht ihnen im Weg, er muß Wunden hinnehmen, aber er wird nur in den seltensten Fällen wirklich völlig zerstört. Woran liegt das?

Ein erheblicher Teil des Schnees bleibt schon in den Baumkronen hängen und verdunstet von dort. Der übrige fällt durch oder rutscht ab und bleibt am Waldboden unregelmäßig geschichtet liegen. Insgesamt liegt im Wald weniger Schnee als auf offenen Flächen. Außerdem herrscht Luftruhe, und Schneeverwehungen oder »Schneebretter«, oftmals Hauptansatzpunkte für das Abgehen von Lawinen, entstehen erst gar nicht. Die einzelnen Bäume wirken wie unregelmäßig verteilte Pfähle und stützen die Schneedecke auch auf Steilhängen ab. Selbst Lockerschneelawinen können im Wald kaum entstehen.

Die beste Schutzwirkung haben unregelmäßig aufgebaute, stufige Wälder, also Wälder mit plenterartiger Struktur, und natürliche Hochlagenwälder. Leider herrschen gleichförmige Wälder mit geringeren Schutzeigenschaften vor. Ein wichtiges Ziel des Waldbaus im Schutzwald der Gebirge ist es deshalb, die Bestände entsprechend umzuformen und neu aufzubauen. Das braucht viel Zeit, weil im Hochgebirge alle Lebensvorgänge und natürlich auch das Wachstum der Bäume wegen der kurzen Vegetationszeit sehr langsam ablaufen.

Wald verhindert also in steilen Gebirgslagen die Entstehung von Lawinen, je höher hinaufreichend und je geschlossener er ist, um so besser. Gegen Lawinen, die oberhalb der Baumgrenze abgehen, bietet er nur einen bescheidenen Schutz. Der Urgewalt einer Staublawine, die aus einer steilen Felsregion herunterrast, ist auch kein noch so naturnah aufgebauter Wald gewachsen. Zwar wird von der ersten Lawine oft nur eine Schneise aufgerissen, bei wiederholtem Lawinenniedergang mit den Jahren aber wird dann womöglich der ganze Waldgürtel bis ins Tal durchschlagen. Geländebedingt entstehen seit jeher Lawinen meist an derselben Stelle. Das führt im Laufe von Jahrzehnten zu bestimmten Lawinenbahnen oder »Lawinenstrichen«. Allein im bayerischen Alpengebiet gibt es rund tausend davon. Um den Wald und die Täler vor solchen Lawinen zu schützen, werden Kunstbauten, sogenannte Lawinenverbauungen, hoch oben in den Anrißgebieten errichtet. Sie wirken dauerhaft gegen die Entstehung, können aber auch die Wiederaufforstung entwaldeter Gebiete ermöglichen.

In den Alpenländern Schweiz und Österreich war der Lawinenschutz schon immer eine Überlebensfrage. Ein ganzer Forschungszweig entstand, und Forschungsstationen wurden errichtet, deren berühmteste auf dem Weißfluhjoch steht. Im bayerischen Alpenraum sind diese Probleme weniger bedeutsam, weil nicht allzu viele Bergmassive über die Waldgrenze hinaufragen. Bei uns geht es vorrangig darum, die Gebirgswälder selbst so zu pflegen, daß sie eine größtmögliche Stabilität aufweisen und Lawinen in ihnen gar nicht erst entstehen.

»Alle Wälder in den Hoch- und Kammlagen der Alpen- und der Mittelgebirge auf Standorten, die zur Verkarstung neigen oder stark erosionsgefährdet sind; alle Wälder, die dazu dienen, Lawinen, Felsstürze, Steinschläge, Erdabrutschungen, Hochwasser, Überflutungen, Bodenverwehungen oder ähnlichen Gefahren vorzubeugen oder die Flußufer zu erhalten«, sind Schutzwälder. So steht es im »Waldgesetz für Bayern« aus dem Jahr 1974. Siebzig Prozent der Wälder des bayerischen Alpenraums sind solche Schutzwälder. In Zukunft wird ihr Anteil noch steigen; vorrangig der Holzproduktion dienende Wirtschaftswälder werden die Ausnahme bilden. In der Schweiz wird damit gerechnet, daß sich die derzeitige Verteilung von je einem Drittel Schutzwald, Wirtschaftswald und Erholungswald bis zum Jahr 2000 zugunsten von Schutz- und Erholungswäldern verschieben wird. Der reine Wirtschaftswald dürfte auf etwa fünfundzwanzig Prozent abnehmen.

Wald bremst Wind

Wird Wind zum Orkan, können ihm riesige Waldteile zum Opfer fallen. Besonders gefährdet sind bei uns Nadelwälder. Wo sie noch dazu auf ungeeignetem Boden angepflanzt wurden, treten oft schon bei stärkeren Gewitterstürmen erhebliche Windwürfe auf. Wind kann aber nicht nur dem Wald, sondern auch landwirtschaftlichen Nutzpflanzen gefährlich werden. Hier nun wird die Schutzwirkung des Waldes deutlich. Wald bremst die Windgeschwindigkeit, und das nicht nur in seinem Innern, sondern weit über seinen äußeren Rand hinaus. In Luv, das ist die dem Wind zugewandte Seite, wirkt er in zwei- bis vierfacher Entfernung seiner Höhe. Die Luft staut sich und wird über die Baumkronen abgelenkt. Auf der Leeseite eines Waldes, im Windschatten, nimmt die Geschwindigkeit nur sehr langsam wieder zu. Der Wind »geht über«, und erst in einer Entfernung, die dem Zehn- bis Fünfzehnfachen seiner Höhe entspricht, erreicht er wieder seine volle Stärke. Ein dreißig Meter hoher Waldbestand dämpft also den Wind noch in eine Entfernung von einhundert bis vierhundert Meter jenseits seines windabgewandten Randes.

Die Breite eines Waldbestandes ist für die Windverzögerung unwesentlich. Auch schmale Waldstreifen wirken bereits als Windschutz; ja selbst Hecken und Alleen reduzieren sein Tempo beachtlich. Im allgemeinen werden heute als optimale Windschutzstreifen dreireihige Pflanzungen angesehen, die im Sommer zu etwa fünfzig Prozent winddurchlässig sein sollen. Die mittlere Reihe soll aus hochwachsenden Laubbäumen bestehen; Eichen, Linden oder Ahorne eignen sich dafür gut. Die beiden Außenreihen sollen aus niedrigen Baumarten, zum Beispiel Hainbuche oder Feldahorn sowie aus Sträuchern aufgebaut werden. Gut haben sich Hartriegel, Hasel, Liguster, Wildrose und Weißdorn bewährt. Mit den Jahren werden solche dreireihigen Streifen vier bis sechs Meter breit. Werden sie, was als optimal gilt, quer zur Hauptwindrichtung in einem Streifenabstand von dreihundert bis fünfhundert Meter angepflanzt, benötigen sie etwa zwei Prozent der landwirtschaftlichen Nutzfläche. Solche Windschutzstreifen haben weit über die Nutzwirkung für den angrenzenden Acker hinaus eine große naturschützerische Bedeutung. Sie sind in einer kahlen Feldflur Lebensraum, Unterschlupf und gedeckter Tisch für eine Vielzahl von Pflanzen- und Tierarten, die sonst aus solchen Gegenden verschwinden müßten.

Warum ist es nun so wichtig, den Wind zu bremsen? Jeder kennt Sanddünen. Sie sind ständig in Bewegung, solange auch nur ein mäßiger Wind weht. Die großen Wüstenlandschaften der Erde werden durch sie geprägt. Weniger spektakulär, aber gefährlicher als die paar Dünen an unserer Meeresküste sind Verwehungen der Bodenkrume. Aus der Oberrheinischen Tiefebene und aus den nordwestdeutschen Heidegebieten wird zum Beispiel immer wieder darüber berichtet. In der DDR gelten fünfzig Prozent der Landesfläche als schutzbedürftig gegenüber Winderosion, etwa zehn Prozent als stark schutzbedürftig.

Offene, ebene Landstriche mit leichten, lockeren Sand- oder Feinerdeböden sind besonders gefährdet; am stärksten, wenn sie frisch gepflügt in eine trockene Witterungsperiode geraten. Schon Wind mit einer Geschwindigkeit von zehn Metern in der Sekunde (Windstärke 5–6) verweht Bodenteilchen bis Millimetergröße; steigt die Geschwindigkeit auf zwanzig Meter in der Sekunde (Windstärke 8–9), werden bereits Sandkörner bis zu drei Millimeter Durchmesser mitgerissen.

Der Vorgang ist prinzipiell der gleiche wie bei Schneeverwehungen. Der norddeutsche »Jahrhundertwinter« 1978/79 hat überdeutlich demonstriert, was passiert, wenn Schneestürme ungehemmt über weite, offene Landstriche hinwegrasen. Weniger die Gesamtschneemenge als die Tatsache, daß der Schnee ungehindert weit über das Land geblasen wurde, hat die verheerenden Folgen hervorgerufen. Erst wo der Einschnitt eines Bahndammes, die Begrenzungen einer Autobahn oder die Gehölze um ein einsames Gehöft den Sturm bremsten, kamen die Schneemassen zur Ruhe und türmten sich zu gewaltigen Verwehungen auf.

Außerdem wirkt Luftbewegung auf die physiologischen Vorgänge in den Pflanzen; anhaltender Wind kommt einer Trockenperiode gleich. Zur Bodenverdunstung und damit zur Austrocknung kommt die Verdunstung über die Blätter und Nadeln hinzu. Zwar kann die Pflanze durch Verengen und völliges Schließen der Spaltöffnungen ihrer Blätter sich gegen zu starken Wasserverlust schützen. Assimilation und damit Stoffproduktion findet dann aber auch nicht mehr statt. Der Baum ruht.

An exponierten Waldrändern ist dieser Effekt gut zu beobachten: Die dauernd dem Wind ausgesetzten Blätter sind merklich kleiner, das Wachstum ist eingeschränkt, und die Bäume bleiben niedriger als im Bestandsinnern. Wird die Bodenverdunstung durch Abbremsen des Windes reduziert (gleichzeitig erhöhen sich Taubildung und Luftfeuchtigkeit), wachsen auch Getreide und Rüben besser. In der Regel nimmt die Landwirtschaft davon kaum Notiz. Die Beschattung durch Büsche und Bäume, die Behinderung bei der Feldbestellung durch Wurzeln oder Äste, durch Luftwirbel bedingte Lagerschäden bei Getreide und nicht zuletzt der Landentgang, wiegen für die meisten Bauern schwerer. In den letzten Jahren wird Hecken und Feldgehölzen sogar vorgeworfen, sie seien Brutherde für Schädlinge. Das Ergebnis ist für alle sichtbar: ausgeräumte Fluren in landwirtschaftlichen Gebieten.

In waldarmen Landstrichen anderer Länder sieht man die Dinge anders, zum Beispiel in der russischen Steppe, im Marchfeld, im Rhônetal oder auch in Dänemark. Man nimmt die Gefahren des Windes ernst. Windschutzpflanzungen wurden und werden systematisch angelegt: zur Bodenbindung, zur Verhütung von Flugerdebildung, zur Verzögerung der Schneeschmelze, zur Erhaltung der Feuchtigkeit und Herabsetzung der Verdunstung und damit insgesamt zur Ertragssteigerung. In Rußland hat man durch acht bis zehn Meter hohe und etwa dreihundert Meter voneinander entfernt stehende Windschutzstreifen eine durchschnittliche Erhöhung der Ernteerträge um fünfundzwanzig Prozent erzielt, in Trockenjahren sogar um mehr als einhundert Prozent.

Treten kalte Ostwinde auf, kann durch Windbremsung das »Auswintern« der Saaten, also Schäden durch Barfrost, merklich reduziert werden. Ein eindrucksvolles Beispiel ist vom hessischen Vogelsberg bekannt: Im Windschatten einer nur drei Meter hohen Hecke blieb auf einem Zehnmeterstreifen die Saat von der Auswinterung verschont, das Erfrieren und Austrocknen unterblieb.

> Forstwissenschaftler sind sich sicher, daß die meisten unserer Nadelbäume, selbst solche in abgelegenen Waldgebieten, leichte chronische Giftschäden aufweisen. Die aggressiven Emissionen aus den industriellen Ballungsräumen verwehen mit den Winden überall hin, und die Nadeln einiger unserer Baumarten sind besonders sensible Anzeiger für diese Rauchgifte.

Wald reinigt die Luft

Zweige und Blätter der Bäume in städtischen Grünanlagen tragen einen grauen Überzug. Streift man an regnerischen Tagen daran, hinterlassen sie häßliche Streifen auf der Kleidung. Sie machen sichtbar, wie schmutzig die Luft in den Großstädten ist. In den letzten Jahrzehnten hat die Luftverunreinigung durch Gase und Staubteilchen ständig zugenommen. Gesundheitsschäden an Menschen gelten inzwischen als sicher.

Als eine der gefährlichsten gasförmigen Verunreinigungen wurde das Schwefeldioxid (SO_2) erkannt, das sich mit der Luftfeuchtigkeit zu schwefliger Säure verbindet. Sein Anteil an der Luftverunreinigung nimmt derzeit leicht ab. Dagegen steigt der Gehalt von Stickoxid (NO_2). Stickoxid wiederum trägt bei Sonneneinstrahlung zur Entstehung von Ozon bei, in entsprechenden Dosen ein gefährliches Pflanzengift. Für dieses Gas wurden noch keine Maßnahmen zur Verringerung des Ausstoßes vorgeschrieben. Verkehr und Industrie gelten als Hauptverursacher. Die Verunreinigung mit Kohlenmonoxid (CO) erreicht nur an verkehrsreichen Straßen bedenkliche Werte, während Fluor (F) aufgrund seiner besonders giftigen Wirkung auf Pflanzen auch in relativ geringen Mengen gefährlich wird. Mit einem Rückgang der Steinkohle im Hausbrand konnte sich die Luftverunreinigung durch Fluor verringern, vermutlich werden aber die Ölpreise nun wieder das Gegenteil bewirken. Hauptlieferanten von Fluor sind Aluminium- und Glasfabriken, Phosphatdüngemittelwerke, Emaillewerke und Ziegeleien.

Zu den gasförmigen Verunreinigungen kommen Stäube unterschiedlicher Korngrößen, die vor allem durch die Industrie in die Luft gelangen. Zwar hat die Entstaubung industrieller Quellen schon einen hohen technischen Stand erreicht durch Filteranlagen und ähnliche Einrichtungen, sie reicht aber nicht aus, um Gefährdungen zu vermeiden. Neuere Messungen haben zum Beispiel im Ruhrgebiet gezeigt, daß vor allem gefährliche Schwebstäube die im Jahr 1974 festgelegten Höchstmengen erreichen und überschreiten. Auch wenn der Himmel über der Ruhr – wenigstens an manchen Tagen – wieder blau geworden ist, die Luft ist nicht gesünder als vor fünfundzwanzig Jahren. Gerade die unsichtbaren Verunreinigungen sind es, die heute Probleme bereiten und die zum Beispiel in den Industrieländern historische Bauwerke schwer schädigen.

Fachleute gliedern die Verunreinigungen nach dem Ort ihres Auftretens: Emissionen nennt man luftverunreinigende Stoffe, die durch Verlassen eines Fabrikschlotes, des Schornsteins am Hausdach oder des Auspuffs eines Kraftwagens in die Luft gelangen. Immissionen sind zugeführte Verunreinigungen, die in Bodennähe verweilen beziehungsweise an einer bestimmten Stelle niedergehen und einwirken.

Befassen wir uns zunächst mit Gasen. Schwefeldioxid entsteht hauptsächlich bei Verbrennung von Kohle und Heizöl. Es ist deshalb in der Luft allgegenwärtig. Auf Pflanzen wirkt es schon in geringerer Menge giftiger als auf warmblütige Lebewesen. In Deutschland, wie auch in den anderen Industrieländern, entstand ein Wissenschaftszweig, der sich zunächst fast ausschließlich mit Schwefeldioxidschäden, den sogenannten »Rauchschäden«, an der Vegetation befaßte. Mittlerweile hat sich das Arbeitsgebiet ausgeweitet und schließt die gesamte Immissionsforschung ein. Nach groben Schätzungen umfaßt die durch Rauchgase geschädigte Waldfläche – Fluor ist mit enthalten – in der Bundesrepublik ungefähr 50000 Hektar, die Hälfte davon liegt in Nordrhein-Westfalen. Der jährliche Zuwachsverlust durch Staub- und Rauchschäden wurde für 1971 auf etwa zwanzig Millionen Deutsche Mark geschätzt. Für vier große industrielle Verdichtungsräume Mitteleuropas, das Ruhrgebiet, das mitteldeutsche Braunkohlerevier, das oberschlesische Steinkohlerevier und das nordböhmische Braunkohlebecken wird als geschädigte Waldfläche eine Zahl von 160000 Hektar angegeben. Zum Vergleich: Der erste in der Bundesrepublik Deutschland gegründete Nationalpark ist 13000 Hektar groß.

Stäube verschiedenster Art enthält die Atemluft ständig in erheblichen Mengen. Aus der Industrie und aus Hausbrand stammen sie hauptsächlich. Immerhin wurde aber auch der Reifenabrieb von Kraftfahrzeugen schon 1969 auf sechzigtausend Tonnen jährlich geschätzt. In Industriegebieten, so wurde registriert, sind in einem Liter Luft weit über einhunderttausend, ja bis zu einer halben Million Staubteilchen vorhanden; das gleiche gilt für Großstädte. Und selbst in der berühmten »reinen Landluft« werden noch Zehntausende von Staubteilchen gezählt.

Am saubersten ist in unseren Breiten die Luft an der See oder in großen Waldgebieten. Vor einigen Jahren wurde am Großen Falkenstein im Inneren Bayerischen Wald der bisher niedrigste Wert in der Bundesrepublik gemessen: nur einige tausend Teilchen pro Liter Luft.

Auf diese in der Luft verteilten Stoffe wirkt der Wald wie ein Filter; auf staubförmige, feste Partikel stärker, auf gasförmige nur gering. Eine allzugroße direkte Luftverbesserung hinsichtlich der gasförmigen Schadstoffe kann vom Wald nicht erwartet werden; am ehesten wirkt er indirekt über die Luftbewegung. Sie durchmischt verunreinigte Luft mit der weniger verunreinigten in höheren Schichten und senkt auf diese Weise die Konzentration. Auf Stäube wirken Äste, Zweige, Nadeln oder Blätter eines Baumes wie ein feinmaschiges Netz oder ein Staubkamm. Im Winter, an kalten Nebeltagen, läßt es sich besonders gut beobachten: Wenn ein leichter Luftzug herrscht, bleiben feinste Wassertröpfchen aus dem Nebel zusammen mit dem in der Luft verteilten Schmutz an den Bäumen haften und bieten, kommt dann die Sonne durch, phantastische Bilder glitzernden Rauhreifes.

Die große Gesamtoberfläche der Blätter, Zweige, Nadeln und Äste in einem Wald kämmt fortwährend Fremdstoffe aus der Luft aus. Vom Regen werden diese immer wieder abgewaschen und am Boden abgelagert. Untersuchungen ergaben relativ hohe Werte für die »Staubfangflächen« eines Waldes. Auf den Quadratmeter Boden bezogen, beträgt sie am Acker fünf Quadratmeter, bei Rasen zehn und bei Sträuchern einhundert. Im Wald wurden rund eintausend Quadratmeter wirksamer Oberfläche, bezogen auf den Quadratmeter Boden, ermittelt. Wie stark die Wirkung sein kann, zeigt die Beobachtung, nach der noch in zehn Kilometern Entfernung von Braunkohlegruben eine Erhöhung des ph-Wertes, das heißt des Bodensäurewertes, von vier auf sieben beobachtet wurde. Die durch den Wind herantransportierte und ausgefilterte Staubmenge entspricht in der Wirkung einer Kalkung von zweihundertundzwanzig Zentner je Hektar.

Neben der räumlichen Lage eines Waldes in Stadtnähe, unmittelbar in der Stadt oder in der Hauptwindrichtung hinter einer Großstadt, spielt für seine Filterwirkung Struktur und Zusammensetzung eine Rolle. Am günstigsten sind gemischte, stufig aufgebaute Wälder, in denen das Waldinnere von Astwerk, Blättern und Nadeln durchsetzt ist. Aber auch Einzelbäume, Baumgruppen oder eine Allee vermögen bereits nennenswerte Staubmengen auszufiltern. Eine dreißigjährige Kastanie, so wurde errechnet, sei mit ihrem Blattwerk in der Lage, jährlich etwa einhundertzwanzig Kilogramm Staub zu binden.

> Flechten sind Lebensgemeinschaften aus Algen und Pilzen. Sie reagieren so empfindlich auf Luftverschmutzung, daß man sie in Bayern als Umweltschnüffler in den Staatsdienst übernahm. In den Städten kommt dieser Dienst einem Todesurteil gleich: Flechten können in der Stadtluft nicht leben. Naturkenner nehmen auf diese Tatsache von Ungläubigen jede Wette an.

Lawinen, die oberhalb der Waldgrenze im Gebirge entstehen,
reißen mit ihrer Urgewalt im Laufe der Zeit auch
in den natürlichen Wald ihre Bahnen.
1000 solcher »Lawinenstriche«
werden in den Bayerischen Alpen gezählt.

Wälder gegen Strahlenverseuchung?

In Amerika wurde erstmals festgestellt, daß Wälder sogar in der Lage sind, in gewissem Umfang radioaktive Substanzen zu absorbieren. Es werden sowohl feinstverteilte radioaktive Stäube ausgefiltert als überraschenderweise auch gasförmiges Jod aufgefangen. Für Atomreaktoren wurde deshalb die Einbindung mit einer Schutzzone aus Wald vorgeschrieben. Daraus dürfen keine falschen Hoffnungen abgeleitet werden. Natürlich kann Wald keinen Schutz vor Radioaktivität gewähren. Aber selbst jeder auch nur bescheidene Beitrag zur Minderung dieser unsichtbaren, tödlichen Gefahr darf nicht unbeachtet bleiben.

Eine weitere positive Wirkung des Waldes auf die Luft wurde bereits angedeutet: Die stark gegliederte Kronenoberfläche führt bei Wind zu Luftwirbeln und Luftturbulenzen, was zu einer Mischung der bodennahen Luft mit der in höheren Schichten beiträgt. Die staub- und abgasreichere Luft am Boden wird so verdünnt. Im Stammraum eines Waldes herrscht dagegen selbst bei Sturm eine relative Luftruhe. Die Staubteilchen können absinken und auf den Boden gelangen. Sie werden nicht wieder aufgewirbelt, wie dies bei trockener Witterung im offenen Ackerland durchaus bei Wind geschehen kann.

Erst rot, dann tot

Natürlich können Bäume und Wälder ihre günstige Wirkung für die Luftreinhaltung nur dann ausüben, wenn sie selbst gesund bleiben und nicht durch die ausgefilterten Schadstoffe beschädigt werden oder absterben. Das kann passieren, wenn sich Staub so dick auf Blättern und Zweigen ablagert, daß die wichtigsten Lebensvorgänge in den grünen Pflanzenteilen, die Assimilation und die Atmung, unterbunden werden. Wenn giftige Gase in die Spaltöffnungen eindringen und sich ablagern, wird der Stoffwechsel der Zellen gestört. Äußerlich sichtbar werden solche Schäden vor allem durch Verfärbung und Abfallen der Nadeln.

Neuerdings sind an Straßenrändern in schneereichen Gebieten zunehmend sich rot verfärbende Fichten zu beobachten, die nicht durch Gase absterben. Die jahrelange Verwendung von Streusalz macht sich bemerkbar. Die ätzende Wirkung des Spritzwassers und die Anreicherung des Salzes im Boden bringen die Bäume um.

Auf Schadstoffe in der Luft reagierende Bäume sind Indikatoren für drohende Gefahren. Sie sind empfindlicher als Menschen und Tiere und lassen die Gefahren rechtzeitig erkennen. Während eine große Zahl von Pflanzenarten auf verschiedene Stoffe in der Luft gleich reagiert, gibt es andere, die spezifisch geschädigt werden. Wenn zum Beispiel an Flieder oder Eberesche früher als an den schwefeldioxid-empfindlichen Fichten- oder Tannenarten Schäden auftreten, kann man zusätzliche Fluorschäden vermuten. Derart spezifisch reagierende Arten nennt man »Bioindikatoren«. Bestimmte gegen

Das beste Wasser für die Wasserversorgung kommt aus unseren Waldgebieten.

Luftverschmutzung besonders empfindliche Flechten werden bereits systematisch für Testzwecke bei der Ermittlung bestimmter Schadstoffe in der Luft eingesetzt. Im Zentrum von Großstädten sind Flechten überhaupt nicht zu finden. Sie existieren am besten in Wäldern ohne Luftbelastung oder im Hochgebirge.

Sowenig verschiedene Fischarten gleichempfindlich gegen Wasserverschmutzungen sind – Karpfen können noch im sauerstoffarmen, trüben Teich leben, Forellen brauchen sauerstoffreiches, reines Wasser –, sowenig sind verschiedene Baumarten gleichempfindlich gegen Luftverschmutzung. Nadelbäume sind allgemein empfindlicher und gefährdeter als Laubbäume, denn Laubbäume werfen alljährlich die Blätter ab und können im Frühjahr dann wieder frisch austreiben. In den Nadeln der Nadelbäume, die meist vier bis sieben Jahre am Zweig sitzen, bevor sie abfallen, reichern sich mit der Zeit die Schadstoffe zu einer tödlichen Konzentration an. Zeigen Nadelbäume eine schüttere Krone mit wenigen Nadeljahrgängen, ist eine beginnende Schädigung durch Luftverunreinigung wahrscheinlich. Auch das erwähnte Streusalz schädigt offenbar Nadelbäume rascher als Laubbäume. Im Zentrum von Städten gedeihen keine Nadelbäume oder werden höchstens ein paar Jahre alt, bis sie wieder eingehen.

Auch unter den Nadelbäumen gibt es beträchtliche Unterschiede. Während die Weißtanne besonders empfindlich ist, verhält sich die gewöhnliche Kiefer und noch mehr die Schwarzkiefer gegenüber bestimmten Stoffen widerstandsfähiger. Die Zusammenhänge sind dabei sehr kompliziert, denn in jüngster Zeit wurde zum Beispiel erst beobachtet, daß die Wirkungen von Schadstoffen in der Luft durch den Nährstoffgehalt des Bodens oder auch in ihrer Frostresistenz verändert werden können.

Um solche Schäden an Wäldern zu verhindern, gibt es nicht allzu viele forstliche Möglichkeiten. Wo ständig mit bestimmten Schadstoffen gerechnet werden muß, wird man nur die widerstandsfähigsten Baumarten anpflanzen, Laubbäume also eher als Nadelbaumarten. Außerdem wird seit vielen Jahren versucht, bestimmte resistente Sorten innerhalb der gleichen Baumart zu züchten. Sie könnten noch unter Schadstoffbelastungen verwendet werden, die sonst schon zum Tod führen würden.

Weit verbreitet ist die Ansicht, ohne Wald würde bald der Sauerstoff knapp werden. Sie ist falsch, denn in der Lufthülle ist Sauerstoff in großer Menge vorhanden, und ständiger Austausch zwischen höheren und tieferen Schichten sorgt dafür, daß von daher keine Gefahren drohen. Anders ist es seit einigen Jahrzehnten mit dem Kohlendioxidgehalt. Durch ständig zunehmende Verbrennung von Holz, Steinkohle, Erdgas und Öl steigt sein Anteil in der Luft ständig an. Offenbar kann das freiwerdende Kohlendioxid durch Weltmeere und das Waldkleid der Erde nicht mehr voll gebunden werden. Die jährliche Zunahme beträgt etwa 0,2 Prozent.

Das klingt nach nicht allzuviel. Im Hinblick auf die Jahrmillionen, in denen Sauerstoff- und Kohlendioxidgehalt der Luft unverändert blieben, erhält der Wert eine andere Dimension. Von Fachleuten wird damit gerechnet, daß bereits diese geringe Zunahme in wenigen Jahrzehnten zu einer weltweiten Erwärmung führen könnte, zu einer Klimaverschiebung, die große Eismassen an Nord- und Südpol abschmelzen ließe und zum Beispiel im Mittelmeergebiet zu einer noch stärkeren Austrocknung führen müßte. Sind die vorher skizzierten Probleme noch einigermaßen mit Aussicht auf Erfolg länderbezogen zu lösen, so trifft das für die Kohlendioxidzunahme nicht zu. Es handelt sich um eine weltweite außerordentlich schwierige und vielleicht kaum lösbare Aufgabe, die Ursachen dafür zu beseitigen.

Wald verändert das Klima

Seit kurzer Zeit ist viel davon die Rede, daß die großflächige Zerstörung der tropischen Urwälder im Amazonasgebiet, in Afrika und in Ostasien das Großklima der Erde tiefgreifend verändern würde. Es handelt sich dabei um mehr oder weniger begründete Vermutungen, denn exakte Untersuchungen existieren bisher nicht. Erhebliche Auswirkungen des Waldes auf das kleinräumige Klima sind hingegen nachgewiesen. Schon vor vierzig Jahren veröffentlichte der Münchner Forstmeteorologe Rudolf Geiger ein heute noch gültiges Standardwerk: »Das Klima der bodennahen Luftschicht«. Mehrere Kapitel befassen sich mit den Wechselbeziehungen zwischen Wald und Klima.

Neben Luftbewegung, Luftfeuchtigkeit und Niederschlag werden von allen Klimafaktoren Lufttemperatur und Strahlung durch Wälder am stärksten beeinflußt. Die wichtigste Erkenntnis sei gleich vorweggenommen: Im Vergleich zum Freiland mildert Wald die Temperaturgegensätze am Boden sowohl zwischen Tag und Nacht als auch zwischen Sommer und Winter, die Temperaturextreme engt er ein.

Einige Beobachtungen können dies verdeutlichen: An klaren Sommertagen flimmert in der Mittagssonne die bodennahe Luft auf offenem Feld, noch mehr auf Straßen, geradezu vor Hitze. Sobald wir Hochwald betreten, fühlen wir uns in der schattigen, kühleren Umgebung erleichtert. Im Winter herrscht nicht selten klirrender Frost, und schon leichter Wind verursacht in offenem Gelände schneidende Kälte. Selbst wenn der Temperaturunterschied zum Wald tatsächlich nur ein oder zwei Grad ausmacht, empfinden wir die Kälte in ihm weniger intensiv.

Diese persönlichen Erfahrungen lassen sich wissenschaftlich erklären: Das Temperaturgefüge eines Hochwaldes unterscheidet sich grundlegend von dem des offenen Feldes. Der Wärmeaustausch erfolgt nicht unmittelbar am Boden, sondern im Kronenraum. Die Folge ist das »waldeigene Stammraumklima«. Die nächtliche Abstrahlung der Eigenwärme der Erde in den Weltraum führt im offenen, schneebedeckten Gelände in klaren Nächten zu oft extrem niedrigen Temperaturen. Im Frühjahr und Herbst ist sie meist die

Ursache der Spät- und Frühfröste auf den Freiflächen. In Wäldern wird diese nächtliche Wärmeabstrahlung eindrucksvoll gehemmt.

Am Tag strahlt die Sonne erneut Wärme ein. Sie wird in den Baumkronen zu über drei Vierteln aufgefangen und zu Transpiration und Assimilation benutzt. Nur wenige Prozent der eintreffenden Sonnenwärme gelangen bis auf den Waldboden. Es bleibt daher tagsüber, zumindest in dichten Wäldern, kühler.

Durch die Abmilderung der Temperaturextreme schützt sich der Wald auch selbst: Manche Baumarten, wie Rotbuche, Eiche oder Weißtanne, sind als Jungpflanzen sehr frostempfindlich. Nur unter dem Schutz der Kronen der Altbäume können sie anwachsen und die ersten kritischen Jahre in Bodennähe überstehen. Spätfröste haben gebietsweise eine außerordentliche forstliche Bedeutung. Ein Beispiel mag dies verdeutlichen: Wer die Umgebung Münchens kennt, der kennt auch die dort vorherrschenden, großflächigen, nahezu reinen Fichtenwälder. Wegen ihrer Anfälligkeit versuchen Forstleute seit Jahrzehnten, sie wieder in naturnähere Mischwälder umzu-

Wald oder Bäume und Gebüsch bilden einen natürlichen, hervorragenden Uferschutz. Wo sie fehlen, kommt es oft zu Uferzerstörungen und übermäßigem Bodenabtrag.

wandeln. Die erwünschten Baumarten, vor allem die Rotbuche, gedeihen allerdings nicht auf der Kahlfläche, eben wegen der oft selbst im Sommer noch auftretenden Spätfröste. Die jungen Laubbäume müssen deshalb unter dem Kronenschirm der alten Fichten gepflanzt werden. Damit sie ausreichend Licht bekommen, müssen die Fichtenbestände kräftig aufgelockert werden. Dieses »Auflichten« wiederum setzt die verbleibenden Bäume erhöhter Sturmwurfgefahr aus, weil Fichten auf dem Schotterboden nur recht flach wurzeln können. Nicht selten treten Sturmschäden ein, und es entstehen erneut Kahlflächen mit Bodenfrösten. Das Beispiel zeigt sehr deutlich, welche Gefahren einer »naturfernen« Waldlebensgemeinschaft drohen.

Als Schutz gegen Bodenfröste wirkt Wald, ja sogar eine einfache Baumreihe über den unmittelbaren Rand hinaus. An einer nur fünf Meter hohen Hecke wurde in wolkenlosen, windstillen Nächten eine deutliche Beeinflussung der Temperatur bis in zwanzig Meter Entfernung beobachtet. Unmittelbar am Rand der Hecke blieb die Temperatur drei Grad höher als auf der Freifläche. Unter ähnlichen Bedingungen wurde ein Kartoffelfeld auf einer Breite von dreißig Metern von Frost verschont. Im kleinen ist dieser Vorgang im eigenen Garten zu sehen: An so empfindlichen Gartengewächsen wie Dahlien, Bohnen oder Gurken erfrieren die Blätter schon bei minus ein Grad, im Randschutz eines Busches bleiben sie manchmal in den ersten kalten Herbstnächten davor noch bewahrt.

Der Temperaturunterschied zwischen Wald und benachbarten Siedlungen trägt auch zum direkten Wohlbefinden ihrer Bewohner bei. Kalte Luft hat eine größere Dichte, sie ist deshalb schwerer und sinkt ab. Warme Luft steigt auf. So entstehen Luftzirkulationen, die in Großstadtnähe die Wirkung gigantischer Klimaanlagen erreichen können. Die besonderen Eigenheiten des »Stadtklimas«, die aus der Massierung von Gebäuden und Industrieanlagen, der Produktion von Heizwärme, der relativ größeren Trockenheit und Windruhe resultieren und zur Erwärmung der Luft führen, fördern diesen Austausch. Beginnend am späten Vormittag und bis in die Nachtstunden steigt an einem Sommertag die erwärmte Luft über der Stadt auf und saugt gleichzeitig in Bodennähe kühlere Luft aus der Umgebung an. Stammt diese aus einem bewaldeten Umland oder einem Grüngürtel bis in die Stadt herein, wird das Lokalklima merklich angenehmer. Zumindest nachts löst sich die Schwüle durch Zufuhr frischer Luft. Luftkurorte leben im Grunde geradezu von diesem Luftaustausch, sie sind fast stets von Wald umgeben.

Eine besondere Bedeutung gewinnt der Frostschutz durch Wälder in Weinbaugebieten. Im Moseltal kennt man sogar »Frostbannwälder«. Waldstreifen an den Hangkanten oberhalb der Weinberge verhindern das nächtliche Abfließen der Kaltluft aus den landwirtschaftlichen Fluren der Hochflächen. Auch der umgekehrte Effekt kann entstehen. Trifft abfließende Kaltluft auf quer zum Hang verlaufenden dichten Wald oder auf Gehölzstreifen, so können im Staubereich oberhalb Frostschäden auftreten. Kaltluftschneisen oder -rinnen durch den Wald schaffen Abhilfe.

Erholung im Wald

Hans Bibelriether

Städtische Lebensformen und industrielle Arbeitsbedingungen bringen körperliche, seelische und soziale Belastungen mit sich, auf die der Mensch von seiner Konstitution und seiner Entwicklungsgeschichte her nicht eingerichtet ist. Vergleicht man die Menschheitsgeschichte mit dem Lebenslauf eines Siebzigjährigen, so brachte sich der Mensch neunundsechzig Jahre und neun Monate als Jäger und Sammler durch. In den letzten drei Monaten hat er sich mit Ackerbau befaßt und allenfalls einen Tag mit moderner Technik. Kein Wunder also, daß seine vererbten Anlagen nicht auf deren Bewältigung programmiert sind.

Immer mehr Menschen leben von der Natur abgeschnitten in Verdichtungsräumen, in der Bundesrepublik auf sieben Prozent der Landesfläche mehr als dreißig Millionen. Kein Wunder darum, daß ihn seine entwicklungsbedingte körperlich-seelische Veranlagung dazu treibt, wenigstens zeitweilig den Kontakt mit der natürlichen Umwelt wieder zu suchen und auszubrechen aus der engen, reglementierten Wohn- und Arbeitsumwelt in die letzten Freiräume der Natur. In dieser Erkenntnis liegt letztlich die Erklärung für die völkerwanderungsgleiche Massenbewegung der Großstädter an jedem Wochenende ins Grüne.

Eine besondere Rolle im Streben der Menschen nach mehr Berührung mit der Natur spielt der Wald. Er bietet dafür auch besondere Voraussetzungen. Im Vergleich zu landwirtschaftlich genutzten Gebieten ist er naturhafter, freier zugänglich und oft von großer Flächenausdehnung. Er vermittelt ein Gefühl des Ungestörtseins und der Befreiung, der Stille und des Zurruhekommens.

Wald fördert die Gesundheit

Der ständige Aufenthalt in geschlossenen Räumen, Mangel an Bewegung, an Sauerstoff und Sonnenlicht, dauernde Lärmbelastung, die Atmung in schadstoffhaltiger Luft und der Verzehr denaturierter Nahrungsmittel führen zu einer lawinenartigen Zunahme chronischer Leiden: Erkältungs-, Herz- und Kreislaufkrankheiten, Fuß- und Beinleiden, Stoffwechselkrankheiten und Krebs sind die bekanntesten.

Sie werden unter dem Sammelbegriff »Zivilisationskrankheiten« zusammengefaßt und sind oft mit innerer Unruhe und Lebensangst verbunden. Dank medizinischer Kenntnisse und Techniken ist zwar die Lebenserwartung gestiegen – offenbar überschreitet sie zur Zeit ihren Kulminationspunkt –, das Älterwerden wird aber von solchen Leiden stark überschattet.

Regelmäßiger Aufenthalt in der Natur und Umgang mit der Natur kann ihnen entgegenwirken, ganz besonders ein sinnvoll gestalteter Aufenthalt im Wald. Schon seit langem wissen Ärzte: Waldklima ist Heilklima. Es ist kein Zufall, daß, von der Küste abgesehen, die meisten Bäder und heilklimatischen Kurorte in Waldgegenden liegen. Heute wird nicht nur deren Waldumgebung, sondern auch in der Nähe von Ballungsräumen liegender und von der Stadtbevölkerung zur Erholung aufgesuchter Wald als »Erholungswald«

bezeichnet. Die körperliches Wohlbefinden fördernden Wirkungen des Waldes lassen sich dank vieler wissenschaftlicher Untersuchungen ziemlich objektiv beschreiben.

Eine Geißel unserer Zeit ist der Lärm. Lärm ist unerwünschter oder gesundheitsschädlicher Schall. Von Ärzten wird nachdrücklich auf die Gefahren dauernder Lärmbelastung hingewiesen. Der Gesetzgeber versucht, über Verordnungen die Folgen einzudämmen. Grenzwerte für zulässige Lärmbelastungen in bestimmten Lebensbereichen wurden festgelegt.

Welcher Lärmschutz ist nun vom Wald zu erwarten? Sicherlich wurde er früher oft stark überschätzt. Untersuchungen zeigen: Die dämpfende Wirkung beruht einmal auf der Reflexion und Zerstreuung der Schallwellen durch die als Hindernisse wirkenden Blätter, Nadeln und Zweige der Bäume und Sträucher. Darüber hinaus beruht sie auf der Absorption der Schallenergie durch Pflanzen und Bodendecke. Der Dämpfungseffekt steigt mit zunehmender Blattzahl und Blattgröße, wobei breite Blätter eine größere Wirkung zeigen als schmale mit gleich großer Blattoberfläche. Wenn die ankommenden Schallwellen senkrecht auf die Blattflächen treffen, ist der Effekt am besten.

Es wurde ein Experiment gemacht, um herauszufinden, welche Baumarten am besten für Lärmschutzwälder taugen. An der Spitze stehen zumindest im Sommer Ahornarten, dann folgen Linde und Rotbuche und am Ende die Kiefer. In einem anderen Experiment wurde untersucht, welche Waldformen die größte Dämpfung bewirken. Im Bereich der Hauptfrequenz des Straßenverkehrs nahm der Schallpegel auf achtzig Meter Entfernung in Beständen mit Unterwuchs oder in bis zum Boden belaubten Jungbeständen um etwa ein Drittel ab, in älteren Beständen um etwa ein Viertel. Schall im Frequenzbereich der menschlichen Sprache wird weniger gedämpft. Die Abschirmung von Sport-, Spiel- oder Campingplätzen ist deshalb schwierig.

Nicht nur vor Lärm, sondern auch vor Licht im Übermaß und nicht sichtbarer Strahlung vermag das Waldinnere Schutz zu bieten. Einen ganzen Tag in der Sonne zu liegen ist weniger bekömmlich, als ein paar Stunden davon für einen Waldspaziergang zu verwenden. Weil das Kronendach nur einen Bruchteil der im Freiland auf den Boden treffenden Strahlen durchläßt, sind Aufenthalt und Bewegung im Wald länger möglich als im Freiland. Waldstruktur und Aufbau bewirken allgemein einen günstigen Wechsel der Strahlungs- und Lichtreize; örtlich wirkt die Strahlung ungehindert ein, dicht daneben wird sie wiederum abgeschirmt. Eine therapeutisch günstige Wirkung gilt als sicher.

Ähnlich positiv werden die thermischen Bedingungen beurteilt. Unter den physiologischen Funktionen des menschlichen Körpers ist der Wärmehaushalt von größter Bedeutung. Die Wärmeabgabe durch Atmung, Verdunstung der Hautfeuchtigkeit und Abstrahlung muß sich ständig den atmosphärischen Verhältnissen anpassen. Im Wald werden zu starker Wärmeverlust durch Wind und Ausstrahlung und zu starke Überhitzung durch Einstrahlung vermieden; Extreme werden abgemildert. Deshalb gilt Waldklima als »reizarmes Schonklima«. Nur in seltenen Fällen, bei sehr warmem und wolkenreichem Wetter, verhindert hohe Luftfeuchtigkeit die Abkühlung. Wegen der Windruhe kann es dann im Wald sogar schon eher schwül werden als im Freiland.

Erholung durch Naturerlebnis

Besonders von den Deutschen sagt man, sie hätten eine romantisch-verklärte, eine besondere Beziehung zum Wald. Die außerordentliche Zahl und Vielfalt der Märchen und Sagen, Volkslieder und Gedichte, die direkt oder indirekt den Wald zum Thema haben, spricht dafür. Wie weit diese Beziehung in die Geschichte zurückreicht, wäre lohnend zu untersuchen; manche möglicherweise sogar bis in die Zeit vor der großen Rodungsperiode im frühen Mittelalter. Damals war der Wald noch Wildnis für die Menschen, kulturfeindlich, unheildrohend und bevölkert von unheimlichen Wesen. Wir wollen hier nur der Frage nachgehen, wie Wald auf die Psyche der heutigen Menschen wirkt.

Eine vielfältige, unverwechselbare Landschaft mit ihren Wäldern und Feldern, Bäumen, Büschen und Einzelgehöften, auch mit einer gewachsenen alten Stadt, ist für uns Menschen überschaubar. Sie kommt dem Grundbedürfnis nach innerer Übereinstimmung mit der Umgebung entgegen, sie erleichtert die Identifikation. Sie ist uns, wie der Volksmund sagt, Heimat. Für Millionen Menschen erfüllt sich dieses Bedürfnis nach Identifikation nicht mehr. Eine zeitweilig geradezu fluchtartige Abwanderung aus dem Land in die Stadt spricht nicht dagegen; hauptsächlich wirtschaftliche und soziale Gründe sind meistens die Ursache für eine spektakuläre Landflucht.

Ist diese Identifikation mit der Landschaft nicht mehr möglich, kommt es zur Abkehr von der Umwelt. Dem Verlust der Bindung an den Ort folgt der Verlust der Bindung an den Mitmenschen. Im schlimmsten Fall sind nicht nur Vereinsamung, sondern asoziales Verhalten und Aggression die Folge. Konrad Lorenz meint, daß eine Jugend, die ausschließlich zwischen Beton und Blech, in häßlicher Umgebung aufwächst, ästhetisch und ethisch verrohen muß, und fragt: »Woher soll dem heranwachsenden Menschen Ehrfurcht vor irgend etwas kommen, wenn alles, was er um sich sieht, Menschenwerk, und zwar sehr billiges und häßliches Menschenwerk ist?«

Einst war unser Land ein Waldland, und auch heute noch wird es weithin von Wald geprägt. Dies ist sicher ein Grund, weshalb der Wald für psychische Entspannung, für das Kontrasterlebnis zur Alltagsumwelt in der Zivilisation eine wichtige Rolle spielt. Wir müssen der Frage nachgehen, ob alle Wälder – und wenn nicht, warum nur bestimmte Wälder – einer solchen Erholung dienen. Exakte Untersuchungen gibt es über das ganze Thema nur spärlich.

Ein zentraler Ansatzpunkt, um die Zusammenhänge zwischen dem Wald als Naturerscheinung und seiner emotionalen Wirkung auf den Menschen aufzuhellen, ist sicherlich die Frage nach der »Schönheit« des Waldes.

Tafel 25

Nicht nur die Nadeln der Bäume verbrennen und ihre Rinde verkohlt, in einem solchen Feuer wird auch die Humusschicht ein Raub der Flammen. Lüneburger Heide, 1975.

Tafel 26

In unserem Land gibt es heute fast ausschließlich wirtschaftlich genutzte Wälder. Sie sind allgemein artenärmer, gleichaltriger und monotoner als natürliche Wälder. Diese sind abwechslungsreicher, tote Bäume sind in ihnen häufig anzutreffen und einzelne Bäume wachsen zu mächtigen Baumriesen heran. (Motiv aus einem urwaldähnlichen Bergmischwald des Bayerischen Waldes)

Tafel 27

Auch in Buchenurwäldern vollzieht sich Werden und Vergehen stetig, ohne daß der Waldzusammenhang auf größerer Fläche unterbrochen wird. Buchennaturwaldreservat im Spessart.

Tafel 28

Auf dem vermodernden
und zerfallenden Stumpf
einer vor Jahrzehnten
niedergebrochenen alten
Fichte siedelt sich die neue
Waldgeneration an.

Tafel 29

Aus der Tiefe der
Wälder kommt kühl und
klar das Wasser.

Tafel 30

Wald dient der Erholung,
ist Gesundbrunnen für Körper
und Seele.

Tafel 31

Tafel 32

Zahllose Erholungsuchende, danach befragt, erklären: sie wollten sich an der Natur erfreuen. Aussagen über ästhetische Wirkungen des Waldes enthalten zunächst Informationen über den Wald samt seiner Lebewelt. Diese Merkmale existieren unabhängig vom Besucher. Daneben sind vom Wissen und der Einstellung des Betrachters geprägte Wahrnehmungen in die ästhetische Bewertung eingeschlossen. Die objektiven Eigenschaften eines Waldes haben für sich noch keinen solchen Wert. Erst durch das Zusammentreffen von Wald und Mensch entstehen ästhetische Effekte, wird Schönheit empfunden. Wenn also die »Schönheit« eines Waldes vermehrt werden soll, müssen seine mannigfachen Eigenschaften analysiert und muß herausgefunden werden, wie diese Eigenschaften auf den Besucher wirken. Über Befragungsaktionen an Waldbesuchern versucht man das seit Jahren.

Die von Wald und Baum ausgehenden Eindrücke werden zunächst als Formeigenschaften aufgenommen: räumliche Ausdehnung, Struktur und Zusammensetzung der Waldbestände sowie Höhe, Stamm- und Kronenform der einzelnen Bäume. Entscheidend ist, daß sie offenbar erst dann als schön empfunden werden, wenn Form und Inhalt des Eindrucks übereinstimmen. Der Schönheitswert liegt zum Beispiel nicht fest, solange isoliert die Geradheit des Stammes oder die Symmetrie der Krone eines Baumes gesehen werden. Stets werden – bewußt oder intuitiv – seine arttypischen Eigenschaften, seine Wachstumsbesonderheiten, seine Umgebung mit beachtet: Eine Fichte wird schlank und geradschaftig als schön empfunden, eine Eiche, wenn sie knorrig und breitkronig ist, eine Trauerweide, wenn sie hängende Zweige hat. Im speziellen Fall kann das aber auch ganz anders sein: Im geschlossenen Wald gilt eine geradschaftige, astfreie Kiefer oder Eiche als schön, einer einzelnen Kiefer im Feld oder einer Wetterfichte werden Schönheit gerade auch bei deformiertem Wuchs zugesprochen.

Die Einheit von Form und Inhalt ist also dann vorhanden, wenn das Äußere des Einzelbaumes oder Waldbestandes mit den naturgegebenen Existenzbedingungen der Umwelt übereinstimmt. Die Beispiele können noch erweitert werden: Ein natürlicher Fichtenwald im Bergland wird als schön bezeichnet, ein Fichtenbestand auf untauglichem Standort mit sichtbaren Schäden als weniger schön.

Für die Gestaltung von Erholungswäldern läßt sich daraus ableiten: Bäume und Wald müssen mit dem Standort und der Umgebung »harmonisch« zusammenstimmen. Weder durch falsche Baumartenwahl noch durch die Art der Waldbehandlung sollte dieser Zusammenhang gestört werden. Bei der Bestandspflege sollten die Bäume erhalten werden, die durch ihr Aussehen das Typische der Art oder den Einfluß der Umwelt besonders gut repräsentieren. Die Grenze liegt aber sicher dort, wo ästhetische Gestaltungsabsichten den Wald zur Grünanlage verfälschen würden.

Während die äußere Form direkt über Sinneseindrücke wahrgenommen wird, geschieht dies beim Inhalt nur mittelbar. Kenntnis der jeweiligen Eigenschaften und Wesensmerkmale ist Voraussetzung. Deshalb wird auch die

Schönheit eines Waldes je nach Beobachtungsgabe und Wissen des Betrachters durchaus unterschiedlich erfaßt, häufige Waldbesuche wirken offensichtlich fördernd. Unter diesem Aspekt sind auch die Bemühungen der Forstleute mit zu beurteilen, über Wald- und Naturlehrpfade den Waldbesuchern mehr Wissen zu vermitteln. Und es wird klar, wie berechtigt Vorwürfe gegen allzu simple Informationsinhalte sind, die zum Beispiel nichts weiter enthalten als ein paar botanische Einzelfakten. Die Informationen müssen darauf abzielen, ein tieferes Verständnis der Wechselbeziehungen zwischen den einzelnen Gliedern des Waldes und zu seiner Umwelt zu vermitteln.

Ein anderer Maßstab für die ästhetische Wertung resultiert aus der mehr oder weniger vorhandenen Übereinstimmung zwischen Idealbild und Wirklichkeit. Bei Gebrauchsgegenständen ist das Idealbild in hohem Maß von der Nützlichkeit und Funktionstüchtigkeit abhängig. Diese Einstellung findet sich in bezug auf ihr »Objekt«, den Wald, auch bei vielen Forstleuten. Bei einem der bekanntesten Forstwissenschaftler seiner Zeit, Johann Gottlieb König, der Anfang des 19. Jahrhunderts lebte, findet sich der Satz: »Ein Wald in seiner höchsten forstlichen Vollkommenheit ist auch in seinem schönsten Zustande.« Weil jahrhundertelang die Holzproduktion zentraler Auftrag der Forstleute war, finden sie vor allem massen- und wertholzreiche Bestände besonders schön, und das um so mehr, je mehr sie das Ergebnis guter forstlicher Arbeit sind. Die Freude an der eigenen Leistung mag hier noch mit hereinspielen.

Die vorstehenden Überlegungen können die Vielschichtigkeit der Fragen sicherlich nur andeuten. Noch manche andere, auch im Persönlichen liegende Kriterien spielen für die psychische Erholung im Wald eine Rolle, zum Beispiel das Lebensalter und die jeweilige Stimmungslage. Und beeinflussen nicht auch menschliche Schönheitsideale unsere Bewertung von Bäumen: die »schlanke« Tanne, die »zarte« Birke, die »mächtige« Eiche? Oder Kindheitserinnerungen? Sehr alte Bäume werden oft als »ehrfurchtgebietend« empfunden, und die Praxis zeigt, daß Waldbestände mit dicken, alten Bäumen besonders viele Besucher anziehen. Mit dem hohen Alter verbindet sich der Eindruck von Ursprünglichkeit, den alte Wälder viel stärker ausstrahlen als junge.

Wir wollen hier die Überlegungen zum Thema »Sinneseindrücke im Wald und ihr Nutzen für die psychische Erholung« abbrechen. Es wäre zumindest leichtfertig, sie einfach als unbedeutend abzutun. Die ästhetische Qualität der Umgebung kann offensichtlich bis in den Bereich des sozialen Verhaltens wirken. Viel stärker als man vielleicht gemeinhin wahrhaben möchte, wird der Mensch von Emotionen bestimmt. Eine positive Gemütsverfassung ist wesentliche Voraussetzung auch für die körperliche Gesundheit. Durch Erholung im Wald können beide gefördert werden. Gleichzeitig wachsen damit auch Wissen und Liebe zum Wald, und auf die ist wiederum der Wald angewiesen. Nur was einer kennt, wertschätzt oder liebt er, ist er bereit auch zu schützen. Und den Schutz möglichst vieler braucht unser Wald.

Erholung und Naturschutz im Konflikt

In vielerlei Hinsicht bedeuten Besucher für den Wald und seine Lebewelt Belastung und Gefahr, vor allem, wenn sie in Massen auftreten. Eine sicher unvollständige Liste mag dies verdeutlichen. Seit Urzeiten sammelten Menschen Waldfrüchte für ihre Ernährung. In besonderen Notzeiten und in kargen Gebieten waren sie sogar Voraussetzung fürs Überleben. Heute ist das Pilze- und Beerensammeln zu einer Art Volkssport geworden – und ganz allgemein scheint der Wunsch, etwas »Natürliches« aus dem Wald mit nach Hause zu nehmen, eine Wurzel oder ein paar Steine, ständig zu wachsen.

So machen sich zur Schwammerl- und Beerenzeit ganze Heere von Liebhabern vor Tau und Tag auf, um die erreichbaren Wälder bis in die letzten Winkel zu durchstreifen. Eine riesige Menge eßbarer, aber auch ungenießbarer Pilze wird nach Hause getragen und zahllose mutwillig umgestoßen. Die Folge, auch wenn der wissenschaftliche Nachweis noch fehlt: Pilze werden seltener. Einige Länder haben bereits einschneidende Verbote erlassen, das Suchen auf bestimmte Tage begrenzt oder Pilzschutzgebiete geschaffen. Verbunden mit dieser Besucherschwemme ist ein Zertrampeln der Bodenflora, der jungen Waldbäumchen und eine arge Störung vieler Tierarten. Letztere ist deshalb besonders gefährlich, weil die Unruhe schon am frühen Morgen einsetzt und bis in die abgelegensten, sonst noch ruhigen Waldteile reicht. Daß übermäßiges Beerensuchen gebietsweise sogar zum Entzug hochwertiger Winternahrung für bestimmte Arten führen kann – Auer- und Haselhühner zum Beispiel brauchen die vitaminreichen eingetrockneten Beeren –, ist nicht ausgeschlossen.

Gegendweise wurden früher große Mengen seltener Pflanzenarten ausgegraben oder abgerissen. Dank jahrzehntelanger Aufklärung und guter Schutzbestimmungen nimmt diese Unsitte ab, auch wenn noch immer allzu viele Latschenzweige oder Alpenrosen heimlich mitgenommen werden.

Wo Besucher massiert auftreten, wird in immer stärkerem Maß der Oberboden zertrampelt. Gefährdet ist vor allem der Bereich der Waldgrenze im Gebirge und steile Lagen mit hohen Niederschlägen. Ein krasses Beispiel bietet der Arbergipfel, der »König des Bayerwaldes« aus den Touristenprospekten. Das Gelände zwischen Liftstation und Gipfel ist aufs schwerste geschädigt, die Borstgrasnarbe ist zerstört, Geröll und Rohboden treten zutage, und die Latschenfelder werden von den Rändern – und durch Zertrampeln auch von innen heraus – immer kleiner. Dabei war vor zwanzig Jahren, als dort noch kein Naturpark war, von solchen Schäden noch kaum etwas zu sehen.

Außerordentlich gefährdet sind auch feuchte Stellen im Wald, Moore und Seeufer. Die Pflanzendecke eines Hochmoores ist so trittempfindlich, daß eine einzige Gruppe von Naturfreunden bei einer Wanderung querbeet die Vegetation auf Jahre hinaus schädigen kann. Ähnliches gilt für die Ufervegetation von Bächen oder Seen samt ihrer Kleinlebewelt. Kommt noch ungeordneter, oft illegaler Badebetrieb hinzu, entstehen irreparable Schäden. Ein Beispiel bietet die Pupplinger Au an der Isar vor den Toren Münchens.

Bedeutung der Wälder in Ballungsräumen

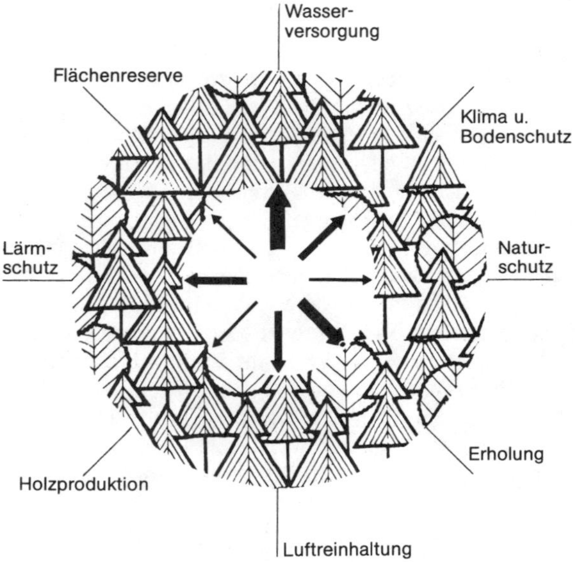

Belastung der Wälder in Ballungsräumen

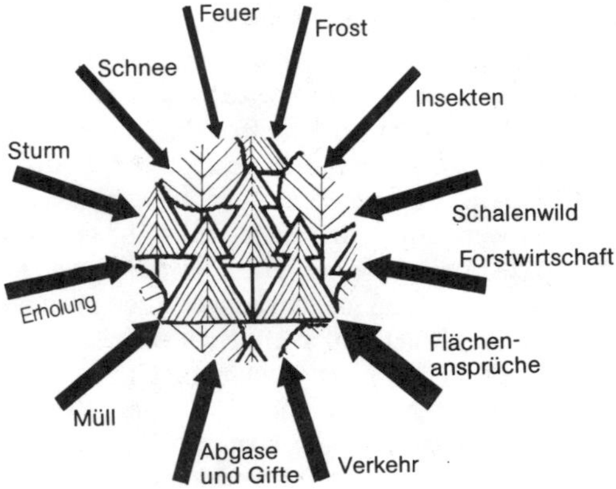

Bedeutung der Wälder in verkehrs- und industriefernen Gebieten

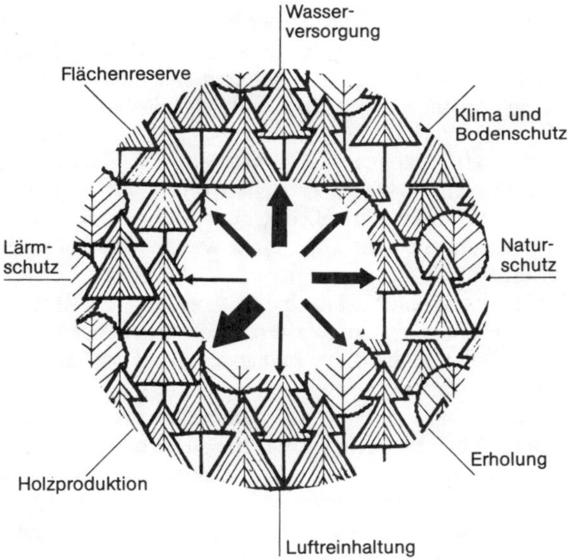

Belastung der Wälder in verkehrs- und industriefernen Gebieten

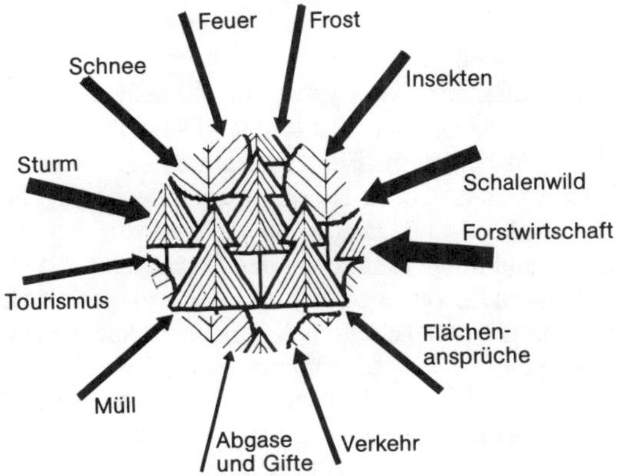

Verbunden mit ungeregeltem Betreten des Waldes ist ein ungeregeltes Hinterlassen von Abfällen. Nicht die nachts im Vorbeifahren aus dem Auto in den nächsten Wald geworfenen alten Sessel, Schachteln und Abfallsäcke sind heute das Problem. Solche Ferkeleien sind zurückgegangen, seit die Strafen hoch sind, die Angst vor dem Ertapptwerden gewachsen ist und nicht zuletzt die Müllabfuhr verbessert wurde. Immer gefährlicher werden die Kleinabfälle, die in Massen im Wald bleiben: Zigarettenschachteln, Stanniolpapier, Bier- und Limobüchsen und was sonst noch an Ungenießbarem bei einer Rast übrigbleibt.

Regelloses Betreten führt zu regellosem Wegwerfen. Und regellos verteilter Abfall kann von keinem Waldbesitzer mehr weggeschafft werden; dies ist weder technisch noch finanziell möglich. Um es nochmal am Arber zu verdeutlichen: es ist schlichtweg unmöglich, ihn je wieder von Zivilisationsabfällen völlig zu befreien.

Mit den Abfallansammlungen ist auch eine Änderung der Vegetation verbunden: Die immer zahlreicher in Wäldern zu beobachtenden Brennessel»wiesen« sind eine direkte Folge dieser und anderer stickstoffreicher menschlicher Hinterlassenschaften.

Die Kosten für Abfallbeseitigung aus dem Wald sind auch bei relativ geordnetem Erholungsbetrieb hoch, wie das Beispiel des Nationalparks Bayerischer Wald zeigt: Zweihundert Kilometer gut ausgestatteter Wanderwege, ein paar Dutzend Rast- und Parkplätze sowie einige andere gut angenommene Einrichtungen führen dazu, daß über neunzig Prozent der Besucher die markierten Wege benützen. Trotzdem mußten im Jahr 1978 bei 1300000 Besuchern rund 100000 DM für die Abfallbeseitigung aufgebracht werden. Andere direkte Schäden können für den Waldbesitzer ebenfalls sehr teuer werden, am teuersten fahrlässig herbeigeführte Waldbrände. In Großstadtnähe ist der Vandalismus, die Zerstörung von Erholungseinrichtungen oder dem Wald dienenden Schutzvorkehrungen, wie Zäune gegen Wildverbiß, ein besonders trauriges Kapitel.

Seit Skilauf zum Volkssport Nr. 1 geworden ist, nehmen die dadurch verursachten Schäden ständig zu. Vom Pistenskilauf sind die Wälder der Mittelgebirge und der Alpen betroffen. Eine Vielzahl in den Wald geschlagener Schneisen sind sichtbares Ergebnis, Erosion und Bodenabtrag die sichtbaren Folgen. Weniger auffallend sind Schäden an den Rändern zum geschlossenen Wald, wo Sträucher und junge Bäumchen den Boden schützen sollen. Gegen die scharfen Stahlkanten haben sie bei geringer Schneelage keine Chance.

In den letzten Jahren entwickelte sich eine neue schleichende Gefahr: Skilanglauf und Skiwandern. Diese so erholsamen und gesundheitsfördernden Betätigungen werden für manche Waldbewohner zur tödlichen Bedrohung! Die jährlichen Zuwachsraten im Skilanglauf lassen das Schlimmste befürchten. Mit Skiern ist es möglich, den Wald kreuz und quer zu durchstreifen und selbst dorthin vorzudringen, wo es im Sommer zu naß oder felsig ist. Für die Wildtiere unserer Wälder bringt der Winter besonders harte Lebensbedingungen mit sich. Im Laufe von Jahrtausenden haben sie sich auf verschiedene Weise angepaßt: Manche verkriechen sich zum Winterschlaf, zum Beispiel Siebenschläfer, Fledermäuse oder Igel, andere wandern aus schneereichen Lagen in mildere Gegenden, zum Beispiel das Rotwild. Viele Vogelarten ziehen im Herbst in wärmere Länder. Einzelne Arten harren aus. Ihr Überlebensprinzip ist, sich möglichst wenig zu bewegen, dadurch wenig Wärme zu verlieren und mit knappster Nahrung auszukommen. So hocken Birkhühner und Haselhühner tagsüber zeitweilig in Schneehöhlen, Auerhühner geschützt hinter einem Wurzelstock. Schon einige wenige Skiwanderer an einem Tag, die in der Nähe eines solchen Verstecks vorbeikommen, scheuchen die Hühner zu oft auf. Die Vögel können den mit dem Wegfliegen verbundenen Energieverlust nicht durch Nahrungsaufnahme ausgleichen und sterben in darauffolgenden kalten Nächten an Unterkühlung, wenn sie nicht vorher schon auf ihrer Flucht in die Fänge eines ihrer natürlichen Gegner geraten sind.

Das Problem, wie einerseits Einschränkungen für Besucher, andererseits die Schäden für den Wald und seine Lebewelt möglichst gering gehalten werden können, muß tatsächlich rasch gelöst werden. Die Schäden sind sonst nicht wiedergutzumachen. Nach bisheriger Erfahrung gibt es offensichtlich nur ein wirksames Rezept, das gute Chancen hat, auch von der Mehrheit akzeptiert zu werden: Die Besucher müssen von Plätzen, wo sie Schäden verursachen, ferngehalten und sorgfältig in weniger empfindliche Gebiete gelenkt werden. Wer dies als »Naturschutz gegen Menschen« diffamiert, wie nicht wenige Lokalpolitiker, der beweist nur, daß er nichts begriffen hat.

> Es braucht nicht nur der Mensch den Wald, um sich darin von den Menschen zu erholen; es braucht auch der Wald die ihn schützende Hand, damit er sich von den Menschen erholen kann: Viele Waldteile mit seltenen Pflanzen- und Tiergesellschaften sind in Gefahr, unter die Füße der Besucherströme getreten zu werden und zu verschwinden. Sperrungen solcher Wälder sollten nicht gleich als Besitzegoismus der Waldbesitzer diffamiert werden.

Radikalverbote sind nur in Ausnahmefällen zwingend notwendig: Die Pflanzen und Tiere eines Waldsees können nur durch Sperren bestimmter Uferstrecken gerettet werden, und ein Hochmoor, wenn es schon aufgesucht und erlebt werden soll, durch Anlage eines Steges oder Knüppelweges, die dann nicht verlassen werden dürfen. Setz-, Brut- oder Fütterungsbereiche bestimmter Tierarten müssen zeitweilig gesperrt werden, und Skilangläufern kann man in manchen Gebieten nicht länger zubilligen, überall hinfahren zu dürfen. Ein Gebot, sich an ausgewiesene Loipen zu halten, ist unumgänglich. Die Naturschutz- und Jagdgesetze sehen Möglichkeiten zur Sperrung vor.

Auf die gesamte zur Erholung geeignete Fläche bezogen, handelt es sich nur um winzige Areale. Außerdem merken die meisten Besucher von solchen Sperren kaum etwas. Sie lassen sich ohne Zwang durch gut auf ihre Interessen und Bedürfnisse ausgerichtete Angebote lenken.

Auf die Notwendigkeit, Erholungseinrichtungen sorgfältig und differenziert zu planen, wurde bereits hingewiesen. Solange Parkplätze in der Nähe von Hochmooren oder anderen Feuchtgebieten existieren, werden diese mit Sicherheit zertrampelt. Solange Rastplätze am Rand von jungen Nadelbeständen geduldet werden, muß man sich nicht wundern, wenn eines schönen Sommertages der Wald brennt. Die Zerstörung eines Berggipfels wird weitergehen, solange nicht von der Endstation der Bergbahn ordentliche Wege zum Gipfel oder zu einzelnen besonders attraktiven Punkten angelegt werden.

Eine zweite Chance, Schäden zu verringern, liegt in der Information der Besucher. Die Möglichkeiten hierfür werden bei uns nicht annähernd genutzt. In den USA befaßt sich ein ganzer Wissenschaftszweig damit. Es gibt bei uns auch keine Fachleute, die die nötigen psychologisch-pädagogischen und die naturkundlichen Kenntnisse für diese Aufgabe mitbrächten. Niemand fühlt sich wirklich zuständig. Man nagelt unverdrossen Schildchen an die Bäume.

Viele Waldbesucher sind interessiert und wißbegierig. Es müßten ihnen zum Beispiel nur die vielfältigen Beziehungen in den Waldlebensgemeinschaften einprägsam erklärt und deren Gefährdung verständlich gemacht werden. Dann könnte sich mit der Zeit nicht nur der Wissensstand heben, sondern auch die Einstellung der Besucher und damit ihr Verhalten im Wald ändern. Übergeordnetes Ziel solcher Interpretationsarbeit müßte es sein, beim Besucher ein Gefühl der Mitverantwortung zu wecken. Er müßte sich als Mitbesitzer des Waldes fühlen, ihn wie sein Zuhause behandeln.

Auch in der Forschung besteht ein Nachholbedarf. Anstatt immer neue Besucherbefragungen durchzuführen und dann zu versuchen, es möglichst jedem rechtzumachen, sollten exakte Untersuchungen an konkreten Beispielen in größerer Zahl in Angriff genommen werden. Es müßte zum Beispiel ermittelt werden, welche Belastungen ein bestimmter Waldteil, ein Berggipfel oder ein Flußufer überhaupt vertragen, und danach die Intensität des Erholungsbetriebes geregelt werden. Auch die Verantwortlichen eines Stadtgartenamtes befragen ja nicht ständig die Anwohner, sondern planen, errichten und pflegen Grünanlagen und Stadtpark nach anerkannten Regeln der Gartenbaukunst.

In vieler Hinsicht wird der gesamte Problemkreis »Wald – Naturschutz – Erholung« heute noch allzusehr gefühlsmäßig betrachtet und Entscheidungen aufgrund subjektiver Meinungen gefällt. Viele Detailfragen bedürfen noch der Klärung und die vorhandenen Angebote und Einrichtungen der kritischen Überprüfung hinsichtlich Erfolg, Mißerfolg oder sogar dadurch hervorgerufener Schäden. Und nicht zuletzt könnte sorgfältigere Planung manchem Waldbesitzer auch noch Geld sparen helfen.

Wald zwischen Ökologie und Ökonomie

Richard Plochmann

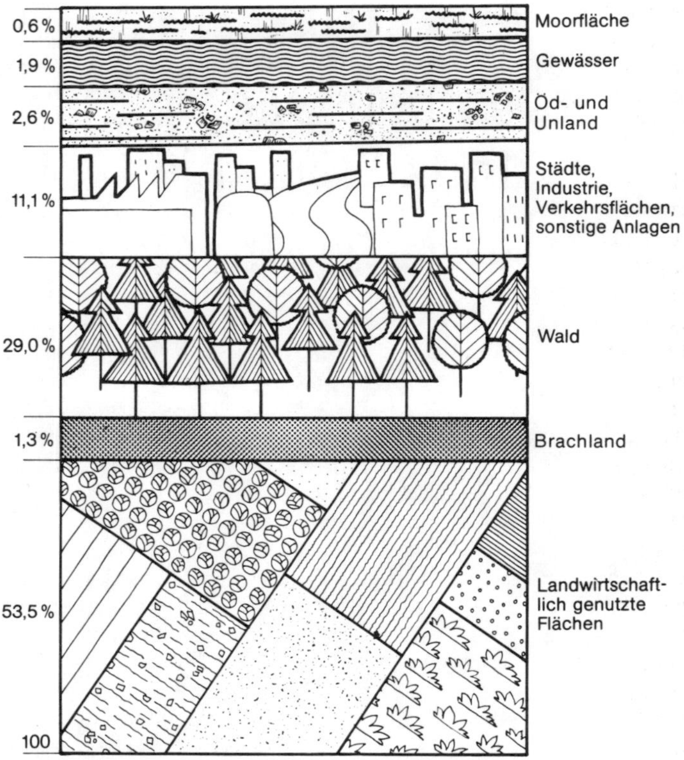

Wie wird der Boden der Bundesrepublik Deutschland genutzt?
Von den 24860 Millionen Hektar Fläche der Bundesrepublik Deutschland waren 1977 noch etwas mehr als sieben Millionen Hektar Wald. Mit seinen 29,0 Prozent Flächenanteil ist der Wald auf kaum mehr als die Hälfte von Acker und Grünland geschmolzen. Nicht ganz dreimal soviel Raum wie Dörfer, Städte, Industriebauten und Verkehrsanlagen vermochte er zu behaupten.
(Quelle: Stat. Jahrbuch 1978 für die Bundesrepublik Deutschland)

Das Grüne Drittel heute

Der Förster ist mit einsamem Abstand zu allen anderen der Traumberuf des deutschen Mannes. Dahinter steckt neben den romantischen Vorstellungen über ein freies und ungebundenes Jägerleben der Glaube, im Wald den verlorenen Kontakt zur Natur ebenso zu finden wie die Flucht vor Hetze und Streß im Alltag. Im vermeintlichen Traumberuf des Försters spiegelt sich aber auch das populäre Bild über den deutschen Wald. Er gilt noch immer als unversehrte Natur, viel mehr jedenfalls als die monotone Kultursteppe der Landwirtschaft. In ihm kann man sich noch geborgen fühlen, aber auch allein und verloren vorkommen. Er ist noch voll der Überraschungen und Wunder. Die Spitzenposition des Försters in der Berufsskala ist Ausdruck der Wertschätzung, die der Wald heute ganz allgemein erfährt und die von den Ergebnissen vieler Meinungsumfragen ebenso bestätigt wird wie von den Bürgerinitiativen, die sich zu seinem Schutz bilden. Ob als Kulisse vor dem Wohnzimmerfenster, als Ausflugsziel, Picknickplatz oder Wandergrund, der Wald steht hoch im Kurs der Bundesbürger. Aber all dies ist mehr getragen von Emotionen als von Durchblick. Alle lieben ihn, aber man weiß zumeist nicht allzu viel von ihm und über ihn.

Am wenigsten Gedanken macht man sich wohl über die ganz unterschiedlichen Ansprüche unserer Gesellschaft an den Wald. Im Forderungskatalog ist der Waldspaziergang, der keinen Eintritt kosten darf, nur ein Punkt auf einer langen Liste. Eigentümer wollen ein Einkommen, Holzfäller einen sicheren Arbeitsplatz und guten Lohn, Sägewerke hochwertige Stammblökke und Zellstoffabriken billiges Papierholz, der Jäger eine ungestörte Heimat für sein Wild, die Gemeinden reines Wasser, die Bergbahn Schutz vor Lawinen und die Bundesautobahnverwaltung billigen Baugrund. Die Zahl der Güter und Leistungen, die erwartet werden, ist groß und die Begehrlichkeit noch größer. Nur zu oft will man dabei nicht erkennen, zumindest nicht anerkennen, daß ein Mehr von dem einen erkauft werden muß mit einem Verzicht auf ein anderes. Mehr Autobahn im Wald wird eben bezahlt mit weniger Erholung und mehr Wild mit weniger Einkommen.

Seit Menschen in Wald siedelten, das lehrt die Geschichte, hat er immer mehreren Zwecken zur gleichen Zeit dienen müssen, und immer kam es zum Streit zwischen den Gruppen, die Verschiedenes von ihm wollten. Noch nie aber wollten so viele Menschen etwas von ihm, und noch nie umspannten die Ansprüche einen so weiten Bogen.

Da man Holz ja importieren könne, Erholung aber nicht, seien die Wälder in große Parks zu verwandeln, in englische Gärten grandiosen Ausmaßes, fordern die einen. Da Holz einer der wenigen erneuerbaren Rohstoffe dieser Erde sei, wir aber in Kürze auf unsere eigene Erzeugung angewiesen seien, um den weiter wachsenden Bedarf zu decken, müsse jeder Quadratmeter Wald Holz produzieren, argumentieren andere. Es wird sich neben der Forstwirtschaft kein anderer Wirtschaftszweig finden lassen, den der eine zum sozialen Dienstleistungsgewerbe umfunktionieren und der andere zum hochgezüchteten Produktionsbetrieb ausbauen will. Den Ausgleich des Klimas, die Säuberung verschmutzter Luft, die Reinhaltung des Wassers, die Dämpfung des Lärms und den Schutz vor Lawinen erwartet jeder vom Wald dabei ebenso wie die Entspannung und Erholung in ihm. Alles dies wird in Anspruch genommen als Leistungen, die keinen Markt und damit auch keinen Preis haben, mögen sie etwas kosten oder nicht.

Die Waldbesitzer, die auf ein Einkommen aus ihrem Eigentum angewiesen sind, und die Förster, denen ihr Renditestreben ebenso unter die Nase gerieben wird wie ihre miesen Bilanzen, stehen damit vor einer echten Zwickmühle. Je mehr sie ihre Wirtschaft auf die Erzeugung der freien und kostenlos konsumierten Güter und Leistungen des Waldes ausrichten, desto schlechter stehen sie am Jahresende da. Wollen sie sich aber im Wirtschaftsprozeß behaupten, nehmen sie die Möglichkeiten wahr, die Wissenschaft und Technik heute auch im Wald bieten, um mehr Holz billiger zu produzieren, so werden sie als Holzfetischisten und Umweltschädiger an den Pranger der Medien gestellt. Und dabei beziehen sie dann gleich noch Prügel für jenen Wald, in dem sie zwar wirtschaften, den sie aber selbst nur erbten. Denn ihr Wald heute stammt ja zum allergrößten Teil von den Vätern, Großvätern, selbst den Ur- und Ururgroßvätern. Nur auf einem Hundertstel der Fläche im Jahr können sie selbst bestimmen, wie der Zukunftswald aussehen soll. Damit ist dann allerdings auch wieder für ein Jahrhundert festgeschrieben, mit welchem Wald die Kinder und Enkel zu leben haben werden. Nur hier tragen sie eigene, aber eben deshalb so schwere Verantwortung, weil für so lange Zeit der falsche Wald nicht mehr korrigiert oder als untauglich auf den Abfallhaufen geworfen werden kann.

Über den neuen Wald auf einem Hundertstel der Fläche entscheiden zwar in jedem Jahr die Waldbesitzer und Förster, die Verantwortung tragen wir alle aber mit. Denn nur eine wirtschaftlich gesunde Forstwirtschaft wird jenen Wald gestalten können, den unsere Kinder und Enkel als lebenswerte und leistungsfähige Umwelt benötigen. Wir alle haben teil an den politischen Entscheidungen, um die es hier geht. Sie haben uns nun also zu beschäftigen.

Wald als Mangelware

Wer sich darüber informieren will, wieviel Wald es in unserem Staat noch gibt, wo er zu suchen ist, welchen Anteil an der Gesamtfläche er einnimmt, wieviel auf jeden von uns an Fläche entfällt und wie gerade dies sich im letzten Jahrhundert veränderte, der findet in der amtlichen Statistik des Bundes und der Länder eine ganze Menge Zahlen. In den Kästen der folgenden Seiten sind die wichtigsten Daten, wie sie die statistischen Jahrbücher und die Agrarberichte der Bundesregierung oder die Forsterhebungen enthalten, dargestellt und kurz erläutert.

Mit ihren sieben Millionen Hektar Wald, ihrer Bewaldungsdichte von dreißig Prozent und einer Waldfläche von 1200 Quadratmeter je Einwohner kann sich die Bundesrepublik immer noch sehen lassen im Kreis ihrer Nachbarn. Vom Wald als Mangelware zu sprechen, mag bei solchen Zahlen manchen doch als Übertreibung erscheinen. Und dies um so mehr, wenn man erfährt, daß im letzten Jahrhundert seine Fläche sogar noch weiter gewachsen ist, obwohl viel Wald als Bauland und für die Verkehrswege gerodet werden mußte. Wird hier nicht unbegründet schwarz gemalt?

Sicherlich leben wir in den Augen eines Holländers, selbst eines Schweizers noch in einem waldreichen Land, aber zweierlei läßt die provozierende Überschrift eben doch in einem anderen Licht erscheinen: Zum einen hat die positive Flächenentwicklung seit wenigen Jahren eine Umkehrung erfahren. Weil nur wenig Brachland noch aufgeforstet wurde, weist die Bundesstatistik für die Jahre von 1971 bis 1974 einen Schwund der deutschen Waldfläche von 46500 Hektar aus. Das sind immerhin 0,7 Prozent. Erfolgt keine Neuaufforstung, so werden wir je Jahr mit 15000 bis 20000 Hektar Waldverlusten rechnen müssen. Drei ganze Forstämter werden dann jährlich für Autobahnen, Kanäle, Raffinerien, Kraftwerke, Siedlungen und dergleichen Zwekke mehr gerodet. Das sind bittere Zahlen, denkt man allein an die 100000 bis 150000 Kubikmeter Holz, deren jährliche Produktion wir damit verlieren.

Viel alarmierender ist allerdings, was sich auf den ersten Blick nicht erkennen läßt. Hier läuft ein Prozeß ab, der die starken Unterschiede noch verschärft, die heute schon zwischen den waldreichen und den waldarmen Regionen im Land bestehen. Genau dort nämlich, wo schon bisher die größten Waldverluste hingenommen werden mußten, wo er wegen seiner Wohlfahrtswirkungen am dringendsten benötigt wird und für die Menschen im wahrsten Sinne des Wortes unersetzlich ist, genau dort schmelzen die Wälder wie Schnee an der Sonne. In den Ballungszonen der Großstädte, in Industriezentren und im waldarmen Norddeutschen Tiefland haben wir am meisten verloren und tun es auch weiterhin. Zugenommen hat der Wald allein in Gebieten, wo kein Mensch über Waldarmut klagte. Ganz im Gegenteil: Im waldreichen Berg- und Gebirgsland war die Aufforstung von Feldfluren und Bergalmen zwar sicherlich kein Schaden für den Naturhaushalt, auch ökonomisch ganz sinnvoll, aber häufig war sie eben keine Bereicherung der Landschaft und der Landeskultur.

Stellvertretend für das Schicksal der Wälder in den Verdichtungsräumen soll für unsere waldfressende Zeit nochmals der Nürnberger Reichswald als Beispiel dienen. Der Bann eines deutschen Kaisers vor mehr als 1000 Jahren hat ihn vor seiner Zerschlagung und die Bewirtschaftung durch die Reichsstadt später vor dem Ruin bewahrt. Als die Stadt 1806 ihren Lehenswald zur Schuldentilgung an das Königreich Bayern abtritt, zieht er als noch geschlossener Gürtel mit über 30000 Hektar Fläche um den Norden, Osten und Süden der Stadt. Schon das 19. und das erste Drittel des 20. Jahrhunderts haben ihn für Kanal- und Eisenbahnbauten, für Truppenübungsplätze und Industriestandorte kräftig angenagt. Aber das war noch bescheiden, verglichen mit dem, was die Großmannssucht des Dritten Reiches ihm zur Verschönerung der Stadt der Reichsparteitage abforderte. Wirklich in die Vollen

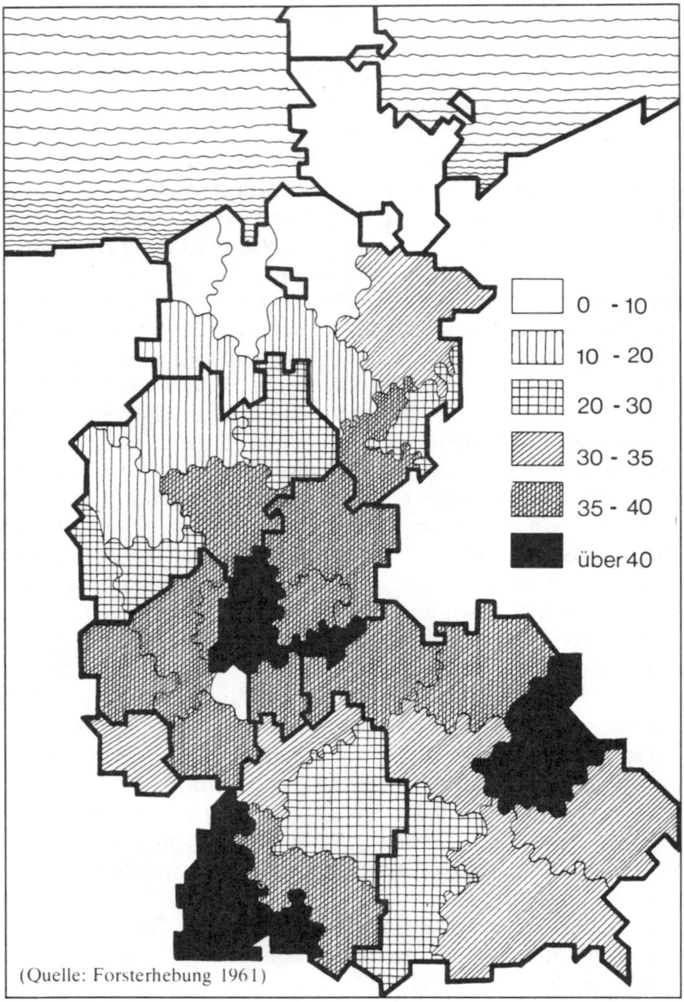

Wie ist der Wald in der Bundesrepublik verteilt?
Die Waldanteile der Bundesländer und ihrer Regierungsbezirke (hier in den Verwaltungsgrenzen des Jahres 1968) weichen vom Bundesdurchschnitt in weiten Grenzen ab. Die Waldarmut des nord- und nordwestdeutschen Tieflandes wird im Rasterunterschied zum west- und mitteldeutschen Bergland, zu Schwarzwald und Oberpfalz besonders deutlich. Ließe sich die Karte nach Landkreisen oder Gemeinden untergliedern, würde sich der Bogen der Bewaldungsdichte von Null bis über achtzig Prozent spannen.

und dem Reichswald an den Kragen ging es aber erst in den letzten 25 Jahren. Von den insgesamt 6800 Hektar, die in 160 Jahren vom Reichswald abgetreten werden mußten, entfallen 3300, das sind 49 Prozent, auf diesen Zeitabschnitt. Und dabei steht schon weiterer Wald für neue Großprojekte auf der Abschlagliste der Planer für neuen »Fortschritt«. Machen wir so weiter, so bleiben unseren Enkeln von dem schon heute zerrissenen und zerstückelten Waldtorso nur noch einzelne unter Denkmalschutz stehende Waldreste zwischen Europakanal, Autobahngewirr, Starkstromleitungen und dem ausufernden Brei der Siedlungen. Wie weit dieser Prozeß schon heute fortgeschritten ist, vermag am besten die Karte zu zeigen.

Ähnliche Geschichten ließen sich für viele Wälder um die Zentren unserer gesellschaftlichen Entwicklung schreiben und mit Zahlen belegen und die Ausnahmen, wie etwa der Aufbau des Grunewaldes in Berlin oder die Pionierleistungen des Ruhrkohlensiedlungsverbandes, würden dann nur die Regel bestätigen. Weder unsere Gesetze noch Minister oder Parlamente haben die Wälder vor ihrer Rodung bewahren können oder wollen, wenn es im Abwägen der öffentlichen Interessen um Arbeitsplätze, Verkehrswege, Energieversorgung oder Wohngebiete ging. Und wenn irgendwo ein Wald vor dem Zugriff seiner vielen Liebhaber gerettet werden konnte – und hier und dort ist dies gelungen –, dann war es fast nie die bessere Einsicht der Politik oder der Bürokratie, sondern der Zorn und der Widerstand der Bürger.

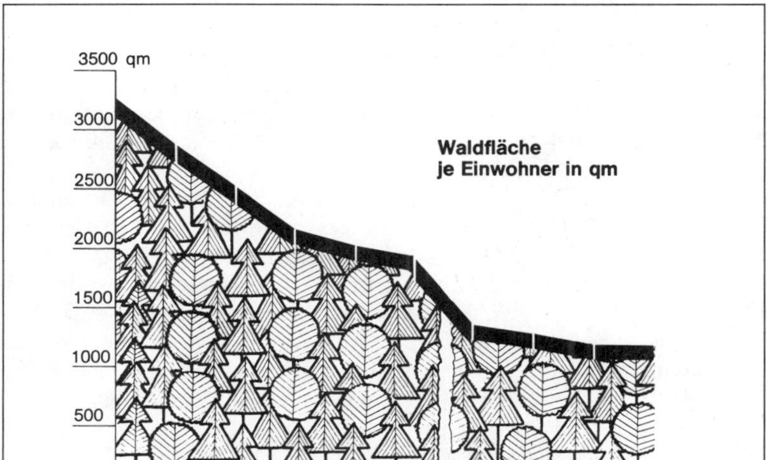

Flächenverluste aus dem Reichswald seit 1820 in ha (Gesamtfläche 30861 ha)

Zeitraum	Flächenverlust ha	%
1820 - 1900	680	2
1901 - 1930	1637	5
1931 - 1945	1183	4
1946 - 1960	1717	6
1961 - 1967	616	2
1968 - 1978	991	3
1820 - 1978	6824	22

(Quelle: Sperber, G., Mitt. d. StFV. 37. H., 1969; Weiger, H., Mitt. a. d. Verf. 1979)

Fragt man, warum denn ausgerechnet der Wald solch beliebter Baugrund ist, so leuchten nur für einen Zweck seine Vorteile sofort ein. Die Landesverteidigung benötigt für eine ganze Reihe ihrer Anlagen den Schutz und die Tarnung, die ihnen der Wald am besten, weil eben natürlich, zu bieten vermag. Diesen Beitrag zu unserer aller Sicherheit hat er ohne Zweifel zu leisten. In den übrigen Fällen stünde allerdings oft die Möglichkeit offen, auf Acker oder Grünland auszuweichen und den Wald zu schonen. Planer und Bauherren scheuen es aber, mit einer Vielzahl von Bauern um jeden Quadratmeter schachern, Ersatzland auftreiben und dazu auch noch den Ärger mit der einflußreichen Agrarlobby ausstehen zu müssen. Die Flucht in den Wald spart insbesondere dann Zeit und Kraft, wenn er im öffentlichen Eigentum steht. Und auf fast 60 Prozent des Waldes trifft genau dies zu. Zudem sind es auch meist Staatsverwaltungen, die planen, und für die großen Bauträger ist das Machtwort einer Regierung oft leichter zu bekommen als die Unterschrift eines starrköpfigen Bauern.

Das ist aber nur die eine, pragmatische Seite der Medaille. Die andere: Waldboden kostet nur etwa die Hälfte des landwirtschaftlichen Grundes. Bewertet man den Boden allein nach dem Geldertrag, der sich mit ihm erwirtschaften läßt, so mag dies hingehen. Aber in dieser Rechnung fehlt dann völlig, was Wald für unser Wohlbefinden besser zu leisten vermag als die landwirtschaftliche Kultursteppe. Bis heute wird aber im Bodenpreis des Waldes ebensowenig mitbezahlt, daß man in ihm spazierengehen kann, wie die frische Luft, die man dort atmet. Kurzsichtig und kleinkariert, aus Bequemlichkeit und Sparsamkeit betreiben wir so den Ausverkauf des Waldes, auch wenn wir nicht mehr wissen, wohin mit Butter, Milchpulver, Weizen oder Schweinefleisch oder woher die Milliarden, die uns ihre Überproduktion kostet.

Man schüttelt um so mehr den Kopf darüber, wenn man weiß, daß der uns noch verbliebene Wald gerade ausreicht, um die Hälfte jener Holzmengen zu

neue Nutzungsarten
Forstrechteablösung, Eisenbahnbau, Ludwigskanal
Industriegelände, Eisenbahnbau, Siedlungen
Reichsparteitagsgelände, Autobahn, Militärgelände
Siedlungsbau
Siedlungs-, Straßenbau, RMD-Kanal (120 ha)
Gewerbeflächen (373 ha), Verkehrsflächen (449 ha), Wohnbau- und sonstige Flächen
Restfläche: 24 037 ha

erzeugen, die wir heute verbrauchen. Das ist eine schmale Basis der Selbstversorgung mit einem Rohstoff, auf den wir morgen und übermorgen noch weniger werden verzichten können als heute, bei der Meistergeige so wenig wie beim ganz profanen Klopapier. Aber selbst, wenn sich Holz ersetzen ließe, könnten wir auf den Wald ohne tiefe Einbußen in der Lebens- und Umweltqualität nicht verzichten. Der Wald hat jedenfalls in den letzten 25 Jahren einen Flächentribut für unseren Fortschritt bezahlt, der jenem der großen Rodungsperiode im Hochmittelalter nicht nachsteht. Gerade in den Stadtregionen und Verdichtungsräumen sind dabei die vertretbaren Grenzen erreicht, sogar vielfach überschritten worden. Wir werden uns große Einbrüche in den Wald nicht mehr leisten können, wollen wir nicht die Holzversorgung in der Zukunft aufs Spiel setzen und die Lebensqualität in den Verdichtungsräumen weiter verschlechtern. Die Flächenreserve Wald ist aufgebraucht. Wir werden nun die Gesetze, die zum Schutz des Waldes erlassen wurden, konsequent vollziehen müssen. Das wird hart und unbequem sein. Die Verantwortung vor der Zukunft wird es erzwingen.

Der Försterwald: Wie sieht es in ihm aus?

Genau zu zählen und zu messen, ist im Wald eine ganz schwierige Sache. Das scheitert an der Zahl der etwa 20 Milliarden Bäume im deutschen Wald ebenso wie an den Schwierigkeiten, genau zu bestimmen, wieviel Holz jedes Jahr zuwächst. Für einen Wirtschaftszweig, dem fast ein Drittel der gesamten Landesfläche anvertraut ist, dessen Produktionszeiträume ein Jahrhundert und mehr umspannen, wird man trotzdem auf die Sammlung von Daten nicht verzichten können. Wie ließe sich sonst beurteilen, ob die Waldverfassung besser oder schlechter wird und die eingeschlagene Waldpolitik sich bewährt oder nicht.

Zwei grundsätzlich verschiedene Wege stehen Forstbehörden zur Verfügung, um derartige Daten zu erhalten. Ein seit langem angewandtes Verfahren beschränkt sich auf das Sammeln und Addieren der Unterlagen, die den einzelnen Waldbesitzern über ihren Wald zur Verfügung stehen. An die Stelle der Messung und Zählung tritt hier allerdings im kleinen Waldbesitz, auf den immerhin ein Drittel der Waldfläche entfällt, die Schätzung. Solche als Forsterhebungen bezeichnete Verfahren zur Erfassung des Waldzustandes haben den Nachteil, daß sie trotz erheblichen Aufwands zu Ergebnissen führen, deren Genauigkeit innerhalb undefinierbarer Grenzen recht zweifelhaft ist.

Die zweite in anderen Ländern schon seit Jahrzehnten angewandte und zu einer eigenen Wissenschaft entwickelte Methode ist eine Stichprobeninventur. Zählt und mißt man in einer genügend großen Zahl von Probeflächen

Was wächst im deutschen Wald?
Schiebt man die Bäume einer Baumart zu einer Fläche zusammen und bestimmt dann deren Anteil an der Gesamtfläche, so erhält man den Prozentsatz der Fläche, den die einzelnen Baumarten im Hochwald bedecken. Die einzelne Baumart kann dabei in reinen wie in gemischten Beständen vorkommen. Diese Statistik sagt also nichts aus über die Anteile von Rein- oder Mischbeständen. Für Nieder- und Mittelwald läßt sich eine Aufteilung nach Baumarten nicht vornehmen. Sie sind in der Regel aus einer Vielzahl von Laubbaumarten gemischt.
(Quelle: Forsterhebung 1961)

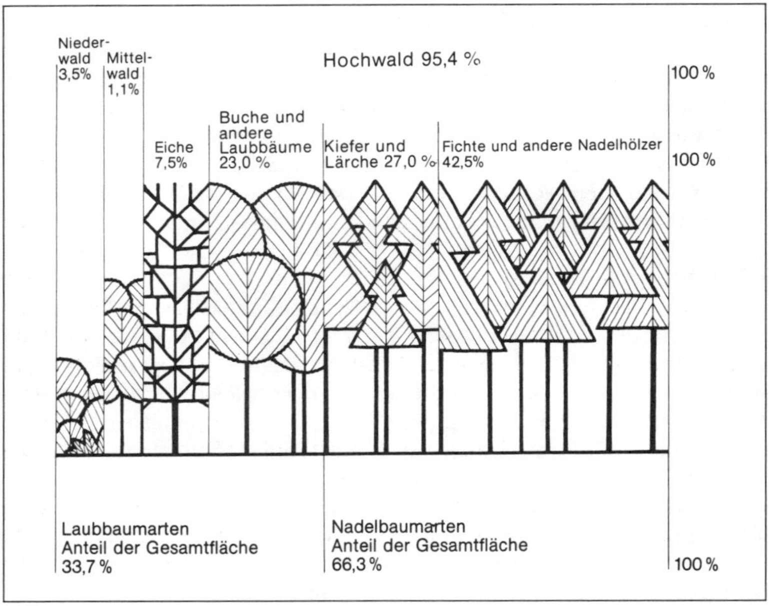

den Waldzustand genau, so lassen sich die Ergebnisse innerhalb eines engen Fehlerrahmens, der mathematisch genau bestimmt werden kann, hochrechnen. Solche mathematisch-statistischen Stichprobeninventuren gehören heute zu den Routinemethoden der Forststatistik von Amerika bis Zaire.

Etwa 60000 – 70000 Probeflächen müßten aufgenommen werden, um für die Bundesrepublik den Zustand ihres Waldes mit einem Fehlerrahmen unter zwei Prozent zu erfassen. Aus föderalistischen Kompetenz- und Finanzierungsquerelen haben wir selbst eine solche Waldinventur noch nicht zustande gebracht, sie aber als Entwicklungshilfe sehr wohl in Ländern der Dritten Welt durchgeführt. Das Land, das so stolz darauf ist, die Wiege und der Lehrmeister planmäßiger und nachhaltiger Forstwirtschaft gewesen zu sein, verfügt deshalb heute nur über eine ebenso unzureichende wie antiquierte Forststatistik. Es ist somit in der Forststatistik selbst zum Entwicklungsland herabgesunken. Nur der Freistaat Bayern hat im Jahr 1971 seine eigene Waldinventur erstellt und ist damit zum forststatistischen Musterschüler der Nation geworden.

Dies sollte man wissen, wenn es nun darum geht, wie der deutsche Försterwald von innen aussieht. Schon beim ersten Blick auf die Statistik überrascht die ganz untergeordnete Bedeutung von Nieder- und Mittelwald. Sie waren die klassischen Formen bäuerlicher und bürgerlicher Waldbehandlung vom Hochmittelalter bis ins 19. Jahrhundert. Moderne Forstwirtschaft hat sie auf 330000 Hektar Fläche zusammenschmelzen lassen und dem verbliebenen Rest schon fast musealen Wert verliehen. Wo am Markt Brenn- oder Kohlholz nicht mehr begehrt sind, haben sie eben ihren Sinn verloren. Ökologisch sind ihre vielfältig gemischten Laubbaumbestockungen meist günstig zu beurteilen, gerade auch weil sie für viele Tier- und Pflanzenarten des Laubwaldes ein Refugium darstellen. Naturschützer wollen sie gerne erhalten, die Waldbesitzer aber in ertragreicheren Hochwald umformen.

Im Hochwald, dem Wald, den allein die meisten von uns kennen, herrschen heute die Nadelbäume mit weitem Abstand vor. Die Fichte, zu der die Tanne und die nordamerikanische Douglasie hinzukommen, ist in den letzten eineinhalb Jahrhunderten zum häufigsten Baum geworden. Sie dürfte inzwischen nicht mehr allzuweit davon entfernt sein, die Hälfte der gesamten Waldfläche einzunehmen. Mit deutlichem Abstand folgt die Kiefer, zusammen mit einem geringen Anteil der Lärche. Die Laubbäume konnten sich auf einem knappen Drittel der Waldfläche behaupten. Das ist eine magere Beteiligung, wenn man weiß, daß sie von Natur aus wohl über 90 Prozent unseres Waldes ausmachen würden.

Wäre die Statistik nach dem Alter des Waldes untergliedert, sähe das Ergebnis noch bedenklicher aus. Im jungen, unter vierzigjährigem Wald haben die Nadelbäume bereits Anteile von mehr als 80 Prozent erreicht. Wird das Ruder nicht herumgeworfen, so schreitet der Verdrängungsprozeß des Laubwaldes weiter fort. »Rettet den Laubwald« ist eine Forderung, die wir deshalb auf unsere Fahnen schreiben müssen.

Die Vielfalt der geologischen Formationen und der auf ihnen entstandenen Böden, die Unterschiede des Klimas und insbesondere auch die Auswirkungen der Forstwirtschaft haben Sorge getragen, daß es auch in der Verteilung der Baumarten zwischen den Bundesländern – und selbst innerhalb von ihnen – nicht zu einem Einheitswald gekommen ist. In der Heide oder in der südwestdeutschen Rheinebene beherrschen eben die Kiefern das Waldbild, im hessischen Bergland oder im Steigerwald die Buchen, im Spessart die Eichen und im Harz und im Schwarzwald die Fichten. Hessen, Schleswig-Holstein und das Saarland sind die Länder mit den höchsten Laubwaldantei-

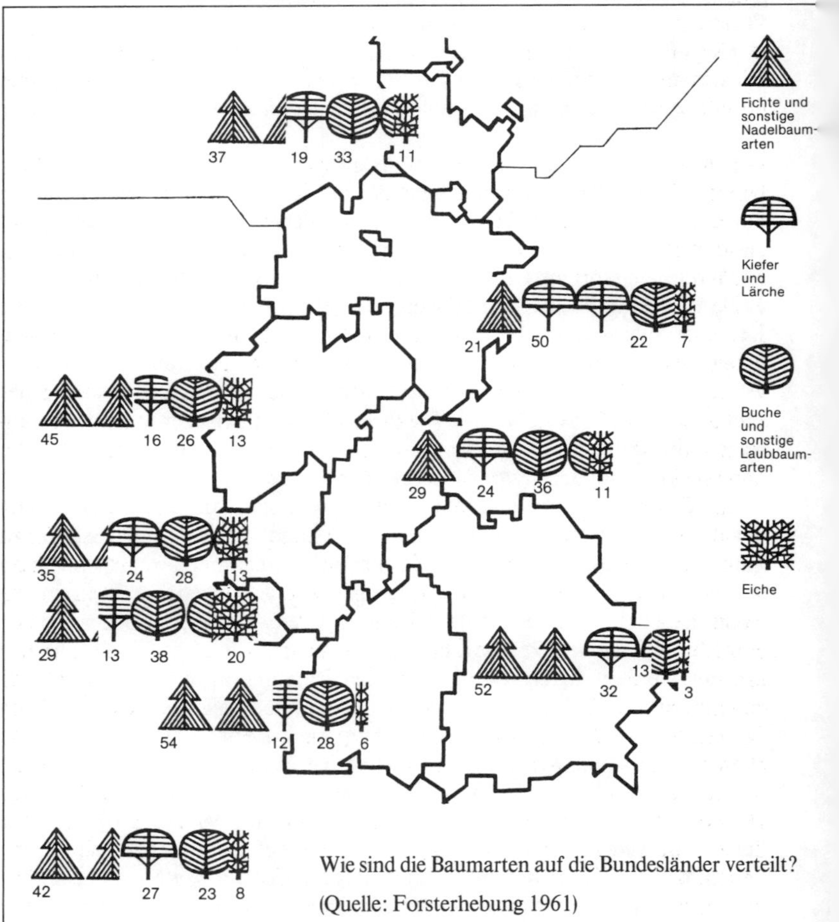

Wie sind die Baumarten auf die Bundesländer verteilt?

(Quelle: Forsterhebung 1961)

len, Bayern steht mit seinem Nadelwald, Baden-Württemberg mit seinem Fichten- und Niedersachsen mit dem Kiefernprozent an der Spitze. Es ist bedauerlich, daß unsere Waldstatistik nur eine Aussage über die Prozentanteile der Baumarten zu machen vermag, nicht aber, wie sie im Wald zu finden sind. Auf die Frage, wie die Bestände im Wald aussehen, wie viele Reinbestände und wie viele Mischbestände aus zwei, drei oder mehr Baumarten es gibt, weiß sie keine Antwort. Gerade dieses wäre aber wichtig, um zu einem Urteil über die Natürlichkeit, die Sicherheit und die Leistungsfähigkeit gelangen zu können. Zwei Aussagen lassen sich jedoch treffen:

- Die reinen Bestände, das heißt die Waldflächen, auf denen eine Baumart einen höheren Anteil als 90 Prozent besitzt, nehmen etwa die Hälfte der Waldfläche ein, eher etwas mehr als weniger.
- Der Anteil der reinen Bestände steigt mit dem Absinken des Alters des Waldes an und erreicht in den Beständen mit einem Alter zwischen 20 und 40 Jahren sein Maximum.

Die Ausdehnung der Nadelbäume und insbesondere ihrer Reinbestände bereitet Sorge. Ihre hohen Leistungen in der Holzerzeugung werden erkauft mit größeren Gefährdungen durch Feuer, Sturm, Insekten oder Pilze, mit einschneidenden Veränderungen im Bild der Landschaften und mit geringeren Wohlfahrtswirkungen. Zwei Schlüsse sollten wir jedenfalls ziehen:

Der Anteil der Nadelbäume darf im deutschen Wald nicht weiter wachsen. Die von ökologischen Forderungen gezogene Grenze ist erreicht, örtlich bereits überschritten. Es muß auch der Weg zurück zum Laubwald gefunden werden. Der Anteil der Reinbestände muß wieder sinken. Reinbestände der Fichte oder Kiefer sind – wo immer möglich – mit Laubbäumen zu durchsetzen, um ihnen mehr Widerstandskraft gegen Naturgefahren zu verleihen, ohne sie in ihrem Holzzuwachs zu schwächen.

Ein Gutes haben die vielen Nadelbäume aber sicherlich. Im deutschen Wald steht viel Holz, mehr als je in den letzten 200 Jahren. Es ist noch dazu Holz, das den Wünschen seiner Verbraucher entspricht. Auch hier wissen wir nicht, wieviel es ist, ganz sicherlich aber erheblich mehr als die knapp eine Milliarde Kubikmeter, die die Forsterhebung 1961 ermittelte. So um die eineinhalb Milliarden dürften es sein. Das ist eine stolze Zahl. Sie konnte nur erreicht werden, weil in den letzten 20 Jahren weniger Holz im Walde geschlagen wurde, als dort nachwuchs. Der Schock der Mehreinschläge im Dritten Reich wirkte dabei ebenso mit wie die Unterschätzung des tatsächlichen Leistungspotentials des Waldes und die begrenzte Aufnahmefähigkeit der heimischen Industrie. Was auch immer den Sparprozeß auslöste, die Holzvorräte im Wald seine eine gute Sache und ein beruhigendes Polster für die Zukunft. Leider trübt die Freude auch hier eine Angst. Der Holzvorratsbauch, den der Wald anspeckte, sitzt bei ihm nicht in den alten Beständen, wo wir ihn ganz gerne sähen, sondern ausgerechnet in den Stangenorten zwischen 20 und 60 Jahren – so werden die Wälder in diesem Alter bezeichnet.

Dieser Bauch wuchs, weil man bei der Begründung in übergroßer Vorsicht viel zu viele Bäumchen pflanzte und hinterher die Zeit und das Geld nicht fand, um zu verdünnen, zu läutern und zu durchforsten. Haben Stangenorte Vorratsbäuche, so sind sie überdicht, der Einzelstamm ist überschlank, die Kronen sind zu klein und zu spindelig. Solchen Wäldern drohen ganz ähnliche Risiken wie übergewichtigen Menschen. Es wächst die Gefahr des Kreislaufversagens und es sinkt die Widerstandsfähigkeit gegen Belastungen. Analog dem Idealgewicht kennt auch der Förster ein Maß für die rechte Dichte des Waldes, den Schlankheitsgrad. Er ist das Verhältnis von Baumhöhe zu Baumdurchmesser in 1,3 Meter Höhe über dem Boden. Steigt er über den Wert 80, so wird das Ideal überschritten. Dann sinkt die Widerstandsfähigkeit gegen Sturm und Schnee und dann kann auch nicht mehr der mögliche Zuwachs geleistet werden.

Auf zwei bis drei Millionen Hektar sind die Waldflächen zu schätzen, die übergewichtig oder besser übervorrätig sind. Je länger sie nicht abgespeckt werden, desto schwächer und geringwertiger bleibt der Einzelbaum und desto größer wird die Gefahr des Zusammenbruchs beim nächsten Herbststurm oder Frühjahrsschnee. Hier wird in einer Bank gespart, die nicht nur schlechte Zinsen zahlt, sondern noch dazu mit hohem Risiko arbeitet. Die Gefahr, sein Geld zu verlieren, ist groß. Der kleine Sparer merkt es allerdings auch im Wald zumeist erst, wenn es zu spät ist! Der schlechte Pflegezustand unserer Jungwälder ist somit eine echte Gefahr, die zwar schwer zu kalkulieren ist, aber mit Sicherheit von Jahr zu Jahr ansteigt, wenn die Pflege weiter vernachlässigt wird.

Auch im Wald harren also Probleme ihrer Lösung. Daß wir über sie zu wenig wissen, macht ihre Bewältigung nicht gerade leichter.

Wer hat dich, du schöner Wald?

Letztmals 1971 wurde eine Erhebung über den Waldbesitz in allen Bundesländern durchgeführt, über deren wichtigste Ergebnisse die auf Seite 407 stehende Graphik und ihr Text informieren. Wer dort noch nicht nachgelesen hat, würde wohl kaum erraten, daß über 700 000 einzelne Privatleute, Gesellschaften, Genossenschaften, Kirchen, Stiftungen und auch der Bund und seine Länder sich in den Besitz des Waldes teilen. Mit etwa einer halben Million stellen die Bauern unter den Waldbesitzern mit weitem Abstand die größte Gruppe. Zu jedem zweiten Bauernhof in diesem Land gehört ein Stück Wald, wenn oft auch nur ein kleines. Es war und ist noch immer für den Hof und die, die auf ihm leben, eine wertvolle Ergänzung zu Acker und Grünland. Aus ihm wird der Hof mit Holz versorgt, das vom Tennenboden über den Ofen bis zum Zaunpfosten benötigt wird; es dient als die inflationssichere Sparkasse, auf die zurückgegriffen werden kann, wenn es gilt, Erben auszuzahlen, das Wohnhaus zu renovieren oder den Stall auszubauen, und es trägt oft auch noch dazu bei, das Einkommen aus der Landwirtschaft aufzustocken.

Kleiner Privatwald 31,0%; Staatswald 29,0%; Gemeindewald 22,8%; Großer Privatwald 6,0%; Mittlerer Privatwald 3,9%; Gemeinschaftswald 3,1%; sonst. Körperschaftswald 2,6%; Bundeswald 1,6%

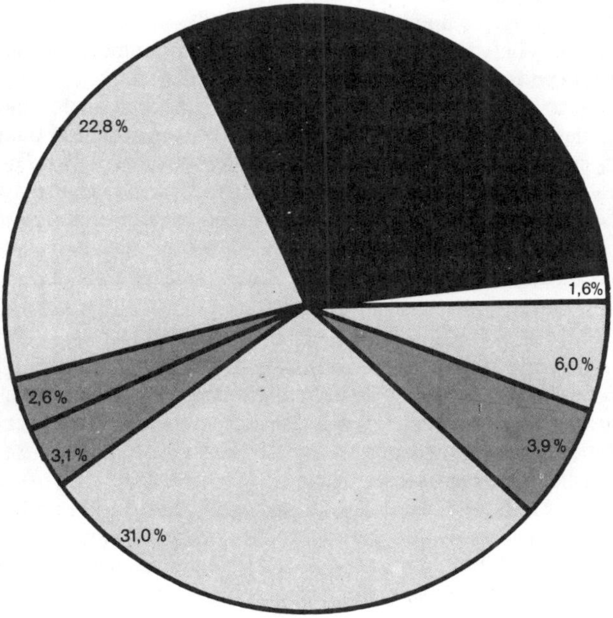

Wer hat dich, du schöner Wald? Von den sieben Millionen Hektar Wald in der Bundesrepublik Deutschland stehen heute 56 Prozent in öffentlichem Eigentum. Den Bundesländern gehört davon der größte Waldblock, der Staatswald. An zweiter Stelle folgen die Gemeinden. Hinter der Bezeichnung »sonstiger Körperschaftswald« verbergen sich Zweckverbände, Stiftungen und Anstalten des öffentlichen Rechts. Der Bund tritt als Waldbesitzer kaum in Erscheinung. Seine Waldflächen dienen vorwiegend militärischen Zwecken. An den 44 Prozent des Privatwaldes, der natürlichen oder juristischen Personen gehören kann, hat der sog. »kleine Privatwald« mit Besitzgrößen unter 200 Hektar den höchsten Anteil, während auf den »mittleren Privatwald« mit 200 – 500 Hektar Größe und den »großen Privatwald« mit mehr als 500 Hektar Fläche nur zehn Prozent entfallen. Gemeinschaftswälder gehören zu ideellen Anteilen einer Mehrzahl von Eigentümern. Sie zählen, wie auch der Kirchenwald, zum Privatwald.

(Quelle: Forsterhebung 1961 und Landwirtschaftszählung 1971)

Steht beim Bauernwald – ein gutes Viertel unseres gesamten Waldes ist solcher – die Versorgung des Hofes im Vordergrund, so produziert der mittlere und insbesondere der große Privatwald für den Markt. Ihre Wälder sind die am intensivsten bewirtschafteten und auch die ertragreichsten der Republik. In großer Zahl finden sich unter ihnen jene Musterbetriebe, deren Waldbehandlung vorbildlich und beispielhaft ist.

Der Körperschaftswald, früher oft wichtige Einnahmequelle seines Eigners, hat in den letzten Jahrzehnten einen besonders starken Wandel in seinen Aufgaben erfahren. Sein Vermögenswert, sicherlich auch seine Bedeutung als Flächenreserve, mehr aber noch seine unersetzliche Funktion, als Erholungsareal, als Lunge, Ventilator wie Staubsauger oder als Grundwasserschützer zu dienen, sind gewachsen und haben eine Dimension erreicht, die den wirtschaftlichen Ertrag demgegenüber in den Hintergrund treten

Wie der Wald bewirtschaftet wird, hängt auch von seiner Größe ab

Von der Größe eines Waldbesitzes, von der Zahl und Form seiner Waldparzellen wird die Art der Waldbehandlung stark beeinflußt. Ob man großen einheitlichen Partien oder kleinflächigem Wechsel begegnet, ob man viel starkes oder mehr schwaches Holz vorfindet, steht häufig in engem Zusammenhang damit.

Die 2,15 Millionen Hektar des Staatswaldes von Bund und Ländern setzen sich aus überwiegend großen Komplexen zusammen. Sie werden von nur 847 Forstämtern bewirtschaftet. Jedes von ihnen umfaßt also 25 Quadratkilometer. Die sogenannte Unterabteilung, zwischen 10 und 30 Hektar groß, ist hier die Bezugseinheit, nach der der Wald eingeteilt, behandelt und die Ergebnisse verbucht werden.

Die Zahl der Besitzer des Körperschaftswaldes beträgt schon 18000. Nur mehr ein Quadratkilometer Wald ist die durchschnittliche Besitzgröße. Allerdings gehören 2300 Körperschaften, die in die Kategorien der mittleren und großen Waldeigentümer mit mehr als 200 Hektar Wald entfallen, zwei Drittel des Körperschaftswaldes. Gut über 10000 der Körperschaften nennen weniger als 50 Hektar Wald ihr eigen.

44 Prozent unseres Waldes oder 3,1 Millionen Hektar sind Privatwald. Sie gehören über 700000 Besitzern. Mehr als 600000 von ihnen besitzen einen Wald kleiner als fünf Hektar. Selbst die Durchschnittsgröße aller Privatwaldbesitzungen liegt nur bei vier Hektar, und sie sind nach der Statistik noch auf 2,7 Parzellen verteilt. Die einzelne Parzelle ist im Durchschnitt also kaum größer als zwei Hektar. Nur 1316 private Eigentümer in Deutschland besitzen mehr als 200 Hektar Wald.

läßt. Dies gilt in einem ähnlichen, wenn auch anderen Maß ebenfalls für den Staatswald. Er hat, so haben die parlamentarischen Vertreter seiner Eigentümer es in den Waldgesetzen verankert, dem öffentlichen Wohl in besonderem Maße zu dienen. Vorbildlich, als Beispiel für alle anderen, soll er bewirtschaftet werden. Zur Holzversorgung von Handwerk und Industrie hat er ebenso sein Mögliches beizutragen wie zu den vielfältigen sozialen Leistungen, die die Bürger von ihm erwarten.

Vom bäuerlichen Zwergwald unter einem Hektar bis zur staatlichen Großverwaltung mit 800000 sind in unserem Land also nicht nur eine riesige Zahl von Eigentümern mit ganz unterschiedlichen Besitzgrößen am Wald beteiligt, sie unterscheiden sich auch nach ihrer Rechtsperson, ihren Wünschen und Zielen so bunt wie nur denkbar, von Bund und Länder über Großstadt, Zwerggemeinde und Kirchenstiftung bis zur Aktiengesellschaft, Haubergge-nossenschaft, zum Zahnarzt, Bäcker und zum Kleinbauern.

Wer sich umsieht bei unseren Nachbarn in nah und fern, wird finden, daß dieses vielschichtige Muster mit seinem ausgewogenen Grundakkord von staatlichen, gemeindlichem und privatem Waldbesitz einmalig ist in der Welt. Die Geschichte hat uns gelehrt, daß dies ein Vorzug ist.

Die Vielfalt des Wollens und des Handelns garantiert mit die Vielfalt des Waldes. Sie hat davor bewahrt, daß Holzwege zu Einbahnstraßen wurden, und dafür gesorgt, daß immer wieder neue und fruchtbare Waldwege gefunden wurden. Die Konkurrenz untereinander hat nur gutgetan und die gegenseitige Hilfe nicht unterbunden.

Forstwirtschaft: erzwungene Produktion ohne Schutz

Was unser Buch über Baum, Wald und Holz bisher alles zu berichten wußte, mag in manchem Leser den Traum vom Forstberuf oder auch jenem vom eigenen Stück Wald neue Nahrung gegeben haben. Es wird ernüchtern, wenn nun von dem Drahtseilakt ohne Netz berichtet wird, den die Forstwirtschaft als Zweig der Urproduktion in unserem Wirtschaftssystem zu bewältigen hat. Ein Akt, bei dem sie von Pflichten und Auflagen bös gebeutelt wird und mit Kosteninflation und Preiskonkurrenz ins Wanken geraten ist.

Das erst 1975 erlassene Bundeswaldgesetz sagt in seinem Paragraphen elf knapp und bündig: »Der Wald soll im Rahmen seiner Zweckbestimmung ordnungsgemäß und nachhaltig bewirtschaftet werden.« Damit hat man dem Waldbesitzer eine Verpflichtung auferlegt, die einmalig ist in unserer ganzen Volkswirtschaft. Er hat seinen Wald nach strengen Anforderungen zu bewirtschaften, ob er das will oder nicht, ob er dabei verdient oder draufzahlt. Jede Tante Emma hat das Recht, ihren Laden dichtzumachen, wenn er sie nicht mehr freut; keinen Bauer kann man zwingen, eine Wiese zu mähen, wenn ihr Ertrag den Aufwand nicht mehr lohnt. Im Wald ist seine Bewirtschaftung eine soziale Pflicht, von der es keine Absolution gibt. Es spendet auch nur geringen Trost, daß diese besondere Bindung bei uns schon eine jahrhundertealte Tradition ist, die von den eingehend dargestellten Besonderheiten des Ökosystems Wald im Interesse des allgemeinen Wohles erzwungen wird. Die Länder haben jedenfalls den Auftrag des Bundes, zu regeln, was denn nun eigentlich eine ordnungsgemäße und nachhaltige Forstwirtschaft sei, mit deutscher Gründlichkeit und Perfektion in ihren Landeswaldgesetzen erfüllt. Damit daraus keine grüne Einheitspflicht werde, blieb man hier etwas liberaler oder regelte dort etwas strammer.

Eines ist für alle und überall gleich: Jeder Waldbesitzer, der alten Wald schlägt, muß neuen begründen, natürlich oder künstlich. Verletzt er diese Pflicht, so übernimmt sie Vater Staat für ihn – selbstverständlich kostenpflichtig – und verhängt zudem ein Bußgeld bis zu 10000 Mark; zumindest kann er dies. Damit ist schon mal die Erhaltung des Waldes und die Nachhaltigkeit der Holzproduktion gesichert.

Überall gilt auch das Gebot, den Wald vor Schäden zu bewahren, also etwa Insektenkalamitäten, Pilzbefall, Feuer zu verhindern oder zu bekämpfen. Über diese minimalen Grundpflichten gehen aber die meisten Ländergesetze weit hinaus. Sie gestatten etwa den Einschlag von Nadelwald erst über einem Alter von 50 Jahren und von Laubwald über 80 Jahren, um eine Wald-

Die gültigen Gesetze für den Wald und seine Bewirtschaftung

Bund:	Gesetz zur Erhaltung des Waldes und zur Förderung der Forstwirtschaft (Bundeswaldgesetz) vom 2. 5. 1975 Gesetz über forstliches Staat- und Pflanzengut i. d. F. vom 3. 8. 1979 Gesetz zum Ausgleich von Schäden infolge besonderer Naturereignisse in der Forstwirtschaft vom 29. 8. 1969 Gesetz über gesetzliche Handelsklassen für Rohholz vom 25. 2. 1969
Länder:	Waldgesetz für Baden-Württemberg vom 28. 1. 1976 Waldgesetz für Bayern vom 22. 10. 1974 Landeswaldgesetz für Berlin vom 30. 1. 1979 Landeswaldgesetz für Hamburg vom 13. 3. 1978 Hessisches Forstgesetz vom 15. 9. 1978 Landeswaldgesetz für Niedersachsen vom 19. 7. 1978 Landesforstgesetz für das Land Nordrhein-Westfalen i. d. F. vom 11. 3. 1980 Landesforstgesetz für das Land Rheinland-Pfalz i. d. F. vom 2. 2. 1977 Waldgesetz für das Saarland vom 26. 10. 1977 Gesetz zur Anpassung des Landeswaldgesetzes für Schleswig-Holstein vom 3. 11. 1977

verwüstung zu verhindern; sie schreiben einen Plan für die Bewirtschaftung vor oder sie fordern eine behördliche Genehmigung, wenn in einem Jahr mehr Holz eingeschlagen werden soll als die Planung es vorsieht; größere Kahlschläge dürfen nur mit behördlicher Erlaubnis erfolgen; der Wald ist zu läutern und zu durchforsten; die Ziele des Naturschutzes und der Landschaftspflege, vor allem jene des Artenschutzes, sind dabei zu berücksichtigen. Selbst auf die Anlage und Pflege naturgemäß aufgebauter Waldränder ist noch besonders zu achten. Alle diese Gebote sind im Interesse der Gesellschaft sicherlich sinnvoll und notwendig. Sie werden dem Waldbesitzer aufgebürdet als soziale Pflicht und damit als etwas, was er auf seine Kosten und ohne Entgelt oder Entschädigung zu leisten hat.

Dabei kann die Forstwirtschaft sich die Last ihrer Sozialpflicht nur sehr begrenzt durch eine Steigerung der Holzerzeugung erleichtern. In 150 Jahren ist es nicht einmal gelungen, die im Wald produzierte Holzmenge zu verdreifachen. Während die Schwester Landwirtschaft im letzten Vierteljahrhundert ihre Produktion ziemlich genau verdoppelte, gelang der Forstwirtschaft nur ein Mehr von knapp 20 Prozent. Selbst wenn wir unterstellen, noch mehr Nadelbäume, mehr Düngungen und mehr Genetik im Wald vermöchten den Holzzuwachs noch einmal um die Hälfte emporzutreiben, so wäre dies ja noch keine Hilfe für heute oder morgen. Sie würde bestenfalls in 40 oder 60 Jahren wirksam. Zunächst einmal würde es nur viel kosten. Im Wachstumsrennen unseres Wirtschaftssystems wird die Forstwirtschaft auch in der Zukunft weit abgeschlagen auf der Strecke bleiben. Wald ist nun einmal kein Acker und noch viel weniger eine Fabrik.

Einen Vorteil hat die Forstwirtschaft allerdings. Sie muß im Herbst nicht unbedingt ernten, was sie im Sommer erzeugte. Ihr Produktionsmittel Baum braucht 60, 80 oder 100 Jahre, bis sein Produkt Holz reif zur Ernte ist. Es kann auch erst mit 65, 90 oder 120 Jahren geerntet werden. Anders als die Autofabrik oder der Bauer kann der Waldbesitzer für eine Reihe von Jahren produzieren, ohne zu ernten und zu verkaufen. Er kann im Wald auf Lager erzeugen; er kann dies zumindest in jenen beachtlichen, weiten Grenzen tun, die ihm von der Natur vorgegeben sind. Je kleiner der Waldbesitz ist, je mehr er als grüne Raiffeisenbank fungiert, desto besser läßt sich dies machen. Je mehr man auf ein jährliches Einkommen aus dem Wald angewiesen ist, je mehr der Finanzminister dreinredet, der Rechnungshof prüft oder die Gewerkschaft den Arbeitsplatz verteidigt, desto enger sind die sozio-ökonomischen Grenzen dazu gezogen.

Kosten, so wird man denken und die Gebote nicht weiter für tragisch halten, lassen sich im Preis auf den Käufer überwälzen. Am Markt wird sich die Forstwirtschaft holen, was sie braucht. Und wenn es gar nicht geht, dann wird schon eine Marktordnung wie bei der Landwirtschaft ein Netz knüpfen, damit sie kein Bein bricht, wenn sie mit ihrer gesetzlich erzwungenen Produktion in Defizite fällt? Das Marktgeschehen des letzten Vierteljahrhunderts gibt die beste Antwort auf solchen Optimismus.

Erst 1952, vier Jahre nach der Währungsreform, wurden die im Dritten Reich erlassenen Festpreise für Rohholz, also noch nicht be- oder verarbeitetes Holz, aufgehoben. Die Waldbesitzer begrüßten diese Befreiung mit Freude, denn man hatte diese Preise 1935 so niedrig angesetzt, daß den Grünen, im Gegensatz zu den Sägern, das Lachen vergangen war.

Im Sog des Weltmarktes und des Koreabooms kletterten in den folgenden Jahren die Holzpreise auch bei uns auf ein bisher nur erträumtes Niveau. Die goldenen Zeiten des Waldbesitzes schienen angebrochen. Sieht man jedoch die Kurve an, die der Rohholzpreis schrieb, setzt man den Durchschnittserlös je Kubikmeter verkauften Holzes aus den staatlichen Waldungen 1955 gleich

Waldeigentumsverteilung in den Bundesländern.
Daß die Verteilung des Waldeigentums in den Ländern so weit vom Bundesdurchschnitt abweicht, hat seine Gründe in der Bodenreform zu Beginn des letzten Jahrhunderts. Teilte man die ehemaligen Allmend- und Markwälder unter die Genossen auf, so entstand Privatwald. Diesem Prozeß verdanken Nordrhein-Westfalen, Niedersachsen, Bayern und Schleswig-Holstein in erster Linie ihre hohen Privatwaldanteile. Überführte man dagegen diese Wälder in das Eigentum der Gemeinden, so herrscht heute diese Besitzart vor, wie etwa in Baden-Württemberg und in Rheinland-Pfalz. (Quelle: Landwirtschaftszählung 1971)

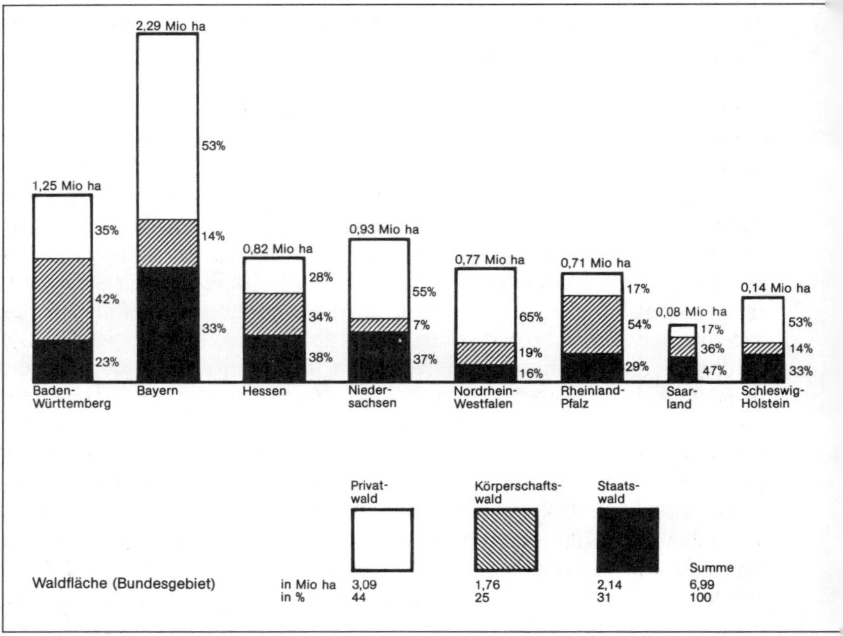

100, so waren das ganz unbegründete Blütenträume. Denn nach 1955 überschritt erst zwanzig Jahre später zum erstenmal wieder der Preis für Rohholz die damals gesetzte Marke. Dazwischen war er zu einem Drittel unter den Rekordstand abgefallen.

Was hat diesen für einen wichtigen Rohstoff schier unglaublichen Preisverfall bedingt?

Ein kurzer Blick schon auf das Bild, was wir im eigenen Wald einschlagen und was wir verbrauchen, lüftet einen Zipfel des Geheimnisses. 1950 vermochten wir uns zu über 90 Prozent selbst zu versorgen. 1976 zu etwas über 40 Prozent; rechnet man das Recycling von Altpapier und die Verwendung der Sägeabfälle mit ein, so genügte es gerade noch zur Hälfte. Nachdem der Holzverbrauch jährlich um mehr als vier Prozent stieg, der Einschlag im eigenen Wald dagegen nur um 0,7 Prozent, mußte immer mehr Holz als Rohholz, Halb- oder Fertigware eingeführt werden. Addieren wir alle Importe zusammen und rechnen wir Zellstoff, Holzplatten, Möbel oder Bücher mit Korrekturfaktoren auf ihren Rohholzanteil, in sogenannte Kubikmeter Rohholzäquivalente um, so genügten 1950 vier Millionen Kubikmeter, 1976 aber langten erst 36. Etwa 19 Millionen Kubikmeter Rohholzäquivalente wurden allerdings 1976 von uns selbst, überwiegend als Fertigprodukte, wieder ausgeführt.

Man hatte aber 1952 nicht nur den Holzpreis im Inland wieder freigegeben, sondern auch die Einfuhr von Holz und Holzwaren fast völlig liberalisiert. Der deutsche Holzmarkt wurde damit so eng an den Weltmarkt gebunden, daß dieser auch den inländischen Preis weitgehend bestimmte. Das importierte Holz setzte auch für das selbst erzeugte die Preisgrenzen. Davon waren die Forstbetriebe zutiefst betroffen, denn 95 Prozent ihrer Einnahmen stammen nun eben einmal aus dem Holzverkauf.

Läßt man aber den deutschen Waldbesitzer mit denjenigen anderer Länder und Kontinente konkurrieren, so ist er in dieser Auseinandersetzung ebenso hoffnungslos unterlegen wie der Landwirt. In Rußland, Kanada, den Staaten Afrikas oder Südostasiens wird der Großteil des Holzes in Urwäldern geschlagen, die noch keine Mark für Begründung oder Pflege gekostet haben. Man kann es sich auch leisten, den Urwald mit Großmaschinen auf Quadratkilometern abzurasieren und damit das Holz so billig zu ernten, daß die Kosten für den deutschen Försterwald wie Märchen klingen. Produktionsgebote und Sozialpflichten, auch nur entfernt den unseren vergleichbar, erzwangen keine oder zumindest nur sehr geringe Aufwendungen für Walderhaltung und Waldpflege. Und gar nicht selten ist das Holz, das sie liefern, qualitativ besser als das, was wir selbst zu bieten haben. Die sibirische Kiefer ist eben nun einmal besser als die zwischen Celle und Münster gewachsene, und mit Teak oder Limba kann die hessische Buche nur schwer konkurrieren. Der internationale Holzpreis basiert also nicht auf den Kosten einer nachhaltigen und pfleglichen Forstwirtschaft. Je mehr aber der Urwald schrumpft auf der Welt, je ferner die verbliebenen Reste liegen und je aufwendiger ihre Nutzung wird, je mehr auch das Umweltbewußtsein in diesen Ländern wächst ebenso wie ihr eigener Holzverbrauch, desto besser sollten auch für unsere Forstbetriebe die Chancen wieder werden, sich im internationalen Wettbewerb zu behaupten. Noch aber ist dies eine Zukunftsmusik, auch wenn die letzten fünf Jahre Hoffnung schöpfen ließen.

Die unbegrenzten Importmöglichkeiten von Brettern, Zellstoff oder anderen Holzprodukten drängten auch nicht dazu, um jeden Preis neue Verarbeitungskapazitäten für deutsches Holz aufzubauen und mit ihnen in einen ungewissen Wettkampf am Weltmarkt einzusteigen; ganz besonders nach-

Entwicklung und Prognose des Gesamt-Holzaufkommens in der Bundesrepublik Deutschland von 1950 – 2000. Was im Wald eingeschlagen, was eingeführt und was an Altpapier wieder verwendet wird, ergibt das Gesamtaufkommen. Das Verhältnis von Einschlag und Verbrauch zeigen die auseinanderklaffenden Kurven.

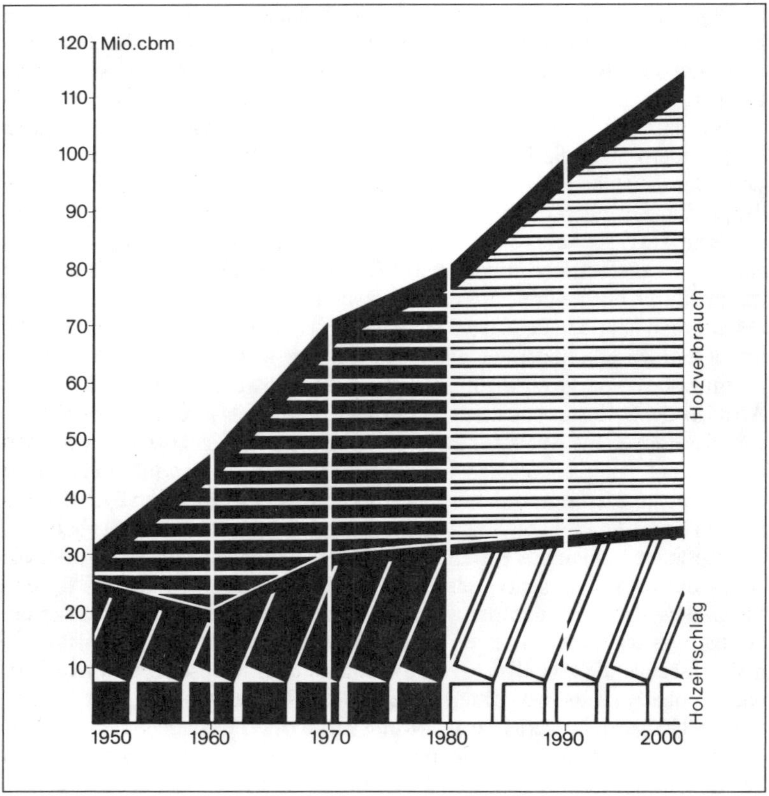

dem man bei dem Fehlen einer nationalen Inventur ja auch gar nicht wußte, was der deutsche Wald wirklich zu liefern vermag. Zwar wurden neue Sägewerke gebaut, Papiermaschinen installiert oder Spanplattenfabriken errichtet, aber seit Jahren könnte der eigene Wald mehr Holz aus Durchforstungen liefern, als unsere Industrie bereit ist, ihm abzunehmen. Das führte zu der grotesken Situation, daß Deutschland, das die Hälfte seines Holzaufkommens einführt, zwischen 1974 und 1977 über 6,5 Millionen Kubikmeter Rohholz geringerer Dimensionen nach Skandinavien, selbst nach Japan, zu Ausverkaufspreisen exportieren mußte, um es nicht im Wald verfaulen zu lassen. Als Zellstoff, Papier oder Platten haben wir es dann zurückgekauft.

Schutzzölle, Importbeschränkungen oder andere Eingriffe in das Marktgeschehen haben der deutschen Forstwirtschaft also kein Preisnetz für ihre Produkte geknüpft. Eine Chance dazu hätte es vor nahezu zwanzig Jahren möglicherweise gegeben. Als in Rom die Verträge über die Bildung der Europäischen Wirtschaftsgemeinschaft ausgehandelt wurden, einigte man sich unter den sechs Mitgliedern darauf, die Bauern, die ja von ganz ähnlichen Problemen geplagt wurden, nicht im Regen stehenzulassen. Ihr Getreide, Wein, Tabak, ihre Milch, Zuckerrüben, Rinderhälften oder Orangen, alle ihre wichtigsten Erzeugnisse wurden durch einen gemeinschaftlich geordneten Agrarmarkt mit garantierten Preisen, Aufkauf der Überproduktion und Abschirmung gegen Billigimporte vor den Stürmen des Weltmarktes geschützt. Damals hätte wohl auch die Forstwirtschaft eine Chance besessen, sich mit einer Marktordnung für das Rohholz in den Schlepptau der großen Schwester zu hängen. Intern hat man diesen Schritt damals heftig diskutiert und selbst heute flackert der Streit, was richtig gewesen wäre, immer wieder neu auf. Der Deutsche Forstwirtschaftsrat, die oberste Interessenvertretung der Forstwirtschaft, sprach sich damals gegen staatlichen Dirigismus und Schutz aus und votierte für die Freiheit und das Risiko des Marktes. Auch heute noch sind die Sprecher der Forstwirtschaft überzeugt, daß dies die richtige Entscheidung war, auch wenn sie in der bisher falschen Annahme erfolgte, die Allgemeinheit würde ebenso großzügig wie bei Kohle, Landwirtschaft, Schiffbau oder Fischerei auch dem Wald helfen, wenn es dreckig käme. Nach allen unseren Erfahrungen mit gebundenen und geordneten Märkten sollten die Holzverbraucher, vom Sägewerk bis zum Zeitungsleser, dem Waldbesitz dankbar sein, daß er damals mithalf, eine Marktordnung für das Rohholz zu verhindern. Diese vernünftige Entscheidung sollte allerdings nun durch die Verweigerung notwendiger Hilfe nicht deswegen bestraft werden, weil Fehlentscheidungen oder Fehlentwicklungen in anderen Bereichen inzwischen Unsummen verschlingen.

Wenn schon die Produktion sich kaum steigern läßt, Ernte und Verkauf gedrosselt werden müssen und die Preise von Billigimporten diktiert werden, hat man dann wenigstens bei den Kosten einsparen können?

Nur mit dem Kahlschlag auf großen Flächen läßt sich Forstwirtschaft in hohem Ausmaß mechanisieren. Will oder kann man diesen Weg nicht gehen, so führt kein Weg an der Handarbeit und damit den Löhnen und Sozialleistungen als entscheidendem Kostenfaktor vorbei. Steigen dann die Löhne schneller als die Produktpreise, so wird die Geschichte mulmig. Waldarbeit war früher eine gesuchte Winterbeschäftigung für Kleinbauern und Maurer, die schwer, gefährlich und noch dazu schlecht bezahlt war. Sie ist auch heute noch schwer und gefährlich. Aber der Lohn für sie kann sich mit jenem der Industrie überall messen. Ein tüchtiger Waldfacharbeiter erreicht Stundenlöhne, die im Jahresschnitt bei 15 Mark liegen, ist er überwiegend im Akkord beschäftigt. In der Konkurrenz mit Arbeitsbedingungen und Löhnen in anderen Wirtschaftszweigen mußte die Forstwirtschaft ihre Position in der Lohnskala gewaltig verbessern, um die Abwanderung der Arbeitskräfte zu verhindern. Der Wald als ehemals in Lohn und Sozialstatus unterprivilegierter Arbeitsplatz hat dadurch eine völlig neue Bewertung erfahren. Werden die gesetzlichen und freiwilligen Sozialleistungen zum Lohn addiert, so stiegen die Lohnaufwendungen je Arbeitsstunde um über 1000 Prozent in nicht mehr als 20 Jahren.

Bruttostundenlöhne von Industrie- und Forstarbeitern im Vergleich (ohne Nebenkosten)*

in DM pro Stunde	1955	1975
Industrie insgesamt	1,99	10,40
Mineralölindustrie	–	12,89
Druckindustrie	2,23	11,64
Schuhindustrie	1,73	8,50
BayStaFoV**	1,65	13,16

* männl. Arbeiter, nur für 1975 BayStaFoV Männer u. Frauenarbeit nicht mehr getrennt

** incl. Sonderlöhne u. tarifl. Sozialleistungen (ohne Wegegeld)

Quellen: Jahresber. der BayStaFoV 1955 u. 1975
Wirtschaft u. Statistik Jg. 1956 u. 1976

Rechte Seite:
Entwicklung der Löhne und Holzpreise 1955 – 1975
Index 1955 = 100

(Quellen: Jahresberichte der Bayer. Staatsforstverwaltung [Löhne] Statistische Jahrbücher über Ernährung, Landwirtschaft und Forsten [Holzpreise im Staatswald])

Das Ergebnis dieser Entwicklung ist für die Forstbetriebe niederschmetternd. Während der Durchschnittserlös eines Kubikmeter Rohholz 1955 noch ausreichte, um in Bayern einem staatlichen Waldarbeiter für 43,5 Stunden den Lohn zu bezahlen, reichte es 1975 nur mehr zum Entgelt von 3,4 Lohnstunden. Die Kosteninflation, die aus diesen Zahlen und Kurven deutlich wird, ließ sich nur durch Einsparungen beim Arbeitsaufwand abbremsen.

Das Rationalisieren fand aber im Produktionsgebiet der Waldgesetze seine Schranke und das Mechanisieren in dem Verbot großer Kahlschläge. Daß sie statt mit der geländegängigen Fällmaschine noch immer mit der Motorsäge ihre Bäume fällen lassen, hat man den Förstern oft als Bioromantik und Maschinenstürmerei ausgelegt. Sie hätten den Zug zu einer modernen Forsttechnik verpaßt und seien erzkonservativ per Postkutsche in ihre Defizite gefahren. Diese Kritiker verwechseln die Bundesrepublik mit Sibirien und die moderne Forstwirtschaft in einem der am dichtesten besiedelten Länder Europas mit Exploitation. Sie übersehen dabei völlig die Erfolge, die auch ohne Maschinenmonster tatsächlich erzielt wurden.

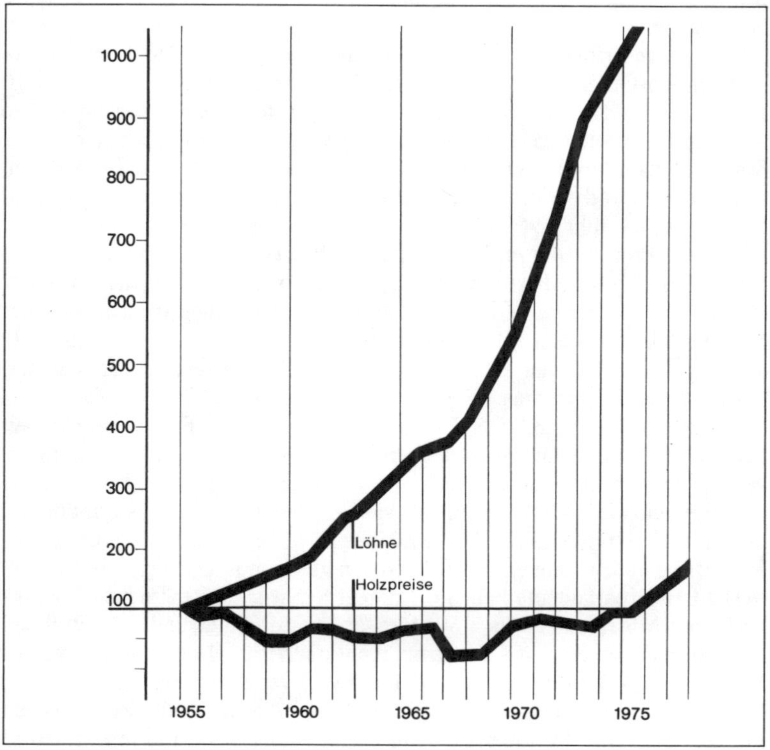

Fast allein mit Motorsäge und Ackerschlepper, vor allem aber mit ausgeklügelten Arbeitsverfahren und intensiver Arbeiterschulung ist es der Forstwirtschaft seit Beginn der sechziger Jahre gelungen, ihre Arbeitsproduktivität jährlich um fünf Prozent zu steigern, in der Holzernte, die immerhin mehr als die Hälfte des gesamten Arbeitsaufwandes erfordert, sogar um sechs Prozent. Wer das für eine bescheidene Leistung hält, sollte wissen, daß der durchschnittliche jährliche Produktivitätsanstieg der deutschen Wirtschaft in der gleichen Zeit bei 4,5 Prozent lag.

Welche Arbeitseinsparung damit verbunden war, wird am besten klar, vergleicht man die Zahl der Arbeitsstunden zur Bewirtschaftung jedes Quadratkilometers Wald. Nehmen wir auch hier noch einmal die Staatsforstverwaltung Bayerns als ein repräsentatives Beispiel. Sie benötigte 1952 nahezu 5000 Arbeitsstunden je Quadratkilometer Wald, 1975 auf derselben Fläche aber gerade noch den fünften Teil davon, obwohl inzwischen der Holzeinschlag um mehr als 25 Prozent angestiegen war.

Die rund 15000 Kilometer Forststraßen, die man für eine gute halbe Milliarde Deutsche Mark in dieser Zeit baute, haben neben Rationalisierung und Mechanisierung entscheidend zu dieser Steigerung der Arbeitsproduktivität beigetragen.

Auch diese Erfolge konnten allerdings nicht verhindern, daß die Arbeitskosten an den Gesamtaufwendungen der Forstwirtschaft noch immer bei 70 Prozent liegen. Da die Arbeitskosten etwa doppelt so schnell stiegen wie die Arbeitsproduktivität, gelang es allein, diesen Anteilsatz zu halten, nicht aber ihn abzusenken. Im Endergebnis heißt dies nichts anderes, als daß die gesamten Kosten, die die Forstbetriebe aufwenden müssen, trotzdem anstiegen. Setzt man das Jahr 1955 gleich 100, so betrugen sie 1975 im Staatswald schon 280 Prozent und im Privatwald 236 Prozent. Es läßt sich dabei nicht einmal ausschließen, daß im Kampf gegen die Kosteninflation jene Investitionen vernachlässigt wurden oder unterblieben, von denen die Leistung des Waldes in kommenden Jahrzehnten abhängen wird. Wir hätten dann trotz aller Nachhaltigkeit der Holzentnahme von der Substanz gelebt und hier einen Ausgleich zur Ertragsmisere gesucht.

Die graphische Bilanz über Erfolg und Mißerfolg der Forstwirtschaft seit der Preisfreigabe ist für das letzte Jahrzehnt deprimierend. Alle Anstrengungen haben schwere Verluste nicht zu verhindern vermocht. Auch für die Zukunft zeichnet sich keine entscheidende Wende der Ertragssituation ab. Wenn uns auch nur für die Staatswaldungen verläßliche Daten vorliegen, so ist die Lage in den anderen Eigentumsarten im Grundsatz die gleiche.

Die Länderparlamente haben die hohen Verluste der staatlichen Forstbetriebe mit Murren, aber auch mit Verständnis für die Gründe, die zu ihnen führten, gedeckt. Nur darf man eines nicht übersehen: Der Bundesbürger als Waldbesitzer kann die Verluste im Staatswald verdauen und verschmerzen; 1975, im Jahr der höchsten Defizite, waren es 4,50 DM, die jeder blechen mußte. Der private Waldbesitzer kann es auf Dauer nicht. Für ihn ist schnell die Grenze des Unerträglichen erreicht. Niemand kann erwarten, daß er draufzahlt, und niemand wird ihn dazu zwingen können. Alle Produktionsgebote und Bewirtschaftungspflichten der Waldgesetze werden zu Makulatur, kann der Privatwald nicht wenigstens seine Vermögenssubstanz bewahren und einen, wenn auch noch so bescheidenen Gewinn erzielen.

Erbringt nachhaltige und ordnungsgemäße Forstwirtschaft keinen Gewinn, so wird entweder die Bewirtschaftung aufgegeben werden oder die Zukunftsvorsorge. Beides können wir im Interesse der Kinder und Enkel nicht tolerieren. Wir müssen also Wege finden, die es den Waldbesitzern, den privaten wie auch den öffentlichen, ermöglichen, ihre Sozialpflichten zu erfüllen und trotzdem ein Einkommen aus dem Eigentum zu erzielen.

Es wird bisher überhaupt nicht anerkannt, und überraschenderweise auch von der Forstwirtschaft selbst gar nicht als Verdienst herausgestellt, daß sie

Entwicklung von Aufwand und Ertrag im Staatswald.
(Quelle: Betriebsstatistik des Bundesministeriums für Ernährung, Landwirtschaft und Forstwirtschaft)

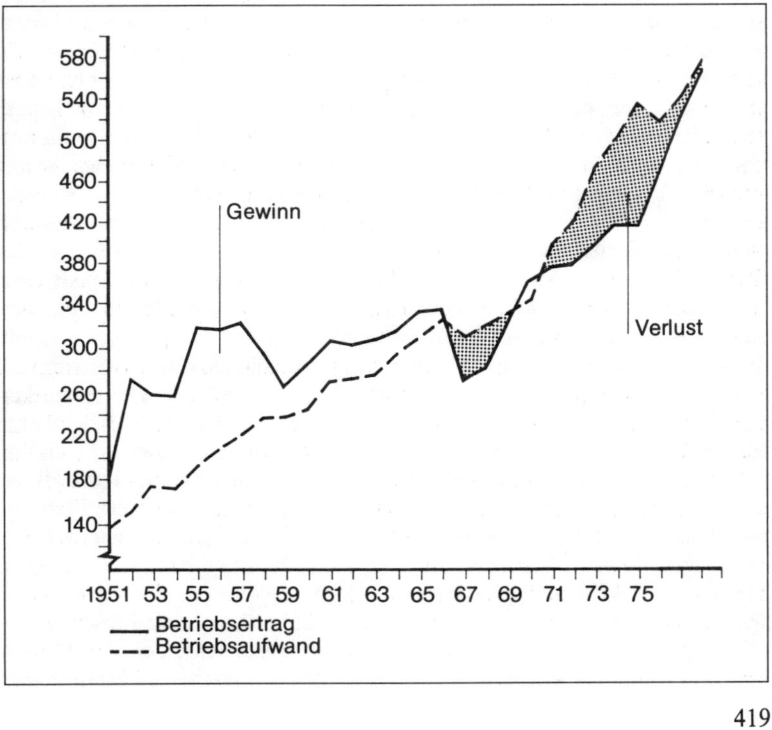

bis heute aus eigener Kraft wie auf eigene Kosten und fast ohne Hilfe die zurückliegenden Krisenjahre durchstand. Halten sie aber an, so werden wir es uns nicht leisten können, die Waldbesitzer samt ihrem Wald pleite gehenzulassen. Wir werden dann auch hier helfen müssen wie bei Landwirtschaft, Bergbau oder Werften. Es wird dies der billigere Weg sein, als die Bewirtschaftung in die Hand des Staates nehmen zu wollen. Auch im deutschen Wald hat sich der Staat bisher als der teurere Wirtschafter erwiesen. Unser buntscheckiges Eigentumsmuster hat so viele Vorzüge, daß wir Geld für seine Erhaltung, aber nicht für seine Veränderung ausgeben sollten, ganz sicherlich nicht für umfangreiche Waldkäufe des Staates.

Wir werden uns also etwas anderes einfallen lassen müssen, als die Forstwirtschaft durch den Ankauf des Privatwaldes mit Steuergeldern sanieren zu wollen. Aber darüber soll später noch nachgedacht werden. Vor einem haben wir uns jedenfalls zu hüten: das Ganze für eine Nebensache zu halten. Es steht viel mehr auf dem Spiel, als es die wenig eindrucksvollen Zahlen der Forstwirtschaft in der volkswirtschaftlichen Gesamtrechnung auszusagen vermögen. Mit den kaum 100000 Arbeitsplätzen, die die Forstwirtschaft zu bieten hat, und mit den ein oder zwei Zehnteln Prozentanteil am Bruttosozialprodukt, den ihre 2,7 Milliarden Deutsche Mark Bruttowertschöpfung im Jahr 1978 ergeben, ist nicht viel Wind zu machen. Im Wettkampf um das Ohr der Bürger und den Einsatz der Politiker wird der Wald mit seinen wirtschaftlichen Ergebnissen immer im Feld der Überrundeten landen.

Schon unsere materielle Abhängigkeit vom Holz sollte uns eigentlich davor bewahren, den Ertragsverfall der Forstwirtschaft als ein bedauerliches, aber allein sie selbst treffendes Schicksal hinzunehmen. Es geht ja nicht nur um Holz, auch wenn es für den Forstbetrieb von ihm allein abhängt, ob am Jahresende etwas übrigbleibt oder draufgelegt werden muß.

Waldbesitz: Dienstleistungsbetrieb ohne Entgelt

Ginge es nur um das Holz allein, so stünden auch in der Forstwirtschaft viele Wege offen, um rationell zu wirtschaften. Die Landwirtschaft hat mit dem Anbau von immer weniger Feldfrüchten auf immer größeren Flächen, mit dem Einsatz von immer mehr Technik und Chemie ja beispielhaft vorexerziert, wie die Sache auch im Wald angepackt werden könnte. Der Holzacker wäre die unvermeidliche Konsequenz. Der Waldspaziergänger will ihn nicht, das hat er immer wieder bekundet, ganz gleichgültig, wann und wo man ihn befragte. Er sucht im Wald die unverfälschte und unversehrte Natur, die er sonst nirgends mehr findet. Und er tut dies um so mehr, je unnatürlicher seine alltägliche Umwelt in den Ballungsräumen und Industriegebieten ist.

Tag der offenen Tür an jedem Tag

Tag der offenen Tür: Universitäten, Kasernen, Banken, selbst Maschinenfabriken haben ihn eingeführt. Wie sonst kann man auch einem Laienpublikum vorführen, wie sinnvoll man dessen Steuern ausgibt, welch hervorragende Dienste man leistet oder welch heitere Arbeitsatmosphäre man bietet. Der Tag der offenen Tür, einmal im Jahr, ist ein moderner Werbegag für die eigene Firma. Seine Wirkung liegt gerade in der Seltenheit des Ereignisses. Als ständige Einrichtung wäre er absurd.

Bis vor wenigen Jahren stand es im freien Ermessen des Waldbesitzers, ob er einen Besuch seines Waldes gestatten wollte oder nicht. Er konnte seinen Wald sehr wohl abzäunen oder Verbotstafeln an ihm anbringen. Erst als 1975 der Bundestag das Bundeswaldgesetz verabschiedete, änderte sich das. Es enthält als große Neuerung das Recht auf Zutritt zum Wald für jedermann und in jedem Wald. Auch wenn man es vorher schon getan hatte, jetzt erst war es legitim, in ihm Erholung zu finden, auf seinen Wegen zu laufen, durch sein Inneres zu strolchen, nach Beeren und Pilzen zu suchen oder das Leben seiner Bewohner zu beobachten. Für den Waldbesitzer bedeutet dieses gesetzlich verankerte *Betretungsrecht,* wie der Jurist es nennt, die Einführung des Tages der offenen Tür an jedem Tag des Jahres. Solch ein Recht kennt übrigens unter den Mitgliedern der Europäischen Gemeinschaft nur noch Dänemark in eingeschränktem Umfang. Wer glaubt, dies sei keine Last oder kein Opfer, dem gehört wohl selbst kein Wald.

Auch wenn der Waldspaziergänger – vom Gesetzgeber so bestimmt – im fremden Wald auf eigene Gefahr spazierengeht, so trifft doch auch den Waldbesitzer eine ganze Reihe von Pflichten, seine Unversehrtheit zu sichern. Vor dem Umfallen der Bäume bei der Holzernte muß er ebenso geschützt werden wie vor anderen Gefahren, die der Forstbetrieb für ihn bedingen kann. Schwerer wiegt allerdings zumeist, daß viele Besucher des Waldes mit fremdem Gut nicht so vorsichtig und achtsam umgehen, wie dies Anstand und Vorschrift erwarten ließen.

Von den hinterlassenen Picknickresten, über zertrampelte Jungpflanzen bis hin zum katastrophalen Waldbrand reicht die Skala der für den Waldbesitzer unerfreulichen bis existenzbedrohenden Folgen der offenen Waldtür. Fast fünfeinhalbtausend Brände, die 4750 Hektar Wald vernichteten, verursachten 1976 einen Schaden von 27 Millionen Deutsche Mark. Weit über die Hälfte dieser Brände müssen auf die Fahrlässigkeit von Waldbesuchern zurückgeführt werden.

Die Gefahr solcher Schäden sind der Grund, warum die Waldgesetze auch den Erholungsuchenden im Wald Ge- und Verbote auferlegen. Zu ihnen zählen etwa das Verbot des Anzündens von Feuern ebenso wie das Rauchverbot im Wald von März bis Oktober oder das Verbot des Betretens von Waldbeständen unter Mannshöhe.

Schadensrisiko und Sorgfaltslast der Waldbesitzer sind aber nur ein Aspekt des Rechtes auf freien Zutritt zum Wald. Damit der Besucher sich dort auch wirklich erholen kann, bedarf es nämlich noch etwas mehr als nur des Rechts zum Spaziergang. Und so erwartet das Heer der Waldbesucher – in Baden-Württemberg hat man ihre Zahl an allen Wochenenden des Jahres 1975 mit über 35 Millionen ermittelt – auch einen angemessenen »Erholungsservice«

Art der Erholungseinrichtungen	**davon vorhanden in Stück**	**in Kilometer Länge**	**in Hektar Fläche**
Parkplätze	2039		184
Wanderwege		8267	
Radwege		391	
Reitwege		986	
Skiwanderwege, Loipen		737	
Rodelbahnen	47	40	
Wald- u. Naturlehrpfade	141	428	
Gesundheitspfade	128	260	
Rastplätze	2002		48
Liegeflächen	136		54
Spielflächen	184		81
Sportplätze	40		38
Jugendzeltplätze	13		9
Campingplätze	10		17
Unterstandshütten	647		
offene Feuerstellen	31		
Wildparke	2		7148
Wildschaugatter	45		211
Wildschaufütterungen	18		
Aussichtstürme	35		
Aussichtspunkte	491		
Bergbahnen	108		
Skipisten	126		301
Sprungschanzen	17		
Freibäder, Badeplätze	51	16	146
Ruhebänke	12177		
Abfallbehälter	10500		

Der möblierte Wald? Erholungseinrichtungen im Staatswald Bayerns zu Jahresbeginn 1979.

(Quelle: Statistik Bayer. Staatsforstverwaltung)

der Waldbesitzer. Der schattige Parkplatz für den fahrbaren Untersatz, die Übersichtstafel und der markierte Wanderweg gehören dabei zum Mindestkatalog der als selbstverständlich erachteten Erholungseinrichtungen. Bänke, Schutzhütten, Spielplätze, Liegewiesen, Picknickplätze, Lehrpfade, Trimm-dich-Parcours, Reitwege werden in Stadtnähe und Erholungsgebieten heute schon als Normalausstattung erwartet. Beginnend vor mehr als zehn Jahren, haben sich staatliche, kommunale und private Forstverwaltungen in der ganzen Bundesrepublik Deutschland mit wahrer Begeisterung daran gemacht, solche Einrichtungen für die Erholung im Wald zu schaffen. Beflügelt hat sie dazu wohl auch der Wille, nun einmal zu beweisen, daß sie eben nicht nur die bornierten Holzfetischisten und besuchsfeindlichen Waldfeldwebel seien, als die man sie so oft charakterisierte. Das Ergebnis der Bemühungen ist überall im Land in mehr oder weniger gelungenen Beispielen zu erleben. Für den größten Waldbesitzer unseres Staates qualifiziert eine Tabelle in Kilometer, Stück und Hektar, was geschah.

Zu dem vielen, was man als Einrichtungen schuf, kommt aber noch die Rücksichtnahme auf das Erholungsleben bei der Bewirtschaftung des Waldes selbst: das Mehr an Laubbäumen, die stärkere Durchforstung, die parkartige Auflichtung oder die Schonung hiebreifer Altbäume. Das sind ausnahmslos Maßnahmen, die entgegen ökonomischen Grundsätzen der Holzerzeugung im Interesse der Erholungsuchenden getroffen wurden und werden. Und selbst Waldbesitzer, denen das Erholungsbedürfnis ihrer Mitbürger herzlich gleichgültig ist, müssen gewärtig sein, daß sie eines Besseren belehrt werden. Wo das allgemeine Wohl es erfordert, kann Wald von Amts wegen zum Erholungswald erklärt werden. Wo dies passiert, kann die Duldung des Baues und des Unterhalts von Erholungseinrichtungen ebenso erzwungen werden wie die erwünschte Art der Waldbehandlung.

Als man in einer bundesweiten Erhebung zusammenzählte, was 1974 denn der ganzjährige Tag der offenen Tür im Walde gekostet habe, ergab sich die erstaunliche Summe von über einer Viertelmilliarde Mark. Das sind 38 Mark für jeden Hektar Wald. Fast drei Viertel davon haben die Waldbesitzer selbst aufgebracht, im Gemeindewald 51, im Staatswald 27 und im Privatwald immer noch 15 Mark je Hektar. Dabei vertuschen solche Durchschnittswerte völlig, daß jenen Eigentümern, deren Wald nahe an Großstädten oder in Ballungsräumen liegt, ein Mehrfaches an Lasten aufgebürdet ist. Bis zu tausend Mark je Hektar reichte hier der Aufwand. Immerhin 21 Prozent unseres Waldes liegen in Verdichtungsräumen und Naherholungsgebieten. Ein Entgelt für diese Lasten, die ja 1974 nicht einmalig angefallen sind, sondern jedes Jahr getragen werden müssen, haben die Waldbesitzer ebensowenig bekommen wie viel Lob für ihre Mühen. Wer macht sich schon Gedanken darüber, daß der eigene Spaziergang diejenigen etwas kostet, durch deren Wald er führt. Nur ist dem einen der Parkplatz zu sonnig und der Weg zu schmutzig, während der andere darüber schimpft, man habe aus Wald einen Rummelplatz gemacht – was gelegentlich zutreffen mag.

Schutzgebote ohne Ende

Das Heer der Besucher im Wald hat es früher nicht gegeben; es ist eine Erscheinung unserer Zeit. Erst hoher Lebensstandard, große Mobilität und viel Freizeit haben es anschwellen lassen. Der Wald als Schutzwall vor den Gefahren der Natur ist dagegen so alt wie das Bedürfnis des Menschen auf Schutz vor Lawinen, Muren, Hochwasser, Wind oder Frost. So kennen auch schon die ersten Forstordnungen Ausgang des Mittelalters Bestimmungen, die den Schutzwäldern ihre Fähigkeit zum Schützen bewahren sollten. Schutzfähigkeit steht stets in enger Verbindung zu der Natürlichkeit und damit auch der Stabilität der Waldbestockung. Die Erfahrung lehrt, daß der natürlich zusammengesetzte und dichte Wald den größten Schutz gewährt.

Von Schutzwald im ursprünglichen Sinn des Wortes spricht der Forstmann, wo Wald Schäden durch Lawinen, Muren, Hochwasser oder auch Bodenabtrag durch Wind oder Wasser verhindern soll. Wird nach den Forstgesetzen der Länder ein Wald durch die Behörden zu solchem Schutzwald erklärt, so kann dem Besitzer vorgeschrieben werden, was er zur Erhaltung oder Verbesserung der Schutzfähigkeit in seinem Wald zu tun oder zu unterlassen hat. Vom Verbot der Rodung über das des Kahlschlags bis zum Gebot der Plenterung oder des Anbaues einer bestimmten Baumart kann hier die Skala der Auflagen reichen.

Eine Erklärung zum Schutzwald ist aber auch möglich, wenn sie der Verbesserung des Klimas, der Reinigung verschmutzter Luft, der Reinhaltung des Grundwassers, der Dämpfung von Lärm oder der Filterung von Emissionen dienen soll. Manche Länder sprechen hier dann von *Bannwald.* Rodungsverbot, Duldungspflichten, Auflagen bei der Bewirtschaftung können wiederum die Folgen einer solchen Ausweisung sein. Aber nicht nur die Waldgesetze, ebenso die Wasserhaushaltsgesetze, die Naturschutzgesetze, die Jagdgesetze oder das Bundesfernstraßengesetz eröffnen die Möglichkeit, Wald im Interesse der Allgemeinheit einem besonderen Schutz zu unterwerfen und seinem Besitzer das eine zu verbieten und das andere aufzuerlegen.

Der Front jener, die durch Schutz- oder Bannwalderklärungen den Bestand des Waldes zu erhalten hoffen, stehen die Kräfte gegenüber, die sich den Bau von Siedlungen, Industrieanlagen, Straßen oder Seilbahnen nicht zusätzlich komplizieren lassen wollen; die befürchten, daß dann ihre Projekte, wenn schon nicht scheitern, so zumindest verzögert und verteuert werden. Hier geht es um die politische Entscheidung, ob Wald auch in Zukunft noch als Flächenreserve für den sogenannten Fortschritt dienen soll oder nicht. Eines kann allerdings schon heute, völlig unabhängig von künftigen Schritten der Behörden, gesagt werden: Die Fläche der Wälder ist beachtlich groß, denen nach sachlichen Kriterien Schutzaufgaben gegen Natur- und Zivilisationsgefahren zuzumessen sind. Sie dürfte nahe um die Hälfte unseres verbliebenen Waldareals zu suchen sein. Dabei ist außer acht gelassen, daß heute bereits gut vierzig Prozent des Waldes einer rechtlichen Bindung aus anderen als den Waldgesetzen unterliegen. Fast drei Millionen Hektar Wald sind

Teil von Nationalparken, Naturschutzgebieten, Landschaftsschutzgebieten, Naturparken, Wasserschutz-, Quellschutz- oder Wildschutzgebieten. Für jedes dieser Gebiete sind eigene Schutzverordnungen erlassen, die die Freiheit des Eigentümers mehr oder minder stark einschränken. Letztlich bedingt auch hier die Vielzahl möglicher Verbote, etwa des Anbaues ertragreicherer Baumarten, der Düngung oder der Straßenerschließung, für den Waldbesitzer nichts anderes als Mehraufwendungen und Mindererträge. Er muß sie bisher ohne Entgelt auf sich nehmen, da sie als zumutbare Sozialbindung betrachtet und nicht als Enteignung gewertet werden, die erst Anspruch auf Entschädigung auslösen würde. Was die Schutzgebote schon heute die Waldbesitzer kosten, ist eine unbekannte Größe. Der mit der Erhebung 1974 ermittelte Durchschnittsbetrag von sechs Deutschen Mark je Hektar sagt darüber nicht viel aus. Es fehlen uns hier noch die Verfahren, um dies zutreffend zu erheben. Ganz sicher ist aber, daß im Vollzug der neuen Forstgesetzgebung erhebliche Lasten auf das Waldeigentum zukommen werden.

Wildpark für Jäger

Die Begegnung mit einem Hirsch oder Wildschwein in der freien Natur ist ein seltenes Erlebnis, das man nicht so schnell vergißt. Und wenn man sie auch nicht oft zu Gesicht bekommen kann, so will doch jeder sicher sein, daß es sie gibt, daß man ihnen begegnen kann. Wenn unsere Jagdgesetze also den Jägern den Auftrag erteilen, in unserem Lande gesunde und artenreiche Wildtierbestände zu erhalten, dann dient auch dies den Interessen des Bürgers und dem allgemeinen Wohl. Da die großen Pflanzenfresser unter den Wildtieren, etwa Reh, Hirsch, Wildschwein oder Wildschaf, zumeist im Wald und auch vom Wald leben, ist von diesem Auftrag auch die Forstwirtschaft betroffen. Auch hier sollen uns wieder nicht Fragen der Biologie der Wildtiere oder ihrer Bejagung beschäftigen, sondern die wirtschaftlichen Konsequenzen, die sich aus der Jagd für die Waldbesitzer ergeben.

Es geht am Wald nicht spurlos vorüber, daß die für die Jäger besonders attraktiven Wildtierarten in ihm und von ihm leben. Triebe der Bäume werden als Nahrung abgebissen, solange sie noch erreichbar sind, selbst die Rinde wird von Hirschen und Wildschafen als Futter abgenagt, und die fertigen Geweihe werden an den Bäumen vom schützenden Bast ihrer Wachstumszeit reingerieben, »gefegt«, wie die Jäger es nennen. Alles dies ist für den Waldbesitzer Schaden an seinem Wald. Er wird ihn nur in einem Umfang hinnehmen können, der weder den Erfolg seiner Wirtschaft in Frage stellt noch die Erreichung seiner Ziele unmöglich macht. Die Jäger haben allerdings zumeist ganz anderes im Kopf. Auf die Jagd läßt sich abgewandelt der Werbeslogan übertragen, der vor Jahren dem Bier galt: »Jagd wird durch Wild erst schön!« Das war natürlich auch den Gesetzgebern bekannt, und deshalb legten sie fest, man solle zwar die Wildarten erhalten, aber die Zahl der Tiere einer Art müsse den natürlichen Lebensgrundlagen angepaßt sein, damit möglichst kein Schaden in Wald und Feld entstehe. Da man aber wohl die Leidenschaft der Jäger ebenso fürchtete wie man ihrer Vernunft mißtraute, unterstellte man vor 45 Jahren die Bejagung der großen Pflanzenfresser, das Jagdgesetz nennt sie Schalenwildarten, einer staatlichen Bestandsplanung, Abschußregulierung und Erlegungskontrolle, von der allein die Wildschweine ausgenommen blieben. Wie viele Rehe oder Hirsche in einem Jagdrevier vorhanden sein dürfen, wie viele abgeschossen werden können oder müssen, das bestimmt seither der Staat, d.h. die Landkreisverwaltung als Jagdbehörde. Diese 1934 eingeführte staatliche Planwirtschaft für Wildtiere haben wir beibehalten bis zum heutigen Tage, auch wenn wir von solchem Tun des Staates auf allen anderen Sektoren sehr wenig halten.

Für die Waldbesitzer hat sich dieses negative Urteil über das Ergebnis der jagdlichen Planwirtschaft drastisch und dramatisch bestätigt. Die Folgen amtlicher Bestands- und Abschußplanung waren für sie eine Katastrophe. Die Planung führte, entgegen dem ausdrücklichen Auftrag des Gesetzes und auch wohl entgegen dem Willen der Planer, zu einer Explosion der Wildbestände. Das hatte einen sehr einfachen Grund. Die Gesetzgeber haben einfach übersehen – und bis heute noch nicht gelernt –, daß es keine Methode gibt, mit denen Rehe oder Hirsche auch nur halbwegs zuverlässig gezählt werden könnten. Sie entziehen sich allen derartigen Zählversuchen im Waldesdunkel. Und so zählte man immer zu wenige und verschätzte sich nach unten auch noch bei der Zahl weiblicher Tiere und ihrer Geburtenrate.

Man kann es nur als Satire bezeichnen, wenn 43 Jahre nach der Einführung dieser Staatsplanung, die immer von einer Zählung der Wildbestände im Frühjahr eines jeden Jahres ausgeht, der hessische Landwirtschaftsminister demjenigen ein Preisgeld von 10000 Mark versprach, der ihm eine Methode zur exakten Zählung von Rehen und Hirschen vorschlagen könnte. Da dies niemand vermochte, ist er sein Geld nicht losgeworden. Und so führt auch weiterhin unsere staatliche Jagdplanung zu nichts anderem als dem Ersatz des Zufalls durch den Irrtum.

Niemand kann heute angeben, wie viele Rehe oder Hirsche es in der Bundesrepublik gibt, so »wild« sind sie zum Glück noch. Mit einiger Sicherheit bekannt ist nur die Zahl der jährlich erlegten Tiere. Bei Rehen hat sie sich innerhalb der letzten 20 Jahre gut verdoppelt und bei Hirschen ist sie um etwa fünfzig Prozent gestiegen; wohlgemerkt ohne daß Anzeichen darauf hindeuten, der Bestand habe sich dadurch insgesamt verringert! Bezieht man die Zahl der abgeschossenen Tiere auf den Quadratkilometer Land, oder noch besser Wald, und vergleicht diese Werte dann mit jenen unserer Nachbarländer, so zeigt es sich, daß wir mit Abstand an der Spitze liegen.

Aber alle diese Zahlen sagen letztlich nichts darüber aus, ob der Wildbestand den natürlichen Lebensgrundlagen angemessen ist. Maßstab dafür können nur die Gräser, Kräuter und jungen Bäume sein, von denen diese Tiere leben. Werden die begehrten unter ihnen so stark verbissen, daß sie verschwinden, oder bleibt ein Gleichgewicht der Flora erhalten? Wie hoch ist der wirtschaftliche Schaden, den die Wildtiere verursachen? Das sind die entscheidenden Fragen. Bis heute haben wir auf sie nur lokal eine fundierte Antwort. Als man versuchte, aus dem bekannten den Gesamtschaden anzuschätzen, errechnete sich 1975 ein Mindestbetrag von 200 Millionen Deutsche Mark. Dabei wurden überhaupt nur jene Schäden in die Schätzung mit aufgenommen, die sich einigermaßen sicher bewerten ließen.

Um erkennen zu können, welche ungeheuerliche Belastung dieser Betrag für die Forstwirtschaft darstellt, muß man wissen, daß der geschätzte Mindestschaden etwa zehn Prozent des gesamten Bruttoproduktionswertes des deutschen Waldbesitzes und auf die Flächeneinheit bezogen das Fünfzehnfache des Gewinnes im Privatwald für das Jahr 1975 entsprach. Man muß auch wissen, daß der Schaden sich damit etwa auf das Vierfache des durchschnittlich für das Recht der Jagdausübung heute bezahlten Preises beläuft. Im Wald wird zudem nur ein Bruchteil des Schadens wegen Verfahrens- oder Bewertungsschwierigkeiten ersetzt. Auch hier ist also die Forstwirtschaft Dienstleistungsbetrieb ohne angemessene Entschädigung und bisher auch ohne die Möglichkeit, den Schaden auf ein ertragbares Maß zu senken.

Dabei geht es nicht einmal allein um den wirtschaftlichen Schaden, der dem Waldbesitzer jedes Jahr zugefügt wird, er ließe sich gegebenenfalls ersetzen. Bis zu welcher Höhe man hier gehen wollte, wäre eine Frage, was einem der Spaß wert ist. Nicht berechnet, weil in Mark und Pfennig auch nicht berechenbar, ist der langfristig eintretende ökologische Schaden, die Verarmung unserer ganzen Waldflora in Gräsern, Kräutern, Büschen und Bäumen. Dieser Verarmungsprozeß läßt sich heute schon statistisch nachweisen. Im bayerischen Alpenraum z.B. – für ihn haben wir exakte Zahlen – beträgt der Anteil der Tanne in den Jungbeständen nur mehr ein Zehntel von jenem in den alten. Bei der Buche sank die Beteiligung auf die Hälfte.

Welche Folgen für die Allgemeinheit diese Verarmung materiell und ideell nach sich ziehen wird, vermag heute mit Sicherheit niemand zu sagen. Eines läßt sich aber ohne Übertreibung behaupten: Der Stolz und die Freude, die heute Jäger über ihre hohen Wildbestände empfinden, steht in keinem Verhältnis zu den ökologischen Schäden, die durch sie verursacht werden. Der Ruf: Rettet den Wald, rettet den gesunden, weil gemischten und naturnahen Wald vor dem Unverstand von Jagdfunktionären und dem Unvermögen der staatlichen Jagdplaner, hat leider einen sehr realen Hintergrund.

Die Last der halben Milliarde

Was über die Forstwirtschaft unseres Landes als Dienstleistungsbetrieb gesagt wurde, wollte keineswegs die Notwendigkeit der Öffnung des Waldes für die Erholung, die Sicherung seiner vielfältigen Schutzaufgaben und auch seine Bewahrung als Lebensraum wilder Tiere in Frage stellen. Es sollte aber deutlich gemacht werden, daß alles dies die Waldbesitzer etwas kostet: jährlich gut eine halbe Milliarde Mark insgesamt. Da der Bruttoproduktionswert der Holzerzeugung 1977 nur 3,3 Milliarden DM betrug, ist dies ein in der deutschen Wirtschaft wohl einmaliger Beitrag zum allgemeinen Wohl.

Erkennt man an, daß die Dienstleistungen der Forstwirtschaft der Entschädigung bedürfen, so bleibt immer noch offen, in welchem Umfang und wie. Dazu gilt es zuerst einmal zu klären: Was hat der Waldbesitzer als eine ihm von der Verfassung auferlegte Last selbst zu tragen, wo endet diese *Sozialpflichtigkeit* und wo beginnt das Recht auf Entschädigung. Es ist ein schweres Versäumnis der Gesetzgeber in Bund und Ländern, daß sie in ihren neuen Waldgesetzen diese Grenze nicht klar und eindeutig festgelegt haben. So kann ihr Verlauf nur mühselig vor den Gerichten erstritten werden. Gerechterweise, im Interesse aller Beteiligten, sollte sie dort gezogen werden, wo Aufwendungen allein für geforderte Dienstleistungen getätigt und Einbußen allein durch sie hingenommen werden müssen. Die Öffnung des Waldes für die Allgemeinheit, alle Schutzleistungen, die Wälder im Rahmen ihrer normalen Bewirtschaftung zur Holzerzeugung erbringen, auch die Zahl der Wildtiere, die den natürlichen Lebensbedingungen angepaßt sind, gehen dann auf das Konto der Sozialbindung des Waldbesitzes.

Förderung mit angezogener Bremse

Seit 1959 haben private und kommunale Forstbetriebe eine Förderung erhalten, etwa zur Neuaufforstung von Brachland, zur Umwandlung von Niederwald oder zur Erschließung des Waldes mit Holzabfuhrwegen. Selbst im Waldgesetz des Bundes ist expressis verbis festgehalten, die Forstwirtschaft sei wegen der Nutz-, Schutz- und Erholungsfunktionen des Waldes öffentlich zu fördern. »Zu diesem Zweck ist die Forstwirtschaft unter Berücksichtigung ihrer naturbedingten und wirtschaftlichen Besonderheiten vor allem mit den Mitteln der Wirtschafts-, Verkehrs-, Agrar-, Sozial- und Steuerpolitik in den Stand zu setzen, den Wald unter wirtschaftlich angemessenen Bedingungen zu nutzen und zu erhalten«, so heißt es dort. Wenn in so vielen Bereichen geholfen werden soll, so denkt man freudig erregt, kann es wohl an nichts mehr fehlen! Es wäre undankbar, wollte man nicht anerkennen, daß hier und dort etwas getan worden ist. Nur, gemessen am Bedarf und gemessen an den anderen, war es keine großzügige Hilfe und blieb es Stückwerk.

Mit Zahlen läßt sich dies am eindringlichsten an einer Quelle beweisen, aus der es am stärksten sprudelt, der sogenannten Gemeinschaftsaufgabe zur Verbesserung der Agrarstruktur und des Küstenschutzes. 2,2 Milliarden Mark haben für sie 1978 Bund und Länder gemeinsam aufgebracht; der erstere allein 60 Prozent davon. Aus diesem Topf – und es gibt neben ihm keinen ins Gewicht fallenden weiteren – wird auch die private und kommunale Forstwirtschaft gefördert. Beide bewirtschaften mit einer Fläche von fünf Millionen Hektar etwa 40 Prozent von jener der Landwirtschaft. Nun wird kein Mensch fordern, allein schon deshalb müsse sie auch ein knappes Drittel der Mittel zur Verbesserung der Struktur der Bodennutzung erhalten. Man wird dies sicherlich nicht an den Flächenrelationen messen können.

Kennt man aber die Bedeutung des Waldes für unsere Holzversorgung und für die Umweltvorsorge, kennt man die Probleme, die Besitzstruktur und

Waldzustand zur Lösung aufgeben, so fragt man sich doch, ob ganze 42 Millionen Mark, 1,9 Prozent des Gesamtbetrages, der angemessene Anteil sind. Zählt man selbst das hinzu, was die Länder noch von sich aus tun, so verändert sich das Bild nur unwesentlich und die Relationen überhaupt nicht.

Würde man professionelle Volksbefrager beim Bürger erkunden lassen, ob der Wald nur einen so bescheidenen Anteil seiner für die Landwirtschaft ausgegebenen Steuergelder wert sei und erhalten solle, so würde er dieses Ergebnis mit Sicherheit nicht gutheißen. Warum, so fragt man, wird dann nicht mehr getan? Wenn alle Statistiken, selbst die des Bundes, ganz eindeutig aussagen, die Forstbetriebe seien nicht in der Lage, wie der Gesetzgeber dies als Ziel seiner Förderung formulierte, »den Wald unter wirtschaftlich angemessenen Bedingungen zu nutzen und zu erhalten«, warum geschieht dann nicht mehr?

Die Antwort ist einfach: Der Wald hat keine Lobby, zumindest keine, die politisch zählt! Er hat auch keine Wählerstimmen hinter sich, die ihm Gewicht verleihen könnten. Dieses Buch »Rettet den Wald!« müßte nicht geschrieben werden, wäre dies anders! Nur wenn es gelingt, hier etwas zu ändern, werden seine Belange in Zukunft bessere Berücksichtigung finden. Was hier notwendig wäre, was zusätzlich, besser und massiver als bisher gefördert werden müßte, damit der Wald seine »Nutz-, Schutz- und Erholungsfunktionen« optimal erfüllen kann, ist nach allem, was in diesem Buch zu lesen steht, nicht schwer zu sagen:

- der Aufbau von arbeitsfähigen Zusammenschlüssen kleiner Waldbesitzer, die die Nachteile des Fleckerlteppichs im Eigentum bei der Waldbewirtschaftung mildern;
- die Melioration kranker und leistungsschwacher Wälder, um die standörtlich möglichen Güter und Leistungen zu erzeugen;
- die Nachzucht von Laubwald und Mischwald aus Laub- und Nadelbäumen, um ökologisch gesunde und stabile Wälder zu erreichen;
- die Pflege und Durchforstung der Dickungen und Stangenorte, um die Gefahren des Kollapses zu verhindern;
- der Ausbau eines ausreichenden Waldwegenetzes, ohne das eine umweltfreundliche Waldpflege ebensowenig möglich ist wie eine rentable Holzerzeugung und
- die Gründung neuer holzverbrauchender Unternehmen, die schwaches Holz zu verwerten vermögen.

Unser Buch endet, wie es begann: mit dem Appell »Rettet den Wald!«. Es hätte nicht geschrieben werden müssen, schon gar nicht unter diesem provozierenden Titel, wäre er – ökologisch und wirtschaftlich – so gesund, wie er dazustehen scheint. Der Wald braucht eine stärkere Lobby. Unsere Hoffnung ist, daß sie mit diesem Buche wächst.

Quellenverzeichnis der Abbildungen

Bayerische Staatsbibliothek, München 202, Tafel 9

Archiv Hans Bibelriether, Grafenau 33, 52, 53, 55, 56, 86, 129, 221, 264, 294, 295 oben, 311, 343, 358, 376, 379, 430, Tafel 1, Tafel 6, Tafel 7, Tafel 8, Tafel 10/11, Tafel 14, Tafel 15, Tafel 16, Tafel 27, Tafel 28, Tafel 29, Tafel 30, Tafel 31, Tafel 32

FAMA AG Deutschland, Aschheim/München 339

D. Fengel, Institut für Holzforschung der Universität München 340, 341

G. Giordano, Facoltà Agrario-Forestale dell'Università di Firenze 309

D. Grosser, Institut für Holzforschung der Universität München 319

S. Kalus 293

W. Knigge, Institut für Forstbenutzung der Universität Göttingen/Horst Schulz, München 314 unten

Landwirtschaftskammer, Forstabteilung Hannover 226

Ehrenfried Liebeneiner, Lüneburg/Werner Schmidt Tafel 26

Georg Meister, Bischofswiesen 295 unten, 374

Archiv Nationalpark Bayerischer Wald 204

Isolde Ohlbaum, München 173, 299

Wolfgang Schröder, München 131

Kurt Schubert, Samerberg Tafel 25

Horst Schulz, Institut für Holzforschung der Universität München 304, 312, 315, 326, 332

Horst Schulz/D. Grosser, München 310

Süddeutscher Verlag, München (W. Kratz) 297

Zmölnig/Kärntnerische Vogelschutzwarte, Klagenfurt 296

Die Graphiken haben angefertigt:

Georg Högel, München 48/49

Gerhard Joksch/Ina Kohlschovsky, München 39, 40, 57, 69, 70, 80, 91, 95, 99, 101, 108, 110, 118, 120, 124, 133, 134, 135, 139, 140, 142, 147, 149, 154, 157, 164, 172 oben, 237, 250, 252, 255, 260, 278, 282, 284, 290/291, 302, 308, 314 oben und Mitte, 336, 337, 388, 394, 398, 399, 402, 404, 407, 412, 414, 417, 419

P. Schimmel, München 136, 144/145, 162, 170, 172 unten, 334, 335

Jan Semmel, Madrid Tafel 2, Tafel 3, Tafel 4, Tafel 5, Tafel 12, Tafel 13, Tafel 17, Tafel 18, Tafel 19, Tafel 20, Tafel 21, Tafel 22, Tafel 23, Tafel 24

Register

Kursiv gesetzte Seitenzahlen weisen auf eine Abbildung hin.